KB054592

조선 성리학의 형성과 심화

문현인문학총서 2

조선 성리학의 형성과 심화

권오영

문현
MUN HYUN

머리말

조선은 이학(理學)을 지배이념으로 건국한 나라이다. 조선 이학은 조선 전기에는 서경덕과 이언적에 의해 불교와 도교의 비판과 극복과정에서 발전을 하였고, 이어 이황과 이이를 통해 중국과는 다른 조선의 독자적인 새로운 이론을 형성하였다.

나는 2011년에 『조선 성리학의 의미와 양상』이란 책을 내면서, 조선 이학을 경(敬)과 의(義)의 두 측면에서 설명해 보려고 했다. 이번 책에서는 조선 이학을 이황의 이발론(理發論)과 이이의 이통론(理通論)의 두 구도와 전개 속에서 탐구해 보고자 했다. 그리고 한 시대를 학문적으로 울렸던 저명한 학자들을 소개하여 조선 이학의 다양한 모습을 보여주고자 했다. 마지막으로 조선 후기의 낙론과 호론의 심성이기론에 대한 탐구를 통해 심화된 조선 이학의 실상을 제시해 보고자 했다.

이 책의 제1부에 실린 첫 번째 글은 주희의 철리시(哲理詩)인 「재거감흥(齋居感興)」시를 다루었다. 주희는 「재거감흥」시에서 만세 심학(心學)의 도통을 제시했다. 그는 요・순・우・탕・문왕・무왕・주공・공자・안자・증자・자사・맹자・정이의 도통을 읊었다. 또한 그는 춘추(春秋)의 필법을 제시하고 있고, 심학의 핵심 내용인 경(敬)을 시로 표현하였다. 조선조의 이학자들은 이 「재거감흥」시를 주희가 도(道)를 전한 글로 이해하여 깊이 있게 이해하고 주석을 하여 조선 이학의 심화 발전에 기여할 수 있는 성리서의 하나로 생각하였다. 조선조 이학자들은 이 「재거감흥」시를 통해 요・순 이래 전해온 만세 심학의 도통을 명료하게 이해하여 수용하고, 주희의 의리론과 정통론을 받아들였다.

우리 학계에서는 그동안 조선 이학을 설명하면서 일제강점기에 다카하시 도루가 설정한 주리론과 주기론의 구도가 문제가 있다고 지적은 하면서도 그에 대한 대안을 내놓지는 못하고 있다. 그래서 두 번째의 글은 이황과 이이의 이기론을 설명해오던 틀인 주리파와 주기파의 이분법적 구도의 이해를 지양하고, 그 대신 이황의 이발론과 이이의 이통론의 두 구도로 조선 이학을 새롭게 설명해 보려고 하였다. 조선 이학을 이발론과 이통론의 구도에서 보면 이황의 학맥이면서도 이통론을 지지하는 경우도 있었고 이이의 학맥이면서도 이황의 이발론을 지지한 경우도 있었을 것이다. 그러나 어느 경우든 조선 이학은 경(敬)과 의(義)에 바탕을 두고 이발의 능동성과 이통의 소통성을 그 특성으로 하고 있다. 이같이 경과 의에 토대를 두고 능동성과 소통성을 지닌 조선 이학은, 조선 후기의 학자들에 의해 호락논변 등의 학설논쟁을 거쳐 조선 말기에 이르면 국내외의 위기에 처하여 역동성을 지닌 이학으로 변하였다고 본다.

제2부에서는 조선조의 저명한 학자인 김굉필・이연경・조목・장현광・조경・박세당을 다루었다. 이학의 정치 이념이 지배하는 시대를 열기 위해서는 순도자가 필요했다. 김굉필은 김종직의 제자로 사화의 시대에 사도(師道)를 자임하여 문도를 모아 가르치는 일을 게을리 하지 않았다. 그는 당시까지의 사장(詞章) 학풍과 결별을 선언하고 일상에 도가 있다는 사실을 자신의 생활에서 보여주었고 그 도를 실천하는 것이 중요하다는 것을 순도의 모습으로 구현하였다. 그는 마지막 죽음에 임하여 부모로부터 받은 수염 한 올도 다쳐서는 안 된다고 하면서 수염을 거두어 물고 도를 위해 몸을 불사른 순도자의 모습을 보여주었다.

이연경은 서경덕의 문인으로 일생 사화로 점철된 정치상황을 겪으면서도 조광조 등 기묘명현들과 정치노선을 함께 하였다. 그가 중종이나 동료로부터 신망을 받을 수 있었던 것은 몸소 효제(孝悌)를 실천하는 높은 인격과 이학에 대한 깊은 탐구에 의해서였다. 그는 갑자사화로 인해 상례(喪禮)조차 치르지 못했던 조부와 부모, 삼촌들의 상례를 중종반정 후에 다시 치러 효제의 실천적 모범을 보여주었다. 그는 지(知)와 행(行)은 서로 필수적이지만 지가 급선무가 되고 지를 기르는 것은 또 마음을 맑게 하고 욕심을 적게 하는 것에 달려 있다고 하였다.

이황은 조선 이학을 경의 학으로 정립한 유종(儒宗)인데 바로 이황의 이학을 가장 철저히 신봉한 학자가 조목이었다. 조목은 이황의 수제자로 경서의 글자나 구절을 철저하게 분석하여 그 참뜻을 깊이 탐구하였다. 그의 경학에 대한 깊은 탐구는 이황이 경서의 의미를 새롭게 해석하는데 크게 도움을 주었다. 그는 이학은 지와 행이 새의 두 날개요 수레의 두 바퀴와 같다는 사실을 분명히 인식했다. 그는 이학의 해명에 평생 정력을 바쳤고 일상생활에서 조심(操心) 두 글자를 가장 중시했다. 그는 강 위에 날고 있는 백구(白鷗)를 바라보면서 백구의 마음속에는 물고기를 잡으려는 기심(機心)이 있음을 간파하였다. 세상 사람들은 백구의 깨끗한 겉모습을 보면서 백구를 찬미하지만, 조목은 백구의 마음속에 내재해 있는 욕망을 투시해보았다. 그래서 그는 양심(養心)이 중요하다고 보았고 욕심을 점점 줄여나가 궁극적으로는 욕심이 없는 경지에 나아가야 한다고 생각했다.

이황의 문인들인 조목·김성일·유성룡·정구의 시대가 저물어 가면서 영남에는 장현광과 정경세가 큰 학자로 활동하였다. 장현광은 도통(道統)이 끊겨서 이어지지 못하는 상황에 대해 도학자로서 깊은 우환(憂患)의식을 지니고 있었다. 그는 구도(求道)와 강학(講學)을 통해 그 도통을 잇고 전하는 일을 자신이 몸소 담당하고자 하였다. 그래서 그는 이학의 여러 개념에 대해 알기 쉽게 설명하였다. 그가 도(道)를 중(中), 덕(德)을 경(敬), 심(心)을 성(誠), 학(學)을 사(思)로 해석한 것은 스스로 터득한 견해이다. 그는 도(道)는 배우는 것이므로 도학(道學)이라 이르고, 도는 본연(本然)의 당연한 이치이므로 이학이라 이르고, 도리의 학문은 마음에서 벗어나지 않으므로 심학(心學)이라 이르며, 이치를 밝히고 도를 몸소 실천함은 마음을 다스리는 학문이니, 학문이 이보다 더 바를 수가 없으므로 정학(正學)이라 이르며, 학문을 통하여 성인(聖人)에 이르는 것이므로 성학(聖學)이라 이른다고 하였다.

윤근수의 제자인 조경은 김식－김덕수－윤근수로 이어지는 서울 지역의 학통과 조식－오건・정구－문위로 이어지는 영남의 학통을 이었다. 그러나 그는 이 두 학통에 얽매이지 않고, 이황－김성일・유성룡 등의 학맥과 깊은 학문적 관계를 유지했고, 당파를 초월하여 서경덕・이이・성혼의 학맥과도 학문적으로 교류하였다.

조경은 노장(老莊)은 물론 경전과 역사서를 두루 공부했다. 그는 송대 학자의 학문과 문장만을 고집하지는 않았고, '도(道)'를 보위(保衛)한 글이라면 어느 시대의 글이든 모두 높이 평가를 했다. 그의 문장은 간명하고 심오하며 논리적이고 실증적이며 의리(義理)가 담긴 경세(經世)의 문장이었다. 그의 학문은 이학이나 심학보다는 경세학적 성향이 강하였고 학풍은 실증적이고 개방적이었다. 그는 이학과 예학 지상의 시대로 나아가는 17세기 전반기를 살면서 노장과 역사서를 두루 섭렵하고 이학을 보국(保國)과 위도(衛道)의 측면에서 수용하면서 학문 활동을 했던 학자였다.

박세당은 17세기에 기존 이학계의 학설에 대해 비판적이고 발전적인 학설을 제기한 학자이다. 그는 경전(經傳)에 대한 새로운 해석을 많이 하였다. 특히 그의 경전에 대한 독자적인 해석은 노장(老莊), 특히 『장자(莊子)』에 대한 깊은 연구에 의해 이루어졌다는 사실에 주목하여 탐구하였다. 그는 이학을 비판적으로 해석하여 조선 이학의 새로운 발전 가능성을 모색하고자 했던 진보적이고 독보적인 학자였다.

이 책의 제3부에서는 조선 후기의 낙론과 호론의 학설과 학자들을 다루었다. 경기도 용인의 심곡서원과 한천정사 등에서 20여 년간 강학했던 이재나 양주의 석실서원에서 강학했던 김원행은 『소학』 교육을 특히 중시하였다. 이재와 김원행은 둘 다 기질(氣質)을 변화시키는 공부를 강조하였고, 기질을 변화시켜 성인(聖人)을 배우고자 하는 것을 목표로 삼았다.

낙론은 인성(人性)과 물성(物性)이 같고 성인(聖人)과 범인(凡人)의 마음도 본체(本體)에서는 같다고 보았다. 명덕(明德)에 대해서 이재는 본심(本心)이라 이해하면서, 심의 본체는 선(善)하다고 보아 인성과 물성이 같고 성인의 마음과 범인의 마음이 같다는 학설을 주장하였다. 이러한 학설을 이재는 그의 문인들에게 강학을 통해 주입시켰다. 반면 호론은 성은 선하지만 심은 선악(善惡)이 함께 있다고 보았다. 호론의 대표적 학자의 한 사람인 윤봉구는 명덕을 성 중심으로 이해하였다. 그러나 낙론 학자들은 호론이 성을 기질지성의 측면에서 보아 편전(偏全)을 본연(本然)으로 보고 있으며 기질을 심체(心體)에 해당시켰기 때문에 문제가 있다고 비판하였다.

호론이 성(性)을 기(氣)에 내재된 이(理)로 보거나 심(心)을 기(氣) 또는 기질로 본 것에 반해, 낙론의 대표적인 학자인 김원행은 성은 곧 이(理)이고, 심은 곧 기(氣)의 영처(靈處)라는 설을 천명하였다. 또한 김원행은 명덕이 심의 이기(理氣)를 합한 것을 가리켜 말하는 것은 지극히 찬양하는 말이지만, 일반적으로 말하면 명덕은 이른바 심의 영(靈)이라고 하였다.

이재의 낙론 학맥은 홍계희로 적전(嫡傳)이 전해진 것으로 거론되기도 했다. 그러나 탕평정치를 지지하고 균역법 등 각종 법제의 제정에 앞장섰으며, 청과 일본으로부터 새로운 학술과 문물을 수용하고자 했던 홍계희는, 이재의 학통에서 점차 배제되어 나갔다. 그 대신 박성원·김원행 등이 이재 이후의 낙론을 잇는 학자로 활동하였다. 더욱이 송시열의 현손인 송덕상과 김장생의 후손인 김정묵이 낙론 학설을 지지하자, 18세기 후반에 낙론 학맥은 더욱더 학계와 정계를 주도할 수 있는 위상을 확보할 수 있었다.

호남 출신의 18세기 학자인 황윤석은 낙론인 김원행의 문하에서 공부했다. 그는 경기도의 석실서원에서 공부함으로써 서울·경기 학계의 학자들과 학술 활동을 하고 그 교유범위를 넓혀나갔다. 조선후기 성리학은 학파나 학자에 따라 성과 심을 어떻게 이해하고 해석하느냐에 따라 그 논쟁이 치열하였다. 황윤석은 '성즉리(性卽理)'란 성리학의 기본 명제를 결코 포기하지 않았다. 그러나 그는 '심'에 대해서는 "심과 기는 차이가 있다"는 스승 김원행의 설을 지지하였다. 황윤석도 크게는 심을 기로 보는 기호학계의 일원이었다. 심을 이(理)와 기(氣)의 합으로 보거나 심을 기(또는 기질)로 보거나 심을 이(理)로 파악하는 등 학자에 따라 다양한 견해가 제시될 수 있으나, 그는 '심은 기(氣)의 정상(精爽)'

이라는 주희의 말을 스승 김원행을 통해 받아들였다.

그런데 황윤석은 명(明)나라 말기의 동림파(東林派)의 학자인 고헌성·고반룡 등의 책을 읽고 이학의 옹호에 힘을 쏟았다. 사실 명말에 대두된 동림파의 사상경향이 양명학파를 비판하고 주자학의 옹호를 통해 경세치용의 학(學)을 이루려고 한 사실을 기억할 때, 황윤석은 동림파의 저술에 대해 깊이 공감을 표하고 심성(心性)에 대한 올바른 주자학적 이해를 통해 조선 후기 사회의 경세치용을 지향하려고 했던 것이라 이해할 수 있다. 황윤석은 심성에 대한 정확하고 깊이 있는 탐구가 바로 자연과학에 대한 올바른 이해로 나아갈 수 있다고 생각했던 것이고, 그래서 그는 심성에 대한 연구를 주요 축으로 하는 성리학을 전체(全體)로 삼고 천문학, 수학 등 자연과학에 대한 광범한 이해와 수용을 대용(大用)으로 삼았던 학자로서의 삶을 살았다.

18세기 호론의 대표적인 학자인 한원진은 이이·김장생·송시열·권상하의 적전(嫡傳)을 이은 학자였다. 그는 특히 송시열·권상하로 이어지는 의리론의 계승과 조선 이학의 정립에 힘썼다. 그의 학맥은 송능상에서 송환기로, 다른 한 갈래는 김한록으로 전승되어 나갔다.

한원진은 성(性)에 대해, 우선 정이(程頤)의 성즉리설을 미비하다고 보고, 성(性)은 곧 '기(氣)에 내재된 이(理)'라고 해석하였다. 그리고 심(心)에 대해서는 이이의 심은 기(氣)라는 학설을 계승하여, '심은 곧 기질(氣質)이다'라는 새로운 설을 주장하였다. 이러한 한원진의 심에 대한 학설은 기존에 일반적으로 심을 '이(理)와 기(氣)의 합(合)'으로 보거나 '기(氣)의 정상(精爽)'으로 본 것과는 다른 이론으로, 중국 이학과는 다른 특징을 보여주는 조선 이학의 독자적인 이론이라고 말할 수 있다.

한원진과 윤봉구 등 호론 학자들은 기호학계의 정통 학통임을 자부하면서 자신들의 심성설을 하나하나 정설(定說)로 만들어 나가고자 하였다. 한원진은 스승 권상하의 행장을 지으면서 인성과 물성이 다르고 성인과 범인의 심체(心體)가 다르다는 학설을 언급하여 호론의 학설이 정설임을 천명하였다. 그런가 하면 윤봉구는 권상하의 『한수재집』 서문에서 인성과 물성이 다르고 성인과 범인의 심이 다르다는 이론을 기호학계의 정설로 삼았다. 그는 특히 "허령(虛靈)에 분수(分數)가 있다"는 이이의 견해를 끌어와 성인과 범인의 심이 다름을 명백히 하였다.

그런데 호론 학자들은 한원진의 사상의 전승과정에서 낙론학자들의 많은 비판을 받았고, 심지어 같은 충청 학계의 김정묵 등 일부 학자들로부터도 강한 비판을 받았다. 그럼에도 불구하고 호론 학설은 19세기 말 20세기 초까지도 생명력을 지니고 전승되어 나갔다. 특히 이설과 김복한은 일제와 서구열강의 침략의 현실 앞에서 한원진의 학설의 계승을 표명하고 나서 한원진이 말한 유석무분(儒釋無分), 인수무분(人獸無分), 화이무분(華夷無分)의 우려가 현실로 다가왔다고 개탄해 하였다. 이같이 호론은 18세기 이후 기호 학계의 정통을 자부하면서 부단히 심과 성에 대해 새로운 이론을 제시하여 조선 이학의 독자적인 특징을 선명하게 보여주었고, 아울러 의리론의 사상적 학풍과 전통을 굳게 견지해 나간 기호학맥의 학단이었다고 할 수 있다.

김한록은 송시열・권상하・한원진의 학맥을 계승한 학자였다. 그는 평생 심성에 대해 깊은 탐구를 시도하여, '인심(人心)'과 '허령'에 대해 새로운 해석을 하였다. 그는 김근행이 '인심'은 악(惡)에 흐르기 쉽고 악을 겸하고 있다고 말하는 것은 불가하다고 하자, '인심(人心)'에서는 선(善)과 악(惡)을 거론할 수 없고 오직 '위(危)'라고만 말할 수 있다고 하였다. 따라서 그는 '인심'은 오직 '위'하므로, 인간의 의식과 행위에 의해 선으로 흐를 수도 있고 악으로 흐를 수도 있다고 보았다.

김한록은 심을 '허령'으로 보기도 하고 '기질'로 보기도 하였다. 그는 심을 허령으로 이해하면서 새로운 해석을 하였는데, 선과 악을 허령의 체(體)에서는 찾지 않았다. 그는 허령에 중리(衆理)를 갖추었느냐, 갖추지 않았느냐는 시점을 중요하게 생각하였다. 그는 허령의 체에서는 아직 선도 악도 말할 수 없고, 허령에 이(理)와 기(氣)가 갖추어진 이후에 비로소 선과 악을 말할 수 있다고 보았다. 이러한 김한록의 허령에 대한 새로운 해석은 허령 자체에서는 아직 선과 악이라는 이름이 없기 때문에 인간의 주체적인 노력 여하에 따라 선을 쌓을 수도 있고 악을 제거할 수도 있다는 가능성을 풍부하게 열어놓은 것으로 이해할 수 있다.

나는 1984년 8월부터 2003년 3월까지 근 19년간 한국학중앙연구원 한국민족문화대백과사전 편찬부에 근무하였다. 1989년 어느 무더운 여름날 한신규(韓信奎) 사장이 나를 찾아와 서로 첫인사를 나누었다. 그때 첫 만남의 인상이 너무 좋아 지금도 기억이 생생하다. 한 사장은 몇 년 전에 나의 연구실을 찾아와서 자신이 사회에 진출하여 처음 만난 고객이 바로 나였다고 말했다. 그러면서 나의 책을 자신이 경영하는 문현에서 내고 싶다고 했다. 나는 고마워서 가슴이 뭉클했다. 그러나 스스로 돌아보면 이 시대에 나의 책을 읽어줄 사람도 많지 않을 것 같고 더구나 한 사장께 경제적 부담도 드릴 것 같아 몇 년의 세월동안 출간을 주저하면서 지냈다. 작년 연말에 한 사장이 나를 찾아와 다시 나의 저서의 간행에 대해 얘기를 나누게 되어 나는 2005년부터 2015년까지 10년간 쓴 논고를 모아 수정 보완하여 간행을 하는 것이 좋겠다고 생각했다. 나에게 호의를 베풀어주고 이 책을 흔쾌히 간행해준 한 사장께 깊은 감사를 드린다.

나는 이 책을 쓰면서 왜 조선조의 학자들이 저같이 혼신의 힘을 다하여 인간의 심성 탐구와 해명에 몰두했는지 이해해 보려고 하였다. 조선 이학에 관심을 가진 제현(諸賢)들이 이 책을 읽고 조선 이학의 깊이를 헤아려보고, 당시 학자마다 다양했던 심성론의 내용을 이해하는데 도움이 되었으면 좋겠다.

2017년 12월 22일

권오영 씀

제2부 조선 理學의 형성과 유통 *109*

제3부 조선 理學의 심화 양상 *339*

1장

18세기 낙론(洛論)의 학풍과 사상의 계승양상

2장

황윤석(黃胤錫)의 학문생활과 사상경향

3장

18세기 호론(湖論)의 학풍과 사상의 전승

4장

김한록(金漢祿)의 사상과 정치적 역정(歷程)

제1부

조선 주자학의 이해와 理學 전개의 두 구도

Ⅰ. 조선조 「齋居感興」시의 이해와 그 理學的 含意

Ⅱ. 조선 朱子學의 理學的 담론과 특성

1

조선조 「재거감흥(齋居感興)」시의 이해와 그 이학적(理學的) 함의(含意)

1. 머리말

조선은 주자학(朱子學)의 나라이다. 주자학은 남송대 주희(朱熹)가 북송의 주돈이(周敦頤)·장재(張載)·정호(程顥)·정이(程頤) 등 여러 학자의 학설을 집대성하여 우주론(宇宙論), 인성론(人性論) 등에 대해 새롭게 철학적 체계를 세운 학문이다. 송대의 성리학자들은 그 이전 시기의 훈고(訓詁)와 사장(詞章) 중심에 빠져 있던 유학 학풍을 일신하여 도교(道敎)와 불교(佛敎)의 형이상학적 측면을 수용하여 새롭게 해석하였다. 특히 주희는 복건성(福建省) 건양(建陽)에서 평생 경전을 연구하여 큰 학문적 업적을 남겼다. 그의 학문은 특히 원(元)나라와 조선에서 관학(官學)으로 채택되어 발전하였고, 청나라의 강희(康熙) 연간에도 크게 현양되었다.

주자학이 고려에 수용된 것은 13세기 말이다. 1289년(충렬왕 15)에 안향(安珦)은 원나라에서 주희의 사서집주(四書集註)를 가지고 돌아와 고려(高麗) 사회에 새로운 학풍을 진작시켰다. 그 뒤 주자학은 권보(權溥)·백이정(白頤正)·이색(李穡)·정몽주(鄭夢周) 등 여러 학자에 의해 탐구되고 강론되었다.

1392년에 조선이 건국되자 고려시대의 불교에 대체할 새로운 종교나 이념이 필요하였다. 조선 창업의 일등공신이고 배불론자로 널리 알려진 정도전(鄭道傳)은 「심기리편(心氣理篇)」을 저술하여, 불교는 심(心), 도교는 기(氣), 유학은 이(理)라고 하여 이제 이(理)가 주도적인 사회가 되어야 한다고 하면서 이학(理學)을 조선의 정치적 지배 이념으로 천명하였다. 정도전은 유학은 이(理)를 주로 하여 심(心)과 기(氣)를 다스리는 반면, 노자는 기(氣)를 주로 하고 불교는 심(心)을 주로 한다고 하였다.

전통시대 동아시아의 여러 학자들은 시(詩)로서 사상을 논했다. 주희와 육구연(陸九淵)이 그랬고 조선의 이이(李珥)와 성혼(成渾) 등이 다 시로서 사상 논쟁을 하였다. 조선 후기 백년간 전개된 호락논변에서도 이재(李縡)와 이간(李柬) 등이 시로서 자신의 사상을 표현하였다.

이 글에서 검토하고자 하는 「재거감흥(齋居感興)」 20수(首) 1,260언(言)은 주희가 당(唐)나라 진자앙(陳子昂)의 「감우(感遇)」시 38수를 모방하여 지은 철리시(哲理詩)이다. 이미 주희의 「재거감흥」시 20수에 대해서는 한(韓)·중(中)의 몇몇 학자들에 의해 개괄적이면서도 심층적인 평론과 분석이 이루어져 있다. 속경남(束景南)은 「재거감흥」시 20수는 주희가 1172년경에 한천정사(寒泉精舍)에 재거(齋居)하면서 경서를 읽고 저서를 할 때의 수감록(隨感錄)이라고 했다.[1] 심경호(沈慶昊)는 『재거감흥』시의 조선판본에 대해 분석을 했고, 신미자(申美子)는 「재거감흥」 시를 태극일관지리

(太極一貫之理), 인심(人心)과 도심(道心), 천리(天理)와 인욕(人欲)으로 나누어 상세하게 분석하여 주희의 철리시의 면목을 밝혔다.[2] 2011년에 변동파(卞東波)는 「재거감흥」시가 조선에서 유포된 과정과 그 영향을 면밀하게 분석한 논고를 발표하였다. 그는 중국과 비교했을 때, 「재거감흥」시는 조선시대에 더욱 광범위하게 보급되었고, 사인(士人)들이 애호하는 독서대상이자 주자학을 공부하는데 있어서 토론대상이 되었다고 했다. 이 「재거감흥」시에 대한 중국과 조선의 이해의 차이는 동아시아 주자학 발전의 서로 다른 면모와 그 배후에 있는 심층적 함의를 드러낸다고 했다.[3] 그런가하면 2012년에 강성위(姜聲尉)는 이종수(李宗洙)의 『주자감흥시제가집해(朱子感興詩諸家集解)』를 번역하여 간행하였다.[4]

이 글에서는 이러한 기존의 연구를 바탕으로 「재거감흥」시의 내용을 새롭게 정리해 보고, 이어 조선조의 학자들이 「재거감흥」시를 통해 심학(心學)의 도통(道統)을 이해하여 도통 계승을 자임(自任)한 사실과 「재거감흥」시구의 해석에서 조선조 학자들의 독자적인 이학적(理學的) 이해의 측면을 탐구해 보고자 한다.

---

1 束景南, 『朱熹年譜長編』卷上(華東師範大學出版社, 2001) 一一七二 乾道 八年 壬辰 四十三歲.

2 沈慶昊, 「朱子 『齋居感興詩』와 『武夷櫂歌』의 조선판본」(『書誌學報』 14, 韓國書誌學會, 1994); 申美子, 「朱子感興詩研究」(1)(『中國語文學論集』 11(中國語文學研究會, 1999); 王利民, 「陳子昂的玄感和朱熹的感興: 感遇與寓居感興對讀」(『中國韻文刊』, 1999).

3 卞東波, 「조선의 『재거감흥이십수(齋居感興二十首)』의 유통과 수용 양상 연구」(『韓國文化』 54, 규장각한국학연구원, 2011).

4 이종수 지음 강성위 옮김, 『주자감흥시제가집해(朱子感興詩諸家集解)』(한국국학진흥원, 2012).

2. 「재거감흥(齋居感興)」시의 구성과 제가(諸家)의 해설

주희(朱熹)의 「재거감흥」시에 대해서는 반병(潘柄)·양용성(楊庸成)·채모(蔡模)·진덕수(眞德秀)·첨경신(詹景辰)·서기(徐幾)·황백양(黃伯暘)·여백부(余伯符)·호승(胡升)·호차염(胡次焱) 등이 주석을 하였다. 그리고 호병문(胡炳文)은 『감흥시통(感興詩通)』을 지었고, 유리(劉履)는 『선시속편보주(選詩續編補註)』에서 「재거감흥」시는 심학(心學)의 깊은 경지와 의리의 정미함을 읊은 작품이라고 평했다.

양신(楊愼)은 주희의 「재거감흥」시는 청군백발(青裙白髮)의 절부(節婦)이고 진자앙(陳子昂)의 「감우」시는 정장현복(靚粧袨服)의 궁아(宮娥)라고 평하여 그 아름다움을 동일한 차원에서 논할 수 없다고 했다.[5] 호승은 「재거감흥」시는 도체(道體)에 대해 읊었고 세교(世敎)를 부지하는데 크게 도움이 되는 시라고 했다. 그러면서 「태극도(太極圖)」, 「통서(通書)」, 『근사록(近思錄)』과 표리가 된다고 했다. 유리는 「태극도」, 「통서」, 「서명(西銘)」, 「정몽(正蒙)」을 성리사서(性理四書)라고 말하는데, 이 「재거감흥」시를 넣어 성리오서(性理五書)라고 해야 한다고 주장했다.

그러면 「재거감흥」시 20수의 구성을 크게 제1장에서 제4장, 제5장에서 제7장, 제8장에서 제13장, 제14장에서 제16장, 제17장에서 제20장까지로 나누어 그 내용을 정리해 보면 다음과 같다.[6]

채모는 제1장에서 제4장까지는 조화(造化)의 근원을 탐구했고, 제5장에

5 楊愼, 『升菴集』 권57, 感遇詩.

6 이하 이 章의 서술은 任聖周의 『朱文公先生齋居感興詩諸家註解集覽』과 李宗洙의 『朱子感興詩諸家集解』를 참조하여 작성하였다.

서 제7장까지는 치화(治化)의 근원을 탐구했고, 제8장에서 제13장까지는 음양(陰陽)의 숙특(淑慝)의 근원을 탐구했고, 제14장에서 제17장까지는 도덕(道德) 성명(性命)의 근원을 탐구했고, 제18장에서 제20장까지는 학문(學問) 용공(用功)의 근원을 탐구했다고 보았다.

여백부는 「재거감흥」시는 처음에 일리(一理)를 말하고 중간에 만사(萬事)에 대해 표현을 하고 마지막에 다시 합하여 일리로 삼았다고 했다. 이 말은 「재거감흥」시가 『중용(中庸)』의 형식적 구조와 사상적 내용을 표현하고 있다는 것을 밝힌 것이다.

주희는 「재거감흥」시의 제1장에서 제4장까지는 태극(太極)의 본체를 논하였다. 그는 우선 제1장에서 아래와 같이 읊었다.[7]

두루뭉술 한없이 크고	昆侖大無外
아득히 깊고도 넓은 것	旁礴下深廣
음양은 쉴 사이가 없고	陰陽無停機
한서는 번갈아 오고 간다네	寒暑互來往
옛 성인인 복희씨가	皇羲古神聖
천지의 이치 마음으로 터득하고	妙契一俯仰
용마(龍馬)의 그림 보기도 전에	不待窺馬圖
인간이 할 일 밝혀 놓았다네	人文已宣朗

7 이하 「재거감흥」시의 한글 번역은 『竹溪志』(한국고전번역원, 소수박물관 안정 역, 2009) 소재의 번역을 주로 인용하였다.

혼연히 일관된 그 이치는 渾然一理貫
너무나도 분명하고 흐릿하지 아니하니 昭晰非象罔
진중하신 무극옹은 珍重無極翁
우릴 위해 방향을 제시했지 爲我重指掌

하기(何基)는 이 시의 제1장의 처음에는 태초(太初)의 천지(天地) 사이에는 아무 별다른 것이 없이 오직 음(陰)과 양(陽)만이 그 속을 유행하고 있었지만 그것이 바로 천지의 조화(造化)를 만들어내는 원동력이었고 만물을 창조한 밑바탕이었다는 것을 표현하였다고 했다. 이어 복희(伏羲)가 천상(天象)을 관찰하고 괘(卦)를 만들어내어 사물의 진상은 천하에서 해야 할 일은 무엇인가 하는 것을 밝혀내어 인간이 거기에서 해야 할 극치점을 정해 놓은 것을 표현했고, 아울러 주돈이(周敦頤)가 태극도(太極圖)를 그리고 글을 써 역도(易道)를 발명함으로써 인간이 해야 할 극치점을 다시 제시해 놓은 것을 표현하였다는 것이다.

태극은 진실로 음양(陰陽)의 이(理)이나 음양을 말하면 태극은 이미 그 속에 있기 때문에 억지로 태극만을 논했다고 보기도 어렵다고 했다. 따라서 제1장은 무극(無極), 태극, 음양을 개괄적으로 읊었다고 이해해야 할 것이다.

음양의 조화를 내 보았더니 吾觀陰陽化
사방팔방 다 오르내리며 升降八紘中
앞으로 보아도 시작이 없고 前瞻旣無始
뒤로 보아도 끝이 전혀 없네 後際那有終
그 속에 지극한 이치 존재하여 至理諒斯存

만세에 지금과 같으리라　　萬世與今同
누가 혼돈이 죽었다고 말했던가　　誰言混沌死
귀머거리도 놀랄 허망한 소리지　　幻語驚盲聾

제2장에 대해 황간(黃幹)은 제1장을 이어 거듭 음양(陰陽)의 변화에 대해 읊었다고 했다. 이상 두 편의 시는 모두 음양에 관해 말한 것이다. 다만 앞의 편이 가로로 보고 한 말이라면 이 편은 세로로 보고 말한 것인데, 가로로 본다는 것은 다시 말하면 상하(上下)·사방(四方)·원근(遠近)·대소(大小) 할 것 없이 그 기운이 한 군데도 빠짐이 없으며 또 어느 물건에든지 꽉 차 있다는 것이고, 세로로 본다는 것은 즉 천지 개벽 이후로부터 앞으로 천년만년이 가도록 변함없이 이 기운이 쉬지 않고 유행한다는 것이다"라고 했다. 음양의 변화는 처음도 없고 끝도 없고 예도 없고 지금도 없으며 지극한 이(理)가 존재하는 바라고 했다. 이같이 「재거감흥」시의 제1장과 제2장은 천지와 음양을 표현했다는 것이다.

인심은 교묘하여 헤아릴 수 없느니　　人心妙不測
기기를 타고서 출입한다네　　出入乘氣機
얼음이 어는 듯 불에 타는 듯　　凝氷亦焦火
못에 빠진 듯 하늘을 나는 듯　　淵淪復天飛
도덕이 높은 이는 그렇지가 않아　　至人秉元化
동정에 관계없이 마음 끄떡없다네　　動靜體無違
진주가 들어있기에 못 물은 스스로 아름답고　　珠藏澤自媚
옥에 묻혀있기에 산 빛은 절로 눈부시다네　　玉蘊山含輝
천지가 내 눈 앞에 훤하고　　神光燭九垓

오묘한 이치를 다 통하는 것인데　　玄思徹萬微
그 공부할 책이 당장 없으니　　塵編今寥落
어디로 가야만 한다는 말인가　　歎息將安歸

「재거감흥」의 제3장은 인심(人心)에 관하여 읊었는데 심(心)의 체용(體用)과 진망(眞妄)에 대해 개괄적으로 말하였다. 하기(何基)는 "이 장은 때없이 들락거리며 어디로 갔는지조차 알 수 없는 사람의 마음에 관하여 한 말이다"라고 하였다. 사람은 모름지기 조존(操存)과 함양(涵養)의 공이 있는 이후에 본체가 항상 우뚝하게 이 몸의 주재(主宰)가 되어 달아나거나 잃어버릴 근심이 없다는 것이다. 이 장은 인심을 말하여 사람이 천지와 함께 아울러 셋이 되는 것이 오로지 이 마음에 말미암는다고 했다.

신묘한 영대를 조용히 관찰하면　　靜觀靈臺妙
모든 조화가 거기에서 나오는데　　萬化從此出
어찌하여 그를 다 묵혀 두고　　云胡自蕪穢
육신의 부림을 받는단 말인가　　反受象形役
맛있는 음식 보면 턱이 움직이고　　厚味紛朶頤
아리따운 여인으로 나라까지 망치네　　姸姿坐傾國
일시에 무너질 것 깨닫지를 못하고　　崩奔不自悟
계속해서 끝까지 달리기만 하다니　　馳騖靡終畢
그대는 목천자를 보게나　　君看穆天子
온 세상을 두루 다녀보려 했다네　　萬里窮轍迹
만약에 「기소(祈招)」 시가 없었더라면　　不有祈招詩

서방이 천자 자리 차지했으리　　　　徐方御宸極

하기는 이 「재거감흥」의 제4장은 인심(人心)은 지극히 허령(虛靈)하여 만리(萬理)가 다 갖추어져 있어 만사에 응하는 것인데, 중인(衆人)들은 늘 욕구에 끌려 다니기 때문에 마음도 늘 들락날락거려 그 결과는 나라를 망치고 집이 망하는 데까지 이르게 됨을 말했다고 했다. 그 단서는 매우 은미하여 다만 일념(一念)의 거둠과 놓음에 달려있기 때문에 이것이 도심(道心)은 은미하고 인심은 위태롭다고 한 까닭이라고 했다. 이 제4장의 시는 인심이 형(形)의 부림을 받아 달려 나가 끝이 없는 것을 비유하였는데, 인심이 이미 달아나 돌아오지 않으면 인욕이 곧 사이를 타서 주인이 된다는 것이다.[8]

제5장에서 제7장까지는 주(周)·한(漢)·당(唐)의 역사를 논하였다. 주희는 제5장에서 아래와 같이 읊었다.

경수의 배가 초택에 발이 묶이자　　　　涇舟膠楚澤
주 나라는 이미 무너지고 있었고　　　　周綱已陵夷
왕풍(王風)까지도 격이 떨어져　　　　況復王風降
옛 궁터에 기장만 우거져 있었다네　　　　故宮黍離離
성인이 춘추를 지으신 뜻도　　　　玄聖作春秋
사실은 이를 슬퍼한 뜻이었으나　　　　哀傷實在玆
기린이 나타났다가 거꾸러지자　　　　祥麟一以踣

8 『農巖別集』 권3, 附錄 2, 語錄.

옷소매로 얼굴 가리고 눈물만 흘렸다네　反袂空漣洏
그로부터 또 삭막한 한백 년을　漂淪又百年
참람한 제후들이 멋대로 놀아났으니　僭侯荷爵珪
선왕의 법 없어진 지 오래인 것을　王章久已喪
슬퍼하고 한탄한들 그 무엇 하리　何復嗟嘆爲
사마광이 공자 업적 이으면서도　馬公述孔業
시작을 한 부분이 슬픈 일이었기에　託始有餘悲
못 잊어 한 뜻이야 참 충후했지만　拳拳信忠厚
앞선 기미에 미혹됨이 없었던가　無乃迷先幾

제5장은 주(周)나라가 소왕(昭王)이 남정(南征)하여 돌아오지 않음으로부터 왕강(王綱)이 이미 무너져버렸고, 평왕(平王)이 동쪽으로 수도를 옮기어 아래로 열국(列國)과 같아지어 주나라의 쇠함이 더욱 심해져 난신(亂臣)과 적자(賊子)가 일어났다는 것을 읊었다. 공자가 이에 슬픈 느낌이 있어 명왕(明王)이 일어나지 않음을 슬퍼하고 도(道)가 이미 궁해진 것을 슬퍼하여 『춘추(春秋)』를 지었다는 것이다. 『춘추』는 평왕 49년(魯 隱公 元年 BC 722)에서 시작하여 노(魯)나라 애공(哀公) 14년(BC 481)에 획린(獲麟)했다는 기사에서 절필(絶筆)을 했다고 했다.

사마광(司馬光)은 『자치통감(資治通鑑)』을 지어 "초명진대부위사조적한건위제후(初命晉大夫魏斯趙籍韓虔爲諸侯)"라고 하여 삼진(三晉 : 韓魏趙)으로부터 시작하여 역사를 썼다. 삼진의 때는 바로 주나라 경왕(敬王) 39년(BC 481)이다. 당시 주나라의 왕장(王章)은 무너진 지 이미 오래어서 비록 다시 슬퍼하고 탄식한들 어찌할 수 없었다. 그러나 주희는 사마광이 『춘추』의 획린(獲麟) 기사의 뒤를 이어 역사를 쓰지 않은 것에 대해 역사 사실의 기미(幾微)에 어두웠다고 비판을 했다. 주희는 『자치통감강목(資治通鑑綱目)』을 지어 위(魏)를 정통으로 삼은 사마광의 역사 서술을 비판하고 촉(蜀) 중심의 정통론(正統論)을 제시하였다.

동경이 말고삐를 놓치자	東京失其御
환관들이 왕권을 농락하고	刑臣弄天綱
서원에는 간물들이 자리잡아	西園植姦穢
역대 충량들 기를 못 쓸 때	五族沈忠良
푸르른 천리초 동탁은	青青千里草
제 때다 싶어 날뛰었고	乘時起陸梁
위나라 조조는 흉물로 변해	當塗轉凶悖
한나라가 빛을 잃고 말았다네	炎精遂無光
의기양양한 좌장군 유비가	桓桓左將軍
서남 지방에서 기치를 들었고	仗鉞西南疆
복룡(伏龍 : 제갈량)도 힘을 내어 뛰었으며	伏龍一奮躍
봉추(鳳雛 : 방통) 역시 날개를 치면서	鳳雛亦飛翔
한 나라 역사 다시 세우려고	祀漢配彼天
동서남북에 출사를 했건만	出師驚四方
하늘의 뜻 돌릴 길이 없었던지	天意竟莫回
한쪽에서나마 오래가지 못했다네	王圖不偏昌
위를 황제로 친 진 나라 역사를	晉史自帝魏
후인들이 어찌 고치지 않았는가	後賢盍更張

세상에는 노중련 같은 사나이가 없어　　世無魯連子
천년을 두고 슬플 뿐이라네　　千載徒悲傷

제6장은 동한(東漢)이 환제(桓帝)・영제(靈帝)로부터 도(道)를 잃고 환관(宦官)이 권력을 농단하고 당고(黨錮)가 일어나 충량(忠良)을 해치어 드디어 난신(亂臣)과 적자(賊子)가 일어나 시해와 찬탈이 일어났다는 것을 읊었다. 이에 유비(劉備)가 한나라 왕실의 후손으로 제갈량(諸葛亮)을 얻어 옛 강역을 회복하려고 했으나 할 수 없었다는 것이다. 그런데 진수(陳壽)가 『삼국지(三國志)』를 쓰면서 위(魏)가 한(漢)을 이은 것으로 썼는데, 사마광이 춘추의 법으로 바르게 해야 하는데, 또한 위를 제(帝)로 인정하고 촉한(蜀漢)을 도적이라고 했다는 것이다. 주희는 이 시에서 노중련(魯仲連)이 진(秦)을 제(帝)로 삼는 것을 부끄러워하여 동해(東海)에 걸어 들어가 빠져죽으려고 한 것을 거론하며 천년 뒤에 한갓 슬픔을 이기지 못한다고 했다. 그러면서 그는 춘추의 필법을 이어 『자치통감강목』을 지어 위를 버리고 한을 높였다.[9]

진양에서 당 왕실이 열리었고　　晉陽啓唐祚
조왕(曺王) 명(明)은 소랄왕(巢剌王)을 이었네　王明紹巢封
내려온 전통이 이미 그렇기에　　垂統已如此
그 뒤 이은 왕이야 혼미할 수밖에　　繼體宜昏風
음란하여 천륜을 더럽히고　　麀聚瀆天倫

9 『宋子大全隨箚』, 권1, 隨箚, 詩(大全권3).

암탉이 울어 흉화가 터졌지	牝晨司禍凶
국가의 기강이 한 번 무너지자	乾綱一以墜
하늘의 뜻도 멀어만 가서	天樞遂崇崇
음탕한 노애(嫪毐)가 왕의 자리 더럽히고	淫毒穢宸極
사나운 불꽃 하늘을 태웠는데	虐焰燔蒼穹
그때 적장(狄張) 같은 이들이 아니었으면	向非狄張徒
나라 중흥을 누가 시켰을 것인가	誰辦取日功
어이하여 구양자가	云何歐陽子
붓을 잡을 때 지공한 것을 몰라	秉筆迷至公
당경에다가 주기를 어지럽혔나	唐經亂周紀
이 범례를 그 누가 용납하리	凡例孰此容
마음 강직한 범태사(조우)는	侃侃范太史
이천옹의 말씀을 받아들였지	受說伊川翁
춘추의 두세 간책이	春秋二三策
만고에 모든 어리석음을 일깨워주었네	萬古開群蒙

「재거감흥」의 제7장은 측천무후(則天武后, 684~705)의 사실을 논했다. 측천무후가 집권을 하여 20여 년간 음란하고 잔학한 일을 저지른 것을 다 기록할 수 없는데, 무승사(武承嗣) 등이 태자(太子)를 구제하기를 도모하고 적인걸(狄仁傑)과 장간지(張柬之)가 앞뒤에서 태자를 구제하고 적을 토벌하지 않았다면 당나라 왕조가 거의 멸망했을 것이라고 했다. 사필(史筆)을 잡는 자는 마땅히 춘추의 필법을 써서 측천무후를 내치어 여주(女主)가 참란(僭亂)한 경계로 삼아야 할 것인데, 구양수가 『신당서(新唐書)』

를 편찬하면서 제기(帝紀)에 측천무후를 실어 역사를 어지럽혔다는 것이다.

「재거감흥」의 제5장에서 제7장까지는 모두 사마광이 쓴 『자치통감』을 두고 읊은 것이다. 이 시에 대해 하기는 고금의 치란(治亂)과 득실(得失)에 있어 사책(史策)으로 나와 있는 것으로는 사마광의 『자치통감』이 그래도 가장 상세하게 되어 있다고 했다. 그러나 하기는 사마광의 그 글을 막상 『춘추(春秋)』와 연결시켜보려고 하면 다소 미진한 점이 있는가 하면 크게 잘못된 곳도 있어 그것이 교훈이 될 수 없는 부분이 있기 때문에 주희가 사마광에 대해 그 점을 매우 애석하게 생각했고 그래서 『자치통감강목』을 쓰게 되었다는 것이다.

「재거감흥」의 제8장에서 제13장까지는 주희가 복희(伏羲)·요(堯)·순(舜) 이후 서로 전해온 만세 심학(心學)의 도통(道統)을 읊었다. 주희는 제8장에서 아래와 같이 읊었다.

붉은 빛이 하늘에 꽉 차 있으면	朱光徧炎宇
음기는 깊은 못 속으로 사라지고	微陰眇重淵
매서운 추위가 구야를 덮어도	寒威閉九野
양기는 깊은 샘 속에서 밝아오네	陽德昭窮泉
문명한 자 근독(謹獨)에 어둡기도 하고	文明昧謹獨
혼미해도 남보다 먼저 아는 것 있지	昏迷有開先
소홀히 넘겨서 안 될 것 기미이고	幾微諒難忽
선의 싹은 원래가 면면한 것	善端本綿綿
몸 가리고 늘 재계하여	掩身事齋戒
모든 것 미연에 방지해야지	及此防未然

문 닫고 장사꾼 못 오게 하여　　閉關息商旅
저 유도에 끌리지는 말아야지　　絶彼柔道牽

이 시에 대해 하기는 앞의 4구(句)는 천도(天道)의 소장(消長)하는 기미를 말한 것이고, 다음 4구는 인심(人心)의 선악(善惡)의 기미를 읊었다고 했다. 대개 천지의 사이에는 다만 하나의 음양이 있는데, 군자(君子)는 우선 내 한 몸으로부터 시작하여 천하의 모든 사물에 이르기까지 음양이 교제하는 과정에서, 되도록이면 양(陽)을 부추기고 음(陰)을 억제하며 선(善)은 자라게 하고 악(惡)은 끊으려고 한다는 것이다.

조각달이 서산에 지게 되면　　微月墮西嶺
뭇 별들 찬란히 빛을 내지　　爛然衆星光
은하수 한쪽으로 기울고　　明河斜未落
북두칠성 앵돌아져 있는데　　斗柄低復昂
아! 저 남극과 북극이　　感此南北極
하늘의 축이요 지도리라네　　軸樞遙相當
태일은 일정한 자리가 있어　　太一有常居
바라보면 유난히도 찬란하게　　仰瞻獨煌煌
중천에서 사방을 비추고　　中天照四國
다른 별들은 모시듯 둘러 있네　　三辰環侍旁
사람 마음도 되도록 저렇게　　人心要如此
고요하고 치우침이 없었으면　　寂感無邊方

제9장은 사람의 마음이 방촌의 사이에 처하여 고요하여 움직이지도 않고 느낌에 따라 응하여 온 몸을 통섭하고 만 가지 변화에 수응하는데 그 끝과 장소를 볼 수 없다고 했다. 이 장은 인심(人心)도 북신(北辰)과 한 몸이 되어 늘 정(靜)으로 동(動)을 억제하고자 한 생각을 표현한 것이다.

하기는 "위 편에서는 사람 한 몸이 천지와 함께 운행하면서 언제나 양을 부추기고 음은 억제했으면 하는 뜻으로 말한 것이고, 이 편에서는 사람 마음도 별들과 동체가 되어 늘 정(靜)으로 동(動)을 억제했으면 하는 생각을 말한 것인데, 두 편 모두가 윗자리에 있는 군자를 두고 한 말이다"라고 하였다.

요임금은 처음부터 공경하고 통명했고	放勛始欽明
순임금은 왕위에 앉아서 공손하게 있기만 했지	南面亦恭己
위대하다 우임금의 유정유일의 전함이여	大哉精一傳
만세 두고 인류 기강 확립했으며	萬世立人紀
날로 올랐음을 감탄했던 일	猗歟歎日躋
심원한 경지를 노래했던 일	穆穆歌敬止
서융의 개 경계한 일은 무왕의 공열을 빛냈고	戒獒光武烈
주공은 부지런히 노력하여 주례를 만들었네	待旦起周禮
삼가 그 마음들을 생각해보면	恭惟千載心
차가운 물에 비친 가을달이지	秋月照寒水
공자께선 어찌 정해진 스승 있었던가	魯叟何常師
다 손질하여 성인 규범 전했다네	刪述存聖軌

제10장에 대해 하기는 열성(列聖)들이 서로 전수한 심학(心學)의 묘가 오직 경(敬)이라는 한 글자에 있음을 밝히고, 공자가 시서(詩書)를 손질하여 성인의 규범을 부각시키고 그것을 만세에 전한 것 역시 가장 중요한 점은 경이란 한 글자에 두었음을 읊었다고 했다. 호병문(胡炳文)은 제9장과 제10장에서 심(心), 경(敬)의 개념을 적출하여 제시하고 있다고 했다. 그는 요・순・우(禹)・탕(湯)・문왕(文王)・무왕(武王)・주공(周公)・공자(孔子)의 도통(道統)의 전함은 이 심을 전하는 것이고 이 심의 전함은 이 경을 전하는 것일 뿐이라고 했다. "추월조한수(秋月照寒水)"는 경 한 글자를 형용한 것이라 하였다.

내가 듣기에 복희씨가	吾聞包犧氏
맨 처음에 건곤의 이치를 발명하여	爰初闢乾坤
건으로 하늘의 덕 상징하고	乾行配天德
곤으로는 땅을 상징했다네	坤布協地文
우러러 보면 둥그런 하늘은	仰觀玄渾周
단숨에라도 만리를 가고	一息萬里奔
내리 보면 네모꼴의 땅은	俯察方儀靜
천고를 그대로 버티고 있네	隤然千古存
저 상(象)을 세운 뜻을 깨달으면	悟彼立象意
이 덕에 들어가는 문과 부합하네	契此入德門
쉬지 말고 부지런히 노력하여	勤行當不息
깊이 생각하고 지켜나가야지	敬守思彌敦

제11장은 복희씨가 맨 처음에 건곤(乾坤)의 이치를 발명하였다는 것을 언급했다. 요순의 심법(心法)이 복희의 역(易)에 근원을 했고, 복희의 역은 또한 천지자연의 상(象)을 법 받은 것에 불과하다고 했다. 요순으로부터 공자에 이르기까지 성인이 서로 전해온 것은 경(敬)이고, 복희의 역(易)도 다만 이 경이라고 했다.

주역에는 도상이 안 보이고	大易圖象隱
시서는 틀린 곳이 많으며	詩書簡編訛
예도 악도 거의 없어지고	禮樂矧交喪
춘추도 잘못된 데가 많아	春秋魚魯多
보갑 속에 옥으로 장식한 거문고가 없고	瑤琴空寶匣
소리마저 끊겼으니 어찌할 일인가	絶絃將如何
여운을 찾아 다시 정리해야지	興言理餘韻
용문에 아직 남아 있는 노래 있으니	龍門有遺歌

제12장에 대해 하기는 성인의 도(道)가 육경(六經)에 의해 전해지고는 있었으나 진(秦)나라 때에 분서(焚書)의 화를 당하였고 또 초(楚)·한(漢)간의 8년 전쟁으로 어지럽혀져 문자(文字)가 착란(錯亂)되고 경전과 예악이 거의 다 없어진 상태가 되었다고 했다. 그렇지만 다행히도 정이(程頤)가 그 조리(條理)를 하나하나 찾고 밝혀 끊어져 가던 공자의 여운(餘韻)을 이어놓았기 때문에 그 전래의 여운이 아직 남아 있었다는 것이다. 주희는 이 장에서 정이의 도통(道統)을 잇겠다고 자임하는 뜻을 표현하였다. 용문(龍門)에 남은 노래가 있다는 것은 송대의 정이가 공자 사후 천년 뒤에 태어나 그 도통을 이었다는 것을 표현한 것이다. 여기서 '용문'은 정이

가 용문의 남쪽에 살았기 때문에 정이를 가리킨다. 주희는 요·순·우·탕·문왕·무왕·주공·공자로 전해진 심학(心學)의 도통을 읊으면서 "가을달이 한수(寒水)에 비치네[秋月照寒水]"라는 표현을 썼다.

하기는 "용문(龍門)의 여운을 찾아서 위로 공자와 맹자의 정통에다 접목시켜 놓았으니, 모든 더러운 것들을 다 털어버리고 다시 한번 주위를 깨끗하게 만들어놓은 그 공로야말로 주염계(周濂溪)·이정(二程)·장재(張載) 이래로 그렇게 높을 수가 없다고 해야 할 것이다"라고 하였다.

안연은 사물을 실천했고 顔生躬四勿
증자는 날마다 세 가지로 자신을 살폈지 曾子日三省
『중용』에는 맨 먼저 근독을 말하고 中庸首謹獨
비단옷 입으면 홑옷으로 덮으랬지 衣錦思尙絅
위대한 그 추 나라 맹씨 偉哉鄒孟氏
그 웅변 그칠 줄을 몰랐으나 雄辨極馳騁
마음을 잡아 보존하라는 그 한마디가 操存一言要
가장 강령이 되고 있지 爲爾挈裘領
단청처럼 그리 분명한 법이 丹靑著明法
고금을 통해 빛나고 있건만 今古垂煥炳
무슨 일로 천 년이 넘도록 何事千載餘
그 길을 가는 사람은 없을까 無人踐斯境

제13장은 안자(顔子)·증자(曾子)·자사(子思)·맹자(孟子)의 전심(傳心)의 법을 논하여 위로 요·순·우·탕·문왕·무왕·주공·공자를 이은 것

에 대해 읊었다. 안자의 사물(四勿), 증자의 삼성(三省), 자사의 신독(愼獨), 맹자의 조존(操存) 등 핵심적인 사상에 대해 언급했다. 특히 맹자 이후 심학(心學)의 통(統)이 단절되었다가 주돈이(周敦頤)와 정호(程顥)·정이(程頤)가 태어나서 그 통을 이었다는 것이다. 대개 이 시에서는 도통의 정맥(正脈)을 밝히고 또 맹자 이후 쓸쓸하게 천년간 도통이 거의 단절된 것을 탄식하였다.

「재거감흥」의 제14장에서 제16장까지는 유교(儒教)를 숭상하고 불로(佛老)를 반대하는 내용을 담고 있다. 주희는 제14장에서 아래와 같이 읊었다.

원형이 모든 물건 생장시키는 것이라면	元亨播群品
이정은 그 뿌리에 해당된다네	利貞固靈根
정성 아니면 아무 것도 없는 것	非誠諒無有
오성을 다 가지고 있다네	五性實斯存
세상 사람들 제 소견만 내세워	世人逞私見
얕은 술수로 도는 더 어두워지는데	鑿智道彌昏
그럴 바에야 숲속에 살면서	豈若林居子
조화의 원리를 탐구함만 같으랴	幽探萬化原

제14장은 도의 본원(本原)을 밝혔다. 호병문은 이 장에서 성(性), 성(誠)이란 개념이 제시되고 있다는 점을 지적하였다. 그는 『중용』 한 책은 성(誠)을 말한 것이 아닌 것이 없는데 『중용』의 제16장에서 처음 거론을 했고, 「재거감흥」시 20수도 성(誠)을 말한 것이 아닌 것이 없는데 제14장에서 처음 거론을 했으니 그 뜻은 하나라고 했다.

하기는 "이 편의 요지는 다만 「태극도설(太極圖說)」에 있는 '중(中)·

정(正)・인(仁)・의(義)로써 정(定)하여 정(靜)을 주로한다'고 한 그 뜻이라고 했다. 그러나 그 주된 뜻은 자기의 생각으로 천착하는 자들을 위해서 한 말이다"라고 하였다. 왕백(王柏)은 이르기를, "이는 선천태극도(先天太極圖)의 전함이 은자(隱者)에게서 나온 것을 찬탄한 것이다"라고 하였다.

날고 서리고 신선이 되어보겠다고	飄蟠學仙侶
세상 버리고 산에 가 있으면서	遺世在雲山
하늘의 비밀을 훔쳐보고	盜啓玄命秘
사생의 관문을 몰래 넘으려 하네	竊當生死關
금 솥에는 용호(납과 수은)가 서려 있고	金鼎蟠龍虎
삼년을 신선 영약 만들어서	三年養神丹
그 약 입에 한 번 들어가면	刀圭一入口
대낮에 날개가 돋는다는데	白日生羽翰
나도 그 길을 가기로 들면	我欲往從之
그리 어려운 일 아닌 줄 알지만	脫屣諒非難
두려운 것은 천도를 거역하면서	但恐逆天道
살기만 바라는 것이 편치 않은 것이네	偸生詎能安

제15장은 신선가가 사물을 버리고 구름이 떠 있는 산에 숨어 살면서 수련을 하여 죽지 않는 것을 구하는 것을 읊은 것이라고 했다. 하기는 사람이 태어나면 죽음이 있는 것은 변할 수 없는 천도(天道)니, 인간으로서는 그 천도대로 순순히 따르는 것이 원칙이라고 했다. 이들은 사실 죽기가 무서워 살기를 탐하고 자기의 사리를 위해 하늘을 거역하는 것이지 무

은 이치를 따른다고 할 수 없다는 것이다. 대체로 자기 몸을 닦고 죽음을 기다리는 것은 성현들이 천명(天命)을 세우는 일이고, 수련을 통해 목숨을 연장하려고 하는 것은 도가(道家)에서 하늘을 거스르는 일이라고 했다.

서쪽에선 인연과 업보라는 말로	西方論緣業
어리석은 중생들을 유혹하고 있는데	卑卑喩群愚
그 도가 전해온 지 오래되어서	流傳世代久
하늘이 얕을세라 치솟고 있고	梯接凌空虛
힐끔힐끔 심성까지 들먹이면서	顧盼指心性
유무를 초월한다 말하고 있네	名言超有無
그 첩경이 한 번 열리자	捷徑一以開
세상 사람들 너도 나도 휩쓸려	靡然世爭趨
공만 외치면서 실천은 않고	號空不踐實
저 가시밭길을 가고 있으니	躓彼榛棘塗
그 누가 세 성인 뒤를 이어	誰哉繼三聖
그놈의 책들을 불태워버릴까	爲我焚其書

「재거감홍」의 제16장은 불교의 해악에 대해 읊었다. 주희는 불교가 중국에 들어와 변모한 것과 그 해악에 대해 이해하고 비판을 했다. 불교의 설은 처음에는 재계(齋戒)를 중시했고 이어 의학(義學)이 생겼고 다음으로 선학(禪學)이 생겼다는 것이다. 불교가 처음 중국에 들어왔을 때는 다만 수행(修行)을 말했고 선화(禪話)는 아직 없었다고 했다. 그 뒤 재계가 변하여 의학이 되고 진(晉)·송(宋) 사이에 불교가 이미 성하여 원법사(遠法師)·지도림(支道林) 등이 활동을 하였으나 다만 노장(老莊)의 설을 절취하

여 부연 설명했다는 것이다. 양(梁)나라 때 달마(達摩)가 중국에 들어와 인과(因果)에 종사하여 드디어 면벽(面壁) 정좌(靜坐)하여 불립문자(不立文字)와 직지인심(直指人心)의 선화를 번역하여 제출하였다. 그리하여 인심(人心)은 지극히 선(善)하고 고생스럽게 수행이 필요하지 않다고 했다. 그 뒤 당나라 중종 때 육조(六祖) 혜능(慧能)이 출현하여 바로 심(心)을 궁구하여 견성(見性)을 하는 것이 중요하다고 했다는 것이다.

유가(儒家)에서는 불교와 노장(老莊)이 자신들과 다른 점은 인륜(人倫)을 멸하고 의리(義理)를 저버리는 것이라고 생각했다. 또 불교는 공(空)을, 노자는 무(無)를 주장한다는 차이가 있다고 보았다. 하기는 불교도들은 처음에는 인연이 어떻다느니 죄업이 어떻다느니 하여 수준이 낮은 논리로 어리석은 대중들의 귀를 솔깃하게 만들다가, 오래 계속된 후에는 또 곧바로 심(心)과 성(性)을 말하기도 하고 공(空)과 무(無)를 말하기도 하면서 금방 말을 또 꾸며대 상당히 고명한 사람까지 현혹시켰다는 것이다. 다만 그들의 말이 따져서 결론을 낼 수 없을 정도로 요리조리 잘 바꾸는 바람에 천년을 전해오는 동안 어리석은 자들은 그들이 말한 죄(罪)와 복(福)이 겁이 나서 생활의 밑천을 은연중 그들에게 빼앗기고 있고, 지혜로운 자들은 그것을 지름길로 알아 이중으로 학술에 해를 주고 있어 그 화가 홍수보다도 심하다고 했다.

하기는 주희가 이 시에서 누군가가 나서서 불교의 책은 불태우고 그 도당들은 일체 해산시킴으로써 사람들의 마음을 바르게 만들고 민생이 후해지도록 한다면 그야말로 성인의 무리로서 세 성인의 뒤를 이은 이라는 것을 읊은 것이라고 했다.

제17장에서 제20장까지는 주경(主敬)의 조존(操存)과 함양(涵養)을 논하였다. 주희는 제17장에서 아래와 같이 읊었다.

성인이 백성들 교화 맡아　　聖人司敎化
학교 세우고 인재 양육하면서　　黌序育群材
마음에 관해 분명한 교훈이 있고　　因心有明訓
선의 싹을 배양하도록 했으며　　善端得深培
천서에 관하여도 소상히 말하였고　　天敍旣昭陳
인문 역시 활짝 열어놓았는데　　人文亦褰開
어찌하여 백 대 후에 와서는　　云何百代下
학문도 끊기고 교양도 뒤틀리고　　學絶敎養乖
모여 앉아 문장력이나 겨루고　　群居競葩藻
너도나도 장원급제나 꿈꾸고 있어　　爭先冠倫魁
순후한 풍속이 없어지고 말았으니　　淳風反淪喪
그렇게 해서 무얼 하자는 것인가　　擾擾胡爲哉

「재거감흥」의 제17장은 학교의 교육이 사장(詞章) 중심으로 흘러 과거(科擧)의 폐단이 생겨 풍속이 무너진 것을 탄식하였다. 하기는 "이 시는 과거의 폐단을 탄식한 내용이다. 3년마다 천하의 선비들을 한 데 모아두고 한 번 크게 재주 겨루기를 하지만 거기에서 얻어지는 것이 뭐란 말인가. 인심만 점점 나빠지고 풍속이 어지러워져서 그 피해가 이루 말할 수 없는데도 윗사람이라는 자들이 그 제도를 바꿀 엄두가 안 나 변통을 못하고 있으므로 주자가 그래서 이를 깊이 탄식한 것이다"라고 하였다.

어린이는 바르게 길러야 하는데　　童蒙貴養正
공손이 바로 그것이라네　　遜弟乃其方

닭이 울면 다 세수하고 머리 빗고　　鷄鳴咸盥櫛
삼가 부모님 안부 묻고 나서　　問訊謹暄涼
물 길어다 땅 위에 뿌리고　　奉水勤播灑
비 들고 온 집안 청소하지　　擁篲周室堂
나아갈 땐 공순한 자세 취하고　　進超極處恭
물러와 쉴 때도 늘 단정해야지　　退息常端莊
맛있는 음식보다 독서를 더 좋아하고　　劬書劇嗜炙
악한 것 보기를 끓는 물을 만지는 듯이 하여　　見惡逾探湯
언제라도 거친 말투 삼가고　　庸言戒麤誕
행동은 반드시 차분해야 하느니　　時行必安詳
성인이 되는 길 아무리 멀다 해도　　聖途雖云遠
출발을 너무 서두르지 말라　　發軔且勿忙
십오 세 때 학문에 뜻 두었어도　　十五志于學
제때에 높이 날지 않았던가　　及時起高翔

제18장은 동몽(童蒙)을 바르게 길러야 하는 것에 대해 말하였다. 『소학(小學)』의 물 뿌리고 쓸고 응대하는 것으로부터 문득 성인의 일에 이를 수 있다는 것이다. 하기는 이 장은 『소학』의 공효에 대해 논했으면서도 또 한편으로는 되도록 큰 곳을 향해 전진해야지 작은 일로 만족해서는 안 된다는 뜻이 담겨 있다고 했다.

슬프다, 우산에 자란 나무여　　哀哉牛山木
도끼로 날마다 찍어대네　　斤斧日相尋

새로 돋는 싹이 어찌 없을까만　　豈無萌蘖生
소와 양이 다시 와서 뜯어 먹네　　牛羊復來侵
생각하면 저 옥황상제께서　　恭惟皇上帝
우리에게 인의 마음 내려주셨건만　　降此仁義心
물욕이 이를 치고 빼앗고 하거니　　物欲互攻奪
외로운 뿌리 누가 과연 간직할까　　孤根孰能任
스스로 반성하고 본분을 지켜가며　　反躬艮其背
태도는 엄숙하게 의관도 단정하게　　肅容正冠襟
그렇게 계속 가꾸어 가면　　保養方自此
언젠가는 하늘 높이 우뚝하리라　　何年秀穹林

「재거감흥」의 제19장은 『맹자』 우산지목(牛山之木) 장의 뜻에 근본을 하여 읊었다. 주희는 사람이 양심(良心)이 달아났는데 구할 줄 알지 못하기 때문에 "슬프도다! 우산(牛山)의 나무여"라고 시의 서두를 시작했다. "언젠가는 하늘 높이 우뚝하리라"라고 한 것은 양심을 보양(保養)하는 때를 잃어 성공을 하기 어려운 것을 저어한 것이다.

하기는 "이 편은 『소학』 정도에도 못 미치고 때가 이미 지난 자들을 위해 한 표현인데, '언젠가는 하늘 높이 우뚝하리라'고 한 것은 너무 늦게 시작한 것을 애석하게 여기면서도 그들로 하여금 힘을 백배나 더 쓰라는 뜻인 것이다"라고 하였다.

하늘은 아득하고 말이 없기에　　玄天幽且默
중니도 말없이 살고자 그랬네　　仲尼欲無言
동식물도 제각기 자라는 것이며　　動植各生遂

자기 모습도 자기가 가꾸는 것인데　　德容自淸溫
남의 뜻만 따르는 저들은　　彼哉夸毗子
수다스럽게 떠들어대면서　　呫囁徒啾喧
남 듣기 좋은 말만 하고 있으니　　但逞言辭好
제 정신 나간 줄을 어찌 알겠나　　豈知神監昏
나도 전인들 교훈에 어두워　　曰余昧前訓
애꿎게 지엽만 다루어 왔네　　坐此枝葉繁
이제는 용기 내어 다 잘라버리고　　發憤永刊落
뿌리 찾는 공부나 해야지　　奇功收一原

「재거감흥」의 제20장은 천도(天道)는 말을 하지 않고 성인(聖人)은 말이 없는데 후세에 말이 많은 폐단을 읊었다. "기공수일원(奇功收一原)"도 『중용』의 마지막 장에 나오는 구절인 "무성무취(無聲無臭)"와 주돈이의 「태극도설」의 첫째 구인 "무극이태극(無極而太極)"의 의미를 표현한 것이라고 했다. 이 장은 위 장에서 말한 『소학』의 함양(涵養)의 일을 잇고 또 조존(操存)의 공으로 요약을 하여 무언(無言 : 仲尼欲無言)과 일언(一言 : 奇功收一原)의 묘(妙)에 극도로 이르는 것을 표현하였다.

김이상(金履祥)은 "여기의 '기공수일원'은 바로 『음부경(陰符經)』에 있는 '절리일원(絶利一原) 용사십배(用師十倍)'라는 말을 응용한 것이다. 『음부경』 속의 그 두 마디를 주자가 너무 좋아하여 수시로 학자들에게 거론했었는데, 학자들이 그 뜻을 묻자 주자가 그것을 해석하기를, '절리(絶利)란 그 하나 둘인 것을 끊어버린다는 말이고, 일원(一原)이라는 것은 그 뿌리를 하나로 한다는 뜻인데, 그게 어디 군대 지휘에만 필요한 말이겠는가. 모든 일이 다 그런 것이다. 그리고 배(倍)란 공을 틀림없이 곱이나 더해야 한다고 할 때의 그 곱과 같은 말이다'라고 하였다"라고 했다.

주희의 「재거감흥」시는 문학적 측면에서는 『시경』 이후 최고의 작품이라는 평을 받고 있다. 명나라의 방효유(方孝孺)는 『시경』 3백 편 이후로는 시(詩)가 없다고 말하지만 그것은 시가 없었던 것이 아니라 있기는 해도 시로서의 구실을 못한 시들이기에 비록 없다고 해도 괜찮다는 말이라고 했다. 그는 「재거감흥」시에는 성명(性命)의 이치가 밝혀져 있고, 천지의 도(道)가 나타나 있으며, 세교(世教)와 떳떳한 윤리에 관하여도 지대한 공로가 있어 『시경』 3백 편 뒤에다 붙여놓더라도 부끄러울 게 없을 것이라고 했다.

호차염(胡次焱)은 「재거감흥」시는 포백(布帛)의 문장이요 숙속(菽粟)의 맛이라고 했다. 즉 「재거감흥」시는 베나 비단처럼 굶주림과 추위에 도움이 되고 콩이나 조처럼 일상생활에 하루라도 없어서는 안 되는 것이라고 했다.

「재거감흥」시는 영사시(詠史詩)의 성격을 지니고 있다. 특히 『춘추』를 이은 작품이라고 할 수 있으니 『춘추』의 존주의리(尊周義理)를 이은 사관을 담고 있다. 주희는 『춘추』를 계승하여 필삭(筆削)의 은미한 뜻을 담은 『자치통감강목(資治通鑑綱目)』을 지었고 이 책의 핵심은 정통론에 있었다. 사마광은 『자치통감』을 편찬하면서 "주나라 위열왕 23년. 처음 진나라 대부 위사 · 조적 · 한건을 제후로 삼았다[周威烈王二十三年 初命晉大夫魏斯趙籍韓虔爲諸侯]"는 구절로 시작하였다. 그런데 이 세 대부가 바로 진(晉)나라 임금을 시해하고 진나라를 삼분한 부정한 무리임에도 주나라 위열왕이 그들을 제후로 임명함으로써 왕장(王章)이 완전히 붕괴된 시점을 기준으로 삼았던 것이다.

주희는 「재거감흥」의 제4수에서 "사마광이 공자의 공업을 이으면서,

시초를 의탁함에 깊은 슬픔이 있네. 간절한 뜻이야 참으로 충후하지만, 선기(先幾)에 어두운 것이 아니었던가.[馬公述孔業 託始有餘悲 拳拳信忠厚 無乃迷先幾]"라고 하였다. 여기서 선기에 어두웠다는 것은 미리 기미를 살피지 못했다는 뜻인데, 이는 주희가 제4수의 첫머리에 "경수에 띄운 아교배가 초택에 빠지자, 주나라 기강은 이미 무너졌다네.[涇舟膠楚澤 周綱已陵夷]"라고 했으니 이는 주소왕(周昭王 B.C. 1052~1002)이 초나라에서 교주(膠舟)를 타다가 빠져죽은 날 왕장(王章)이 이미 없어진 것을 사마광이 『자치통감』의 시초로 삼지 않았음을 비판한 것이었다. 주희는 『자치통감』을 『춘추』와 연결시켜 보려고 하면 모순되거나 미진한 점이 있어 이를 안타까워했다. 이 때문에 주희는 『자치통감강목』을 저술하였던 것이고 자신의 『자치통감강목』을 통해 공자의 『춘추』를 계승하여 사람들의 잘못된 역사이해를 고쳐주겠다고 생각했다. 그러나 주희는 여전히 사마광이 선기(先幾)에 미혹했다고 비판하면서도 『자치통감』에서 위열왕 23년(B.C. 403 戊寅)으로 시작한 서술을 자신의 『자치통감강목』에 그대로 따르고 있다.[10]

한편 구양수는 『신당서(新唐書)』를 편찬하면서 측천무후의 본기(本紀)를 당본기(唐本紀)에 넣었다. 주희는 이 「재거감흥」시에서 구양수가 『신당서』의 본기를 혼란시켰다고 비판하였다.

10 『弘齋全書』 권100, 經史講義 47, 綱目 1, 辛亥 館學儒生對[周武烈王].

어이하여 구양자가　　云何歐陽子
붓을 잡을 때 지공한 것을 몰라　　秉筆迷至公
당경에다가 주기를 어지럽혔나　　唐經亂周紀
이 범례를 그 누가 용납하리　　凡例孰此容

주희는 구양수가 측천무후를 『신당서』의 본기 속에 넣은 것은 사마천(司馬遷)과 반고(班固)의 잘못을 이은 것으로서 그 과실이 더욱 크다고 보았다. 사마천은 『사기(史記)』에 여태후본기(呂太后本紀)를 넣었는데, 구양수가 『신당서』에 측천무후 본기를 넣었던 것이다. 구양수의 역사 편찬 태도는 역사적 사실을 기록한다는 것에서 보면 옳다고 할 수 있지만 춘추의 필법을 쓴 것은 아니었다.

주희는 사마광으로서도 전국 시대 역사를 시작으로 『자치통감』을 편찬할 때 선기(先幾)를 놓치는 실수를 하였고, 구양수가 『신당서』에 측천무후 본기를 넣었던 것을 「재거감흥」시에서 애석해하고 개탄하여 『춘추』를 계승하여 『자치통감강목』을 지었다. 그래서 주희는 「재거감흥」에서 아래와 같이 읊었다.

춘추의 두세 간책이　　春秋二三策
만고에 모든 어리석음을 일깨워주었네　　萬古開群蒙

조선 후기 학자들은 명나라가 멸망한 뒤 한 귀퉁이 동방의 조선만이 오직 『춘추』의 의리를 밝힐 수 있는 땅이라고 생각을 했다. 그래서 더욱 주희의 춘추의리의 역사의식을 구현하여 하늘이 돌보아 "시작을 가탁할 수 있는 곳"으로 조선을 생각했다.[11]

주희는 역사서는 치란과 득실을 담는 것도 중요하지만 사마광의 『자치통감』과 구양수의 『신당서』의 편찬에서 보듯 정통[正]과 윤통[邪]의 구분이 불분명하여 난신(亂臣)과 적자(賊子)가 한 시대에 간사하고 속임을 마음대로 했을 뿐만 아니라 천년의 뒤에도 그 죄를 명백히 밝히는 자가 없어 그 해를 다 말할 수 없다고 했다.

3. 「재거감흥」시의 이학적(理學的) 함의(含意)

1289년에 고려에 수용된 주자학은 1392년 조선이 건국된 후 정치지배이념으로 그 자리를 잡았다. 그 뒤 16세기 전반기에 서경덕(徐敬德)과 이언적(李彦迪)에 의해 기(氣)와 이(理)에 대해 깊이 탐구되어 이제 도교와 불교의 이념을 대체할 수 있는 수준에 올랐다. 정혜쌍수(定慧雙修)의 불교시대에서 거경궁리(居敬窮理)의 주자학의 시대가 열리고 있었다.

조선의 대표적 주자학자인 이황(李滉)은 조선의 주자학 탐구를 종래의 우주의 변화 중심에서 인물의 심성(心性) 중심으로 바꾸어 놓았다. 이제 이황에 의해 조선주자학은 우주론(宇宙論)에서 심성론(心性論)으로 그 방향이 변하게 되었다.

이황은 자기 시대를 태극(太極)을 기(氣)로, 이(理)와 기(氣)를 일물(一物)로 이해하는 기설(氣說)이 주도하는 사회로 이해하였다. 이에 이황은 종래 정복심(程復心) 등이 태극을 기 중심으로 파악하는 학설을 이(理) 중심

11 『無名子集』 文稿, 제9책, 殿策, 召公戒成王.

으로 이해하는 학설로 바꾸어 놓았다.[12] 이황은 태극의 이해에 있어 태극을 이로 파악한 것은 주희를 비롯하여 몇몇 학자들이 있었지만 태극을 기로 파악하는 경향도 꽤 있었다. 그는 태극을 이로 보아야 한다고 했고 거경과 궁리를 학문의 목표로 설정하였다. 그는 기대승(奇大升)과 7년간 사단칠정논변(四端七情論辨)을 통해 사단칠정의 이기호발설(理氣互發說)을 주장하였다.

그런데 이이(李珥)는 이황의 이발설(理發說)을 부정하고 기발설(氣發說)만을 받아들였다. 대신 그는 조선주자학의 독자적인 학설인 이통기국설(理通氣局說)을 주장하였다. 그리고 그는 심(心)은 곧 기(氣)라고 선언하여 조선주자학의 새로운 장을 열었다. 그는 무형(無形)하고 무위(無爲)이면서 유형(有形)하고 유위(有爲)한 것의 주재가 되는 것이 이(理)이고, 유형하고 유위하면서 무형하고 무위한 것의 그릇이 되는 것이 기(氣)라고 하였다. 이(理)는 무형(無形)이고 기(氣)는 유형(有形)이기 때문에 이통기국(理通氣局)이고, 이는 무위(無爲)이고 기는 유위(有爲)이기 때문에 기발이승(氣發理乘)이라고 하였다.[13] 그는 이(理)와 기(氣)가 서로 떨어지지 못하는 묘리를 보아야 한다고 하였다. 이이에 의해 제창된 이러한 학설은 송시열(宋時烈)을 거쳐 한원진(韓元震)에 이르러 심이 기질(氣質)이라는 주장에 까지 나아갔다. 그리하여 조선의 독자적인 주자학이 정립되었던 것이다.

이같이 조선주자학의 심화 발전과 함께 주희의 『주자대전(朱子大全)』도 깊이 있게 이해되어 나갔다. 그 대표적인 사례가 바로 이황의 『주자서절요(朱子書節要)』, 송시열의 『주자대전차의(朱子大全箚疑)』, 한원진의 『주자

---

12 권오영, 『조선 성리학의 의미와 양상』(일지사, 2011) 79쪽.
13 『栗谷全書』 권10, 書, 答成浩原.

언론동이고(朱子言論同異攷)』 등의 편찬이다.

주희의 「재거감흥」시는 송대의 대표적인 철리시(哲理詩)이다. 이 시는 처음에는 일리(一理)를 말했고 중간에는 만사(萬事)에 대해 읊고 마지막에는 일리로 마무리했다. 천지 음양의 운행과 도덕성명의 이(理)를 읊었다. 즉 태극(太極), 음양(陰陽), 도심(道心), 인심(人心)에 대해 시로 표현하였다. 천리(天理)를 보존하고 인욕(人欲)을 막아야 한다는 철리(哲理)를 읊었다. 요컨대 「재거감흥」시는 처음에는 무극(無極) 태극(太極)의 뜻을 읊었고 마지막에는 무언(無言)의 묘(妙)를 읊었다. 이는 『중용』의 "천명지위성(天命之謂性)"으로 시작하고 "상천지재(上天之載), 무성무취(無聲無臭)"로 마무리한 것과 같다고 할 수 있다.

그런데 사실 주희의 「재거감흥」시는 고려 말부터 읽히기 시작하였다. 이제현(李齊賢)은 이미 「재거감흥」시를 읽고 주희의 역사관에 공감을 표하였다. 그는 측천무후릉(則天武后陵)을 주제로 시를 지었다. 그의 역사인식을 살펴볼 수 있는 구절을 제시하면 다음과 같다.

구공은 참으로 이름난 선비지만	歐公信名儒
필삭에 실수를 면하지 못하였네	筆削未免失
어찌타 주나라 여분을 가져다가	那將周餘分
당나라 일월을 이었단 말이던가	續我唐日月

이제현은 위 시의 시서(詩序)에서 자신의 역사인식을 피력했다. 그는 구양수가 측천무후를 당기(唐紀) 속에 넣은 것은 대개 사마천(司馬遷)과 반고(班固)의 잘못을 이은 것으로서 그 과실이 더욱 크다고 했다. 그는 여씨(呂氏)는 비록 천하를 자기 마음대로 다스렸지만 어린 아들을 내세워

한(漢) 나라의 왕통이 있음을 밝혔는데, 측천무후는 이씨(李氏)를 억제하고 무씨(武氏)를 높였으며, 당 나라라는 이름을 없애고 주(周) 나라라 칭한 다음, 종사(宗祀)를 세우고 연호(年號)를 정했으니, 흉역(凶逆)이 이보다 더 심할 수 없다고 했다. 따라서 구양수가 마땅히 이것을 밝혀서 후세를 경계하여야 할 것인데, 도리어 높였다는 것은 크게 잘못이라고 했다. 또 당기(唐紀)라 하면서 주(周)의 연호를 썼으니 옳다고 할 수 없다는 것이다. 이에 대해 어떤 이가 "일을 기록하는 자가 반드시 연호 밑에 일을 기록하는 것은 역사의 조강(條綱)으로 하여금 문란하지 않게 하려고 하는 것인데, 만약 그대의 말과 같이 한다면 중종(中宗)이 폐위를 당한 뒤에는 그 연호를 빼버리고 쓰지 않을 것이니, 천하의 일을 어디에다 붙여 기록하겠는가"라고 하자 이에 대해 이제현은 "노소공(魯昭公)이 계씨(季氏)에게 쫓겨나 건후(乾侯)에 있을 때에도 『춘추(春秋)』에 한번도 소공의 연호를 쓰지 않은 적이 없었으니, 중종의 폐위가 어찌 이와 다르겠는가"라고 했다. 이제현은 역사를 저술하면서 『춘추』를 본받지 않는다면 옳지 않다고 했다.[14]

이제현은 이 시를 지은 뒤에 주희의 「재거감흥」시를 보고는 책을 덮고 감탄하였다. 그는 자기 같은 후생말학(後生末學)으로서 구양수에 대해 논한 것이 주희와 어긋나지 않았음을 확인했다. 그는 또 범조우(范祖禹)의 『당감(唐鑑)』을 읽어보고 역시 자신과 역사 인식에 의론이 같다는 것을 알았다.[15]

이제현 뿐만 아니라 이숭인(李崇仁)·이종학(李種學) 등은 주희의 「재거

14 『益齋亂稿』 권제3, 詩, 則天陵.
15 『益齋亂稿』 권제3, 詩, 則天陵.

감흥」시를 인용하고 읊기도 했다. 이숭인은 친구인 예문응교(藝文應敎) 정만석(鄭曼碩)에게 지어준 「복재기(復齋記)」에서 마지막에 주희의 「재거감흥시」 제8수의 4구를 절취하여 기문을 결론지었고[16] 이종학은 "향 피우고 매화 핀 창가에 가만히 앉아, 다시금 문공(주희의 시호)의 「감흥시」를 읽노라"라고 했다.[17]

조선조에 들어와서 「재거감흥」시는 몇 차례 간행이 되었다. 세종(世宗) 연간에 송나라 채모(蔡模)의 『재거감흥주해(齋居感興註解)』가 간행되었고, 그 뒤 1553년(명종 8)에는 이정(李楨)이 「재거감흥」시를 간행했다.[18] 또한 「재거감흥」 시는 조선 최초의 서원인 백운동서원(白雲洞書院)에 관한 기록을 수집해 엮은 『죽계지(竹溪志)』에도 실리어 조선 학자들이 널리 읽게 되었다.[19] 그런가 하면 「재거감흥」시는 1573년(선조 6)에 경연(經筵)에서 논의가 되기도 했다. 유희춘(柳希春)은 소식(蘇軾)의 시를 강하게 비판하고 국왕 선조에게 주희의 「재거감흥」시를 감상하여 감흥을 일으키기를 바란다고 했다.

> "지난번에 위에서 동파(東坡)의 시(詩)를 들여오라고 명하셨는데 신은 위에서 한두 곳을 살펴보려 하시는 것인지 두고 보려 하시는 것인지 모르겠습니다마는, 소식(蘇軾)은 잘난 체하고 궤사스러워 심술

16 李炳赫, 「麗末漢文學의 朱子學的인 傾向에 대하여－陶隱 李崇仁을 중심으로-」(『石堂論叢』 10, 東亞大學校 附設 石堂傳統文化硏究院, 1985); 『陶隱文集』 권4, 記, 復齋記. "晦菴先生有詩, 曰幾微諒難忽, 善端本綿綿. 閉關息商旅, 絶彼柔道牽. 至哉言乎, 曼碩氏識之."
17 『麟齋遺稿』 南行錄, 絶句.
18 沈慶昊, 「朱子 『齋居感興詩』와 『武夷櫂歌』의 조선판본」(『書誌學報』 14, 韓國書誌學會, 1994).
19 『竹溪志』 雜錄 5, 齋居感興.

이 바르지 않기 때문에 문사(文詞)에 나타난 것도 다 평탄하지 않습니다. 이 때문에 예엽(芮曄)이 학교의 정사를 맡았을 때에 주자(朱子)가 글을 보내어 논하기를 '소씨(蘇氏)는 웅심(雄深)하고 번묘(繁妙)한 글로 경위(傾危)하고 변환(變幻)하는 버릇을 선동하므로 그 해독을 입는 사람들이 살에 젖고 뼛속에 스미게 되어도 스스로 깨닫지 못한다' 하였으니, 이제 바로 뿌리를 뽑고 근원을 막아야만 세찬 물결이 동방으로 밀려오는 것을 막을 수 있습니다. 위에서 시에서 감흥을 일으키려 하신다면, 주자의 감흥시 20수(首)가 있습니다. 이는 다 오언(五言)으로 모두 1천 2백 60자(字)인데 그 가운데에 천지 만물의 이치와 만고 성현의 마음과 고금 만사의 변천이 모두 다 들어 있으며 음운(音韻)이 잘 조화되고 흥취가 유원(悠遠)하여 읊는 동안에 의미가 심장하니, 이 시로 그것에 대체하시면 다행하겠습니다."[20]

유희춘은 국왕 선조(宣祖)에게 「재거감흥」시로 소식의 시에 대체하기를 바란다고 했다. 이제 주희의 철리시(哲理詩)가 조선 학계를 주도하는 시대가 열리고 있었다.

그런데 주희의 「재거감흥」시에 대한 체계적이고 종합적인 이해는 임성주(任聖周)와 이종수(李宗洙)에 의해 이루어졌다고 할 수 있다. 1750년(영

20 『宣祖實錄』 선조 6년 12월 21일(정묘). "頃日, 上命入東坡詩, 臣未知上欲考一二處耶? 欲留覽耶? 蘇軾爲人, 矜豪詭譎, 心術不正, 發於文詞, 亦皆不平. 是故, 芮曄掌學校之政, 朱子遺書, 論曰蘇氏以雄深繁[敏]妙之文, 扇[煽]其傾危變幻之習, 以故人之被其毒者, 淪肌浹髓, 而不自知. 今正當拔本塞源, 庶乎可以障狂瀾而東之. 自上若欲興於詩, 則有朱子感興詩二十首在, 蓋皆五言, 凡一千二百六十字之中, 天地萬物之理, 聖賢萬古之心, 古今萬事之變, 無不在焉. 音韻鏗鏘, 興致悠遠, 吟詠之間, 意味深長. 以此詩易在彼, 幸甚."(번역문은 국사편찬위원회 사이트 참조).

조 26) 6월에 임성주는 「재거감흥」시의 국내외의 주(註)를 집성하여 『주문공선생재거감흥시제가주해집람(朱文公先生齋居感興詩諸家註解集覽)』을 편집했다. 그는 김이상(金履祥)의 『염락풍아(濂洛風雅)』주(註)와 송시열(宋時烈)의 『주자대전차의(朱子大全箚疑)』를 참고하여 『감흥시집람(感興詩集覽)』의 편찬을 시작했다.[21] 임성주는 「재거감흥」시가 위로는 음양(陰陽)과 성명(性命)의 깊은 곳을 지극히 탐구했고 아래로 하학(下學)을 빠뜨리지 않았다고 했다.[22]

민우수(閔遇洙)는 1753년에 쓴 『주문공선생재거감흥시제가주해집람』의 발문에서 『시경(詩經)』의 대아(大雅) 같은 작품이 지어지지 않자 시도(詩道)가 붕괴되었다고 보았다. 그는 한(漢)·당(唐) 이후로 오직 주희의 「재거감흥」시가 특히 정성(正聲)이 된다고 하면서, 성명(性命)의 근원을 터득했고 일용(日用)의 떳떳함을 갖추고 있다고 보았다. 또한 역대의 역사에 미치어 문사(文詞)가 명백하고 의론이 정미하여 『시경』의 대아와 표리가 된다고 했다.

이종수는 「재거감흥」시에 대한 제가(諸家)의 주석을 수집하여 『주자감흥시제가집해(朱子感興詩諸家集解)』를 편찬했다. 그는 이상정(李象靖)의 제자로 주자서(朱子書)를 깊이 탐구한 학자이다. 그는 『주자어류(朱子語類)』에서 필요한 내용을 선별하여 『주어근사록(朱語近思錄)』을 편찬했고, 또 『주자어류』의 훈문인(訓門人)의 여러 설을 따로 기록하여 『주어훈문인분류(朱語訓門人分類)』를 편찬하기도 했다.

---

21 沈慶昊, 「朱子 『齋居感興詩』와 『武夷櫂歌』의 조선판본」(『書誌學報』 14, 韓國書誌學會, 1994)
22 『鹿門文集』 권21, 題跋, 感興詩集覽跋 庚午.

이종수는 「재거감흥」시 20수가 모두 일상생활에서 느낀 바에 따라 흥취를 표현한 것으로, 이 시는 도(道)의 대원(大原)을 밝혔고 심법(心法)의 정미함을 보여주었는데 이학(理學)의 정맥(正脈)을 게시하여 사설(邪說)이 일어나지 못하게 했다는 것이다. 그는 「재거감흥」시를 5대절로 나누고 제1대절은 음양(陰陽)을 말했고, 제2대절은 인심을 말했고, 제3대절(5수−8수)은 음양과 선악(善惡)의 기미를 논했고, 제4대절(9수−11수)은 현인(賢人)이 교(敎)를 닦고 도(道)에 들어가는 요점을 논했다고 했다. 그러면서 20수에서 앞의 10수는 성인(聖人)의 학을 말했고 뒤의 10수는 현인(賢人)의 학을 말했다고 했다. 아울러 그는 「재거감흥」시를 경(敬)과 성(誠)을 표현한 시로 이해를 했다. 이종수는 "유정유일(惟精惟一)"이 경(敬)이라 하고, 이 경은 곧 성학(聖學)의 처음을 이루고 마침을 이루는 것이라 하면서 제왕(帝王)의 전심(傳心)의 법으로 이해를 했다. 뿐만 아니라 이 「재거감흥」시는 『중용』의 성(誠)을 제시하고 있다고 이해를 했다.

정조(正祖)는 "주자시(朱子詩)의 표현은 장엄하고 그 뜻은 간오(簡奧)하며, 차분하게 간직하고 있다가도 터져 나올 때는 과감하여, 비유하자면 마치 순전(舜殿)에서 소음(韶音)이 소리만 올리고 관현(管絃)이 사람의 목소리를 현란시키지 않은 것과 같다"라고 평했다. 그러면서 정조는 "무극(無極)·태극(太極)과 양의(兩儀)·오행(五行)에서 시작하여 여러 왕과 많은 성인들이 인류의 기강을 확립하고 정당한 갈 길을 마련했던 것까지를 증험하려면 「재거감흥」시를 보면 된다"고 했다.[23]

주희는 「재거감흥」시에서 만세 심학(心學)의 도통을 제시했다. 그는

---

23 『弘齋全書』 권10, 序引 3, 雅誦序 己未.

요·순·우·탕·문왕·무왕·주공·공자·안자·증자·자사·맹자·정이의 도통을 읊었다. 이 심학의 도통 인식은 조선조 학자들에게 그대로 받아들여졌다. 이황(李滉)의 학맥의 학자인 권두경(權斗經)은 도산서원(陶山書院) 원장(院長)이 되어 이황의 고거(故居)에 추월한수정(秋月寒水亭)을 세워 이황이 주희의 도통을 이었음을 드러내었다,[24] 그런가하면 송시열(宋時烈)은 권상하(權尙夏)에게 한수재(寒水齋)란 재호(齋號)를 써서 주어 심학의 도통을 전한다는 뜻을 표현하였다.[25] 권두경과 송시열이 '한수(寒水)'를 거론한 것은 바로 「재거감흥」시의 "공유천재심(恭惟千載心), 추월조한수(秋月照寒水)"에서 따온 것이었다.

그런데 이 「재거감흥」시를 통해 조선 학자들은 이학적(理學的) 해석을 깊이 있게 시도하였다. 「재거감흥」시의 "인심묘불측(人心妙不測), 출입승기기(出入乘氣機)"에서 인심에 대한 이해는 학자마다 다양하게 이해될 수 있었다. 주희는 일심(一心)에는 도심(道心)과 인심(人心)이 있다고 나누어서 이해를 했다. 그리고 인심을 다시 두 가지로 나누었는데 하나는 물질적 심이고 또 하나는 비물질적 심 즉 정신적 심이다. 그런데 '인심묘불측'의 심은 바로 신명(神明)하여 헤아릴 수 없는 마음을 가리킨 것이다. 인심은 오묘하여 헤아릴 수 없으며 그 마음의 작용은 아무 때나 수시로 기(氣)에 따라 변화한다는 것이다.[26]

---

24 『蒼雪齋文集』 권11, 雜著, 溪上遺址建屋表坊考證. "竊見鶴峯金文忠公所記, 有高峯奇文憲公稱先生之心, 如秋月寒水, 今玆溪上新屋, 揭名以秋月寒水之亭, 使後人想像神會於仰瞻之際, 庶有觀感體認之效."

25 『宋子大全』 권148, 跋, 書寒水齋扁額後. "晦菴先生歷敍古聖淵源, 而曰恭惟千載心, 秋月照寒水. 友人權致道作小齋於淸風江上, 讀書其中, 要余題其額, 敬以此揭之云. 華陽居士書."

26 申美子, 「朱子感興詩硏究」(1)(『中國語文學論集』 11, 中國語文學硏究會, 1999) 234·243쪽.

조선 학자들도 이 두 시구를 놓고 학파에 따라 다양하게 이해를 했다. 낙론은 심과 기기(氣機)를 두 가지 물로 삼아서 심이 기를 탄다고 이해를 했다. 이에 반해 호론은 이른바 기기는 곧 심의 기이고 심밖에 따로 일기가 있는 것이 아니라고 했다.[27]

호론 학자인 심조(沈潮)는 심(心)이라는 것은 오로지 기(氣)로써 말하는 경우가 있고 이기(理氣)를 겸하여 말하는 경우가 있었다. 주희가 이른바 심은 기의 정상(精爽)이라고 한 것은 이른바 기 가운데에 저절로 영한 물사(物事)가 있다는 말인데 이것은 오로지 기로써 말한 것이라고 보았다. 대개 오로지 기로써 말하면 정상이 문득 기이고 기가 문득 정상이니 다시 분별이 없다. 이기를 겸하며 말하면 이는 무위(無爲)이고 기는 유위(有爲)이니 발하게 하는 것은 기(氣)이고 발하는 까닭의 것은 이(理)이다. 이 같이 이해하면 「재거감흥」시의 이른바 인심의 심(心)자를 또한 이기를 겸하여 말하는 것 같은데 그 의미는 만약 사람의 인심이 신묘하여 불측한데 그 출입과 작용처는 기기를 타는 것이니 발하게 하는 것은 기이다라고 말하는 것과 같다고 했다.[28]

이에 대해 이재(李縡)는 심(心)은 기(氣)인데 이(理)가 갖추어져 있다. 이 기가 있으면 바로 이 이가 있어 서로 떨어질 수 없고 또 서로 섞일 수 없다. 이와 기를 합하여 천자만물의 모임을 총괄하므로 묘(妙)라고 말했다. 기가 없으면 이를 말할 수 없고 이가 없으면 기를 말할 수 없다는 것이다. 이는 스스로 운용하지 못하기 때문에 출입하는 것은 기기를 탄다는 것이다, 이는 정하고 기는 동하니 동의 실마리가 문득 기(機)이다. 기

27 『南塘文集』 권20, 書, 門人問答, 答權亨叔 丁卯 8月.
28 『陶菴集』 권14, 書 6, 答沈信甫問目.

가 동하면 이가 동하니 기의 기(機)를 타는 것도 기이고 기의 기를 타게 하는 까닭인 것은 또한 이이다. 이기를 나누어서 심이라고 말하면 사람에 두 마음이 있게 되니 이런 이치는 없다고 했다.[29]

조선 후기 호론(湖論) 학자인 윤봉구(尹鳳九)는 심(心)이 곧 기질(氣質)이라고 보았다. 그는 대개 성현이 말하는 심이라는 것은 이(理)를 겸하여 말하는 경우도 있고, 홑지게 기(氣)를 가리켜 말하는 경우도 있다고 했다. 『주역』 「계사(繫辭)」에서 헤아리지 못하는 것을 신(神)이라 이르고 장재(張載)의 「정몽(正蒙)」에서 둘이 있기 때문에 헤아리지 못한다는 것은 모두 이(理)가 기(氣)를 타는 것을 가리켜서 말하는 것이라고 했다. 그는 인심은 이기(理氣)를 겸하고 있기 때문에 헤아리지 못하는 것이고, 이 심기(心氣)를 타고서 출입하는 것에서 헤아리지 못하는 묘함을 볼 수 있다고 했다.[30]

윤봉구는 『한수재집(寒水齋集)』의 서(序)에서 심(心)을 기질(氣質)이라고 주장했다. 윤봉구는 심은 성(性)을 담은 그릇으로서 총괄하여 말하면 성(性)과 정(情)을 포괄하고 하나로 가리키면 기(氣)이다. 주희는 심이란 기의 정신이라고 말하였는데, 이는 그 형체가 허령불매(虛靈不昧)하여 조용한 상태에서는 오상(五常)의 덕을 구비하고 그것이 밖으로 드러나면 사단칠정(四端七情)의 작용이 된다는 것이다. 그러나 이른바 정신이란 것도 기(氣)로서 그 부여받은 것이 어떠한가에 따라 제각기 구별이 있으니, 공자가 말한 "법도를 벗어나지 않는다"는 마음과 "인(仁)을 떠나지 않는다"는 마음과 "하루 또는 한 달 동안 우연히 인(仁)의 도에 이른다"는 마음에 이미

---

29 『陶菴集』 권14, 書 6, 答沈信甫問目.
30 『屛溪集』 권11, 書 答沈信夫 戊辰.

태어나면서부터 도를 알고 배운 다음에 도를 알고 쓰라린 공을 들인 다음에 도를 아는 등급이 있다고 했다. 정자(程子)는 기가 맑으면 재주가 맑고 기가 흐리면 재주가 흐리다는 말을 하였는데, 주희가 재주를 심이라고 하면서 말하기를 "정자가 재주를 말한 것은 무엇보다 정밀하다" 하고, 또 말하기를, "사람이 배우는 이유는 자신의 마음이 성인의 마음과 같지 않기 때문이니, 만일 성인과 범인이 다른 것이 없다면 배운다는 말말을 했겠는가"라고 하였으며, 이이의 경우는 곧바로 말하기를 "허령도 또한 우열이 있다"라고 하였으니, 이는 성인과 범인의 마음이 같지 않다는 것을 말한 것이라고 했다.

윤봉구는 옛날 성현들께서 입론(立論)을 하여 후세 사람을 가르친 것이 이와 같이 분명하고 절실함에도 불구하고 근년 이후로 여러 말들이 각기 갈라져 하나로 합치되지 않았다고 했다. 그는 이에 권상하는 막힌 근원을 트고 흐름을 깨끗이 씻어 내어 분석하고 밝혔으니, 이른바 "각기 그 기의 이치를 가리키고, 또한 그 기에 섞여 있지 않다"는 것은 인간과 동물의 성이 같지 않다는 것을 말한 것이고, 또 "기질이란 심(心)을 가리킨 말이다"는 것은 성인과 범인의 심은 각기 다르다는 것을 말한 것이라고 했다. 그리하여 빗장을 열어 천 년 이후의 시점에서 말없는 가운데 도의 묘체(妙諦)가 서로 맞아 들어간 것은 참으로 부절(符節)처럼 차질이 없는 것이라고 했다.

이러한 윤봉구의 설에 대해 김원행은 아래와 같이 시를 지어 윤봉구를 비판했다.

신은 기를 떠나지 않지만 기가 신은 아니니	神非離氣氣非神
몸체도 없고 방소도 없는 것이 바로 신이라오	無體無方卽是神

이 기가 그로부터 변하는 것 보아야 할지니　　須看此氣從他變
기이한 공 신에게 있지 않다 누가 말하나　　誰說奇功不在神

신비하고 오묘한 기와 참다운 이여　　氣之神妙理之眞
신비하되 오묘하지 않다면 참도 신비하지 않으리　　神不妙眞亦不神
훗날 범인이 성인으로 화하게 될 때까지　　待到他時凡化聖
그 자신이 힘쓰지 않고 다시 누구를 인연하리오　　非渠功用更誰因[31]

김원행은 심을 해석함에 있어 하나의 신(神)자로 단정을 하였다. 그는 심은 기의 주재이고 기는 심의 타는 바이니, 서로 떨어지지도 않고 서로 섞이지도 않는 묘함을 여기에서 볼 수 있다고 했다.[32]

윤봉구는 명덕(明德)을 성(性)이라고 주장했다. 이에 대해 김원행은 심(心)은 기(氣)이고 성(性)은 이(理)이나 그릇은 이를 갖출 수 있고 이는 이를 갖출 수 없다고 했다. 명덕이 과연 성이라면 이것은 이(理)로 이(理)를 갖추는 것이라고 했다. 또한 윤봉구는 허령(虛靈)한 것은 우열(優劣)이 있다고 했고, 심은 기질이라고 주장했다. 김원행은 심이 과연 기질이라면 그 아래에 기품에 구애를 받는다고 했겠느냐고 반문을 한다. 그래서 김원행은 윤봉구의 주장은 천하의 선(善)을 행하려는 길을 막는 학설이라고 했다. 왜냐하면 사람들이 항상 기질이 성현과 같지 않다고 핑계를 대어 더욱 선을 행할 수 없다고 생각한다는 것이다.[33]

31『渼湖集』권1, 詩, 觀楊季達應秀心有二氣吟尹屛溪鳳九丈氣質指心之說口號示諸生且竢知者質焉.
32『蘿山集』권8, 雜著, 渼湖先生行狀籤論.
33『近齋集』권32, 語錄, 渼湖金先生語錄.

이같이 윤봉구는 명덕은 성이고 허령은 우열이 있고, 심은 곧 기질이라고 주장했다.[34] 허령은 우열이 있고, 심은 곧 기질이라는 주장은 이이(李珥)의 학설에 근본을 하고 있다. 이이는 허령에 분수가 있고 심은 기라고 했던 것이다. 이에 대해 낙론에서는 이이가 사람의 허령은 품부받은 것에 구애받지 않는다고 했으니 따라서 이이는 심과 기질을 구분하여 보았다고 했다.[35]

김원행은 심과 기질은 함께 방촌(方寸)에 있는데 허령한 것은 심이고 선악이 있는 것은 기품을 가리킨다고 했다. 이에 대해 윤봉구는 심은 기의 영(靈)이고 신묘하여 방향이 없으므로 "인심묘불측(人心妙不測)"이라고 했다고 보았다. 그 기의 영이 그 기의 동정(動靜)을 떠나지 않고 영도 따라서 출입하기 때문에 출입에 기기(氣機)를 탄다고 했다는 것이다. 그는 당시에 심과 기품을 논하는 자는 반드시 이 기를 뛰어넘어 따로 신(神)의 자리를 두고 있다고 했다.[36]

또한 호론 학자인 한원진(韓元震)은 기기(氣機) 두 글자는 심의 동정(動靜)의 기를 가리키고 따로 하나의 기가 심밖에 있어 이것으로 저것에 타는 것은 아니라고 했다.[37] 또한 그는 심순선(心純善)을 주장하는 이들이 「재거감흥」시의 "인심묘불측(人心妙不測), 출입승기기(出入乘氣機)"의 구절로 심과 기기를 두 물건으로 삼아 심으로서 기(氣)를 타고 있다고 이해를 하고 있다고 했다. 그는 이른바 기기는 심의 기이고 심 밖에 따로 기기가 있지 않다고 했다. 그는 이이가 심은 기이고 기기가 동(動)하여 정

34 『近齋集』 권32, 語錄, 渼湖金先生語錄.
35 『梅山文集』 권19, 書, 答林來卿 庚子.
36 『屛溪集』 권11, 書, 答沈信夫 戊辰.
37 『南塘文集』 권21, 書, 門人問答, 答金常夫 丁卯 4月.

(情)이 된다는 말을 그 증거로 제시했다.[38]

낙론(洛論) 학자인 김원행은 양응수(楊應秀)의 '심에 이기(理氣)가 있다'는 시에 대해 비판했다. 양응수는 우선 아래와 같이 '심에 이기가 있다'고 주장했다.

마음에 이기가 있다는 것 알고자 할진댄	欲識心中有二氣
모름지기 정의 위에서 공과 사를 분변해야 하리	須從情上辨公私
공은 천지 본연의 기이고	公爲天地本然氣
사는 사람의 형기에서 오는 거라네	私是人生形氣來[39]

이에 대해 김원행은 아래와 같이 양응수의 '심에 이기가 있다'고 하는 주장에 대해 비판을 했다.

천지든 사람이든 구분하지 않고	不分天地與人身
기가 있으면 원래 절로 신이 있는 법	有氣元來自有神
기는 만 가지이나 신은 유일하니	氣有萬般神則一
형체 너머 초연한 것이 진정한 심이라오	超然形外是心眞

심의 본체 애당초 두 가지 기 없으니	心體初非有二氣
발하여 정 되는 곳에 공과 사 볼 수 있네	發爲情處見公私
부디 미발의 시점에서 진면목 보시게나	請從未發觀眞面

38 『南塘文集』 권20, 書 門人問答, 答權亨叔 丁卯 8月 別紙.
39 『白水文集』 권16, 詩, 贈族弟春泰.

티끌만큼이라도 기와 섞인 적 있으리오　　　　一點何曾雜氣來[40]

김원행은 심순선(心純善)의 설을 주장하였다. 그는 심(心)과 기질(氣質)이 마음(方寸)에 같이 존재한다고 했다. 그는 심은 이(理)에 견주면 은미하게 자취가 있고 기(氣)에 견주면 또 영명(靈明)하다고 한 주희의 말을 인용하여 심과 기질(氣質)은 다름이 있다고 주장했다. 그는 「재거감흥」시의 "인심묘불측(人心妙不測), 출입승기기(出入乘氣機)"에서 심이 기를 타고 출입하는 물건이라 했는데, 심과 기가 과연 다름이 없는가라고 하면서, 윤봉구가 주장한 심이 곧 기질이란 설은 잘못이라고 했다.[41] 유숙기(兪肅基)도 윤봉구가 주장한 심이 과연 기질이라면, 기질이 기기(氣機)를 타는 것이 되어 말이 되지 않는다고 했다.[42] 낙론에서 심을 순선하다고 주장하는 것은 기품이 심을 해칠까 바 저어한 것이다.

어떤 사람이 정조(正祖)에게 주희의 「재거감흥」시 가운데 '사람의 마음은 오묘하여 헤아릴 수 없으니, 드나드는 데 기기를 탄다[人心妙不測 出入乘氣機]'는 구절에 대해 물었다. 정조는 다음과 같이 대답하였다.

> "그렇다면 마음은 선(善)하다는 설과 선악(善惡)이 혼재해 있다는 설에 대하여 듣고 싶은가? 공자(孔子)가 '성(性)은 서로 가깝다'고 한 교훈과, 맹자(孟子)가 등문공(滕文公)과 고자(告子)의 질문에 답한 내용과, 정명도(程明道)가 '생(生)을 성이라고 한다'라고 한 것과 정이천(程

40 『渼湖集』 권1, 詩, 觀楊季達應秀心有二氣吟尹屛溪鳳九丈氣質指心之說口號示諸生且竢知者質焉.
41 『近齋集』 권32, 語錄, 渼湖金先生語錄.
42 『兼山集』 권9, 雜著, 韓南塘心字說辨 戊午.

伊川)이 '성은 곧 이이다[性卽理]'라고 한 말의 안팎을 살펴보고 완상하며 음미하고서, 마음속으로 깊이 납득한다면 저절로 이해할 수 있는 곳이 있을 것이다. 그리고 성을 아는 데는 처음에는 의당 마음과 기기(氣機)를 말해야 하니, 무릇 이(理)가 마음속에 있을 때가 바로 이른바 성이며, 마음속에 간직하고 있는 이가 바로 성인 것이다. 오행(五行)에는 제각기 그 성이 하나씩이며, 천하의 만물 또한 오행에 소속되지 않는 것이 없고, 오행은 그 하나를 오로지하는데 만물 역시 그러하다. 오직 사람은 가장 신령하고 가장 존귀하여 오행의 이와 성을 모두 갖추고 겸하여 소유하고 있다. 그러므로 그 오묘함은 끝이 없고 그 기능은 마음에 달려 있으니, 율곡(栗谷)이 이른바 '마음은 기(氣)인 것이니, 기기(氣機)가 움직여 정(情)이 되고 기(氣)가 발하면 이(理) 또한 그 기를 탄다'는 것은 무엇을 말하는 것인지 묻는다면, 그것은 궁구하여 풀기가 어렵지 않을 듯하다."[43]

정조는 이이의 심(心)이 기(氣)라는 설을 지지하고 아울러 기발이승(氣發理乘)의 설을 지지하였다.

한편 이항로(李恒老)는 심(心)은 이(理)로써 말하는 경우도 있고 기(氣)로써 말하는 경우도 있다고 했다. 그는 이로써 심을 말하면 심이 타는 바의

43 『弘齋全書』 권56, 雜著 3, 或問感興詩句. "曰那欲聞心善心善惡之說者耶? 與孔子性相近之訓, 孟子答滕文公, 告子之問, 明道生之謂性, 伊川性卽理, 表裏看得, 玩味體認, 則自可有領略處. 識性, 始當語心與氣機. 大抵理之在心, 卽所謂性, 而心中所有之理, 乃性也. 五行各一其性, 而天下萬物, 亦莫不屬於五行, 五行則專其一, 萬物亦然. 惟人最靈最貴, 五行之理與性, 咸具而兼有. 是以, 其妙不窮, 其機在心, 栗谷所謂心氣也. 氣機動而爲情, 氣發理乘., 何謂也云者, 似不難究解."(번역문은 한국고전번역원 고전번역서 홍재전서 참조).

것은 기이고 기로써 심을 말하면 심이 싣고 있는 바의 것은 이라고 했다.[44] 이항로의 제자인 김평묵도 심이 기기를 탄다고 할 때의 심자는 이로서 말한 것이라고 하였다.[45] 김평묵은 만약 심이 오로지 기이고, 이라고 말할 수 없다면 인심이 바로 기이니 기로써 기를 타는 것이 되어 말이 되지 않는다고 했다.[46]

이진상(李震相)은 "인심묘불측(人心妙不測)"의 묘(妙)라는 것은 태극본연(太極本然)의 묘(妙)이고 출입이라는 것은 동정(動靜)이라고 했다. 이진상은 묘(妙)라는 것은 태극본연의 묘이고, 불측이라는 것은 묘용이 음(陰)에도 속하지 않고 양(陽)에도 속하지 않고 둘이 있어서 불측한 것이고 출입이라는 것은 동정이고 동은 또한 심의 이(理)가 움직이는 것이고 정은 또한 심의 이가 정한 것이고 그 동하고 정함이 기(氣)가 기(機)가 되어 이(理)가 타는 것이라고 했다.[47] 이진상의 제자인 곽종석(郭鍾錫)은 심이라는 것은 기의 정상(精爽)이니 기 위에 나아가 그 묘함을 가리키니, 곧 이른바 심이라는 것은 이가 기를 타고 출입하는 것으로 곧 "인심묘불측", "출입승기기"라고 했다.[48] 그는 "묘불측(妙不測)"은 마땅히 이로서 보아야 한다고 했다.[49]

그런데 영남 학계에서도 심(心)을 이(理)와 기(氣)의 합으로만 보지는 않은 학자가 있었다. 정종로(鄭宗魯)는 심을 오로지 말하면 진실로 이와 기를 합하고 있다고 말하는 것이 마땅하지만, 심의 가운데에 나아가 분별

---

44 『華西文集』 권7, 書, 答金穉章 乙巳 8月.
45 『重庵文集』 권15, 書, 上華西先生.
46 『重庵文集』 권20, 書, 答柳穉程 心說源委辨 丁亥.
47 『俛宇文集』 권129, 雜著, 心出入集說 壬申.
48 『俛宇文集』 권93, 書, 答河聖權.
49 『俛宇文集』 권111, 書, 答李致善 別紙.

하여 말하면 이는 성이고 기는 심이어서 심으로써 이라고 말할 수 없다고 했다. 그는 심은 기에 속하는 물사(物事)이다라고 했다.[50]

4. 맺음말

주희의 「재거감흥」시는 송대의 대표적인 철리시(哲理詩)이다. 주희는 이 시의 제1장에서 무극(無極) 태극(太極)의 뜻을 읊었고 마지막 장에서는 무언(無言)의 묘함을 읊었다. 이는 『중용』의 "천명지위성(天命之謂性)"으로 시작하고 "상천지재(上天之載), 무성무취(無聲無臭)"로 마무리한 것과 같은 구성이라고 할 수 있다. 또한 『중용』과 마찬가지로 이 시는 처음에는 일리(一理)를 말했고 중간에는 만사(萬事)에 대해 읊었고 마지막에는 일리(一理)로 마무리했다. 주희는 「재거감흥」시에서 만세 심학(心學)의 도통을 제시했다. 그는 요·순·우·탕·문왕·무왕·주공·공자·안자·증자·자사·맹자·정이의 도통을 읊었다. 또한 그는 춘추(春秋)의 필법을 제시하고 있고, 심학의 핵심 내용인 경(敬)을 시로 표현하였다.

조선조의 주자학자들은 이 「재거감흥」시를 주희가 도(道)를 전한 글로 이해를 하여 깊이 있게 탐구하고 주석을 하여 조선주자학의 심화 발전에 기여할 수 있는 성리서의 하나로 생각하고 신봉하였다. 임성주는 「재거감흥」시가 위로는 음양(陰陽)과 성명(性命)의 깊은 곳을 지극히 탐구했고 아래로 하학(下學)을 빠뜨리지 않았다고 했다. 민우수는 한(漢)·당(唐) 이

50 『立齋文集』 권19, 書, 答李聖應心理氣辨.

후로 오직 주희의 「재거감흥」시가 정성(正聲)이 된다고 하면서, 성명(性命)의 근원을 터득했고 일용(日用)의 떳떳함을 갖추고 있다고 보았다. 또한 정조는 "무극(無極) · 태극(太極)과 양의(兩儀) · 오행(五行)에서 시작하여 여러 왕과 많은 성인들이 인류의 기강을 확립하고 정당한 갈 길을 마련했던 것까지를 증험하려면 「재거감흥」시를 보면 된다"고 했다.

조선의 주자학자들은 「재거감흥」시의 "인심묘불측(人心妙不測), 출입승기기(出入乘氣機)"의 시구를 놓고 학파에 따라 다양하게 이해를 했다. 조선 후기 호론(湖論) 학자들은 심(心)이 곧 기질(氣質)이라고 보았다. 이러한 주장은 이이(李珥)의 심(心)은 곧 기(氣)라는 설을 계승한 것이다. 반면 낙론(洛論) 학자들은 심순선(心純善)의 설을 주장하였다. 낙론은 심본선(心本善)의 설과 심(心)은 기(氣)의 정상(精爽 : 靈明)이라는 주희의 말을 지지하였다. 또한 낙론은 주희가 "심(心)은 이(理)에 견주면 은미하게 자취가 있고 기(氣)에 견주면 또 영명(靈明)하다"고 한 말을 인용하며 심과 기질은 다름이 있다고 주장했다. 따라서 낙론은 「재거감흥」시의 "인심묘불측, 출입승기기"에서 심이 기를 타고 출입하는 물건으로 이해하면서, 심과 기는 다름이 있다고 주장을 했다.

이같이 조선조 주자학자들은 이 「재거감흥」시를 통해 요순 이래 전해온 만세 심학의 도통을 명료하게 이해하여 수용하였고, 주희의 역사의식을 토대로 의리론과 정통론을 받아들였다. 그러면서도 심(心)과 기(氣)의 관계에서 이이의 학통을 이은 기호학계에서는 심은 곧 기라고 주장하여 중국의 주자학의 심에 대한 이해와는 다른 조선의 독자적인 이학적(理學的) 해석을 보여주기도 하였다.

2

조선 주자학(朱子學)의 이학적(理學的) 담론과 특성

1. 머리말

조선은 이학(理學)을 중심으로 한 주자학을 정치이념으로 성립한 나라이다. 공자 이후 수기치인(修己治人)을 중시하던 유학은 송대에 이르러 거경(居敬)과 궁리(窮理)를 중시하는 주자학으로 변하였다. 특히 주희(朱熹)는 정이(程頤) 형제의 학문을 이어 사물에 나아가 이치를 탐구하는 새로운 유학을 제창했다.

1392년에 조선이 건국되자 이색과 정몽주의 일부 제자들은 조선 건국에 동참하여 고려시대의 불교에 대체할 새로운 정치이념을 제시하였다. 조선 창업의 일등공신이고 배불론자로 널리 알려진 정도전(鄭道傳)은 「심기리편(心氣理篇)」을 저술하여, 불교는 심(心), 도교는 기(氣), 유학은 이(理)

라고 하여 이제 이(理)가 주도적인 사회가 되어야 한다고 역설하면서[1] 주자학을 조선의 정치적 지배이념으로 천명하였다.

정도전은 유학의 이(理) 개념을 내세워 불교의 주요 개념인 심(心)과 도교의 주요 개념인 기(氣)를 다스려야 한다고 주장하였다. 정도전의 학설에서 보면 조선조의 유학은 이(理)를 주로 하는 것을 그 목표로 설정하였음을 분명히 알 수 있다. 이같이 조선 유학은 이학을 표방하면서 출발하였다. 조선 주자학은 정도전의 뒤를 이어 권근·정여창·김굉필 등 여러 학자들의 연구와 토론을 거치면서 16세기 전반기에 이언적과 서경덕, 이황과 이이에 의해 새롭게 정리되었다. 이러한 주자학은 17세기에 이황과 이이의 학맥에 의해 더욱 깊이 연구되어 나갔다.

그렇다면 조선의 주자학자들은 왜 오랜 기간 이기론의 탐구와 논쟁에 힘썼는가. 그 이유는 이기론이 의리(義理)의 핵심이라고 생각했기 때문이다.[2] 그동안 이황의 주자학을 주리론이라 하고 이이의 주자학을 주기론이라고 한 연구에 문제가 있고, 주리론과 주기론이 조선조 주자학의 전개의 역사적 사실과 부합하지 않는다면 그 다른 대안을 찾아보아야 할 것이다. 아울러 이 글에서는 조선 주자학이 중국 주자학과는 다른 특성이 무엇인지를 제시해 보고자 한다.

---

* 이 논문은 2012년도 한국학중앙연구원의 연구년지원 연구과제로 수행된 연구결과물임.

1 『三峰集』 권10, 心氣理篇.

2 『愚潭文集』 권7, 雜著, 四七辨證.

2. 주리(主理) 중심의 주자학풍

15세기 후반에 사림(士林)이 정치 무대에 등장하면서 사장(詞章)을 중시하던 시대에서 도학(道學)을 중시하는 시대가 열리기 시작했다. 조선 성종대에 김종직은 당대 최고의 문장가로 일세에 이름을 떨쳤다. 그 문하에서는 남효온·남곤 등 사장을 중시하는 인물과 더불어 김굉필·정여창 등 도학을 중시하는 인물이 배출되면서 사장과 도학의 분기(分岐)가 일어나고 있었다. 김굉필은 평생 '소학동자(小學童子)'로 자처했는데 스승 김종직의 사장학풍과 결별을 하고 도학자로서 삶을 살았다. 김종직이 이조참판이 되었으나 국사(國事)에 대해 건의하는 일이 없자 김굉필은 스승을 비판하는 시를 지었다.[3]

도란 겨울에 갖옷 입고 여름에 얼음 물 마심에 있거늘	道在冬裘夏飮氷
비 개면 가고 비오면 멈춤이 어찌 온전히 능하겠습니까	霽行潦止豈全能
난초도 만약 세속을 따르면 마침내 응당 변해 버리리니	蘭如從俗終當變
소는 밭 갈고 말은 탈 수 있다는 이치를 누가 믿으리이까	誰信牛耕馬可乘

이러한 김굉필의 시에 대해 스승인 김종직은 아래와 같이 언짢은 마음을 표현하였다.

---

3 『秋江文集』 권7, 雜著, 師友名行錄; 『國朝儒先錄』 권1, 金宏弼; 『國譯 景賢錄』 全(寒暄堂先生紀念事業會, 1970) 34쪽.

분에 넘치게 벼슬이 경대부에 이르렀으나　分外官聯到伐氷
임금 바로잡고 세속 구제함을 내 어찌 능하리　匡君救俗我豈能
따라서 후배로 하여금 오졸함을 비웃게 했으니　從敎後輩嘲迂拙
권세의 구구한 벼슬길에는 나설 것이 못되누나　勢利區區不足乘

김굉필은 도(道)가 일상에 있다고 하면서 스승 김종직에게 평범한 도리를 실천하기를 주문하고 있다. 이에 대해 김종직은 자신의 능력과 제자로부터 받는 공격에 대해 아주 못마땅하게 여겼다. 여기서 문장을 숭상하는 사장의 측면과 도학을 중시하는 사상 경향이 분기되기 시작하였다.

한편 김종직의 문하에서는 심(心)과 이기(理氣)의 선후(先後) 문제에 대해 논란이 일어났다. 정여창(鄭汝昌)은 주희의 『중용장구(中庸章句)』에서 말한, '하늘이 음양오행(陰陽五行)으로써 만물을 화생(化生)하였다'는 것만 취하고, '기(氣)로써 형체를 이루고 이(理) 또한 부여하였다'는 것은 취하지 않았다. 그는 말하기를, "어찌 기에 뒤서는 이가 있겠는가"라고 하였다. 남효온은 정여창의 이 말을 듣고 매우 높이 평가했으나 흠이 없을 수 없다고 생각하였다. 그는 이른바 이가 기에 앞서는 것은 이의 체(體)요, 이른바 기가 이에 앞서는 것은 이의 용(用)이다. 만약 사람이 인의예지(仁義禮智)를 모두 모아서 성(性)이라 하고, 인의예지의 끝에서 갈라져 나온 것을 성이라 하지 않으면 옳겠는가라고 하였다.[4]

또한 정여창은 마음을 잡는다는 것은 방심(放心)을 거두어들이는 데에

4 『秋江文集』 권7, 雜著, 冷話. "鄭汝昌自勖取朱子中庸章句, 曰天以陰陽五行化生萬物, 而不取其氣以成形而理亦賦焉, 曰安有後氣之理乎? 余聞而甚高之. 然不能無病, 所謂理先於氣者, 理之體, 所謂氣先於理者, 理之用, 如人摠仁義禮智而名之曰性, 而發仁義禮智之端而分之曰不謂之性, 可乎?"; 『一蠹遺集』 권3, 附錄, 讚述.

있다는 설을 받아들여, 마음을 가리켜 드나드는 물건이라 하였다. 이에 대해 남효온은 "마음이 어찌 드나듭니까"라고 따졌다, 정여창은 "여기에 앉아 있는데 마음은 천리 밖에 놀고, 잠깐 사이에 들어와 몸속에 있으니, 드나드는 것이 아닙니까"라고 하였다. 남효온은 "잡으면 형기(形氣)가 맑고 순수하여 이 마음이 깨끗하고 밝아서 늘 보존되니 이른바 들어감이요, 놓아두면 형기가 흐리고 어지러워서 이 마음을 덮어 가리어 외부의 유혹이 주관하니 이른바 나아감이지, 참으로 드나듦이 아닙니다"라고 하였다.[5]

이제 김종직의 문인들은 사장과 도학의 기로에서 갈등을 하다가 김굉필이 나와서 도학을 제창하자 도학의 방향으로 나아가기 시작했다.[6] 김굉필의 도학적 성향은 사장을 중시하던 스승 김종직과 결별을 가져 왔다. 조광조는 바로 김굉필의 제자로 소격서(昭格署) 혁파를 통해 도교를 물리치고 성리학의 터전을 닦는데 크게 기여한 학자이다. 그가 기묘사화에 희생되면서 오히려 주자학의 열풍은 더 불기 시작하였다. 이제 학자들은 산림에 숨어 살면서 주자학의 탐구에 몰두하는 경향이 생겼다.

한편 16세기 초 『소학』과 향약을 보급하고 주자학의 학풍을 진작하는데 큰 공을 세운 학자로 김안국(金安國)·김정국(金正國) 형제가 있었다. 그들의 문하에서 정지운(鄭之雲)이 공부하여 「천명도(天命圖)」를 그려 학계에 제출함으로써 조선 주자학의 새로운 장을 열었다. 후일 이황과 기대승의 사단칠정논변은 정지운의 이 「천명도」에서 야기된 것이다.[7]

---

5 『秋江文集』 권5, 論, 心論.
6 『秋江文集』 권7, 雜著, 師友名行錄.
7 권오영, 『조선 성리학의 의미와 양상』(일지사, 2011) 55-62쪽.

1) 태극(太極)에 대한 새로운 해석

송대에 형성된 주자학은 주돈이(周敦頤)의 「태극도설(太極圖說)」, 장재(張載)의 「서명(西銘)」, 주희(朱熹)의 『근사록(近思錄)』 등의 책에서 그 이론이 제시되었다. 그런데 주자학의 시대를 열기 위해서는 우선 「태극도설」에 대한 이해가 필수적이었다. 그래서 송대에 주희와 육구연(陸九淵) 사이에 "무극태극(無極太極)"에 대한 해석을 놓고 일대 논쟁이 벌어졌다. 육구연은 「태극도설」을 주돈이가 지었다는 사실 자체부터 의심을 하였고, 무극과 태극의 '극(極)'을 '중(中)'의 의미로 이해한 반면, 주희는 '극'을 '지극(至極)'의 뜻으로 해석하고, 태극을 '도체(道體)의 지극'이라고 하였다.[8] 주자학을 수용하여 정치 지배이념으로 설정한 조선왕조도 주자학의 시대를 열기 위해서는 무극태극에 대한 주자학적 이해가 먼저 정확하게 이루어져야 했다.

고려 말의 유교 지성인 이색은 태극에 대해 다음과 같이 말했다.

> "우리 유자(儒者)가 복희씨(伏羲氏) 이래로 지키면서 서로 전해 온 것도 바로 적(寂)이라고 할 것이니, 나같이 못난 사람의 경우라 할지라도 감히 이를 실추시킬 수는 없는 일이다. 태극(太極)은 적(寂)의 근본이 된다 할 것이니 그것이 한 번 움직이고 한 번 고요함에 따라 만물이 순일하게 변화하고, 인심(人心)은 적(寂)의 머무름이 된다 할 것이니 그것이 한 번 느끼고 한 번 반응함에 따라 만선(萬善)이 널리 행

8 『朱子大全』 권36, 書, 答陸子靜.

해지게 되는 것이다"[9]

이색이 태극을 적(寂)의 근본으로 이해한 것은 그의 독자적인 견해이다. 그는 다분히 불교의 "적멸(寂滅)"의 적에 대응하여 유학의 "적연부동(寂然不動)"의 적으로 태극을 해석했다.

또한 이색은 1380년 7월에 무극(無極)의 진(眞, 理)에 대해서는 언어와 문자를 가지고 표현하기가 어려우나, 『시경(詩經)』에서 '높은 하늘의 일은 소리도 없고 냄새도 없다[上天之載 無聲無臭]'라고 한 것이 바로 무극의 소재(所在)를 암시한 것이 아닌가 생각한다고 했다. 그래서 주돈이가 태극도(太極圖)를 지을 때에도 '무극이태극(無極而太極)'이라고 하였으니, 이는 대개 태극이 하나의 무극이라는 것을 찬양하기 위한 것이었다고 했다.[10] 뿐만 아니라 이색은 천(天)이 이(理)라는 것과 경(敬)과 의(義)의 개념을 고려 말에 처음으로 제시하였다.[11]

그런데 조선 건국 초에 권근(權近)은 『입학도설(入學圖說)』을 지어 천(天), 인(人), 심(心), 성(性) 등 주자학의 기본 개념과 사서오경 등 유교 경전의 내용에 대해 그 핵심을 그림으로 그리고 해설을 하여 주자학의 시대를 여는데 크게 기여하였다. 그는 주돈이의 「태극도설」에 나오는 무극은 태극이 중앙에 위치해 있는 이(理)이고 태극의 위에 따로 무극이 있는 것은 아니라고 했다.[12] 그는 무극과 태극을 이 중심으로 이해하고 있는 것이

9 『牧隱文藁』 권6 記, 寂菴記. "吾儒者自庖羲氏以來所守而相傳者, 亦曰寂而已矣. 至于吾不肖, 蓋不敢隊失也. 大極, 寂之本也, 一動一靜而萬物化醇焉. 人心, 寂之次也, 一感一應而萬善流行焉."

10 『牧隱文藁』 권3 記, 養眞齋記.

11 『牧隱文藁』 권10, 說, 直說三篇.

12 『入學圖說』 권1, 天人心性分釋之圖, 性. "曰無極者, 指言太極居中之理, 非太極之上, 別

다.

한편 권근은 한수(韓脩)로부터 경(敬)에 대한 가르침을 받았다. 한수가 전선(銓選)을 맡았을 때에 권근은 후배로서 그 보좌가 되어 하루는 함께 대궐 안에서 같이 숙직을 하게 되었다. 그때 권근은 밥을 먹으면서 책을 보고 있었는데, 한수는 웃으면서 말하기를, "나는 그대가 경(敬)을 주로 하는 공부가 부족함을 알겠다. 입에는 밥이 들어 있고 눈으로는 보는 것이 있으니, 마음이 전일할 수 있겠는가"라고 했다. 권근은 한수의 말을 듣고 두려워하였다. 한수는 경이 바로 주일무적(主一無適)이라는 사실을 권근에게 분명하게 가르쳐 주었던 것이다.[13]

조선은 이학(理學)을 표방하며 건국되었지만, 16세기 초중반까지만 해도 학계의 학풍은 아직 이학, 기학(氣學), 심학(心學) 등 다양한 학문적 실험을 하는 단계였다. 이언적(李彦迪)의 무극태극에 대한 새로운 이해과정과 서경덕의 「태허설(太虛說)」, 「이기설(理氣說)」, 「원이기(原理氣)」 등은 모두 그 전시기의 도교의 허무(虛無)와 불교의 적멸(寂滅)의 시대를 마감하고 새로운 주자학의 시대를 열기 위한 사상적 몸부림이었다.

이언적은 「태극도설」의 '무극이태극(無極而太極)'에 대한 해석에서 그때까지 불교의 적멸(寂滅)로 해석하던 조한보(曹漢輔) 등 원로 학자들의 견해를 비판하였다. 이언적과 조한보의 무극태극논변에 관한 자료는 현재 이언적이 조한보에게 보낸 네 통의 편지만 남아있지만, 조한보의 자료는 거의 남아 있지 않고 유일하게 「무극송(無極頌)」만 전해지고 있다.[14]

有所謂無極也."

13 『東文選』 권90, 序, 柳巷先生韓文敬公脩文集序. "公之典銓選也, 予以後進, 忝爲寮佐, 嘗一日, 同直闕下, 予方食觀書, 公笑曰我知君不主敬, 口有食, 目有觀, 心主一乎? 予聞之悚然, 自後雖不能勉, 亦不敢忘公之一言, 爲吾終身之益."

혼연(渾然)한 일리(一理)여　　渾然一理
밝음에 나아가서 묘하도다　　卽明而妙
넓게 비어 있고 엉김이여　　廓爾虛凝
원만(圓滿)하고 고요히 비치도다　　圓滿寂照

옛 부처가 아직 태어나기 전에　　古佛未生前
엉긴 것이 한결같이 서로 전하였네　　凝然一相傳
석가도 오히려 이해를 하지 못했거늘　　釋迦猶未會
가섭이 어찌 능히 전하였겠는가　　迦葉豈能傳

이언적은 1517년(중종 12)에 27세의 청년으로 당시 학계의 원로 학자인 조한보의 무극태극에 대한 이해에 문제가 있다고 비판을 하였다.[15]

이언적은 조한보의 학설의 잘못은 공허(空虛)에 병들었다고 파악하였다. 왜냐하면 조한보는 태허(太虛)의 체(體)는 본래 적멸(寂滅)하다고 보았기 때문이다. 이에 대해 이언적은 태허의 체를 '멸(滅)'자로 설명하는 것은 잘못이라고 보았다. 그러면서 "하늘의 이(理)는 소리도 없고 냄새도 없도다(上天之載無聲無臭)"라는 것은 '적(寂)'이라고 이해하는 것은 가하지만, 그 '적'자의 밑에 '멸'자를 붙일 수는 없다고 보았다. 그는 한(漢)나라 이후로 성인(聖人)의 도(道)가 막히고 사설(邪說)이 횡행하여 그 화(禍)가 인륜(人

---

14 『海東文獻總錄』, 經書類, 太極問辨; 『息山文集』 권18, 題跋, 書忘機堂無極頌後. "忘機堂無極頌, 曰渾然一理, 卽明而妙. 廓爾虛凝, 圓滿寂照. 又曰古佛未生前, 凝然一象圓. 釋迦猶未會, 迦葉豈能傳? 少讀晦齋先生與忘機堂論無極太極之書, 槩見其學差處, 亦不知其爲何人也. 南來, 始得之姓曺名漢輔, 與先生同鄕而年頗長云. 所著書不傳, 惟此頌傳於士友間, 其爲言全出竺西, 非但世出世間, 兩無遺恨之意而已, 良可歎也."
15 『晦齋集』 권5, 雜著, 書忘齋忘機堂無極太極說後 丁丑

倫)을 해치고 천리(天理)를 멸하여 지금까지 그치지 않는 것은 이 하나의 '멸'자가 해를 끼친 것이 아닌 것이 없다고 하였다.[16]

이같이 이언적은 무극태극에 대한 해석을 적멸(寂滅)에서 적감(寂感)으로 전환하기를 주장하면서 심(心)으로 설명하였다. 그는 심(心)의 미발(未發)과 이발(已發)을 적(寂)과 감(感)으로 해석하여 '적멸'의 '멸'자를 없애고 대신 '적감'의 '감'자로 대체하여 무극태극에 대한 이해를 서로 교감하고 소통하는 성격의 내용으로 제시하였다. 그리하여 불교에서 다루던 심은 이제 주자학에서 깊이 탐구하는 주제로 변하였다. 이제 이언적에 의해 무극태극에 대한 해석이 주자학적으로 새롭게 이루어져 그간 불교의 적멸로 무극태극을 해석하던 경향은 사라지고, 불교의 적멸과 선정(禪定)의 자리에 유학의 적감과 주자학의 경(敬)의 개념이 새롭게 들어설 여지가 생겼다.

그런데 이언적과 조한보 사이에 전개된 '무극태극논변'은 '태극'에 대한 이해를 불교와 도교에서 벗어나게 하는 일대 계기가 되었다. 이언적이 주희의 무극태극에 대한 이해를 토대로 조한보의 학설을 깨부숨으로서 조선의 주자학 이해는 이제 본 궤도에 올랐던 것이다.

사실 무극태극에 대한 주자학적 해석은 기대승과 이황에 이르러 비로소 주희의 해석을 정확하게 이해하여 수용하게 되었다. 본래 주희는 '무극이태극(無極而太極)'에 대한 해석을 "하늘에 실려 있는 것이 소리도 없고 냄새도 없으나 사실은 조화의 추뉴(樞紐)이고 만물의 근저(根柢)이다"[上天之載, 無聲無臭, 而實造化之樞紐, 品彙之根柢]라고 했다. 기대승은 '재(載)'

---

16 『晦齋集』 권5, 雜著, 書忘齋忘機堂無極太極說後 丁丑.

는 이(理)이고 소리와 냄새는 극(極)이며, 실(實)은 태(太)자에 해당하고 추뉴(樞紐)와 근저(根柢)도 극(極)으로 이해하여 이를 이황에게 말하여 이황도 작고하기 한 달 전에 분명하게 '무극이태극'의 주자학적 해석을 이해하게 되었다.[17]

주희는 본래 태극을 이(理)라고도 하고 기(氣)라고도 했다.[18] 그런데 당시 조선 학자의 태극에 대한 해석은 다양했다. 이황과 기대승은 태극은 이(理)라고 이해한 반면, 조식(曺植)은 태극이 이(理)이기도 하고 기(氣)이기도 하다고 했다.[19] 또한 이항(李恒)은 태극은 이기(理氣)를 겸하여 말한 것이라고 했다.[20]

이러한 태극에 대한 해석은 조선 주자학에서 다루어야 할 가장 중요한 주제였기에 영남 학계에서는 정구(鄭逑)가 『태극문변(太極問辨)』을 편하고, 기호학계에서는 송익필(宋翼弼)이 「태극문답(太極問答)」의 저술을 남겨 오랜 기간 학계의 쟁점이 되기도 했다.[21] 태극에 대한 논변은 조선 후기에도 결말이 나지 않았다. 조선 최고의 주자학자인 정조는 군신들과 태극

---

17 『艮齋文集』 권5, 溪山記善錄 上. "先生初釋无極而太極曰无之之極, 太之之極. 奇明彦曰此可疑, 其本註曰上天之載, 無聲無臭, 而實造化之樞紐, 品彙之根柢. 其小註曰理之無極, 只是無形象, 無方所. 又曰蒼蒼者是上天, 理在載字上, 蓋載字是理, 聲臭字帖極字, 實字帖太字, 根柢樞紐帖下一極字 …… 今以此等語觀之, 當釋曰極雖無之而太之之極也. 先生呼德弘曰明彦如此云云, 其言極是, 君亦知之. 蓋先生虛己受人, 改過不吝如此, 此易簀前一月也.";권5, 溪山記善錄 上. "先生曰朱子訓無極而太極曰上天之載, 無聲無臭, 而實造化之樞紐, 品彙之根柢, 蓋理雖無形, 而至虛之中, 有至實之體."

18 『朱子語類』 권제1, 理氣上, 太極天地 上. "太極只是一箇理字"; 『朱子語類』 권제3, 鬼神. "太極只是一箇氣"

19 『學記類編』 三才一太極圖, "太極只是一個理一個氣."

20 『高峯集』 高峯年譜, 明宗 13년 戊午. 尹鑴는 太極은 氣이다 라고 했다고 한다(張志淵의 『朝鮮儒教淵源』에 의거한 것인데, 윤휴의 『白湖全書』에서는 그 전거를 찾을 수 없다.). 그러나 윤휴는 "太極動"을 "理動"으로 말하고 있는 것으로 보아 태극을 理로 본 것으로 여겨진다(『白湖全書』 권25, 雜著, 四端七情人心道心說 戊寅春).

21 『月沙集』 권40, 序 下, 太極問辨序; 『鳳巖集』 권9, 雜著, 栗谷別集太極問答辨.

에 대해 깊이 있게 토론을 벌이기도 했다.[22] 그가 '만천명월주인옹(萬川明月主人翁)'으로 자처를 한 것도 태극에 대한 깊은 이해에서 나온 것이라 할 수 있다.

앞에서 언급한 바와 같이 이색은 태극을 적(寂)의 근본으로 이해하거나 이언적이 태극을 적감의 적으로 보았고, 조식이나 이항 등은 이기로 보기도 했으나, 이황과 기대승은 태극을 이(理)로 이해하면서, 이이 또한 이황과 기대승의 뒤를 이어 태극을 이로 봄으로써 조선 주자학은 태극을 이로 보는 시대가 열렸다.

그러나 태극에 대한 이해는 실학자들에 의해 비판적 견해가 일어났다. 박지원은 북경에서 왕민호(王民皥, 鵠汀)와 만나 학술 담론을 하면서 태극에 대해 다시 생각했다. 그때 왕민호는 "이른바 무극이태극(無極而太極)이란 무슨 말인지 모르겠으니 일필(一筆)로 뭉개버림이 옳다"라고 하여 주돈이(周敦頤)의 「태극도설」에 나오는 무극이태극의 형이상학적 우주론을 아무 가치 없는 것으로 일축해 버렸다.[23] 정약용(丁若鏞)은 공영달(孔穎達)이 태극을 원기(元氣)라고 이해했고 노자가 "도(道)가 일(一)을 낳는다"고 한 것을 태극으로 이해한 학설이 오히려 이치에 가깝다고 했다. 그는 더 이상 태극을 이(理)로 이해하지 않았다.[24]

---

22 『正祖實錄』 정조 즉위년 6월 17일(병진).

23 『燕巖集』 권14, 別集 熱河日記, 鵠汀筆談. "所謂無極而太極, 不知怎地話, 一筆句之可也."

24 『與猶堂全書』, 제2집, 經集, 제46권 ○ 易學緒言 권2, 韓康伯玄談考, 易有太極. "論曰孔以太極爲元氣, 又引老子道生一爲太極, 是猶近理, 乃後世之論, 推尊太極爲形而上之物, 每云是理非氣, 是無非有, 不知形而上之物, 何以有黑白交圈也? 又云無極而太極, 則是其義雖本出於道生一三字, 彼云道生一, 是於太極之上, 明有造化之本. 若云無極而太極, 則所謂太極者, 是又自然而生, 無所爲本也. 未論經旨得失, 而老子之意, 亦一變而爲異說矣."; 『與猶堂全書』, 제1집, 詩文集, 제16권 ○ 文集, 墓誌銘, 自撰墓誌銘 集中本. "虛尊太

2) 심(心), 기(氣)의 주자학적 이해

이언적은 심(心)에 대해 깊이 탐구하였다. 그는 노수신(盧守愼)에게 심에 대해 알기 쉽게 자세히 설명해주어 자신의 심학(心學)의 전통을 이어가게 하였다. 노수신은 1541년(중종 36)에 『심경부주(心經附註)』를 갖고 이언적에게 의심스러운 부분에 대해 질의를 하였고 이어 '존심(存心)'의 요령에 대해 가르침을 청하였다. 이언적은 노수신에게 손바닥을 가리키면서 "물건이 여기에 있는데 잡으면 부서지고 놓아버리면 잃어버린다"라고 하였다. 노수신은 물러나서 생각하니 이언적의 가르침이 '잊어버리지도 말고 조장하지도 말라[勿忘勿助長]'는 '존심'의 가르침이라는 것을 깨달았다.[25] 이언적과 노수신의 사이에 있었던 이 무언(無言)의 '존심'법은 바로 "삼한심학(三韓心學)의 전수"를 상징하는 사건이라 할 수 있다.

한편 서경덕(徐敬德)은 태허(太虛)와 선천(先天)은 『역경(易經)』의 적연부동(寂然不動), 『중용(中庸)』의 성자자성(誠者自成), 주돈이의 무극이태극(無極而太極) 등이고, 홀연히 뛰고 열리는 것은 저절로 그런 것(自能爾)이고 부득불 그런 것이니 이것은 '이지시(理之時)'라고 하였다.[26] 여기서 '이지시'란 기의 변화를 가능케 하는 이(理)의 유행(流行)이라고 할 수 있다. 천지의 음양 작용에 의한 오행(五行)의 생성(生成)의 질서가 곧 기(氣)의 생성(生成)을 질서 지워주는 이(理)에 의해서 가능하다는 것으로서, 기의 생성

極, 以理爲天, 則不可以爲仁, 歸事天而已."

25 『穌齋文集』 권7, 序, 晦齋先生集序.

26 『花潭文集』 권2, 雜著, 原理氣. "易所謂寂然不動, 庸所謂誠者自成, 語其湛然之體曰一氣, 語其混然之周曰太一, 濂溪於此不奈何, 只消下語曰無極而太極, 是則先天, 不其奇乎? 奇乎奇! 不其妙乎? 妙乎妙! 倏爾躍, 忽爾闢, 孰使之乎? 自能爾也, 亦自不得不爾, 是謂理之時也."

의 질서를 가능하게 하는 이의 기능을 '이지시'라고 한 것이다.[27]

이황은 초년에는 시를 지어 서경덕을 조선 최고의 학자로 칭송하고 혼자서 십년 독서하는 것보다 서경덕을 하룻밤 모시고 말씀을 듣는 것이 더 좋겠다고 하였다.[28] 그러나 후일 서경덕의 제자 허엽(許曄)이 서경덕을 "기자(箕子) 이후 일인(一人)"이라 높이고 그를 장재(張載)에게 비교하자 이황은 서경덕의 어느 글이 장재의 「정몽(正蒙)」과 「서명(西銘)」에 견줄 수 있는가라고 하였다.[29]

서경덕은 기(氣)를 논하면서, 담일청허(湛一淸虛)한 기(氣)는 없는 곳이 없다고 하였다. 그는 기(氣)의 담일청허는 태허(太虛)가 동(動)하여 양(陽)을 낳고 정(靜)하여 음(陰)을 낳는 처음에 근원하는데, 그 기는 끝내 흩어지지 않는다고 하였다. 기(氣)의 담일청허한 것은 이미 그 시작이 없고 또 그 마침도 없으니 이것은 이기(理氣)가 지극히 묘(妙)한 까닭인 것이고, 학자가 진실로 공부를 하여 이 경지에 이르면 비로소 천성(千聖)이 다 전하지 못한 은미한 뜻을 간파할 수 있다고 하였다.[30]

서경덕은 노자(老子)를 비판하면서 허(虛)가 기(氣)를 생기게 한다고 한 것은 기가 시작이 있고 분한(分限)도 있는 것이라고 하였다. 그러면서 그는 허가 곧 기라고 주장하여 불교와 도교를 비판하였다. 그는 "무상(無常)한 인생을 대각(大覺)의 경지에서 보면, 바다 속에서 일어나는 하나의 물거품과 같다"(空生大覺中 如海一漚發, 『楞嚴經』 권6)거나 "진공(眞空, 공 아닌

27 崔一凡, 「徐敬德의 理氣論에 관한 試論」(『東洋哲學硏究』 11, 동양철학회, 1990) 136-138쪽 참조.
28 『退溪文集』 권2, 詩, 書徐處士花潭集後 三首. "當年如得見, 勝讀十年書." "吾生又未斯人見, 自恐平生虛擲過."
29 『宣祖修正實錄』 선조 8년 5월 11일(무신).
30 『花潭文集』 권3, 遺事, 附錄 1.

공), 완공(頑空, 고집스럽게 공한 것만을 주장하는 것)" 등의 불가(佛家)의 말은 허가 곧 기라는 것을 모르는 것이고, 이와 기가 이와 기가 되는 까닭을 알지 못한 것이라고 하였다. 그는 노씨(老氏)가 허무(虛無)를 말하고 불씨(佛氏)가 적멸(寂滅)을 말한 것은 이기(理氣)의 근원을 알지 못한 것이니 어찌 도(道)를 알겠는가라고 비판하였다.[31]

이같이 서경덕은 이(理)와 기(氣)에 대한 독창적인 해석을 통해 조선 유학에 새로운 학풍을 열었다. 그러나 이황과 이이 등에 의해 조선 학계는 이학을 중시하는 학풍으로 치닫고 있었다. 이황은 서경덕과 그 문인들이 지지하고 있던 이기(理氣)를 일물(一物)로 보는 학설을 비판하고 이와 기를 분개(分開)하여 보면서 이(理)에 절대성과 독립성을 부여하기 시작하였고[32] 또 심(心)에는 체(體)와 용(用)이 없다는 선가(禪家)적 견해에서 벗어나 체용이 있다는 주자학적 관점으로 설명하였다.[33] 이제 이황은 서경덕의 학은 허탄(虛誕)하고 잡(雜)되다고 했고, 지은 바의 설이 한 편도 병통이 없는 것이 없다고 했고, 또 이(理)란 글자를 꿰뚫어 보지 못했다고 비판했다.[34] 또한 이이로부터 서경덕은 '이통(理通)'의 경지를 알지 못한 학자로 비판받았다. 특히 이이는 이(理)는 통하고 기(氣)는 국(局)하다고 주장하여, 성선(性善)의 이는 없는 곳이 없지만, 서경덕이 말하는 담일청허의 기는 없는 곳이 더러 있다고 주장했다.[35]

선조 즉위 후 유희춘 등에 의해 김굉필·정여창·조광조·이언적이

31 『花潭文集』 권2, 雜著, 原理氣.
32 『退溪文集』 권41, 雜著, 非理氣爲一物辨證.
33 『退溪文集』 권41, 雜著, 心無體用辨.
34 『厚齋集』 권40, 跋, 題花潭先生集跋.
35 『栗谷全書』 권10, 書2, 答成浩原.

'국조유선(國朝儒先)'으로 정해지면서[36] 서경덕은 조선 주자학계에서 그 이름이 점차 잊히게 되었다. 그러나 허균은 "화담(花潭, 서경덕)의 이학(理學)은 국조(國朝 : 조선)에서 제일"이라고 언급하고 있다.[37] 우리가 오늘날 서경덕을 기철학자로 보는 것과는 너무나 다른 것이다.[38] 따라서 서경덕의 이기론도 이학의 범주 속에서 논의하는 것이 바람직하다고 본다.

3. 이발론(理發論)과 그 전승

일제강점기하에 일제의 어용학자인 다카하시 도루는 이황과 이이의 사단칠정논변을 연구하여 조선 주자학이 변화·발전된 양상으로서의 독창성이 결여되었다고 했다. 이에 대해 윤사순은 조선 주자학이 사단칠정론을 통해 주자가 채 언급하지 않은 이기호발설을 제창한 점을 그 두드러진 독창성이자 특성으로 제시하여 반박하였다.[39]

16세기 전반 이언적에 의해 무극태극에 대한 이해가 어느 정도 이루어지자 조선 주자학계에서 그 다음 연구 주제는 천명(天命)에 대한 탐구였다. 왜냐하면 주자학의 시대를 열기 위해서는 『중용(中庸)』 첫째 장에서

---

36 『宣祖修正實錄』 선조 3년 12월 1일(갑오).
37 『惺所覆瓿藁』 권24, 說部 3, 惺翁識小錄 下.
38 최일범은 서경덕의 철학이 唯氣論, 또는 氣一元論으로 평가되는 것은 그의 理氣論 체계에 있어서 '太虛卽氣'의 체계만을 지나치게 강조해서 보고 '理氣의 合一'의 체계는 소홀히 한 데에서 기인한다고 했다. 그는 서경덕의 철학은 결코 理를 배제하는, 또는 理를 氣에 종속시켜서 氣만을 존재의 실체라고 보는 것이 아니라고 했다(崔一凡, 「徐敬德의 理氣論에 관한 試論」(『東洋哲學硏究』 11, 동양철학회, 1990) 139-141쪽.
39 윤사순, 「"高橋亨의 韓國 儒學觀" 檢討」(『韓國學』 12, 중앙대학교 한국학연구소, 1976) 20-22쪽.

말한 천명 즉 성(性)의 개념이 해명되어야 했기 때문이다. 16세기 초 김안국(金安國)·김정국(金正國) 형제의 문하에서 공부한 정지운(鄭之雲)은 「천명도(天命圖)」를 그려 학계에 제출함으로써 조선 주자학의 새로운 장을 열었다. 오직 출세만을 위해 과거시험 공부에만 매달려 있던 당시 학계의 풍토에서, 정지운은 과거공부를 포기하고 오직 주자학의 우주론과 심성론 탐구에 힘써 「천명도」를 그려 우주의 변화와 인간의 심성을 해명하고자 하였다.

이황은 정지운의 「천명도」를 얻어 보고 주자학의 시대를 열 수 있는 학문적 내용이 그 그림에 담겨 있다고 생각하였다. 그래서 그는 정지운과 함께 「천명도」를 깊이 궁구하고, 이항(李恒)이 주장한 "정(情)은 기권(氣圈)에 둘 수 없다"는 학설을 받아들여[40] 「천명도설후서(天命圖說後敍)」를 쓰고 조선의 주자학을 우주의 변화생성 중심에서 인간의 심성 중심으로 바꾸어 놓았다.[41] 이제 이황에 의해 조선 주자학은 그간의 이기론(理氣論)에서 심성론(心性論)으로 그 방향이 크게 전환되었다.

그런데 이황 당시의 학계에는 아직 다양한 학풍이 공존하고 있었다. 즉 태극의 이해에 있어 태극을 이(理)로 파악한 몇몇 학자들이 있었는가 하면, 태극을 기(氣)로 파악하는 경향도 꽤 있었다. 그것은 정복심(程復心)의 『사서장도(四書章圖)』의 영향 때문이었다. 정복심은 태극을 이와 기에 있어 기를 중심으로 파악하였다.[42] 그래서 정복심의 영향으로 당시의 학계에서 태극을 기 중심으로 이해한 것은 어쩌면 당연했던 것으로 보인

40 『退溪文集』 권41, 雜著, 天命圖說後敍.
41 『退溪文集』 권41, 雜著, 天命圖說後敍.
42 『四書章圖重訂輯釋通義大成』(日本 蓬左文庫) 易有太極之圖; 『退溪文集』 권2, 書, 答禹景善問目 太極圖.

다. 이에 이황은 태극을 기 중심으로 파악하던 학설을 이(理) 중심의 학설로 바꾸어 놓았다.[43]

이황은 기대승과 오랜 학문 토론을 통해 '이발설(理發說)'을 주장하였다. 사실 이발설은 본래 주돈이의 「태극도설」에서 태극이 동(動)한다는 전제에서 나온 송대 황간(黃榦)의 이동설(理動說)이 이황과 기대승에 의해 이발설로 발전한 것으로 이해할 수도 있고[44] 호병문(胡炳文)의 '성발위정(性發爲情)'의 '성발(性發)'이 '성즉리(性卽理)'이기 때문에 '이발(理發)'로 이어졌다고 볼 수도 있을 것이다.[45]

그런데 이황의 이발설이 나오기 전에 정지운은 "사단(四端)은 이(理)에서 발(發)하고 칠정(七情)은 기(氣)에서 발한다"라고 하였다. 그 뒤 기대승의 질의로 이황은 "사단은 이의 발함이고 칠정은 기의 발함이다"라고 하였다. 아직 이 단계에서는 이의 능동성과 자발성이 강하게 제시되지는 않고 있다. 이황은 기대승과의 사단칠정논변의 총결론으로 "사단은 이가 발함에 기가 따르고, 칠정은 기가 발함에 이가 타고 있다"라고 정리하였다. "이에서 발함"에서 "이의 발함"으로, 다시 "이가 발함"으로 표현이 바뀌면서 이의 능동성은 더욱 선명해졌다. 이러한 이황의 이기호발설(理氣互發說)은 동아시아 유학사에서 조선 유학이 성취한 소중한 학문적 성과라고 말할 수 있다.

그러나 이이는 이황의 이러한 학설에 대해 도심(道心)과 인심(人心)은 주리(主理)와 주기(主氣)로 말할 수 있으나 사단과 칠정은 주리와 주기로

---

43 권오영, 『조선 성리학의 의미와 양상』(일지사, 2011) 77쪽.
44 『白湖全書』 권25, 雜著, 四端七情人心道心說 戊寅春.
45 권오영, 『조선 성리학의 의미와 양상』(일지사, 2011) 68·69쪽.

말할 수 없다고 했다. 그 이유는 사단은 칠정 중에 있고 칠정은 이기를 겸하고 있기 때문이라고 했다. 이이는 칠정을 주기라고 해버리면 칠정의 이(理)의 일변(一邊)을 놓칠 수 있다고 보았던 것이다.[46]

16세기 이황의 이발기발설은 바로 이이에 의해 비판을 받았고 조선 주자학계에 주요 쟁점이 되었다. 이황과 이이의 이발기발론은 18세기 말까지도 조선 학계의 미결의 숙제였다. 정약용은 이황과 이이의 학설을 모두 지지하는 선에서, 이황의 이기호발은 인간의 마음 위에서 마음을 다스리고 본성을 기르는 것을 논한 것이고, 이이는 태극 이하 우주의 총괄적인 관점에서 기발만을 주장했다고 했다.[47] 그러나 이이 역시 우주론적인 관점에서가 아니라 사단과 칠정, 인심과 도심의 문제에서 이황을 비판했다고 보면, 정약용이 이황과 이이의 이발기발설의 논쟁을 결말지었다고는 볼 수 없다.

한편 이황은 만년에 기대승・허엽(許曄) 등의 견해를 받아들여 '이도설(理到說)'을 주장하였다. 이(理)가 자발적으로 이른다는 이도설은 당시 학계의 주요 쟁점으로 떠올라 논란이 일었다. 『대학』의 '물격(物格)'에 대해, "물에 격한다"고 읽을 것인지, 그렇지 않으면 "물이 격한다"고 읽을 것인지에 따라 그 해석이 크게 달라지기 때문이다. 주희에 의하면 물(物)은 사(事)이고 격(格)은 이른다(至)는 뜻이라고 하였다. '물격'을 '물이 이른다'고 읽으면 곧 물리, 사리가 자발적으로 내 마음에 이른다는 의미로 해석된다.[48] 이황은 이도설을 받아들여 자연의 이치인 천리(天理)가 자신의

46 『牛溪集』 권4, 簡牘 1, 第2書, 答書(栗谷先生). "且四端謂之主理可也, 七情謂之主氣則不可也. 七情包理氣而言, 非主氣也(自註 人心道心, 可作主理主氣之說, 四端七情則不可如此說, 以四端在七情中, 而七情兼理氣故也.)"

47 『與猶堂全書』 제1집. 詩文集 제12권 文集, 理發氣發辨 1・2.

심리(心理)와 하나가 되는 경지를 지향하여 즐거움을 맛보려고 하였다. 이 이도설은 이황이 당시 학계의 중심에 서서 기대승・허엽 등 16세기 조선의 주자학자들과 학문적 토론을 거쳐 이룬 것으로 이발설과 더불어 조선 주자학이 성취한 또 하나의 학문적 업적인 것이다.[49] 이 이도설은 조선 후기에 이상정 등이 이(理)를 활물(活物)로 이해하는 여지를 남겼다.[50]

이황의 이발론은 17세기 이후 정시한(丁時翰)과 이현일(李玄逸)이 적극 변호하여 나갔다. 정시한은 송(宋) 말기, 원(元), 명(明)이래 수백 년간에 주희의 적전(嫡傳)을 이은 이는 천하에 오직 이황 한 사람뿐이라고 했다. 그는 이이가 이황의 이기호발은 대본(大本)이 하나가 아니라는 것을 제시한 것이라고 비판하자 오히려 이기의 호발(互發) 두 글자가 마음의 근본이 둘이 아니라는 것을 밝혔다고 했다.[51]

이현일은 이황의 이발설은 주돈이의 "태극이 동(動)하여 양(陽)을 낳고 정(靜)하여 음(陰)을 낳는다"는 것을 이른 것이라고 했다. 또한 그는 황간(黃榦)이 "바야흐로 발하지 아니할 때 이 마음이 맑다가 그 물에 감하여 동하면 혹 기(氣)가 동함에 이(理)가 따르고 혹 이가 동함에 기가 끼고 있다"고 한 것이 이황의 이발설과 같은 맥락에 있다고 했다.[52]

이황의 학통을 충실히 계승한 이상정은 이(理)는 활물(活物)이라고 주장했다.[53] 조선의 주자학자들은 주희가 인심(人心)을 활물이라고 한 견해를

48 『退溪文集攷證』 권6, 제26권 書.

49 권오영, 『조선 성리학의 의미와 양상』(일지사, 2011), 97・98쪽.

50 『宋子大全』 권212, 遺事, 同春宋公遺事. "退溪之說, 則其曰發見, 其曰顯行, 其曰非死物云者, 皆以爲理是活物. 故自能運用, 由此至彼也, 此又與朱子之意不同者也."

51 『愚潭文集』 권7, 雜著, 四七辨證.

52 『葛庵文集』 권18, 雜著, 栗谷李氏論四端七情書辨. 李栔는 黃榦이 "혹 氣가 動함에 理가 따르고 혹 理가 動함에 氣가 끼고 있다"는 말에서 "動"은 "發"이라고 보아 이황의 이기호발설은 이미 황간이 말한 것이라고 했다(『活齋文集』 권3, 雜著, 辨論理氣書).

받아들여 일반적으로 심(心)을 활물이라고 이해하여 심이 성정(性情)을 주재하는 능력이 있다고 이해했다. 이상정은 심이 활물이라는 것에서 이제 이가 활물이라고 주장했던 것이다. 이상정은 이황의 이발(理發)의 발(發)과 이도(理到)의 도(到)를 더욱 적극으로 해석하여 활(活)로 표현했다. 활(活)은 생명성과 활동성을 포괄하는 의미를 지니고 있다. 이상정의 외증손인 유치명도 이는 활물이라고 했다.[54] 이제 이황의 학맥에서 이는 생명성과 활동성을 지닌 것으로 이해되었다.

그런가 하면 이진상은 이황의 이발을 더욱 발전시켜 과감한 학설을 제출했다. 그는 1862년에 "심즉리(心卽理)"를 선언하여 심이 이(理)와 기(氣)의 합이지만 이 중심으로 이해를 해야 한다고 했다. 그는 또 "발(發)하는 것은 이(理)요 발하게 하는 것은 기(氣)이다"라고 했다.[55] 그는 이황의 이기호발은 이와 기가 각각 발하는 것이 아니라 다만 그 발하는 곳을 보고 입론한 것이라고 했다. 그는 이이가 이른바 기발이승이라는 것은 대개 모든 정이 싹틈에 기로써 발함에 이가 실로 타고 있는 것이고 기가 스스로 발하여 이가 빌려 타고 있는 것이 아니라고 했다.[56] 그는 진실로 성정(性情)의 실상을 구한다면 이발은 있어도 기발은 없다고 주장했다.[57] 이진상과 곽종석 등은 사단은 물론 칠정도 이발이라고 주장하여 이황의 이발론을 칠정까지 확대 적용하여 나갔다.

53 『大山文集』 권40, 雜著, 讀聖學輯要.
54 『定齋文集』 권19, 理動靜說.
55 『寒洲文集』 권19, 書, 答郭鳴遠疑問 贅疑錄 庚午.
56 『寒洲文集』 권7, 書, 答金穉文 庚申.
57 『寒洲文集』 권32, 雜著, 四七原委說.

4. 이통론(理通論)과 그 전승

이이는 주기론자(主氣論者)인가. 이이가 주기론자가 아니라면 그를 이통론자(理通論者)로 부르는 것이 온당하다고 생각한다. 다카하기 도루가 이황과 이이를 주리파와 주기파로 나누어 연구한 이후 한국 유학사는 이황과 이이, 그리고 그 학맥의 학자들을 주리와 주기의 두 구도로 이해하여 왔다. 그렇지만 현상윤・이병도・배종호 등 어느 학자도 이이를 주기론자로 단정하는 학자는 없었다. 다만 북한에서는 이이를 주기론으로 단정을 하여 서술하고 있다고 한다.[58] 특히 배종호는 이이의 학은 주기도 아니요, 또한 주리도 아니다라고 단언했다.[59]

1990년대 이후 여러 연구자들은 이황과 이이의 조선 주자학을 주리론과 주기론으로 나누어 보아서는 안 된다는 견해를 표현하고 있다. 조선조에서의 '주리론' '주기론'의 분류는 조선 후기 주자학 및 퇴・율 성리학의 심화 발전을 심도 있게 담아내지 못하고 주자학의 형이상학 체계인 이기론 자체를 왜곡시킬 수 있다는 것이다.[60]

이이의 이기론을 살펴보면 그가 이(理)의 능동성을 부정했다고 해서 이의 실재성까지 부정한 것은 아니라는 것이다. 이이는 이가 기(氣)의 주재(主宰)・소이(所以)・근저(根柢)라고 하는 '주리적 사고'를 분명히 나타내고 있다는 것이다.[61] 또한 이이의 학맥을 이은 한원진도 이기론에서는 주

58 조남국, 「조선조 유학사에 대한 남북 학계의 연구성과 제시」(『동양철학연구』 12, 동양철학연구회, 1991) 18・19쪽.

59 배종호, 「한국사상사에 있어서의 주리와 주기의 문제」(『한국사상사학』 2, 한국사상사학회, 1988) 19쪽.

60 이동희, 「조선조 주자학사에 있어서의 주리・주기 용어 사용의 문제점에 대하여」(『동양철학연구』 12, 동양철학연구회, 1991) 42쪽.

리적 관점을 지니고 있었고[62] 심성론에서도 이의 실재성을 전혀 부정하지 않고 있다는 것이다.[63] 따라서 이황과 이이를 주리와 주기의 구도로 설명하는 것은 역사적 사실과 맞지 않다고 할 수 있다. 사실 이황은 사단칠정을 주리와 주기로 표현했고 이이는 도심과 인심은 주리와 주기로 말해도 된다고 했다. 이황·이이 둘 다 주리와 주기라는 말은 쓰고 있으니 어느 한 학자와 그 학맥에게 주리와 주기의 굴레를 씌울 필요는 없다. 대다수 조선의 지식인들은 '주리론'일색이었고, 그 사이에 일어난 논쟁도 주리론 내부에서의 견해 차이에 불과하다.[64] 이이는 서경덕이 담일청허(澹一淸虛)의 기(氣)는 있지 않는 곳이 없다고 한 것에 대해 담일청허의 기도 없는 곳이 더러 있고, 계선(繼善)과 성선(性善)의 이(理)는 있지 않는 곳이 없다고 하였다. 이이가 주기론자가 아니라는 사실은 그가 서경덕의 담일청허의 기가 없는 곳이 없다고 한 말을 비판하면서, 성선(性善)의 이(理)는 없는 곳이 없지만 담일청허의 기는 없는 곳이 많다고 한 것에서 분명히 기 보다는 이를 더 중시했다는 것을 알 수 있다.[65]

이이는 이황이 대본상(大本上)에 실수가 있었다고 했는데, 이 말은 곧 이기의 묘를 파악하는데 투철하지 못했다는 것이다. 그러면서 이이는 "발하는 것은 기이고 발하게 하는 까닭은 이이다. 기가 아니면 능히 발하

61 최영진, 「조선조 유학사상의 분류방식과 그 문제점-'주리'·'주기'의 문제를 중심으로」(『한국사상사학』 8, 한국사상사학회, 1997) 35·36쪽.

62 유초하, 「조선 중기 성리학의 사회관 : 한원진」(『한국사상사의 인식』, 한길사, 1994) 220·221쪽.

63 최영진, 「조선조 유학사상의 분류방식과 그 문제점-'주리'·'주기'의 문제를 중심으로」(『한국사상사학』 8, 한국사상사학회, 1997) 38쪽.

64 조남호, 「조선에서 주기 철학은 가능한가」(『논쟁으로 보는 한국철학』, 예문서원, 1995) 144쪽, 다카하시 도오루 지음·조남호 옮김, 『조선의 유학』(소나무, 1999) 17·18쪽.

65 孫興徹, 「鹿門 任聖周의 氣一分殊論」(『한국사상사학』 10, 한국사상사학회, 1998).

지 못하고 이가 아니면 발할 곳이 없다"라고 했다.[66] 이것은 이가 스스로 발동하지 못한다는 것을 밝힌 말이다.[67] 그러면서 이이는 이통기국(理通氣局)설을 새롭게 제창하였다. 그는 무형(無形)하고 무위(無爲)하면서 유형(有形)하고 유위(有爲)한 것의 주재가 되는 것이 이(理)이고, 유형하고 유위하면서 무형하고 무위한 것의 그릇이 되는 것은 기(氣)라고 생각하였다. 이(理)는 무형(無形)이고 기(氣)는 유형(有形)이기 때문에 이통기국이고, 이(理)는 무위(無爲)하고 기(氣)는 유위(有爲)하기 때문에 기발이승(氣發理乘)이라고 하였다.[68] 이기를 통해 본체를 규명하려는 이통기국설은 이이의 철학을 이해하는 관건으로, 이이 자신이 독창적 견해로 자부하였던 학설이었고, 그 뒤 18세기 호론과 낙론에서 중시하였던 기본 명제이자 분기점의 하나가 되었다.[69]

그런가 하면 이이는 심성(心性)에 대해 독자적인 학설을 제시했다. 흔히 이이는 성즉리(性卽理)와 심즉기(心卽氣)를 지지하고 주장한 학자로 알려져 있다. 그런데 그는 성(性)은 이기(理氣)의 합(合)이라고 했다.[70] 이이는 대개 이(理)가 기(氣) 속에 있는 뒤에 성(性)이 되니 만약에 형질(形質)의 가운데에 있지 않으면 마땅히 이(理)라고 말해야지 성(性)이라고 말하는 것은 마땅하지 않다고 했다. 다만 형질(形質) 가운데에 나아가 홑지게 이(理)

66 『愚潭文集』 권7, 雜著, 四七辨證.

67 『兼山集』 권9, 雜著, 理氣說辨 乙未. "且發之者所以發者之說, 所以明理不能自發動之說."

68 『栗谷全書』 권10, 書, 答成浩原.

69 이천승, 「栗谷의 理通氣局說과 湖洛論辯에 끼친 영향」(『한국사상사학』 25, 한국사상사학회, 2005) 46쪽.

70 『栗谷全書』 권10, 書 2, 答成浩原. "性者, 理氣之合也." 이황 등 대부분의 조선 주자학들은 程頤와 朱熹의 설을 받아들여 性은 理, 心은 合理氣 또는 心은 氣의 精爽이라고 이해했다. 이에 반해 이이는 心은 氣이고 性은 合理氣라고 새로운 견해를 제출했다. 이이를 이은 기호학계에서는 윤봉구가 心은 氣質이라는 주장을 했다(『兼山集』 권3, 書, 答尹屛溪鳳九 己酉).

를 지적하여 말하면 본연지성(本然之性)이니 본연지성은 기(氣)로써 섞을 수 없다고 했다. 이이는 자사(子思)와 맹자(孟子)가 본연지성을 말했고 정호(程顥)·정이(程頤) 형제와 장재(張載)가 기질지성(氣質之性)을 말했지만 그 실(實)은 하나의 성(性)이므로 어느 쪽을 주로 보느냐에 따라 말하는 것이 다를 뿐이라고 했다.[71] 사실 정이는 성즉리(性卽理)라고 했고, 정호는 성즉기(性卽氣)라고 했는데, 이이가 성을 이기(理氣)의 합(合)으로 본 것은 조선 주자학의 독자적인 목소리로 조선 후기에 이통기국설을 이은 기호학계의 낙론과 호론에서 성을 본연의 성과 기질의 성으로 다양하게 논의할 여지를 남겨 주었다. 그러나 이 성은 이기의 합이라는 설은 이이 당시의 학계에서 쉽게 받아들여지지 않았다. 이이는 송익필(宋翼弼) 형제 정도가 자신의 이 학설을 지지한다고 실토할 정도였다.[72]

또한 이이는 송대의 학자들도 제기한 적이 없는 심즉기(心卽氣)라는 새로운 주장을 하였다.[73] 그의 심즉기설은 이통설과 함께 사실 조선 주자학의 새로운 장을 연 것이다. 그는 심 속에 있는 이가 발하는 것이 아니라, 심 곧 기가 발할 때 이가 타고 있다고 생각하여 기발설만을 인정했던 것

71 『栗谷全書』 권10, 書 2, 答成浩原. "性者, 理氣之合也. 蓋理在氣中, 然後爲性. 若不在形質之中, 則當謂之理, 不當謂之性也. 但就形質中, 單指其理而言之, 則本然之性也. 本然之性, 不可雜以氣也. 子思孟子, 言其本然之性, 程子張子, 言其氣質之性, 其實一性, 而所主而言者不同. 今不知其所主之意, 遂以爲二性, 則可謂知理乎? 性旣一而乃以爲情有理發氣發之殊, 則可謂知性乎? …… 今之所謂窮理者, 少有可語此者, 怪且非之者, 固不足道, 見之而自謂相合者, 不可信其有見也. 惟宋雲長兄弟, 可以語此, 此珥所以深取者也, 亦不可輕此人也; 권10, 書 2, 答成浩原. "氣質之性本然之性, 決非二性, 特就氣質上, 單指其理曰本然之性, 合理氣而命之曰氣質之性耳. 性旣一則情豈二源乎? 除是有二性, 然後方有二情耳. 若如退溪之說, 則本然之性在東, 氣質之性在西, 自東而出者, 謂之道心, 自西而出者, 謂之人心, 此豈理耶?"

72 『栗谷全書』 권10, 書 2, 答成浩原.

73 『俛仰續集』 권2, 書, 與李景浩. 1570년 9월 28일. 이이는 心이 氣라는 학설을 1572년 이후에 주장했다.

이다. 그 예로 그는 어린 아이가 우물에 들어가는 것을 본 뒤에 측은지심(惻隱之心)이 생기니 보고서 발(發)하는 것은 기(氣)이니 이것이 기발(氣發)이요 측은한 마음이 나오는 것은 인(仁)이니 이것은 이(理)가 타는 것(理乘)이라고 하였다.[74] 이이는 서경덕은 이통(理通)을 몰랐고[75] 이황은 이와 기의 묘(妙)에 대한 이해에 있어 대본(大本)을 몰랐다고 혹평하였다.[76] 그러면서 그 자신은 이(理)와 기(氣)가 서로 떨어지지 않는 묘(妙)함을 정확하게 이해하였다고 자부하였다.[77] 이이는 마음의 발함을 기발로 볼뿐만 아니라 천지의 화(化)도 기발이승으로 이해했다.[78] 그는 마음의 발함에 있어 이발을 인정하지 않았듯이 천지의 이화(理化)를 인정하지 않았다.

이같이 이이는 이황이 주장한 이발은 부정하고 기발만을 인정하였다. 그는 노수신(盧守愼)도 자기와 같이 이황의 호발설을 인정하지 않고 있다고 했다.[79] 당시 조선의 두 천재 학자가 이황의 호발설을 부인하고 있었던 것이다.

이이는 가장 절친한 벗인 성혼과 이기에 대해 진지한 토론을 했으나 끝내 성혼이 그의 설을 이해하지 못하자 다음과 같이 시를 지어 보냈다.[80]

---

74 『栗谷全書』 권10, 書 2, 答成浩原 壬申.
75 『栗谷全書』 권10, 書 2, 答成浩原.
76 『栗谷全書』 권10, 書 2, 答成浩原. "若朱子眞以爲理氣互有發用, 相對各出, 則是朱子亦誤也, 何以爲朱子乎? 人心道心之立名, 聖人豈得已乎? 理之本然者, 固是純善, 而乘氣發用, 善惡斯分, 徒見其乘氣發用有善有惡, 而不知理之本然, 則是不識大本也 …… 退溪之病, 專在於互發二字, 惜哉! 以老先生之精密, 於大本上, 猶有一重膜子也." 이이가 이황이 理氣互發을 주장한 것이 "大本上失"이라고 비판하자 李玄逸·丁時翰 등이 이황의 학설을 변호하고 나섰다.
77 『牛溪集』 권4, 簡牘 1, 長書.
78 『栗谷全書』 권10, 書 2, 答成浩原.
79 『栗谷全書』 권10, 書 2, 答成浩原.

원기가 어디서 비롯하였나　元氣何端始
무형이 유형 가운데 있도다　無形在有形
근원을 찾으니 본래 합해 있고　窮源知本合
유파(流派)를 따라서 뭇 정(精)을 보도다　沿派見群精
물은 그릇을 따라 모나고 둥글며　水逐方圓器
허공은 병을 따라 작고 커진다　空隨小大甁
그대여 두 갈래에 미혹되지 말고　二歧君莫惑
성이 정 되는 것을 가만히 체험하오　默驗性爲情

이이는 성혼에게 이황의 이기호발설에 미혹되지 말라고 했다. 이 시는 이이가 "이기본합(理氣本合)", "이기원일(理氣原一)"의 사상을 표현한 것이다. 즉 성(性)은 이와 기가 본래 합쳐진 것이고 처음 합쳐진 때가 따로 있는 것이 아니라는 것이다. 이이는 이와 기를 둘로 나누려는 자는 도(道)를 알지 못하는 자라고 하였다.[81]

이이의 이통기국, 심즉기설은 조선 주자학의 독자적인 목소리라고 할 수 있다. 그것은 중국의 주자학을 앵무새처럼 읊조린 것이 아니라 조선에 맞는 새로운 사상적 이론의 정립이었다고 평가할 수 있다.

한원진은 스승 권상하의 행장을 쓰면서 우선 이이의 학설을 아래와 같이 정리했다.

---

80 『栗谷全書』 권20, 書 2, 答成浩原; 『牛溪集』 권4, 簡牘 1, 第5書. 理氣詠, 呈牛溪道兄. 번역은 『국역 율곡전서』 Ⅲ(한국정신문화연구원, 1987) 77쪽 참조.

81 『栗谷全書』 권10, 書 2, 答成浩原. "理氣本合也, 非有始合之時, 欲以理氣二之者, 皆非知道者也."

> "율곡선생이 나오시어 제가(諸家)의 설을 쓸어버리고 논단하여 말하기를 모습도 없고(無形) 함도 없지만(無爲) 모습이 있고(有形) 함도 있는 것(有爲)의 주(主)가 되는 것은 이(理)이고, 모습이 있고 함이 있으면서 모습이 없고 함이 없는 것의 그릇이 되는 것은 기(氣)이다. 이는 모습이 없고 기는 모습이 있기 때문에 이는 통(通)하고 기는 국(局)하며, 기는 함이 있고 이는 함이 없기 때문에 기가 발(發)함에 이가 타고 있는 것이다. 또 말하기를 발하는 것은 기이고, 발하는 까닭은 이이다. 기가 아니면 발하지 못하고, 이가 아니면 발할 바가 없으니 앞과 뒤도 없고 떨어짐과 합함도 없다. 이 말이 한번 나오면서 두 갈래의 논의가 폐해졌고 도체(道體)의 완전함을 다시 찾을 수 있었다."[82]

한원진은 이이가 이통기국과 기발이승을 주장하여 이황의 이기호발설이 폐기되었다는 것이다.

이이에 의해 제창된 조선 주자학의 새로운 학설인 이통기국설은 송시열에 의해 천명되었다. 송시열은 1633년(인조 11) 27세의 나이에 생원시에 제1등으로 합격했다. 그때 시험문제는 '역의(易義)'로 「일음일양지위도(一陰一陽之謂道)」에 대해 쓰라는 것이었다. 그는 이이의 이통기국설을 음양(陰陽)과 연결하여 답을 썼다.

---

82 『南塘文集』 권34, 行狀, 寒水齋權先生行狀. "栗谷先生出, 一掃諸家之說而斷之, 曰無形無爲而爲有形有爲之主者理也, 有形有爲而爲無形無爲之器者氣也. 理無形而氣有形, 故理通而氣局, 氣有爲而理無爲, 故氣發而理乘. 又曰發之者氣也, 所以發者理也, 非氣不能發, 非理無所發, 無先後無離合, 斯言一出, 而二歧之論可廢, 而道體之全, 可復尋矣."

"대개 일찍이 논해보면 모습이 없고(無形) 함이 없으면서(無爲) 모습이 있고(有形) 함이 있는 것(有爲)의 주재가 되는 것은 이이고 모습이 있고 함이 있으면서 모습이 없고 함이 없는 것의 그릇이 되는 것은 기이다. 본래 절로 혼합해 있어 동정(動靜)의 실마리도 없고 음양(陰陽)의 시작도 없다. 이미 두 가지 물도 아니고 또 한 가지 물도 아니다. 그러나 천지의 도(道)는 둘이 아니면 서지 못한다. 그러므로 양(陽)은 동(動)에서 나왔으나 양이 저절로 생하는 것이 아니고 생기게 하는 바는 도(道)이며, 음(陰)은 정(靜)에서 나왔으나 음이 스스로 생하는 것이 아니라 생기게 하는 바는 도이다. …… 이른 바 기국(氣局)이라는 것은 무엇인가. 양의 체(體)는 음의 체가 아니고 음의 체는 양의 체가 아닌 것은 이른바 국(局)이다. 이른바 이통(理通)이라는 것은 무엇인가. 양의 이(理)는 음의 이이고 음의 이는 양의 이라는 것은 이른바 통(通)이다. 국이기 때문에 음과 양이 양립(兩立)하고 통이기 때문에 음과 양이 함께 존재한다. 국이 아니면 통이 발현하는 바가 없고 통이 아니면 국이 어찌 시작의 근원으로 돌아가겠는가."[83]

송시열은 이통은 양(陽)과 음(陰)의 이(理)가 서로 통한다는 것이고, 기국은 음과 양의 체(體)가 서로 국한다는 것으로 설명했다. 그는 20대 후반에 이

83 『宋子大全』 권136, 雜著, 一陰一陽之謂道 癸酉科義. "蓋嘗論之, 無形無爲而爲有形有爲之主者, 理也, 有形有爲而爲無形無爲之器者, 氣也. 本自渾合, 無有端始, 旣非二物, 又非一物, 然而天地之道不兩則不能以立. 故陽生於動而非陽自生也, 所以生之者道也. 陰生於靜而非陰自生也, 所以生之者道也 …… 蓋理通氣局四字, 實所以發明乎此也, 所謂氣局者何也? 陽之體非陰之體, 陰之體非陽之體, 則所謂局也, 所謂理通者何也? 陽之理卽陰之理, 陰之理卽陽之理, 則所謂通也. 局故兩立, 通故兩在, 非局則通無所發見, 非通則局何以原始乎?"

이의 이통기국을 받아들여 독자적인 해석을 한 이래 주자학을 깊이 연구하여 이기의 동정(動靜), 선후(先後), 불상리(不相離), 불상잡(不相雜), 일이이(一而二), 이이일(二而一)이란 말로 이기의 분분한 논쟁에 대해 해결을 하려고 했다.[84]

이이는 이통의 이(理)의 측면에서 사람과 사물의 이(理)가 동일하다는 것을 인정했지만, 기국으로 인해 사람과 사물의 성(性)은 다르다고 보았다. 이이는 사람과 사물의 성은 기국으로 인해 다르다고 인정하면서 성인과 범인의 경우에는 미발(未發)의 본체를 들어 동일성을 강조하고 있다.[85] 이이의 이통기국설은 권상하의 문하에서 나온 낙론과 호론 학자에 의해 더욱 깊이 논의되어 나갔다. 사실 이이의 이기심성에 대한 견해는 이미 호론과 낙론의 분기를 내포하고 있었다. 다시 말해 이통과 미발의 심체에 대한 견해는 낙론으로 이어지는 것이고, 기국의 성에 대한 견해와 심은 기라는 설은 호론으로 이어져 나갔다.

낙론 학자인 이간(李柬)은 이이의 이통기국을 이와 기가 원래 서로 떨어지지 않는다는 것에 그 근거를 두고 있다고 이해했다. 그는 원래 서로 떨어지지 않는 가운데 모습이 없고 본말이 없고 선후가 없는 것은 이의 통이고 모습이 있고 본말이 있고 선후가 있는 것은 기의 국이라고 했다. 그러면서 이이의 뜻은 천지만물은 기국이고, 천지만물의 이(理)는 이통이라고 한 것으로 이른바 이통이라는 것은 기국에 떨어져 있다는 것이 아니고 기국에 나아가서 그 본체를 지적하여 기국에 섞이지 않고 말한 것일 뿐이라고 했다.[86]

---

84 『南塘文集』 권34, 行狀, 寒水齋權先生行狀.
85 장숙필, 「율곡 이이의 이통이국설과 인물성론」(『인성물성론』, 한길사, 1994) 85쪽.

호론 학자인 한원진(韓元震)은 이이의 이통기국에서 기국의 측면에서 성을 논하고 있다. 한원진은 태극(太極)은 형기(形氣)를 초월하여 이름한 것이고 오상은 기질(氣質)에 인하여 이름이 생겼다고 했다.[87] 낙론이 천명과 오상을 일리(一理)로 이해하고 오상을 본연(本然)으로 이해한 반면 호론은 천명과 오상을 분리하여 이해하여 천명은 본연, 오상은 기질로 이해했다. 즉 한원진은 오상의 성은 기질의 성을 가리킨다고 보았고[88] 기질을 심체(心體)에 해당시켜 이해하였다.[89] 그래서 그는 인성과 물성이 다르다고 주장했고 성인과 범인의 마음이 다르다고 하였다.

한원진은 이간이 천지만물의 형체가 같지 않는 것으로 기국이라고 하고 있으니, 성이 같지 않는 것이 기국이 되는 것을 알지 못한 것이라고 비판했다. 특히 기국에 기국의 이(理)가 있는 것을 알지 못하면 기국을 모른 것이라고 했다. 여기서 기국의 이는 곧 기에 내재한 이로 기질지성(氣質之性)을 말한다는 것이다.[90]

한원진의 학설은 윤봉구(尹鳳九) · 김한록(金漢祿) 등이 지지하여 계승해 나갔다. 윤봉구는 이이가 "각각 기(氣)의 이(理)를 가리킨다"고 한 것은 인성과 물성이 다르다는 것을 말한 것이고, 허령(虛靈)에 우열(優劣)이 있다고 말한 것은 성인과 범인의 마음이 같지 않은 것을 제시한 것이라고 했다.[91] 이러한 호론의 견해는 이이의 이통기국론의 기국을 인정한 위에서

---

86 『巍巖遺稿』 권12, 雜著, 理通氣局辨.
87 『南塘文集』 권18, 書 知舊往復, 與金子靜 癸亥 正月.
88 『過齋遺稿』 권7, 雜著, 南塘集箚辨 性說辨.
89 『陶菴集』 권4, 詩[4], 崔生祏叔固歸自南塘盛道講說聽之有作; 『南塘文集』 권32, 題, 題寒泉詩後.
90 『南塘文集』 권28, 雜著, 李公擧上師門書辨.
91 『屛溪集』 권43, 序, 寒水齋先生文集序. "其曰各指其氣之理, 而亦不雜乎其氣者, 人物性不同之謂也."; "至於栗谷先生則直曰虛靈亦有優劣, 此言聖凡之心不同也."

논의가 전개되고 있는 것이다.

기호학계는 이이의 이통론을 지속적으로 이어갔다. 이이의 학통을 이은 기호학계는 이통론을 끝까지 이어나가면서 심과 성에 대해서도 이이의 설을 견지하면서 독자적인 조선 주자학의 길을 걸어갔다. 19세기의 저명한 이학자인 기정진(奇正鎭)은 이황의 이발기발을 인정하면서도[92] 이이의 이통설을 받아들였다. 그는 무릇 물(物)에는 동정이 있으나 이(理)에는 동정이 없고, 물에는 다과가 있으나 이에는 다과가 없고, 물에는 생사가 있으나 이에는 생사가 없다고 했다. 동정이 있고 다과가 있고 생사가 있는 것은 국(局)이고, 동정이 없고 다과가 없고 생사가 없는 것은 통(通)이라고 했다.[93] 그는 이일분수(理一分殊)의 견지에서 철저히 이(理) 중심으로 이통설을 새롭게 해석하였다.

5. 조선 주자학의 특성

조선조 주자학자들은 이기의 논변은 학문의 생사(生死)의 문로(門路)라

92 『蘆沙文集』 권16, 雜著, 偶記. “四七非兩情, 理氣無互發, 諸先生所論的然無可疑, 但緣此而并以語類理發氣發二句, 直謂記錄之誤(栗谷說, 自高峯已有此意), 則或涉過重矣.”

93 『蘆沙文集』 권16, 雜著, 理通說. “大抵物有動靜而理無動靜, 物有多寡而理無多寡, 物有生死而理無生死, 有動靜, 有多寡, 有生死者, 謂之局. 無動靜, 無多寡, 無生死者, 謂之通 …… 動者靜之反也, 理之妙無間隔, 不離乎動而所謂靜者蘊焉, 不離乎靜而所謂動者藏焉, 非如物之動靜各一其時, 此動靜通也. 多者寡之對也, 理之妙無彼此, 不離乎一而所謂萬者具焉, 不離乎萬而所謂一者在焉, 非如物之多寡各一其形, 此多寡通也. 死者生之變也, 理之妙無先後, 不離乎始而所謂終者定焉, 不離乎終而所謂始者完焉, 非如物之生死各一其情, 此生死通也.”; 附錄, 권1, 年譜, 四年癸丑 先生五十六歲. 著理通說. “權宇仁錯認栗谷先生理通氣局之說, 輾轉註誤, 以亂栗谷本旨, 故作是說以明之.”

고 여겼다.[94] 그런데 조선은 건국 직후부터 이학을 표방한 나라이다. 그래서 주자학이 사라질 때까지 조선 학자들은 기본적으로 주자학자였고 이학자였고 주리론자였다.

일제강점기에 활동한 다카하시 도루는 조선주자학의 사상적 특색이라든지 기능, 사상적 의의 등에 대해서는 도외시하고, 조선 유학의 양대 계보를 주리와 주기로 분류하여 한국 유학의 당파성·분열성을 역설하였다.[95] 우리학계에서는 오랜 기간 다카하시 도루의 논리를 수용하여 주자학 또는 성리학을 단순히 '주리'와 '주기'의 도식으로만 분류해 왔다. 사실 주리와 주기는 주자학의 '사단칠정론'을 심도 있게 연구하는 과정에서 조선의 주자학자들이 분류방법론으로 제시한 것에 불과하다. 따라서 주리파와 주기파의 틀은 조선 500년의 성리학을 전체적으로 조망하지 못할 뿐만 아니라 결과적으로 조선 유학사를 왜곡시키는 것이기도 하다.[96]

조선은 16세기에 주자학의 시대로 넘어오면서 그간 불교에서 심신(心身)의 영역을 담당했던 것을 이제 주자학자들이 맡아야 했다. 불교의 「반야심경(般若心經)」의 자리에 진덕수(眞德秀)의 『심경(心經)』이 주자학의 주요 경전으로 떠오른 것도 바로 이때였다. 그리하여 선정(禪定)과 반야(般若, 지혜)와 지계(持戒)의 자리에 주자학의 거경(居敬), 궁리(窮理), 치지(致知)와 역행(力行)이 대신 들어서게 되었다.

그러면 조선 주자학의 특성은 무엇인가. 우선 조선 주자학은 궁리(窮理)를 중시하면서도 경(敬)을 특히 강조하는 특성을 지니고 있다. 이황은 조

---

94 『活齋文集』 권1, 疏, 嶺南儒生論牛溪栗谷不合從祀疏 庚寅.
95 崔英成, 『韓國儒學思想史』 V(아세아문화사, 1997) 241·248쪽.
96 이형성, 「다카하시 도루의 조선 유학사 연구의 현황과 그 극복」(다카하시 도루 지음 이형성 편역, 『다카하시 도루의 조선유학사』, 예문서원, 2001) 375쪽.

선 주자학의 체계를 세우면서 경을 핵심 개념으로 제시하였다. 그런데 이황으로 대표되는 조선 주자학이 경으로 자리 잡는 데는 아주 오랜 시간이 걸렸다. 이미 이색이 「직설삼편(直說三篇)」에서 경(敬)과 의(義)를 주자학의 핵심으로 보았고[97] 조선 왕조가 개창되면서 사헌부에서 올린 상소에서 경(敬)의 시대를 선언하였다.[98]

그 뒤 주세붕(周世鵬)도 1543년(중종 38)에 백운동서원(白雲洞書院, 紹修書院)을 건립하면서 시냇가 바위에 "경(敬)"이란 글자를 새기어 장차 경의 시대가 열릴 것임을 상징적으로 보여주었다.[99] 조선 최초의 서원인 백운동서원이 바로 숙수사(宿水寺)의 터에 세워졌고, 경자의 각자를 통해 이제 불교의 선정(禪定)이 주자학의 경의 모습으로 바뀌는 것을 보여주었다.

이황은 경(敬)을 중시한 주세붕의 뒤를 이어 거경(居敬)과 궁리(窮理) 공부를 강조하였다. 그는 우선 송대와 조선의 여러 학자들의 경에 대한 다양한 견해를 받아들였다. 특히 그는 진덕수가 지은 『심경』을 신명처럼 받들고 엄부처럼 모시면서 이 책의 핵심을 경이라고 하였다. 그리고 1568년(선조 1) 선조에게 「성학십도(聖學十圖)」를 올리면서 열 개의 그림을 천도(天道)와 인사(人事)로 나누어 거론하고, 전체 그림을 통관(通貫)하는 핵심 개념으로 경 한 글자를 성학(聖學)의 시작이자 마침이라고 하면서 제시하였다.[100]

다음으로 궁리(窮理)를 강조한 조선 주자학은 의리성(義理性)을 그 특성으로 하고 있다. 조선 주자학에서 의리(義理)의 학(學)은 고려 말 정몽주로

97 『牧隱文藁』 권10, 說, 直說三篇.
98 『太祖實錄』 태조 1년 7월 20일(기해).
99 권오영, 『조선 성리학의 의미와 양상』(일지사, 2011) 22・23쪽.
100 『退溪文集』 권7, 箚, 進聖學十圖箚.

부터 비롯되었다고 할 수도 있지만[101] 김굉필(金宏弼)에 의해 의리의 학이 열렸다고 할 수 있다.[102] 조광조·이언적을 이어 이황은 경(敬)을 가장 중시한 학자였지만, 의(義)란 개념도 결코 소홀이 여기지 않았다. 그는 양명학을 비판하면서 주자학과의 차이를 분명하게 '형기(形氣)'를 중시하느냐, 그렇지 않으면 '의리(義理)'를 중시하느냐로 나누어 설명하였다.[103] 그는 인욕(人欲)과 형기(形氣)를 철저히 배제하고 '의리'를 중시하는 조선 주자학을 여는데 가장 큰 기여를 한 학자이기도 하였다. 특히 조선 후기 기호학계에서는 김상헌(金尙憲)·송시열(宋時烈) 등과 그 학맥을 이은 학자들이 주자학을 의리의 학으로 이해하고 학계를 주도해 나갔다.

한편 16세기에 이황과 쌍벽을 이룬 학자인 조식(曺植)은 자신의 거처인 지리산 산천재(山天齋)의 벽에 경(敬)과 의(義) 두 글자를 써 붙이고, 이 경과 의 두 글자는 하늘에 해와 달이 떠 있는 것과 같아서 만고토록 바뀌지 않으니 성현의 천 마디 만 마디 말이 그 돌아갈 곳은 이 두 글자에 벗어나지 않는다고 했다. 뿐만 아니라 조식은 1571년 선조에게 '군의(君義)' 두 글자를 올렸다.[104] 이황이 같은 해 선조에게 「성학십도」를 올리면서 경(敬) 한 글자를 제시했듯이, 조식은 '의(義)' 한 글자를 선조에게 올렸던

---

101 『西厓文集』 권18, 跋, 圃隱集跋 乙酉. "圃隱鄭先生, 以義理之學, 爲諸儒倡, 當時翕然宗之."; 『淸陰集』 권23, 啓辭, 鄭仁弘誣詆兩賢時政院啓辭 辛亥爲承旨時. "至麗朝文忠公鄭夢周, 始倡義理之學."

102 『東皐遺稿』 권2, 箚, 請釋乙巳己酉之獄且請從祀箚. "吾東方自羅及麗, 文章之士, 彬彬輩出, 然義理之學, 實自宏弼啓之也."

103 『退溪文集』 권40, 雜著, 傳習錄論辯. "蓋人之心發於形氣者, 則不學而自知, 不勉而自能, 好惡所在, 表裏如一. 故才見好色, 卽知其好而心誠好之, 才聞惡臭, 卽知其惡而心實惡之, 雖曰行寓於知, 猶之可也. 至於義理則不然也, 不學則不知, 不勉則不能 …… 故義理之知行, 合而言之, 固相須竝行而不可缺一, 分而言之, 知不可謂之行, 猶行不可謂之知也, 豈可合而爲一乎?"

104 『宣祖實錄』 선조 5년 2월 8일(을미).

것이다.[105]

조선 후기의 정계와 학계에는 온통 주자학의 의리론이 풍미하였다. 윤봉구는 천하의 의리가 이기심성(理氣心性)보다 더 큰 것이 없고 유자(儒者)의 학이 또한 이기심성보다 더 절실한 것이 없다고 했다.[106] 다시 말하면 이기심성론이 발달한 것도 경과 의의 구현을 위한 조선 주자학자들의 활동이었다고 할 수 있다.

그런데 경과 의에 토대를 둔 조선 주자학은 이황의 이발론과 이이의 이통론의 제창을 통해 능동성과 소통성을 선명하게 드러내었다. 이발론과 이통론은 조선 후기 영남과 기호학계에서 두 구도로 전개되었다. 이이의 학맥을 이은 학자들은 거의 이황의 이발론을 부정했고, 이황을 이은 학맥을 이은 학자들은 이이의 이통론이 미진하다고 했다.[107] 이황의 학맥을 이은 주자학자들은 심(心)과 이(理)의 주재성을 강조하고, 심과 이를 활물(活物)로 보아 심과 이에 생명성, 자발성, 능동성, 활동성을 부여했다. 이이의 이통을 이은 낙론 학맥의 주자학자들은 이의 소통성을 통해 변통과 개혁을 추진해 나갈 수 있는 조선 주자학 나름의 독자적인 이론을 확보하였다. 그래서 조선 후기 이후 주자학계에서도 새로운 문명의 수용을 주장하는 학자가 나올 수 있었고, 조선 말기에 국내외의 위기에 직면하여 위정척사(衛正斥邪)를 부르짖은 주자학자가 나올 수 있었던 것은 조선 주자학만의 독자적인 이통의 소통성과 이발의 능동성이 있었기 때문에 가능하였다.

---

105 권오영, 『조선 성리학의 의미와 양상』(일지사, 2011) 131쪽.

106 『屛溪集』 권43, 序, 寒水齋先生文集序. “天下之義理, 莫大於理氣心性, 儒者之學, 亦莫切於理氣心性.”

107 『愚潭文集』 권8, 雜著, 四七辨證; 『大山文集』 권40, 雜著, 讀聖學輯要.

6. 맺음말

일제강점기에 다카하시 도루에 의해 정립된 조선주자학의 주리파와 주기파의 두 구도는 오랜 기간 공고하게 그 힘을 발휘해왔다. 그간 이에 대해서는 여러 학자에 의해 그 문제점이 지적되었으나 그에 대한 뚜렷한 대안은 아직까지 제시되지 못했다.

조선은 이학을 특성으로 한 주자학의 나라이다. 이 글에서는 그간의 이황과 이이의 이기론을 설명하는 주리파와 주기파의 이분법적 서술을 지양하고, 그 대신 이황의 이발론과 이이의 이통론의 두 구도로 조선 주자학을 새롭게 탐구해 보려고 하였다. 조선 주자학은 사단칠정에서 이황이 이발론을 제기하여 이의 능동성과 활동성, 역동성을 부여하고, 이이가 이통론을 제기하여 이의 소통성을 부여한 것은 조선 주자학의 거대 담론이자 주요 특성이라고 말할 수 있다.

조선 주자학은 조선 전기에는 불교와 도교의 비판과 극복과정에서 전개된 것이고, 이 주자학은 이황과 이이를 통해 중국과는 다른 조선의 독자적인 새로운 주자학 이론으로 발전해 나갔다. 이황과 조식은 경(敬)과 의(義)를 주자학의 핵심어로 제시했다. 특히 조선 후기의 주자학이 의리를 특성으로 하지만 경에 바탕을 둔 의리라는 점을 놓쳐서는 안 될 것이다. 이 점이 바로 조선 주자학의 독자적인 특성이라고 할 수 있다.

요컨대 조선 주자학은 경과 의에 바탕을 두고 이의 능동성과 소통성을 그 특성으로 하고 있다. 조선 중기에 경과 의에 토대를 두고 능동성, 활동성과 소통성을 지닌 조선 주자학은, 조선 후기에 주자학자들에 의해 깊은 탐구와 논쟁을 거쳐 조선 말기에 이르면 국내외의 위기에 처하여 더욱 역동성을 지닌 주자학으로 변하였다.

제2부

조선 理學의 형성과 유통

1

김굉필(金宏弼)의 도학(道學)의 실상과 그 의미

1. 머리말

1289년(충렬왕 15) 안향에 의해 원나라로부터 주자학이 수용되었다. 그 뒤 이색과 정몽주는 고려 말의 사상적 혼미를 극복하기 위해 주자학을 연구하여 사회 기풍을 쇄신하려고 하였다. 이색은 곧 고려 말의 최고 지성이었고, 정몽주는 이색에 의해 '동방이학(東方理學)의 조(祖)'란 칭호를 들었던 학자였다.

1392년에 조선이 건국되자 이색과 정몽주의 일부 제자들은 조선 건국에 동참하여 고려시대의 불교에 대체할 새로운 정치이념을 제시하였다. 조선 창업의 일등공신이고 배불론자로 널리 알려진 정도전은 「심기리편(心氣理篇)」을 저술하여, 불교는 심(心), 도교는 기(氣), 유학은 이(理)라고 하여 이제 이(理)가 주도적인 사회가 되어야 한다고 하면서, 이학(理學)을 조선의 정치적 지배이념으로 천명하였다. 그는 유학의 이(理) 개념을 내세워 불교의 주요 개념인 심(心)과 도교의 주요 개념인 기(氣)를 깨우치고 다스려야 한다고 주장하였다.

또한 권근은 『입학도설(入學圖說)』을 지어 이학의 여러 개념을 알기 쉽게 설명하고 유가 경전의 내용을 간명하게 도설로 제시하였다. 고려 말에 정몽주에 의해 이학이 강론되고, 이어 정도전·권근 등이 이학을 주장하면서 조선조는 이학을 그 정치이념으로 설정하였음을 분명히 알 수 있다.

이러한 조선조의 이학의 계보는 16세기 전반에 사림(士林)에 의해 정몽주(鄭夢周)－길재(吉再)－김숙자(金叔滋)－김종직(金宗直)－김굉필(金宏弼)－조광조(趙光祖)로 정립되었다. 특히 김굉필은 조선 도학(道學)의 수창(首倡)으로 일컬어지고 있고, 또 조선에서 의리(義理)의 학을 가정 먼저 제창한 학자로 알려져 있다. 그러므로 조선의 이학과 그 특성의 하나인 의리 학풍을 이해하기 위해서는 김굉필의 도학의 실상과 의미를 탐구하지 않을 수 없다.

이 글에서는 15세기 후반부터 조선 학계가 사장(詞章)에서 도학을 중시하는 학풍으로 변모해 가는 모습을 김종직 문하에서의 사장과 도학의 분기(分岐)에서 살펴보고, 김굉필의 도학의 실상을 그의 일상적 삶에서 찾아보고, 이어 그의 도학이 갖는 사상사적 의미와 위상을 알아보고자 한다.

2. 사장(詞章)과 도학(道學)의 분기

도학(道學)이란 명칭은 송(宋)대 이전에는 없었다. 『송사(宋史)』에 「도학전(道學傳)」이 처음 실리면서 도학의 이름이 역사적으로 쓰이기 시작했다. 하(夏)·은(殷)·주(周) 삼대(三代)의 성대한 시대에는 천자가 이 도(道)로써 정교(政敎)를 삼고 대신과 백관과 유사가 이 도로써 직업을 삼았고 학교에서 스승과 제자가 이 도로써 강습을 했고 사방의 백성이 날마다 이 도를 쓰면서도 몰랐기 때문에 도학이란 명칭이 굳이 필요하지 않았던 것이다.[1]

요(堯)·순(舜)·우(禹)·탕(湯)·문왕(文王)·무왕(武王)·주공(周公)·공자(孔子)·자사(子思)를 거쳐 맹자(孟子)까지 전해지던 도통(道統)은 송대에 이르기까지 단절되었다가 주돈이(周敦頤)가 전하지 않던 도학을 이어 「태극도설(太極圖說)」과 「통서(通書)」를 지어 도학을 다시 이었다. 그 뒤 장재(張載)가 「서명(西銘)」을 지어 도학의 전통을 세웠고, 이어 정호(程顥)와 정이(程頤) 형제가 『대학(大學)』과 『중용(中庸)』 두 편을 드러내어 『논어(論語)』와 『맹자(孟子)』와 함께 병행을 하게 하고 주희(朱熹)가 이정(二程)의 정전(正傳)을 이어 격물치지(格物致知)로써 우선을 삼고 명선성신(明善誠身)으로 요점을 삼아 도학을 더욱 천명하였다.[2]

주돈이의 「태극도설」은 도학의 시대를 열기 위해서는 가장 먼저 반드시 이해를 하고 넘어가야 하는 글이다. 이 「태극도설」은 『성리대전』과 『근사록』 등의 책 첫머리에 실려 있다. 송대에 주희와 육구연(陸九淵) 사

1 『宋史』 권427, 列傳 제186, 道學 1.
2 『宋史』 권427, 列傳 제186, 道學 1.

이에 「태극도설」의 첫구절인 "무극태극(無極太極)"에 대한 해석을 놓고 일대 논쟁이 벌어졌다. 육구연은 「태극도설」을 주돈이가 지었다는 사실 자체부터 의심을 하였고, 무극과 태극의 '극(極)'을 '중(中)'의 의미로 이해한 반면, 주희는 '극(極)'을 '표준(標準)', '지극(至極)'의 뜻으로 이해하였다. 주자학을 수용하여 정치 지배이념으로 설정한 조선왕조도 도학의 시대를 열기 위해서는 「태극도설」에 대한 이학적 이해가 가장 먼저 이루어져야 했다.[3]

고려 말의 이색(李穡)과 조선 전기의 권근(權近) 등에 의해 태극(太極)과 경(敬) 등의 개념에 대한 이해가 지속적으로 이루어져 왔다. 그리고 『소학(小學)』 교육에 대해서도 조선 건국 후 강조되어 왔다. 그러나 태극과 경을 심성론의 차원에서 깊이 있게 이해하고, 또 『소학』의 가르침을 몸소 실천하는 학자는 거의 없었던 것 같다.

조선 성종대에 김종직(金宗直)은 당대 최고의 문장가로 일세에 이름을 떨쳤다. 그의 문하에서는 남효온(南孝溫)·남곤(南袞) 등 사장파(詞章派)와 더불어 김굉필(金宏弼)·정여창(鄭汝昌) 등 도학자가 배출되면서 사장과 도학의 분기가 일어나고 있었다. 영남사림이 정치 무대에 등장하면서 사장과 도학에 대한 논의가 일어나고, 사장을 중시하던 시대에서 도학을 중시하는 시대가 열리기 시작했다.

김종직의 문하에서는 심(心)에 대한 토론과 이기(理氣)의 선후 문제에 대해 논란이 일어났다. 정여창은 주희의 『중용장구(中庸章句)』에서 말한, '하늘이 음양오행(陰陽五行)으로써 만물을 화생(化生)하였다.'는 것만 취하

3 권오영, 「조선 朱子學의 理學的 담론과 특성」(『조선시대사학보』 69, 조선시대사학회, 2014).

고, '기(氣)로써 형체를 이루고 이(理) 또한 부여하였다'는 것은 취하지 않았다. 정여창은 "어찌 기(氣)에 뒤서는 이(理)가 있겠는가"라고 하였다. 남효온은 정여창의 이 말을 듣고 매우 높이 평가했으나 흠이 없을 수 없다고 보았다. 그는 이른바 이(理)가 기(氣)에 앞서는 것은 이의 체(體)요, 이른바 기가 이에 앞서는 것은 이의 용(用)이다. 만약 사람이 인의예지(仁義禮智)를 모두 모아서 성(性)이라 하고, 인의예지의 실마리에서 갈라져 나온 것을 성이라 하지 않으면 옳겠는가라고 하였다.[4]

또한 정여창은 마음을 잡는다는 것은 방심(放心)을 거두어들이는 데에 있다는 설을 받아들여, 마음을 드나드는 물건으로 이해하였다. 이에 대해 남효온은 "마음이 어찌 드나듭니까"라고 따졌다. 정여창은 "여기에 앉아 있는데 마음은 천리 밖에 놀고, 잠깐 사이에 들어와 몸속에 있으니, 드나드는 것이 아닙니까"라고 하였다. 남효온은 "잡으면 형기(形氣)가 맑고 순수하여 이 마음이 깨끗하고 밝아서 늘 보존되니 이른바 들어감이요, 놓아두면 형기가 흐리고 어지러워서 이 마음을 덮어 가리어 외부의 유혹이 주관하니 이른바 나아감이지, 참으로 드나듦이 아닙니다"라고 하였다.[5]

정여창은 주돈이, 정호·정이 형제, 장재, 주희의 학문을 깊이 있게 이해했고 아울러 오경(五經)에 깊이 통달했으나, 다만 시(詩)를 전공하는 선비는 인정하지 않았다. 그는 말하기를 "시는 성정(性情)의 발현이니, 어찌 번거롭게 억지로 공부한단 말인가"라고 하였다. 정여창의 뜻은 비록 시

4 『秋江文集』 권7, 雜著, 冷話. "鄭汝昌自勘取朱子中庸章句, 曰天以陰陽五行化生萬物, 而不取其氣以成形而理亦賦焉, 曰安有後氣之理乎? 余聞而甚高之. 然不能無病, 所謂理先於氣者, 理之體, 所謂氣先於理者, 理之用, 如人摠仁義禮智而名之曰性, 而發仁義禮智之端而分之曰不謂之性, 可乎?"; 『一蠹遺集』 권3, 附錄, 讚述.
5 『秋江文集』 권5, 論, 心論.

를 짓지 않더라도 덕이 갖추어지고 경서에 통하면 또한 무엇이 문제가 되겠느냐는 것이었다.

반면 남효온은 시의 공효도 사람에게 있어 사람의 마음을 맑게 하고, 회포를 비우게 하고, 사심(邪心)이 없게 하고, 천지를 채우는 호연(浩然)의 기(氣)를 기르게 한다고 보았다. 남효온은 정여창이 시를 이단(異端)으로 여긴다면, 주희와 소옹(邵雍)을 이단시한다는 것이라고 했다. 그러면서 그는 스승 김종직이 말한 "시는 성정을 도야(陶冶)한다"라고 한 설을 따르겠다고 했다.[6]

이제 남효온과 김굉필·정여창 등 김종직의 문인들은 사장과 도학의 기로에서 갈등을 하다가 도학의 방향으로 나아가기 시작했다.[7]

1474년(성종 5) 늦봄에 김굉필은 김종직에게 나아가 학업을 청하였다. 그는 일찍이 김종직에게 가르침을 받았는데, 김종직은 『소학』을 가르치며 말하기를, "진실로 학문에 뜻을 두려면 마땅히 『소학』에서부터 시작해야 된다. '광풍제월(光風霽月)'도 또한 여기에서 벗어나지 않는다"라고 하였다. '광풍제월'의 '광풍'은 아침에 해가 뜰 때 바람이 불면 풀잎이 바람에 흔들려서 햇빛에 빛나는 모습을 표현한 것이고, '제월'은 비 갠 뒤에 얼굴을 내민 밝은 달을 말한다. 송나라 학자인 황정견(黃庭堅)이 도학의 비조인 주돈이의 인품이 워낙 높아 마음이 쇄락(灑落)하기가 '광풍제월'과 같다고 평했던 것이다. 김종직은 제자 김굉필에게 이러한 '광풍제월'의 경지도 『소학』책에서 벗어나지 않는다고 말하여 주돈이의 도학도 바로 이 『소학』책 속에 들어있다는 의미를 가르쳐준 것이다.

---

6 『秋江文集』 권7, 雜著, 冷話.
7 『秋江文集』 권7, 雜著, 師友名行錄.

김종직은 김굉필에게 다음과 같은 시를 지어 주었다.[8]

그대의 시를 보니 따뜻한 기운이 피어나는 듯　看君詩語玉生煙
내려놓은 걸상은 이제부터 걸어두지 않으리라　陳榻從今不要懸
「반경(盤庚)」 같은 어려운 문장일랑 힘쓰지 말게나　莫把殷盤窮詰屈
모름지기 마음이 천리(天理)처럼 맑은 것 알지어다　須知方寸湛天淵

김종직은 김굉필에게 어려운 고문(古文)에 힘쓰지 말고, 마음이 하늘에 나는 솔개와 연못에 뛰노는 물고기의 생동감 있는 천리(天理)처럼 맑은 것을 아는 것이 필요하다고 했다. 김굉필은 스승 김종직의 이러한 가르침을 마음에 간직하여 잊지 않고, 손에서는 『소학』 책을 놓지 않았다. 김굉필은 「독소학(讀小學)」이란 시를 지어 자신의 뜻을 드러내었다.[9]

학문하여 아직도 천기를 알지 못했는데　學問猶未識天機
소학에서 어제까지의 잘못을 깨달았도다　小學書中悟昨非
앞으로는 절로 명교의 즐거움이 있으리니　從此自有名教樂
구구하게 좋은 옷 살진 말을 부러워하랴　區區何用羨輕肥

김종직은 이 시를 평하기를, "이 말은 성인이 되는 근기(根基)이니, 허노재(許魯齋 : 許衡) 이후에 어찌 또 그와 같은 사람이 없다고 하겠는가"라고 하였다.[10] 김굉필은 '소학동자(小學童子)'로 자처하고 『소학』의 가르침

8 『佔畢齋集』 附錄, 年譜, 佔畢齋先生年譜. 成宗大王 5年.
9 『國朝儒先錄』 권1, 金宏弼 24쪽.

을 실천하는 도학자로서의 삶을 살았다.

김종직은 1482년(성종 13) 3월에 김산(金山)에 서당(書堂)을 지은 다음 그 옆에 못을 파서 연(蓮)을 심고는 경렴당(景濂堂)이라 편액을 걸었다. 그 의미는 무극옹(無極翁) 즉 주돈이를 사모한 때문이었다.[11] 이러한 사실로 볼 때 김종직 역시 도학의 원조(元祖)인 주돈이를 그의 삶 속에서 존모하고 있었다는 것을 알 수 있다.

이해 3월 11일에 성종은 특명으로 김종직에게 홍문관응교지제교 겸 경연시강관 춘추관편수관을 임명하였다. 그러나 4월 15일에 김종직은 병을 이유로 응교를 사직한다는 서장(書狀)을 초(草)하여 승정원에 올렸다. 그리고 이어 소식(蘇軾)의 "벼슬이 없으니 몸이 가벼움을 깨닫겠네[無官覺身輕]"라는 시구를 외웠다.

당시 김굉필이 다섯 수의 시를 지어 올리자 김종직은 이에 화답하는 시를 지어 자신의 생각을 표현하였다.[12] 그중 세 수를 소개하면 다음과 같다.

백발에 외람되이 한 서찰을 받고 나니	白首叨蒙一札頒
은거는 헛되이 양수와 염천 사이에 맡기었네	幽居空寄讓廉間
그대는 나라 고쳐라 말하지만 성급한 계책이지	君言醫國太早計
우리의 도는 예로부터 굴곡 있어 어려웠네	吾道從來骩骳難

10 『國朝儒先錄』 권1, 金宏弼 8쪽.

11 『佔畢齋集』 附錄, 佔畢齋先生年譜. 成宗大王 13年. 김굉필의 제자인 조광조도 「春賦」에서 "在天兮春, 在人兮仁. 皆本太極, 異而同兮. 識此何人? 無極翁兮."라고 하여 無極翁(주돈이)을 언급하고 있다(『靜菴文集』 권1, 賦, 春賦).

12 『佔畢齋集』 권15, 詩, 和金大猷 5首.

스스로 가련해라 늙어가니 세월은 아까운데	自憐老大惜居諸
손홍공을 일으키어 수초부를 묻고 싶구나	欲起輿公問遂初
우습다 오늘 아침 나의 일이 결정이 되니	咄咄今朝吾事辨
한 칸의 오두막 집에 서책이나 쌓아두려네	一間矮屋庋藏書

큰일을 내 어찌 감히 담당하겠는가	大事吾何敢擔當
고질병엔 예로부터 좋은 방문 적다네	膏肓從古少良方
장차 임금님 전에서 고문에 대비하자면	細氈顧問如將備
응당 그대의 시 다섯 장을 외우리	要取君詩誦五章

김종직은 김굉필이 나라의 병폐를 고칠 수 있다고 말하지만, "태조계(太早計)"란 시어에서 자신이 생각해볼 때 어찌 성급한 계책을 쓰겠는가 라는 뜻을 표현하고, 그러면서 유학의 도를 행하는 것도 예로부터 굴곡이 있어 어려움이 있는 법이라고 했다. 그러면서 벼슬을 버리고 야인(野人)으로 돌아가고 싶은 뜻을 피력했고, 나라를 고치는 큰일을 담당하는 일은 쉽지 않다고 했다.

김종직은 1484년(성종 15) 10월 26일에 이조참판 겸 동지경연성균관사에 임명이 되었고[13] 이듬해 1월 27일에 다시 이조참판 겸 동지경연 홍문관제학 성균관사에 임명이 되었다.[14] 그런데 당시의 관례가 경연당상(經筵堂上)은 다만 조강(朝講)에 참여하여 왕을 모시는 일만 할 뿐이었는데, 성종은 특별히 김종직에게 명하여 진강(進講)하게 하고 이어 주강(晝講)에

13 『佔畢齋集』 附錄, 佔畢齋先生年譜. 成宗大王 14年.
14 『佔畢齋集』 附錄, 佔畢齋先生年譜. 成宗大王 15年.

참여하게 하였다. 김종직은 동지경연사로 재직한 지가 오래였으나 국사(國事)에 대해 건의하는 일이 없었으므로 명망이 조금 감소되었다.[15] 당시 스승 김종직의 이러한 모습을 본 김굉필은 다음과 같은 시를 지어 스승에게 올렸다.[16]

도란 겨울에 갖옷 입고 여름에 얼음 물 마심에 있거늘 道在冬裘夏飮氷
비 개면 가고 비오면 멈춤이 어찌 온전히 능하겠습니까 霽行潦止豈全能
난초도 만약 세속을 따라 마침내 응당 변해 버린다면 蘭如從俗終當變
소는 밭 갈고 말은 탈 수 있다는 이치를 누가 믿으리오 誰信牛耕馬可乘

이러한 김굉필의 시에 대해 스승인 김종직은 아래와 같이 자신의 마음을 표현하였다.

분에 넘치게 벼슬이 경대부에 이르렀으나 分外官聯到伐氷
임금 바로잡고 세속 구제함을 내 어찌 능하리 匡君救俗我豈能
후배로 하여금 오졸함을 비웃게 했으니 從敎後輩嘲迂拙
세리의 구구한 벼슬길엔 나설 것이 못되누나 勢利區區不足乘

김굉필은 스승에게 도(道)가 일상에 있다고 강조하였다. 그는 스승에게 높은 지위에 있으면서 일상의 국사에 대해 바른 도로 이끌러주기를 바랐

15 『成宗實錄』 성종 23년 8월 19일(정사). "俄陞嘉善吏曹參判兼同知經筵, 時經筵堂上, 但參侍朝講. 上特命宗直進讀, 仍參晝講, 宗直久爲同知經筵事, 未有建白, 名望稍減."
16 『秋江文集』 권7, 雜著, 師友名行錄; 『國朝儒先錄』 권1; 『國譯 景賢錄』 全(寒暄堂先生紀念事業會, 1970) 34쪽.

다. 이 김종직과 김굉필의 시를 통하여 사제간에 도에 대한 생각과 현실 인식의 차이가 드러나고 있는 것을 알 수 있다.

그런데 김종직과 김굉필의 시는 사제간의 사상적 차이를 나타낸 것으로 이해되어 이황에 의해 그 시의 의미에 대한 해석이 이루어졌다. 이황은 김종직의 시의 뜻은, "불행히 분수가 아닌 벼슬로 문득 경대부의 지위에 이르렀으나, 임금의 잘못을 바로잡고 세상을 구제하는 일과 도를 행하는 책임이야 내가 어찌 능히 이를 맡겠는가. 나의 오졸함이 이와 같으니, 후배로서 그대 같은 사람의 조소는 진실로 당연한 것이다. 그러나 구구히 기회를 이용하여 이익을 노리며 출세를 도모하는 일은 나도 이것은 하지 않을 것이다"라는 뜻이라고 했다.[17]

이황은 김굉필의 시의 대의는, "이 도가 지극히 커서 때와 장소에 따라 있지 않은 데가 없는 것이 겨울에 털옷을 입고 여름에 베옷을 입는 것과 같다. 그러나 군자가 세상에 나가든지, 들어앉아 있든지 하는 문제에 대하여 비록 날이 개면 나다니고 장마가 지면 들어앉아 있는 것처럼 알맞게 하려 할지라도, 어떻게 낱낱이 그 도리에 들어맞게 할 수가 있겠는가. 가령 난초가 구차스럽게 여러 꽃 속에 끼여 있게 되면, 결국은 꽃다운 향기가 변하고 다북대와 쑥처럼 변해 버리고 마는 것이 분명하다. 무릇 소는 밭을 갈고 말은 탈 수 있어서, 물건은 각자가 그 본성을 따르는 것을 '도'라고 이른다. 만약 난초가 변하여 다북대와 쑥이 된다면 물건이 그 본성을 따르지 않는 것이니, 이와 같다면 사람들이 무엇으로 이 도가 도임

---

17 『退溪文集』 권22, 書, 答李剛而. "佔畢詩意, 謂不幸而非分仕宦, 忽至於卿大夫, 其於匡捄之事, 行道之責, 我何能任之? 我之迂拙如此, 後輩如君之嘲笑, 固其宜也. 然區區於乘勢射利, 以圖進取之事, 則吾亦不爲之耳."

을 믿겠는가"라는 뜻이라고 했다.[18]

이황은 김종직의 문집을 가지고 본다면, 김종직은 다만 시문을 가장 중요한 것으로 생각하였고 일찍이 도학에는 뜻을 둔 적이 없었으니, 아무리 스승과 제자의 분의가 중하다 할지라도 본시 뜻이 같고 기미가 합하여 끝까지 서로 갈리지 않게 되지는 못하였다고 보았다. 이황은 다만 스승과 제자 사이라 할지라도 지향하는 목표가 조금이라도 다른 점이 있다면 또한 갈라졌다고 말할 수 있다는 것이다. 이황은 김종직이 항상 문장을 위주로 하였으며 학문을 강구하는 면에 종사한 것은 별로 볼 수 없지만, 김굉필은 비록 역시 학문에 관한 것은 증거가 될 만한 것이 없으나, 그가 마음을 오로지하여 옛 사람의 의리(義理)를 힘써 행한 것은 속일 수 없었으니, 그 지향하는 바가 이렇게 같지 아니하였으므로 비록 스승과 제자의 명분은 정해져 있다 할지라도 다소 다른 점이 있을 수 있다고 보았다.[19]

김종직은 1490년(성종 21) 60세가 되어서도 그 문하에 사방의 학자들이 많이 모여들었다. 그는 문인 정여창 등과 상읍례(相揖禮)를 마치고 나서는 경전(經傳)을 강론하였는데, 반드시 정주(程朱)의 본지(本旨)에 합치하도록 힘썼고, 충효(忠孝)를 위주로 하였다. 그리고 아무리 질병이 있는 때라도

18 『退溪文集』 권22, 書, 答李剛而. "寒暄公詩, 滉亦有未曉處. 然其大意謂此道至大, 隨時隨處, 無所不在, 如裘葛然, 君子出處之間, 雖欲如霽行潦止之得宜, 豈一一能中其節乎? 此二句已含譏諷意, 言道不行而不能隱, 失時中之義也. 使蘭而苟得列乎衆芳, 則終當變芳香而化蕭艾也必矣. 夫牛可耕, 馬可乘, 物各循性, 謂之道. 若蘭變爲蕭, 物不循性, 如此則人何從而信此道之爲道乎? 此譏責亦太露矣."

19 『退溪文集』 권22, 書, 答李剛而. "秋江所謂佔畢寒暄相貳者, 今無以考其爲某時某事. 但今以佔畢公全集觀之, 惟以詩文爲第一義, 未嘗留意於此學此道, 而寒暄以是歸責, 雖以師弟之分之重, 固不能志同氣合而終不相貳也. 又豈待形於事蹟, 顯相排擯, 然後謂之相貳耶?"

손에서 책을 놓지 않았고 항상 도학(道學)을 밝히는 것을 사업으로 삼았다.[20] 이를 통해 보면 처음 김종직의 문하에서는 사장과 도학이 공존하고 있다가 김종직의 만년에는 점차 도학의 학풍으로 변모해 가고 있음을 알 수 있다.

이심원(李深源)은 남효온과 함께 성서(城西) 별서(別墅)로 김굉필을 찾아가 다음과 같은 시를 지어 주었다.[21]

세상길은 갈래도 많은데	世路自多歧
후진들은 서로 가기를 다투네	後進爭長往
번다한 소리는 더욱 요란스럽고	繁聲更啁啾
이설은 분분하게 시끄럽구나	異說紛擾攘
용문의 여운이 끊어졌으니	龍門餘韻絶
내 마음을 그 누가 씻어 줄 것인가	我懷誰滌蕩
그대는 진실로 마음껏 즐기면서	吾子固囂囂
요금은 본성으로 감상한 바였네	瑤琴性所賞
석달동안 고기맛을 잊어버리고	三月解忘味
순임금의 음악을 한갓 상상하노라	韶音徒像想
그대의 모습은 어찌 정성스러우며	爾容何慺慺
그대의 마음은 어찌 그리도 넓은가	爾心何蕩蕩
강론을 듣는 이 날로 많아지고	聽者日以多
우리의 터전은 날로 넓어지네	我地日以廣

20 『佔畢齋集』 附錄, 佔畢齋先生年譜. 成宗大王 21年.
21 『國譯 景賢錄』 74-75쪽; 『東儒師友錄』 권5, 寒暄堂先生從遊 2, 朱溪君 125쪽.

우리 도를 집대성할 이는	金聲與玉振
응당 우리 당에 있겠구나	也應在吾黨
나는 본래 이상이 높고 소탈한데	小子本狂簡
인사를 하러 선생에게 나아왔네	摳衣來函丈
이상조 듣기를 요청하노니	要聞履霜操
나를 위해 강개히 노래하게나	爲我歌慷慨

김종직의 문하에 나아가 구도(求道)의 길을 걸었던 이심원 등은 도통(道統)에 대해 생각하였다. 이심원은 위의 시에서 "용문(龍門)의 여운(餘韻)"이란 말로 송대의 정이(程頤)가 공자 사후 천년 뒤에 태어나 그 도통을 이었다는 것을 표현하였다. 여기서 '용문'은 정이가 용문의 남쪽에 살았기 때문에 바로 정이를 가리키지만, 바로 스승 김종직을 가리킨다고 볼 수 있다. 그리고 '요금(瑤琴)'은 공자가 '거문고를 타고 시를 읊은[絃歌鼓琴]' 사실로 이는 곧 육경(六經)을 정리한 것을 상징하는 것이다.[22] 이심원은 김굉필이 경전 공부를 천성으로 좋아하였다고 하면서 장차 도학을 집대성하여 스승 김종직의 도통을 계승하기를 바랐다.

3. 일상에서의 도학의 실상

김굉필은 도학을 제창하고 후생을 가르치는 것으로 자기의 임무를 삼

22 『朱子大全』 권4, 詩, 齋居感興二十首; 『朱子大全箚疑』 권4, 詩, 瑤琴・遺歌項.

았다. 그리하여 원근에서 풍문을 듣고 사모하여 와서 경서(經書)를 끼고 그 문하에 나아간 자들이 많아 수용할 수 없는 지경에 이르렀다.[23]

김굉필은 1472년(성종 3) 합천군 야로현 말곡(末谷) 남교동(藍橋洞)에 사는 박천상(朴天祥, 平陽府院君)의 4세손 예손(禮孫, 司猛)의 딸 순천박씨(順天朴氏)에게 장가를 들었다. 그는 처가에 우거하면서 당호를 한훤당(寒暄堂)이라 했다.[24] 한훤은 '인사(人事)'이다. '인사'는 하학(下學)의 대상이요 '일상(日常)'이다. 김굉필은 그의 당호에서 보듯 '일상'의 도를 실천한 학자였다. 그는 당시 자신의 소회를 다음과 같이 썼다.[25]

한가히 홀로 있어 오고 감이 끊이고는	處獨居閑絶往還
다만 밝은 달 불러 차고 외로움 비치었네	只呼明月照孤寒
그대는 아예 이 생애를 묻지 마오	煩君莫問生涯事
두어 이랑 연파(煙波)에 몇 겹의 청산뿐이로다	數頃煙波數疊山

김안국은 경상도 관찰사로 있을 때 말곡촌(末谷村)을 지나면서 다음과 같은 시구를 남겼다.[26]

듣건대 김공이 거처하는 곳 있다하니	聞有金公棲築處
가야산이 곧 무이산(武夷山)이로구나	倻山應是武夷山

---

23 『高峯集』 권3, 行狀, 故承議郎刑曹佐郎贈大匡輔國崇祿大夫議政府右議政兼領經筵事金先生行狀.

24 『國朝儒先錄』 권1, 金宏弼 10쪽.

25 『東文選』 續東文選, 권10, 七言絶句, 書懷(한국고전번역원, 양주동 역).

26 『慕齋集』 권1, 詩, 海印寺讀書儒生朴紹文濬等求贈語書贈(山西有木谷村, 金先生宏弼卜築修學于此). "諸生叩我無他語, 末谷村纔十里間. 聞有金公棲築處, 倻山應是武夷山."

김굉필은 사도(師道)로 자임을 했다. 그는 『소학』으로 몸을 규율(規律)하고 옛 성인을 표준으로 삼아 후학들을 잘 인도하였다. 그리하여 그의 문하에는 경학(經學)을 공부하는 사람이 드나들었다. 그는 학자들에게 치심(治心)의 요령을 강론하고 젊은이에게는 하학(下學)공부를, 어른에게는 의리(義理)로써 자세하게 가르쳐주었다.[27]

김굉필은 한유(韓愈)의 『창려집(昌黎集)』을 읽기를 좋아하였는데, 매양 「장중승전후서(張中丞傳後敍)」에 장순(張巡)이 남제운(南霽雲)을 불러 말하기를 "남팔(南八 : 남제운)아, 남아(男兒)는 죽을 따름이다. 불의(不義)를 위해 지조를 굽힐 수는 없느니라"라고 한 말에 이르러서는 세 번 반복하여 읽고 눈물을 흘리지 않은 적이 없었다.[28] 후일 정조는 김굉필에 대해 "말이 남팔에 미치면 강개하여 세 번 반복하였네"라고 했다.[29]

제자를 기르며 사도를 자임했던 김굉필을 중심으로 하나의 학단(學團)이 형성되려고 하자 비방하는 논의가 일어나기 시작했다. 이에 정여창은 김굉필에게 강학을 그만두도록 권하였으나 김굉필은 듣지 않았다. 김굉필은 사람들에게 말하기를 "승려 육행(陸行)이 선교(禪教)를 펼치니, 수업하는 제자가 천여 명이나 된다. 그 벗이 그만두라면서 말하기를 '화가 생길까 두렵다'라고 하자, 육행은 말하기를 '먼저 안 사람이 뒤늦게 안 사람을 깨우치게 하고, 먼저 깨달은 사람이 뒤늦게 깨달은 사람을 깨우치게 하는 것이니, 내가 아는 것을 남에게 알릴 뿐이다. 화복은 하늘에 달린 것이니 내가 어찌 관여할 수 있겠는가'라고 하였다. 육행은 중이라서 취

27 『國朝儒先錄』 권1, 金宏弼 5쪽.
28 『國朝儒先錄』 권1, 金宏弼 3쪽.
29 『弘齋全書』 권23, 祭文 5, 華城聖廟告由文. "天德王道, 出自小學. 語次南八, 慷慨三復. 黨籍光華, 得之家範. 孰與公卓? 歆此尊醽."

할 것이 없지만, 육행의 말은 지극히 공정한 것이다"라고 하였다.[30]

1480년(성종 11)에 원각사(圓覺寺) 중이 남몰래 불상을 돌려놓고는 부처가 스스로 돌아섰다고 말하자, 남녀들이 물밀듯이 달려가 구경하였다. 김굉필은 당시 성균생원으로 수천 자의 상소문을 올려 그 중의 간악한 죄상을 끝까지 조사해서 시조(市朝)에서 처형할 것을 청했다. 그는 유(儒)와 불(佛)의 도(道)가 같지 않다고 하면서 유(儒)의 도(道)는 부자유친, 군신유의, 부부유별, 장유유서, 붕우유신에 불과할 뿐이라고 했다. 그 문(文)은 『시경(詩經)』, 『서경(書經)』, 『역경(易經)』, 『춘추(春秋)』이고, 그 법(法)은 예악형정(禮樂刑政)이고, 인(仁)을 실천하고 의(義)를 지키는 것이라고 했다.[31] 그는 한유의 「원도(原道)」를 인용하여 불교를 비판하고 유학의 도를 진작시키기를 주장했다.

김굉필은 평소 서재에 나아가서는 마치 소상(塑像)처럼 단정히 앉아 있었다.[32] 그는 가야산 소리암(蘇利庵)에 올라가 밤새도록 잠을 자지 않는 모습이 참선(參禪)하는 승려와 같았다.[33] 그는 평소에도 반드시 관대(冠帶)를 하였고 인경[人定]을 친 후에야 취침하며, 닭이 울면 곧 일어났다.[34]

김굉필은 한 방에 고요히 거처하여 밤이 깊도록 잠을 자지 않으니, 비록 집안 식구와 자제들이라도 그 하는 바를 엿보지 못하였고 오직 연자영(蓮子纓)이 책상에 닿아서 작게 소리가 들렸으므로 책을 보고 있음을 알 수 있었다.[35] 그는 체험하고 확충하여 스스로 힘쓰고 쉬지 않았으며,

---

30 『國朝儒先錄』 권1, 金宏弼 12-13쪽; 『秋江集』 권7, 雜著, 冷話.
31 『國朝儒先錄』 권1, 金宏弼 14-15쪽.
32 『國朝儒先錄』 권1, 金宏弼 5쪽.
33 『道東編』 권8, 諸儒 3, 東方, 金寒暄堂.
34 『國朝儒先錄』 권1, 金宏弼 12쪽.
35 『國朝儒先錄』 권1, 金宏弼 2쪽. 李瀷은 "우리나라 초기의 풍속은 상고할 수 없으나 다만

아래로 인사(人事)를 배우고 위로 천리(天理)를 통달하여 도가 이루어지고 덕이 확립되었다.[36]

김굉필은 어버이를 봉양함에 있어서는 효성을 지극히 하였고, 일을 처리함에 있어서는 경(敬)을 지극히 하였다. 그는 1487년(성종 18) 나이 34세에 부친상을 당하였는데, 죽(粥)을 먹고 애통함을 지극히 하여 숨이 끊어졌다가 다시 깨어났으며, 3년 동안 여묘(廬墓)살이를 했고 한결같이 『가례(家禮)』대로 예를 행했다.[37]

김굉필은 여러 아들들에게 훈계하여 말씀하기를, "너희들은 항상 공경하고 두려워하는 마음을 두어 감히 게을리 하지 말며, 사람들이 혹 자신을 비판하거든 절대로 따지지 말라"라고 하였다. 또 말하기를 "남의 악을 말하면 마치 피를 입에 머금고 남에게 뿜는 것과 같아서 먼저 자기 입을 더럽히니 마땅히 경계하라"라고 하였다.[38]

김굉필은 형조좌랑으로 있을 때 행동거지가 법도에 맞아서 일찍이 조금도 흐트러지지 않았다.[39] 이같이 그는 일상에서 뿐만 아니라 공무중에도 경(敬)의 정신으로 생활하였다.

조위(曺偉)는 김굉필과는 1454년(단종 2) 동년생으로 정분이 가장 친밀하였다. 조위는 1498년 무오사화(戊午士禍) 때 처음 의주에 유배되었다가 이후 김굉필과 함께 순천에 유배되었는데, 김굉필은 조위가 1503년에 작고하자 상례를 도와주었으며, 창자를 베는 듯한 슬픔을 말로 표현할 수

김굉필이 蓮子纓을 사용하였다"고 했다(『星湖僿說』 권5, 萬物門, 玉纓).

36 『旅軒文集』 권12, 碑銘, 寒暄堂金先生神道碑銘 幷序.

37 『高峯集』 권3, 行狀, 故承議郎刑曹佐郎贈大匡輔國崇祿大夫議政府右議政兼領經筵事金先生行狀.

38 『國朝儒先錄』 권1, 金宏弼 3쪽.

39 『旅軒文集』 권12, 碑銘, 寒暄堂金先生神道碑銘 幷序.

없었다.[40]

그런데 김굉필은 조위의 상을 치를 적에 문상을 가서 가인(家人)에게 조위가 수습해 두었을 이빨과 머리털을 보자고 했으나 없다는 말을 듣고 실망을 했다. 그는 말하기를, "오랫동안 태허(太虛: 조위의 字)와 종유하였는데 그 성글음이 이와 같을 줄을 몰랐다"라고 하였다.[41] 이것으로 보면 김굉필은 평생 머리털 한 올과 이빨 하나도 다 모아 두었음을 알 수 있다. 이제 공자가 증자에게 말한 "신체와 발부는 부모로부터 받은 것이다. 감히 훼상하지 않는 것이 효(孝)의 시작이다[身體髮膚, 受之父母, 不敢毁傷, 孝之始也]"라는 뜻이 김굉필에 의해 선명하게 드러났다. 당시 많은 이들이 『소학』과 『효경(孝經)』에 실린 이 구절을[42] 읽었겠지만 아무도 김굉필처럼 실천하지는 못했던 것이다.

한편 사화의 시기에는 붕우(朋友)의 도리를 끝까지 지속하기도 어려운 세상이었다. 김굉필은 형조좌랑으로 있을 때 신영희(辛永禧)에게 "그대와 이미 절교를 하고자 했지만 인정상 차마 그러지 못하였다"라고 하였다. 그러면서 "오늘 내가 마땅히 그대와 절교하여야 되겠다"라고 말했다. 신영희가 그 이유를 묻자 김굉필은 "그대가 알 일이 아니다"라고 하였다. 신영희가 다시 추궁하여 묻자 김굉필은 "백공(伯恭 : 南孝溫의 字) · 백원(百源 : 李揔의 자) · 정중(正中 : 李貞恩의 자) · 문병(文炳 : 許磐의 자)은 모두 진풍(晉風)이 있으니, 진(晉)은 청담(淸談)이 누(累)가 되어 10년이 가지 않아서 화가 이들에게 있었다네"라고 하였다.[43] 김굉필은 장차 사화가 일어날 것을

40 『國朝儒先錄』 권1, 金宏弼 22-23쪽.
41 『國朝儒先錄』 권1, 金宏弼 13-14쪽.
42 『小學』 明倫, 父子之親과 『孝經』 經1章에 실려 있다.
43 『海東野言』 2, 成宗.

알고 벗 신영희를 보호하기 위해 절교를 하여 벗이 사화를 피할 수 있게 했다.

남효온은 성품이 강개하여 평소 말을 강직하게 하고 논의를 곧게 하여, 기휘(忌諱)를 범할지라도 돌아보지 않았다. 그는 성종이 재앙 때문에 구언(求言)을 하자 소릉(昭陵 : 顯德王后 권씨의 능호)의 복위(復位)를 청하는 소를 올려 당시 공신들의 미움을 사서 배척당하였다. 그 뒤 단종을 위해 죽은 사육신(死六臣)의 전(傳)을 지어 또 기휘를 범하였다. 이러한 남효온의 시사(時事)를 거스르는 행동에 대해 김굉필과 정여창은 경계하여 만류하곤 하였다.

결국 남효온은 김굉필과 서로 지향이 달라 절교를 하였다. 김굉필과 남효온이 서로 절교한 구체적인 이유는 전해지지 않는다. 다만 김굉필이 과거에 응시하였기 때문에 남효온이 시어(詩語)에서 "비록 대유(大猷 : 김굉필)가 있으나 추향이 고달프네[縱有大猷趨向苦]"라고 했다는 것이다. 남효온은 일찍이 벼슬할 뜻을 접은 반면 김굉필은 과거를 통해 벼슬에 나가려고 했기 때문에 출처가 달라 서로 갈렸다는 것이다.[44]

김굉필은 남효온과 비록 절교를 한 사이였으나 남효온의 병이 위독하다는 말을 듣고 문병을 하러 갔다. 그러나 남효온은 그를 거절하고 만나

44 金勳埴, 「寒暄堂 金宏弼에 대한 조선시대의 평가와 그 의미」(『東方學志』 제133집, 延世大學校 國學硏究院, 2006) 66-67쪽 참조; 『燕山君日記』 권31, 연산군 4년 8월 16일(기묘). "柳子光啓, 南孝溫軒名秋江, 金宗直許與氣岸, 以能詩稱之. 孝溫, 宗直之黨, 嘗作詩云, 安生已逝知音少, 洪子役鄕吾道窮. 縱有大猷趨向苦, 心懷說與隴西公. 所謂安生, 其類安應世, 洪子卽洪裕孫也. 朴處綸爲南陽府使時, 疾裕孫輕世高談, 復鄕吏之役. 謂之吾道窮者, 以裕孫比孔子也. 大猷, 金宏弼字也. 宏弼初與孝溫等同志, 而竟赴科擧, 故云趨向苦. 隴西公指李允宗也. 右人等結爲黨援, 高談詭說, 傷毁士習. 裕孫軒名曰軒軒軒, 必有名軒者. 且裕孫與其同志者號曰竹林七賢, 蓋慕晋室阮咸等事也. 效衰世之事, 復行於聖明之世, 請鞫之, 以懲其罪."

보지 않겠다고 했다. 김굉필은 문을 밀치고 곧장 들어갔으나, 남효온은 벽을 향하고 돌아누워서 끝내 영결하는 말 한마디조차도 하지 않았다. 남효온이 죽음을 앞에 두고서 벽을 향해 돌아누워 김굉필을 상대하지 않았던 이유는 알 수가 없는 일이다.[45] 그러나 아마 남효온은 견식이 높아서 미리 사화가 크게 일어날 것을 알고 일찍이 친구들을 끊고 교제를 하지 않았던 것일까. 김굉필이 신영희와 절교를 했고 남효온이 이미 김굉필과 절교하였으니 시사가 위태로울 때에는 철인(哲人)들은 그 기미를 미리 알아 그랬던 것인가.[46]

김굉필은 1498년 무오사화로 평안도 희천(熙川)으로 귀양을 갔다. 조광조는 17,8세에 아버지를 따라 어천(魚川)에 가서 생활을 했다. 조광조가 김굉필의 문하에 출입을 할 때의 일이다. 김굉필의 집에서는 꿩 한마리를 제사용으로 쓰기 위해 말리고 있었다. 그런데 간수하는 자가 삼가지 못해 고양이[烏圓]가 훔쳐가자 김굉필은 버럭 소리를 질러 간수하는 자를 나무랐다. 그러자 앞에서 스승을 모시고 있던 조광조는 스승에게 하고 싶은 말이 있다고 하면서 "봉선(奉先)의 정성이 비록 절실하지만 군자는 사기(辭氣)의 사이에 성찰하지 않을 수 없습니다. 소자(小子)는 그윽이 마음에 의심이 있기 때문에 감히 말씀드립니다"라고 했다. 이에 김굉필은 일어나서 앞으로 나가 조광조의 손을 잡고 말하기를 "나 또한 돌아서서 바로 후회를 했는데 그대의 말이 다시 이와 같으니 나 자신도 모르게 부끄럽다. 그대가 곧 나의 스승이지 나는 그대의 스승이 아니다"라고 했다. 이로부터 김굉필은 조광조를 더욱 중하게 생각했고 후배로써 대하지 않

---

45 『星湖全集』 권55, 題跋, 書南秋江事蹟後.
46 『燃藜室記述』 燕山朝故事本末, 戊午黨籍, 金宏弼 附辛永禧.

았다고 전한다.[47] 송시열은 이 일화를 소개하면서 김굉필의 허물을 듣고 고치는 용기와 선(善)을 받아들이는 도량과 조광조의 자품의 아름다움과 공부를 하는 요점이 모두 백세(百世)의 스승이 될 수 있다고 했다.

김굉필은 제가(齊家)에도 법도가 있었다. 그는 여러 딸에게 훈계하기를 "후일 너희들이 시집가서는 오직 시부모를 공손히 받들고 제사를 삼가 모실 것이며, 길쌈하고 바느질하는 일에 있어서도 혹시라도 게을리 하지 말도록 하라. 그리고 감히 말을 많이 해서 남의 비방을 부르지 말며, 남편을 섬기고 동서들을 대우할 적에 반드시 공경하고 삼가며, 재리(財利)에 있어서는 많고 적음을 따지지 말아 형제간의 우애를 잃지 말라. 그리고 노복(奴僕)을 은혜로써 부리고 과실이 있으면 가르치고, 가르쳐도 따르지 않거든 그때 가서야 벌을 주라"라고 하였다.[48]

김굉필은 "우리나라 사대부들은 가훈(家訓)을 세운 이가 적기 때문에 교화가 처자식에게 미치지 못하고 가르침과 은택이 노비들에게 이르지 못한다"고 하여 『내칙(內則)』을 법으로 삼아 의절(儀節)을 만들었으며, 노비에 대해서도 모두 남녀를 구분하고 장유(長幼)의 질서를 세웠다.[49] 김굉

---

47 이 이야기는 1575년 연간에 金繼輝가 평안감사로 있을 때 김계휘의 아들 金長生이 아버지를 뵈러 가서 그 熙川의 遺老들에게 전해들은 것을 아들 金集에게 말해 주고, 이를 김집이 다시 宋時烈에게 이야기해 준 것이다(『東儒師友錄』 권4, 金文簡門人 40, 記識熙川時事). 그런데 송시열의 「龍仁縣深谷書院講堂記」에는 김굉필이 맛좋은 음식 한 가지를 구해서 母夫人에게 보내려고 하는데 간수하는 자가 소홀히 하여 솔개가 움켜가 버리므로 김굉필의 꾸중 소리와 기색이 자못 엄숙하자 조광조가 김굉필의 앞에 나아가서, "선생께서 봉양하려는 정성은 진실로 지극하지마는, 君子의 말과 기색은 잠시라도 함부로 해서는 안 됩니다"라고 하자, 김굉필이 듣고 자신도 모르게 무릎으로 걸어서 조광조의 손을 잡으면서, "내가 너의 스승이 아니고, 네가 실상 나의 스승이다"라고 하고는, 종일토록 칭찬해 마지않았다고 했다(『宋子大全』 권143, 記, 龍仁縣深谷書院講堂記).

48 『高峯集』 제3권, 行狀, 故承議郞刑曹佐郞贈大匡輔國崇祿大夫議政府右議政兼領經筵事金先生行狀.

49 『國朝儒先錄』 권1, 金宏弼 2-3쪽.

필은 자손들에게는 인륜을 중시하게 하고, 남녀종들에게까지도 안팎의 직책을 분별하여 각기 명칭이 있었다. 안의 일은 계집종에게 주관하게 하고 그 명칭을 도주(都主)·주적(主績)·주사(主辭)·주포(主庖)라 하였으며, 밖의 일은 사내종에게 주관하게 하고 그 명칭은 도전(都典)·전사(典辭)·전시(典廝)라고 하였다. 그는 능력을 헤아려 임무를 맡기는데, 절하고 꿇어앉고 작업하는 것에 모두 일정한 규칙이 있었다. 봉급의 차이도 부지런하고 게으른 것을 비교하여 더 주기도 하고 감하기도 하였으며 길사와 흉사의 경비도 풍년 들고 흉년 든 것에 따라서 늘이기도 하고 줄이기도 하였다.[50]

김굉필은 1504년 10월 1일에 유배지 순천에서 죽음을 당하였다. 그는 죽음에 앞서 목욕하고 관대(冠帶)를 갖추고 형장에 나아갔는데, 정신과 안색이 조금도 변하지 않았다. 우연히 신이 벗겨지자 도로 신고 손으로 수염을 쓰다듬어 입에 물면서 말하기를, “신체와 발부(髮膚)는 부모로부터 받은 것이다. 이 수염까지 상해를 입혀서는 안 된다”라고 말하고 형을 받았다.[51] 그는 한가닥 호흡이 남아있는 마지막 순간까지도 효(孝)를 잊지 않았다.

공자는 “아침에 도(道)를 들으면 저녁에 죽더라도 가하다”라고 했다. 김굉필은 정여창과 함께 스승 김종직의 문하에서 구도(求道)의 길을 걸었다. 김종직은 『소학』을 가르치면서 ‘광풍제월(光風霽月)’의 경지도 이 『소학』에서 벗어나지 않는다고 했다. 그 말은 주돈이의 도학이 『소학』에 담겨 있다는 수사적(修辭的) 표현이라고 할 수 있다. 김굉필은 스승의 가르침대

---

50 『海東雜錄』 2, 本朝, 金宏弼.
51 『國朝儒先錄』 권1, 金宏弼 4쪽.

로 30세 이전까지는 『소학』을 공부하여 지난날의 그름을 깨달았다. 그는 도를 위해 목숨을 바친 순도자(殉道者)라고 할 수 있다.

이황은 김종직과 김굉필 등 문인들이 사화를 당한 것에 대해 다음과 같이 읊었다.[52]

점필재 사문은 백세에 유명한데 佔畢師門百世名
문을 따르고 도에 거슬러 올라간 큰 문생을 얻었네 沿文泝道得鴻生
공을 반도 못 이루고 슬프게도 화를 당하니 成功未半嗟蒙難
깊은 혼돈 불러일으키나 아직 깨지 못하였네. 喚起群昏尙未醒

이 시의 주(註)에 이황은 "점필재(佔畢齋)는 시문을 주로 했으나 전아(典雅)함이 도(道)에 가까웠다. 그 문인 중에 문의 흐름을 따르고 도의 근원을 소급해 올라간 사람으로 한훤당과 같은 여러 공이 크게 뜻을 떨쳐 대업(大業)을 이루지 못하고 음화(淫禍)가 이미 미쳐 사문(斯文)의 막힘이 되어 오래되도록 더욱 심했으니 한탄스럽다"라고 안타까워했다.

또 이황은 김종직 문하에서 김굉필과 정여창의 구도(求道)에 대해 다음과 같이 읊었다.[53]

점필재께서 쇠했던 문장 일으키시니 佔畢文起衰
도를 구하는 이들이 뜰에 가득하였네 求道盈其庭
훌륭한 제자들이 문하에서 나왔으니 有能靑出藍

52 『退溪文集』 권2, 詩, 閒居. 次趙士敬具景瑞金舜擧權景受諸人唱酬韻 14首.
53 『退溪文集』 권1, 詩, 和陶集飮酒 20首.

김(金)・정(鄭)이 서로 일세를 울렸도다　金鄭相繼鳴
나는 문하에 나아가 배우지를 못하여　莫逮門下役
몸을 어루만지며 그윽한 정 상하였노라　撫躬傷幽情

4. 도학의 의미와 위상

조선조는 이학이 곧 도학이요 도학이 곧 이학이다. 그런데 그 이학의 학통은 16세기에 사림(士林)에 의해 정몽주－길재－김숙자－김종직－김굉필－조광조로 정립되었다. 1545년(인종 1) 3월 13일에 성균진사 박근(朴謹)은 아래와 같이 김굉필－조광조의 학문의 연원을 제시했다.

> "조광조의 학문이 바른 것은 전해온 데에 유래가 있습니다. 젊어서부터 강개하게 도(道)를 찾는 뜻이 있어서 김굉필에게서 수업하였습니다. 김굉필은 김종직에게서 수업하고 김종직의 학문은 그 아버지 사예(司藝) 숙자에게서 전해졌고 숙자의 학문은 고려의 신하 길재(吉再)에게서 전해졌고 길재의 학문은 정몽주에게서 전해졌는데 정몽주의 학문은 실로 우리 동방의 시조이니, 그 학문의 연원(淵源)이 이러합니다."[54]

54 『仁宗實錄』 인종 1년 3월 13일(을해). "嗚呼! 光祖之學之正, 其所傳者, 有自來矣. 自少慨然有求道之志, 受業於金宏弼, 宏弼受業於金宗直, 宗直之學, 傳於其父司藝臣淑滋, 淑滋之學, 傳於高麗臣吉再, 吉再之學, 傳於鄭夢周, 夢周之學, 實爲吾東方之祖, 則其學問之淵源類此."(번역문은 국사편찬위원회 사이트 참조). 1544년 5월 29일에 성균관 생원 辛百齡 등의 상소에서는 "조광조는 金宏弼에게서 받고, 김굉필은 김종직에게서 받고, 김종직은 前

1569년(선조 2) 윤6월 7일에 기대승 역시 정몽주-길재-김숙자-김종직-김굉필-조광조로 이어지는 이학의 학통을 제시했다.

> "동방의 학문이 서로 전해진 차서로 말하면, 정몽주가 동방 이학(理學)의 조(祖)로서 길재가 정몽주에게서 배우고 김숙자는 길재에게서 배우고 김종직은 김숙자에게서 배우고 김굉필은 김종직에게 배우고 조광조는 김굉필에게 배웠으니 본래 원류(源流)가 있습니다."[55]

그런데 이러한 이학의 학통은 16세기 사림이 그 이전시기 학자의 도학과 절의에 대한 인식을 반영하여 나타난 것이었다. 이러한 정몽주-길재-김숙자의 이학 학통에 더하여, 정몽주-조용(趙庸)-윤상(尹祥)-김숙자의 이학 학통과 이색-권근-길재-김숙자의 이학 학통도 생각해 볼 수 있다.

김숙자는 길재의 문인이기도 하지만 윤상의 문인이기도 하다. 윤상은 조선 초기에 성균관대사성을 16년간 역임한 학자였다. 그가 황간현감으로 있을 때 김숙자는 16세의 나이에 걸어서 윤상의 문하에 나아가 역학(易學)을 배워 그 아들 김종직에게 전하였다.[56] 그리고 이색-권근-길

朝의 신하 吉再에게서 받고, 길재는 정몽주에게서 받았습니다"라고 하여 김숙자가 빠져 있다(『中宗實錄』 중종 39년 5월 29일 병인).

55 『宣祖實錄』 선조 2년 윤6월 7일(기유). "以東方學問相傳之次言之, 則以夢周爲東方理學之祖, 吉再學於夢周, 金叔滋學於吉再, 金宗直學於淑滋, 金宏弼學於宗直, 趙光祖學於宏弼, 自有源流也."(번역문은 국사편찬위원회 사이트 참조).

56 『別洞集』 권3, 附錄, 聞見錄. "尹公醴泉人 …… 曾守黃澗時, 司藝金公叔滋年甫十六, 徒步往受易, 尹公爲盡其奧, 金公窮探陰陽變化之數, 原始要終之說, 由是易學大明於東國."; 『正祖實錄』 정조 11년 3월 11일(기묘). "賜故司藝金叔滋院額曰洛峰, 叔滋號江湖散人. 先正臣宗直之父. 受學於尹祥, 以傳其子."

재의 학통은[57] 길재가 박분·이색·정몽주·권근 등을 스승으로 섬긴 사실을 주목할 필요가 있다. 특히 길재는 권근이 죽었다는 소식을 듣고 심상(心喪) 삼년을 하였고[58] 박분(朴賁)이 죽자 역시 심상 삼년을 하였다.[59] 따라서 조선 초기의 몇 가닥의 이학의 학통이 김종직으로 이어지고 있다고 보아야 할 것이다.

15세기 후반 성종대에 활동한 김종직은 조선 전기의 이학의 학통에 있어 그 중심에 위치하고 있다. 그의 문하에서 많은 학자가 배출되었고 사장과 도학의 학풍이 흥기하였다. 이러한 김종직을 중심으로 형성된 '당(黨)'에 대해 이승건(李承健)은 한림(翰林)으로 있으면서 사초(史草)에 쓰기를, "남인(南人)들이 서로 추켜올려서 선생은 제자들을 칭찬하고 제자들은 선생을 칭송하여 일당(一黨)을 지었다"라고 하였다.[60]

김굉필이 김종직의 문하에서 수업하였다는 사실이 너무나 명백한데도 김굉필의 제자 이적(李勣, 績)은 김굉필의 행장에서 "우리 동방이 기자 때

57 『安東權氏世譜』(回想社, 1961) 권1, 4쪽. 權近 項. "公之道學淵源, 出于牧隱, 傳于冶隱."

58 『世宗實錄』 세종 1년 4월 12일(병술). "再年十八, 就尙州司錄朴賁受學 …… 遂從李穡鄭夢周權近等學焉 …… 聞權近卒, 垂泣曰民生於三, 事之如一, 乃行心喪三年." 권근은 길재보다 한 살 연상이다. 권근도 길재를 선생으로 칭하고 있어 흥미롭다. "嗚呼! 有高麗五百年培養敎化以勵士風之効, 萃先生之一身而收之, 有朝鮮億萬年扶植綱常以明臣節之本, 自先生之一身而基之, 其有功於名敎甚大, 而我殿下寬仁大度, 褒奬節義之美, 直與周武之釋夷齊, 漢光之遺子陵, 異世而同符, 斯皆所以崇其義而遂其志, 以激百代之高風, 以存萬世之大防也. 我朝之德, 亦由先生而益彰, 嗚呼! 先生之賢, 眞所謂絶代而罕聞者也."(『陽村文集』 권20, 序類, 題吉再先生詩卷後序).

59 『冶隱集』 冶隱先生言行拾遺 卷上, 附, 行狀. "因遊牧隱圃隱陽村諸先生之門, 始聞至論 …… 日遊陽村門, 陽村語人, 曰踵余門而承學者有幾, 吉再父其獨步也 …… 聞陽村卒, 垂涕泣, 曰古者民生於三, 事之如一, 世有爲君父服喪者, 無服師之喪者, 乃行心喪三年 …… 朴公賁卒, 行心喪三年."

60 『中宗實錄』 중종 13년 4월 28일(정유). "承健爲翰林時, 嫉金宗直金馹孫之徒之所爲, 書于國史, 曰南方之人, 師譽弟子, 弟子譽師, 互相推許, 自作一黨云."; 『靜菴文集』 권3, 經筵陳啓, 參贊官時啓 15.

부터 비로소 문자가 있었고, 삼국과 고려를 지나 조선에 이르기까지 문학은 찬란하였으나, 도학(道學)에 대하여는 들어본 일이 없었다. 도학을 처음으로 제창한 분은 오직 공(김굉필) 한 사람뿐이다"라고 했다.[61] 그러면서 이적은 또 "아! 공의 학(學)은 부전(不傳)의 학을 얻어서 굳세게 우뚝 서서 한 시대의 학자들이 태산북두처럼 여겼다"라고 했다.[62]

이러한 이적의 김굉필에 대한 서술에 대해 유성룡은 "근세에 김한훤(金寒暄 : 김굉필)의 행장은 이적이란 사람이 지었는데, 사람의 뜻에 매우 불만스럽게 되었습니다"라고 하였다.[63] 김종직의 연보(年譜)를 편찬한 이헌경(李獻慶)은 김굉필이 김종직을 스승으로 섬겼는데 김종직이 세상으로부터 크게 꺼림을 받게 되자, 다만 수업하고 사사(師事)한 혐의만 알아서 이적이 행장을 지으면서 그 실적(實蹟)을 온통 없애버렸단 말인가라고 했다. 이헌경은 김굉필이 김종직의 문도로서 유배될 즈음에도 조금도 원망하거나 후회하는 말이 없었고, 갑자사화(甲子士禍)가 일어나 화가 미쳤던 날에도 죽는 것을 마치 자기 집에 돌아가듯이 여겼으니, 그렇다면 김굉필의 학문이 김종직에게서 나온 것임은 의심할 여지가 없다고 했다.[64]

김굉필 사후 1517년(중종 12)에 성균생원 권전(權磌) 등은 소를 올려 김굉필의 문묘종사(文廟從祀)를 주장했다. 권전 등은 도학이 전해진 것은 요(堯)·순(舜)으로부터 시작하여 공자의 문하에서 융성하였는데, 맹자 이후로는 쓸쓸하게 1천여 년 동안 계승하는 이가 없었고, 이따금 도움이

61 『國朝儒先錄』 권1, 金宏弼 4쪽.
62 『國朝儒先錄』 권1, 金宏弼 5쪽.
63 『西厓文集』 권11, 書, 答琴壎之應壎. "近世, 金寒暄敍述, 有李勣者爲之, 甚不滿人意."
64 『佔畢齋集』 年譜, 佔畢齋先生年譜. 成宗大王 5년조. "抑李公勣師事寒暄, 而先生爲世大忌, 只知受業師事之嫌, 而專沒其實蹟耶? 寒暄以先生門徒, 流配之際, 少無怨悔之言, 及甲子禍, 及讁所之日, 視死如歸, 則寒暄之學之出於先生者, 無疑也."

될 만한 사람을 겨우 얻는 일이 있더라도 만분의 일에 불과하여 거의 다 흠이 없지 못하고, 참으로 도통(道統)을 잇기 어려웠다고 했다. 실로 송나라에 이르러 주돈이가 비로소 그 실마리를 열었고, 천명(闡明)한 이로는 이정(二程)이 있었으며, 집성(集成)한 이로는 주희가 있었다고 했다. 그러면서 정몽주와 김굉필을 문묘에 종사하게 하여 우리나라의 만세토록 이어갈 도학(道學)의 중(重)함을 밝혀서 이 백성이 으뜸으로 삼아 따를 바가 있는 줄 알게 하자고 했다.

1517년 조강(朝講)에서 조광조는 『소학』에 대해 인륜(人倫)의 일이 구비되어 있다고 하면서, 근래 습속이 투박하여 전혀 이 책을 읽지 않고 이따금 이 책을 배우는 자가 있더라도 부형이 다들 화의 뿌리가 된다고 생각하여 말리니, 이 책이 훌륭한 책이라는 것을 모르지는 않으나 반드시 말리려는 까닭은 세상에 용납되지 못할 것이라고 생각하기 때문이라고 했다. 또한 조광조는 경(敬)에 대해 선유(先儒)가 말한 '경이란 것은 순일(純一)만을 지켜서 잡념이 없는 것을 뜻한다'라는 것과 '정제(整齊)하고 엄숙(嚴肅)하여 손의 움직임이 공순하고 발의 움직임이 무거우며 늘 공경을 지녀 조금도 방종함이 없어야 한다'라는 것을 언급했다.[65]

조광조 등은 김굉필의 학문과 행신을 전수(傳受)받아 함부로 말하지 않고 관대(冠帶)를 벗지 않았으며, 종일토록 단정하게 앉아서 빈객을 대하는 것처럼 하였다.[66] 시간이 흐를수록 조광조를 따르는 학자들은 마치 참선(參禪)하듯이 종일 단정히 앉아 정좌하는 이가 생겨났다.[67]

---

65 『中宗實錄』 중종 12년 8월 8일(신해).
66 『中宗實錄』 중종 5년 10월 10일(계사).
67 『中宗實錄』 중종 12년 8월 7일(경술).

1518년(중종 18) 4월 28일 사신(史臣)은 김굉필의 학문 성향에 대해 아래와 같이 논하였다.

> "사신(史臣)이 말하였다. 굉필(宏弼)은 근세의 대유(大儒)이다. 그 평생의 처신과 학문이 한결같이 정자와 주자로 법을 삼고 성학(聖學)에 잠심하여 터득한 바가 몹시 높았으며, 일동일정이 조금도 어그러짐이 없이 중도의 규범을 지켰다. 처음에는 김종직(金宗直)의 문하에서 수학하였는데 종직 또한 당세의 명유(名儒)였다. 그러나 김종직의 학문은 자못 문장에 치우치므로 굉필은 마음속으로 꺼리다가 즉시 버리고 성학에 전심하였는데, 연산조 때 임사홍(任士洪)이 이를 거짓을 꾸며 명예를 추구한 행위로 몰아 살해하였다."[68]

김종직은 자못 문장에 치우쳤고 김굉필은 성학(聖學)에 잠심하여 터득한 바가 몹시 높았다고 했다. 이러한 김굉필의 도학은 조광조와 이황에 의해 경(敬)을 핵심으로 하는 성학으로 강조되어 그 빛을 발하였다.

한편 김굉필은 선조 연간에 조선 도학의 수창(首倡)으로 일컬어졌고[69] 또 조선에서 의리(義理)의 학을 가정 먼저 제창한 학자로 거론되었다. 이준경은 신라로부터 고려까지 문장에 능한 선비는 빈번하게 많이 나왔으나 의리의 학문은 실로 김굉필로부터 계도(啓導)되었다고 했다. 이준경은

68 『中宗實錄』 중종 13년 4월 28일(정유). "史臣曰宏弼, 近世大儒也. 平生處身學問, 一以程朱爲法, 潛心聖學, 所得甚高, 一動一靜, 無或悖違, 周旋中規, 折旋中矩. 初學於金宗直, 宗直亦一時名儒, 其學頗拘於文章, 宏弼心嫌焉, 卽棄而乃專意於聖學. 廢朝時, 任士洪以爲矯行而殺之."

69 『宣祖實錄』 선조 9년 10월 13일(임신).

김굉필이 『소학』에 전심하여 명예와 이욕을 구하지 않았고 일동일정(一動一靜)을 반드시 예법에 따랐으며, 경(敬)을 다하는 데 매우 힘을 쏟아서 도덕(道德)을 이루었는데 불행히 난세를 당하여 화를 당할 때 조용히 죽음에 임하였으니, 비록 세상에는 포부를 펴지 못하였지만 그 마음속에 자득(自得)함이 있음을 여기에서 징험할 수 있다고 했다.[70] 조선조 이전부터 문장 있는 선비들이 찬란하게 배출되었지만 의리의 학문은 실로 김굉필로부터 열렸다는 것이다.

이황은 무릇 우리나라의 선정(先正) 중에 도학에 있어, 비록 문왕(文王)을 기다리지 않고 일어난 이가 있었지만, 모두 절의(節義), 장구(章句), 문사(文詞)의 사이에 있었고, 오로지 위기(爲己)의 학문을 일삼아 참으로 실천하는 것으로써 공부를 삼은 이를 찾는다면 오직 김굉필 한 사람 뿐이라고 했다.[71] 그리하여 선조연간에 김굉필은 정여창 · 조광조 · 이언적과 함께 '국조유선(國朝儒先)'으로 정해졌고, 그 뒤 이황을 포함하여 조선 도학의 사표로 1610년 문묘에 종향이 되어 조선 도학의 도통이 정립되었다.

5. 맺음말

도학(道學)이란 이름은 송대에 처음 나타났다. 『송사』 열전에 '도학전'이 설정되면서 이른바 도학의 시대가 새롭게 열렸다. 그 도학의 원조는 바로 주돈이로 그는 「태극도설」과 「통서」를 지어 도학의 문호를 열었고

70 『宣祖實錄』 선조 5년 9월 19일(임인).
71 『退溪文集』 권48, 行狀, 靜庵趙先生行狀.

조선에서도 그를 이학과 도학의 조(祖)로 이해하였다.

김굉필은 사화(士禍)의 시대에 사도(師道)로 자임하여 위험을 무릅쓰고 문도(門徒)를 모아 가르치는 일을 게을리 하지 않았다. 그리고 당시까지의 사장(詞章) 학풍과 결별을 선언하고 일상에 도가 있다는 평범한 진리를 강조하고 몸소 『소학』의 가르침을 실천하였다. 김굉필은 스승 김종직에게는 시로서 일상(日常)의 도에 대해 말하였고, 벗 조위의 상례에서는 부모에 대한 효가 어떤 것인지 제시하였다.

김굉필은 "정좌(靜坐)"를 통해 "경(敬)"의 실상을 몸소 보여 주었다. 그리고 마지막 죽음에 임하여 부모로부터 받은 신체와 수염 한 올도 다쳐서는 안 된다는 그의 말과 행동은 도를 위해 순교하는 순도자의 모습 그 자체였다. 김굉필에 의해 경(敬)과 의(義)의 공부가 어떤 것인지가 선명하게 그려졌다. 김굉필의 제자인 조광조와 그 학통을 이은 학자들은 이제 마치 참선(參禪)하듯이 하루 종일 단정히 정좌하는 이가 생겨났다. 조선 이학의 주요 특성인 경과 의의 실천적 표상으로 16세기 사림은 김굉필을 현창(顯彰)하기 시작했다.

김굉필의 당호는 '한훤당(寒暄堂)'이고 시호는 '문경(文敬)'이고 그가 모셔진 서원 이름은 '도동(道東)'이다. 한훤은 '인사(人事)'라는 의미이다. '인사'는 하학(下學)의 대상이요 '일상'이다. 김굉필은 '일상'의 도를 실천한 학자였다. 김굉필은 일상에 도가 있다는 사실을 자신의 일상생활에서 보여주었고 그 도를 실천하는 것이 중요하다는 것을 순도(殉道)의 모습으로 구현하였다. 그는 사장과 결별을 하고 도학을 제창하고 의리(義理)를 가르치고 실천하여 장차 16세기의 성학(聖學)과 17세기 이후 풍미하는 의리 학풍의 선각자(先覺者)로서의 사명을 다하였다고 할 수 있다.

2

이연경(李延慶)의 이학적(理學的) 삶과 사상

1. 머리말

13세기 말에 안향이 원나라에서 주희의 『사서집주(四書集註)』라는 신서(新書)를 가지고 돌아와 고려 사회의 새로운 학풍을 진작시킨 뒤 성리학은 이색과 정몽주 등에 의해 탐구되었다. 1392년 조선 왕조가 개창 되자 정도전·권근 등은 정치적 이념으로 성리학을 택하였다. 그 뒤 김굉필·정여창 등은 성리학의 이론 탐구에 힘썼다. 그러나 당시까지만 해도 이기심성(理氣心性)에 대한 깊은 탐구는 이루어지지 않았고 이(理)를 강조하는 경향도 크게 나타나지 않았다. 오히려 서경덕이 고려의 서울 개성에서 담일청허(湛一淸虛)의 기(氣)에 대한 깊은 탐구를 하여 그 문하에서 많은 학자가 배출되었고, 기껏해야 이언적이 신라 천년의 고도 경주에서 조한보(曺漢輔)와 무극태극논변(無極太極論辨)을 통해 비로소 조선 이학(理

學)의 새로운 장을 열기 시작한 정도였다. 서경덕·이언적 등 당시 학자들의 일련의 학문적 노력은 이제 불교시대를 마감하고 성리학의 시대를 사상적으로 뒷받침하기 위한 것이었다.

16세기 조선사회는 이제 성리학이 사상적으로 깊이 있게 이해되어 가던 시기였다. 이연경(李延慶)은 조선 전기의 명문인 광주이씨(廣州李氏) 가문에서 태어나 16세기 전반기에 활동한 저명한 학자였다. 광주이씨는 특히 14세기 말에 조정의 핵심에 포진하고 있었다. 따라서 조선왕조의 창업과 수성에 이르기까지 이 가문은 항상 권력의 중심에 서서 정치적 역할을 하였다고 할 수 있다. 그러다보니 가문의 부침(浮沈) 또한 무상(無常)하였고, 특히 갑자사화로 광주이씨는 정치적으로 치명적인 타격을 입었다.

조선 왕조가 성종 이후 안정기에 접어들자 이제 사상적 종교적 측면에서 변화가 구체적으로 일어났다. 바로 성리학의 보급과 탐구가 그것이다. 성종대 김종직(金宗直) 등 사림세력의 진출로 이후 사장(詞章)과 도학(道學)이 꽃피게 되었다. 특히 도학의 흐름은 김굉필(金宏弼)의 문하에서 조광조(趙光祖)·김안국(金安國) 등 많은 학자가 배출되어 『소학(小學)』을 학습하여 실천에 옮기고 향약(鄕約) 등을 전국적으로 보급하여 향촌을 성리학적 예속(禮俗)으로 교화하는데 앞장섰다. 중종 연간에 일어난 기묘사화(己卯士禍)와 명종연간의 을사사화(乙巳士禍)를 겪으면서 정계에서 축출된 많은 지식인들은 재야에서 학문탐구에 힘썼다. 이들은 사화에 놀라 벼슬에 나아가기를 어려워하고 물러나기를 쉽게 여겨 산림(山林)에서 학문탐구에만 힘쓰는 처사적 삶을 살았다.

이 글에서는 16세기에 활동한 이연경의 이학적 삶과 사상에 대해 탐구하고자 한다. 그는 사화라는 정치적 퇴파(頹波) 속에서도 우뚝하게 자립하여 평생 절조(節操)를 변하지 않아 '기묘완인(己卯完人)'으로 일컬어 졌다. 그는 '한 시대의 유종(儒宗)'이었고[1] 그 문하에서 이준경(李浚慶)·노수신(盧守愼)·강유선(康惟善) 등의 뛰어난 학자가 배출되었다. 이연경에 대해서는 사후에 종제(從弟) 이준경이 그의 행장을 짓고 이황(李滉)이 묘갈명을 지었으며, 문인이자 사위인 노수신이 묘지명을 지었으나 그에 관한 유고가 현재 전하지 않아 그의 학문적 업적과 활동을 탐구하기가 쉽지 않다. 따라서 그에 관한 전기 자료와 조선왕조실록이나 문집 등에 산견되는 영성(零星)한 자료를 통해 그의 삶과 사상의 편린(片鱗)을 알아보는 데 그치고자 한다.

2. 효제(孝悌)를 실천한 삶

이연경은 고려 말의 판전교시사(判典校寺事)를 지낸 이집(李集, 遁村)의 7세손(世孫)이다. 이집은 고려 말기에 급제하였는데 신돈(辛旽)에게 미움을 받고는 영해로 피난을 갔다가 신돈이 처벌을 당하자 벼슬길에 나아갔다. 이연경의 고조부는 이인손(李仁孫, 楓崖)으로 우의정을 지냈고 그의 문인(門人) 서거정(徐居正)이 신도비명을 지었다. 이인손의 다섯 아들인 이극배(李克培, 牛峰·一峰, 廣陵府院君)·이극감(李克堪, 二峰, 廣城君)·이극증(李克增, 三峰, 廣川君)·이극돈(李克墩, 四峰, 廣原君)·이극균(李克均, 五峰, 廣南

1 『穌齋文集』 권9, 墓誌, 有明朝鮮國弘文館校理李灘叟先生墓誌銘 并序. 노수신은 이연경을 '一代儒宗'이라 하였고, 『廣州李氏大同譜』 卷首에는 "早從靜菴先生道義最深厚, 以學問道德爲世儒宗嫡傳"이라고 하였다.

君)은 모두 문과에 급제하여 재상의 지위에 올라 군(君)으로 봉하여져 광주이씨 가문의 가장 화려한 시대를 열었다. 오극(五克)의 어머니 교하노씨(交河盧氏)는 『효경(孝經)』과 『소학(小學)』 등 여러 책을 대략 섭렵하고 지식과 교양을 겸비한 여인이었다. 오극의 부모는 다섯 아들을 잘 교육시켜 문과에 합격하자 오자등과자(五子登科者)의 부모에게 매년 쌀 20석(石)을 하사하는 규정에 의거하여 봉양을 받았다.[2]

이연경의 증조부는 이극감인데 형조판서를 지냈고 광성군(廣城君)에 봉해졌다. 그리고 조부는 이세좌(李世佐, 漢原)인데 서거정의 문하에서 공부하였고 김굉필(金宏弼)·정여창(鄭汝昌)·유호인(兪好仁)·성현(成俔) 등과 도의교(道義交)를 맺었다. 그는 선정전(宣政殿) 강연에서 임금에게 성의(誠意)·정심(正心)과 군자(君子)를 나아오게 하고 소인(小人)을 물리치라는 설을 올리기도 하였다.

이세좌는 1477년(성종 8) 장악원 첨정으로 문과에 급제하여 대사간에 임명되었고, 그 뒤 직제학을 거쳐 대사성으로 승진하였다. 1486년(성종 17) 호조참판으로 정조사(正朝使)가 되어 명나라를 다녀와 광양군(廣陽君)에 봉해졌고 경상, 황해, 경기관찰사를 두루 역임하였다. 1497년(연산군 3)에 이조판서에 올랐고 이듬해에는 판중추부사에 임명되었다. 그러나 무오사화가 일어나자 김종직과 교분이 있었다고 하여 파직당하였으나 곧이어 다시 풀려나 예조판서로 복직하였다.

그런데 1479년(성종 10) 6월에 성종이 왕비 윤씨(尹氏)를 폐위시켜 친정

---

2 다섯 아들이 과거에 급제한 경우 부모를 포상하는 규정은 『세조실록』 세조 5년(1459) 3월 4일(병술)에 정해졌다. "傳旨禮曹曰五子登科父母, 歲賜米二十石, 父母已歿者追封, 令所在邑致祭." 그리고 같은 해 7월 4일(계미)에는 "傳旨禮曹曰五子登科, 父母歲賜米二十石, 歿者追贈, 令所在邑致祭."라고 하였다.

으로 쫓아 보낸 사건이 발생하였다. 그러자 당시 신하들은 원자(연산군)의 어머니를 민간인과 함께 살게 해서는 안 되며 조정에서 따로 거처할 곳을 마련하여 관청에서 생활비 일체를 지급해야 한다고 계속 상소를 올렸다. 이에 성종은 이러한 상소는 원자에게 아첨하려는 생각에서 나온 것이라고 하여 더욱 역정을 내고, 또 원자도 점점 자라고 인심도 폐비윤씨(廢妃尹氏)에게 미련을 가지고 있다고 하여 1483년(성종 14) 8월에 신하들에게 그 대책을 논의하게 하였다. 그 결과 성종은 좌승지 이세좌에게 명하여 윤씨에게 사약을 내리게 하였다. 뒤에 연산군이 왕위에 오르고 어머니를 폐비한 사건에 대한 반발이 갑자사화를 일으키게 한 하나의 동기가 되었다. 이세좌는 폐비윤씨에게 형방승지로서 왕명을 받들어 사약을 전달했기 때문에 연산군에 의해 1503년(연산군 9) 함경도 온성으로 유배에 처해졌다. 그는 이듬해 3월 3일에 잠시 사면되었다가 다시 거제도로 귀양길을 떠나는 도중에 곤양에서 연산군의 명에 따라 목매어 자결하였다. 후일 그의 8손(孫) 중에 이연경(灘叟)·이윤경(李潤慶, 崇德)·이준경(李浚慶, 東皐)이 도덕(道德)과 공렬(功烈)로 세상에 추중을 받았다.

1504년(연산군 10) 갑자사화로 광주이씨 가문은 최대의 위기를 맞았다. 이연경의 종조부 이세걸(李世傑)도 명나라에서 돌아오자마자 참형을 당하였고, 종증조부 이극균도 이해 4월 5일에 참화를 입었고, 이세광(李世匡)·이수공(李守恭) 부자도 죽음을 면치 못하였고 이연경의 아버지 4형제가 모두 5월 13일에 죽음을 당하였다.

이연경의 아버지는 이수원(李守元, 元齋)으로 충청도사(忠淸都事)를 역임했고 병조참의에 증직되었다. 그는 김굉필의 문하에서 공부하였고 이수형(李守亨, 亨齋)·이수의(李守義, 義齋)·이수정(李守貞, 貞齋·素寒齋) 등 형제 네 명이 효우(孝友)로 세상의 법도가 되었다. 충청도사로 있던 때인

1498년(연산군 4)에 무오사화가 일어나 유배되었고 1501년(연산군 7)에 석방되었으나 또다시 형제들과 참혹한 화를 당하였다.

이연경의 어머니는 남양방씨(南陽房氏)로 사용(司勇) 방의문(房毅文)의 딸이다. 그리고 이연경의 선취(先娶)는 전주이씨(全州李氏)로 이성수(伊城守) 이지(李墀)의 딸이고 후취는 원주이씨(原州李氏)로 현감 이연원(李延源)의 딸이다. 이연경은 슬하에 아들 하나와 딸 셋을 두었으나 아들은 일찍 죽어 동생의 아들 이호약(李好約)으로 후사를 삼았다. 세 명의 사위는 노수신(영의정) · 심건(沈鍵, 승문원정자) · 강유선(康惟善, 생원)으로 이연경이 이들 세 사람을 직접 선발하여 사위로 삼아 공부를 가르쳤다.

이연경은 자가 장길(長吉)이고 스스로 호를 용탄수(龍灘叟), 또는 탄수(灘叟)라 하였다. 그는 1491년(성종 22) 8세에 김굉필의 문하에서 유교경전과 행실에 관한 가르침을 받았다.

이연경은 조부인 이세좌(李世佐)가 연산군의 어머니인 윤씨가 자결할 때에 형방승지로서 왕명을 받들고 왕래하였던 까닭으로 20세 때인 1503년에 함경도 온성으로 귀양을 갔다. 이때 이세좌의 여러 아들들도 유배를 갔는데 이연경은 유배지에서 온갖 고생을 하였으나 뜻을 굳게 지키고 조금도 게을리 하지 아니하였다. 이듬해 석방되어 서울로 돌아왔으나 얼마 후 다시 거제도로 귀양을 가게 되자, 이연경은 또다시 할아버지를 모시고 가다가 그는 광주 수종강(水鐘江)가에서 연산군이 보낸 형리에 체포되어 해남으로 유배되었다.

당시 연산군은 혼우(昏愚)하고 포악함이 특히 심하여 선비들을 거의 모두 처형하였다. 이연경은 할아버지와 아버지, 그리고 여러 삼촌이 모두 화를 당하자 소식이 북쪽에서 올 때마다 몸을 깨끗이 하고 단정히 앉아 명령을 기다리며 말하기를 "비록 죽더라도 허둥지둥하여 떳떳한 법도를 잃어서는 안 된다"라고 다짐하였다.

이연경은 유배지 해남에서 오로지 학문탐구에 힘썼다. 1506년(중종 1)에 중종이 즉위하자 그는 석방이 되어 충주로 돌아가 우거하였다. 이연경은 이때 할아버지와 아버지 등의 여러 상(喪)이 3년이 지났으나 아직 장사지내지 못하였으므로 그대로 소복(素服)을 하고 장사를 마쳤다. 마침 교리 홍언충(洪彦忠)이 중종의 부름을 받고 가다가 길에서 이연경이 백의대(白衣帶)로 있는 것을 보고 놀라서 말하기를 "나는 그대의 죄인(罪人)이다"라고 하고는 바로 집으로 돌아갔다.

그러데 이연경의 선대가 충주와 인연을 맺게 된 것은 그의 증조부인 이극감 대에 이루어졌다. 이극감은 당대 충주 지역의 문벌인 충주최씨(忠州崔氏)와 혼인을 통해서 그 기반을 마련하였던 것 같다. 따라서 이극감은 중앙 정계에서 은퇴한 후 그의 처향(妻鄕)인 충주로 이주해 온 것으로 보인다.[3]

이연경은 1507년(중종 2)에 생원에 합격하였으며 원통하게 죽은 사람의 자손이라 하여 선릉(宣陵, 成宗과 貞顯王后 尹氏의 능) 참봉(參奉)에 임명되었다. 이연경이 직책을 수행함에 한결같이 예법을 따르자 당시 사람들이 '선릉에 한 법사(法司)가 있다'고 칭찬하였다. 이연경은 얼마 안 되어 사직하고는 더욱 뜻을 가다듬어 책을 읽었으며, 조광조 등 당대의 명유들과 서로 친하게 사귀며 도의(道義)를 강론하며 과거공부에 뜻을 두지 아니하였다.

1514년(중종 9)에 어머니를 모시고 선대의 농서(農墅)가 있는 충주에 정착하였다. 그는 이듬해부터 박하징(朴河澄) 등과 친밀한 교유관계를 맺었

3 朴洪甲, 「조선 명종조 忠州獄의 전개와 충주사림」(『朝鮮時代史學報』 17, 조선시대사학회, 2001) 65쪽.

고, 기묘사화 후에도 함께 자연을 벗삼아 시를 읊조리는 등 그 관계는 지속되었다.[4]

이연경은 1518년(중종 13) 성균관에서 쓸 만한 재행(才行)이 있는 사람에 포함되어 생원 김세보(金世輔)·진사 조우(趙佑)·생원 이약수(李若水)·진사 김익(金釴)·유학 안처함(安處諴)·윤미(尹糜) 등 7인과 함께 이조에 천거되었다.[5] 그리하여 그는 이듬해 현량과(賢良科)에 합격하여 그 뒤 사헌부 지평에 임명되었고, 이어 홍문관교리 지제교 겸 경연시독관 춘추관 기주관으로 옮겼다. 당시 천목(薦目)에는 학행과 간국(幹局)이 있고 재식(才識)과 재기(才器)가 있으며, 덕행이 있고 지조가 있다고 했다.

이연경은 자품이 높고 학식이 깊었으며 식견이 초월하고 행동거지가 스스로 법도에 맞았다. 부모를 봉양함에는 반드시 정성스럽게 하고 사당에 참배할 때에는 반드시 경건하였고, 초상에는 슬픔을 지극히 하고 제사에는 공경을 다하였고, 위급한 자들을 보면 구휼하여 주었다.

이연경은 이종경(李宗慶)·이승경(李承慶)·이유경(李有慶)·이여경(李餘慶) 등 여러 아우들과 우애가 깊었고 잘 타일러 밤낮을 같이 지내면서 싫어하지 아니하였다. 이종경은 1513년(중종 8) 생원에 합격하였고, 1519년 조광조가 투옥되자 재종형 이약수(李若水, 牛泉)와 함께 소를 올려 조광조를 구제하려고 죽기로 다투었다. 이승경은 세칭 '기묘처사(己卯處士)'였고 이유경은 형 이연경을 따라 다녔다. 그리고 그는 이황(李滉)·조식(曺植)·노진(盧禛)·김인후(金麟厚) 등과 도의로 교제를 하였다.

---

4 朴洪甲, 「16세기 초 청도지역 사림의 활동」(『민족문화논총』 28, 영남대학교 민족문화연구소 2003); 『瓶齋 朴河澄 硏究』(경인문화사, 2006) 참조.

5 『中宗實錄』 중종 13년 6월 26일(갑오).

이연경은 사헌부에 있을 때에는 정직하고 공평하였으며, 강관(講官)이 되어서는 성의로써 임금의 마음을 감동하도록 노력하고 오로지 장구(章句)의 말만을 지키지 않았다. 하루는 야대(夜對)에 동료들이 아뢰기를 "지금에 태평성대를 이루고자 하신다면 모름지기 당대의 제일 인물을 재상으로 발탁하여야 합니다"라고 하였다. 이연경은 아뢰기를 "이는 조광조를 두고 하는 말입니다. 조광조는 참으로 훌륭합니다. 그러나 지금에 인물을 등용하는 방법은 경력이 많고 인망(人望)이 흡족하여야 맡길 수 있습니다"라고 하였다. 조광조는 이 말을 듣고 달려와 이연경을 만나보고 울며 감사해 하였다. 이연경은 "경력이 많고 인망이 흡족해야 한다"는 단서를 달았다. 그는 급진적인 개혁을 바라지 않았고 사림의 성장을 기다려 개혁을 해야 한다고 생각했던 것으로 보인다.

조광조는 어느 날 이연경의 손을 잡고 눈물을 흘리며 말하기를 '종남수(終南守)가 죽은 뒤로 과실(過失)을 듣지 못하는 것이 한스럽다'라고 하였다. 이에 대해 이연경은 '공은 달리 병통(病痛)이 없고 아마 기량(器量)이 관홍(寬弘)하지 못한 것이 단점입니다'라고 하자 조광조가 말하기를 '정말 나의 병을 적중한 것입니다'라고 하였다.[6]

1519년 중종은 조광조 등 사림을 등용하여 새로운 개혁을 시도하였다. 조광조도 훌륭한 군주를 만난 것에 감격하여 여러 동지들과 힘을 모으고 마음을 합하여 지치(至治)를 이룩하려고 하였다. 조광조의 동지였던 이연경 또한 국왕에게 착한 말을 진술하고 충성스럽고 곧은 경계를 간곡히

6 『耻齋遺稿』 권2, 日錄鈔, 甲辰. "十三日夕, 往訪寡悔, 月下談懷, 意思甚好. 余問向者終南守, 何如人也? 悔曰嘗聞於校理公, 蓋善箴儕輩過失者也. 趙先生一日, 執聃翁手流涕曰自終南死後, 未聞過失爲恨. 聃翁曰公別無病痛, 恐器量不寬弘也. 先生曰正中我病."

드림으로써 여러 사람들은 모두 지치를 기대할 수 있다고 생각하였다.

그러자 심정(沈貞)·남곤(南袞)·홍경주(洪景舟) 등은 '조광조가 그 도당들과 함께 장차 사직을 위태롭게 할 것을 도모한다'고 생각하여 기묘사화를 일으켰다. 사화가 일어나자 당시 지평 이희민(李希閔)과 이연경 등은 대궐로 달려 들어가 상황을 파악하려고 하였으나 이미 지평이 체직된 상태였다. 이희민은 바로 경연청(經筵廳)으로 들어가서 영의정에게 "일이 갑작스럽게 일어나서 극히 비밀로 하고 있고, 우리들의 관직이 비록 체직(遞職)되었으나 오래 시종으로 있었으니 어떻게 태연히 물러가 있겠습니까. 좌우에 이미 사필(史筆)을 잡을 사람이 없으니, 국가 대사가 흐지부지하게 되어 전할 길이 없으니 더욱 민망스럽습니다"라고 하였다.

정광필(鄭光弼)은 "그대들은 우선 물러가 있으라. 중종의 노여움이 더욱 심하게 되면, 조광조 등을 죄주려하겠지만 우리가 어찌 선비를 죽이겠느냐. 극력 주선하여 구제하겠다"라고 하였다. 드디어 봉교 조구령(趙九齡)·채세영(蔡世英)·권예(權輗)를 시켜 그 일을 기록케 하였다. 이희민 등은 물러나다가 영추문(迎秋門) 밖에서 안당(安瑭)을 만나자, 이연경이 달려가서 말하기를, "국사가 이에 이르렀으니, 오직 정승만 믿을 따름입니다"라고 말하고 울기를 마지않았다.

이해 12월에 대사헌 이항(李沆)과 대사간 이빈(李蘋) 등은 합계(合啓)하여, 좌의정 안당, 좌찬성 최숙생(崔淑生), 우참찬 이자(李耔), 좌참찬 김안국(金安國), 대사헌 유운(柳雲), 황해감사 김정국(金正國), 지평 조광좌(趙光佐), 이연경, 이조정랑 이약수(李若水), 수찬 권전(權磌), 교리 송호지(宋好智), 현감 송호례(宋好禮) 등 36명을 죄주자고 청하고 단자(單子)에 써서 아뢰었다.[7] 그런데 중종은 "이연경·송호지는 포의(布衣)이다"라고 하고 "유용근(柳庸謹) 등 4인은 먼 곳에 부처하고, 안당·유운·김안국은 파직하고,

이자·이연경 등 11인은 고신(告身)을 모두 추탈(追奪)하라"라고 하였다.[8] 이에 이연경은 충주로 돌아와 산수간에 한가로이 놀며 고기 잡고 낚시질하며 스스로 즐기고 담박하게 생활하였다.

이연경은 1539년(중종 34)에 평시서령(平市署令)에 임명되었으나 나아가지 않았고, 1545년(인종 1)에 현량과가 다시 회복되었으나 나아가지 않았다. 이연경이 하루는 서울에 도착하니 정순붕(鄭順朋)이 와서 회포를 털어놓으면서, "어려서 유원명(柳原明, 柳仁淑)과 교유하며 언제나 절개로 의리에 죽을 선비라 하였는데 지금 왜 저렇게 죽게 되었는가"라고 하니, 이연경은 "그것이 절개를 위해 죽은 것인지 모르겠소"라고 하자, 정순붕이 얼굴색이 변하여 가버렸다. 유정(柳貞)이 옆에 있다가 두려워하며, "호랑이 앞에서 춤을 추는 것은 사람들이 모두 위험하다 하는데 공이 어찌 그런 말을 하는가"라고 하니, 이연경은 웃으며, "그런 게 아니오, 정순붕은 교활하여 원명(原明)을 죽인 것은 자손을 위한 계책이지만, 나 같은 거야 공연히 친구를 죽였다는 말만 듣지 자기에게 이익이 될 것이 없을 것이오"라고 하였는데, 과연 그 뒤 이연경은 해를 입지 않았다.[9]

이연경은 1519년에 파직된 후 집을 짓고 물러가 살면서 전원생활의 즐거움을 마음껏 누렸다. 그런데 어느 날 친척을 방문하려고 서울에 왔었는데 어떤 사람이 그에게 시 한 편만을 던지고 바로 떠나가 버렸다.

---

7 『燃藜室記述』 권8, 中宗朝故事本末, 己卯士禍.
8 『中宗實錄』 중종 14년 12월 16일(병자).
9 『海東雜錄』 3, 本朝, 李延慶.

도시의 티끌이 어찌 몸을 더럽히랴	城市風塵豈被身
녹문(鹿門)의 높은 절개 정말 사람을 놀라게 하였네	鹿門高節正驚人
지하에 음애의 정령이 있다면	陰崖地下精靈在
왕랑(王良)의 연연해함을 부끄러워하리라	應媿王良屑屑頻[10]

사실 당시 이연경이 벼슬에 뜻이 있어 서울에 온 것은 아니었다. 그러나 이 시를 지은 사람은 이연경의 앞날이 걱정이 되었다. 왜냐하면 녹문산(鹿門山)에 숨어 살았던 한(漢)나라 방덕공(龐德公)처럼 도덕과 인격이 고매한 이연경이 서울에 나타난 것이다. 시의 작자는 도시의 풍진이 이연경을 어떻게 할 수 없을 것이라고 이해하면서도, 후한(後漢) 때에 처음에는 절개를 지켜 벼슬을 하지 않다가 뒤에 벼슬길에 나가 벗들로부터 조롱을 받았던 왕랑(王良)처럼 서울의 거리를 서성거리는 이연경의 행보를 벼슬에 연연하는 모습으로 오해하였던 것이다. 그러면서 시인은 이연경의 절친한 벗인 이자(李耔)가 이러한 이연경의 모습을 본다면 서로 벗으로 사귀었던 지난날을 부끄러워할 것이라고 은미하게 풍자하였다. 이연경은 이 시를 보고 그 시인이 자신의 깊은 속뜻을 알지 못하지만 이인(異人)이라고 생각하였다.[11] 이연경은 1545년 명종이 즉위하여 인종(仁宗)의

10 『穌齋文集』 권4, 詩, 四夜鷄鳴憶得先聘君先生入京時有無名子投詩感歎次韻 四月. “城市風塵豈被身? 鹿門高節政驚人. 陰崖地下精靈在, 應愧王良屑屑頻. 右所投詩. 語默行藏任一身, 不淪於物不離人. 陰崖地下精靈在, 肯作王良一例頻?” 그런데 이 시는 沈彦光이 지은 것이 아닌가 하였다(『燃藜室記述』제8권, 中宗朝故事本末, 己卯黨籍, 李延慶). 한편 노수신은 이 시에 차운하여 이연경이 “말하고 침묵하고 나아가고 물러나 지내는 것을 한 몸에 맡겨 두었으나 物에도 빠지지 않고 사람에도 떠나지 않는” 고결한 도덕과 인격을 가진 인물로 변호하였다.

11 『穌齋文集』 권9, 墓誌, 有明朝鮮國弘文館校理李灘叟先生墓誌銘 幷序. “公旣下世, 先生要省, 姑客洛, 有蒼頭投一封書, 忽不見. 其詩曰城市風塵豈被身? 鹿門高節政驚人. 陰崖

유명(遺命)이라 하여 불렀으나 끝내 벼슬에 나아가지 않고 '완인(完人)'의 모습을 보여주었다.[12]

1547년(명종 2) 양재역벽서사건(良才驛壁書事件)으로 이언적(李彦迪)과 권벌(權橃)이 함께 연행되어 충주에 이르렀다. 당시 이연경은 충주 용탄(龍灘)에 있었는데, 좋지 않은 기색으로 국가의 안위(安危)를 걱정하고 있었다. 그런데 이연경은 이들이 오자 크게 웃으며 맞아들였다. 그는 "이 찬성(이언적)과 권 찬성(권벌)이 한꺼번에 같이 왔으니 얼마나 빛나는 일인가"라고 하며, 조금도 걱정하는 빛이 없었다. 이연경이 말하기를, "이공은 나라 근심하기를 죽을 때까지 잊지 아니하였고, 권공은 화(禍)와 복(福)을 다 잊고 있었으니, 두 사람이 모두 훌륭하다"라고 하였다.[13]

이연경은 자기에게 주어진 직분에 충실하였다. 그는 1519년 9월 18일에 충청감사 유운(柳雲)이 청주 기녀를 데리고 진천(鎭川)으로 가서 누각 위에서 풍악을 했다고 하여 비판하였다. 이연경은 "듣건대, 충청 감사 유운이 갈려 올 때 청주 기녀들을 데리고 진천으로 가서 누각 위에 올라 풍악을 했다 합니다. 지금 조정에서 새로 여악(女樂)을 폐지하여 자전(慈殿)께서도 쓰지 않으려고 하는데, 운이 한 도의 장관으로서 감히 이러하였으니 백성들이 무엇을 보고 교화가 되겠습니까. 바라건대 파직하여 그의 잘못을 알도록 하소서"하였다.[14]

地下精靈在, 應媿王良屑屑頻. 先生讀之憮然曰異人也."

12 『丙辰丁巳錄』任輔臣撰. "龍灘子李延慶長吉, 亦登賢良科, 君子也. 己卯罷後, 退居築室, 極享田園之樂, 時訪親戚, 往來都下, 有人投詩一篇, 而不見徑去. 其詩曰城市風塵豈被身? 鹿門高節正驚人. 陰崖地下精靈在, 應媿王良屑屑頻. 蓋未知公意者也, 乙巳以仁廟遺命徵之, 竟不起."

13 『燃藜室記述』권10, 明宗朝故事本末, 乙巳黨籍.

14 『中宗實錄』중종 14년 9월 18일(기유).

우찬성 이장곤(李長坤)은 "근일 대관(臺官)이 충청도관찰사 유운의 일을 논하였으나, 신이 듣건대 유운이 도사(都事) 김공예(金公藝)의 부모 차례(茶禮) 때 가서 보고 청주의 관비(官婢)를 시켜 노래를 부르게 하였다 하니 그리 해로울 것이 없으며, 또 진천의 누상(樓上)에서 노래를 불렀다는 것은 헛말입니다. 대관이 유생이 허망하게 전한 것을 그대로 믿고서 아뢴 것이니 살피지 않아서는 안 됩니다"라고 하니, 중종은 "대간(臺諫)이야 한때의 소문이 있으면 아뢰지 않을 수 없겠으나, 잘못 듣고서 함부로 아뢰면 안 된다"라고 하였다.

조광조는 "이장곤은 대신(大臣)이니 인재를 아껴서 아뢴 것입니다. 조금이라도 사사로운 뜻이 있다면 이는 대간의 언로(言路)를 방해하는 것인데, 이장곤에게 어찌 사사로운 뜻이 있겠습니까. 이 일은 과연 이연경이 아뢴 것인데, 부모의 차례 때에 노래를 불렀다면 어찌 크게 잘못된 일이겠습니까. 이연경이 들은 것도 어찌 죄다 믿을 수 있겠습니까. 누상에서 노래는 불렀다는 일은 다시 들으니 전혀 없었던 일이었습니다. 이연경은 강개(慷慨)한 뜻을 가졌으므로 듣고서는 곧 아뢰었으니 이장곤의 말은 짐작해서 들으셔야 합니다. 전혀 대간을 그르다고 한다면 폐단이 있을 것입니다"라고 하였다.[15] 여기서 조광조가 "이연경은 강개한 뜻을 가졌으므로 듣고서는 곧 아뢰었고", "전혀 대간을 그르다고 한다면 폐단이 있을 것입니다"라고 한 것에서 두 사람의 동지적 관계를 잘 알 수 있다.[16]

이연경은 자기 집안이 연산군대에 무오사화와 갑자사화로 멸문(滅門)의 지경을 당하는 것을 직접 경험하였다. 그는 연산군 때에 유자광(柳子

15 『中宗實錄』 중종 14년 10월 10일(경오).
16 『中宗實錄』 중종 14년 10월 10일(경오).

光)이 『성종실록(成宗實錄)』 때문에 지극히 참혹한 사림들의 화를 조성했던 것은 모두 사관(史官)의 일을 누설했기 때문이라고 하였다.

1519년 6월 2일에 헌납 이연경은 사국(史局)의 허술함에 대하여 논의하였다. 이연경은 "『신종실록(神宗實錄)』 때문에 사관 범조우(范祖禹) · 여대방(呂大防) 등이 모두 큰 죄를 입었습니다. 무릇 사관은 가리지 않아서는 안 되는데, 만일 소인이 그 사이에 끼면 직필(直筆)하는 군자를 모해하는 것은 예로부터 그러했습니다. 지난 폐조(廢朝) 때에 유자광이 『성종실록(成宗實錄)』 때문에 지극히 참혹한 사림(士林)들의 화를 조성하였었는데, 이는 모두 사관의 일을 누설했기 때문입니다. 요사이 사국(史局)이 몹시 허술합니다. 정원(政院)은 곧 주서(注書) · 한림(翰林)이 있는 곳인데, 문관(文官)들이 으레 모두 드나들어 시끄럽고 요란하니, 사국이 이래서는 안 됩니다"라고 하였다.

한편 조광조는 "옛적의 사관은 반드시 공론을 견지(堅持)하고 시비에 밝은 사람으로 하였었는데, 지금은 그렇지 아니하여 한결같이 새로 급제한 사람에게 맡기니 어찌 모두 시비에 밝고 공론을 견지하는 사람들이겠습니까. 이들에게 전적으로 위임함은 불가하니, 자신의 생각에는, 춘추관 당상이 현재의 사재(史才)가 있는 사람 중에 시비에 밝고 공론을 견지할 사람을 가려서 하되, 수시로 드나들며 검찰한다면 거의 잘 될 수 있을 것입니다"라고 하였다. 이연경은 또 한림(翰林) 등의 일을 오로지 말단 관료에게만 맡기고 상관들은 돌보지 않는데, 이는 매우 옳지 못하니, 무릇 사건을 기록할 때에 함께 서로 의논해서 하면 될 것이라고 하였다.[17]

17 『中宗實錄』 중종 14년 6월 2일(갑자).

기묘사화 이후 이연경은 충주에 퇴거(退居)해 있으면서 자연 속에 소요하며 낚시질을 즐기면서 의식(衣食)이나 겨우 해결하는 정도에 그쳤다. 김안로(金安老)가 함창(咸昌)에서 조정으로 돌아올 때에 충주를 지나게 되었다. 그는 이연경을 만나보려고 하였으나 이연경은 병을 핑계하고 만나주지 않았다.[18]

이연경은 만년에 이자(李耔)와 교유를 하였다. 이자는 기묘사화 이후에 쫓겨나 음성의 음애(陰崖)에서 살면서 인사를 끊고 시를 읊으며 회포를 풀고, 때로 술이 생기면 실컷 마시고 열흘 동안 일어나지 않았다. 그는 1529년(중종 24)에 이연경이 살고 있던 용탄 근처인 토계(兎溪)로 옮겨 살았는데 그곳은 인적이 멀고 마을에 집이 드물며 산은 높고 물은 깊었다. 그는 종일 물새와 들짐승과 더불어 세상일을 잊고 생활하였다. 그는 이연경과 가까이 살고 있었으므로 맑은 바람 불고 달이 뜨면 문득 노를 저어 서로 찾곤 하였다.[19]

그런데 이연경은 충주에서 충주목사로 있던 박상(朴祥)에게 의탁하기도 하였다. 박상은 1515년(중종 10) 김정과 함께 상소하여 중종반정으로 폐위된 단경왕후(端敬王后) 신씨(愼氏)의 복위를 주장하였다. 그의 이러한 활동에 대해 조광조는 강상(綱常)을 바로잡은 충언(忠言)이라고 칭찬하였다. 박상은 기묘사화 후에 충주목사로 있었는데 사화가 일어나 당시의 선비들이 돌아갈 곳이 없자, 그가 모두 보살펴 주었기 때문에 김세필(金世弼)·이자·이연경 등이 모두 가서 의탁했다.[20]

---

18 『中宗實錄』 중종 39년 11월 27일(임술).
19 『燃藜室記述』 권8, 中宗朝故事本末 己卯黨籍. 이자의 가계와 교유관계, 그리고 정치활동과 개혁 참여에 대해서는, 정만조 외, 『陰崖 李耔와 기묘사림』(지식산업사, 2004) 참조.
20 『燃藜室記述』 권8, 中宗朝故事本末 己卯黨籍.

이연경은 1548년(명종 3) 12월 9일에 향년 65세로 작고하였다. 노수신은 진도에 유배중이어서 만사위였지만 이연경의 임종을 지켜보지 못했다. 노수신은 이연경의 묘지명을 지었다.[21]

노수신은 19년의 유배생활에서 풀려나 우선 장인 이연경의 묘갈명을 이황에게 청하여 받았다. 이황은 일찍이 남을 위하여 묘갈명 등을 즐겨 짓지 않았고 오직 도덕(道德)과 언행(言行)에 대해 평소에 경앙(景仰)하는 이에 대해서만 지어 주었고 또 반드시 정중(鄭重)하게 썼다. 이황이 지은 이연경의 묘갈명은 그의 가문의 내력(來歷)과 절조(節操)를 간명하게 제시하였다.

훌륭한 대성이여	顯允大姓
오직 광주이씨로다	維李廣城
대대로 공경벼슬 전해 와	世傳公卿
찬란한 덕 밝고 신령스럽네	彪德炳靈
훌륭한 후손들 빼어나	錫類挺生
조상의 명성 이었도다	優繼家聲
세상을 잘못 만나	遭世罔極
온 가문이 화를 입었구나	闔門禍丁
죽을 번 하다 다시 살아나	萬死餘生
하늘의 태양 다시 밝았네	天日重明
이에 임금의 은총을 받아	迺荷寵祿

21 『穌齋文集』 권9, 墓誌, 有明朝鮮國弘文館校理李灘叟先生墓誌銘 幷序.

참봉으로 발탁되었네　　祠官見星
얼마 후 벼슬을 버리고는　　俄去懋懋
벗을 골라 경전을 공부하여　　擇友窮經
학문이 날로 진전되어　　學以時進
대기가 늦게 이루어졌네　　器以晩成
(……)
동지들과 더불어　　庶及同志
태평성세를 이루길 바랐건만　　臻治隆平
뜻밖에 여러 간신들이　　何意羣慝
마음에 칼날 품고 독을 부릴 줄이야　　毒淬心兵
충신을 가리켜 역적이라 하여　　指忠爲逆
모두 임금님의 진노를 샀으나　　俱靡震霆
공만은 홀로 임금께서 기억하시어　　獨賴宸記
곤륜산의 불속에서 벗어난 옥이었네　　崑炎脫瓊
옛 집으로 돌아오니　　來返舊棲
뜰에는 참새 잡는 그물을 칠 정도였네　　雀羅門庭
좌우에 도서를 쌓아 놓고　　左圖右書
앞뒤로 계명을 걸어놓았도다　　前戒後銘
한가로운 풍월은 임금의 은혜라　　風月君恩
강호에서 지내는 것을 영화롭게 여겼다네　　江湖義榮
근심 가운데에도 즐거움이 있으니　　憂中有樂
그 즐거움은 무엇과도 비교할 수 없었도다　　樂莫與京[22]

당시 사신(史臣)은 이연경의 절조에 대해서 매우 높은 평가를 내렸다. 1519년 현량과로 발탁되었던 인물이 명절(名節)을 끝까지 잘 보전하지 못하자 사관은 "안정을 고수(固守)하여 한가로이 물러가기를 반드시 이연경처럼 한 후에야, 끝까지 군자의 의지를 보존했다 할 수 있다"고 사평을 썼다.[23] 사관은 특히 인종이 죽고 명종이 즉위하여 사림들을 모두 벼슬에 임명하자 부름에 급히 나아갔다고 꼬집었다. 그러면서 당시 거취를 결연하게 한 이는 이연경・김대유(金大有) 등 두세 명뿐이었다고 하였다.[24]

3. 과욕(寡欲)과 청심(淸心)의 사상

16세기에 김안국・조광조 등은 『소학(小學)』의 학습과 향약(鄕約)의 보급 등을 통해 새로운 시대를 열려고 하였다. 특히 조광조는 성리학에 토대를 둔 지치주의(至治主義)를 표방하였고, 김안국은 『소학』의 보급과 『정속(正俗)』의 간행과 『주자증손여씨향약(朱子增損呂氏鄕約)』 등의 보급을 통해 당시의 풍속을 성리학적 예속으로 변화시키려고 하였다. 이들은 또한 『이륜행실도(二倫行實圖)』의 간행을 통해 장유의 질서와 붕우의 신의를 중시하는 새로운 시대를 열망하였다. 바로 현량과의 실시는 사림들의 진출을 정당화해준 하나의 주요 상징적인 사건이었다.

이제 그들은 고려의 충신인 정몽주(鄭夢周)에 대한 현양문제를 제기하

22 『退溪文集』 권47, 墓碣誌銘, 有明朝鮮國朝奉大夫行弘文館校理知製敎兼經筵侍讀官春秋館記注官李公墓碣銘 幷序.
23 『中宗實錄』 중종 14년 9월 12일(계묘).
24 『明宗實錄』 명종 즉위년 8월 1일(신묘).

였고, 길재(吉再)를 부각시키기 시작하였다. 그리고 단종의 어머니인 소릉(昭陵, 단종의 어머니 현덕왕후)의 복위문제를 제기하기도 하고, 단종의 제사문제를 거론하기도 하였으며, 단경왕후(端敬王后) 신씨(愼氏)에 대한 복위문제도 제기하였다. 충신(忠信)과 효제(孝悌)와 의열(義烈)에 대한 현양의 문제가 당시 사림들에 의해 본격적으로 제기되기 시작하였다.

이연경은 당시 기묘사림(己卯士林)의 핵심적인 인물에 속하였다. 따라서 그 역시 조광조 등과 정치적 견해를 같이하였다. 그는 1519년 7월 23일에 향약이 교화에 중요하며, 소릉복위(昭陵復位)와 노산군(魯山君, 단종)에 제사하는 일에 대해 논의하였다.[25]

시강관 이연경은 "신이 외방에 있으면서 보니 과연 향약이 풍속을 바르게 개선하였습니다. 사람의 본성은 본디 착한 것이어서 착한 일로 지도하면 저절로 교화되기 쉬운 것이니, 만일 선량한 사람을 얻어 약정(約正)을 삼는다면 족히 습속을 변경시켜 사람들이 모두 선에 나아가려 하게 될 것입니다"하고, 한충(韓忠)은 "신의 집이 청주(淸州)에 있어 충주와 거리가 멀지 않습니다. 충청도의 향약 거행이 다른 도보다도 낫고 충주가 도내에서도 제일인데, 당초에 약정이 된 사람은 곧 교리 이연경으로서 이 사람이 약정이 되어 지도하여 거느렸기 때문에 제일이란 말을 듣게 된 것입니다"라고 하였다.[26]

한편 소릉의 복위문제는 1478년(성종 8) 남효온(南孝溫)에 의해 발의된 후, 성종 말 연산군 초 김일손(金馹孫)에 의해서 여러 차례 건의되었다. 이 문제는 세조즉위 자체와 세조 공신의 존재 명분을 간접적으로 부정하는

25 『中宗實錄』 중종 14년 7월 26일(정사).
26 『中宗實錄』 중종 14년 7월 26일(정사).

의미를 지니고 있었다. 소릉 복위 문제는 1512년(중종 7)부터 중요한 정치적 문제로 떠올라 사림 계열 인물들이 이 문제에 깊이 간여하기 시작하였다.

이연경은 "소릉의 복위와 노산군에게 제사하는 두어 가지 일은 곧 기절(氣節)을 배양하는 하나의 발단입니다. 한(漢) 광무제(光武帝)가 엄광(嚴光)을 벗으로 대우하자 엄광이 제(帝)의 배 위에 발을 올려놓기에 이르렀기 때문에 그 말엽에 당고(黨錮)된 허다한 선비가 있었던 것이니, 기절 배양을 위해서도 아셔야 하고 조정에서는 아랫사람들도 또한 마땅히 이를 스스로 힘써야 합니다. 소릉 복위는 성종조로부터 이런 논의가 있기 시작하여 한때의 지사(志士)들이 모두 복구하려다 못했었는데, 우리 성상(聖上)의 시대에 이르러 복위하게 되었으니 이는 사기(士氣)가 세워질 근본입니다. 당시 감개(感慨)한 한 선비가 제문을 지어 그 능묘에 가서 곡(哭)하기까지 하였는데 그 선비는 곧 남효온으로 마침내 이로 말미암아 폐조(廢朝) 때 죄를 입었습니다"라고 하였다.[27]

또한 이연경은 "신이 시골집에 있느라 자세히 듣지 못했습니다. 노산군에게 치제(致祭)하였음은 진실로 아름다운 일이나 후손 세우는 일은 어떻게 결정되었는지를 모르니, 금번에 모름지기 거행하여 사기를 격려해야 합니다. 노산군의 일은 바로 견성군(甄城君, 성종의 일곱째 아들)의 일과 같아[28] 그가 알지 못하는 것이었으니 참으로 애처롭고 비참합니다. 이번에 만약 후사(後嗣)를 세워 이어가도록 한다면 이는 멸망한 이를 존속시

---

27 『中宗實錄』 중종 14년 7월 26일(정사).

28 1507년 10월에 甄城君 李惇이 흉악한 무리에게 추대를 받았다 하여, 정부와 육조와 종실 등이 合辭하여 청하기를, "大義로써 결단하여 종묘 사직을 편안케 하소서" 하니, 중종이 마지못해 돈을 사사하였다(『燃藜室記述』 권7, 中宗朝故事本末, 李顆之獄).

키고 끊어진 대를 이어주는 의리가 될 것이니, 비록 먼 동족으로 후사를 삼더라도 어찌 해롭겠습니까"라고 하였다.[29] 이와 같이 이연경은 노산군의 제향을 주장하였다. 그의 이러한 견해는 인정과 의리에 부합하는 사림의 의견을 개진한 것이었다.

또한 이연경은 "공정대왕(恭靖大王, 定宗)에게는 국기(國忌)도 거행하지 않고 춘추(春秋)의 제향도 차리지 않아, 모든 일을 선왕들과 같은 예(禮)로 하지 않는다 합니다. 일찍이 이미 백성에게 임하여 나라를 다스렸었는데 선왕과 같은 예로써 대접하지 않음은 무슨 일입니까. 신이 국가의 예전(禮典) 및 선왕들의 뜻을 잘 알 수는 없지만 매우 온당하지 못합니다"라고 하였다. 중종은 이 말을 듣고 비참하고 측은하여 난처하게 여기는 얼굴빛을 지었고, 이어 딴 일로 대답하기를, "나라의 큰일은 제사이니 제향소(祭享所)의 제기(祭器) 등을 마땅히 정결하게 해야 한다"라고 하였다.[30] 이러한 이연경 등 사림들의 공정대왕과 노산군에 대한 추모사업의 주장은 숙종대에 가서야 비로소 그 성취를 보게 되었다.[31]

그런데 이연경의 종제(從弟) 이준경은 이연경 등 기묘사림을 변호하였다. 이해 11월 16일 야대(夜對)에서 이준경은 "『소학』과 『근사록(近思錄)』의 강독이 세상에 엄격히 금지되어 있어서 이 책을 끼고 다니면 기묘년의 무리로 지목되는데, 기묘년 사류들은 좋지 못하다 하더라도 이 책이 무슨 죄입니까"라고 하였고, 구수담(具壽聃)은 "요즈음 『소학』과 『근사록』은 사

29 『中宗實錄』 중종 14년 7월 26일(정사).

30 『中宗實錄』 중종 14년 7월 26일(정사).

31 정종은 1419년 사후 廟號 없이 공정대왕으로 오랫동안 불리다가 1681년(숙종 7)에 定宗이란 묘호를 받았다. 단종도 노산군으로 줄곧 불리다가 1681년 魯山大君으로 추봉되고, 1698년 묘호를 端宗으로 하고 능호를 莊陵이라 하였다.

람들이 반드시 찢어서 벽을 바르니 이 폐단도 큽니다"라고 하였다. 이에 대해 영의정 장순손(張順孫), 좌의정 한효원(韓孝源), 우의정 김근사(金謹思)는 "이준경은 그의 동서(同壻)가 김윤종(金胤宗)인데 김식(金湜)과 함께 죄를 받았으며, 그의 오촌과 6촌인 이연경·이약빙(李若氷)·이약수(李若水)는 모두 기묘년의 사류에 참여되었는데, 이 때문에 사사로운 마음을 품고 아뢴 것입니다"라고 하였다.[32]

이연경은 학문을 함에 있어서는 누추한 세속을 탈피하고 고명함에 마음을 두었으며, 사서(四書)를 도(道)에 들어가는 문으로 삼았다. 일찍이 말하기를 "배우는 자는 모름지기 속세의 잡념을 씻어 버리고 마음을 맑게 한 뒤에라야 거의 도(道)에 들어가는 방향을 알아서 소인이나 금수의 구덩이에 떨어짐을 면하게 되리라"고 하였다. 또 말하기를 "지(知)와 행(行)은 진실로 서로 필수적이어야 하나 지가 급선무가 되고 지를 기르는 것은 또 마음을 맑게 하고 욕심을 적게 하는 것에 달려 있다"라고 하였다.[33]

당시 많은 사대부들이 이연경에게 나아가 학문을 배웠고 향리에 쟁송이 있으면 판결을 해주어 일반 백성들도 공경을 다하여 "이야(李爺), 이야(李爺)"라고 하였다. 노수신은 항상 종일 이연경을 모시고 그의 언행을 살펴보았다. 그 언행은 과거의 가르침과 지난 자취에 얽매이지 않았고 스스로 조리가 있고 법도에 합하였다. 독서는 『소학』과 사서(四書)에 근본하고 사람을 취함에는 기국(器局)과 식견(識見)을 우선하였다. 매번 일을 논함에는 시비(是非)를 잘 분석하여 반드시 물정(物情)에 곡진하게 하였다.

---

32 『中宗實錄』 중종 28년 12월 19일(정해).

33 『退溪文集』 권47, 墓碣誌銘, 有明朝鮮國朝奉大夫行弘文館校理知製教兼經筵侍讀官春秋館記注官李公墓碣銘幷序. "嘗曰學者須洗去塵雜, 使心地清明, 然後庶可得入道蹊徑, 而免趨於小人禽獸之域矣. 又曰知行固相須, 然知爲先務, 而養知又在於淸心而寡欲耳."

노수신은 1541년(중종 36) 무렵에 이언적(李彦迪)에게 편지로 폐백을 대신하여 제자의 예를 표하고 나아가 가르침을 받았다. 그는 가만히 이언적이 심학(心學)이 깊다는 것을 알고 드디어 『심경부주(心經附註)』를 가지고 의심스러운 부분을 질의하여 마지않았고 이어 존심(存心)의 핵심에 대해 질문을 하였다. 그러자 이언적은 손바닥을 가리키며 말하기를 "물(物)이 여기에 있으니 잡으면 깨어지고 잡지 않으면 달아난다"라고 하였다. 노수신은 물러나 마음을 살펴보고 대강 그 말이 『맹자』의 필유사언(必有事焉)장의 물망(勿忘)의 '망(忘)'과 물조장(勿助長)의 '조(助)'의 이명(異名)이라는 것을 깨닫고 더욱 친절하고 의미가 있다는 것을 기뻐하였다.[34]

그런데 무엇보다 주목되는 사실은 이연경의 사위 노수신이 삼한(三韓)의 심학이 오직 이언적에게 있다고 생각했던 점이다. 그 이언적으로부터 심학의 핵심에 대해 가르침을 받고 이연경이 이언적과 희로애락미발(喜怒哀樂未發)에 대하여 논하였던 내용을 노수신에게 자세하게 설명하여 주었다는 것이다. 그리하여 노수신은 그윽이 스스로 탄식하여 자공(子貢)이 공자로부터 성(性)과 천도(天道)에 대해 얻어 듣기 어려웠던 것을 자신은 이연경으로부터 얻어들은 셈이라고 하였다.[35]

노수신은 이연경을 경명(經明)과 행수(行修)를 겸비한 인물로 평하면서 정심(正心)과 성의(誠意)를 종신토록 강론했다고 하였다. 이러한 평은 이연경의 사상적 지향이 치인(治人)보다는 수기(修己) 이전의 단계에 더욱

34 『穌齋文集』 권7, 序, 晦齋先生集序. "予嘗在辛丑年間, 以書爲贄而禮焉, 望儼卽溫, 親承謦欬, 竊窺有方寸之學, 遂將程氏附註書, 叩疑不已, 仍請存心之要, 久之, 先生指掌曰有物於此, 握則破, 不握則亡, 退而省乎心, 粗覺其爲忘助之異名, 而尤喜其親切而有味也."

35 『穌齋文集』 권7, 序, 晦齋先生集序. "先師灘叟先生與先生, 論喜怒哀樂未發, 爲予道其詳, 予又竊自歎曰此子貢所以不可得而聞也."

고심했다는 것을 의미한다.

전통있는 집안인 광양군의 후손은　　　　故家喬木廣陽孫
문채와 풍류가 일대에 간직되었네　　　　文采風流一代存
행실 닦이고 경서에 밝은 선비로 불리어 임금 대하였고
　　　　修行明經徵士對
마음 바르게 하고 뜻을 정성스럽게 함을 종신토록 논하였네
　　　　正心誠意沒身論[36]

인간의 심성에 대한 탐구가 주요 연구과제로 떠오르고 있던 시대에 이연경은 정심과 성의의 문제를 깊이 해명하고자 했던 것이다. 특히 『대학』이 조선 초기부터 주목되면서 학자마다 『대학』에 대한 깊은 탐구를 시도했는데 이연경 역시 『대학』의 정심과 성의에 대해 종신토록 탐구했던 것이다. 그 결과 그는 욕심을 적게 하고 마음을 맑게 하는 것이 학자가 도에 들어가는 방향을 아는 길이라고 생각하였다.

향기로운 난초 골짜기에 있으니　　　　猗蘭在谷
말하지 않아도 향기롭구나　　　　不言惟馨
기풍을 들은 자들은 뜻이 서고　　　　聞風者立
의표를 본 자들은 절로 곧아지네　　　　覩儀者貞
내가 그 까닭을 살펴보니　　　　我求其故

36 『穌齋文集』 권2, 詩, 龍灘先生挽詞三首己酉正月草寄同門康生寫之.

욕심이 적고 마음이 맑아서였네　　　　欲寡心淸[37]

이황(李滉)은 욕심이 적고 마음이 밝았다는 말로 이연경의 사상을 가장 간명하고 직절(直切)하게 묘사하였다. 이와 같이 이연경은 『대학』의 정심과 성의, 『중용』의 희로애락미발에 대해 깊이 탐구한 학자였다. 따라서 그가 사화의 시대에 명절을 잘 보전할 수 있었던 것은 미발의 심과 정심, 성의에 대한 깊은 탐구가 있었기 때문으로 여겨진다.

4. 사상의 전승과 현양

이연경의 사상은 그의 종제(從弟) 이준경(李浚慶), 사위 노수신(盧守愼)·강유선(康惟善)·심건(沈鍵)과 아들 이호약(李好約), 외손(外孫) 심희수(沈喜壽)·심창수(沈昌壽)·강복성(康復誠) 등에게 전해졌다.

이준경은 어린 시절에 종형 이연경에게 나아가 공부를 배웠고, 나이가 17·18세에 이미 행실이 이루어지고 덕(德)이 갖추어졌다. 그는 오로지 위기(爲己)의 학문을 힘썼고 예법(禮法)을 스스로 지켰다.[38] 이준경은 항상 이연경이 일을 헤아림에 번번이 적중하는데 대해서 탄복하여 말하기를, "매양 한 가지 일을 미리 헤아려 뒤에 마땅히 그러하리라고 하면 뒤에 마침내 어긋나지 않아 거의 성인(聖人)에 가깝다"라고 하였다.[39] 이연경이

---

37 『退溪文集』 권47, 墓碣誌銘, 有明朝鮮國朝奉大夫行弘文館校理知製敎兼經筵侍讀官春秋館記注官李公墓碣銘 幷序.

38 『東皐遺稿』 附錄, 行狀, 領議政贈諡忠正東皐先生李公行狀.

39 『燃藜室記述』 권8, 中宗朝故事本末, 己卯黨籍, 李延慶.

작고하기 전에 병으로 누웠을 때, 이준경은 직접 가서 몸소 약을 다려드렸고 작고한 뒤에는 상례(喪禮)와 장례(葬禮)를 예에 따라 행하였다. 따라서 이준경의 사상은 이연경의 가르침에서 깊은 영향을 받았을 것으로 여겨진다.

이연경의 사위 노수신은 1515년(중종 10)에 서울 낙선방(樂善坊)에서 태어났다. 그는 17세에 이연경의 문하에 나아가 위학(爲學)의 방법을 듣고 날마다 『소학』을 외워 생활의 바탕으로 삼았다.[40] 그는 열여섯 해 동안 이연경의 문하에서 공부하여[41] 학자로 대성하였고 예절을 지켰으므로 훌륭한 명성이 세상에 알려졌다. 노수신은 이연경에 대해 학문의 연원이 있고 만절(晩節)을 잘 보전한 '유종(儒宗)'으로 생각하였다.

선생께선 흠이 없고 연원이 있으시니	自無瑕玷有淵源
임천의 만년 절개 아름다운 그 명망 드높구나	晩節林泉令望尊[42]

노수신은 이연경의 삶과 자신에게 끼친 학문적 영향에 대해 시로써 자신의 추모의 정을 이기지 못하여 간곡하게 피력하였다. 그는 이연경이 안자(顔子)와 공자(孔子)의 즐거움을 찾는 생활을 하였고 왕도(王道)정치를 지향하고 패도(覇道)정치를 부끄러워하였다고 하였다.

40 『蒼石文集』 권18, 行狀, 蘇齋盧先生行狀.
41 『穌齋文集』 권2, 詩, 龍灘先生挽詞三首己酉正月草寄同門康生寫之.
42 『穌齋文集』 권2, 詩, 龍灘先生挽詞三首己酉正月草寄同門康生寫之.

선생의 초가는 일렁이는 물굽이에 의지하여 있는데	函丈茅齋倚積灣
안자와 공자의 즐거움을 찾고 패도정치 부끄러워하셨네	樂尋顏孔恥文桓
어리석은 이 몸이 가려진 것을 몇 번이나 헤치려고 했던가	愚蒙幾欲披雲霧
분발해서 끝내 반드시 막힌 여울을 트리라	憤悱終須決瀨灘[43]

이연경은 자기가 보던 책을 노수신에게 전하여 공부하고 관리하게 하였다. 그래서 노수신은 안연이 공자를 아버지로 여겼듯이 이연경을 아버지로 여겼고, 자신을 주희(朱熹)의 학문을 전수받았던 주희의 사위 황간(黃榦)으로 생각하였다.[44]

정은 안회가 공자를 아비로 여긴 것 같고	情猶回父孔
의리는 황간이 주자의 사위됨 보다 중하였네	義重榦甥朱[45]

아들 같고 사위 되니 은혜 의리 모두 있는데	猶子爲甥恩義俱
공자에겐 안회요 주자에겐 황간이네	卽回於孔榦於朱
일찍부터 참된 선비 기대했건만	早年期待眞儒者
결국에는 지나치게 소장부로 변하였네	末路迬移小丈夫[46]

이미 살펴본 바와 같이 노수신은 자신이 이언적과 이연경으로부터 심

43 『穌齋文集』 권3, 詩, 讀聽君琴臺韻涕泣再次.

44 『穌齋文集』 권4, 詩, 十三夜高坐觀書百慮紛然信筆書之凡七首十二月. “傳書有甥榦”

45 『穌齋文集』 권3, 詩, 是夜夢待聽君先生先生爲人寫挽詞未半覺從橫幅便止曰汝可更圖以來已而寤焉和淚書記.

46 『穌齋文集』 권3, 詩, 聽君先生諱日齋居泣書.

학의 핵심과 미발의 심에 대해 들었다고 하면서 공자의 문하에서 일관(一貫)의 도(道)를 들을 수 있었던 자공에 빗대었다. 노수신은 그 뿐이 아니었고 이연경이 작고하자 공자의 산소에서 6년간 생활했던 자공으로 생각해 보기도 하였다.[47]

분수를 생각하면 참으로 자식처럼 대하셨고	撫分眞如子
마음으로 기약하되 사위로 여기지 아니했네	心期不以甥
기쁘게 따르며 바른 길을 달리자니	喜從趨正路
내 자신이 허명에 가까운 걸 안타깝게 여기네	惜自近虛名
돌아와 산소 아래에 집을 지으니	反築泉臺下
유유하게 자공의 정이로구나	悠悠端木賜[48]

노수신의 학문은 애초에는 매우 정밀하고 해박하여 사림의 기대가 이황보다 앞섰었는데 진도(珍島)에 유배가 있으면서 나흠순(羅欽順)의 『곤지기(困知記)』를 추존하였고, 인심(人心)·도심(道心) 등의 설을 자기 나름대로 지어 주희의 견해에 이론을 제기하자 이황은 그르다고 비판하였다. 노수신은 주자학뿐만 아니라 상산학(象山學)의 종지(宗旨)를 참작하여 설명하기도 하였다.[49]

특히 노수신은 도심은 체(體)요 인심은 용(用)이라 하였고, 도심은 미발(未發)이요 인심은 이발(已發)이라 하였고, 인심은 선(善)하지만 악(惡)으로

47 『穌齋文集』 권5, 詩, 謁龍灘先生墓.
48 『穌齋文集』 권1, 詩, 得聘君書及妻信.
49 『宣祖修正實錄』 선조 23년 4월 1일(임신).

흐를 수 있는 가능성이 있다고 보았다. 노수신은 "욕(欲)이라는 것은 사람의 성(性)으로 사람마다 모두 없을 수 없네"라는 내용의 시를 짓기도 하였다. 이러한 노수신의 시는 인욕을 성(性)으로 이해하면서 인간이면 누구나 인욕이 없을 수 없다는 견해로, 당시 천리(天理)와 인욕(人欲)을 엄격히 구분하여 천리를 밝히는 것을 우선적으로 중시했던 이황 등의 견해와는 다른 것이었다.[50]

노수신은 17세에 이연경의 딸을 아내로 삼았고, 이로 인하여 그를 스승으로 모시게 되었다. 20세에 성균관에 입학하였는데 성균관의 선비들이 노수신을 존경하는 이가 많았다. 김안국이 지관사(知館事)로 있을 때, '시습잠(時習箴)'이란 제목으로 제생(諸生)을 시험하고 인재가 성하지 못한 것을 한탄하다가, 노수신이 지은 글을 보고 다시 감탄하기를, "말을 삼가지 않을 수 없다"라고 하였다.

노수신은 인종 즉위 초에 정언으로 이기(李芑) 등을 탄핵하여 파직시켰다. 그러나 1545년 명종이 즉위하고 소윤 윤원형(尹元衡)이 을사사화를 일으키자 이조좌랑에서 파직되고 1547년 순천으로 유배되고 이어 양재역벽서사건으로 다시 진도로 유배되어 19년간 귀양살이를 하였다. 노수신은 1565년(명종 20) 다시 괴산(槐山)으로 이배되었다가 1567년 선조가 즉위하자 이준경이 선조에게 아뢰어 드디어 석방되어, 곧 홍문관 교리에

50 『穌齋文集』 권6, 詩, 贈柳修撰成龍. "欲者人之性, 人皆不可無. 何修以入道? 吾老竟歸愚. 病眼三年淚, 離懷八月湖. 幾人曾此論? 今日更長吁." 노수신은 나흠순의 견해를 지지하여 人心은 已發(情, 用), 道心은 未發(性, 體)로 이해하였다. "此心無外强分隣, 要着工夫入息塵. 若道發時方致一, 靜中眞箇睡中人."(『穌齋文集』 권4, 詩, 方夜得玉溪書, 曉坐潛玩精一之難, 仍記誦前冬敬奉一齋之作, 再次書寄玉溪琴堂, 溪書以精一爲難. 按盧禛子膺, 號爲玉溪, 時宰潭陽); "元來道與器非隣, 可認人心是外塵. 須就道心爲大本, 用時還用道乘人."(『穌齋文集』 권4, 詩, 次韻奉呈鄭僉使廻軒復題一篇憑達一齋侍者十一月. 鄭名彦直, 曾見知于京, 實一齋友也. 言一齋詩故次.); 『高峯集』 권제3, 書, 答先生問目).

임명되었다. 노수신은 치본(治本)에 관한 수천 언(言)을 올리고 이어 『숙흥야매잠해(夙興夜寐箴解)』를 바치니, 선조는 교서관에 내려 간행하도록 하였다.[51]

노수신은 아버지의 상을 당했을 때 대상(大喪) 후에 바로 흑립(黑笠)을 쓰는 것을 미안하다고 생각하였다. 그는 백포립(白布笠)을 쓰고 다니는 것을 국상(國喪) 때와 같이 하였다.[52] 이러한 노수신의 예(禮)의 행용(行用)에 대한 태도는 바로 이연경의 '의기(義起)'와 '정행(情行)'의 예의식과 그 궤를 같이 하는 것으로 생각된다.

이연경의 사위 강유선은 대대로 선산(善山)에서 살았다.[53] 강유선은 이연경의 사위가 되어 충주에서 살았다. 그는 1543년(중종 38)에 이연경의 문하에서 수업을 받았다. 이연경은 강유선에게 승(僧) 문원(文遠)을 찾아가게 하였다. 그리하여 강유선은 사흘 남짓 문원의 처소에서 같이 생활하면서 조용히 대화를 나누었다. 강유선은 요산요수(樂山樂水)는 유가(儒家)의 일인데, 금강산과 지리산 등 명산을 두루 다닌 문원에 대해 이해하였다. 그는 뭇 산에 구름이 걷히고 위봉(危峯)은 우뚝 솟아 있으며 강(江)에는 바람이 남아 있고 거울 같은 수면은 깨끗한데 이때 방을 깨끗하게 쓸고 옷깃을 바르게 하고 하루를 보내는 것에서 문원의 심지(心地)를 알 수 있다고 생각하였다. 사실 문원은 여러 차례 이연경과 만나 대화를 주고받은 사이였고 시를 지어 주기도 하였다. 이제 이연경과 문원의 관계

51 『記言』 別集 권16 丘墓文, 蘇齋先生神道碑銘.

52 『松江別集』 권7, 附錄, 畸翁所錄. "國俗脫父母喪, 未及終制者, 皆用黑五十竹草笠, 垂黑木纓, 白衣白帶, 以至禫過而純吉. 蓋中古, 我國士人常着淡黃白草笠, 其後士類所着草笠, 變白爲黑, 而禫前之笠, 亦從而黑矣. 白布裹笠, 惟國恤着之, 今右相盧公遭父喪, 祥後以遽黑爲未安, 用白布笠."

53 『一松文集』 권8, 碑碣, 康舟川墓誌銘 幷序.

가 문원과 강유선의 관계로 발전하고 있었다.[54]

1548년 이연경이 작고한 후 이듬해에 충주에서는 이홍남(李洪男)이 그 동생 이홍윤(李洪胤)이 불궤(不軌)를 도모했다고 고변하여 옥사가 일어났다. 이기(李芑)는 이 기회를 타서 대윤(大尹)인 윤임(尹任)세력을 지지하는 사림에 대한 마지막 살육을 저질렀고 충주 사림(士林)은 거의 죽임을 당하였다. 이연경도 옥사의 진행과정에서 공사(供辭)에 이름이 거론되었고 그의 사위 강유선은 사형당하였다.

이 이홍윤옥사는 을사사화의 여진(餘震)으로 일어난 사건이었다. 그 시초는 이홍남과 이홍윤 형제 사이의 불화 때문에 역모라는 고변까지 가게 되었지만, 이는 이기 등 소윤(小尹) 정치세력들이 이홍윤 형제의 불화를 역이용하여 대윤세력의 잔당과 이를 지지하는 사림세력을 소탕하는 기회로 삼았던 것이었다. 그리하여 윤임의 사위 이홍윤이 역모의 주인공으로 몰려 이약빙의 제자들을 중심으로 한 충주의 재지사림들이 대거 참화를 당하는 계기가 되었다.[55]

이연경의 죽음은 광주이씨의 불행이었고 충주사림의 불행이었으며 대윤을 지지했던 양심적인 사림세력의 불행이었다. 그의 죽음으로 이기와 윤원형 등 소윤세력은 충주사림에 대한 대대적인 숙청을 감행하여 사림의 정계진출을 봉쇄하고 권력을 마음대로 행사하는 시대를 열었다. 1549년까지 아마 이연경이 살아 있었다면 윤원형 등 소윤이 주동이 되어 대윤 세력을 숙청하는 옥사는 일어나지 않을 수도 있었을 것이다. 옥사를

54 『舟川遺稿』 序, 贈遠上人序.
55 朴洪甲, 「조선 명종조 忠州獄의 전개와 충주사림」(『朝鮮時代史學報』 17, 조선시대사학회, 2001) 83쪽.

주도한 이기조차도 "이 선생께서 살아계셨으면 이 같은 일이 아니 생겼을 것이다"라고 하였다.[56]

이연경은 사후 20년이 지난 1568년(선조 1)에 이조참판에 추증되고 광안군(廣安君)에 추봉되었다. 그리고 이자와 이연경을 제향하는 계탄서원(溪灘書院, 劍巖書院)은 1582년(선조 15)에 지어지기 시작하여 1586년(선조 19)에 완공되었다.[57] 당시 이 서원의 건립에는 충청감사 김우굉(金宇宏)·충주목사 이선(李選)과 유한충(劉漢忠)·오운(吳澐)·김위(金偉) 등의 학자들이 참여하였다. 또 이연경의 외손자인 강복성(康復誠)이 서원건축의 일을 주도적으로 추진하였다.[58]

그러나 1592년(선조 25) 임진왜란이 일어나자 충주 탄금대(彈琴臺) 일대는 전란에 휩싸여 계탄서원도 병화에 소실되었다. 그 뒤 1612년(광해군 4) 서원을 다시 중건하였고 이식(李植)이 상량문을 지었고 김세필(金世弼)과 노수신을 추가로 배향하였다.

그 뒤 1672년(현종 13) 충주의 선비 한치상(韓致相) 등이 상소하여 서원에 편액을 하사해달라고 청하였다. 이에 예조에서는 이 사실을 검토하여 "서원을 창건하여 한 당(堂)에다 함께 제사지낸 지 지금 60년이나 되었으니, 존모하여 제사지낸 것이 이미 오래되었다고 하겠습니다. 따라서 금령(禁令)이 내린 뒤에 신설한 것과는 다르니, 선비들의 바람에 따라 편액을

---

56 『穌齋文集』 권9, 墓誌, 有明朝鮮國弘文館校理李灘叟先生墓誌銘 幷序. "先生才沒, 李洪男上其弟不軌, 李芑鍛煉大誅, 殺忠人殆盡, 乃曰李某若在, 必不如此, 蓋其意欲以實其事, 亦見橫逆不敢加於賢者有若是者, 豈非天也歟?"

57 『燃藜室記述』 別集 권4, 祀典典故, 書院.

58 『穌齋文集』 권7, 記, 溪灘書院記. "其制則先建廟以奉二先生曰崇德, 次講堂曰好懿, 次齋東曰明誠西曰敬義, 遂繚以垣而門之, 合扁曰溪灘書院." '溪灘'의 溪는 兎溪에 살았던 李耔를 말하고 '灘'은 龍灘에 살았던 李延慶을 가리킨다.

하사해야 하겠습니다"라고 하자[59] 현종은 그해 11월에 '팔봉서원(八峰書院)'이라 사액하였다. 1736년(영조 12) 4월에 원경하(元景夏)는 이연경에게 종2품의 증직과 시호를 내리는 것이 마땅하다고 건의하였다. 그리하여 이연경은 1790년(정조 14)에 이조판서에 추증되었고 정효(貞孝)라는 시호를 받았다.

사실 17세기 이후 조선은 순수 주자학이 학문권력을 행사하던 시대였다. 따라서 주자학을 독자적으로 해석하거나 상산학(象山學)이나 양명학(陽明學)을 수용하거나 승려와 교유를 하게 되면 학계에서나 정계에서 활동하는 것이 어려운 시기가 되었다. 이연경과 노수신의 사상이 전승이 되지 못하고 조선 후기 학계와 정계에서 그 이름이 점점 잊혀져간 것은 그들이 주자학을 지향하면서서도 상산학 등에 대해 학문적 개방성을 가지고 있었기 때문이었다.

5. 맺음말

이연경은 20대 초반에 갑자사화로 집안이 참화를 당한 어려운 상황에 처하여 언제 희생될 지도 모르는 하루하루를 보내었다. 그는 일생 사화로 점철된 정치상황을 겪으면서도 조광조 등 기묘명현들과 정치노선을 함께 하며 절조(節操)를 지키며 만절(晩節)을 잘 보전하였다.

---

59 『顯宗實錄』 현종 13년 3월 27일(계유). 팔봉서원은 현재 충북 충주시 이류면 문주리에 있다. 충청북도 기념물 제129호이다. 1871년(고종 8)에 서원철폐령으로 폐원되었던 것을 1998년에 복원하였다.

이연경이 중종이나 동료로부터 신망을 받을 수 있었던 것은 몸소 효제(孝悌)를 실천하는 높은 인격과 이학에 대한 깊은 탐구에 의해서였다. 그는 갑자사화로 인해 상례조차 치르지 못했던 조부와 부모, 여러 삼촌의 상례를 중종반정(中宗反正) 후에 몸소 다시 치러 효제의 실천적 모범을 보였다. 그는 『가례』도 인정과 의리와 시대에 맞게 해석하여 준용하였다.

이연경은 "배우는 자는 모름지기 속세의 잡념을 씻어 버리고 마음을 맑게 한 뒤에라야 거의 도(道)에 들어가는 방향을 알아서 소인이나 금수의 구덩이에 떨어짐을 면하게 되리라"고 하였다. 또한 "지(知)와 행(行)은 진실로 서로 필수적이어야 하나 지가 급선무가 되고 지를 기르는 것은 또 마음을 맑게 하고 욕심을 적게 하는 것에 달려 있다"라고 하였다. 즉 지를 기르기 위해서는 과욕(寡欲)과 청심(淸心)이 필요하다고 보았고 그것을 그는 가장 근본적인 것으로 생각하였다. 또한 이연경은 불교에 대해서도 개방적이어서 승려 문원과는 아주 가깝게 지내 시를 지어 주기도 하였고 그의 사위 강유선에게 지접 찾아가 담론을 하게 하기도 하였다.

무엇보다 중요한 사실은 이연경이 이언적과 희로애락미발에 대해 토론하는 등 이학의 이론 탐구에도 힘썼다는 점이다. 이학에서 미발(未發)과 이발(已發)의 문제는 경(敬)에 대한 해명이며, 마음의 선악의 문제를 어떻게 보느냐는 것이었다. 이러한 이연경의 사상은 바로 종제 이준경, 사위 노수신과 강유선 등에게 전해졌다. 노수신은 이연경을 아버지로 여겨, 자신을 공문(孔門)의 안연이라 했고, 또 자신을 주문(朱門)의 황간이라고 자처하였다.

노수신은 바로 나흠순의 학설을 지지하는 학자였고 상산학도 수용하였다. 이연경의 미발에 대한 학문적 탐구는 사위 노수신의 사상 형성에 깊은 영향을 주었을 것으로 생각된다.

사실 이연경이 이언적과 희로애락미발에 대하여 토론하였던 내용을 노수신에게 자세하게 설명하여 준 것에 대해, 노수신은 자공이 공자로부터 성(性)과 천도(天道)에 대해 얻어 듣기 어려웠던 것을 자신은 이연경으로부터 얻어들은 셈이라고 하면서 대단한 학문적 자부심을 표현하였다. 그러나 이연경과 노수신이 이룩한 사상적 탐구의 성과는, 이황과 이이의 사상을 계승한 학통이 17세기 이후 이학지상의 시대를 건설하며 학문의 주도권을 행사하면서 더 이상 전승되어 나가지 못했다.

3

조목(趙穆)의 언행(言行)과 학문성향

1. 머리말

16세기 전반에 사림(士林)은 갑자 · 기묘 · 을사사화 등 몇 차례의 사화(士禍)를 겪으면서 산림(山林)에 은거하여 처사적(處士的) 삶을 누리며 학문을 탐구하는 경향이 생겼다. 이황(李滉)도 30대 초반에 벼슬길에 나갔으나 을사사화가 일어나기 2년 전인 1543년에 『주자대전(朱子大全)』을 사서 고향 예안으로 돌아와 그 뒤 주자학의 탐구와 천명(天命)의 해명에 심력을 다하여 조선 이학(理學)의 체계를 세웠다.

그런데 선조의 즉위로 이황과 조식(曺植)의 문인들이 출사를 시작했고, 을사사화 이후 20여 년간 유배생활을 했던 노수신(盧守愼) · 유희춘(柳希春) · 김난상(金鸞祥) 등도 석방되어 관직에 나아가게 되었다. 1568년(선조 1)에 사림의 영수인 이황은 자신이 평생 공부한 이학을 「성학십도(聖學十

圖)」로 그려 선조에게 올려 성학(聖學) 즉 제왕학(帝王學)의 이념을 제시했다. 이황은 선조에게 경(敬)으로 마음을 수양하여 지치(至治)를 이루기를 간곡히 바랐다.

이황의 문하에서 김성일(金誠一)·유성룡(柳成龍)과 함께 삼영수(三領袖)로 일컬어지는[1] 조목(趙穆, 1524~1606)은 40여 차례의 관직 임명에도 불구하고 봉화현감과 합천군수 등 두 세 차례의 관직 진출을 제외하고는 늘 산림에 은거하며 학자의 삶을 살았다. 그는 「잡설(雜說)」이란 글에서 "다만 관직만을 좋아하면 문득 아버지와 임금을 죽이는 것이다"[2]라는 주희의 말을 인용한 뒤 바로 이어서 "지금 감히 어떤 사람이 있는데 관직을 얻을 줄만 알고 의리(義理)를 돌아보지 않고 방자하게 행하여 거리끼는 바가 없는 자는 마침내 난신적자(亂臣賊子)에 이르지 않는 경우가 거의 드물다"라고 했다.[3] 이 글에서 그가 왜 일생 산림에 처하여 학자의 삶을 살았는지를 상상해 볼 수 있다.

이러한 조목의 언행과 학문적 사업은 문자와 구비(口碑)를 통해 널리 전해져 왔다. 조목에 대한 그간의 연구는 정만조에 의해 사림정치와 관련하여 조목의 산림적 존재로서의 정치적 위상과 정견이 밝혀졌고, 윤사순·금장태·윤천근 등에 의해 조목의 「심경품질(心經稟質)」 등의 분석이 이루어져 심학의 내용과 사제간의 학문 담론이 드러나게 되었다.[4] 또한

1 『宣祖實錄』 선조 40년 5월 13일(을해).

2 『朱子語類』 권제13, 學 7, 力行.

3 『月川文集』 권11, 雜著, 雜說. "朱子嘗言只愛官職, 便殺父與君也. 敢今有人焉, 知得而不顧義理, 肆行而無所忌憚者, 其終不至於亂臣賊子者, 其希矣."

4 鄭萬祚, 「月川 趙穆의 生涯와 學問」(『韓國의 哲學』 제24호, 경북대학교 퇴계연구소, 1996); 「月川 趙穆과 禮安地域의 退溪學脈」(『韓國의 哲學』 제28호, 경북대학교 퇴계연구소, 2000); 琴章泰, 「月川 趙穆의 생애와 학문」(『退溪學派의 思想』 I, 집문당, 1996); 尹絲淳, 「월천 조목의 주자학적 심학」(『퇴계문하 6哲의 삶과 사상』, 경북대학교 퇴계연구소, 예문서원, 1999);

최근에 이종호는 조목의 삶과 생각, 그리고 문학을 탐구하여 조목 연구 성과를 종합하여 제시하였다.[5]

이 글에서는 도산서원(陶山書院) 광명실(光明室) 구장(舊藏) 『월천문집(月川文集)』[6]에 수록된 「월천선생언행초기(月川先生言行草記)」를 중심으로 조목의 언행을 새롭게 조명해 보고자 한다. 이어 그가 심학에서 양심(養心)과 구방심(求放心)을 중시했다는 사실과 그의 이(理)에 대한 이해가 무형(無形)의 이(理)와 공리(空理)를 비판하고 실사(實事)의 이(理)를 중시했다는 점에 주목하여 탐구해 보고자 한다.

2. 조목의 삶과 언행

1) 조목의 학문적 삶

조목은 1538년(중종 33) 15세에 이황의 문하에 나아가 30여 년간 스승을 극진히 모시면서 가르침을 받았고, 평생 이학의 탐구와 스승의 언행과 학문적 사업을 정리하는데 심력을 다 바쳤다. 후일에 정조(正祖)는 이황과 조목의 사제관계를 다음과 같이 말했다.

윤천근, 「이황의 조목, 조목의 이황」(『退溪學』 14, 안동대학교 퇴계학연구소, 2004).

5 이종호, 『월천 조목의 삶과 생각 그리고 문학』(한국국학진흥원, 2007).

6 이 책은 2004년 12월에 한국국학진흥원에서 月川先生文集, 月川先生年譜, 月川先生言行草記, 月川先生從享事蹟을 합하여 영인을 하고 薛錫圭의 상세한 해제를 붙여 간행되었다.

"월천은 퇴계(退溪) 선정(先正)의 문하에서 공부하여 선정으로부터 능력을 인정받았는데 문인들이 의문이 나는 곳을 물어보면 늘 '조사경(趙士敬)에게 보여야 할 것이다'라고 하였다 한다. 일찍이 설문청(薛文淸, 薛瑄)의 『독서록(讀書錄)』을 좋아하여 직접 중요한 말에 권점(圈點)을 찍어 표시하여 책상에 두었으며, 또한 유원성(劉元城, 劉安世)의 '스스로 말을 망녕되게 하지 않음으로부터 시작한다'는 말을 따다가 항상 자신을 바로잡았다. 또 옆에 작은 책자를 두고서 자신에게 절실한 선현들의 훈계를 써서 『곤지잡록(困知雜錄)』이라고 이름 지었다. 더욱이 심학(心學)에 대해서는 잠시도 진작시키지 않은 적이 없었으니 원집(原集) 중의 '구방심(求放心)'에 대해 주고받은 편지를 참고해 보면 알 수 있다. 선정께서도 「심경후론(心經後論)」을 지었으니 사제 사이에 서로 강마(講磨)한 것이 이와 같았다."[7]

조목은 스승 이황으로부터 경학(經學) 이해에 뛰어난 학자로 인정을 받았고, 설선(薛瑄)과 유안세(劉安世) 등 선현들의 훈계로 자신의 언행을 점검하여 단속했고, 이황과의 학문 토론을 통해 심학(心學)을 진작한 공이 크다는 것이다.

조목은 1552년(명종 7)에 생원시에 합격하여 이듬해에 성균관에 들어갔는데, 집이 가난하고 부모가 연로하여 과거시험공부를 힘써 하다가 뜻대

7 『弘齋全書』, 권171, 日得錄 11, 人物 1. "月川早遊退溪先正之門, 爲先正所器重, 每於門人質疑處, 輒曰當示趙士敬云云. 嘗愛薛文淸讀書錄, 手圈其要語, 置諸几案. 又取劉元城自不妄語始之語, 嘗自檃栝, 傍置小冊子, 書前賢切己之訓, 名曰困知錄. 其於心學, 尤未嘗不造次提撕, 參以原集中求放心往復可知已, 先正亦爲之著心經後論, 師生間互相補益如此."

로 되지 않자 말하기를 "우리 도(道)가 여기에 있으니 하필 과거를 보겠는가"라고 하고는 드디어 과거 공부를 그만두고 오로지 산림에서 수기(修己)의 학문에 잠심하기로 마음을 먹고 실천에 옮겼다.

조목은 1564년 7월에 스승 이황을 방문하여 자하봉(紫霞峰)에 올라가 월천서당(月川書堂)에 뜬 달이 맑다고 얘기를 했다. 조목의 말을 듣고 이황은 조목에게 시를 지어 주었다.

계당(溪堂)에 달은 밝고 월천서당 달밝은데　　溪堂月白川堂白
오늘밤 바람 맑고 어젯밤도 맑았다지　　今夜風淸昨夜淸
특별히 광풍제월 일반경지 있을텐데　　別有一般光霽處
우리들 언제쯤에 명(明)과 성(誠)을 증험할까　　吾儕安得驗明誠[8]

이에 조목은 아래와 같이 화답하는 시를 지어 스승 이황에게 올렸다.

부용산 푸르름은 도산(陶山) 푸름 접했는데　　芙蓉翠接陶峯翠
월천의 맑은 바람 퇴수 맑음 연해있네　　風月淸連退水淸
진실로 근원 탐구 나아가길 좋아하나　　正好探源進步地
마음에 명(明)과 성(誠)이 맞지 못함 부끄럽네　　愧無心契議明誠[9]

조목은 1566년(명종 21) 이조에서 천거하여 공릉참봉(恭陵參奉)이 되었으나 나아가지 않았다. 그 뒤 그는 1568년(선조 1)에 성균관의 추천으로

8 『退溪文集』 권3, 詩, 七月旣望 幷序.
9 『月川文集』 권1, 詩, 次退溪先生.

집경전참봉(集慶殿參奉)에 임명되었으나 부임한지 얼마 지나지 않아 사직하고 돌아왔다. 그는 1575년에 종부시 주부, 조지서 사지, 공조좌랑에 임명되었고, 1576년에 또 사지에 임명되었으나 모두 부임하지 않았다. 이해 10월에 그는 봉화현감(奉化縣監)에 임명되었다. 그가 봉화현감으로 있으면서 이룬 가장 큰 치적은 봉화향교를 중건한 일이다. 향교가 옛터에서 이건되어 고을 서쪽의 궁벽한 곳에 있었는데 매우 누추하고 모습도 갖추어지지 않았다. 그런데 향교의 옛터에는 이미 향서당(鄕序黨)을 세웠기 때문에 형세가 다시 이건하기 어려웠다. 그는 고을 사람들을 모아놓고 향교를 옛터에 회복시키라는 명을 내려 향서당을 헐고 대성전(大成殿)을 옮겨지었다.

당시 대성전 안의 송조(宋朝) 현인(賢人)들의 위차(位次)가 우리나라의 선현과 함께 남쪽 모퉁이에 병렬되어 있었는데 조목은 이에 대해 늘 미안하게 여겼고 봉안(奉安)할 때에 조정에 보고하여 위차를 개정하려고 하여 부지를 특별히 확보했으나 계획이 이루어지기도 전에 자리에서 물러나게 되었다. 그러나 그 뒤 송조 현인들의 위차 문제에 대해 조목이 고치려고 했던 뜻이 조정에 보고가 되어 개정하게 되었고, 이어 각 고을의 대성전의 송현의 위차를 바로 잡는 계기가 되었다.[10]

1583년에 동인(東人) 계열의 박근원(朴謹元)・송응개(宋應漑)・허봉(許篈)이 이이(李珥)를 조정에서 축출하려다가 각각 강계・회령・갑산으로 귀양을 갔다. 조목은 언사(言事)로 인하여 죄를 얻은 이들을 북변에 귀양보냈으니 이는 말로는 찬출(竄黜)이지만 실제로는 죽이는 것과 다름이 없다

---

10 『宣祖實錄』 선조 12년 12월 6일(정축).

고 했다. 조목은 자신이 그들의 마음가짐과 행동을 알지는 못하지만, 천 년 뒤에까지 간신(諫臣)을 내쳐 죽였다는 이름을 얻어서는 안 된다고 하면서, 선조에게 이들에 대한 가혹한 조처를 풀고 날로 성학(聖學)을 익히고 성덕(聖德)을 새롭게 하기를 바란다고 했다.[11]

1584년 사서삼경(四書三經)의 교정과 음석(音釋)·언해(諺解)를 위하여 성균관에 경서교정청이 설치되었다. 조목은 이듬해 11월에 공조좌랑 겸 교정청낭청(校正廳郞廳)에 임명되어 사은숙배 후 사직을 청하는 소를 올리고 바로 고향 예안으로 돌아와 버렸다.[12]

조목은 1586년 상서원 판관, 금산군수에 임명되었고, 이어 공조정랑에 임명되었으나 상소하여 사직을 청하였다, 그는 "지금 『소학(小學)』과 사서(四書)의 번역에 대한 교정청의 일은 대략 끝났으며 마무리가 되지 않은 것은 선사(繕寫)하고 교정하는 한 가지 일 뿐입니다"라고 하면서, 스승 이황의 문집을 편찬하기 위해 물러나기를 청한다고 했다.

조목은 1594년 10월에 특별히 장악원 정(正)에 임명되었다. 이듬해 5월에 조목은 양양부사에 임명되었으나 부임하지 않았고, 이어 사섬시 정에 임명되었다. 그는 1599년에 제용감 정에 임명되었고, 1601년에 사재감 정에 임명되었고[13] 그 뒤 경서교정청 낭청에 임명되었다.[14] 이어 1602년에 상의원 정에 임명되었고 예빈시 정에 임명되었다. 또 특지로 당상관에 승진하고 절충장군 의흥위 부호군에 임명되었다가 얼마 후 공조참의로 옮겼다.[15] 그는 1604년 가을에 가선대부에 승진하였고 용양위 상호군

---

11 『宣祖實錄』 선조 17년 9월.
12 『宣祖實錄』 선조 18년 2월.
13 『宣祖實錄』 선조 34년 1월 6일(을사).
14 『宣祖實錄』 선조 34년 3월 17일(을묘).

에 임명되었다가 공조참판에 임명되었으나 부임하지 않았다.[16]

조목의 학행에 대해 『선조실록』에는 다음과 같이 적고 있다.

> "조목은 사람됨이 뜻을 도타이 하고 행실을 힘쓰며 배우기를 좋아하여 게을리 하지 않았다. 젊었을 때부터 문순공(文純公) 이황의 문하에 종유(從遊)하며 경의(經義)를 강론하여 듣고 본 것이 가장 많았다. 어버이를 위해 과거에 응시, 사마시(司馬試)에 합격하여 여러 번 주현(州縣)에 시용(試用)되었는데 자못 성적(聲績)을 나타냈다. 만년에 부름을 받았으나 취임하지 않고 두문(杜門)하여 스스로를 지키면서 좌우의 도서(圖書)를 공경히 읽고 곰곰이 생각하였으며 후학을 가르쳐서 성취한 자들이 많았다. 일찍이 풍원부원군(豊原府院君) 유성룡(柳成龍)과 동문으로 사귀어 친하였는데, 유성룡이 수상(首相)이 되어 국사(國事)를 담당할 때에 김덕령(金德齡)의 죽음을 구제하지 않았다는 말을 듣고 노여운 빛을 나타냈다. 강화(講和)의 의논이 일어나게 되어서는 조목이 글을 보내어 꾸짖으면서 '화의를 주장하여 나라를 그르친다[主和誤國]'는 넉 자로 지목하였는데, 유성룡이 크게 노해 드디어 서로 절교하여 지금에 이르렀다. 나이 80이 넘었어도 손에서 책을 놓지 않으므로 원근의 학자가 칭찬하며 다른 말을 하는 사람이 없었다. 퇴계의 문하에서 바른 것을 지키고 배움을 도타이한 자는 오직 이 한 사람 뿐이다."[17]

---

15 『宣祖實錄』 선조 35년 3월 1일(계해).
16 『宣祖實錄』 선조 37년 11월 12일(무자).
17 『宣祖實錄』 선조 37년 11월 12일(무자). "穆, 爲人, 篤志力行, 好學不惓, 自少時, 從遊於文純公李滉門下, 講論經義, 聞見最多. 爲親赴科, 中司馬, 屢試州縣, 頗著聲績. 晩節, 徵辟

조목은 1605년 11월 작고하기 1년 전인 82세에 자찬(自贊)을 지어 자신의 만년의 실사(實事)를 표현했다.[18]

보아도 보이지 않고 들어도 들리지 않음이여	希兮夷兮
들어도 들리지 않고 보아도 보이지 않음이여	夷兮希兮
거듭 보아도 보이지 않고 들어도 들리지 않음이여	希夷希夷
마음 또한 보아도 보이지 않고 들어도 들리지 않도다	心亦希夷兮

조목은 후세의 사람들이 이 글에서 또한 장차 자기의 마음을 이해할 수 있을 것이라고 했다. 아마 조목은 양심(養心)과 구방심(求放心)의 구경(究竟)에 이른 자신의 무욕(無欲)의 경지를 표현하고 싶었던 것 같다.

1614년(광해군 6) 조목은 도산서원(陶山書院)에 종향(從享)이 되었다. 이해 11월 25일에 사간원에서는 "고(故) 참판 조목은 이황과 동향 사람으로 어릴 적부터 이황을 스승으로 섬겨 머리가 세어서도 게을리 하지 않아 마침내 그의 도(道)를 터득하여 강좌(江左 : 영남좌도)의 영수가 되었습니다. 이 사람이 죽자 이황의 학문이 전하지 않아 선비된 사람이 본받을 곳이 없어서 배우는 것이라고는 글짓는 것과 외우는 것에 지나지 않으니 다시는 옛날의 강좌가 아닙니다. 지난번 조정이 본도 유생의 요청에 따라 조목을 이황의 사당에 종사(從祀)하게 하였으니, 사제문(賜祭文)을 내려 어진

不就, 杜門自守, 左右圖書, 仰而讀, 俯而思, 訓誨後學, 多有成就, 嘗與豐原府院君柳成龍, 同門友善, 成龍爲首相當國之日, 不救金德齡之死, 穆聞之, 怒形于色, 及講和之議起, 穆貽書責之, 以主和誤國四字目之, 成龍大怒, 遂與之絶交. 至今年逾八十, 猶手不釋卷, 遠近學者, 稱之無異辭. 退溪之門, 守正篤學, 惟此一人而已."

18 『月川文集』 권11, 雜著, 爲無爲傳.

이를 존경하고 도학을 중시하는 뜻을 보여야 하겠습니다. 해당 조(曹)로 하여금 상세히 살펴서 거행하도록 하소서"라고 하니, 광해군은 답하기를 "이미 유시하였다. 조목에게 사제(賜祭)하는 일은 아뢴 대로 하라"라고 하였다.[19]

2) 조목의 언행[20]

조목은 평소의 생활에서 날이 아직 밝지 않았을 때 일어나 갓과 옷깃을 가지런히 하고 사당에 나아가 재배례(再拜禮)를 행하고 서실에 물러앉아 책을 보면서 잠자고 밥 먹는 것을 잊어버리기도 하였다.

조목은 항상 명(明)나라 학자 설선(薛瑄)의 『독서록(讀書錄)』을 보고 그 절실하고 긴요한 말에 손수 동그라미를 하여 책상에 두었다. 사실 설선에 대해서는 이미 이황이 "문청(文清, 설선)의 평생 공부는 오로지 경(敬)자에 있었다"라고 하였다.[21] 조목이 설선의 『독서록』을 늘 읽었다는 것은 이황의 설선에 대한 이해와 자신의 학문성향이 비슷하다고 생각했기 때문이었을 것이다. 또한 조목은 유안세(劉安世)의 "망령된 말을 하지 않는 것으로부터 시작해야 한다"[22]는 말을 취하여 항상 스스로를 바로잡았고,

19 『光海君日記』 광해군 6년 11월 25일(계유). 陶山書院從享賜祭文에 "能繼厥師, 遂得其宗. 士林望之, 屹若華嵩. 景仰追慕, 歿而愈深. 請以從享, 允協象心. 詢于廊廟, 罔或依違. 玆乃公議, 予何敢私? …… 月川瀧瀧, 芙蓉矗矗. 典刑猶存, 懷想何極?"이라고 했다(『月川集』 附錄).

20 이하 조목의 언행은 주로 『月川文集』 附錄에 수록되어 있는 「月川先生言行草記」를 참조하여 작성하였다.

21 『增補 退溪全書』 4, 言行錄 권5, 崇正學. "文淸之學, 平生用工, 都在敬字上."

22 『小學』 善行. "劉忠定公見溫公, 問盡心行己之要, 可以終身行之者. 公曰其誠乎! 劉公問,

또 작은 책자를 비치하고 옛날 현인의 말씀 중에서 자신에게 절실한 말들을 취하여 이름을 『곤지잡록(困知雜錄)』이라 하였다.

조목은 밤에는 반드시 촛불을 밝히고 향(香)을 피웠다. 그는 『근사록(近思錄)』, 『주자대전(朱子大全)』, 성리에 관한 여러 책을 읽고 도연명(陶淵明)의 시, 소옹의 『격양집(擊壤集)』과 『염락풍아(濂洛風雅)』 등에 실린 시를 외웠다.

조목은 난리중에도 강학을 계속하며 말하기를 "육수부(陸秀夫)는 배속에서 오히려 학문을 강론했다. 아침에 도(道)를 들으면 저녁에 죽어도 가하다"라고 하면서 그만두지 않았다.

조목은 매번 호안국(胡安國)의 "한온(寒溫)과 기포(飢飽)를 스스로 알아 짐작한다"는 말을 거론하여 스스로 경계하였다. 주진(朱震)이 호안국에게 출처(出處)에 대해 묻자 호안국이 "사람이 음식을 먹는 것과 같아 그 굶주리고 배고프고 차고 따뜻한 것을 반드시 스스로 짐작하는 것이고 남에게서 결정을 구할 수도 없고, 또 남이 결정할 수 있는 바도 아니다"라고 했다.[23] 이황은 이러한 호안국의 출처관을 송언신(宋言愼)・기대승(奇大升) 등에게 보낸 편지에서 강조하고 있는데, 조목은 이황의 출처관을 누구보다 정확하게 이해하고 있었기 때문에 스승의 「언행총록(言行總錄)」을 쓰면서 이 말을 소개하였다.[24]

行之何先? 公曰自不妄語始. 劉公初甚易之. 及退而自檃栝日之所行與凡所言, 自相掣肘矛盾者多矣. 力行七年而後成. 自此言行一致, 表裏相應, 遇事坦然, 常有餘裕."

23 『宋史』 권435, 胡安國. "朱震被召, 問出處之宜, 安國曰子發學易二十年, 此事當素定矣. 世間惟講學論政, 不可不切切詢究, 至於行己大致, 去就語默之幾, 如人飮食, 其飢飽寒溫, 必自斟酌, 不可決諸人, 亦非人所能決也. 吾平生出處, 皆內斷於心, 浮世利名, 如蠛蠓過前, 何足道哉?"

24 『月川文集』 권10, 雜著, 退陶先生言行總錄. "蓋其一進一退, 一去一就, 如權之稱輕重, 如度之度長短, 錙銖必察, 不失尺寸, 非俗人淺見所能盡知, 而亦非可以易論也. 故嘗擧胡文

조목은 "조심(操心)" 두 글자에 힘을 써서 설선의 『독서록』 중에서 허형(許衡)의 시 "만 가지의 보양은 모두 거짓이고[萬般補養皆虛僞], 다만 조심이 중요한 법이라네[只有操心是要規]"[25]란 구절을 인용하여 학문이 "조(操)"란 한 글자에 벗어난 적이 없다고 했다. 그는 이 마음을 한번 잡으면 모든 사(邪)가 물러난다고 했다.[26]

조목은 독서를 할 때 속음(俗音)이 있는 경우에 속음을 피하고 반드시 정음(正音)으로 읽었고, 글자를 쓸 때에도 이체자(異體字)를 쓰지 않고 정자(正字)를 썼다. 이러한 자세는 스승 이황의 문집을 편찬할 때 일일이 정자로 교정을 보아 간행한 것에서 알 수 있다.

조목은 서책을 볼 때는 반드시 두 손으로 받들어 책상 위에 두고 죽편(竹片)으로 조용히 펴서 보았고 옷의 소매가 책장에 닿지 않게 했다. 그는 새벽에 일어나 반드시 먼저 손을 씻고 나서 책을 펴면서 항상 말하기를 "나는 평생 일찍이 책 끝을 더럽혀 본 적이 없다"라고 했다.

이황이나 조목은 평생 사도(師道)로 자처하지 않았다. 따라서 '선생(先生)'이란 호칭은 너무나 존귀한 것이었고 스승의 처지에서 제자나 학계에서 그 존칭을 듣는다는 것은 부담스러운 일이었다. 조목의 제자와 사대부들은 조목에게 '선생'이라고 칭했다. 이에 조목은 '선생'이란 존칭을 고사하며 말하기를 "옛날에 도선생(盜先生) 및 양상군자(樑上君子)의 설이 있었는데, 내가 평생 세상을 속이고 이름을 훔친 것이 많았다. 사람들이 지

定之語以告人, 曰人之出處語默, 如寒溫飢飽, 自知斟酌, 不可決之於人, 亦非人所能決也."

25 『魯齋遺書』 권14, 薛文淸公讀書錄.

26 『月川文集』 附錄, 月川先生言行草記. "尤用力於操心二字, 至錄中引許魯齋詩有云, 萬般補養皆虛僞只有操心是要規之語, 未嘗不三復歎曰人之爲學, 其有外於操之一字乎? 此心一操, 群邪退聽, 萬起萬滅之私, 何嘗不起於放而不求乎?"

금 '선생'이라 칭하는 것이 이 때문이 아닌가. 앞으로는 다만 나를 '월천옹(月川翁)'이라고 부르는 것이 가하다"라고 했다.[27]

조목은 기묘명현(己卯名賢)에 대해서는 큰 절개가 있고 요순(堯舜)의 지치(至治)를 이루는 것으로 뜻을 세웠으니 참으로 영명하고 위대하고 걸출한 인물들이었다고 평하였다. 그러나 그들이 시세(時勢)를 헤아리지 못하고 급진적으로 개혁을 추진하다가 사화를 초래하였으니 시세를 알았다고 할 수 없다고 하면서 안타깝게 생각하고 그 시대를 슬퍼한다고 했다.

조목은 옛사람이 은둔하여 고결하게 지낸 일을 보면 즐겨하여 깊이 생각하곤 하였다. 그는 『후한서(後漢書)』의 독행열전(獨行列傳)을 읽기를 좋아하여 그들의 전기를 읽고 늘 존경을 하였다.[28] 그는 평생 산림(山林)에 처하면서 당세의 일과 조정의 이해와 시정(時政)의 득실을 망령되게 담론하지 않았다. 그는 산림에 있으면 산림의 말을 해야 하고 시사에 대해서는 간여하지 않아야 된다고 생각했다. 그렇다고 하여 조목이 세사에 등을 돌린 것은 아니었다. 그는 일본과의 화의(和議)에 대해서는 통렬히 비판하였다. 그는 이산해(李山海)·유성룡·이원익(李元翼) 등이 일본과 통신(通信)을 하고 강화(講和)를 주장한다는 말을 듣고 크게 실망을 하였다. 특히 조목은 유성룡이 영의정으로 있으면서 강화의 논의를 주장한다는 말을 듣고 편지를 보내어 말하기를 "상국(相國)께서 평생 성인의 글을 읽

---

27 『月川集』(한국고전번역원, 문집총간본) 月川年譜, 穆宗隆慶 27年 己亥 7月. "諸生稱先生, 則必峻辭拒之, 曰昔有盜先生, 吾平生欺世盜名多矣. 今之稱先生, 無乃以是耶? 呼我爲月川翁可矣."; 『月川文集』 附錄, 月川先生言行草記. "門徒及士大夫有稱先生, 必固辭懇避, 曰昔有盜先生及樑上君子之說, 吾平生欺世盜名多矣. 人之稱先生, 無乃以是耶? 但呼我爲月川翁可也."

28 『後漢書』 권81, 獨行列傳 제71에 수록된 인물은 譙玄·李業· 劉茂·溫序· 彭脩·索盧放·周嘉·范式·李善·王忳·張武·陸續·戴封·李充·繆彤·陳重·雷義·范冉·戴就·趙苞·向栩·諒輔·劉翊·王烈이다.

고 터득한 바가 다만 이 '주화오국(主和誤國)' 네 글자란 말입니까"라고 하여 그 말이 매우 준절하였다.[29]

이에 대해 유성룡은 조목에게 다음과 같이 답을 했다.

> "강화(講和)를 주장하여 나라를 그르쳤다.[主和誤國]"는 네 글자는 저 또한 스스로 반성해 보았지만 이런 일은 없었습니다. 계사·갑오년(1593~1594) 사이에 백성들이 서로 잡아먹으며, 국가의 형세가 심히 위태로워 하루도 보전하기가 어려웠고, 힘으로는 능히 적을 물리칠 수 없었습니다. 저는 밖으로는 명(明) 나라의 기미(羈縻)의 계획을 좇아 적의 공세를 조금 완화시키고, 안으로는 전쟁과 수비에 대응할 준비를 닦아서 서서히 뒷날을 도모하려고 생각하여 스스로 계획을 세웠습니다. 오늘날 나라를 도모한 것이 이에 지나지 않는데, 나를 미워하는 사람들이 서책 사이에서 좋은 제목을 찾아내어 서로 비방하고 있으나 이는 당연히 웃으면서 받을 뿐입니다. 뒷날이라도 내가 다행히 죽지 않으면 변란이 생긴 뒤의 여러 가지 논변했던 일을 다 털어서 어르신에게 질정을 구할 것이니, 그 가운데는 처음부터 반점(半點)만큼의 '화(和)' 자도 없습니다."[30]

---

29 『月川文集』 附錄, 嘉善大夫工曹參判月川趙先生神道碑銘 幷序.

30 『西厓文集』 권10, 書, 答趙士敬 丁酉. "至於主和誤國四字, 生亦自省無是當矣. 癸甲之間, 人民相食, 國勢危甚, 朝夕難保, 而力未能圖敵, 生以爲外徇天朝羈縻之計, 少緩賊勢, 而內修戰守之備, 徐爲後圖自計, 今日謀國, 不過如此, 不悅者, 於書冊間尋, 出好題目, 以相汚衊, 此則當笑而受之耳. 他日幸未死, 當悉以生變後論事, 求正於左右, 此中初無半點和字矣." 원문 번역은 한국고전번역원(박성학·이형재·임정기 공역, 1977)의 번역을 인용했다. 이 편지의 말미에 유성룡은 "飮水人人知冷暖, 冷暖之味只如斯. 爲緣知後難容力, 任他旁人笑不知."란 시를 붙여 보내었다. 또 유성룡은 조목에게 "古人出處之節, 如人飮水, 冷暖自知, 必有定見, 何待云云?"이라는 내용의 편지를 보내기도 했다(『西厓別集』 권3, 書, 答趙

이러한 유성룡의 해명에도 불구하고 조목과 유성룡은 출처관(出處觀)에 있어 서로 큰 차이가 있었다. 이러한 문제는 조목 사후에 『월천문집』이 편찬될 때도, 정온(鄭蘊)이 지은 조목의 「신도비명」 내용의 '주화오국(主和誤國)'이란 구절을 놓고도 줄곧 논란이 일었다.[31]

조목은 평소에 명리(名利)에 뜻을 두지 않았다. 그는 이름을 추구하다 보면 몸이 함정에 빠질 수 있고, 보신(保身)은 겸손한 것보다 나은 것이 없다고 했다. 그는 『주역』 64괘에서 오직 겸괘(謙卦)가 흉함이 없다고 하면서 남보다 한걸음 뒤에, 남보다 한 단계 더 낮게 처하는 것으로 자신의 행동의 규범으로 삼았다.

조목은 어느 날 맑은 연못에 배를 띄워 뱃놀이를 하였다. 그때 백구(白鷗)가 물결위에 떠 있었는데 그 모습이 너무나 깨끗하여 조목은 백구를 보며 망기(忘機)의 경지를 맛보았다. 그러나 조목은 다시 생각해보았다. 온 몸이 흰 저 백구가 맑은 연못에 출몰하여 구름에 정(情)을 주고 물을 좋아하는 본성이 저처럼 한가롭다. 사람들이 보고 좋아하는 것은 어찌 저 백구의 깃털이 깨끗하여 조금도 검은 점이 없는 것이 아니겠는가. 그러나 저 백구의 뜻은 고기를 잡아서 입과 배를 채우는데 불과할 따름이다. 천하의 물(物)이 어찌 욕심이 없는 것이 있겠는가. 비록 있더라도 잘 억제하여 욕심을 적게 하는 것이 선(善)이 되고, 적게 하고 또 적게 하여 욕심이 없는데 이르게 하면 더욱 귀한 것이 된다고 생각했다.[32] 그러면서

士敬).

31 『拙齋文集』 권8, 書, 與李明叔 英哲 別紙; 『鶴沙文集』 권5, 雜著. 西厓柳先生辨誣錄. 한국국학진흥원에서 2004년에 영인 간행한 도산서원 소장본 『月川先生文集』 권제9, 書 부분의 「論中和書疑條」와 「與柳領相而見書」 사이에는 편지가 한 통이 빠져 있는 것으로 보이는데, 아마 조목이 유성룡을 主和誤國으로 공격했던 내용의 편지가 처음에는 실렸다가 나중에 논란이 일자 빼버린 것으로 판단된다.

조목은 시로서 자신의 뜻을 표현하였다.[33]

심상한 저 모습을 화두로 삼지 말라	莫把尋常作話頭
한마디 말로서 퇴류(頹流)에 빠짐 경계하노라	要將一語警頹流
장부의 대범하고 솔직한 심중의 일을	丈夫落落心中事
물결에 출몰하는 백구에게 즐겨 배우랴	肯學波間出沒鷗

3. 조목의 학문성향

1549년(명종 4) 6월에 조목은 풍기군 서재(書齋)에서 이황을 뵙고 학문에 대해서 자신의 견해를 표현하여 인정을 받고 가르침을 받았다.

조목 : 학문은 한갓 책을 읽는 데만 달려 있는 것이 아니니, 두루 견문을 넓혀야 할 것입니다. 의리(義理)에 있어서도 마찬가지로 혼자서 터득하는 것이 아니니, 스승이나 벗이 도와 깨우쳐 주는 이익이 있어야 할 것입니다.

이황 : 자네 말이 참으로 옳네. 자네의 지닌 뜻을 들으니, 매우 훌륭한

32 『月川文集』附錄, 月川先生言行草記. "嘗於一日泛舟淸潭, 有白鷺泛泛波心, 其容鶴鶴, 先生對之忘機, 且曰彼鳥縞衣雪尾, 出沒於澄瀾, 雲情水性, 如許閑閑, 人見而好之者, 豈不以羽毛皎潔無一緇點耶? 然渠之爲志, 不過得魚以充口腹耳. 天下之物, 豈有無慾者耶? 雖有之, 能制而寡欲爲善, 寡之又寡, 以至於無, 則爲尤貴. 是以, 君子動心忍性, 爲防範修治之地耳. 因作一絶云, 莫把尋常作話頭, 要將一語警頹流. 丈夫落落心中事, 肯學波間出沒鷗?"

33 『月川文集』권1, 詩, 遊風月潭次愷甥.

일이네.

조목 : 마음 씀씀이가 바르지 못하면, 비록 학문을 한들 어디에 쓰겠습니까.

이황 : 학문을 어찌 소홀히 할 수 있겠는가. 학문은 마음을 바르게 하는 방법이라네. 이것은 또 『논어』의 제1편 주(註)에, 주부자가 제자의 직분을 논한 뜻과 같은 것이네.[34]

조목은 의리(義理)의 중요성을 스승 이황에게 질의하여 확인하고, 아울러 스승으로부터 학문은 마음을 바르게 하는 방법이라는 가르침을 받았다.

조목은 독서(讀書)의 목적은 박람(博覽)과 강기(强記)에 있는 것이 아니라 글자마다 이해를 하고, 이어 구절마다 그 진의를 생각하여 찾아내야 한다고 했다. 그는 1550년 27세 때에 이황에게 경서(經書)를 질의했다. 조목의 경전 구두 해독(解讀)에서 널리 알려진 것의 하나로 자주 거론되는 구절이 있다. 당시에 학자들은 『맹자』의 양혜왕(梁惠王)편의 "불인기곡속약무죄이취사지야(不忍其觳觫若無罪而就死地也)"에서 "곡속(觳觫)" 아래의 약자(若字)를 "약무죄이취사지(若無罪而就死地)"에 붙여 구절을 삼았는데 조목은 위로 곡속(觳觫)에 붙여 "곡속약(觳觫若), 무죄이취사지야(無罪而就死地也)"로 구절을 삼아야 한다고 하여 스승 이황이 매우 옳다고 했다.[35] 그

34 『增補 退溪全書』 4, 言行錄 권1, 敎人. "穆曰學問不專在於讀書, 當游歷以廣聞見, 至於義理, 亦不可以獨得, 當有師友漸磨輔助啓發之益. 先生曰君言極是, 聞君有志, 甚嘉之. …… 余因率爾對曰心行不得正, 雖有文學, 何用焉? 先生曰學文豈可忽哉? 所以正心也, 是亦首篇註, 朱夫子論弟子職之意也."

뒤 조선의 학자들은 모두 "곡속약(觳觫若)"으로 구두를 떼어 읽었다.

1551년(명종 6) 1월에 조목은 이황을 찾아가 온종일 뜻을 세움과 말과 행동에 대해 다정하고 절실한 가르침을 받았다.[36] 이황은 항상 문인들에게 말하기를 "독실(篤實)하기는 조사경(趙士敬, 士敬은 조목의 字)만한 사람이 없다. 서로 더불어 뜻이 같고 도(道)가 합하고 정신이 모이고 마음이 서로 통한다. 경전의 가르침에 침잠하고 도의를 강론하고 연마하여 일찍이 밥 먹거나 쉴 틈도 없었다"라고 말했다.

조목은 학문을 하는 순서에서 『소학(小學)』과 『대학(大學)』 공부를 특히 강조했다. 그는 『소학』과 『대학』을 제일 먼저 읽고 그 다음에 『논어(論語)』와 『맹자(孟子)』, 이어서 삼경(三經)을 읽어야 한다고 했다. 그는 항상 학자들에게 가르쳐 말하기를 "『소학』은 곧 모든 경전의 핵심이다. 세상의 학자들이 이 책을 좋아하지 않는 것은 제목에 작을 소(小)자가 들어가 있기 때문이다. 진실로 이 『소학』에 통한다면 이것은 실제 사람의 모습을 만드는 것이고 성인(聖人)이 되는 근본 바탕이다"라고 했다. 그는 예로부터 성현도 물 뿌리고 비질하고 응대하는 것으로부터 공부를 시작했으니 아래로부터 인사(人事)를 배워 위로 천리(天理)를 통하는 법이라고 했다.[37] 그는 우선 인사를 배우는 것을 학문에 있어 핵심이라고 생각했던 것이다.

조목은 『대학』에 대해 "『대학』책에는 수기치인(修己治人)의 내용이 실

35 『月川文集』 권12, 附錄, 月川先生年譜. 조목과 이황에 이어서 李珥도 "觳觫若"으로 若字를 "觳觫"에 붙여 읽었다(『栗谷全書』 권32, 語錄).

36 『增補 退溪全書』 4, 言行錄 권1, 敎人. "辛亥正月謁先生于退溪, 先生終日賜敎, 皆以立志不篤, 行不顧言, 諄諄戒之, 皆爲己切實之言也."

37 『月川文集』 附錄, 月川先生言行草記.

려 있다. 진실로 잘 공부를 하여 서려 있는 뜻을 극진히 탐구하면 다만 천하를 다스림에 있어서도 넉넉함이 있을 뿐만 아니라 다른 경학(經學)도 저절로 술술 이해가 될 것이다"라고 했다. 그는 항상 『대학』의 핵심은 "지행(知行)" 두 글자에 불과할 뿐이라고 했다. 격물(格物)과 치지(致知)는 지(知)에 속하고 성의(誠意)와 정심(正心), 수신(修身)은 행(行)에 속하고, 치국평천하(治國平天下)는 행(行)의 이치를 미루어나가는 것이라고 했다.[38]

조목은 평생 주자학을 철저히 신봉한 학자였다. 그는 스승 이황이 양명학 등을 배척한 정신을 이어받아 주자학에 배치되는 인물과 학설은 여지없이 비판했다. 그는 특히 왕수인(王守仁)과 소식(蘇軾)의 학문을 극력 배척했다. 그는 왕수인이 신불해(申不害)와 한비자(韓非子)의 설을 이어받았고, 관중(管仲)과 상앙(商鞅)을 추모하여 공허(空虛)를 담론하고 공리(功利)를 급하게 여겼으며, 사치를 힘쓰고 방자하여 천하를 어지럽혔다고 보았다. 그런가 하면 소식은 경전을 폐하고 역사를 담론하며, 왕도(王道)를 소략하게 여기고 패술(覇術)을 높이며, 권모술수를 숭상하고, 소진(蘇秦)과 장의(張儀), 노자(老子)와 석가(釋迦)를 한 사람으로 만들어 인심(人心)을 미혹시키고 세도(世道)에 화를 끼치는 것이 왕수인보다 심하다고 했다.[39]

조목은 소식이 정이(程頤)와 학문 방법에 있어 너무 달랐던 것을 알았다. 정이는 오로지 경(敬)으로 학문을 하였으나 소식은 평소 "다만 저 경이란 글자를 타파해야 한다"라고 주장했던 것이다. 조목은 소식이 이러한 말을 한 것을 알고는 소식은 "기탄(忌憚) 없는 소인(小人)"을 면치 못했다고 단정했다.[40] 또한 조목은 나흠순(羅欽順)은 겉으로는 주희를 지지하

38 『月川文集』 附錄, 月川先生言行草記.
39 『月川文集』 附錄, 月川先生言行草記.

는 듯하나 속으로는 주희를 배반하고 있다고 했다. 그 예로 그는 나흠순이 "주자는 종신토록 이기(理氣)를 인식한 것이 투철하지 못하다"라고 했고, "도심(道心)은 체(體)이고 인심(人心)은 용(用)이다"라는 설은 주자학의 견지에서 보아 크게 문제가 있다고 하여 극력 배척하였다.[41]

그런데 조목의 평생 학문은 심학(心學)의 탐구에 있었다. 그는 『심경부주(心經附註)』를 혹독하게 좋아하여 일생 각고의 탐구를 하여 일상생활의 바탕으로 삼았다. 그는 1556년 33세부터 『심경부주』를 읽기 시작하여 스승 이황으로부터 격려를 받은 뒤 10년간 스승에게 질의, 토론을 하였다. 그는 1562년 5월 이황에게 편지를 올려 『심경부주』에 대해 질의하였다. 그리고 1565년 6월과 8월에 이황에게 편지를 올려 『심경부주』에 대해 논하였고, 이해 12월에는 이황을 직접 찾아가 『심경부주』에 대해 변론하였다. 또한 1566년 5월에 이황에게 편지를 올려 『심경부주』에 대해 논하고 또 정민정(程敏政)의 이력에 대해 논하였다. 이황은 평소 정민정을 태산북두(泰山北斗)와 신명(神明)처럼 여기고 있었는데, 조목이 『황명통기(皇明通紀)』에서 정민정의 관련기사를 뽑아 초록하여 올리자 그 자료를 바탕으로 1566년 7월에 「심경후론(心經後論)」을 썼다.

조목은 『심경부주』에 대한 해석에 있어 자부가 컸다. 그래서 이황은 조목이 『심경부주』의 문자적 해석에 있어 자처함이 너무 무겁고 스스로 주장함이 너무 지나쳤다고 지적을 했다. 이황은 『심경부주』는 실상 주돈이(周敦頤)·정호·정이·장재(張載)·주희의 연못이요 바다니 매양 그 속

---

40 『月川文集』 附錄, 月川先生言行草記. "昔程夫子, 專以敬爲學, 而當時蘇軾云只要打破這敬字, 至今觀之, 東坡不免爲無忌憚之小人也."
41 『月川文集』 附錄, 月川先生言行草記.

에 들어가면 스스로 바다를 바라보고 숲을 향하는 탄식을 금할 수 없다고 했다. 이황은 조목에게 『심경부주』의 공부에 있어 장차 문자상의 흠을 찾아내는데 힘쓰지 말고 모름지기 빈 마음, 공손한 뜻으로 한결같이 그 책을 높이고 숭상하기를 허형(許衡)이 『소학』에 대해서 신명과 엄부(嚴父)처럼 받든 것과 같이 한다면 그 가운데 한마디 말, 하나의 구절을 스승삼고 법 받아 받들어 가지기에도 또한 겨를이 없을 것이라고 했다.[42]

그런데 조목과 이황은 『심경부주』에 인용된 극기복례(克己復禮)의 예(禮)자에 대한 이해에 있어 인식의 차이를 드러내었다. 1562년 조목은 이황에게 편지를 올려 극기복례의 예(禮)자를 주희가 "반드시 이(理)자로 해석해야 한다"고 하는 설에 대해 논하였다.[43] 주희는 『논어집주(論語集註)』 안연(顔淵)편에서 극기복례의 예에 대해 "예자(禮者), 천리지절문야(天理之節文也)"라고 주를 달았다. 또한 주희는 임택지(林擇之)에게 보낸 편지에서 "선성(先聖, 공자)이 극기복례를 말했는데, 예(禮)자에 대해 평범하게 강설(講說)을 하게 되면 매번 뜻이 명쾌하지 않았더니 반드시 이(理)자로 해석

42 『退溪先生의 편지<師門手簡>』 63(退溪學會 慶北支部. 1990), 趙生員 案下 士敬奉復.
43 『月川文集』 권3, 書, 上退溪先生. "前蒙鐫誨克己復禮說, 朱子所稱必訓作理一句, 惛甚終未得理會, 敢玆再稟. 按心經附註則作又字, 考本文則作必字, 雖未知某字爲勝, 而詳其語勢, 則似皆連上句讀. 蓋旣不快意, 又訓作理, 旣不快意, 故必訓作理, 皆不得已而强通之辭也. 所謂然後已者, 乃據昔日不快之時, 必如此然後已, 亦不得已而强已之已, 非謂今旣通之後決定之辭也. 不然則其下方云今乃知云爾, 則文勢亦倒置矣. 且朱子此說, 專爲容貌辭氣上加功. 故若曰不必訓作理字, 而據禮字自好, 如一視一聽一言一動, 以至靜時默時坐時立時, 無不以禮, 則自然心存於正, 而有以克己之私矣, 此正精微縝密之義, 而從前不悟, 今乃知其如是云. 況朱子亦謂喚做禮, 而不謂之理者, 有著實處, 只說理却空去了, 這箇禮是天理節文, 敎人有準則處云云. 此一段說, 具在論語集註大全中, 自作明證. 今復攬取空虛無形影之理字, 以解著實有憑據之禮字, 而欲學者解惑, 似無意, 謂今集註所謂天理之節文, 則非如只訓作理字之謂也. 只訓作理, 則語空理而遺實事也, 必兼言天理之節文, 然後言實事, 而本於理也, 亦所謂精微縝密之訓也. 固不可以昔日只訓作理者, 爲今日兼擧節文之訓也, 亦不可以今日節文之訓, 爲前日只訓作理之語也." 이 편지는 도산서원 소장본 『月川文集』에는 "권9, 書, 上退溪先生書 壬戌"에 실려 있다.

한 후에야 그 정미(精微)하고 진밀(縝密)함을 알겠으니 보통 생각으로는 미칠 바가 아닐 따름입니다"라고 했다.[44] 그러면서 자기가 보기에 근세 학자들의 병통은 지경(持敬)공부가 부족하고, 왕왕 전혀 용모(容貌)와 사기(辭氣) 상에 공부를 더하지 않는다고 비판했다. 그러면서 주희는 정자(程子)가 경(敬)을 말하면서 반드시 정제(整齊)와 엄숙(嚴肅), 의관(衣冠)을 바르게 하고 시야를 멀리 보는 것으로 우선시했고, 다리를 벌리고 앉으면서 마음이 태만하지 않는 경우는 없다 라는 말을 제시했다.[45] 그런가 하면 주희는 극기복례에서 예(禮)라고 말하고 이(理)라고 이르지 않은 까닭은 예라고 하는 것은 실(實)한 것이고 준칙(準則)이 있고 착실(着實)한 곳이 있지만, 다만 이라고 말해버리면 도리어 공(空)으로 흘러가버리기 때문이라고 했다. 그러면서 이 예는 천리의 절문으로 사람을 가르침에 준칙이 있는 것이라고 했다.[46]

조목은 이러한 주희의 설을 적극적으로 받아들여 극기복례의 예는 주희가 오로지 용모와 사기의 위에 공부를 해야 한다고 한 것이므로 굳이 이(理)자에 국한하여 이해할 필요가 없다고 보았다. 조목은 극기복례의 예자를 다만 이자로 해석을 해야 한다고 주장한다면 공리(空理)를 말하고 실사(實事)를 빠뜨리는 것이 되니, 반드시 천리의 절문을 아울러 말한 뒤에 실사를 말하여 이(理)에 근본하게 하는 것이 또한 이른바 정미롭고 진밀한 가르침이라고 보았다. 극기복례의 예에 대한 이해에서 조목이 보인

44 『朱文公文集』 권43, 書, 答林擇之. "先聖說克己復禮, 尋常講說, 於禮字每不快意, 必訓作理字然後已, 今乃知其精微縝密, 非常情所及耳."

45 『朱文公文集』 권43, 書, 答林擇之.

46 『朱子語類』 권제41, 論語 23, 顔淵篇 上, 顔淵問仁章. "所以喚做禮而不謂之理者, 莫是禮便是實了, 有準則有著實處, 曰只說理, 卻空去了, 這箇禮是那天理節文, 教人有準則處."

실사 중시의 견해는, 예(禮)라 말하고 이(理)라고 말하지 않는 것은 이는 허(虛)하고 예는 실(實)하기 때문이라는 보광(輔廣)과 호병문(胡炳文)의 설을 수용하고 있는 것으로 여겨진다.[47]

이황은 극기복례의 예에 대해 의리(義理)로 말해 보더라도 이른바 용모(容貌)와 사기(辭氣)란 예(禮)의 절문(節文)이 두드러지게 나타난 것을 말함인데, 절문이 두드러지게 나타난 것은 성명(性命)의 이(理)가 아님이 없고, 유행발현(流行發顯)이 아님이 없고, 체(體)가 없는 사물이 아님이 없고, 어느 때고 일어나는 것이 아님이 없는 것이라고 했다. 따라서 성리(性理)로 말할 것 같으면 정미(精微)함이요, 절문(節文)으로 말할 것 같으면 진밀(縝密)함이라고 했다. 이황은 주희가 극기복례의 예(禮)를 반드시 이(理)자로 새겨야 한다는 설을 단순하게 겉만 보고, 천리(天理)라거나 절문(節文) 등의 말에 생각이 미치지 못한다면 마침내 단순히 이(理)자만을 거론하게 되어 예(禮)자를 잘못 해석하게 될 것이라고 우려했다.[48] 이러한 이황의

---

47 『四書通』論語通 권6, 顔淵 제12. "胡氏曰天理卽全德也. 不曰理而曰禮者, 理虛而禮實, 以其有可以依據也."; 『論語集註大全』권12, 顔淵 제12. "慶源輔氏曰天理卽全德也. 節者, 其限制等級也, 文者, 其儀章脉理也. 不曰理而曰禮者, 理虛而禮實, 以其有品節文章, 可以依據也."

48 『退溪先生의 편지<師門手簡>』40, 復芙蓉主人書. "滉豈不知先生此一段說話, 專爲容貌辭氣上加工而發? 所以必用前日之說, 而不敢從盛意者, 亦以其語勢與義理幷先生平日訓釋諸書之例, 而知其必不然也. 蓋以語勢觀之, 尋常講說, 正爲其不得精切的當之訓, 故每不快意. 至訓作理字, 然後始精切的當無餘蘊而快於意, 故乃已. 所謂理字之訓, 卽指今集註天理之節文六字而言耳, 旣有精切之訓, 然後所謂精微縝密者可見, 故今乃知云云. 所謂今乃者, 正指其訓作理字快意之後而言也. 不然若如公說尋常訓說, 旣不快意, 訓作理字, 又不快意兩語, 皆說不得禮字意恰好處, 緣何來歷, 遽能知其精微縝密如此耶? 此語勢之不然者然也. 若以義理言之, 所謂容貌詞氣, 以禮之節文顯著者言之. 然節文顯著, 何莫非性命之理, 流行發見, 無物不體, 無時不然? 卽公所謂一視一聽, 以至一坐一立, 無不以禮者是也. 故以性理言則精微, 以節文言則縝密, 表裏精粗, 兼擧無遺故云, 非常情所及耳. 若如公說, 以訓作理字爲虛爲不快, 而只見得容貌詞氣不可不謹爲重處, 則是只說得表與粗一邊了, 其偏枯不仁甚矣. 何有於精微縝密非常情所及耶? 此又義理之不然者然也. 且先生門人述先生訓釋諸書處云, 一字未安, 一詞未備, 必沉潛反覆, 或達朝不寐, 或累日不

극기복례의 예에 대한 해석은 조목이 극기복례의 예자를 실사(實事)의 측면에서 이해하고 있는 것과는 달리, 의리와 성명의 이(理)를 강조하고 체용(體用)에서 체(體)를 더 강조하는 견해로 이해된다.

한편 1565년 조목은 이황에게 편지를 보내 왕백(王柏)의 「인심도심정일집중도(人心道心精一執中圖)」에 대해 잘못된 곳이 많다고 생각하여 별도로 질의를 하였는데 이황은 이해 6월 23일에 조목에게 편지를 보내 왕백의 「인심도심도(人心道心圖)」를 개정하였다.[49] 그런데 여기에서 이황은 인심과 인욕의 관계에 대해서 조목의 질문에 대해 설명하였다. 이황은 인심에 대해, 인심을 사욕이라 한 것은 정이의 문하에서 다만 이같이 보았고 주희도 초년에는 또한 이를 따랐으니 『주자대전』의 편지 중 「답하숙경(答何叔京)」 등에서 살필 수 있다고 했다. 인심이 사욕이 아니라고 한 것은 곧 주희 만년의 정론인데 『심경부주』에서는 전후 학설을 다 취했다고 했다.[50] 이황은 귀·눈·코·입 등에서 생긴 마음이 바른 이치를 잃지 않는다면 곧 모두가 천칙(天則)이라고 했다. 그러므로 인심을 인욕이라고 말할 수 없다는 것이다.[51] 사실 조목은 만년에 이르기까지 인욕(人欲)의

倦, 必求至當而後已. 今如公說, 尋常旣不快意, 訓作理字, 又不快意. 然且苟然而遂已, 則其視門人所述之例, 合乎? 不合乎? 愚恐先生之必不然也. 今徒見先生只說訓作理字, 而不及天與節文等字, 遂以爲單提理字誤釋禮字. 公誠以爲先生釋禮字曰禮, 理也乎? 雖曰向來未定之說, 必不如是之踈鹵無情理也. 況所引論語, 本小註先生說, 喚做禮而不謂之理一段, 乃指孔子告顔淵時, 所以不言理而言禮之意, 如是云爾, 非論訓釋禮字之義, 今引以爲證, 尤未敢聞命也."(이하 師門手簡 원문은 鄭錫胎 仁兄이 제공해 주었다.).

49 『月川文集』 권4, 辨疑, 心經稟質; 鄭錫胎 編著, 『退溪先生年表月日條錄』 3(退溪學研究院, 2005), 387-388쪽. 이하의 조목과 이황의 『심경』에 관한 내용 서술은 권오영, 「『심경』강론과 그 사상사적 의미」(『조선 성리학의 의미와 양상』, 일지사, 2011), 169-172쪽 참조.

50 『退溪文集』 권23, 書, 答趙士敬 乙丑. "人心爲人欲, 程門只作如此看, 朱子初間亦從之, 其說見於大全書, 答何叔京等書者, 可考. 其以爲非私欲, 乃晩年定論, 附註, 兼取前後說故耳."

51 『退溪先生의 편지<師門手簡>』 61, 士敬奉復. "生於耳目口鼻等之心, 不失正理, 則皆天

철저한 제거를 주장하였다. 그는 천하의 물(物)이 어찌 욕(慾)이 없겠는가마는 비록 욕이 있더라도 능히 제제하여 욕을 적게 하는 것이 좋은 것이고 적게 하고 또 적게 하여 욕이 없는데 이르는 것이 더욱 귀하다고 하였다.[52]

또한 조목은 『심경부주』에 실린 정복심(程復心)의 「심학도(心學圖)」에 대해서 이황에게 질의를 하였다. 조목은 정복심의 「심학도」에서 구방심(求放心) 한 구절을 놓은 것이 어긋나는 것 같다고 했다. 그는 구방심이 학문을 하는 처음 단계라고 생각을 했다. 그리고 양심(養心)도 공부하는 처음이라 생각하여 정복심의 그림에서 양심을 심사(心思)의 뒤에 배치한 것이 잘못되었다고 했다.[53] 이황은 조목에게 '양심'은 학문을 하는 시종(始終)과 본말(本末)을 통해 말하는 것이라고 했다. 그리고 구방심이란 것도 진실로 처음 학문하는 일이 될 것 같지만 만약 지극한 데까지 미루어서 상세히 논한다면 크게 그렇지 않음이 있다고 했다. 그러면서 이황은 맹자가 "학문의 도(道)는 다름이 없다. 방심을 구하는데 있을 뿐이다"라고 했지, "학문의 처음은 다름이 없다. 방심을 구하는데 있을 뿐이다"라고 말하지 않았다는 것이다.[54]

則也. 故人心不可謂之人欲."

52 『月川文集』年譜, 壬寅 7月. "泛舟東江. 有詩一絶云. 莫把尋常作話頭, 要將一語警頹流. 丈夫落落心中事, 寧學波間出沒鷗? 先生曰人見白鷗而好之者, 豈不以毛羽皎潔? 然其出沒, 不過得魚充腹耳. 天下之物, 豈有無慾者耶? 雖有之, 能制而寡慾爲貴."

53 『退溪先生의 편지<師門手簡>』63, 趙生員 案下 士敬奉復. "且公以養心, 爲用工之初, 而林隱圖繼養心於心思之後. 深斥其非, 此亦鄙見所未喩也."

54 『退溪先生의 편지<師門手簡>』63, 趙生員 案下 士敬奉復. "孟子曰養其大體爲大人, 大體之謂心也. 吾未知此所謂養者, 只養於用工之初, 可恃以爲平生地乎? 抑通乎爲學始終本末而言也."; "求放心, 固若爲始學之事, 若推其極而細論之, 有大不然者."; "孟子當曰學問之始, 必求放心, 可矣. 今以學問之道無他六字, 包括而言之, 是固程子之意也. 然則求放心所置之處, 亦不必疑而欲移動之也."

이황은 1565년 9월 1일에 조목에게 『심경부주』를 교정하면서 오자(誤字)나 연문(衍文)으로 생각되는 것을 곧바로 붓으로 지워버리거나 수정하는 태도를 경계했다.[55] 이황은 글자가 오자라고 생각할 경우에는 "아마"나 "혹시"에 해당하는 글자인 "공(恐)"이란 글자 밑에 고치고 싶은 글자를 쓰라고 했다. 그러나 조목은 스승으로부터 가르침을 받고 새로운 지식을 얻었거나 자신이 궁구하여 오자나 연문을 찾아냈거나 문장의 깊은 뜻을 터득하면 스스로 기뻐하는 마음을 금할 수 없었다. 그는 후일 다음과 같은 시를 지어 자신의 자득(自得)한 심정을 스승 이황에게 표현하였다.[56]

강 북쪽 산 남쪽에 계신 큰 스승을 뵈오니	水北山南謁大師
한 방에 모인 여러 벗들 모든 의심 다 풀렸네	羣朋一室析千疑
십리 먼 강마을 길을 돌아오면서 보니	歸來十里江村路
숲으로 자러 가는 새 다만 저절로 알구나	宿鳥趨林只自知

이황은 1566년 5월 21일에 『심경부주』의 교열을 모두 마치고 조목에게 편지를 보냈다. 그는 조목이 이 시에서 자랑하고 뽐내며 스스로 기뻐하는 모습이 드러나고, 겸허하고 낮추어 물리며 온후한 뜻은 적으니 이같이 하기를 그치지 않는다면 끝내 덕에 나아가고 학업을 닦는 일에 방해가 될까 두렵다고 하였다. 특히 이황은 "귀래십리강촌로(歸來十里江村路), 숙조추림지자지(宿鳥趨林只自知)"는 시인의 취미로 논한다면 몹시 득

55 鄭錫胎 編著, 『退溪先生年表月日條錄』 3, 退溪學硏究院, 2005, 408-409쪽.
56 『月川文集』 권1, 詩. 乙丑冬謁先生于退溪金彦純明一士純誠一禹景善性傳輩在焉辨質心經大學章句或有未契.

의(得意)한 것이라 말할 수 있지만, 학문의 견지에서 본다면 너무 조급하게 헤아리고 있기 때문에 병이 바로 이곳에 있다고 비판하였다. 그러면서 이황은 시를 지어 조목을 경계하였다.[57]

학문이 쇠미한 지금 사람들에게 어찌 스승이 있으랴	學絶今人豈有師
허심으로 이치를 살피면 거의 의심이 밝혀지리	虛心看理庶明疑
숲으로 날아가는 새에게 바람 편에 붙이노니	因風寄謝趨林鳥
저절로 알 때를 기다려야지 억지로 알려 하지 말게나	只自知時莫强知

이황은 1566년 7월 11일 조목이 『심경부주』를 교열한 다음 의문이 나는 사항을 물어오자 이 문제에 대해 답장을 보내었다.[58] 이러한 조목 등과의 『심경부주』에 대한 토론과정에서 이황은 1566년 「심경후론」을 지어 심학과 『심경』에 대한 자신의 견해를 피력하였다. 이황은 「심경후론」에서 주희와 육구연의 두 학설의 차이를 정리하였다. 주희는 유학(儒學)이고 육구연은 선학(禪學)이며, 주희는 정당(正當)하고 육구연은 부정(不正)하며, 주희는 공평(公平)하고 육구연은 사적(私的)이라는 것이다. 공자는 "문(文)으로 박학(博學)을 하고 예(禮)로써 요약하라"고 하였고, 자사(子思)는 "덕성(德性)을 높이고 문학(問學)을 말미암으라"고 하였고, 맹자(孟子)는 "널리 배우고 자세히 말함은 장차 이를 돌이켜 요약함을 말하려 해서이다"라고 하였으니, 박문(博文)과 약례(約禮) 두 가지가 서로 필요한 것은 수레의 두 바퀴나 새의 두 날개와 같아서 하나가 없이는 굴러가고 날아

57 『退溪續集』 권2, 詩, 次韻趙士敬.
58 鄭錫胎 編著, 『退溪先生年表月日條錄』 3(退溪學硏究院, 2005) 532쪽.

갈 수가 없으니, 이것은 실로 주희의 설이라고 했다. 주희는 일평생을 두고 이 두 가지에 종사하여 조금이라도 한쪽에 치우치는 일이 있으면 곧 깊이 반성하고 통렬하게 고쳤다는 것이다.[59]

조목은 스승 이황이 편찬한 『주자서절요(朱子書節要)』를 직접 강의를 들었을 뿐만 아니라 반복하여 침잠하고 몸소 익히어 힘써 실천하는 바탕으로 삼았다. 그는 『주자서절요』를 통해 주자학과 퇴계학의 핵심 가르침인 "박(博)과 약(約)"이 새의 두 날개이고 수레의 두 바퀴라는 가르침을 받았다. 그는 이황이 주자학의 핵심은 박약(博約)이라고 한 가르침을 그대로 받아들였다.

또한 조목은 일찍이 학자들에게 말하기를 "『주자서절요』는 백가(百家) 문자의 정화(精華)를 모아서 만세 도학(道學)의 모범이 되었다. 그 말이 명백하고 절실하고 확실하며 문장의 구절구절이 서로 짝이 되고 마땅하니 이 책은 우리 유가(儒家)의 종신사업으로 실로 성인(聖人)을 배우고 도(道)를 구하는 사다리이다"라고 했다.[60] 그는 평생 주희를 존경하여 주희가 강조한 존덕성(尊德性)과 도문학(道問學)이 수레의 두 바퀴와 같고 새의 두 날개와 같다고 생각하여 하나도 폐할 수 없는 것이라고 했다. 또 그는 명(明)과 성(誠)을 둘 다 힘쓰고 경(敬)과 의(義)를 함께 실천하여 치우치거나 의지하거나 모자라는 폐단이 없는 것을 주자학의 핵심으로 분명하게 이해했다.[61]

59 『退溪文集』 권41, 雜著, 心經後論.
60 『月川文集』 附錄, 月川先生言行草記.
61 『月川文集』 附錄, 月川先生言行草記.

4. 맺음말

조목은 15세부터 스승 이황을 30여 년간 모셨고 이황의 사후에도 스승의 언행과 사업을 정리하는 일에 심력을 다 바쳤다. 그는 스승 이황을 평생 모시면서 스승의 언행을 보고 따라서 행했고 또 기록하여 자신의 언행의 표준으로 삼았다.

조목은 강 위에 날고 있는 백구(白鷗)를 바라보면서 망기(忘機)의 경지를 생각해 보기도 했다. 그러나 그는 백구가 강위를 날면서 그 마음은 물고기를 잡으려는 기심(機心)이 있음을 간파하였다. 세상 사람들은 백구의 깨끗한 겉모습을 보면서 백구를 찬미하지만, 조목은 백구의 마음속에 내재해 있는 욕망을 투시해보았다. 그래서 그는 양심(養心)이 중요하다고 보았고 양심은 과욕(寡欲)의 단계를 거쳐 무욕(無欲)의 경지를 지향해야 한다고 했다.

조목은 경학(經學)과 심학(心學)에 대한 이해에서 스승 이황으로부터 인정을 받았다. 그는 경서의 글자나 구절을 철저하게 분석하여 그 경서의 진의를 탐구하였다. 그의 경학에 대한 깊은 이해는 이황이 경서를 석의(釋義)하는데 크게 도움을 주었다.

조목은 이황이 편찬한 『주자서절요(朱子書節要)』에 대한 깊은 탐구를 통해 이황의 이학(理學)의 천명에도 크게 기여를 하였다. 조목은 주자학은 지(知)와 행(行), 박학(博學)과 약례(約禮)가 새의 두 날개요 수레의 두 바퀴와 같다는 사실을 분명히 인식했다. 이러한 조목의 평생 학문은 심학의 해명에 있었다고 할 수 있다. 그는 양심과 구방심(求放心)을 학문에서 가장 우선해야 할 첫 번째 단계라고 생각했다. 그는 마음을 잡는다는

"조(操)" 한 글자를 가장 중시했고, 양심을 통해 욕(欲)을 점점 줄여나가 궁극적으로는 무욕의 경지에 나아가야 한다고 생각했다. 그의 심학 탐구는 이황에게 『심경부주(心經附註)』의 저자인 정민정(程敏政)의 자료를 제공하여 『심경부주』의 의미를 새롭게 부여하게 했다. 조목의 자료의 도움으로 이황은 「심경후론(心經後論)」을 지어 『심경부주』를 조선 이학의 시대를 여는 새로운 경전의 하나로 제시할 수 있었다.

조목은 스승 이황과 『심경부주』의 내용에 대해 많은 토론을 했다. 이황과 조목은 "극기복례(克己復禮)"의 예(禮)자에 대해 주희가 "천리(天理)의 절문(節文)"과 "반드시 이(理)자로 새겨야 한다"고 한 것에 대해 학문적 논의를 주고받았다. 조목은 주희가 지경(持敬)공부에서 용모(容貌)와 사기(辭氣) 위에서 공부를 더해야 한다는 설을 받아들이고, 예자를 "반드시 이(理)자로 새겨야 한다"는 또다른 주희의 설은 공허(空虛)에 빠질 우려가 있다고 보았다. 반면 이황은 주희가 예를 이자로 새긴 것에 대해 의리(義理)와 성리(性理)의 관점에서 해석하였다. 그는 극기복례의 예를 이(理)로 해석한 것은 천리의 절문으로 이해해야 하며, 성리로 말하면 뜻이 정미(精微)하고 절문으로 말하면 진밀(縝密)하다고 하여 극기복례의 예를 이학적(理學的)으로 해석을 했다. 반면 조목은 극기복례의 예를 천리의 절문으로 이해하면서도, 예에 있어서 우선 시(視)·청(聽)·언(言)·동(動)의 용모(容貌)와 사기(辭氣) 위에서 공부하는 것이 중요하다고 보았던 것이다. 그는 극기복례의 예를 공허한 이(理)로 이해할 가능성을 배제하고 실사(實事)의 측면에서 이해해야 한다고 보았다.

4

장현광(張顯光)의 구도(求道)의 공간과 도통의식(道統意識)

1. 머리말

고려 말 조선 초 이색·정몽주·정도전·권근 등에 의해 이학(理學)이 제창되면서 조선 왕조는 16세기 이황과 이이 등에 의해 조선 이학의 체계와 내용이 형성되었다. 그 이학은 17세기 인조반정 이후 주자학의 경향을 선명하게 띠면서 더욱 심화되어 나갔다. 물론 16세기 중반 이후 17세기 중반까지의 근 백년간 학계의 학풍이 이학만이 있었던 것은 아니었고 윤휴·박세당 등 이학에 반기를 든 학자도 더러 있었다.

장현광은 경상도 인동(仁同)에서 1554(명종 9)에 태어나, 1637년(인조 15) 영천 입암(立巖)에서 84세로 작고하였다. 그가 태어난 인동 고을은 여말선초 길재(吉再)의 청풍과 절의에 더하여 조선 전기에는 김종직(金宗直)과 정붕(鄭鵬)·박영(朴英)의 학문적 전통을 지닌 영남 사림의 본거지였다.

장현광은 평생을 학문과 교육에 종사한 학자였고, 역학(易學)에 특히 조예가 깊었고 많은 저서를 남겼다. 유성룡(柳成龍)은 임진왜란 중에 장현광을 만나 그의 행동을 익숙히 보고는 사랑하여 말하기를, "이 사람은 마음이 안정되고 혼후(渾厚)하여 그를 대하면 사람으로 하여금 심취(心醉)하게 한다. 후일 세상의 유명한 학자가 되어서 우리 유학의 맹주(盟主)가 될 이는 반드시 이 사람이다"라고 하고는, 마침내 막내아들 유진(柳袗)에게 명하여 가르침을 받게 하였다.[1]

17세기 이후 영남의 학풍은 이황과 조식의 문파(門派)가 자못 다른 양상을 보이고 있었다. 이황의 문인으로는 조목 · 김성일 · 유성룡 · 구봉령 등이 가장 저명하였다. 한편 조식의 고제(高弟)로는 정인홍 · 김우옹 · 정구가 이름을 떨쳤다. 그런데 김우옹과 정구는 이황을 스승으로 모셨기 때문에 정인홍과는 조금 다른 성향을 보이고 있었다. 이황의 제자인 유성룡과 정구의 학문적 격려를 받으면서 장현광과 정경세는 17세기에 영남의 학풍을 크게 진작시켜 나갔다.[2]

장현광이 살았던 시기는 왜란과 호란의 격동기이면서, 정치적 사상적으로도 불확실한 혼돈의 시대였다. 장현광은 평생 학자로서 자신이 처한 어려운 현실을 도학의 탐구와 강학에 종사하였다. 그의 도학 탐구는 그에 앞서 이황과 이이 등에 의해 이루어진 이학을 새롭게 자신이 처한 시대 속에서 해석하고 적용하는 것이었다. 이 글에서는 먼저 장현광의 구도의 삶과 그 구도의 공간을 간략하게 살펴보고, 이어 그의 도통의식에

1 『旅軒續集』 권9, 附錄, 就正錄[門人趙任道]. 이 글에서 인용한 『旅軒文集』,『旅軒續集』은 『국역 여헌집』 I-IV(장현광 저, 성백효 역, 민족문화추진회, 1996-1999)을 주로 활용하였다.
2 『燃藜室記述』 別集 권14, 文藝典故, 學問.

대해 검토해 보고자 한다.

2. 청덕(淸德)의 삶과 구도(求道)의 공간

1) 청덕의 삶

장현광은 1603년(선조 36)에 의성현령으로 부임하여 아주 짧은 기간이었지만 선정(善政)을 폈다. 그의 선정은 후일 두고두고 인구(人口)에 오르내렸다. 그는 부임한 뒤 매달 초하루와 보름이면 문묘(文廟)에 배알하였다. 그는 닭이 세 번째 울면 이미 향교에 나아갔다. 제생(諸生)들은 행단(杏壇) 아래에서 공경히 장현광을 맞이하였다.

장현광은 문묘에 배알을 마친 다음 명륜당(明倫堂)에 앉아서 제생들과 상읍례(相揖禮)를 행하고 나서 훈장(訓長)과 제생들은 차례로 앞줄에 앉히고 아이들은 또 그 다음 줄에 앉힌 다음에 이들과 경전(經傳)의 뜻을 열심히 강론하였다. 장현광은 제생 중에 깨닫지 못하는 자가 있으면 반복하여 가르쳐 주었으며 질문하는 자가 있으면 즉시 대답하였는데, 말소리가 크고 통창(通暢)하여 온 좌중이 경청하였다고 한다.

장현광은 이같이 목민관으로 정사(政事)를 펼 때에 윤리를 밝히고 풍속을 아름답게 만드는 것을 힘썼으며, 제생들을 대하면 효제(孝悌)를 독실히 행하고 충신(忠信)을 주장할 것을 가르쳤고, 부로(父老)들을 만나면 농사와 누에치기를 힘쓰고 부역을 부지런히 할 것을 권하였다. 그런데 불행히 의성향교의 문묘가 불타는 사건이 발생하였다. 그래서 장현광은 부임한 지 5개월 만에 갑자기 벼슬을 버리고 돌아가 버렸다. 의성의 선비와 백성들이 길을 막았으나 장현광의 떠나가는 행차를 만류할 수 없었다. 이에 장현광의 청덕(淸德)을 영세(永世)토록 잊지 않기 위해 재임 시절의 은혜를 생각하고 눈물을 흘리며 송덕비(頌德碑)를 세워 그 청백(淸白)한 덕(德)을 칭송하였다.

가장 맑은 것은 얼음이요	莫淸者冰
가장 깨끗한 것은 옥이라네	莫潔者玉
아! 우리 사또께서는	嗚呼我侯
얼음처럼 맑고 옥같이 깨끗하셨도다	冰淸玉潔[3]

이 짧은 글을 누가 지었는지는 자세하지 않지만 "얼음처럼 맑고 옥같이 깨끗하셨도다"는 말보다 장현광의 인품과 청덕을 더 잘 표현할 수는 없었을 것이다.

이런 장현광의 청덕의 기상은 장현광의 제자인 이언영(李彦英)의 글에서도 확인할 수 있다. 이언영은 스승 장현광에 대해, "선생의 도덕과 문장은 마치 하늘이 만물을 덮어주고 넓은 바다가 품고 있는 것과 같아서 진실로 형용할 수가 없다. 그러나 담소(談笑)를 즐기고 백성들을 친하게 대한 것은 소옹(邵雍)과 비슷하며, 앉은 자리에 봄바람이 이는 듯 한 것은 정호(程顥)에 거의 가깝다"라고 하였다. 장현광은 간고한 삶에 지친 백성을 격의 없이 늘 따뜻하게 보살펴 주었고, 대인관계에 있어 따뜻한 봄바람이 일어나는 혼후(渾厚)한 덕기(德器)를 갖춘 학자였다.

3 『旅軒續集』 권9, 附錄, 拜門錄[門人申悅道].

장현광의 문인 이주(李紬)는 "봄에 따뜻한 바람이 불어서 온갖 물건이 다 자라남은 선생의 기상(氣像)의 온화함이요, 깊은 바다처럼 모두를 포함하여 가득하고 줄어듦을 볼 수 없음은 선생의 도량(度量)의 웅장함이었다. 한 줄기의 도맥(道脈)을 찾아 천고(千古)의 경지를 밟음은 도(道)에 나아감이요, 총명한 지혜를 운용(運用)하여 귀신의 묘리를 탐구함은 이치를 밝힌 것이었다. 여러 현자(賢者)들을 절충하여 진실로 대성(大成)하였으나 또 있으면서도 있는 체하지 아니하여 겸손하고 또 겸손하였다. 그러므로 사람들 중에 장현광을 아는 자가 드물었다"라고 기리었다.[4]

장현광은 9세 때부터 자형인 노수함(盧守諴)의 문하에서 공부하였다.[5] 노수함은 박영(朴英)의 문인으로 선산 지역의 학맥을 이은 학자였다. 그리고 장현광은 14세에 11촌숙인 장순(張峋)의 문하에서 공부하였다.[6] 장현광은 15세 때부터 작고하는 날에 이르기까지 하루도 학문 아닌 것이 없었고 한 가지 일도 공부 아닌 것이 없었다. 그는 한 줄기의 도맥을 찾고 천고(千古)의 경지를 더듬으며 물건을 관찰하는 안목을 통달하고 조화의 근원을 연구하였다.[7]

장현광은 1591년 겨울 어머니의 상중에 전옥서참봉(典獄署參奉)에 임명되었으나 나가지 않았고, 다음해 임진왜란이 일어나자 금오산(金烏山)으로 피난하였다. 1597년 여러 차례 그를 조정에 추천했던 유성룡을 만났는데, 그의 학식에 감복한 유성룡은 아들 유진을 그 문하에 보내어 배우게 하였다. 1601년 경서교정청낭청(經書校正廳郎廳)에 임명되었고 여러 번

4 『旅軒續集』 권10, 附錄, 景遠錄[門人李紬].
5 『旅軒全書』 상, 旅軒年譜 권1, 壬戌.
6 『旅軒全書』 상, 旅軒年譜 권1, 丁卯.
7 『旅軒續集』 권9, 附錄, 記聞錄[門人張慶遇].

부름을 받았으나 나가지 않았다. 이듬해 거창현감·경서언해교정낭청(經書諺解校正郎廳)에 임명되었으나 나가지 않다가 그해 11월 공조좌랑으로 부임해 『주역』 교정에 참가했다.

장현광은 1603년 용담현령에 임명되었으나 나가지 않았고, 곧 의성현령에 임명되어 부임했으나 몇 달만에 돌아갔다.

장현광은 벼슬길에 나아갔으나 이욕을 다투는 권력의 살벌한 현장을 목격하면서 크게 실망하였다. 그는 광해군 정권에 참여한 과격파 정치세력의 전횡에 마음이 몹시 괴로웠다. 그는 당시 조정의 기강이 무너지고 세도의 변괴는 이루 다 말할 수 없다고 생각하였다. 그는 1617년(광해 9) 겨울 선영(先塋)에 성묘하기 위하여 성주(星州)에 갈 적에 길가의 친구 집에서 유숙하였는데, 자신의 심경을 짧은 절구(絶句)로 읊었다.

길고 긴 밤 괴로운 마음 끝이 없는데	長夜苦漫漫
천지엔 어이하여 새벽이 더디 밝아오는가	天地何遲曉
쥐떼들이 침상 가를 시끄럽게 맴도니	群鼠亂牀邊
투숙한 이 나그네 잠이 오지 않는 구려	宿客夢自少[8]

장현광은 광해조를 당하여 다시는 벼슬길에 뜻이 없었다. 1623년 인조반정 후 김장생(金長生)·박지계(朴知誡)와 함께 여러 번 왕의 극진한 부름을 받았고, 사헌부지평 등에 여러 번 임명되었으나 사양하고 나가지 않았다. 인조는 호란의 여파를 수습하고 나서 맨 먼저 초야에 있는 어진 사

8 『旅軒續集』 권10, 附錄, 景遠錄[門人李紬].

람을 찾되, 장현광을 지평(持平)으로 불렀다. 그러나 장현광은 나이가 많다고 사양을 하였다. 이에 인조는 장현광을 성균 사업(司業)에 임명했다. 조선 전기에는 사업이란 관직이 없었으니 특별히 장현광을 위해 설치한 것이었다.[9]

장현광은 일생 동안 자신을 감추고 숨기어 사람들이 그 끝을 엿볼 수 없었으며, 또 스승으로 자처하지 아니하여 문하에 출입하는 사람을 손님처럼 대하였다. 그리하여 무릇 저술한 것을 사람들이 엿볼 수가 없었으며, 외인(外人)이 의심나는 예(禮)를 질문하여도 가타부타 하는 일이 드물었는데, 말년에야 비로소 답을 하였다고 한다.

허목(許穆)은 장현광에 대해 그 학문은 넓고 덕은 혼후하며, 가까이는 마음 씀과 인륜의 법도, 멀리는 만사 만물의 당연한 이치로부터 미루어 나가 상천(上天)의 무성(無聲)과 무취(無臭)의 극(極)에 이르기까지 연구하지 않은 것이 없었다고 기렸다. 허목은 실제 장현광의 학문에서 그런 내용을 간파했던 것이다. 허목의 장현광에 대한 이러한 찬사는 장현광이 곧 무극(無極)의 진(眞)을 터득하였다는 것을 표현한 것이다. 허목은 장현광이 학문과 혼후(渾厚)한 학덕이 쌓여 깊고 넓고 컸으나, 간직하고 숨기는 것을 귀하게 여겼다. 허목은 장현광의 「신도비명」에서 다음과 같이 말하였다.

넓고 통달한 학문과	博達之學
남을 이롭게 하는 어진 마음	利物之仁

---

9 『青莊館全書』 권49, 耳目口心書 2.

깊고 두터운 덕이네	深厚之德
그윽이 통하고	邃而通
화하며 돈독하고	和而敦
근엄하며 조심성이 있도다	儼而翼[10]

이익(李瀷)은 유자(儒者)가 조정에 나아가 벼슬하는 자체만으로도 세상에 도움이 되는 것이라고 하면서 장현광과 정경세 두 학자를 들었다.

"유자(儒者)가 세도(世道)에 도움을 주는 것이 크다. 광해조 말엽에 강홍립(姜弘立)이 사로잡혀 돌아오지는 못하였으나, 비밀 서보(書報)는 잇달았다. 뒤에 정사훈(靖社勳)이 있었는데, 한명련(韓明璉)이 역당(逆黨)으로 몰려 죽음을 당하게 되자, 그의 아들 윤(潤)이 후금으로 도망쳐 들어가서 '강씨 일족이 다 죽었다'라고 하였다. 이래서 정묘호란이 있었는데, 홍립의 뜻은 집과 나라를 위해서 말했던 것이다. 홍립이 경내에 들어와서 모든 강씨들이 탈없음을 알고 또 여헌·우복 등 제현(諸賢)들의 출처(出處)에 대해 물으니 '다 평일처럼 조정에 벼슬한다'라고 하므로, 홍립은 '이 몇 사람은 단연코 불선(不善)한 일을 할 사람이 아니니 민정(民情)을 대개 알 수 있다'라고 하고는, 전쟁을 그만두고 근신하여 조정에 돌아왔다. 가령, 당시에 이런 일이 없이 단번에 후금의 군대가 깊이 몰아왔더라면 생령(生靈)의 화액이 어떠하였겠는가. 높은 산과 큰 내는 운용(運用)하여 은택을 베풂을 보지는 못

---

10 『記言別集』 권16, 丘墓文, 旅軒張先生神道碑銘.

하나 만물이 그에 힘입어 자라나니, 이는 여헌·우복 두 선생을 두고 하는 말이다."[11]

2) 강학(講學)과 구도(求道)의 공간

(1) 부지암정사(不知巖精舍)

장현광의 강학과 구도의 공간은 부지암정사(不知巖精舍)와 입암정사(立巖精舍)이다. 부지암이란 바위는 현재 동락서원(東洛書院) 인근의 낙동강가에 있고, 부지암정사는 동락서원의 오른쪽 위 지척에 자리잡고 있다. 장현광은 부지암 가까이에 부지암정사를 짓고 그 기문을 써서 '부지(不知)'에 대해 설명하였다.

장현광은 자신에게 있어서 알지 못하는 것이 두 가지가 있는데, 마땅히 알지 말아야 할 것을 알지 못하는 것은 알지 못하는 것 중에 좋은 것이요, 마땅히 알아야 할 것을 알지 못하는 것은 알지 못하는 것 중에 나쁜 것이라고 하였다. 여기서 마땅히 알지 말아야 할 것은 기이한 재주를 부리고 지나치게 공교로운 일과 사사로움을 경영하고 이익을 도모하는

11 『星湖僿說』 권8, 人事門, 儒者補世. "儒者之補益世道也, 大矣. 光海之末, 姜弘立被執不還, 而蠟書之報相續, 後有靖社之動. 及韓明璉黨逆被誅, 其子潤, 逃入謂姜族已赤. 於是, 有丁卯之亂. 弘立之意, 盖以家國爲言也. 旣入境, 知諸姜無恙, 又問旅軒愚伏諸賢出處, 曰皆仕於朝, 一似平日, 弘立謂此數人, 斷非爲不善者, 民情大可見, 乃罷兵, 束身還朝. 假使當時, 無此一着, 而鐵騎長驅, 生靈之阨, 爲如何哉? 高山大川, 不見運用施澤, 而萬物資以生息, 此二先生之謂矣."(번역문은 한국고전번역원, 김동주·이동환·이정섭 공역, 1978).

방법으로 무릇 세상에 잡되고 자질구레한 일들이 이것에 해당한다고 하였다. 반면에 마땅히 알아야 할 것은 천지(天地), 인물(人物)의 성(性)과 삼강(三綱), 오상(五常)의 도(道)라고 하였다.

장현광은 남에게 있어서 알지 못하는 것 역시 두 가지가 있으니, 내가 알아줌을 받을 만한 실재가 없어 사람들이 알지 못하는 것은 알지 못하는 것이 남이 아니요 알아줌을 받을 만함이 없는 것이 나이니, 남이 알지 못한다 해서 괴이하게 여길 것이 없다는 것이다. 그런데 내가 이미 알아줌을 받을 만한 실재가 있는데도 사람들이 마침내 알지 못한다면 알지 못하는 것이 남에게 있다는 것이다. 그는 내 스스로 간직하고 있는 실재는 남이 알지 못한다 해서 상실되는 것이 아니니, 사람들이 알지 못함이 자신에게 무슨 상관이 있겠는가라고 하였다.

장현광은 우리들은 남에게 있는 두 가지의 알지 못함에 있어 한결같이 자신에게 있는 것을 스스로 힘쓸 뿐이니, 이와 같이 한다면 알지 못함을 가지고 학문에 나아가고 세상에 대처하는 도로 삼는 것이 가(可)할 것이라고 하였다. 그는 만약 알지 못한다고 자처하면 항상 의리를 무궁하게 여기게 되는데, 그리하여 앎이 이미 넓더라도 스스로 넓게 여기지 않고 더욱 넓히려고 노력하며, 앎이 이미 높더라도 스스로 높게 여기지 않고 더욱 높이려고 노력할 것이라고 하였다.

장현광은 자신에게 있어서는 마땅히 알지 말아야 할 것을 알려고 하지 아니하여 알지 못함을 한하지 말고, 반드시 알아야 할 것을 알려고 하여 알지 못하면 그만두지 않아야 한다고 하였다. 장현광은 학문에 나아가는 방도는, 안다고 자처하는 자는 알지 못하는 데로 돌아가고, 알지 못한다고 자처하는 자는 아는 데로 돌아가는 것이라고 하였다. 왜냐하면 안다고 자처하면 하나를 알면 하나를 아는 것을 만족하게 여겨 다시는 둘 이상의 분수(分數)를 알려고 하지 않고, 둘을 알면 둘을 아는 것을 만족하게 여겨 다시는 셋 이상의 분수를 알려고 하지 않게 되기 때문이라는 것이다. 그렇지만 만약 알지 못한다고 자처하면 항상 의리를 무궁하게 여기게 된다는 것이다. 그리하여 앎이 이미 넓더라도 스스로 넓게 여기지 않고 더욱 넓히려고 노력하며, 앎이 이미 높더라도 스스로 높게 여기지 않고 더욱 높이려고 노력하게 되는 것이다. 그래서 장현광은 자신의 '부지'를 아는 것이 중요하다고 하였다. 자신의 '부지'를 정확히 알아야 더 높고 깊은 앎의 경지로 들어갈 수 있기 때문이라고 하였다.

장현광은 '사람들이 나를 알아주지 않음'에 대해서도 언급하였다. 장현광은 항상 자신에게 있는 실재를 돌이켜보아 도가 과연 내 몸에 극진하지 못하고 덕이 과연 내 마음에 지극하지 못하면 마땅히 생각하기를, "사람들이 나를 알아주지 않음은 나의 도와 나의 덕이 극진하지 못하고 지극하지 못함이 있기 때문이다"라고 여겨, 없는 것을 있게 하려고 노력하고 작은 것을 크게 하려고 노력하며, 낮은 것을 높게 하려고 노력하고 얕은 것을 깊게 하려고 노력해야 한다고 하였다.

(2) 입암(立巖)과 입암정사(立巖精舍)

장현광은 만년에 영천의 입암에 들어가 생활하였다. 입암은 임진왜란 전까지만 해도 땅이 척박하여 곡식을 경작하는 데 적합하지 않아 대부분 황폐한 채로 버려져 있던 곳이었다. 임진왜란 이후 영천의 선비 정사상(鄭四象)·정사진(鄭四震) 형제와 권극립(權克立)·손우남(孫宇男)은 장현광을 입암으로 모셔와 후일 장현광의 장수(藏修)하는 곳이 되었다.

장현광은 입암의 아름다운 경승에 대해 하늘에 떠 있는 28수(宿)에 의거하여 스물여덟 곳에 이름을 붙였다. 그리고 그가 '참으로 인의(仁義)의 사람'라고 생각한 박인로(朴仁老)에게 입암의 경승을 시조로 지어 노래하게 하였다.

장현광은 저 입암이 아침저녁으로 마주 대할 때에 우뚝 솟아 있어 오랜 세월을 지나도 항상 그대로이고 세찬 물결도 어지럽히지 못하고 미친 바람도 흔들지 못하며 장마 비도 썩히지 못하고 뜨거운 불도 녹이지 못하는 모습으로 서 있는 것을 보고 각자 분발하고 진작하여 함께 자신의 뜻을 세울 곳으로 삼을 것을 생각해야 하고 힘써야 할 것이라고 하였다.

장현광은 입암에 대해 "우러러볼수록 더욱 높고 뚫을수록 더욱 견고하니, 우뚝하게 서 있는 것이 더욱 강건하여라"라고 기리었다. 또한 "치우치지 않음은 바로 중도이며, 간사하지 않음은 떳떳한 덕이라오"라고 하였다. 이 입암 바위 아래에는 냇물이 있고 냇물 남쪽에는 또 봉우리가 있으며 봉우리 위에는 또 고개가 있다. 장현광은 입암이 있는 마을의 지형이 이미 높으면서도 오목하게 파여서 냇물을 따라 가는 자들은 이곳에 마을이 있는 줄을 알지 못하니, 참으로 은자(隱者)가 살 만한 곳이라고 하면서, 입암 마을의 스물여덟 곳 중에서 특히 계구대(戒懼臺)를 가장 중심에 위치지으면서 크게 부각시켰다.

장현광은 네 친구들에게 다음과 같이 말하였다.

> "나는 내가 '계구(戒懼)'라고 대(臺)의 이름을 지은 뜻을 다 말할 것이니, 제군(諸君)들은 유념해 주겠는가. 한번 이 땅을 가지고 말하면 무릇 바윗돌이 이 바위보다 큰 것을 또 어찌 이루 다 셀 수 있겠는가. 그러나 우리들이 반드시 이 바위를 취한 것은 이 바위가 우뚝 서 있

기 때문이니, 모든 물건이 반드시 선 바가 있은 뒤에 딴 물건에게 동요되지 않고 빼앗김을 당하지 않는다. 백 길이 되는 돌기둥은 서 있는 것이 확고하기 때문에 황하(黃河)의 파도가 부딪혀도 만고(萬古)에 흔들리지 않고, 천 길이 되는 큰 나무는 심겨진 뿌리가 견고하기 때문에 폭풍이 사납게 진동하여도 수백 년 동안 뽑히지 않는다. 이제 이 입암 역시 천지와 더불어 함께 시작되었는데 이미 만고의 전(前)에 기울지 않았으니, 또 어찌 만고의 뒤에 흔들리겠는가. 더구나 높고 크고 바르고 곧음이 또 딴 바위에 비할 수 없지 않은가. 우리 인간은 천지의 사이에 서서 어찌 선 바가 없이 사람이 될 수 있겠는가. 마음에 덕을 간직하여 본연(本然)의 정해진 성(性)을 간직하고, 몸에 도를 행하여 마땅히 행할 바른 이치가 있으니, 인의예지(仁義禮智)는 덕(德)의 조목이고, 효제충신(孝悌忠信)은 도(道)의 조목이다. 이 덕에 마음을 두어 변치 않고 이 도를 몸으로 행하여 옮기지 않은 뒤에야 서는 것이 마땅히 설 곳에 서게 된다. …… 지금 우리들이 입암의 위에 나아가 놀고 쉬니, 각자 스스로 설 것을 생각하여 시종 우리 바위를 저버리지 않는다면 매우 다행일 것이다. 그러나 그 세우는 요점은 또한 대 이름의 '계구'에 지나지 않으니, 대 위의 계구는 몇 길의 벼랑 위에 높이 임해 있는 못 때문이다. …… 계구라는 것은 공경함을 이르니, 반드시 정(靜)할 때에도 공경하고 동(動)할 때에도 공경하고 말할 때에도 공경하고 행할 때에도 공경하여야 한다. 이렇게 한 뒤에야 나의 서 있는 바가 나의 인의예지의 덕이 되고 효제충신의 도가 될 것이니, 어디를 간들 나의 선 바를 잃겠는가. 이렇게 한 뒤에야 나의 선 바가 또한 천지에 참여될 수 있는 것이다."[12]

장현광은 입암에 계구대가 있지 않다면 진실로 입암의 빼어난 기이함을 빛내어 스물여덟 곳의 아름다운 경치를 꾸미지 못했을 것이며, 또 스물여덟 곳의 아름다운 경치를 드러내어 입암의 빼어난 기이함을 돕지 못했을 것이니, 이는 입암이 있으면 계구대가 없을 수 없는 이유라고 하였다. 그는 계구대가 있는 것이 마치 북극성(北極星)이 28수(宿)의 높이는 바가 되고 28수가 빙둘러서 향하지 않으면 북극성이 또한 홀로 높음이 될 수 없으며, 28수는 비록 각자의 자리가 있으나 한 북극성의 높음이 있지 않으면 또한 빙둘러서 향할 곳이 없는 것과 같다고 하였다.

그런데 장현광은 '계구(戒懼)'를 도(道)를 구하는 과정의 핵심으로 보았던 것 같다. 남이 보지 않는 장소와 남이 듣지 못하는 곳에서도 항상 경계하고 두려워하는 마음을 지녀야 신독(愼獨)의 실행이 이루어지는 것이다. 장현광은 '계구'라는 것은 공경함을 이르니, 반드시 정(靜)할 때에도 공경하고 동(動)할 때에도 공경하고 말할 때에도 공경하고 행할 때에도 공경해야 하는 것이라고 하였다. 이렇게 한 뒤에야 자신이 서 있는 바가 자신의 인의예지(仁義禮智)의 덕이 되고 효제충신(孝悌忠信)의 도가 될 것

12 『旅軒文集』 권9, 記, 立巖記. "余願畢吾名臺戒懼之義, 諸君其肯留念否? 試以此地言之, 凡巖石之大於此巖者, 又何勝數焉? 然而吾儕, 必以此巖爲取者, 以其能立也. 凡物必有所立, 然後不爲他物所撓奪也. 百仞之砥柱, 其立也確. 故以黃河之奔放, 而萬古不能撓, 千尋之勁樹, 其植也堅. 故以疾風之暴振, 而百載不能拔. 今此立巖, 亦與天地俱始焉, 而旣不傾於萬古之前, 則又何撓於萬古之後乎? 況其高大正直, 又非他巖之可比者耶? 吾人也立於天地之間, 亦豈可無所立而能爲人哉? 德於心, 有本然之定性, 道於身, 有當行之正理, 仁義禮智, 德之目也, 孝悌忠信, 道之目也. 心乎此德而不易, 身乎此道而不移, 然後所立者, 惟其當立. …… 今吾儕就立巖之上而遊息焉, 各思所以自立者, 終始不相負於吾巖則幸矣. 然其立之之要, 亦不過乎臺名之戒懼, 夫臺上之戒懼者, 以其危臨數丈之塹也. …… 戒懼者, 敬之謂也, 必也靜而此敬, 動而此敬, 言而此敬, 行而此敬, 然後吾之所立者, 卽吾仁義禮智之德, 孝悌忠信之道, 其何往而失吾之所立哉? 然後吾之立也, 亦可以參乎天地矣." (번역문은 한국고전번역원 사이트 고전번역서 여헌집 참조).

이라고 하였다.

1607년 영천에 사는 장현광의 네 친구들은 입암으로 장현광을 초청하였다. 그리고 입암 가까이에 하나의 모재(茅齋)를 설치하여 '입암정사(立巖精舍)'라고 이름을 붙이고 머물면서 휴식하는 장소로 삼았다. 장현광은 벗들을 위하여 다음과 같이 칭하였다.

> "작은 서재가 이미 이루어졌으니, 우리들이 이곳에 거처하면서 마땅히 무엇을 닦아야 하고 무슨 일을 하여야 하겠는가. 세속을 버려 인간의 일을 끊고 인륜을 버리며 공허(空虛)한 것을 말하고 현묘(玄妙)한 이치를 찾으며 숨은 것을 찾고 괴이한 짓을 행하여, 연하(煙霞)를 고향으로 삼고 바위와 골짝에 거하며 사슴과 멧돼지와 짝하고 도깨비와 벗삼는 자들이 혹 이러한 곳에서 은둔하고 감추니, 이 또한 좌도(左道)라서 유자(儒者)의 사모하는 바가 아니다. 오직 한 가지 일이 있으니, 세상의 분화(紛華)함을 등지고 말로(末路)의 부귀영화에 치달림을 천하게 여겨, 책을 읽고 이치를 궁구하는 것이 우리의 급선무임을 알고 몸을 닦고 성(性)을 기르는 것이 우리의 본업(本業)임을 아는 자들이 여기에 머물며 학문을 닦는다면 바름을 길러 성인(聖人)이 되는 공부가 산 아래의 물에 형상할 수 있고, 옛 성인들의 훌륭한 말씀과 행실을 많이 쌓는 것이 산 가운데의 하늘에 법받을 수 있을 것이다. …… 저 입암(立巖)은 아침저녁으로 마주 대할 때에 우뚝 솟아 있어 천만고(千萬古)를 지나도 항상 그대로이다. 그리하여 세찬 물결도 어지럽히지 못하고 미친 바람도 흔들지 못하며 장마비도 썩히지 못하고 뜨거운 불도 녹이지 못하니, 이는 『주역(周易)』의 이른바 "서는 바에 방위를 바꾸지 않고 홀로 서서 두려워하지 않는다[立不易

方 獨立不懼]"는 것이며, 『논어(論語)』에 이른바 "더욱 높고 더욱 견고하여 드높이 서 있다[彌高彌堅 卓爾所立]"는 것이며, 『중용(中庸)』에 이른바 "화하면서도 흐르지 아니하여 중립하고 기울지 않는다[和而不流 中立不倚]"는 것이며, 『맹자(孟子)』에 이른바 "지극히 크고 지극히 강하여 빈천이 뜻을 옮기지 못하고 부귀가 마음을 방탕하게 하지 못하고 위엄과 무력이 굽히지 못한다[至大至剛 貧賤不能移 富貴不能淫 威武不能屈]"는 것을 여기에서 인식할 것이니, 각자 분발하고 진작하여 함께 자신을 세울 곳으로 삼을 것을 생각함이 마땅히 어떠하겠는가. 이는 여러 친구들이 힘써야 할 것이다."[13]

장현광은 이 입암정사에서 세상의 분화(紛華)함을 등지고 부귀영화에 치달림을 천하게 여겨, 책을 읽고 이치를 궁구하는 것이 급선무임을 알고 몸을 닦고 성(性)을 기르는 것이 본업(本業)임을 아는 이들이 이곳에 머물며 학문을 닦는다면 바름을 길러 성인(聖人)이 되는 공부가 산 아래의 물에 형상할 수 있고, 옛 성인들의 훌륭한 말씀과 행실을 많이 쌓는 것이 산 가운데의 하늘에 법 받을 수 있을 것이라고 하였다. 장현광이 도를 구

13 『旅軒文集』 권9, 記, 立巖精舍記. "小齋既成矣. 第吾儕居于此, 當何修而宜哉, 何事則可乎? 世之置亭或堂于勝區者, 其所爲蓋不一矣. 嗜酒色者, 爲荒樂之所, 癖射藝者, 事呼吸之爭, 喜博奕者, 作梟盧之場, 皆不足道也. 吾儕則無是矣. 至於遺世逃俗, 絶事棄倫, 談空覈玄, 索隱行怪, 鄕煙霞宅巖壑伴鹿豕友魑魅者, 或爲之遁藏焉, 亦左道也, 非儒者之所慕矣. 唯有一事焉, 背世上之紛華, 賤末路之奔馳, 知讀書窮理之爲吾急務, 識修身養性之爲吾本業者, 於此焉藏以修之, 則養正作聖之功, 可象於山下之泉, 前言往行之畜, 可法於山中之天. …… 况彼立巖, 屹然于朝夕之對, 歷千萬古而自若, 驚波不能汩, 狂風不能撓, 積雨不能腐, 炎火不能爍, 則易之所謂立不易方, 獨立不懼, 魯論所謂彌高彌堅, 卓爾所立, 中庸所謂和而不流, 中立不倚, 鄒書所謂至大至剛, 貧賤不能移, 富貴不能淫, 威武不能屈者, 於此乎認取, 各自振勵, 共思有以爲自家樹立之地者, 當如何也? 此則諸友之當勉者已."(번역문은 한국고전번역원 사이트 고전번역서 여헌집 참조).

하고 강학을 했던 공간이 바로 입암정사였다. 그는 입암정사에서의 생활을 다음과 같이 읊었다.

정사(精舍)

몇몇 배우는 이와 함께 머물며	同棲二三子
밤낮으로 절차탁마한다오	晝夜相切磨
상자에 경전을 구비해 놓으니	龕儲備經傳
서로 강마하기 편리하며	且便相講劘
해 저물면 몇 잔 술 마시고	日晡數酌罷
함께 남쪽 누대에 올라가 시 읊노라	携上南臺哦
골짝은 때로 정취가 다르나	洞天時異趣
입암은 항상 변치 않네	立巖恒不頗[14]

입암정사를 짓기 전인 1606년 입암정사 근처에는 만활당(萬活堂)이 건립되었다. 장현광은 "내 이제 궁벽하게 산재(山齋)에 거처하여 이 몸이 비록 흙덩이와 같은 한 물건에 불과하나 그 마음은 진실하여 이치가 통하지 않음이 없고 사물이 포괄되지 않음이 없다. 그러므로 당(堂)의 이름을 '만활(萬活)'이라 하여 스스로 살피는 자리로 삼는 바이다"라고 하였다. 그는 만일 이 도가 천지에 있는 것이 이와 같음을 안다면 내 몸에 있는 것도 또한 이와 같을 것이니, 밖에 있는 사물의 활발한 이치를 인식하여 자신에게 있는 활발한 이치를 알고, 자신에게 있는 활발한 이치를 몸소 행

14 『旅軒文集』 권1, 詩, 精舍.

하여 밖에 있는 사물의 이치를 징험하여 정(靜)할 때에 동(動)의 이치를 간직하고, 동할 때에 정(靜)의 용(用)을 행하여, 정하더라도 허무에 빠지지 않고 동하더라도 정욕에 흐르지 않게 하여야 한다고 하였다. 이렇게 한다면 거의 편벽되지 않고 기울지 않으며 과(過)하지 않고 불급(不及)하지 않아, 위로 올라갈 수 있고 아래로 내려올 수 있으며, 행할 수 있고 그칠 수 있어, 중용(中庸)의 도가 여기에 있게 될 것이라고 하였다.

그렇다면 장현광에게 있어 도(道)의 체(體)와 도의 조리(條理)와 도의 공용(功用)은 무엇인가. 장현광은 우리 인간에게 있어 성(性)에 오상(五常)이 있으니 인(仁)・의(義)・예(禮)・지(智)・신(信)이고, 이것이 발하여 칠정(七情)이 되니 희(喜)・노(怒)・애(哀)・낙(樂)・애(愛)・오(惡)・욕(欲)이고, 인륜에는 오품(五品)이 있으니 부자간의 친함과 군신간의 의와 부부간의 분별과 장유간의 차례와 붕우간의 믿음이며, 세상에는 네 가지 사업이 있으니 집안에 있어서는 집이 가지런해지고 나라에 있어서는 나라가 다스려지고 천하에 있어서는 천하가 고르게 되고 우주에 있어서는 옛 성인을 잇고 오는 후학들을 열어주는 것이라고 하였다. 장현광은 오상은 이 도의 체(體)이니 하늘에서 나온 것이고, 칠정(七情)은 이 도의 용(用)이니 마음에 달려 있는 것이고, 오륜(五倫)은 이 도의 조리이니 친소(親疎)를 두루 다하는 것이고, 네 가지 사업은 이 도의 공용이니 법이 가까운 곳과 먼 곳에 미치는 것이므로, 우리 인간의 도는 여기에서 벗어남이 없다는 것이다.

3. 도학(道學)의 종지(宗旨)와 명목(名目)

장현광은 성(性), 도(道), 덕(德), 심(心), 학(學)의 종지에 대해서 아주 간명하게 설명하였다.

> 성(性)은 선(善)하다. 하늘에서 받은 것을 성이라 하고 인(仁)·의(義)·예(禮)·지(智)의 순수함을 선이라 한다.
>
> 도(道)는 중(中)이다. 성(性)을 따르는 것을 도라 하고 일의 이치와 사물의 법칙에 알맞음을 중이라 한다.
>
> 덕(德)은 경(敬)이다. 도를 응집하는 것을 덕이라 하고 표리(表裏)가 한결같이 바름을 경이라 한다.
>
> 심(心)은 성(誠)이다. 몸을 주관하는 것을 마음[心]이라 하고 뜻을 써서 이겨 극진하게 함을 성이라 한다.
>
> 학(學)은 사(思)이다. 마음을 다스림을 학문이라 하고 미루어 지극히 하여 궁극에 도달함을 생각이라 한다.[15]

장현광은 인간의 분수에 있어 성(性)과 도(道), 덕(德), 심(心), 학(學)을 유가(儒家) 종지(宗旨)가 될 수 있는 것으로 말하였다. 성의 실제는 바로 선(善)이요, 도의 실제는 바로 중(中)이요, 덕의 실제는 바로 경(敬)이요, 마음의 실제는 바로 성(誠)이요, 학문의 실제는 바로 생각함이니, 그 실제를 알면

15 『旅軒續集』 권5, 雜著, 晩學要會, 五言宗旨. "性惟善, 受天之謂性, 純仁義禮智之謂善. 道惟中, 率性之謂道, 準事理物則之謂中. 德惟敬, 凝道之謂德, 表裏一於正之謂敬. 心惟誠, 主身之謂心, 用意克盡之謂誠. 學惟思, 治心之謂學, 推窮到之謂思."(번역문은 한국고전번역원 사이트 고전번역서 여헌집 참조).

요점이 그 가운데에 있다는 것이다.

장현광은 인·의·예·지의 순수함을 선(善)이라 하고, 일의 이치와 사물의 법칙에 알맞음을 중(中)이라 하고, 표리(表裏)가 한결같이 바름을 경(敬)이라 하고, 뜻을 극진히 함을 성(誠)이라 하고, 미루어 지극히 하여 궁극한 경지에 도달함을 사(思)라 하니, 이는 곧 다섯 가지의 지의(旨義)라고 하였다. 그러므로 오직 성(性)만이 선의 지의에 해당하고 오직 선만이 성의 명목(名目)을 다할 수 있으며, 오직 도(道)만이 중(中)의 지의에 해당하고 오직 중만이 도의 명목을 다할 수 있으며, 오직 덕(德)만이 경(敬)의 지의에 해당하고 오직 경만이 덕의 명목을 다할 수 있으며, 오직 마음만이 성(誠)의 지의에 해당하고 오직 성만이 마음의 명목을 다할 수 있으며, 오직 학문만이 사(思)의 지의에 해당하고 오직 사(思)만이 학문의 명목을 다할 수 있다는 것이다. 장현광은 만약 선(善)을 버려두고 성(性)을 말하며 중(中)을 버려두고 도를 말하며 경(敬)을 버려두고 덕을 말하며 성(誠)을 버려두고 마음을 말하며 사(思)를 버려두고 학문을 말한다면 자기는 그 실제를 알고 요점을 안다고 보지 못하겠다고 하였다.

우선 장현광은 성(性)에 대해 설명하였다. 그는 성(性)은 이(理)라고 하는 정이(程頤)의 명제를 지지하면서, 이(理)는 곧 태극(太極)의 이치로 하늘이 얻어 하늘의 성이 되고 땅이 얻어 땅의 성이 되었으니, 하늘과 땅의 가운데에 태어난 자 또한 모두 이 이치를 성으로 간직하였다고 보았다. 그는 성은 하나로, 다만 맹자가 말한 선한 것이 있을 뿐이라고 하였다. 그는 송나라 때 정호(程顥)와 장재(張載)에 이르러 비로소 기질지성(氣質之性)이라는 말이 있게 되어, 이는 본연지성(本然之性)과 다를 듯하여 두 가지의 성(性)이 있는가 하고 의심하게 하지만, 이것은 체(體)가 원래 두 가지 성이 나란히 서 있음을 말한 것이 아니요, 다만 체(體)와 용(用), 경(經)

과 위(緯)를 분별하는 데 있어 서로 다름이 있음을 발견하고는 마침내 그 체가 되고 경이 되는 것을 가리켜 본연지성이라 하고, 그 용이 되고 위가 되는 것을 가리켜 기질지성이라 한 것이라고 하였다. 다시 말해 기질지성은 본래 본연지성 가운데에 있으나 천지에 유행하는 용에서 받은 것은 반드시 모두 똑같지 않은 단서가 있으므로 또한 이름하여 성이라 하였으나 그 성은 참다운 본성이 아니라고 하였다. 그렇다면 기질지성은 다만 한 물건, 한 때의 성이 될 뿐이요, 천지 만물에 공공(公共)하여 항상 있는 본성은 아니라는 것이다.

장현광은 이(理)는 본래 하나인데 쓰임이 되는 것은 반드시 기(氣)로써 이뤄지기 때문에 이 이는 기를 용(用)으로 삼지 않을 수 없다. 그렇다면 기는 이에서 나오는 것이니, 별도로 이 밖의 근원이 있는 것이 아니라고 하였다. 그는 다만 기가 되어 쓰임을 지극히 하는 즈음에 변화하고 작용하는 기틀이 없을 수 없으므로, 유행하는 사이에 반드시 정(精)하고 거칠고 후(厚)하고 박(薄)함이 똑같지 않으며, 모이고 흩어지고 성하고 쇠함이 일정하기가 어렵다는 것이다. 그리하여 여러 물건이 만나는 바에 청(淸)과 탁(濁), 수(粹)와 박(駁), 강(剛)과 유(柔), 선(善)과 악(惡)의 만 가지 다름이 있다고 하였다.

장현광은 이 때문에 장재는 "기질지성을 군자(君子)는 성(性)으로 여기지 않는다"라고 하였으니, 그렇다면 성으로 여기지 않는 성을 끝내 성이라 이를 수 있겠는가라고 하였다. 반드시 기질지성이라고 말하여 성을 기질에 칭하는 까닭은 사람들이 기질로 받은 것을 원래부터 간직하고 있는 본성이라고 여겨 성악설(性惡說)과 선・악이 뒤섞여 있다는 등의 말을 가지고 본연의 순수한 본성을 어지럽힐까 염려해서라고 하였다. 장현광은 기질지성이라고 말한 까닭은 바로 이 본연지성을 드러내어 맹자의 성선(性善)의 뜻을 발명함이 있는 것이니, 성이 과연 두 가지 성이 있어 불선(不善)함이 있겠는가라고 하였다. 장현광은 이 때문에 사람은 다만 본연지성이 있을 뿐이라고 말하면서, 맹자가 말한 성선이라고 하였다.

다음으로 장현광은 도(道)에 대해 설명하였다. 그는 이른바 도라는 것은 곧 사람이 마땅히 행해야 할 이치인데, 도의 근본은 성도(性道)의 기틀에 감춰져 있고 정도(情道)의 발함에 달려 있고 귀와 눈, 입과 코, 손과 발의 기능에 말미암으며, 도의 쓰임은 널리 집안과 나라와 천하에 두루하고 멀리 천지와 고금에까지 미친다고 하였다. 장현광은 성(性)은 곧 인(仁)·의(義)·예(禮)·지(智)·신(信)의 오상(五常)이요, 정(情)은 곧 희(喜)·노(怒)·애(哀)·낙(樂)·애(愛)·오(惡)·욕(欲)의 칠정(七情)이라고 했다. 그는 오상은 사람이 똑같이 간직한 성이요, 정 또한 사람이 똑같이 간직한 정이며, 귀와 눈, 입과 코, 손과 발은 사람이 똑같이 간직한 몸이요 때와 처지, 일과 물건은 사람이 똑같이 당하는 것이며, 집안과 나라와 천하는 사람이 똑같이 거(居)하는 것이니, 그 행하는 도가 피차의 간격이 없고 고금의 차이가 없어서 한결같이 모두 대중 지정(大中至正)한 표준으로 돌아가야 한다고 하였다.

장현광은 이른바 중(中)이라는 것은 바로 사물의 당연한 법칙이요, 이른바 사물의 당연한 법칙이라는 것은 곧 그 평상(平常)한 이치라고 보았다. 그는 사람으로서 사람의 도를 행하여야 하는 것이 바로 평상한 이치로, 부자간에 친하고 군신간에 의롭고 부부간에 분별하고 장유간에 차례가 있고 붕우간에 신(信)을 지키는 것이 곧 당연한 법칙이라는 것이다.

장현광은 당연한 법칙과 평상한 이치는 각각 사물의 가운데에 있어 다른 데서 구할 것이 없으니, 그렇다면 알기가 어렵지 않고 행하기가 어렵지 않다는 것이다. 그런데도 사람들 중에 이 법칙과 이 이치를 따르는 자가 드문 까닭은 진실로 음양(陰陽)과 오행(五行)에서 받은 기질이 똑같지 않기 때문이며, 그 기틀은 칠정의 발함이 절도에 맞기도 하고 절도에 맞지 않기도 하기 때문이라고 하였다.

장현광은 칠정은 성(性)에 근본하여 말과 행실에 행해지는 것이니, 칠정이 절도에 맞으면 인·의·예·지·신의 오상이 그 떳떳함을 얻고 말과 행실이 그 바름을 얻어 대중 지정(大中至正)한 도가 이에 확립된다고 보았다. 그러나 칠정이 절도에 맞지 않으면 오상이 그 떳떳함을 잃고 언행이 그 바름을 잃어 대중 지정한 도가 이에 어두워진다고 하였다.

장현광은 도(道)는 언(言)·행(行)과 사업에서 벗어나지 않는데, 우리 인간의 사업은 언·행으로 말미암아 일어나지 않음이 없고 언·행은 칠정으로 말미암아 나오지 않음이 없으니, 그 기틀이 중요하다고 보았다. 그는 도는 곧 이(理)인데, 고유(固有)하다 하여 이라 이르고 떳떳이 행한다 하여 도(道)라 이르고 물건에 있다 하여 성(性)이라 이르고 일에 있다 하여 의(義)라 이르고 지극히 중정(中正)하고 지극히 마땅하고 지극히 선(善)하다 하여 태극(太極)이라 이른다고 하였다. 그 가리키는 바에 따라 명목을 달리하나 한 가지 명목을 들면 나머지는 모두 그 가운데에 들어 있으니, 이제 도라고 말하면 이른바 이(理)와 성(性)과 의(義)와 태극이란 것이 하나일 뿐이라고 하였다. 통합하여 말하면 천지와 만물의 이가 한 태극이 합한 것이요, 나누어 말하면 천지와 만물이 각기 한 태극을 갖추고 있는 것이라고 하였다.

장현광은 도(道)는 하나일 뿐이니, 천 갈래 만 갈래 길이 있는 것이 아니나 오직 중(中)을 얻은 자가 드물기 때문에 도를 어기는 자가 많다고 하였다. 그는 중은 별다른 것이 없고 하나의 십분 합당하고 좋은 것이면 바로 중이니, 지나쳐서 올라감도 중이 아니요 미치지 못하여 내려감도

중이 아니며, 앞으로 쏠리고 뒤로 쏠리며 오른쪽에 치우치고 왼쪽에 치우침도 모두 중이 아니라고 하였다. 그는 중이 아니면 당연한 법칙이 아니고 일정한 이치가 아니어서 행할 수 없으니, 행할 수 없는 것을 과연 도라고 할 수 있겠는가라고 하였다.

장현광은 요(堯)・순(舜)과 우(禹) 임금이 서로 전한 것이 이 중(中)일 뿐이니, 백왕(百王, 백대의 제왕)의 표준이라고 하였다. 그는 중의 이치가 이러하나 이치에 밝지 못하면 중을 알기 어렵고, 덕(德)에 나아가지 않으면 중을 잡기 어렵다. 그렇다면 중을 어떻게 알고 중을 어떻게 잡아야 하는가에 대해, 요・순의 유정(惟精)・유일(惟一)과 공자의 박문(博文)・약례(約禮)와 증자의 격물(格物)・치지(致知)・성의(誠意)・정심(正心)과 자사(子思)의 명선(明善)・성신(誠身)이 바로 그 방법이라고 하였다.

장현광은 덕(德)에 대해서도 새로운 해석을 하였다. 그는 우선 덕은 선(善)을 소유함을 이른다고 하였다. 그는 인・의・예・지・신의 오상(五常)을 하늘에서 받아 자신의 본성으로 삼으면 이것을 명덕(明德)이라 이르고, 이 성(性)을 밝혀 온전히 다하면 대덕(大德)이라 이르고 다하여 더할 수 없으면 지덕(至德)이라 이르며, 한 마디 말과 한 가지 행실의 선(善)에 이르러서도 이것을 덕이라 이른다고 하였다.

장현광은 덕에 들어간다는 것은 밖으로부터 들어가는 것이요 덕에 나아간다는 것은 아래로부터 올라가는 것이니, 들어가고 나아감이 모두 닦는 자의 일인데, 혹은 공부의 절목(節目)을 말하고 혹은 차례의 등급을 말한다고 하는데, 그 실제를 구명해 보면 경(敬)보다 중요한 것이 없으니, 경은 성인(聖人)을 만드는 기본으로 시작을 이루고 끝을 이루는 큰 방법이라고 하였다.

장현광은 경(敬)은 일체 마음과 몸을 수속(收束)하는 것이니, 마음과 몸이 과연 수속하는 가운데에 있으면 천 가지 사악함이 물러가 복종하고 만 가지 선(善)이 드러나게 된다고 하였다. 혹자는 말하기를 "경(敬)의 덕의 실제가 이와 같은데도 오상(五常)의 성(性)의 조목에 나열되어 있지 않음은 어째서인가. 이미 오상의 성에 나열되어 있지 않는다면 다만 사람이 스스로 행하는 것인가"라고 하였다. 이에 장현광은 다음과 같이 대답하였다.

"경(敬)은 비록 우리 인간이 스스로 행한 뒤에야 될 수 있는 것이나 실제는 이치에 원래부터 저절로 있는 것이다. 참되어 망녕됨이 없고 바루어 간사함이 없고 한결같아 이랬다저랬다 하지 않고 항상 있으면서 변하지 않는 것이 이 이치가 아니겠는가. 경은 스스로 이 이치를 보존하는 것일 뿐이요 별도로 딴 일이 있는 것이 아니다. 오성(五性)은 이치의 가운데에 나아가 그 맥락을 나눈 것이니, 정(情)의 사랑함을 통하여 이치가 인(仁)이 됨을 알고, 정의 마땅함을 통하여 이치가 의(義)가 됨을 알고, 정의 사양함을 통하여 이치가 예(禮)가 됨을 알고, 정의 분별함을 통하여 이치가 지(智)가 됨을 알고, 정의 진실함을 통하여 이치가 신(信)이 됨을 아는 것이다. 신(信)은 또한 별도로 맥락을 가지고 있지 아니하여 인·의·예·지 네 가지 성(性)에 붙어 있다. 그리고 경(敬) 또한 별도로 맥락이 되지는 않으나 오성이 덕이 되는 것은 실로 이 경으로 말미암아 득력(得力)하니, 그렇다면 신(信)에 가깝다 할 것이다. 다만 신(信)의 덕은 진실함일 뿐이요 경(敬)의 덕은 진실함에 그치지 아니하여 마침내 고명(高明)하고 엄정(嚴正)한 뜻이 있으니, 이 어찌 이치의 자연함이 아니겠는가."[16]

장현광은 심(心)에 대해서도 새로운 해석을 하였다. 그는 성(誠)을 매우 중시하였는데, 이 성이 간직되어 있는 곳이 마음이니, 만일 하나의 성실함이 아니면 일개 마음의 지각(知覺)을 가지고 우주 사이의 사업을 이룩할 수 없다고 하면서, 마음이 성실하지 못하면 다만 사람의 뱃속에 들어 있는 마음의 한 장부(臟腑)가 될 뿐이니, 나무토막이나 돌덩이와 무엇이 다르겠는가라고 하였다. 그는 이른바 성(誠)이란 진실함을 말하는 것일 뿐인데, 이(理)가 진실하기 때문에 도가 되고 도가 진실하기 때문에 덕이 되는데, 이 마음은 지각이 내 몸에 있어 이 이치를 주관하고 이 도를 내고 이 덕을 만드는 것이라고 하였다. 마음은 사람에게 있어 각자 한 몸의 마음이 되기 때문에 사람이 자기 마음을 성실하게 하면 도가 되고 덕이 되어 성실함이 되고, 사람이 자기 마음을 성실하게 하지 못하면 도를 하지 못하고 덕을 하지 못하여 성실하지 못함이 되니, 성실함과 성실하지 못함은 사람에게 달려 있을 뿐이라고 하였다.

장현광은 성실함을 세우는 요점은 모름지기 자기 마음을 속이지 않는 것으로부터 시작하여야 한다고 하였다. 그는 속이지 않는다는 것은 선(善)을 알면 반드시 행하고 악(惡)을 알면 반드시 제거함을 이른다는 것이다. 혹시라도 이것은 선이고 저것은 악인 줄을 알면서 선을 행하지 않고 악을 제거하지 않는다면 곧 자신을 속이는 것이라고 하였다. 이미 먼저 자

---

16 『旅軒續集』 권5, 雜著, 晩學要會. "敬雖是吾人自做, 然後得之其實, 則理之元自有者也. 夫眞而無忘, 正而無邪, 一而不二, 常而無變者, 非此理乎? 敬自是克持此理而已, 非別有他事也. 五性者, 就理之中而分其條脈, 以情之愛而知其理之爲仁, 以情之宜而知其理之爲義, 以情之讓, 知其理之爲禮, 以情之別, 知其理之爲智, 以情之實, 知其理之爲信, 信亦不自各其條脈, 而寄存於四性者也. 惟敬, 亦不自爲條脈, 而五性之所以爲德者, 實以此敬爲之力焉, 則其於信爲近焉. 但信之爲德, 則實而已. 敬之爲德, 則不止於實, 乃有高明嚴正之義焉, 其非理之自然者乎?"(번역문은 한국고전번역원 사이트 고전번역서 여헌집 참조).

신의 마음을 속이면 끝내는 반드시 남을 속이게 된다고 하였다.

그러면 학(學)에 대한 장현광의 생각은 어떠하였는가. 그는 학문은 이 마음을 거두어 다스려 이 도(道)를 강명(講明)하고 이 덕(德)을 진수(進修)하고 이 성(性)을 온전히 다하는 것이라고 하였다. 그는 생각함이 있은 뒤에야 앎이 있고, 앎이 있은 뒤에야 행함이 있을 수 있으니, 도덕과 사업의 기틀이 모두 생각함에 달려 있는 것이다. 그렇다면 생각을 배움의 요점으로 삼는 것이 그 진실을 얻은 것이라고 하였다.

장현광은 생각은 마음을 운용(運用)하고 이치를 미루어 나간다고 보았다. 무릇 우주 사이의 모든 사물은 이치 아닌 것이 없으니, 내 마음 또한 이치이다. 그런데 오직 사람만이 이 마음을 밝히고 이 마음을 운용할 수 있으니, 이 마음의 이치를 가지고 사물의 이치를 미루어 나간다면 어찌 내 마음이 간직하고 있는 떳떳한 성품에서 벗어나겠는가라고 하였다.

이같이 성(性), 도(道), 덕(德), 심(心), 학(學)의 종지에 대해서 간명하게 설명한 장현광은 이학의 여러 개념에 대해서도 간명하고 직절(直切)하게 설명하였다.

우선 장현광은 하늘과 땅과 사람과 물건이 얻어서 하늘과 땅과 사람과 물건이 된 것을 이(理)라 한다고 하면서 이(理)는 단지 이만 있는 것이 아니고 반드시 작위(作爲)하는 것이 있으니, 이것을 기(氣)라 하며, 기가 일어나 나누어 펴지고 모여 정하는 것을 질(質)이라 한다고 하였다. 그는 하늘에 있는 사덕(四德)의 원(元)이 사람에게 있으면 마음의 덕과 사랑하는 이치가 되니, 이것을 인(仁)이라 하는바 측은(惻隱)이 그 단서이며, 하늘에 있는 이(利)가 사람에게 있으면 마음의 제재와 마땅하게 하는 이치가 되니, 이것을 의(義)라 하는바 수오(羞惡)가 그 단서이며, 하늘에 있는 형(亨)이 사람에게 있으면 절문(節文)과 의칙(儀則)의 이치가 되니, 이것을 예(禮)

라 하는바 사양(辭讓)이 그 단서이며, 하늘에 있는 정(貞)이 사람에게 있으면 지각과 변별하는 이치가 되니, 이것을 지(智)라고 하는 것으로 시비(是非)가 그 단서이며, 원(元)·형(亨)·이(利)·정(貞)의 진실한 덕이 사람에게 있으면 인(仁)·의(義)·예(禮)·지(智)의 진실한 덕이 되니, 이것을 신(信)이라 하는바 사단(四端)이 반드시 그러한 것이 바로 모두 그 단서라고 보았다.

또한 장현광은 인의예지신(仁義禮智信) 다섯 가지의 성이 하늘로부터 부여(賦與)되었으므로 이것을 명(命)이라 하며, 하늘의 명을 부여받아 내 마음의 이치가 되었으므로 이것을 성(性)이라 하며, 사람에게 성은 고유(固有)하기 때문에 상(常)이라 하며, 이미 고유한 떳떳한 성이어서 마치 굳게 잡고 있는 것과 같으므로 병이(秉彝)라고 하였다.[17] 그리고 이 성명(性命)의 이(理)는 정정당당하여 옮기거나 바꿀 수가 없으므로 충(衷)이라 한다고 했다. 비단 사람에게 있어서만 성(性)이라 하는 것이 아니요, 물건도 모두 부여받은 바의 이치가 있으므로 이치가 물건에 있는 것을 모두 성이라 한다고 하였다.

장현광은 원(元)·형(亨)·이(利)·정(貞)이 하늘에 있는 것은 모두 지극히 선(善)하고 지극히 바르고 지극히 공정한 이치이므로 이것을 덕(德)이라 하며, 사람의 성이 되어서 인(仁)·의(義)·예(禮)·지(智)·신(信)이 된 것도 모두 지극히 선하고 지극히 바르고 지극히 공정하므로 또한 이것을 문(文)이라 한다. 내 마음에 얻은 이 성의 덕이 사물에 응하여 나온 뒤에 그 용(用)을 다하기 때문에 성(性)이 발하는 것을 정(情)이라 이르는바, 순

17 朱熹는 愛親敬兄과 忠君弟長을 秉彝라고 했다(『小學』 題辭).

경(順境)에 응하는 것은 희(喜) · 낙(樂) · 애(愛) · 욕(欲)이며, 역경(逆境)에 응하는 것은 노(怒) · 애(哀) · 오(惡)이니, 이 일곱 가지는 정(情)의 조목이라고 하였다.

장현광은 하늘이 하늘이 된 것은 이 이치 때문이고, 땅이 땅이 된 것도 이 이치 때문이며, 만물이 만물이 된 것도 이 이치 때문이다. 그러므로 사람이 마음을 보존할 때에 이 이치로써 하고 몸을 행할 때에 이 이치로써 하며 일에 응할 때에 이 이치로써 하고 물건을 접할 때에 이 이치로써 하며, 곤궁하여 홀로 선(善)하게 할 때에 이 이치로써 하고, 영달하여 함께 선하게 할 때에 이 이치로써 하며, 사는 것도 이 이치대로 하고 죽는 것도 이 이치대로 하여야 하니, 무릇 상하(上下)와 고금(古今)과 대소(大小)와 원근(遠近)이 모두가 이 이치이다. 그러므로 이것을 총괄하여 명칭하기를 도(道)라 하니 도는 떳떳이 행하고 함께 말미암는 것을 이른다고 하였다.

장현광은 도(道)가 있는 곳은 모두 반드시 순하고 상서로우므로 이 도를 행하여 스스로 마음에 얻음이 있는 것을 또한 덕(德)이라 한다. 하늘의 이치를 받아 마음의 성(性)이 되고 이 도를 행하여 마음에 얻은 것은 선(善)하지 않음이 없으므로 또한 모두 덕이라 칭하며, 도가 있는 자는 덕이 있고 덕이 있는 자는 반드시 도가 있으므로 아울러 칭하기를 도덕(道德)이라 한다고 하였다.

장현광은 도(道)에는 대도(大道) · 지도(至道) · 정도(正道)라는 것이 있다고 하였다. 그는 먼저 천지를 편안히 하는 것도 이 도이고 만물을 생육(生育)하는 것도 이 도이며 고금을 통하는 것도 이 도이고 만세를 꿰뚫는 것도 이 도이니, 이것을 대(大)라 이르는 것이 과연 마땅하지 않겠는가라고 하였다. 그리고 지선(至善)에 멈추어 다시 더할 수 없는 것이 지도(至道)이며, 몸에 근본하여 백성들에게 징험하고 삼왕(三王)에게 고증하여도 틀리지 않으며 천지에 세워도 어그러지지 않으며 귀신에게 질정하여도 의심이 없으며 백세 뒤의 성인(聖人)을 기다려도 의혹되지 않는 것이 정도(正道)라고 하였다.

장현광은 덕(德)에는 명덕(明德)·천덕(天德)·성덕(成德)·성덕(盛德)·대덕(大德)·준덕(峻德)·지덕(至德)이라는 것이 있다고 하였다. 먼저 명덕(明德)은 성(性)이 마음에 있어서 본래 스스로 허(虛)하고 영특한 것을 말하고, 천덕(天德)은 뜻이 성실하고 마음이 발라서 본연의 진실함이 한결같은 것을 가리킨다고 하였다. 그리고 성덕(成德)은 의(義)가 정하고 인(仁)이 익숙하여, 생각하기를 기다리지 않아도 밝고 잡아두기를 기다리지 않아도 보존되고 힘쓰기를 기다리지 않아도 보존되어, 출입하는 때가 없고 밖에 더하거나 덞이 없는 것을 말하며, 성덕(盛德)은 덕의 이루어짐이 빛나고 발양(發揚)되며 명성이 넘쳐서 작은 것이라도 그 혜택을 입지 않음이 없고 먼 곳이라도 그 교화가 이르지 않음이 없는 것을 가리킨다고 하였다. 대덕(大德)은 이미 이루어지고 성대(盛大)해져서 천지와 같은 것을 말하며, 준덕(峻德)은 또한 대덕을 일컫는 것인데 대(大)라고 말하지 않고 준(峻)이라고 말하면 지극히 찬양하고 우러러 말한 것이라고 하였다. 준(峻)이란 글자는 그 큼의 다함을 형상하는 것이므로 오직 요제(堯帝)만이 이에 해당하는 분이며, 지덕(至德)은 이미 성인(聖人)의 덕을 다하여 그 성취의 어려움이 또 한 등급 더한 것이니, 태백(泰伯)과 문왕(文王)과 같은 분이 아니면 소유할 수 없다고 하였다.

장현광은 배우는 것은 이 도를 배우는 것이므로 도학(道學)이라 이르고, 도는 이 본연의 당연한 이치이므로 이학(理學)이라 이르고, 도리의 학문은 마음에서 벗어나지 않으므로 심학(心學)이라 이르며, 이 이치를 밝히고 이 도를 체행함은 이 마음을 다스리는 학문이니, 학문이 이보다 더 바를 수가 없으므로 정학(正學)이라 이르며, 이른바 학문이란 학문을 하여 성인(聖人)에 이르는 것이므로 성학(聖學)이라 이른다고 하였다.

한편 장현광은 이학의 주요 개념인 경(敬)과 성(誠)에 대해서 새로운 해석을 하였다. 그는 경(敬)은 마음이 스스로 전일(專一)함을 지극히 하여 겉과 속이 간격이 없고 시(始)와 종(終)이 변치 않는 것을 뜻한다고 하였다. 공(恭)・건(虔)・각(恪)・지(祗)・흠(欽)・인(寅)이 모두 경(敬)의 뜻인데, 공(恭)의 뜻은 용모를 주장함이 많고 건(虔)의 뜻은 위엄을 주장함이 많고 각(恪)의 뜻은 일을 주장함이 많고 지(祗)의 뜻은 삼감을 주장함이 많고 인(寅)의 뜻은 두려워함을 주장함이 많고 흠(欽)의 뜻은 마음을 주장함이 많은바, 경은 이 여섯 자(字)의 뜻을 겸하여 포괄한다고 하였다. 그는 능히 공경하면 용모가 공손하지 않음이 없어서 위엄이 있고, 일마다 조심하지 않음이 없어서 신중하게 되어, 항상 마음이 곧고 한결같아 잠시도 어둡고 실추함이 없을 것이니, 흠(欽)하지 않고 인(寅)하지 않을 때가 없게 된다는 것이다. 장현광은 안을 곧게 하는 것을 경(敬)이라 하고 밖을 방정하게 하는 것을 의(義)라 이르니, 모두 자기 몸을 닦는 일이기 때문에 경의(敬義)라고 말한다고 하였다.

장현광은 성(誠)은 진실하여 흠결(欠缺)이 없고 간단(間斷)함이 없음을 이르니, 이(理)는 자연히 떳떳한 것이므로 진실로 성(誠)과 불성(不誠)으로 말할 수 없다는 것이다. 저 천지의 도는 이(理)에 한결같아 망령됨이 없고 종식됨이 없으니, 바로 이른바 '성(誠)'이란 것이다. 사람에게 있어서는 오직 성인(聖人)만이 하늘과 하나가 되어 성(誠)하니, 성하면 밝지 않음이 없으므로 성명(誠明)이라 이른다. 그 이하는 반드시 성실히 하는 공부가 있은 뒤에야 성에 이르는데, 성실히 하는 공부는 반드시 지혜가 밝음에 말

미암으므로 명성(明誠)이라 이른다고 하였다.[18]

4. 도통(道統)과 도통의식

1) 도통의 전승

장현광은 황(皇), 제(帝), 왕(王)에 대해 도통(道統)과 관련하여 설명을 하였다. 그는 황(皇)이라 하고 제(帝)라 하고 왕(王)이라 하는 것은 모두 하늘의 뜻을 이어 극을 세우는 칭호인데 이른바 '극(極)'이라는 것은 곧 이 도(道)의 대중지정(大中至正)한 표준이니, 오직 하늘을 대신하여 천하를 주관하는 자만이 마음에 얻고 몸소 실천하여 이 극을 세운 뒤에 억조(億兆)의 백성이 그를 표준으로 삼아 모두 극의 중(中)을 따르게 된다는 것이다. 그는 황(皇)은 역시 하늘이니, 그 도는 오직 성(性)에 보존되어서 혼연(混然)하여 드러나지 않고, 그 다스림은 자연에 맡겨서 심원(深遠)하여 무위(無爲)하며, 그 교화는 백성들이 자기 성(性)을 간직하여 덕이 됨을 알지 못하는 것이 이것이다. 제(帝)는 하늘과 똑같은 자이니, 그 도는 처음 정(情)에 행하여 공(恭)이 되고 양(讓)이 되며, 그 교화는 크게 변하고 이에 화하여 백성들이 모두 감동하고 떠받들기를 원하는 것이라고 하였다. 왕(王)은 하늘에 순응하는 자이니, 그 도는 사공(事功)에 나와서 정벌을 쓰고, 그 다스림은 법을 세우고 제도를 정하여 선을 권하고 악을 징계하며, 그 교화

18 『旅軒文集』 권6, 雜著, 學部名目會通旨訣.

는 인(仁)을 그리워하고 의(義)를 두려워하여 풍속이 바뀌는 것이 이것이다.

장현광은 사람들이 모두 하늘로부터 이(理)를 받아 태어났지만, 오직 이 도리(道理)를 다하는 자만이 도의 전통을 얻을 수 있다고 하였다. 그러므로 서로 전하는 도를 가리켜 도통(道統)이라 하는데, 복희(伏羲)・신농(神農)・황제(黃帝)・요(堯)・순(舜)・우(禹)・탕(湯)・문왕(文王)・무왕(武王)・주공(周公)・공자(孔子)가 전한 것이 이것이라고 하였다. 그렇다면 도통은 지위의 높고 낮음으로 따지는 것이 아니요, 오직 도를 다하는 자만이 도통을 전하는 것이라고 하였다.[19]

그런데 장현광은 도통에 관한 논설인 「도통설(道統說)」을 지었다.[20] 그는 도(道)는 우리 인간이 일상생활에 항상 행하는 도인데, 어찌하여 도라 이르는가라고 묻고, 이에 대해 우리 인간이 천지의 형체(形體)를 받고 천지의 덕(德)을 받고 천지의 가운데에 위치하여 이로써 사람이 되었다고 하면서, 이 형체가 없으면 이 덕을 실을 수 없고, 이 덕이 없으면 이 형체를 운용할 수 없고, 덕을 싣고 있는 형체와 형체를 운용하는 덕이 없으면 그 임무를 다할 수 없는 것이라고 하였다.

장현광은 형체가 덕을 싣고 있기 때문에 형체가 헛된 형체가 되지 않고, 덕이 형체를 운용하기 때문에 덕이 진실한 덕이 되며, 형체와 덕이 서로 걸맞기 때문에 곧 훌륭한 사람이 되는 것이라고 하였다. 이렇게 한 뒤에야 형체가 천지에서 받은 형체를 따르고 덕이 천지에서 받은 덕을 충만하고 지위가 천지 중간에 위치한 책임을 다하여, 그 도를 다하였다

19 『旅軒文集』 권6, 雜著, 學部名目會通旨訣.
20 『旅軒文集』 권7, 雜著, 道統說.

고 말할 수 있는 것이다.

장현광은 우주 안에 있는 허다한 사업이 모두 우리 인간에게 있으니, 만약 우리 인간이 그 사업을 해내지 못한다면 우주는 빈 그릇이 되고 만다고 보았다. 그러므로 이미 사람이 되어 이 몸을 가지고 있으면 자연히 이에 대한 도리가 없을 수 없다는 것이다. 그는 몸은 도 때문에 몸이 되고 도는 몸을 얻어 도가 되어서 도와 몸을 합한 것을 사람이라 하니, 사람이 진실로 도를 떠날 수 없는 것은 이 때문이라고 하였다. 그는 떳떳이 행하지 않을 수 없어 잠시도 떠날 수 없기 때문에 도라고 이름한 것이니, 사람은 마땅히 잠시도 도를 떠날 수 없는 묘함을 알아야 한다고 하였다.

장현광은 통(統)이란 전수함이 있고 계승함이 있음을 이른다고 하였다. 이른바 전수와 계승은 반드시 몸으로 전수하고 대면하여 계승하여야만 통이라 이르는 것이 아니요, 그 심법(心法)과 덕업(德業)이 서로 합하면 비록 백세(百世)의 간격이 있고 천리(千里) 멀리 떨어져 있더라도 전수하고 계승할 수 있다는 것이다. 지극히 성스럽고 지극히 성실하여 천지에 참여함이 있는 자가 아니면 이 도의 통을 얻었다고 말할 수 없다고 하였다. 그러나 이 도는 비록 인간에게 있는 것을 가지고 말하더라도 우리 인간을 낸 것은 하늘과 땅이니, 그렇다면 우리 인간이 스스로 그 도를 도라고 하겠는가라고 하면서, 도의 본원(本原)은 바로 말미암아 나온 곳이 있다고 하였다.

장현광은 그렇다면 태극의 이치가 자연히 하늘이 될 이치가 있었기 때문에 하늘이 하늘이 된 것이며, 또한 땅이 될 이치가 있었기 때문에 땅이 땅이 된 것이며, 또 모름지기 사람이 될 이치가 있었기 때문에 사람이 사람이 된 것이라고 보았다.

장현광은 이에 하늘이 하늘이 된 이치를 순히 하는 것은 하늘의 도이고, 땅이 땅이 된 이치를 순히 하는 것은 땅의 도이고, 사람이 사람이 된 이치를 순히 하는 것은 사람의 도이니, 그 도는 곧 한 태극의 이치라고 하였다. 그러므로 하늘이 그 이치를 순히 하여 하늘이 항상 하늘이 됨을 잃지 않고, 땅이 그 이치를 순히 하여 땅이 항상 땅이 됨을 잃지 않는 것이라고 하였다.

장현광은 오직 우리 인간은 기질(氣質)이 잡되고 물욕(物欲)의 유혹이 없지 않아서 혹 스스로 사람이 된 이치를 순히 하지 못하여 삼재(三才)에 참여된 도를 다하지 못한다고 보았다. 그러므로 이 도(道)의 통(統)을 얻은 자만이 덕이 지극히 성스럽고 도가 지극히 성실한 사람이 되는 것이니, 그렇다면 사람으로서 지극히 성스럽고 지극히 성실한 자가 몇 사람이나 되겠는가라고 하였다. 이는 하늘과 땅이 우리 인간에게 부여한 것이 균등하지 않음이 있어서가 아니요, 인간이 태어나 우리 인간이 되어서 스스로 도리를 다하지 못한 자가 많기 때문이라고 보았다. 그러므로 이 도의 통이 스스로 돌아가는 곳이 있어 예로부터 지금에 이르기까지 그 도통(道統)을 얻은 자가 몇 명밖에 되지 않는다고 하였다.

장현광은 우리 인간을 가지고 말하면, 성(性)에 오상(五常)이 있으니 인(仁)·의(義)·예(禮)·지(智)·신(信)이고, 이것이 발하여 칠정(七情)이 되니 희(喜)·노(怒)·애(哀)·낙(樂)·애(愛)·오(惡)·욕(欲)이며, 인륜에는 오품(五品)이 있으니 부자간의 친함과 군신간의 의와 부부간의 분별과 장유간의 차례와 붕우간의 믿음이며, 세상에는 네 가지 사업이 있으니 집안에 있어서는 집이 가지런해지고 나라에 있어서는 나라가 다스려지고 천하에 있어서는 천하가 고르게 되고 우주에 있어서는 옛 성인을 잇고 오는 후학들을 열어주는 것이라고 하였다.

장현광은 오상(五常)은 이 도의 체(體)이니 하늘에서 나온 것이고, 칠정

(七情)은 이 도의 용(用)이니 마음에 달려 있는 것이며, 오륜(五倫)은 이 도의 조리(條理)이니 친소(親疎)를 두루 다하는 것이고, 네 가지 사업은 이 도의 공용(功用)이니 법이 가까운 곳과 먼 곳에 미치는 것이다. 그러하니 우리 인간의 도는 여기에서 벗어남이 없다는 것이다.

도통에 대한 인식은 당나라 한유(韓愈)에 의해 처음 생겼다. 한유는 「원도(原道)」에서 요(堯)가 도(道)를 순(舜)에게 전하고, 순은 우(禹)에게 전하고, 우는 탕(湯)에게 전하고, 탕은 문왕(文王), 무왕(武王), 주공(周公)에게 전하고, 문왕, 무왕, 주공은 공자(孔子)에게 전하고, 공자는 이것을 맹가(孟軻)에게 전하였는데, 맹가가 죽자 그 전함을 얻지 못하였다고 하였다.

그런데 송나라의 여러 학자들은 모두 한유의 말을 옳다고 지지하였다. 장현광도 「전통첩(傳統帖)」과 「재도첩(載道帖)」을 짓는 등 도통의 전수와 도에 큰 관심을 가졌다.[21]

장현광은 상고(上古)로부터 후세에 이르기까지 영달(榮達)하여 높은 지위에 있어서 큰 군주가 되고 큰 신하가 된 자가 모두 몇 명이나 있는데, 제왕(帝王)에 있어서는 유독 요·순·우·탕·문왕·무왕을 들고 보상(輔相)에 있어서는 유독 주공만을 들며, 곤궁하여 낮은 지위에 있는 자 역시 수많은 군자(君子)가 있는데, 유독 공자와 맹자를 들었으니, 그렇다면 도통의 전함에 참여될 수 있는 자가 항상 세상에 있지 않은 것이라고 하였다. 장현광은 반드시 마음에 간직하여 덕성(德性)이 되고 몸에 발하여 언행(言行)이 되고 세상에 베풀어 사업(事業)이 된 것이 한결같이 모두 천리(天理)에 순수하여 털끝만한 결함도 없고 털끝만한 지나침도 없고

21 『旅軒續集』 권5, 雜著, 宇宙要括帖.

털끝만한 치우침도 없는 뒤에야 비로소 도라고 이를 수 있으니, 이는 곧 요·순의 중(中)이고 『대학』의 지선(至善)이고 『중용』의 지성(至誠)이라고 하였다.

장현광은 그렇다면 도통의 전함을 세상에 유명한 성인(聖人)이 아니고서 얻을 수 있겠는가라고 스스로 물었다. 그는 글이 있기 이전에는 비록 훌륭한 군주가 있고 훌륭한 신하가 있고 훌륭한 백성이 있었더라도 그 언행과 사업을 상고하여 알 길이 없으나, 다만 상상해보면 그 시대에는 온 세상의 위아래가 모두 참된 본성과 순수한 덕을 간직한 자들이었을 것이니, 그렇다면 도가 저절로 그 가운데에 있어 특별히 도통이 있는 곳을 가리켜 말할 필요가 없었다고 보았다. 그는 복희씨(伏羲氏) 이후에 이르러는 팔괘(八卦)가 그어지고 문자(文字)가 만들어지고 예법이 지어지고 명분이 차등되고 정사(政事)가 행해져서 우리 인간의 도가 비로소 천명(闡明)되었고, 또다시 신농씨(神農氏)에 이르러는 생민(生民)의 본업과 화물(貨物)을 유통하는 큰 규칙과 백성을 오래 살게 하는 신묘한 의방(醫方)이 갖추어지지 않음이 없었으며, 또다시 황제(黃帝)에 이르러는 천지에 숨겨진 것이 모두 개발되고 조화의 은미한 것이 모두 나오고 경륜(經綸)의 관건(關鍵)이 모두 베풀어졌다고 하면서, 그렇다면 우리 인간의 이 도의 근본이 복희·신농·황제 세 성인(聖人)의 세대에 크게 열려진 것이라고 보았다. 따라서 굳이 도통을 말하지 않아도 그 도가 삼재(三才)의 큰 강령(綱領)이 되고 만세(萬世)의 공통된 모범이 되는 것이니, 또한 통(統)이란 글자(字)를 사용할 필요가 없다고 보았다.

장현광은 태극(太極)이 도가 된 것이 하늘에 있어 기(氣)가 되면 음양(陰陽)이라 하고, 땅에 있어 질(質)이 되면 유강(柔剛)이라 하고, 사람에 있어 덕(德)이 되면 인의(仁義)라 한다. 기가 기가 된 것도 이 이치 때문이고 질이 질이 된 것도 이 이치 때문이고 덕이 덕이 된 것도 이 이치 때문이니, 그렇다면 곧 이 이치 아닌 것이 없다. 이 때문에 모두 도라고 이르는 것이라고 하였다.

장현광은 우주가 생긴 이래로 이 도의 전통인 도통을 계승한 자가 있었다고 하면서, 삼강(三綱)과 오륜(五倫)이 잘 지켜지면 문명(文明)한 세상이 이루어져, 새와 짐승이 모두 잘 살고 오랑캐들이 돌아와 교화되며 해와 달이 빛나고 사시(四時)가 차례를 순히 하며 음양이 조화롭고 비바람이 제때에 불어서, 하늘은 높고 밝은 하늘이 됨을 잃지 않고, 땅은 넓고 두터운 땅이 됨을 잃지 않았다고 하였다. 반면 장현광은 만약 도통이 전함이 없었다면 삼강이 삼강이 되지 못하고 오륜이 오륜이 되지 못해서 세상이 혼란한 세상이 되어 짐승의 발자국과 새의 발자국이 국경에 교차하고, 오랑캐의 말과 병사들이 중국에 횡행하여 해, 달, 별이 빛을 잃고 기후가 바뀌어 음양이 어그러지고 비바람이 지나쳐 하늘이 재앙을 내리고 땅이 변괴가 많아 태평의 세대와 전혀 반대가 될 것으로 보았다. 장현광은 하늘은 똑같은 한 하늘이고 땅은 똑같은 한 땅인데, 하늘과 땅이 일찍이 없어지지 않았으니, 도는 일찍이 망(亡)함이 없었다는 것이다. 그런데 사람들이 제 스스로 사람의 도를 다하지 못하므로 도통이 끊겨서 이어지지 못하고 있다고 보았다.

장현광은 삼대(三代) 이전에는 지극히 성스럽고 지극히 성실한 분이 대대로 나와 높은 자리에 있어서 이 도를 마음에 체득(體得)하고 이 도를 몸소 행하고 이 도를 집과 나라와 천하에 밝혔다고 하였다. 그러므로 그 군주를 삼황(三皇)·오제(五帝)·삼왕(三王)이라 하였고, 그 세대를 요·순, 삼대(三代)라 하였는데, 이 뒤로는 이 도의 전통을 얻은 자가 공자와 맹자였으나 곤궁하여 낮은 자리에 있어서 도를 품고 일생을 마쳤으니, 사람들이 어찌 지극한 덕의 세상을 볼 수 있었겠는가라고 하였다.

장현광은 영달(榮達)하여 높은 지위에 있는 자 중에는 비록 혹 한두 명 도에 가까운 군주가 있었으나 제왕(帝王)의 심법(心法)을 마음에 두지 않고 제왕의 법을 따르지 않아 모두 잡된 패도(霸道)를 도로 여겼으니, 도통이라고 말할 수 없다고 하였다. 하늘은 똑같은 한 하늘이고 땅은 똑같은 한 땅인데, 하늘과 땅이 일찍이 없어지지 않았으니, 도가 어찌 일찍이 망함이 있겠는가라고 하면서, 사람들이 제 스스로 사람의 도를 다하지 못하므로 도통이 끊겨서 이어지지 못하는 것이라고 하였다.[22]

장현광은 도(道)를 보존하는 것은 누구인가라고 스스로 묻고, 천지인(天地人) 삼재(三才)에 참여하여 우뚝이 서고 한 대(臺)를 높이 세우니, 그 대는 바로 영대(靈臺)이고 그 주인은 바로 성성옹(惺惺翁)이라고 하였다. 그는 영대 아래에는 누각이 있으니 이른바 성의관(誠意關)인데, 성성옹이 영대에 즉위하여 이 성의관에서 호령을 하는 바, 이것을 천군(天君)이라 한다고 하면서, 선(善)을 좋아하고 악(惡)을 미워하여 온갖 몸이 명령을 따라 자기 몸을 닦고 남을 다스리는 도가 반드시 이 관문으로부터 시작된다고 하였다.

그러나 때때로 해마(害馬, 사람의 본성을 해롭게 하는 물욕)에게 유혹당하여 이리저리 치달리고 제멋대로 날아가서 그칠 바를 알지 못하면, 이 영대에 잡초가 무성해지고 이 관문이 황폐해져서 진흙과 모래가 뒤섞인 가운데 버려두고 찾을 줄을 모르는 경우가 많다는 것이다. 그러므로 옛날 성인(聖人)과 신인(神人)이 이것을 두려워하여 교훈을 남겨 가르쳤으니, 사

22 『旅軒文集』 권7, 雜著, 道統說.

람으로서 이 도를 구하고 이 도를 밝히려는 자가 만약 격물(格物)·치지(致知)에 마음을 두고 성의(誠意)·공경(恭敬)에 대한 공부를 그치지 않으며, 날로 새롭게 하고 또 새롭게 하여 한 치를 얻으면 한 치를 지키고 한 자를 얻으면 한 자를 지켜 참됨을 쌓고 힘쓰기를 오래하면 좌우에서 근원을 만나게 될 것이라고 하였다. 이렇게 되면 아래로 인간의 도리를 배우고 위로 천리(天理)를 통달하는 효험과 위를 통하고 아래를 통하는 공부가 이에 극진할 것이니, 어찌 성현의 경지에 이르지 못함을 걱정하겠는가라고 하였다.

결국 장현광은 바로 인간의 마음에서 도와 도통을 구하고 있었다. 그는 영대와 그 주인인 성성옹, 그리고 영대 아래에 있는 누각인 이른바 성의관, 성성옹이 영대에 즉위하여 이 성의관에서 호령을 하는 천군(天君), 그리고 선(善)을 좋아하고 악(惡)을 미워하여 온갖 몸이 명령을 따라 자기 몸을 닦고 남을 다스리는 도(道)가 반드시 이 성의관으로부터 시작된다고 한 사실, 그리고 사람으로서 이 도를 구하고 이 도를 밝히려는 이가 격물·치지에 마음을 두고 성의·공경에 대한 공부를 하여 날로 새롭게 하고 또 새롭게 하여 참됨을 쌓고 힘쓰기를 오래하면 좌우에서 근원을 만나게 될 것이고, 이렇게 되면 아래로 인간의 도리를 배우고 위로 천리(天理)를 통달하는 효험과 위를 통하고 아래를 통하는 공부가 극진하게 되어 성현의 경지에 이를 수 있다는 것이었다.

2) 자국(自國)의 도맥(道脈) 모색

장현광은 조선의 도학(道學)과 도맥(道脈)에 대해서는 어떤 생각을 가졌는가. 그는 우리나라의 역사에서 이미 지나간 자취를 살펴보면 단군(檀君)이 나라를 다스림은 곧 우리 동방의 무위(無爲)의 교화로, 우리나라 사람들을 인민으로 삼고 우리 동방에 나라를 세운 것이라고 하였다. 또한 그는 대성(大聖)인 기자(箕子)는 곧 우(禹)임금의 구주(九疇)를 전한 분인데 우리 동방의 군주가 되고 우리 동방을 교화하였으니, 나라를 다스려 단군의 교화를 이룩하고 군주가 되어 기자의 가르침을 다한다면 교화가 지극하고 가르침이 극진하다고 이를 만하다고 하였다.

장현광은 삼한(三韓)과 삼국(三國)의 경우는 오직 분쟁만을 일삼고 공격과 정벌로 나라를 유지하였으니, 우리나라는 이 시대에는 한갓 싸움터일 뿐이었다고 보았다. 그러다가 고려시대에 삼국을 통합하여 하나로 만들어서 왕업(王業)이 볼 만하였고, 조선조에 들어와 추대로 나라를 소유하여 성(聖)스러운 다스림이 지극히 구비되었으니, 진실로 위에는 훌륭한 군주가 있다고 이를 만하다고 보았다. 그리고 도덕의 선비가 끊이지 아니하여 서로 도통(道統)을 이어서 공자(孔子)와 맹자(孟子)를 스승으로 삼고 정호(程顥) · 정이(程頤) 형제와 주희(朱熹)를 배우지 않는 자가 없으며, 문장의 재주가 대대로 나와 나라를 빛내어 모두가 한유(韓愈)와 유종원(柳宗元)을 뒤따르고 구양수(歐陽修)와 소식(蘇軾)을 잇고 있으니, 또한 아래에 훌륭한 사람이 있다고 이를 만하다고 하였다.

장현광은 조선이 왜란과 호란을 겪으면서 오랑캐인 일본과 청나라의 더럽힘을 당하여, 산하(山河)가 분노의 기운을 띠고 풍운(風雲)이 부끄러운 기색을 머금고 있으니, 재앙을 부른 것이 우리 자신들에게 있었는가, 아니면 우리나라의 기수(氣數)가 피하기 어려워서 그런 것인가 묻고 있다. 그는 오늘날의 산천은 곧 옛날의 산천이요 오늘날의 강토는 곧 옛날의 강토이니, 똑같은 산천이고 똑같은 강토인데 다스리고 혼란함의 자취가

크게 다르고, 흥하고 망함의 운수가 이처럼 판이함은 어찌해서인가라고 하였다.[23]

장현광은 자신이 처한 17세기 조선의 현실 속에서 그 전시기 우리나라에서 도학을 몸소 실천하고 도학의 정맥(正脈)을 잇는 학자를 찾으려고 평생 노력하였다.

우선 장현광은 정몽주(鄭夢周)에 대해 깊은 존경의 마음을 표하였다. 그는 정몽주는 해와 별의 참다운 정기(精氣)가 모이고 산과 바다의 빼어난 기운을 받았다고 하였다. 그는 주돈이와 정호 · 정이 · 장재 · 주희의 바른 전통을 얻어 연원(淵源)이 공자와 맹자로 거슬러 올라가고, 제환공(齊桓公)과 진문공(晉文公), 관중(管仲)과 안영(晏嬰)의 낮은 사업을 천히 여겨 이윤(伊尹)과 주공(周公)의 경륜에 뜻을 두었다고 하였다. 이색(李穡)이 평했듯이 정몽주는 횡설수설(橫說竪說)이 모두 이치에 합당하며, 학문이 정(精)하고 신묘한 경지에 이르러 위로 천리(天理)를 통달하였고, 이치를 꿰뚫고 통달하여 의심이 없었고, 체(體)와 용(用)의 덕(德)을 구비했다고 이를 만하다고 높이 기리었다. 또한 그는 정몽주의 절의(節義)는 일월(日月)처럼 밝아 칼과 톱, 끓는 쇳물도 그 꿋꿋한 지조를 빼앗지 못하였으며, 강상(綱常)을 천지사이에 자임했으니 비록 소나무와 잣나무, 쇠와 돌이라도 그 굳세고 확실함을 비유할 수 없다고 하였다. 정몽주는 감히 도맥(道脈)의 아름다움과 장구함을 드날렸다고 하였다.[24]

장현광은 정몽주의 출처(出處)에 대해 남효온(南孝溫) 등이 의심하자, “우리나라에는 문헌이 없어 증거할 수가 없으니, 생각을 해보면 추강(秋

---

23 『旅軒續集』 권4, 雜著, 靑邱圖說.
24 『旅軒文集』 권10, 上樑文, 臨皐書院廟宇上樑文.

江, 남효온)이 자세한 내용을 알지 못하여 이렇게 말씀한 듯하다. 어찌 이것을 가지고 포은(圃隱)을 의심하겠는가."라고 하였다.[25]

장현광은 정몽주의 화상(畵像)을 보고 사(詞)를 지어 기렸다.

아아, 도덕과 절의가 우리나라에 제일인 분이 아니면

噫噫非道德節義之其一人於吾東者

사람들로 하여금 유상을 보고 감격하며 기뻐하기를 이처럼 지극하게 할까 令人覩遺像而感激欣幸乃至此極

하늘이 선생을 말세에 탄생한 것은 아마도 그 뜻이 있어서일 것이니

天之生先生於叔季之時蓋亦有意夫

옛날 단군과 기자 이후에 일찍이 베풀어지지 못한 문교가

前乎檀箕以下未曾宣擧之文敎

선생의 탄생으로 말미암아 떨쳐 일어나게 되었고

其生也而振起

그 뒤 우리나라 만만세에 변할 수 없는 윤리 강상이

後乎東方萬萬世不可易之綱常

선생의 죽음으로 말미암아 붙들어 유지되었네

其歿也而扶植

돌아보건대 나는 남은 교화 가운데의 후학으로서

顧我遺敎餘化中末學

선생의 모습 한번 뵙기를 원하다가

願一接形貌而不可得者

25 『旅軒續集』 권9, 附錄, 拜門錄[門人申悅道].

이제 비로소 소원을 이루게 되었네　　乃今斯得焉

그의 자질 과연 빼어난 풍격이었으며　其資質果是秀拔之風格

스승의 가르침 받지 않고 정밀하고 심오한 진리 터득하니

不由師傅獨得精深者

그의 학문 그대로 덕스러운 모양 보존하였네

其學問猶存睟盎之容色

횡설수설이 모두 의리에 합당하니　　橫說竪說之義理皆當

근원이 어디로부터 나왔기에 이처럼 무궁하며

出何從而無窮

좌우로 수응함에 모든 일이 다 적합하니

左酬右應之庶務咸適

기틀이 어디로부터 나왔기에 사방으로 통하는가

機何自而傍通

저 혹시라도 물을 수 없는 가운데 밝힐 수 없는 자취에 대하여 의심하는 자들은　　彼或致疑乎不可明之迹於不可詰之地者

실로 선생의 도덕을 연구하지 않아서라네

是實未究乎其道與德

그렇다면 무엇으로 선생의 마음과 일을 볼 것인가

然則當何以見先生之心事

하늘과 땅이 있고 해와 달이 있다오　　有天地有日月[26]

26 『旅軒文集』 권1, 詞, 謁圃隱先生畫像詞.

한편 1615(광해군 7) 5월에 장현광은 길재(吉再)에 대해 고려의 백이(伯夷)와 숙제(叔齊)라고 하면서 다음과 같이 노래하였다.

어떤 나무인들 식물이 아니겠는가마는	何卉非植
선생은 유독 대나무를 좋아하였고	先生獨愛竹
어느 곳엔들 대나무가 없겠는가마는	何地無竹
나는 선생이 심으신 것을 좋아한다오	我愛先生植
서산의 고사리를 조종(祖宗)으로 하였고	祖西山薇蕨
율리의 소나무와 국화를 벗하였네	友栗里松菊
천지 사이의 원기에 뿌리하였고	根柢於天地間元氣
설한풍 속의 강역에 빛나누나	光輝於風雪中疆域
선생이 돌아가신 지 수백 년이 되었건만	距先生數百載
아직도 정정히 창벽에 의지함 보겠으니	猶見亭亭倚蒼壁
생각을 붙일 곳 없다고 말하지 마오	毋曰寓思之無地
바로 이 대나무가 있지 않소	有此竹[27]

장현광은 밝음은 해와 달보다 더 밝은 것이 없고, 높음은 태산보다 더 높은 것이 없고, 용납함은 천지보다 더 용납하는 것이 없는데 성인 중에 '청성(淸聖)'으로 백이라는 분이 있으니, 일월(日月)의 밝음과 태산의 높음과 천지의 용납함이 모두 부족함이 되고 말았다. 이는 백이의 의(義)가 해와 달보다도 밝고, 백이의 절개가 태산보다도 높고, 백이의 도(道)를 천지

27 『旅軒文集』 권1, 賦, 冶隱竹賦.

가 능히 용납할 수 없는 것이니, 만약 특별히 우뚝 서고 독특하게 행한 것이 아니라면 이 말에 해당이 되겠는가라고 하였다.

장현광은 동방의 절의(節義)를 논하는 자들은 마침내 길재를 동방의 백이(伯夷)라고 칭하고 있으니, 오직 백이를 아는 자만이 길재를 알 것이라고 하였다. 지금 해와 달의 밝음이 옛날과 똑같고, 태산의 높음이 옛날과 똑같고, 천지의 용납함이 옛날과 똑같다고 하면서, 어리석은 지아비와 어리석은 지어미들도 모두 우러러보고 있으니, 우러러보는 자들은 해와 달이 족히 밝음이 될 수 없고, 태산이 족히 높음이 될 수 없고, 천지가 족히 용납할 수 없는 기상(氣像)을 상상해 본다면 백이가 천지를 다하고 만세(萬世)에 뻗쳐도 남의 시비(是非)를 돌아보지 않았다는 뜻을 인하여 알 것이라고 하였다. 장현광은 길재의 의(義)는 바로 백이의 의이고, 길재의 절개는 바로 백이의 절개였으니, 길재를 '동방의 백이'라고 칭하는 것이 옳지 않겠는가라고 하였다.

장현광은 중화(中華)에서 절의를 사모하는 자들이 '지주중류(砥柱中流)'라는 네 글자를 백이, 숙제의 사당 아래 흐르는 물가에 우뚝이 솟아 있는 돌에 크게 새겼는데, 조선에서도 절의를 사모하는 자들이 또 그 네 글자를 모사(模寫)하여 길재의 묘소 아래인 낙동강의 강안(江岸)에 비석을 세우고 새겨 걸었다고 하였다. 이것은 진실로 만세의 강상(綱常)을 보전한 것이 중화에는 백이가 있고 동방에는 길재가 있기 때문에 이루어진 것이라고 하였다.

장현광은 길재의 충의(忠義)는 실로 효도하고 우애하는 도리에서 근본하였다고 하면서, 예나 지금이나 어찌 집안에서 효도와 우애를 하지 않고서 나라에 충성과 의리를 다한 자가 있겠는가라고 하였다.[28]

선생의 도는 先生之道
높은 하늘처럼 높고 天尊而尊
선생의 가르침은 先生之教
인간이 있을 때까지 보존되옵니다 人存而存
지금 우리 서원은 今也吾院
절의가 더욱 빛나고 節義彌光
강상이 실추되지 않았습니다 綱常不墜
금오산은 아득히 높고 烏嶽崇崇
낙동강은 유유히 흐르니 洛水悠悠
도가 마땅히 함께 높고 道宜共隆
가르침이 마땅히 함께 흐를 것입니다 教宜同流[29]

장현광은 길재는 큰 절개가 일월(日月)과 광명을 다투고, 높은 의리가 산악과 함께 우뚝하다고 하였다. 그리고 우주가 이에 강상(綱常)이 있게 되니 천지가 힘입어 위와 아래가 있게 되었고, 인류들이 떳떳한 윤리를 잃지 않으니 명분(名分)이 정해져 국가가 바로잡혔다고 하였다. 이 때문에 백대(百代)의 스승이 될 수 있으며 또한 만성(萬姓)의 표준이 되었다고 하였다.

장현광은 길재의 산소 근처에 있는 돌에 지주중류(砥柱中流)라는 글자를 새겨 놓으니, 옥(玉)을 깎아 놓은 듯 칼끝처럼 뾰족함이 은하(銀河)에 비치고, 집에 청절충효(淸節忠孝)라는 글자를 걸어 놓으니 난새의 깃과 봉

---

28 『旅軒文集』 권10, 跋, 冶隱先生文集跋.
29 『旅軒文集』 권11, 祝文, 吳山書院重建奉安文.

황의 날개가 높은 공중에 비추고 있는 것이라고 하였다. 그는 높은 규범은 본래 백이(伯夷)의 대의(大義)로부터 왔고, 종지(宗旨)는 원래 공자의 훌륭한 도로부터 나왔다고 하였다. 장현광은 우리들이 장차 법을 취하여야 할 인물은 '길자(吉子 : 길재)'라고 하면서, 경학(經學)이 밝고 행실이 깨끗하다고 하였다.[30]

정몽주·길재에 대해 도맥을 잇고 청절이 높은 학자로 기린 장현광은 김굉필·정여창·이언적·이황 등에 대해서도 도맥의 관점에서 이해하려고 하였다. 장현광은 김굉필이 강유(剛柔) 의 자질을 겸하고 건순(健順)의 덕(德)을 겸비하여 몸 갖기를 경(敬)으로써 하고 마음 두기를 성(誠)으로써 하였다고 하였다. 그리하여 도의를 강구(講究)함이 이미 정하고 함양(涵養)함이 또한 후(厚)하여 확고하면서도 막히지 않고 통하면서도 흐르지 않았으니, 이는 과연 우리 유학의 의리(義理)의 학문이요 중정(中正)한 도(道)로서, 송나라 주돈이·정호의 여러 학자를 거쳐 공자를 거슬러 올라가 이은 것이라고 보았다.

장현광은 고려 말기에 정몽주가 이 도를 알고 이 도를 행하여 우리나라의 첫 번째 유자(儒者)가 되었으며, 우리 조선조에 이르러는 김굉필이 실로 그 관건(關鍵)을 창도하여 개발하였다고 보았다. 그는 김굉필이 비록 지위를 얻어 도를 행하지 못하였고 또 미처 저술하여 가르침을 남기지 못했으나 오히려 한 세상의 유림의 종주(宗主)가 되었다고 보았다.

장현광은 김굉필과 같은 시대에 벗으로서 인(仁)을 도운 이로는 정여창이 있었고 몸소 가르침을 받든 자로는 조광조(趙光祖)가 있었으며, 그 뒤

30 『旅軒文集』 권10, 上樑文, 吳山書院重建祠宇上樑文.

에 발걸음을 이어 일어난 자로는 평실(平實)함이 이언적 같은 분이 있었고 정순(精純)함이 이황 같은 분이 있었으니, 이는 모두 우리나라의 진유(眞儒)가 되고 백세(百世)의 사범(師範)이 되는 바, 또한 김굉필의 정맥(正脈) 가운데에서 사숙(私淑)한 이들이라고 하였다. 그리하여 장현광 자신의 시대에 이르기까지 후학들이 도학이 올바른 학문이 됨을 알아 높이고 숭상하지 않는 이가 없으니, 이는 진실로 김굉필의 공이라고 하였다.[31] 장현광은 김굉필이 정여창과 뜻이 같고 도가 합하여 서로 만날 때마다 도의를 연마하고 고금의 일을 상의하여 혹 밤을 새우기도 하였으며, 희천(熙川)에 있을 때에 조광조를 문하에 받아들여 마침내 원대한 데로 나아가는 계기를 전수하였다고 하였다.[32]

장현광은 정여창에 대해 "동방(東方)의 선현이시다. 이미 사현(四賢)과 나란히 진열되어 문묘(文廟)의 별채에서 제사를 받고 계시니, 국론(國論)이 이미 정해졌다 할 것이다. 선생의 덕업(德業)은 한 지방에 사표(師表)가 될 뿐만 아니라 사방(四方)에 사표가 되고, 비단 한 세상에 사표가 될 뿐만 아니라 백세에 사표가 되는바가 있다"라고 하였다.[33]

장현광은 이언적과 이황의 학문에 대해서도 언급하였다. 장경우(張慶遇)는 이언적과 이황의 조예(造詣)에 대해 장현광에게 질문하였다. 이에 장현광은 "회재(晦齋)는 학문이 평이하고 성실하여 대의(大義)를 통투(通透)하였으며, 퇴계(退溪)는 학문이 정밀하고 순수하며 문로(門路)가 바르고 커서 배우는 자가 의거할 바가 있어 배우기가 쉽다"라고 하였다.[34]

---

31 『旅軒文集』 권12, 碑銘 墓碣 墓誌, 寒暄堂金先生神道碑銘 幷序.
32 『旅軒文集』 권12, 碑銘 墓碣 墓誌, 寒暄堂金先生神道碑銘 幷序.
33 『旅軒文集』 권10, 跋, 景賢錄跋.
34 『旅軒續集』 권9, 附錄, 記聞錄[門人張慶遇].

장현광은 이언적에 대해 다음과 같이 시로 자신의 마음을 표현하였다.

백두산부터 자옥산에 이르러	白頭至紫玉
정기 모여 가장 기특하였네	融結方最奇
우리나라 현인은 회재에 이르러	東賢至晦齋
도맥이 여기에서 바로잡혔다오	道脈正於斯[35]

장현광은 도(道)를 밝히고 도를 보위(保衛)함은 모두 이 도를 자임(自任)하는 이의 책임이라고 하였다. 그는 도를 밝히는 공이 참으로 크나 도를 보위하는 공도 이와 똑같다고 여겨진다고 하였다. 도를 밝히지 않으면 도가 어두워지니, 반드시 모름지기 도를 밝힌 뒤에야 그 가르침이 해와 별이 하늘에 있는 것처럼 되어 사람들이 보고 행할 수 있는 것이다.

무엇보다도 장현광은 이언적이 무극(無極)과 태극(太極)에 대한 해석을 이학적으로 하여 이학(理學)의 시대를 열었다고 생각하였다. 그는 주돈이가 말한 무극이라는 두 글자는 태극의 묘한 이치를 발명하였는바, 그 뜻이 참으로 분명하고 그 공이 과연 지극하다고 하였다. 그는 주돈이가 도를 밝힌 공이 실로 복희(伏羲)・문왕(文王)・주공(周公)・공자(孔子) 네 성인을 이을 수 있다고 하였다. 그런데 감히 얕은 소견을 가지고 무극을 헐뜯고 비난한 자는 앞서는 중국의 육구연(陸九淵)이 있었고, 스스로 잘못 인식하여 태극을 함부로 말한 자는 뒤로는 조한보(曹漢輔)가 있었으니, 주희가 육구연의 말을 분석하여 비판하였듯이 이언적이 조한보의 말을 논

35 『旅軒文集』 권1, 詩, 次獨樂堂壁上韻.

변함이 있지 않았다면 무극과 태극의 이치가 다시 두 말 때문에 어두워져서 공자와 주돈이의 뜻이 혹 이로 말미암아 밝아지지 못했을 것이라고 하였다. 이언적의 학문은 주희에게서 얻었으므로 이 도를 호위함이 또한 주희와 부합함을 알 수 있다고 하였다.[36]

한편 장현광은 정구(鄭逑)에 대해서도 깊은 존경의 마음을 표하였다. 그는 정구가 이황에게 찾아가 『심경(心經)』을 질문하였고, 이황은 정구를 칭찬하기를, "자질이 영민(英敏)하며 학문에 뜻하고 선을 좋아하니, 김굉필의 남은 경사가 어찌 여운이 없겠는가"라고 하였다는 사실을 거론하였다. 그런 반면 정구가 조식을 찾아뵈니, 조식은 정구에게 "네가 출처(出處)에 대하여 대략 소견이 있으니, 내 진심으로 허여(許與)한다. 선비와 군자의 대절(大節)은 오직 출처에 있을 뿐이다"라고 가르친 사실을 언급하였다. 그러면서도 장현광은 정구가 이황을 학문의 표준으로 삼았고, 송나라의 유자 중에는 주희를 모범으로 삼았다고 하였다. 또한 정구는 김우옹(金宇顒)과 나이가 서로 비슷하고 거주하는 곳이 또 가까워 젊었을 때로부터 서로 종유(從遊)하여 사귀는 도가 물처럼 간격이 없었는데, 조식의 고풍(高風)을 추앙하고 이황에게 정맥(正脈)을 돌린 것은 바로 평소 두 분이 서로 의논하여 정한 말이었다고 하여, 정구를 이황의 학맥으로 이해하였다.[37]

장현광은 정구에 대해 김굉필의 분명한 가르침과 이황의 올바른 맥을 친절히 가슴속에 간직하였다고 하였다.[38] 장현광은 유도(儒道)가 동쪽으

36 『旅軒文集』 권10, 跋, 太極論辨書跋.
37 『旅軒文集』 권13, 行狀, 皇明朝鮮國故嘉善大夫司憲府大司憲兼世子輔養官贈資憲大夫吏曹判書兼知義禁府事寒岡鄭先生行狀.
38 『旅軒文集』 권11, 祝文, 告寒暄先生文.

로 전해 온 뒤 이황이 대성(大成)을 하였고 실천하고 발휘하여 정학(正學)이 이에 밝아졌는데, 그 전함을 얻어, 우리 선비들의 맹주(盟主)가 된 이는 바로 정구라고 하였다.[39] 장현광은 정구를 제한 글에서 다음과 같이 말하였다.

우리나라 명현들의 정학은	東賢正學
한훤당에 이르러 독실해졌사온데	至寒暄而篤實
선생은 바로 그 외손이시니	先生爲其外裔
남은 가르침이 정해져 있었습니다	卽餘訓之有騭
정론을 두류산에서 받으니	承正論於頭流
수립한 것이 마치 기둥이 주춧돌을 얻은 듯하며	所以樹立者如柱得
분명한 뜻을 도산에서 얻어 들으니	聞的旨於陶山
합하여 깨달음은 향기로운 난초의 방에 들어간 듯하였습니다	所以契悟者如入蘭室
천 년 동안 끊긴 학문이	千載絶學
정주에 이르러 다시 밝아졌사온데	至程朱而復明
그 학설을 독실히 믿으시어	篤信其說
신명에게 질정하듯이 하였습니다	擬神明之可質
진서산의 『심경』 한 책은	眞西山心經一部
실로 이 학문의 냇물을 막는 돌기둥과 남쪽을 가르쳐 주는 수레가 되옵는데	實爲此學防川之柱指南之車

39 『旅軒文集』 권11, 祝文, 奉安寒岡研經時告退溪先生文.

돌아보건대 이 어리석고 용렬한 몸은	顧惟愚庸
일찍이 질녀를 부탁하는 의리를 받자와	早承贅托之義
실로 자질처럼 똑같이 여기셨습니다	視實幷於子姪
질병으로 쓰러져 누워	疾患頹靡
비록 함장에서 경전을 잡고 배우지는 못했사오나	縱不得執經於函丈
적셔 주고 보태 주신 은혜를	涵濡滋益之恩
어찌 말과 섬 양과 근으로 헤아릴 수 있겠습니까	何可量以斛斤鎰[40]

장현광은 정구가 김굉필의 정학(正學)을 이었고, 조식으로부터 정론(正論)의 가르침을 받았고 이황의 적지(的旨)를 들었다고 하였다.

장현광은 사후 장현광의 문인들은 장현광이 주돈이와 정호의 도통을 잇고 이언적과 이황의 학맥을 이었다고 하였다.[41] 또한 장현광이 정몽주와 이황의 도통을 이어 선비들은 종사(宗師)를 얻게 되었고 나라에서는 사표(師表)로 여기게 되었다고 기렸다.[42] 이어 우리 도가 동방에 전하여 생민(生民) 중에 선각자이셨는데 주돈이와 이정(二程)의 남은 학파였고 이황의 바른 맥이었다고 하였다.

한편 정조는 "드높으신 문강(文康)이여, 인리(仁里)에서 우뚝이 탄생하였네"라고 하면서, "연원이 유래가 있으니 도산의 퇴계(退溪)였네, 이에 한강에 이르러, 도가 합하고 뜻이 같았도다"라고 하였다.[43] 정조 역시 장

40 『旅軒文集』 권11, 祭文, 祭寒岡鄭先生文.
41 『旅軒續集』 권10, 祭文, 士林祭文[門人韓德及]; 『旅軒續集』 권10, 祭文, 士林祭文[門人洪昕].
42 『旅軒續集』 권10, 祭文, 士林祭文[門人金光繼].
43 『旅軒續集』 권10, 祭文, 正宗朝賜祭文親製. "維歲次乙巳二月辛巳朔二十一日辛丑, 國王遣臣禮曹佐郎柳畊, 諭祭于文康公張顯光之靈. 我東鄒魯, 寔維南紀. 眞儒蔚興, 吾道有恃.

현광이 이황의 도맥을 이었다고 하였다.

그러나 후대의 이런 인식과는 달리 장현광이 비록 정몽주 이하 몇몇 학자의 도통을 언급하고 있지만, 그는 사실 어느 학통이나 학파에 얽매이는 것을 바라지 않았던 것 같다. 17세기 중반 이후 영남에는 병호시비(屛虎是非), 한려시비(寒旅是非), 청회시비(晴檜是非) 등이 일어났다. 이러한 시비들은 사당의 위차와 학문수수의 문제가 주를 이루었다. 이익(李瀷)은 장현광이 정구의 상사(喪事)를 당하여 조문한 일에 대해 다음과 같이 기록하고 있다.

> "여헌(旅軒) 장선생은 한강(寒岡) 정선생의 질서이며 그 문하에 종유하였는데, 정선생의 상사(喪事)를 당하여 여러 문인들이 성복(成服)할 적에 건(巾)과 질(絰)을 두루 나눠 주었으나, 여헌은 다만 손으로 받들고 곡(哭)을 하였으므로 이에 그가 제자의 반열(班列)에 처하지 않은 것을 알게 되었다. 근세에는 사풍(士風)이 투박하여 그 세력이 있는 위치라면 일찍이 책을 들고 문답하지 않았어도 문득 제자의 명목으로 자처하여 성명을 기록하니, 이는 장선생과는 다른 것이다."[44]

卓乎文康, 挺生仁里. 養性林樊, 潛心經旨. 淵源有自, 陶山退水. 爰曁寒岡, 契道同志. 氣緯理經, 立言垂示. 發揮圖書, 啓鍵抽秘. 濂翁胸次, 勉齋心地. 鄕俗敦朴, 士林興起. 粤在仁廟, 寤寐儒士. 首膺旌招, 禮遇勤摯. 三登經席, 格言大議. 畀以崇秩, 王曰嘉爾. 退遂初服, 淸風百祀. 逮予叨基, 曠世興思. 曷起宿德, 以濟艱否. 睠波院宇, 洛波瀰瀰. 高名崒乎, 永世仰止. 玆遣禮官, 享以盎簋, 不昧惟靈, 庶幾歆此."

44 『星湖僿說』 권17, 人事門, 旅軒奉巾絰. "旅軒張先生, 寒岡鄭先生之姪壻也. 仍遊於其門, 及喪, 諸門人, 將成服, 遍授巾絰, 旅軒但手奉而哭. 於是, 知其不處以弟子之列. 近世士風益偸, 苟其勢位, 則未嘗執卷問答, 而輒記姓名, 倡爲弟子之目, 亦異於張先生矣."(번역문은 한국고전번역원, 이기석 · 정원태 · 한영선 공역, 1978).

송시열은 장현광의 연원(淵源)은 후생이 감히 알지 못하는 바가 있을 뿐이라고 하면서, 일찍이 들으니 정구의 문하에 출입했는데 정구가 붕우와 제자의 사이로 대했다고 한다고 하였다.[45] 사실 장현광은 이정(二程)을 거쳐 공자로 이어지는 도통의 정맥(正脈)을 거슬러 올라가 계승하고 싶어 했다. 그의 학문은 아주 넓고 깊었으며 학문의 수용 자세는 개방적이고 포용적이었다. 그의 학문 연원과 내용은 유통(流通)의 성향이 있었다. 그래서 그의 사후 나라에서 도덕박문(道德博聞)과 연원유통(淵源流通)의 의미를 담은 문강(文康)이란 시호를 내렸다.

5. 맺음말

장현광은 얼음처럼 맑고 옥처럼 깨끗한 빙청옥결의 청덕(淸德)을 지닌 학자였다. 그는 인간은 우주에 잠시 머물다 가는 나그네라고 여겼다. 그래서 그는 자신의 호를 여헌(旅軒)이라 하였다. 그는 천도의 변화와 인사의 변천에 큰 학문적 관심을 가졌다. 역학(易學)과 이기심성(理氣心性)에 대한 그의 학문적 탐구는 그러한 사실을 잘 말해준다.

왜란과 호란의 시기를 산 장현광은 전쟁으로 유랑하는 백성들의 모습을 도처에서 많이 목격하였고, 그 자신도 전란의 와중에서 많은 어려움을 겪었다. 오상(五常)과 칠정(七情), 오륜(五倫)과 수신(修身)·제가(齊家)·치국(治國)·평천하(平天下)의 도(道)를 밝히고 전승하여 조선 사회를 다시

---

45 『宋子大全』, 권102, 書, 答沈德升.

안정시킬 필요성을 절실히 느꼈다. 그는 도통이 끊겨서 이어지지 못하는 상황에 대해 도학자로서 깊은 우환(憂患)의식을 갖고 있었다. 그는 구도(求道)와 강학(講學)을 통해 그 도통을 잇고 전하는 일을 자신이 몸소 담당하고자 하였다.

장현광은 부지암정사와 입암정사에서 구도하고 강학을 하였다. 그는 평생 '부지(不知)'와 '불온(不慍)'의 마음으로, 그리고 '계구(戒懼)'의 수양자세로 구도의 시간을 보내었다. 그는 어느 학통에 얽매이는 것을 원하지 않았다. 그는 도통의 수수(授受)에 깊은 관심을 가졌고 그 도통을 잇는 학자가 되려고 노력하였다.

장현광은 이학(理學)의 여러 개념에 대해 알기 쉽게 설명하였다. 특히 성(性), 도(道), 덕(德), 심(心)에 대해서는 무엇보다 더 깊은 관심을 표명하였다. 아마 양란 이후 사회질서의 혼란은 그 전시기 이학의 학문적 성과에 대한 새로운 해석을 더 추동하였을 것이다. 그가 도(道)를 중(中), 덕(德)을 경(敬), 심(心)을 성(誠), 학(學)을 사(思)로 해석한 것은 그의 자득(自得)의 견해이다.

장현광은 학문을 도와 관련하여 파악하였다. 그는 도(道)를 배우는 것이므로 도학(道學)이라 이르고, 도는 본연(本然)의 당연한 이치이므로 이학(理學)이라 이르고, 도리의 학문은 마음에서 벗어나지 않으므로 심학(心學)이라 이르며, 이치를 밝히고 도를 몸소 실천함은 마음을 다스리는 학문이니, 학문이 이보다 더 바를 수가 없으므로 정학(正學)이라 이르며, 학문을 통하여 성인(聖人)에 이르는 것이므로 성학(聖學)이라 이른다고 하였다.

그런데 장현광의 학문 연원과 내용은 유통(流通)의 성향이 있었다. 그래서 그의 사후 나라에서 문강(文康)이란 시호를 내렸다. '강(康)'의 시주

(諡註)는 '연원유통(淵源流通)'으로, 장현광의 평소 도통의식과 관련이 있는 것이다. 비록 그렇다 하더라도 그는 경상도 인동(仁同)에서 태어나 만년에는 영천(永川)에서 생활하면서, 정몽주와 길재 등의 학풍 속에서 생활하고 강학하였다. 따라서 정몽주와 길재의 도통과 청절(淸節)을 계승한다는 의식이 있었고 그러한 마음을 글로 많이 표현하였다. 뿐만 아니라 그는 김굉필·정여창·이언적·조광조·이황·조식·정구를 모두 조선의 도통과 도맥의 관점에서 이해하고 존경하였다. 그는 조선의 도맥이 정몽주·김굉필·이황에게 이어지고 있다고 생각하였고, 그의 사후에 그의 일부 문인들도 스승 장현광의 연원이 이황의 도맥을 계승했다고 보았다.

그러나 장현광은 부지암정사의 아래에 흐르는 강물은 바로 낙동강(洛東江)의 하류인데, 중국의 이락(伊洛)은 정자(程子) 형제가 태어난 곳이라고 하면서, 강의 이름에 낙(洛)자가 우연히 같으니, 정맥(正脈)이 흐르는 물줄기를 생각하여 수사(洙泗 : 공자)의 연원으로 거슬러 올라가고 싶다고 하였다. 그리고 부지암의 서쪽은 금오산(金烏山)인데 바로 길재(吉再)가 은둔한 곳으로 깨끗한 풍도(風度)와 높은 절개가 곧바로 수양산(首陽山)의 백이(伯夷)와 서로 비추니, 이에 우러러보면 참으로 늠름함이 있다고 하였다.[46]

장현광은 통(統)이란 전수함이 있고 계승함이 있음을 이른다고 하였다. 이른바 전수와 계승은 반드시 몸으로 전수하고 대면하여 계승하여야만 통이라 이르는 것이 아니요, 그 심법(心法)과 덕업(德業)이 서로 합하면 비록 백세(百世)의 간격이 있고 천리 멀리 떨어져 있더라도 전수하고 계승

46 『旅軒文集』 권9, 記, 不知巖精舍記.

할 수 있다고 보았다. 그는 지극히 성스럽고 지극히 성실하여 천지에 참여함이 있는 자가 아니라면 이 도의 통을 얻었다고 말할 수 없다고 하였다. 이러한 장현광의 말에서 보면 그는 정호(程顥) 형제를 거쳐 공자로 소급하는 도통의 정맥을 계승하고자 하였던 것을 알 수 있다. 그는 공자의 도통이 정호 형제로 그 정맥이 이어진다고 보았던 것 같고, 그 도통을 정맥으로 생각하여 계승하고자 했던 것으로 생각된다.

5

조경(趙絅)의 학맥과 학문성향

1. 머리말

조선 왕조가 창업된 지 2백여 년의 세월이 흐르는 동안 조선 사회는 줄곧 주자학의 정치이념을 지향해 왔다. 이러한 역사적 상황에서 16세기 후반기에 이황(李滉)과 이이(李珥) 등은 조선의 주자학을 이념적으로 체계화하여 제시하였다. 그러나 사실 16세기 말까지만 해도 주자학이 학계와 정계를 완전히 주도하지는 못했다. 이황과 이이의 학맥이 주자학 일변도를 지향한 반면, 서경덕(徐敬德)이나 조식(曺植) 학맥의 학풍은 주자학 일변도로 그 방향을 정하지는 않았던 것이다.

그런데 1592년과 1597년에 일어난 왜란과 1627년과 1636년에 일어난 호란은 조선 사회의 큰 변동을 가져왔다. 왜란이 종결된 후 광해군 정권은 조선의 문란해진 예속(禮俗)을 회복하기 위해서 많은 노력을 기울였다.

광해군은 1610년(광해군 2)에 김굉필(金宏弼)·정여창(鄭汝昌) 등 조선의 대표적인 유학자 다섯 명을 문묘(文廟)에 종향(從享)시키고, 그 뒤 『동국삼강행실도(東國三綱行實圖)』 등을 편찬하여 충(忠)·효(孝)·열(烈)의 유교이념을 새롭게 진작시키려고 하였다.

인조반정 이후 일어난 정묘·병자호란은 조선의 지식인과 백성들에게 커다란 상처를 남겼다. 사실 호란을 당하여 당시의 지식인들 사이에는 국가와 왕실의 보전을 위해 후금(後金)과 강화(講和)를 하자는 최명길(崔鳴吉) 등 주화론(主和論)의 현실적 인식과 의리를 내세우며 강화를 거부하는 김상헌(金尙憲) 등 척화론(斥和論)의 입장이 팽팽하게 맞섰다.

그런데 조선 후기 사회는 인조 말엽부터 송시열(宋時烈)·송준길(宋浚吉) 등의 정치적 영향력이 커져가면서 주자학과 대명의리론(大明義理論)이 대세를 잡아 나갔다. 송시열로 대표되는 학자들은 주자학 지상주의로 나간 반면, 서울의 한당(漢黨) 계열의 학자나 장유(張維)·최명길을 비롯하여 윤휴(尹鑴)나 박세당(朴世堂)을 비롯한 일군의 학자들은 주자학의 이념과 방법만으로는 당시 조선이 처한 현실문제와 시대적·정신적 상처를 치유할 수 없다고 생각하였다. 그래서 그들은 송시열 계열과는 다른 다양한 학문과 사상으로 국가와 사회가 처한 문제들을 해결하려고 노력하였다.

이 글에서 탐구하려고 하는 조경(趙絅, 1586~1669)은 윤근수(尹根壽)의 문하에서 공부하여 김상헌·이정구(李廷龜) 등과 같은 서인 학통에 속했지만, 당파를 초월하여 교유를 했고 학문 활동을 했던 17세기 전반의 대표적인 지성이다. 우선 조경의 학문성향을 이해하기 위한 배경으로 17세기 전반의 조선 학계를 개관해 보고, 이어 조경의 학맥과 교유 관계를 살펴보고 그의 학문성향에 대해 밝혀 보고자 한다.

2. 17세기 전반의 조선 학계

1) 기호학계

17세기 전반기는 조선 이학(理學)의 도통(道統)이 정해지는 시기였다. 1610년 9월 4일에 광해군은 김굉필(金宏弼)·정여창(鄭汝昌)·조광조(趙光祖)·이언적(李彦迪)·이황(李滉) 등 다섯 명의 학자를 문묘(文廟)에 종향(從享)하게 하였고 이로서 조선 주자학의 도통은 정립되었다.[1] 그런데 광해군대에는 북인정권과 깊은 관련이 있던 조식(曺植)은 문묘 종향에 빠지게 되었다. 그래서 조식 학맥의 학자들은 그 나름대로 조식에 대한 현창사업을 추진해 나갔다.

사실 1584년(선조 17) 이이(李珥) 사후부터 광해군대까지는 이이와 성혼(成渾)의 학맥도 아직 학계의 주도권을 잡지는 못했다. 선조대에는 유몽학(柳夢鶴)의 아들 유극신(柳克新)이 젊은이들을 모아 이이와 성혼을 헐뜯고 심지어 노래까지 만들어 서로 창화(唱和)했다고 한다.

> "서울의 선비들이 무려 백명 천명으로 떼를 이루어 미친 짓, 괴이한 짓들을 하는데, 그것이 천태만상으로 해괴하기 짝이 없다. 때로는 무당 흉내를 내면서 덩실거리고 노래하며 춤을 추기도 하고, 혹은 초상과 장사지내는 일을 꾸며 껑충거리고 흙을 다지기도 하며, 동으로 갔다 서로 달렸다 웃었다 울었다 하였다. 그리고는 저희들끼리 묻기

1 『光海君日記』 광해군 2년 3월 26일(임인); 광해군 2년 9월 5일(정미).

를, '무슨 일로 웃느냐? 무슨 일로 우느냐?'라고 하고는, 큰 소리로 스스로 답하기를, '장상(將相)들이 제대로 된 사람이 아니어서 웃는다. 국가가 위태롭고 망해 가고 있어서 우는 거다'라고 하면서, 다시 하늘을 쳐다보며 크게 웃곤 하였다. 한때 이것을 '둥둥곡[登登曲]'이라고 불렀다."[2]

"진사 유극신(柳克新)이란 자가 있었는데 그는 유몽학(柳夢鶴)의 아들이다. 그는 방달(放達)의 행동을 주창하였는데 무리를 모아 술을 마시면서 호리곡(蒿里曲)을 지어 애절하게 부르고 또 동동곡(童童曲)을 지었는데 그 뜻은 한세상을 어린 아이처럼 여기는 내용이었다. 그리고 공경(公卿)들을 조롱하여 때로는 웃기도 하고 울기도 하였는데 이에 유명한 선비들이 많이 모여들었다. 이들은 거개가 득세한 가문의 자제들이었으므로 그 무리에 끼어 있는 자들은 대부분 과거에 급제하여 영달을 얻게 되었고 급제하지 못했더라도 그것을 빙자하여 명성을 얻어 벼슬길에 진출하는 것이 매우 빨랐었다. 그런데 유성룡만은 이들의 행위를 인정하지 않으면서 '이들은 세속을 혼란시키는

2 『亂中雜錄』 1, 戊子 萬曆 16년, 宣祖 21년(한국고전번역원, 차주환·신호열 공역, 1971). "都中士子無慮百千, 呼朋聚徒, 佯狂作怪, 千態萬狀, 頗極凶駭. 時爲巫覡之狀, 歌舞婆娑, 或設喪葬之事, 築土踴躍, 趍東走西, 且笑且哭. 因自相問曰何事笑哭? 高聲自答曰笑將相之非人, 哭國家之危亡. 又仰天大笑. 一時名之曰登(音둥)登曲." 李瀷의 『星湖僿說』에는 "우리나라 선조조 때 명문의 자제 李慶全·李綏祿·白振民·金斗男·柳克新·金誠立·鄭孝誠·鄭協 등 연소한 자 40여 명이 패거리가 되어, 뛰놀고 노래하며 鼕鼕曲을 부르고 큰 길거리로 헤매면서 곡하고 또 웃으며 하는 말이, '국가가 장차 망할 것을 곡하고, 將相들이 사람 아닌 것을 웃는다.'라고 하였다. 그러나 관리들이 감히 금지시키지 못하고 재상들도 삼가 피할 뿐이었는데, 얼마 후에 임진왜란이 일어나자 사람들이 난리의 조짐이었다."라고 했다(『星湖僿說』 권15, 人事門, 笑歌).

> 자들이니 의당 국법으로 다스려야 한다'라고 하였는데, 이 때문에 약간 수그러졌었다. 기축년에 이르러 유극신이 죽고 그의 무리 백진민(白振民) 등이 역옥(逆獄)으로 죽자 그 풍조가 결국 종식되었다."[3]

1589년(선조 22) 기축옥사(己丑獄事)가 일어나기 전에 서울 거리에서 시위를 주도한 사람은 정효성(鄭孝誠)·백진민(白振[震]民)·유극신(柳克新)·김두남(金斗南)·이경전(李慶全)·정협(鄭協)·김성립(金誠立) 등 30여 명이었고, 이들을 추종한 이들은 셀 수 없을 정도로 많았다. 동인과 서인의 싸움은 이때부터 더욱 심각해져 각자가 자기의 이해를 도모하고 나라의 일은 버려두고 잊어버려 기축옥사에 호남의 많은 선비들이 희생되었다.

그런데 당시 조정에 있던 이들은 모두 이이와 성혼을 미워하였고, 유극신의 말을 즐겨 들으면서 그르다고 하지 않았다.[4] 당시 성혼과 이이에 등을 돌린 이들이 모두 유극신에게 몰려들었고, 그들에게는 첫째가는 명류(名流)라는 호칭이 붙여졌다. 그리고 유극신을 따르는 인물이면 거의 모두가 청관(淸官)의 자리를 차지하게 되었으므로 이에 추종하는 이들이 매우 많았으며 이이첨(李爾瞻) 등도 같은 부류에 속하였다. 이 때문에 선조말년 이후 4, 50년 동안은 서울·경기지역에는 진정한 학자의 모습을 볼 수 없게 되었고[5] 이이의 학맥에서 떠나지 않은 사람은 김장생 등 두

---

3 『宣祖修正實錄』 선조 15년, 6월 1일(정해). "有進士柳克新者, 夢鶴之子也. 倡爲放達之行, 聚徒酣飮, 作蒿里曲, 悲哀吁唱, 又作童童曲, 意蓋孩視一世也. 嘲弄公卿, 或笑或哭, 於是, 有名之士, 多趣之. 大抵多得志人家子弟, 故與其徒者, 登第多榮顯, 雖未第, 而亦藉而爲名, 仕路甚捷, 柳成龍獨不取, 曰此輩亂俗, 當繩以王法. 由是少戢, 至己丑歲, 克新死, 而其徒白振民等, 死於逆獄, 其風遂息."(번역문은 국사편찬위원회 사이트 참조).

4 『仁祖實錄』 인조 1년 7월 6일(갑오).

5 『澤堂集』 別集 권15, 雜著, 示兒代筆. "柳克新者, 一倡放達之習, 作爲俳優之戲, 而猶一邊有講禮論學者, 於是, 士之貳於牛栗者皆歸之, 號爲第一名流出身, 則擧得淸官, 趨附者極

세 사람에 불과하였다. 그 뒤에도 성혼과 이이를 종주로 여기는 사람들이 비록 많다고는 해도 거의 대부분이 당(黨) 때문이었지 학문 때문은 아니었다.[6] 이러한 서울·경기지역의 사정으로 보아 적어도 1623년 이전까지는 이이와 성혼의 학문적 영향력이 아주 미약했다는 것을 알 수 있다.

한편 16세기 말 호남에는 정여립(鄭汝立)이 이발(李潑)·정개청(鄭介淸) 등과 함께 어울려 노닐며 한 도(道)를 휘어잡고 호기(豪氣)를 부리다가 기축옥사로 많은 학자들이 처형을 당하고 말았다.[7] 그런가 하면 호남 학계에는 일부 선비들이 공공연하게 불교를 떠받들기도 했다. 그런데 불서(佛書)를 이야기하는 이들은 모두 오언관(吳彦寬)을 따르고 있었는데, 그는 의금부(義禁府)에 잡혀 가서 곤장을 맞고 죽었다. 그럼에도 불구하고 그를 존숭(尊崇)하는 이들은 그가 전생(前生)에 지은 악업(惡業) 때문에 그런 과보(果報)를 받았다고 둘러대면서, 그가 부처를 이룬 것은 의심할 수 없는 분명한 사실이라고 말하였다.[8] 이같이 호남 학계는 정여립·유극신·오언관 등의 활동으로 인해 16세기에 이항(李恒)·김인후(金麟厚)·유희춘(柳希春)·기대승(奇大升) 등에 의해 형성된 이학(理學) 전통이 17세기 이후에는 이어지지 못하게 되었다.

1623년(인조 1) 3월 13일 김류(金瑬)·이귀(李貴) 등 서인은 일부 남인의 후원을 받아 광해군을 폐하고 능양군(綾陽君, 인조)을 추대하여 인조정권을 세웠다. 인조반정 직후 남인계의 이원익(李元翼)이 영의정으로 발탁이

衆, 李爾瞻儕輩, 皆出於其中, 由是四五十年來, 京輔間學者盡矣."

6 『澤堂集』 別集 권15, 雜著, 示兒代筆. "自牛溪栗谷被斥以來, 京中士子以學爲名者, 皆諱避背違, 不去者, 金沙溪等數三人. 迄今宗主二公者雖衆, 乃黨也, 非學也."

7 『澤堂集』 別集 권15, 雜著, 示兒代筆.

8 『澤堂集』 別集, 권15, 雜著, 追錄.

되었고, 이이의 제자인 정엽(鄭曄)이 대사성이 되어 선비들을 모아놓고 학문을 강론하였다.[9] 당시 오윤겸(吳允謙)・이정구(李廷龜)・정엽・정경세(鄭經世)・장현광(張顯光)・김장생(金長生)・박지계(朴知誡) 등이 학계의 중심인물로 떠올랐다.

그런데 인조대 정계와 학계의 가장 큰 쟁점의 하나로 떠오른 것은 인조의 생부 정원군(定遠君)의 추숭논의였다. 정원군의 추숭논의는 박지계에 의해 1626년 5월 인조의 생부의 사당의 친제(親祭) 때에 축문의 서두에 쓸 칭호문제의 논의 과정에서 처음 제기되었다.[10] 그 뒤 1632년 5월에 인조는 정원군을 원종(元宗)으로 추존했고, 1635년 3월에 원종을 종묘에 부묘(祔廟)함으로써 추숭이 완료되었다.[11] 박지계는 원종 추숭 논의에서 인조가 원종을 '아버지[考]'라고 불러야 한다고 했고 이에 이귀(李貴)와 최명길(崔鳴吉)이 적극 동조하여 추진했다.

1623년 인조반정 이후 김장생은 장령(掌令)으로 부름을 받았다. 그는 원종 추숭 논의에서 시종일관 인조가 원종을 '숙부[叔]'라고 불러야 한다면서 복제(服制)까지 강쇄(降殺)해야 마땅하다고 주장했다.[12] 그는 17세기 전반의 예학의 대가였고 원종 추숭에 대한 비판적 의견을 내어 당시 사림의 청의(淸議)의 대변자로 더욱 명성을 떨치게 되었다.

김장생은 일찍이 이이의 문하에서 공부하였다. 그는 스승 이이에 대해 약례(約禮)에는 미진했다고 하면서, 자신이 예학에 힘쓴 배경을 제자인 송시열에게 다음과 같이 말했다.

---

9 『仁祖實錄』 인조 1년 6월 12일(신미).
10 『仁祖實錄』 인조 13년 7월 22일(경오).
11 이영춘, 「潛冶 朴知誡의 禮學과 元宗追崇論」(『淸溪史學』 7, 청계사학회, 1990) 245쪽.
12 『谿谷集』 谿谷漫筆 권1, 漫筆, 沙溪延平朝議議禮異同.

"박문(博文) · 약례(約禮) 두 가지는 성문(聖門)의 학(學)에 있어, 수레로 말하면 두 바퀴와 같고 새로 말하면 두 날개와 같다. 율곡이 매양 이 말을 외어서 문인들을 가르쳤으나, 내가 본바 율곡은 박문의 공(功)은 매우 높았지만, 약례에는 아직도 미진한 바가 있었다."[13]

김장생은 이이가 박학(博學)에는 그 공이 매우 높았지만 예학(禮學)의 실천에는 미진했다고 보았다. 그러나 이이가 예학에도 깊은 식견이 있어 제례(祭禮) 등을 정리한 것을 보면 김장생의 이 말이 문제가 없는 것은 아니다. 다만 김장생이 예학을 깊이 탐구하여 17세기 이이의 학맥이 이학(理學)과 예학으로 정계와 학계를 주도하는 이론적 토대를 마련하였다는 것에 의미를 두어야 할 것이다.

김장생의 제자인 송시열은 1633년(인조 11) 27세의 나이로 생원시에 제1등으로 합격했다. 그는 「일음일양지위도(一陰一陽之謂道)」라는 시험문제에 대해 이이의 이통기국(理通氣局)설을 음양(陰陽)과 연결하여 답을 썼다.[14] 송시열은 이통(理通)을 음(陰)과 양(陽)의 이(理), 기국(氣局)을 음과 양의 체(體)로 설명했다. 그는 이이의 이통기국설을 받아들여 독자적인 해석을 한 이래 주자학을 깊이 연구하여 이기(理氣)의 분분한 논쟁을 해결하려고 했다.[15] 송시열은 조선 최고의 주자학자였고, 주희의 말을 진리로 믿고 그대로 행동하였다. 그는 거미[蛛]를 보아도 주희를 생각할 정도로

13 『宋子大全』 권212, 語錄, 沙溪先生語錄(한국고전번역원, 정태현 역, 1983). "博文約禮二者, 於聖門之學, 如車兩輪, 如鳥兩翼. 栗谷每誦此言以教之, 然余所見, 栗谷於博文之功最多, 而於約禮猶有所未至也."

14 『宋子大全』 권136, 雜著, 一陰一陽之謂道 癸酉科義.

15 『南塘文集』 권34, 行狀, 寒水齋權先生行狀.

주희에 경도되어 있었다.[16] 그는 일생을 주자학의 연구에 힘써 『주자대전차의(朱子大全箚疑)』의 편찬에 착수하여 그 뒤 그 학맥의 주자학의 연구에 추동을 하였다.

17세기 전반기에 기호학계에 주어진 주요 과제는 이이와 성혼을 문묘에 종사(從祀)하자는 운동을 전개하는 일이었다. 사실 이이는 이학(理學)에 깊은 식견을 지니고 있으면서 아울러 국가의 안위(安危)를 자임(自任)했던 경세(經世)의 재략(才略)을 겸비한 학자였다. 그는 자기 시대의 잘못된 법과 제도를 변통하여 백성을 편안케 하고 나라를 굳건히 함으로써 큰 환란이 일어날 조짐을 예방하려고 했다.[17]

인조반정 초인 1623년 3월에 유순익(柳舜翼)은 가장 먼저 이이를 문묘에 종사하자는 청을 경연에서 발의하였고 이에 이민구(李敏求)가 이 일이 늦은 감이 있다고 하면서 적극 동조를 표했다.[18] 그 뒤 황해도 해주유생 윤홍민(尹弘敏)이 김장생을 찾아가서 이이의 종사를 청하려고 하자 김장생은 찬성을 하였다. 당시 이러한 정보를 입수한 성혼의 제자인 오윤겸(吳允謙)은 이정구에게 해주유생에게 성혼도 함께 종사를 청하도록 거론하게 했다.[19] 이렇게 상황이 돌아가자 김장생은 장차 이이를 문묘에 종사하는 일이 어렵게 될 것으로 예측했다.

한편 1635년(인조 13)에 관학(館學)에서 송시영(宋時瑩) 등이 이이의 문묘종향을 제기했다. 당시 송준길(宋浚吉)은 이이만의 단거론(單擧論)을 강하

16 『宋子大全』 권137, 序, 送咸興二朱君序. “余之所好不止於草間之蛛, 雖茱與株之無情者, 亦將無斁於心也.”

17 『澤堂集』 別集 권15, 雜著, 示兒代筆.

18 『仁祖實錄』 인조 1년 3월 27일(정사).

19 『宋子大全』 권96, 書, 答李同甫 丁卯 5월 3일.

게 주장했고 이홍연(李弘淵)은 이이와 성혼의 병거론(幷擧論)을 극력 주장하였다. 이이만 종사를 청할 것인가 이이와 성혼을 함께 종사할 것을 청할 것인가를 놓고 송준길은 연산(連山)에 살고 있는 김집(金集)에게 문의를 했다. 이에 김집은 "우계(牛溪)는 율곡(栗谷)에 비해 실로 차이가 있다. 그러나 이미 종사한 제현(諸賢)에 비한다면 어찌 우계가 제현만 못하다고 하겠는가"라고 하여, 이이와 성혼을 함께 종사를 청하기로 논의가 정해졌다.[20]

송시영 등 2백 70여 명은 "도학은 국가의 원기(元氣)이고 선유(先儒)는 백대의 종사(宗師)"라고 하면서 명종·선조대에 와서는 이황을 뒤이어 유림의 종사가 된 이가 바로 이이와 성혼이라고 주장했다. 송시영 등은 이이와 성혼이 오현(五賢, 김굉필·정여창·조광조·이언적·이황)을 뒤이어 태어나서 도학을 강명(講明)하여 오묘한 이치를 밝히어 동방 이학(理學)의 근원이 여기에서 자못 유감없이 발휘되었다 할 수 있다고 주장했다.[21]

흔히 17세기 전반기의 기호학계는 이이·성혼의 학맥을 이은 학자들은 대체로 주자학을 신봉한 것으로 이해된다. 그러나 서울·경기지역에 살고 있던 이이·성혼의 학맥에 직접적으로 속하지 않았던 많은 학자들은 주자학뿐만 아니라 문학(文學)을 비롯하여 상수학(象數學)이나 사학(史學) 등에도 관심을 가지고 자유롭게 학문을 강론했던 것으로 보인다. 윤근수의 문인인 조경·이정구(李廷龜)·조익(趙翼)이나 서경덕 학맥과도 이어지는 허목(許穆)·윤휴(尹鑴)와 서울의 장유(張維)·최명길(崔鳴吉)·박세당(朴世堂) 등은 주자학과 다소 거리를 두고 있는 학자들이었다. 특히 윤

20 『宋子大全』 권96, 書, 答李同甫 丁卯 5월 3일.
21 『仁祖實錄』 인조 13년 5월 11일(경신).

휴는 주희(朱熹)의 사서집주(四書集註)를 읽을 필요가 없다고 주장했고, 「사단칠정인심도심설(四端七情人心道心說)」을 지어 선현과 당대 학자의 학설까지 두루 검토를 하고 자신의 새로운 견해를 제출했다.[22] 1638년(인조 16) 송시열은 송준길에게 편지를 보내어 말하기를 윤휴를 한번 만나서 3일 동안 학문을 논했는데 우리들의 30년 독서가 진실로 가소롭다고까지 했다.[23]

그런가 하면 병자호란 전후로 김상헌·송시열과 최명길·박세당은 현실 인식을 달리 했다. 김상헌은 정묘·병자호란을 거치면서 의리(義理)의 사표(師表)로 자임했다. 그의 눈에는 국왕의 명령보다 의리가 더 중요했다. 그는 "대의(大義)가 있는 곳에는 털끝만큼도 구차스러워서는 안 된다. 임금이 사직에 죽으면, 따라 죽는 것이 신하의 의리이다. 간쟁하였는데 쓰이지 않으면 물러나 스스로 편안히 지내는 것도 역시 신하의 의리이다. 옛 사람이 한 말에 신하는 임금에 대해서 그 뜻을 따르지 그 명령을 따르는 것이 아니라고 하였다. 사군자(士君子)의 나가고 들어앉은 것이 어찌 일정함이 있겠는가. 오직 의(義)를 따를 뿐이다. 예의(禮義)를 돌보지 않고 오직 명령대로만 따르는 것은 바로 부녀자나 환관들이 하는 충성이지 신하가 임금을 섬기는 의리가 아니다"라고 하였다.[24]

이러한 김상헌의 의리는 이미 16세기에 이황과 조식에 의해 제시된 경의(敬義)의 실천정신이 호란을 겪으면서 조선의 현실에서 발현된 것이었다. 사실 송시열은 병자호란 당시에는 척화에 미온적이었고 남한산성(南漢山城)을 나와 바로 시골로 내려가 버려 송준길로부터 비판을 받기도 했

---

22 『白湖文集』 권25, 雜著, 四端七情人心道心說 戊寅春.
23 『白湖文集』 附錄, 年譜.
24 『孝宗實錄』 효종 3년 6월 25일(을축); 『淸陰年譜』 권2, 崇禎 11年 戊寅.

다.[25] 그러나 송시열은 1645년(인조 23) 5월에 경기도 양주 도산(陶山) 석실촌(石室村)으로 김상헌을 찾아갔는데 당시 김상헌은 대의(大義)의 종주(宗主)로 학계의 명망이 아주 높았다.[26] 송시열은 김상헌의 의리론을 이어받아 효종 연간에 주자학에 철저하면서 북벌론(北伐論)의 깃발을 들고 나왔다. 대명의리론(大明義理論)에 철저한 그는 효종이 작고하자 효종이 하사한 초구(貂裘)를 품에 안고 화양동(華陽洞)에 들어가 생활하면서 화양동을 숭정(崇禎)의 해와 달이 뜨고 지는 대명(大明)의 천지로 만들었다.[27] 그러나 최명길·박세당 등은 김상헌과 송시열 등의 대명의리에 대해 비판적 생각을 가졌다.

1649년(인조 27) 5월 13일에 효종이 즉위한 뒤 김집·송준길·송시열 등은 본격적으로 출사를 하였다. 송준길은 이해에 효종을 모시고 강학을 했는데, 글 뜻을 분명하게 아뢰고 예의에 익숙하니 함께 입시했던 여러 신하들이 다들 입이 닳도록 칭찬을 하였다. 조경 역시 그 자리를 나와 사람들에게 말하기를 "우복공(愚伏公, 정경세)이 전에 '내가 송 아무개라는 사위를 두었는데 그 사람이 매우 어질다. 반드시 장차 크게 성취할 것이다'고 하더니만, 지금 보고 나니 우복공은 사람을 알아본다고 말할 만하다"라고 하였다.[28]

이에 앞서 1646년 2월에 조경은 특별히 형조참판에 임명되었다가 대사헌으로 옮겼다. 당시에 효종은 강빈(姜嬪)을 사사(賜死)하려고 하였으므

---

25 『頤齋亂藁』 제9책, 年譜 343-344 401쪽 참조.
26 『宋子大全』 附錄 권2 年譜.
27 권오영, 「남한산성과 조선 후기의 대명의리론」(『조선 성리학의 의미와 양상』, 일지사, 2011) 366쪽 참조.
28 『顯宗改修實錄』 현종 13년 12월 5일(병오).

로, 삼공(三公)과 삼사(三司)가 간쟁(諫爭)하였으나 허락을 받지 못하였다. 조경은 상소를 올려 강빈을 사사해서는 안 된다는 뜻으로 극력 말하였다. 그는 "소현세자가 죽은 지 아직 일 년도 지나지 않아, 아주 어린 여러 자식들이 강보 안에서 울고 웃고 하고 있습니다. 그런데 전하께서는 어찌 차마 그들의 어미가 죽도록 내버려둘 수 있단 말입니까"라고 하였다. 또 그는 말하기를 "전하께서는 자애로운 마음을 가지고 계시는데, 강씨(姜氏)가 불효(不孝)하였다고 하여 소현세자가 살아있던 날과 다르게 대해서야 되겠습니까. 이것은 온 나라 신민들이 모두들 똑같이 말하는 것으로서, 인륜(人倫)의 변고에 대해 잘 대처하시기를 전하께 바라는 것입니다"라고 하였다.[29]

그런데 그 뒤 송준길의 친우 이유태(李惟泰)가 상소를 올려 조경이 강빈의 사사에 대해 소를 올린 일을 지적하여 심하게 논척(論斥)하였다. 이유태는 상소에서 조경이 "경서(經書)의 가르침을 견강부회하여 간사한 말을 얽버무리고 꾸며댔다"라고 했는데, 조경은 송준길 등의 뜻도 이유태와 마찬가지일 것으로 의심을 하였다. 그 뒤 송준길이 1657년에 조정에 나아갔을 때 조경과 담을 사이에 두고 살면서도 끝까지 서로 인사를 나누지 않았다.[30]

1659년(효종 10) 기해예송(己亥禮訟)이 일어나자 송시열 등은 장렬왕후(莊烈王后 : 인조의 繼妃인 楊州趙氏. 慈懿大妃)의 복제(服制)를 논하여 기년복(期年服)이 마땅하다고 주장하였다. 이듬해 윤선도(尹善道)는 상소하여 3년

29 『龍洲年譜』 丙戌 2月條. "昭顯之亡, 曾未一朞, 藐爾諸孤, 啼笑於襁褓之中, 殿下何忍任其母之死乎? 又曰殿下慈愛之天, 其可以姜之不孝, 有所異同於昭顯存亡之日乎? 此一國臣民之萬口同辭, 而以善處人倫之變, 望於殿下者也."

30 『顯宗改修實錄』 현종 13년 12월 5일(병오).

복을 주장하여 송시열 등의 예설을 공격하였다. 당시에 송시열과 송준길은 소현세자(昭顯世子)가 장자(長子)가 되고 효종이 차자(次子)가 된다고 했는데 윤선도는 불가하다고 했다.[31] 조경은 윤선도의 설을 지지하여 윤선도는 위로는 효종에게 충성을 다하고 아래로는 현종에게 효도하는 도리를 권면한 것이니 그 뜻이 명백하다고 했다. 조경뿐만 아니라 윤휴(尹鑴)・허목(許穆)・홍우원(洪宇遠) 등도 모두 윤선도의 예설을 지지하였다.[32]

2) 영남학계

17세기 전반의 영남 학계는 크게 조식(曺植)과 이황(李滉)의 문인들이 문파를 나누어 대립하고 있었다. 기호학계에서 학문 활동을 했던 조경(趙絅)은 이황에 대해 주희의 적전(嫡傳)이고 후학에 공이 크다고 했다.[33] 그리고 이황의 제자인 김성일(金誠一)에 대해서는 이황의 문하에서 일찍이 그가 도(道)를 들었다고 했고[34] 임진왜란 때 의(義)를 실천한 인물이고 정성에서 우러나온 그의 상소와 초유문(招諭文)은 천추(千秋)에 길이 빛난다고 했다.[35]

조경의 처부(妻父)인 김찬(金瓚)은 김성일과 가장 잘 지냈다. 1591년(선조 24) 일본에 김성일이 통신부사로 가면서 자기의 문중 사람들에게는 한

---

31 『龍洲遺稿』 권12, 雜著, 拙疏慍于群小問答記.
32 『肅宗實錄』 숙종 10년 5월 13일(무인).
33 『龍洲遺稿』 권13, 祭文, 英山書院春秋享文.
34 『龍洲遺稿』 권11, 序, 鶴峯先生集序.
35 『龍洲遺稿』 권13, 祭文, 英山書院春秋享文.

글자의 안부도 묻지 않았는데 김찬에게는 편지를 보내어 평소의 정을 표현할 정도로 가까웠다.[36]

조경은 이황의 문인인 유성룡(柳成龍)·정경세(鄭經世)의 학맥과도 학문적 인연이 깊었다. 유성룡은 정치적 실각으로 매우 어려운 처지에 있으면서도 1599년(선조 32) 조경의 처부인 김찬이 작고했다는 소식을 듣고 천리를 달려와 뇌사(誄辭)를 읊었는데 한 글자에 한번 눈물을 흘렸다고 했다.[37]

유성룡의 문인인 정경세는 경술(經術)에 널리 통달한데다 문장에도 능하였다.[38] 조경은 정경세가 낭관(郎官)으로 재직할 때 여러 해 섬겼던 적이 있다. 그는 정경세에 대해 읽지 않는 책이 없었으나 이황이 편찬한 『주자서절요(朱子書節要)』를 깊이 탐구하여 조정에서의 의론(議論)과 경연에서의 강설(講說)이 모두 이 책으로부터 나오지 않는 것이 없었다고 했다.[39]

한편 조식의 우뚝한 제자로는 정구(鄭逑)와 김우옹(金宇顒)이 있었지만, 명성에 있어서는 모두 정인홍(鄭仁弘)에게 미치지 못하였다.[40] 1610년(광해군 2) 사관(史官)은 다음과 같은 기록을 남기고 있다.

---

36 『龍洲遺稿』 권15, 墓碣, 吏曹判書訥庵金公墓碣 幷序.
37 『龍洲遺稿』 권15, 墓碣, 吏曹判書訥庵金公墓碣 幷序.
38 『仁祖實錄』 인조 11년 6월 28일(무자).
39 『龍洲遺稿』 권18, 神道碑, 愚伏鄭先生神道碑銘 幷序.
40 『光海君日記』 광해군 12년 1월 5일(갑신).

"정구(鄭逑)는 일찍이 조식에게 공부하고 또한 이황의 문하에서도 공부하였다. 그 친구 김우옹(金宇顒)이 작고하자 그를 애도하는 만시(輓詩)에서 '퇴계의 정맥(正脈)이고 산해(山海)의 고풍(高風)이다'라고 한 구절이 있었으니 산해는 조식의 재실(齋室) 이름이다. 정인홍이 또한 크게 노하여 「고풍정맥변(高風正脈辨)」을 짓고 정구와 절교하였다. 무릇 영남은 선비가 많은 곳인데, 이황의 뒤에는 참된 선비로서 우뚝하게 사표(師表)가 될 만한 이가 없다. 좌도(左道)와 우도(右道)의 반은 유성룡을 주장으로 삼아 언론이 투박하고, 우도의 고령(高靈) 이하는 정인홍을 주장으로 삼아 언론이 포악하였는데, 정구는 유성룡의 무리이다. 정인홍과 서로 가까운 거리에 살면서 문하(門下)를 나누고 생도(生徒)를 모집하여 서로 비방하였다."[41]

광해군대에 북인정권에서 정인홍은 권력의 핵심에 속하였다. 정인홍의 고향인 합천 주위의 6,7고을의 인사는 모두 정인홍을 그림자처럼 쫓아다니며 벼슬도 얻고 과거에 합격을 하기도 했다.[42] 그런데 정인홍의 명성은 북인정권의 몰락으로 정계와 학계에서 사라지고 영남학계는 정구가 조식과 이황의 학통을 계승한 인물로 활동하였다.

정온(鄭蘊)은 처음에는 정인홍의 문하에 출입하였다. 그 뒤 그는 조목과 정구의 문하에 노닐었고 이원익(李元翼)에게 편지를 올려 학문적 관계

41 『光海君日記』 광해군 2년 3월 21일(정유). "鄭逑嘗從事於植, 亦遊於滉之門, 挽其友金宇顒之詩有退陶正脈山海高風之句, 山海, 植之齋名也. 仁弘亦大怒, 著高風正脈辨, 與逑絶交. 大抵嶺南, 士子之府庫, 而滉之後, 無眞儒卓然可爲師表者. 左道與右道之半, 則其論主於柳成龍, 而言論偸, 右道之高靈以下, 則主於仁弘, 而言論暴, 逑則成龍之類也. 與仁弘居相距一息, 而分門立徒, 互相詆訾."

42 『龍洲遺稿』 권14, 誌, 茅谿文先生墓誌銘 幷序.

를 맺기도 했다. 그는 인조반정 이후 정인홍을 처형하려고 하자 예(禮)의 "도모무형(悼耄無刑)"의 설[43]을 인용하여 그 형량이 너무 지나치다고 주장했다. 결국 정인홍이 처형이 되자 그는 정인홍의 시체를 수습하여 매장을 해주었다.

한편 정구(鄭逑)의 뒤를 이어 영남학계는 장현광(張顯光)이 활동하였다.[44] 장현광은 정구의 질서(姪壻)로 그 문하에 종유하였으나 정구의 상사(喪事)를 당하여 여러 문인들이 성복(成服)할 적에 건(巾)과 질(絰)을 두루 나눠 주었으나, 그는 다만 손에 받아 들고 있기만 하고 곡(哭)을 하여 자신이 제자의 반열(班列)에 처하지 않았음을 보여주었다.[45] 장현광은 우주가 생긴 이래로 이 도의 전통인 도통을 계승한 자가 있었다고 하면서, 정호(程顥)를 거쳐 공자로 소급하는 도통의 정맥(正脈)을 계승하고자 하였다. 그는 공자의 도통이 정호로 그 정맥이 이어졌다고 보았던 것 같고, 그 도통을 정맥으로 생각하여 계승하고자 했다.[46]

1610년(광해군 2) 이황이 문묘에 종향되자 정인홍 등은 이황이 거상(居喪) 중에 아이를 낳았다는 등 몇 가지 소문을 퍼뜨려 이황의 문묘 종향이 잘못되었다고 주장했다. 그리하여 광해군대에는 정인홍의 세력이 강한 영남의 강우(江右)지역의 향교(鄕校)에는 이황이 종향되지 못하는 상황이 벌어졌다.[47]

---

43 『禮記』에 팔십, 구십을 耄라 하고 칠세를 悼라 한다. 悼와 耄는 비록 죄가 있더라도 刑을 가하지 않는다고 했다(『禮記』 曲禮 上).
44 『澤堂集』 別集, 권15, 雜著, 示兒代筆.
45 『星湖僿說』 권17, 人事門, 旅軒奉巾絰.
46 권오영, 「旅軒 張顯光의 求道의 공간과 道統意識」(『선주논총』 제13집, 금오공과대학교 선주문화연구소, 2010) 48쪽.
47 『澤堂集』 別集 권15, 雜著, 追錄.

광해군대에 조식이 문묘에 종향되지 못하자 이이첨(李爾瞻) 등은 조식의 서원을 서울에 세워 추모 사업을 추진해 나가고자 했다. 1615년(광해군 7) 2월 25일에 이이첨은 조식에 대해 "강상(綱常)을 부지하고 의리(義理)를 천명하여 비록 오늘날에 이르러서도 한줄기 정기(正氣)가 오히려 마멸되지 않은 것은 모두 이 분의 힘입니다"라고 하면서 도성 인근에 조식의 서원을 건립할 것을 건의하였다.[48] 이어 이이첨은 조식의 서원 건립의 기공일(起工日)을 아뢰었고[49] 조식을 기리는 서원을 삼각산(三角山)의 조계(曹溪)에 세웠다. 광해군은 이듬해 11월 10일에 조식의 서원에 '백운(白雲)'이라고 사액(賜額)을 하였다.[50] 예조판서 이이첨은 조식의 서원에 예관(禮官)을 보내 제사를 지내게 할 것을 청하였고[51] 화사(畵師)로 하여금 서원이 있는 산천을 그리게 하여 첩(帖)으로 만들어 항상 감상을 하고 조식에 대해 경모를 표하였다.[52] 그러나 1623년 인조반정으로 백운서원(白雲書院)은 바로 훼철이 되어 버렸고[53] 이후 조식의 학맥은 쇠락의 길을 걷게 되었다.

그런가 하면 17세기 전반기에 이황의 학통에서는 이황의 제자인 조목(趙穆)이 1614년(광해군 6) 도산서원(陶山書院)에 종향이 되었고[54] 1623년에는 안동에 여강서원(廬江書院)이 세워져 이황을 주향으로 하고 유성룡과 김성일이 각각 동·서벽(東西壁)에 배향이 되어 이황 문하의 학통이

48 『光海君日記』 광해군 7년 2월 25일(임인).
49 『光海君日記』 광해군 7년 9월 27일(경자).
50 『光海君日記』 광해군 8년 11월 10일(정축).
51 『光海君日記』 광해군 8년 11월 13일(경진).
52 『來庵文集』 권12, 雜著, 白雲書院圖帖.
53 『月沙集』 권61, 南宮錄 中. 曺南冥書院撤毁人嚴加禁斷啓辭 癸亥.
54 이상현, 「월천 조목의 도산서원 종향논의」(『北岳史論』 8, 북악사학회, 2001).

정립되어 나갔으나 후일 위차시비(位次是非)와 병호시비(屛虎是非)의 여지를 남겨 놓았다.[55]

이식(李植)은 영남 학계에 대해 정구의 고제(高弟)인 장현광(張顯光)이 죽고 난 다음에는 또 학맥(學脈)을 계승할 제자가 있지 않았다고 하면서 영남의 학문도 이쯤에서 멈춰지고 말았다고 했다.[56] 그러나 17세기 중반 이후의 영남학계는 이현일(李玄逸)이 김성일의 학맥을 이어 이황의 이학(理學)을 발전시켜 나갔다. 그는 1668년(현종 9)에 아버지 이시명(李時明)의 명으로 조경에게 편지로 집지(執贄)를 하고 문하에 나아가 인사를 드려 학문적 인연을 맺었다.[57] 그는 이이(李珥)의 학설을 비판하고 이황 이학의 수호자로 자처하고 나섰다. 그를 이은 영남의 이황 학맥은 18세기에 이상정(李象靖)을 거쳐 19세기에 유치명(柳致明)－김흥락(金興洛)에 이르기 까지 면면히 전승되어 나갔다.

3. 조경의 학문성향

1) 학맥과 교유

조경은 1609년(광해군 1) 24세 때 윤근수(尹根壽)에게 편지로 집지(執贄)

---

55 김학수, 「여강서원과 영남학통」(『조선시대의 사회와 사상』, 조선사회연구회, 1998).

56 『澤堂集』 別集 권15, 雜著, 示兒代筆. 李植은 張顯光을 鄭逑의 高弟라고 표현하고 있지만, 李瀷은 장현광이 정구에게 제자로 자처하지 않았다고 보았다. 정구와 장현광의 師弟 관계 여부 문제는 조선 후기에 영남의 寒旅是非로 전개되어 그 결말이 나지 않았다.

57 『葛庵文集』 권8, 書, 上趙龍洲.

를 하고 신문리(新門里) 집으로 가서 문인(門人)이 되었다. 당시에 윤근수의 집에는 많은 관료와 학자들이 출입을 하며 예(禮)와 학(學)에 대해 질의를 하고 있었다. 윤근수는 손님과 수작을 하다가 한가한 틈에 조경을 돌아보며 말하기를 "어린 그대[孺子]는 『사기(史記)』를 읽어라"라고 하고, 조경에게 공부하는 방법을 가르쳐 주었다.

조경은 스승 윤근수에게 문정(文貞)이란 시호를 내리는 날에 소시(小詩)를 지어 스승에 대한 존모(尊慕)의 정을 표현하였다. 조경은 "일찍이 문하에서 용문(龍門, 사마천)의 글 더럽혔고, 선생을 북두처럼 높이 우러렀네[曾將弊帚汚龍門, 鑽仰先生北斗尊]"라고 기리었다.[58]

조경은 윤근수가 조선의 천백년의 문체(文體)를 크게 변하게 하여 향기를 드날리게 했다고 평가했다. 윤근수는 선진(先秦)의 남긴 메아리를 잇고 한시대의 사람으로 하여금 『사기』의 문장을 배울 수 있다는 것을 알게 했고 그간의 송(宋)·원(元)의 오래 묵은 글을 답습하지 않게 했다는 것이다.[59]

윤근수의 문인으로는 김상헌(金尙憲)·조익(趙翼)·이정구(李廷龜) 등이 있다. 그런데 윤근수의 학문연원은 김덕수(金德秀, 頤眞)이고 김덕수는 아버지 김식(金湜)의 학통을 이어받았다.[60] 김식은 기묘명현(己卯名賢)으로 조광조(趙光祖)와 함께 활동했던 학자이고 그 문하에는 김정(金淨) 등이 드나들었다.[61] 김식은 기묘사화로 선산(善山)에 유배되었다가 다시 절도(絶島)로 이배(移配)된다는 소식을 접하고, 거창(居昌)의 산중에서 "군신(君臣)

58 『龍洲遺稿』 권3, 七言律詩, 月汀先生迎諡讌詩帖小序.
59 『龍洲遺稿』 권13, 祭文, 祭月汀海平君文.
60 『典故大方』 권3, 門人錄. 김덕수의 문인으로는 윤근수 외에 元豪와 李彦廸이 있다.
61 『龍洲遺稿』 권18, 神道碑, 大司成金公神道碑銘 幷序.

은 천년의 의리(義理)가 있다"라는 시를 쓰고 자결했다. 그런데 김식의 '자결'문제에 대해서 이이는 의혹이 없지 않다고 했다.

> "내(김장생)가 일찍이 청풍(淸風) 김권(金權, 김식의 손자)과 함께 율곡(이이)의 문하에 있을 때 청풍이 자기의 할아버지인 김대성(金大成, 金湜)의 비문을 청하였으나 율곡이 대답을 하지 않자, 청풍이 매우 실망한 표정으로 물러갔다. 청풍이 나에게 조용히, '승낙해 주시지 않는 이유를 묻고 싶으나 무서워서 감히 여쭙지 못하겠으니, 그대가 틈을 타서 물어보아 주게'라고 하기에, 내가 그의 말대로 여쭤보았더니 대답하시기를, '그의 죽음에 처한 의리(義理)가 매우 미안하므로 승낙하지 않았던 것이다'라고 하였다. 내가 이 사실을 청풍에게 말하였는데, 그 뒤 끝내 감히 다시 비문을 청하지 못하였다."[62]

이이가 김식의 죽음에 처한 의리(義理)가 매우 미안하다고 생각하여 짓기를 꺼려했던 김식의 신도비명은 조경이 지었다. 조경이 김식의 신도비명을 썼고 그가 김식의 현손인 김육과 가깝게 지냈으며, 또 김육 사후 김육의 신도비명을 써준 것은 김식·김덕수·윤근수의 학문연원에서 이해해야 할 것이다.

한편 조경의 또 다른 학맥은 조식의 학통을 이은 것이다. 조경은 문

62 『宋子大全』 권212, 語錄, 沙溪先生語錄(한국고전번역원, 정태현 역, 1983); 『栗谷全書』 권32, 語錄 下(한국고전번역원, 권오돈 외 역, 1968). "余嘗與金淸風權, 同在栗谷門下, 淸風爲請其祖金大成碑文, 栗谷不答. 淸風憮然而退. 私於余曰欲請不許之由於先生, 而嚴不敢焉, 君須待間請問也, 余如其說, 則答曰其處死之義甚未安, 故不許矣. 余以是言於淸風, 後竟不敢復請云."

위(文緯)의 문하에서 공부하였다. 문위는 거창에 살면서 평생 권귀(權貴)를 멀리하고 문을 걸어 잠그고 날마다 정주서(程朱書)만을 읽은 학자였다. 그는 의리에 대해 강론을 했고 이 때문에 의리를 중시하는 선비들이 그의 문하에 모여 들었다. 그는 도(道)를 구하는 뜻이 있어 덕산(德山)으로 조식을 찾아가 인사를 드렸고 오건(吳健)으로부터는 역(易)을 배웠다. 오건이 죽자 문위는 다시 정구를 좇아 학업을 강론하기도 했다.[63]

조경은 스승 문위를 독실하고 인후(仁厚)한 군자라고 평했다. 그런데 문위는 바로 조경의 아버지의 친구였다. 그는 스승 문위의 문하에서 스승의 게으른 모습을 한 번도 보지 못했고 근심하고 탄식하는 얼굴빛도 보지 못했다. 그는 문위가 항상 사람들에게 학문을 힘쓰라고 말하는 것을 들었다. 그는 문위의 가정에서의 효제(孝悌)의 모습, 향당(鄕黨)에서의 충신(忠信)의 모습, 그리고 그의 좌우명(座右銘)과 자성록(自省錄)을 통해 볼 때 이기(理氣)에 대해서도 밝게 터득하고 있다고 생각했다.[64] 조경은 이 문위를 통해 조식에서 오건・정구로 이어지는 학문 전통을 이었다고 할 수 있다.

조경은 만년에 안질과 다리 통증[65]과 가슴 통증과 복통[66]과 이농증이 있었다.[67] 그러나 조경은 일찍이 양생설(養生說)을 익혀 일생동안 정력(精力)을 잘 길러 심신(心身)을 지나치게 피로하게 하지 않았으며, 항상 욕심을 따르는 것을 경계로 삼았다. 그는 맛난 음식이 아무리 많아도 일찍이

63 『龍洲遺稿』 권14, 誌, 茅谿文先生墓誌銘 幷序.
64 『龍洲遺稿』 권14, 誌, 茅谿文先生墓誌銘 幷序.
65 『龍洲遺稿』 권7, 疏, 辭大諫仍陳所懷疏.
66 『龍洲遺稿』 권7, 疏, 辭大提學第一疏.
67 『龍洲遺稿』 권7, 疏, 辭刑判疏.

과식한 적이 없었고, 채소를 먹고 솔잎을 씹기를 좋아했다. 그는 호흡법을 통하여 기운을 이끌어 들였으며 늘 정신을 편안히 하여 본성을 길렀다.

조경은 어려서부터 아버지와 할아버지로부터 부귀(富貴)와 명리(名利)를 경계하라는 가르침을 받았다. 그는 매번 청관(淸官)과 미직(美職)에 임명되면 자신의 몸이 바늘방석 위에 있는 것 같아 사직을 하고자 했는데, 그것은 아버지와 할아버지의 가르침을 저버리지 않고자 했기 때문이었다.[68]

조경은 조식·이황 학맥의 학자들뿐만 아니라 서경덕·이이·성혼 학맥의 학자들과도 두루 교유를 하였다. 그래서 그는 서경덕과 성혼 학맥의 학자들의 비명(碑銘)과 행장(行狀)을 많이 지었다. 그는 당쟁(黨爭)이 격화(激化)되어가는 시기를 살면서도 당색(黨色)을 보아 교제를 하지 않았으므로 김상헌과 송준길(宋浚吉) 등 두 세 사람과 소원해진 경우를 제외하고는 여러 벗들과 오래도록 교제를 온전히 유지하였다. 조경은 김상헌의 경우 서로 정치적 의견의 차이로 갈등은 있었지만 병자호란 때 김상헌이 척화의리(斥和義理)를 지킨 것에 대해서는 높이 평가를 했다.

조경이 우러러 존모하면서 종유한 선배로는 이원익(李元翼)·정경세(鄭經世)·정온(鄭蘊) 등이 있었다. 그는 이원익과 정온의 시장(諡狀)을 지었고 정경세의 신도비명을 지었다. 그는 정온의 절의와 학문을 높이 평가하였고 정온 역시 조경에게 거는 기대가 아주 컸다.[69] 정온은 조경에게 다음과 같은 시를 지어 주었다.[70]

---

68 『龍洲遺稿』 권7, 疏, 辭吏判第二疏.
69 『仁祖實錄』 인조 19년 6월 21일(을축).

은거 생활 너무 늦은 것을 스스로 한하였고 自恨幽栖已太遲
궁벽한 산 기장 심어 주린 배를 채울만 했네 窮山種黍可充飢
시국의 근심일랑 이름 맑은 그대에게 부치고 時憂付與淸名子
화악의 노을 풍광을 나 홀로 차지하고 있다네 華岳煙霞獨有之

정온이 "시국의 근심일랑 이름 맑은 그대에게 부치고"라는 표현은 후배인 조경에 대한 큰 기대를 나타낸 것이다.

또한 조경은 이경석(李景奭)을 지기(知己)라고 표현했다. 그는 이경석과 1650년(효종 1) 백마산성(白馬山城)에서 경사(經史)를 강론하는 것을 일과(日課)로 삼으면서, 시(詩)를 주고받은 이외에는 조금이라도 괴롭게 여기거나 남을 탓하는 기색이 없었고 의복과 음식을 평상시와 같이 하였다.

조경은 당시 학계에서 그 누구보다 허목(許穆)과 학문적 동지로서 함께 학문을 연마하였다. 허목은 나이로는 조경보다 9년 아래이나 만년까지 서로 각별히 정답게 지냈다. 조경은 허목에게 학(鶴) 한 마리를 기르라고 보내었다. 허목은 1669년(현종 10) 학을 기르면서 조경이 작고하던 해에 아래와 같이 말했다.

> "용주옹(龍洲翁)이 내게 학(鶴) 한 마리를 보내와 정원에 기르고 있다. 학들이 떼 지어 머리 위로 지나가는 것을 보면 목을 쳐들고 우는데, 그 소리가 매우 멀리까지 들린다. 하루는 학 한 마리가 지나가다가 한참 동안 머리 위에서 빙빙 돌면서 떠나가지 않았으니, 같은 무

70 『桐溪集』 권1, 七言絶句, 贈趙日章絅. 한국고전번역원, 조동영 번역을 참조하여 표현을 조금 수정했다.

리는 서로 어울리는 것이라고 말할 만하다."[71]

허목은 조경이 보낸 학을 기르면서 조경과 기운이 서로 감응하는 것을 느꼈다. 조경이 작고하자 허목은 조경의 빈소에 와서 곡하였으며 가마(加麻)를 3개월을 하였다. 허목은 조경의 담제(禫祭) 날에 감회를 아래와 같이 표현했다.

"내가 늙어서 일 없이 문을 닫아걸고 석록산(石鹿山)에서 지내다 보니 슬픈 감회를 금할 길이 없었다. 친지들이 모두 작고하여 적막한 이 세상에 기뻐할 일이 없던 차에, 문서 상자에서 용주노인이 3월 16일에 지은 절구 2수를 찾아내었다. 당시에 내가 희온(希溫, 趙涑)과 함께 손령(蓀嶺)의 한적한 처소로 찾아갔더니, 공이 우리를 위해서 조촐하게 술자리를 마련하고 이 시를 지었다. 돌이켜 생각하면 마치 어제 일만 같은데, 이제는 두 노인이 모두 저세상 사람이 되었다. 마침 오늘이 용주노인의 담제(禫祭) 날이다 보니 나도 모르게 처연(悽然)하고 슬픈 생각이 든다."[72]

조경은 허목과는 평생 학문적 동지로서 고문(古文)에 대해 논의를 주고받으며 독보적인 새로운 문예(文藝)의 경지를 창조해 나갔다.

---

71 『記言』 권14, 中篇, 田園居 1, 養鶴(한국고전번역원, 김민선 역, 2006). "龍洲翁遺我隻鶴, 養之園中, 見鶴群過則仰而鳴, 其聲甚遠. 一日有獨鶴過之, 回翔不去者良久, 可謂同類相求."

72 『記言別集』 권8, 序, 題龍洲老詩帖序(한국고전번역원, 조순희 역, 2008). "僕老無事, 閉石鹿山棲, 悄然感懷. 親知皆盡, 寥寥於世, 少懽, 書篋中, 得龍洲老三月十六日絶句二首. 當時僕與希溫, 訪蓀嶺閒居, 爲之設小酌敍歓, 有此作. 追思如昨日, 今二老皆亡. 適此日, 龍洲老中月之祭, 不覺悽然愴心."

2) 학문성향

장유(張維)는 17세기 전반의 조선의 학풍에 대해서 다음과 같이 말했다.

> "중국의 학술은 다양하다. 정학(正學, 儒學)이 있는가 하면 선학(禪學, 佛教)과 단학(丹學, 道教)이 있고, 정주(程朱, 程顥·程頤 형제와 朱熹)를 배우는가 하면 육씨(陸氏, 陸九淵)를 배우기도 하는 등 학문의 길이 한 가지만 있는 것이 아닌데, 우리나라의 경우는 식견이 있든 없든 책을 끼고 다니며 글을 읽는 자들을 보면 모두가 정주(程朱)만을 칭송할 뿐 다른 학문에 종사하는 자가 있다는 말을 들어 보지 못하였다. 어찌 우리나라의 사습(士習)이 중국보다 실제로 훌륭한 점이 있어서 그런 것인가. 그래서 그런 것이 아니고, 중국에는 학자가 있는 반면에 우리나라에는 학자가 없기 때문에 그러한 것이다. …… 우리나라는 그렇지를 못해서 기국(器局)이 워낙 좁아 구속을 받은 나머지 도대체 지기(志氣)라는 것을 찾아볼 수가 없기 때문에 그저 정주(程朱)의 학문이 세상에서 귀중하게 여겨진다는 말을 얻어 듣고는 입으로 뇌까리고 겉모양으로만 높이는 척하고 있을 따름이다. 그런 까닭에 소위 잡학(雜學)이라는 것조차 나올 여지가 없으니, 또한 어떻게 정학(正學)에 얻는 바가 있기를 기대할 수가 있겠는가."[73]

73 『谿谷集』 谿谷漫筆 권1, 漫筆, 我國學風硬直(한국고전번역원, 이상현 역, 1997). "中國學術多歧. 有正學焉, 有禪學焉, 有丹學焉, 有學程朱者. 學陸氏者, 門徑不一, 而我國則無論有識無識, 挾筴讀書者, 皆稱誦程朱, 未聞有他學焉. 豈我國士習果賢於中國耶? 曰非然也, 中國有學者, 我國無學者 …… 我國則不然, 齷齪拘束, 都無志氣, 但聞程朱之學世所貴重,

17세기 전반에 장유는 정주(程朱)학풍으로 물들어가는 조선 학계를 염려하며 바라보고 있었다. 그러나 당시까지만 해도 서울의 학풍은 장유·최명길(崔鳴吉)·김육(金堉) 등에서 보듯 주자학뿐만 아니라 양명학(陽明學), 시문학(詩文學), 병학(兵學), 상수학(象數學), 지리학(地理學), 음양학(陰陽學) 등 다양하였다.

이식(李植)은 장유의 학문에 대해 아주 못마땅하게 생각하였다. 그는 장유의 학문에 대해 "일생 동안 견지해 온 학문을 보아도 박문(博文)과 약례(約禮)의 두 측면을 모두 극진히 하였으니, 만약 얼핏 보기만 한다면 그 누구인들 대유(大儒)로 인정하지 않을 수가 있겠는가. 하지만 그의 논의를 살펴보면, 오로지 육구연(陸九淵)과 왕수인(王守仁)의 학술을 위주로 하고 있기 때문에, 선유(先儒)가 교시(敎示)해 준 정론(定論)에 대해서 구절마다 다른 의견을 내세우고 있다. 또 불학(佛學)에 대해서도 '비록 이단이라고는 하지만 그 학술에 신심(身心)을 도와주는 면이 있으니, 공격해서 배척하면 안 될 것이다'라고 말하고 있다"라고 했다.[74] 이러한 장유의 학문 성향으로 볼 때 17세기 서울 학계의 학풍은 아직 주자학 일색은 아니었다고 이해할 수 있다.

그렇다면 조경의 학문성향이 평소 주자학을 힘썼다고 해도 다른 한편으로는 서울의 개방적인 학풍의 영향 속에서 이해할 필요가 있을 것 같다. 조경은 스스로 술회하기를 자신은 어려서 병이 많았고 교만한 성격이 있었기 때문에 부모가 공부를 가르치기를 즐겨하지 않았다고 했다. 그래서 15,6세에 이르기까지 게으른 습관이 본성과 어울러져 유적(儒籍)

口道而貌尊之而已. 不唯無所謂雜學者, 亦何嘗有得於正學也?"

74 『澤堂集』 別集, 권15, 雜著, 追錄.

에 이름은 올렸으나 실제로 두어 달의 부지런한 공부도 없었다고 말했다.[75] 물론 이러한 그의 발언은 겸사(謙辭)라고 할 수 있겠다. 사실 그는 다양한 분야의 책을 부지런히 학습했고 언제나 학문의 근본은 육경(六經)과 사서(四書)에 두었다.

조경은 유학의 도(道)가 동쪽으로 우리나라에 전해진 것은 실제로 기자(箕子)에서 시작되었다고 보아 "우리의 도(道)가 동쪽으로 온 지 오래되었다"라는 표현을 즐겨 썼다.[76] 그는 신라의 최치원(崔致遠)·설총(薛聰)과 고려의 최충(崔冲)·안향(安珦)이 나왔으나 그들을 순수한 유학자라고 말하기는 어렵고, 이규보(李奎報)·이색(李穡)은 다만 문인(文人)의 최고일 따름이라고 했다.[77]

조선조에 들어와 정몽주(鄭夢周)를 이어서 진유(眞儒)가 배출되었는데 조광조(趙光祖)·이언적(李彦迪)·이황(李滉)이 진유라고 했다.[78] 조경은 조광조가 우리나라에 도학(道學)을 제창하여 밝혀 삼대(三代)의 지치(至治)를 만들려고 기약을 했으나 불행하게도 사화(士禍)를 당해 목숨을 부지하지 못했으나 문묘(文廟)에 종향(從享)이 되어 백대(百代)의 유종(儒宗)이 되었다고 했다.[79] 그리고 이황은 정주(程朱)의 도통을 이어 동방 이학(理學)의 종장(宗匠)이 되었고 「성학십도(聖學十圖)」는 제왕(帝王)의 심학(心學)의 요점을 열었다고 했다.[80]

조경이 살던 17세기 전반기는 점점 주자학의 학풍이 정치와 사회를 주

---

75 『龍洲遺稿』 권6, 疏, 辭書堂疏.
76 『龍洲遺稿』 권11, 序, 穌齋先生文集敍; 권18, 神道碑, 南冥曺先生神道碑銘 幷序.
77 『龍洲遺稿』 권11, 序, 穌齋先生文集敍.
78 『龍洲遺稿』 권11, 序, 穌齋先生文集敍.
79 『龍洲遺稿』 권11, 序, 重刊漢陽趙氏族譜序.
80 『龍洲遺稿』 권12, 跋, 東湖脩契圖後跋.

도해 나가기 시작했다. 조경 역시 당대의 학풍에서 벗어나기는 어려웠다. 특히 주자학의 심학화(心學化) 경향이 두드러지게 나타났는데, 그것은 이황이 특히 『심경부주(心經附註)』를 중시하여 나타난 현상이기도 했다. 효종이 즉위하고 나서 송시열 등은 경연의 교재에 『심경』을 새롭게 추가하여 심학의 새 시대를 열려고 했다. 이러한 시대적 분위기 속에서 조경 역시 학문과 정치에 있어 심(心)을 중시했다. 그는 심을 천군(天君)이라고 이른다고 하면서, 천군이 평안하면 백체(百體)가 명령을 따르고 희로애락(喜怒哀樂)과 호오(好惡)가 모두 평안함을 얻지만, 천군이 평안하지 않으면 희로애락과 호오가 모두 평안함을 잃는다고 했다. 조경은 인주(人主)가 만민(萬民)의 위에 거처하면서 하늘이 부여한 중책을 맡아 아침저녁으로 정치를 하는 근본이 모두 천군에 말미암으니 천군이 불안하면 그 피해는 서민(庶民)의 한 몸에 그치지 않는다고 했다.[81]

조경은 집안에 기르던 닭과 개가 달아나면 오히려 찾기를 구하면서도 자신의 달아난 마음은 어찌 구하지 않는가라고 하면서, 맹자(孟子)의 지극한 가르침을 생각하면 땀이 갖옷에 베인다고 했다.[82] 그는 여러 성인이 심을 논한 책으로 『심경』이 극진하다고 하면서 이 책을 통해 편안하게 심에 대해 성성(惺惺)의 공부를 할 수 있다고 했다.[83]

조경은 말이나 글로 사람이나 세상에 아첨을 하는 성격이 아니었다. 그래서 실질(實質)을 숭상하는 관료나 학자들은 조경의 글을 받기를 원했다. 그는 문장을 짓거나 책을 편찬할 때 역사적 사실과 실증을 매우 중시

---

81 『龍洲遺稿』 권9, 疏, 救金相堉疏.

82 『龍洲遺稿』 권1, 五言絶句, 讀近思錄有感. “鷄犬放猶求, 放心胡不求. 鄒孟至哉訓, 令人汗透裘.”

83 『龍洲遺稿』 권2, 七言律詩, 讀心經.

했다. 그가 한양조씨족보(漢陽趙氏族譜)를 편찬할 때 장렬왕후(莊烈王后) 조씨(趙氏)가 그를 대궐로 불러서 술을 내리고 한양조씨족보와 양주조씨족보(楊州趙氏族譜)를 합보(合譜)로 만들려고 하자 조경은 선세(先世)의 옛 문적(文籍)을 고쳐서 선세에 죄를 지을 수 없다고 하면서 거절하였다.[84]

조경의 성품은 악(惡)을 미워하기를 원수처럼 했다.[85] 그는 심에 있어 공(公)과 사(私), 정(正)과 사(邪)를 철저히 구분했다. 그는 주희의 말을 인용하여 "인주(人主)가 천하를 다스리는 바는 일심(一心)에 근본을 한다. 심이 주재하는 바에는 또한 천리(天理)와 인욕(人欲)의 다름이 있다. 두 가지가 한번 나뉘어져 공(公)과 사(私), 사(邪)와 정(正)의 길이 판이하게 달라진다. 대개 천리라는 것은 이 마음의 본연이니 따르면 그 마음이 공(公)하고 또 정(正)하다. 인욕(人欲)이라는 것은 이 마음의 병이니 따르면 그 마음이 사(私)하고 또 사(邪)하다"라고 했다. 조경은 예로부터 지금까지 인주(人主)의 심이 공(公)하고 정(正)한 자가 천심(天心)을 누리지 못한 자가 있었는가, 인주(人主)의 심이 사(私)하고 사(邪)한 자가 재(災)를 없애고 화(和)를 이룬 자가 있었던가라고 묻고 있다.[86]

조경은 조선의 광해군(光海君)과 명(明)의 숭정(崇禎)이 나라를 전복시킨 자취는 비록 다르나 그 망한 원인을 따져보면 그 요점은 그 마음이 공(公)하고 정(正)하지 못한데서 벗어나지 않는다고 했다. 심이 공(公)에 반하면 사(私)이고 심이 정(正)에 반하면 사(邪)인 것은 곧 이(理)의 자연(自然)이라고 했다. 조경은 천재(天災), 시변(時變), 질려(疾癘), 기근(饑饉)을 성심(聖心)

84 『頤齋亂藁』 제3책, 권5, 경인 6月 初4日 무인 226쪽 참조.

85 『龍洲遺稿』 권1, 七言絶句, 乙巳仲秋, 讀二程全書至伯子對神宗曰補闕拾遺裨贊朝廷則可使臣掇拾臣下短長以沽直名則不能神宗歎賞有動於心遂書一絶.

86 『龍洲遺稿』 권9, 疏, 應旨疏.

의 공(公)과 사(私)의 문제로 돌려 설명을 했다.[87]

또한 조경은 충(忠)과 효(孝)의 근본이 무엇인지를 생각해 보았다. 그는 사람이 이 세상에 태어나서 충효(忠孝)외에는 다른 도(道)가 없다고 했다. 충을 다하다보면 혹 죄에 저촉되기도 하고 늙으신 부모님에게 걱정을 끼쳐 슬프게 할 수도 있다고 했고, 효도를 하다보면 충을 다하지 못해 나라가 기울어질 수도 있다고 했다. 그는 곰곰이 충효의 근본을 생각해보니 오직 은(恩)과 의(義)일 따름이라고 하면서 은과 의를 서로 빼앗지 않는 것이 우리 인간이 해야 할 도리라고 했다.[88]

그런데 조경의 학풍은 주자학의 의리와 도통을 중시했지만 거기에 매몰되어 있지는 않았고 이황과 이이 학맥의 주자학풍에 비해 상대적으로 개방적이었다.

조경은 도가서(道家書)를 대강 섭렵했다고 했고[89] 자신의 노장(老莊) 공부에 대해 다음과 같이 말했다.

> "나는 중년에 병들고 또 게을러서 해이함을 즐기고 나 자신을 편하게 버려두었다. 또 노자(老子)와 장주(莊周)의 책을 읽고 거듭 그 게으름을 더하고 더욱 시속의 무리들과 접촉하지 않아 문이 고요해진 지가 오래였다."[90]

---

87 『龍洲遺稿』 권7, 疏, 辭大諫仍陳所懷疏.

88 『龍洲遺稿』 권5, 五言古詩, 忠孝無他道篇. "人生此世間, 忠孝無他道. 竭忠或抵罪, 慼我高堂老. 爲孝不盡忠, 邦國仍傾倒. 借問仕宦子, 於此將何以? 默思忠孝本, 惟恩與義耳. 當恩卽爲恩, 當義卽爲義. 恩義不相敓, 所以吾人事……"

89 『龍洲遺稿』 권1, 五言律詩, 偶吟.

90 『龍洲遺稿』 권11, 序, 贈何生序. "余自中歲病且懶, 樂弛置自便. 又讀老子莊周書, 重增其慢, 尤不喜與俗輩接, 闃其門久矣."

조경은 장자(莊子)에 대해 무위(無爲)를 귀하게 여기고 문장이 기이(奇異)하다고 하고, 장자가 유(儒)를 나무라지만 도리어 유사(儒師)에 의탁하고 있다고 했다.

장생(莊生)이 귀히 여기는 바는 무위(無爲)에 있었지	莊生所貴在無爲
무슨 일로 문장이 만변(萬變)으로 기이했던가	何事文章萬變奇
세상 잊고도 능히 세사(世事)를 담론하며	忘世亦能談世事
유(儒)를 나무라며 도리어 유사(儒師)에 의탁했네	詆儒還自託儒師[91]

후일 정조(正祖)는 "용주(龍洲) 조경(趙絅)의 글은 『장자』의 문체를 본받았다"고 평했다.[92] 이 말은 조경의 글이 장자의 문장의 영향을 깊이 받았다는 것을 의미한다.

한편 조경은 방효유(方孝孺)의 말인 "경전(經傳)은 일가(一家)의 책이 아니므로 그 설이 한 사람이 다할 바가 아니다. 말이 비록 주희와 다르다 할지라도 도(道)에 어긋나지 않으면 주희가 취한 바였다"라고 했으니 이것은 매우 지극하고 바른 견해라고 했다. 그는 중년에 방효유의 『손지재집(遜志齋集)』과 이언적의 『대학보유(大學補遺)』를 읽어보고 『대학(大學)』에 치지격물(致知格物)장이 빠진 것이 아니라는 것을 알았다. 이러한 그의 말로 보면 조경은 『대학』에 대한 이해에 있어 방효유와 이언적의 설을 받아들였고 주희의 설을 전적으로 따른 것은 아니라는 사실을 알 수 있다. 그는 이언적의 후손이 가져온 이언적과 조한보(曹漢輔)의 왕복 편지의

91 『龍洲遺稿』 권2, 七言律詩, 調莊周.
92 『弘齋全書』 권161, 日得錄 1 文學 1.

내용을 읽어보고 무극태극논변(無極太極論辨)에 대해서도 잘 이해하게 되었다.[93]

조경은 책문(策問)의 문제를 내면서 왕안석(王安石)이 계사(繫辭)는 성인(聖人)의 글이 아니라고 했고, 여도(余燾)가 홍범(洪範)에는 연문(衍文)이 있다고 했고, 『대학』의 경문(經文)에는 빠진 글이 없고 주희의 보망장(補亡章)이 잘못이라고 했으며, 혹은 『대학』의 친민(親民)이 옳고 신민(新民)은 그르다고 하는 설 등이 있으니 이와 같은 따위는 다 거론하기 어렵지만, 이러한 설은 혹 한가닥 이치가 있는 것인가. 그리고 주희가 주석(註釋)에서 의심스런 곳에서는 반드시 후세의 아는 자를 기다린다고 했는데 후학이 이론을 세우는 것은 이것을 보았기 때문인가 라는 질문을 던지고 있다.[94] 이러한 그의 발언은 조경이 주자학에만 매몰되어 있지 않았다는 것을 의미한다.

조경은 1646년(인조 24) 10월 4일에 대제학(大提學)에 임명되었다.[95] 그는 대제학이란 벼슬이 곧 옛날의 태사(太史)의 직책이라는 생각을 했고[96] 당시의 대신도 "태사의 붓을 잡는 것은 일대(一代)의 역사를 작성하는 것인데 이는 조경이 아니면 안 됩니다"라고 했다.[97] 그는 역사를 쓰는 데는 '재주'[才]·'식견'[識]·'학문'[學]의 삼장(三長)이 필요하다고 보았고, 또 '번잡하고 정연하지 못함'[煩而不整], '속되고 전아하지 못함'[俗而不典], '사실을 기록하지 못함'[書不實錄], '상벌(賞罰)을 맞게 하지 못함'[賞罰不中],

93 『龍洲遺稿』 권12, 跋, 書晦齋先生大學補遺後.
94 『龍洲遺稿』 권12, 雜著, 策問.
95 『仁祖實錄』 인조 24년 10월 4일(병자).
96 『龍洲遺稿』 권8, 疏, 爲治墓石辭職疏.
97 『仁祖實錄』 인조 26년 12월 11일(신축).

'문이 질을 이기지 못함'[文不勝質]의 오난(五難)이 있다고 했다.[98] 조경의 문장 공부는 『사기』로부터 시작되었기에 그가 지은 비명이나 행장 등의 작품은 삼장에 토대를 두고 오난의 극복을 전제하고 있다고 할 수 있다. 그는 비명이나 행장 등을 쓰면서 세계(世系), 관력(官歷), 행적(行蹟), 장사(葬事) 등을 실사(實事)에 의거하여 실증적이고 논리적으로 구성했다.[99] 그는 '재(才)'·'식(識)'·'학(學)'의 세 가지 장점을 갖추고, '정'(整, 정연함), '전'(典, 전아함), '실'(實, 사실을 기록함), '중'(中, 포폄의 정확함), '문'(文, 文勝質則史의 文)의 다섯 가지를 갖춘 글을 지으려고 했다고 할 수 있다.

조경은 윤근수의 문하에서 사마천(司馬遷)의 『사기』를 공부했다. 그는 글을 지으면서 『사기』를 자주 인용하였다. 특히 그는 『사기』 유협열전(游俠列傳)의 "거만해서 여기에 끼워줄 만한 자격이 없다[敖而無足數]"[100]라는 표현을 여러 차례 인용하여 쓰고 있다.[101] 그는 1669년(현종10) 2월 작고하기 전에 자제들에게 읽어야 할 책을 말하면서 사마천의 『사기열전(史記列傳)』과 『춘추좌씨전(春秋左氏傳)』·『국어(國語)』·『전국책(戰國策)』을 읽어야 한다고 했고[102] 『한서(漢書)』·『자치통감강목(資治通鑑綱目)』 등도 읽지 않아서는 안 된다고 했다.[103]

---

98 『龍洲遺稿』 권8, 疏, 辭大提學疏. 劉知幾의 『史通』 권제8, 內篇, 模擬 제28에 나오는 말이다. "袁崧云, 書之爲難也有五, 煩而不整一難也, 俗而不典二難也, 書不實錄三難也, 賞罰不中四難也, 文不勝質五難也."라고 했다.

99 『龍洲遺稿』 권17, 墓碣, 贈參判行鐵原府使柳公墓碣銘 幷序.

100 『史記』 권124, 游俠列傳 제64.

101 『龍洲遺稿』 권11, 序, 送楊康翎萬古序; 권11, 序, 刊漢陽趙氏族譜序; 권12, 跋, 東湖脩契圖後跋; 권14, 誌, 仁祖憲文烈武明肅純孝大王長陵誌; 권16, 墓碣, 右承旨洪公墓碣銘 幷序; 권20, 神道碑, 判書閔公神道碑銘 幷序; 권20, 神道碑, 知事沙西全公神道碑銘 幷序.

102 『龍洲年譜』 言行總錄.

103 『龍洲簡牘』(조경 지음, 권경열 옮김, 용주연구회, 2015), 6) 범아 이홍미에게 줌(與範兒 李弘美) 311쪽.

조경은 『맹자(孟子)』 수십 장(章)과 『장자(莊子)』 추수편(秋水篇), 가의(賈誼)의 치안책(治安策), 한유(韓愈)의 『창려집(昌黎集)』, 사마천의 『사기(史記)』의 백이전(伯夷傳)과 『한서(漢書)』 「사마천전(司馬遷傳)」에 나오는 보임안서(報任安書), 두보(杜甫)의 장편율시(長篇律詩) 등을 매일 새벽에 일어나 외웠다. 그는 만년에는 도연명(陶淵明)의 『정절집(靖節集)』, 소옹(邵雍)의 『격양집(擊壤集)』과 백거이(白居易)의 시를 읽기를 좋아하였다. 또 『역경(易經)』과 『이정전서(二程全書)』·『주자대전(朱子大全)』·『근사록(近思錄)』 등의 책도 돌려가며 읽고 연구하였다.[104] 조경은 한유의 문장을 높이 평가하여 일월(日月)처럼 빛나고 있고[105] 이백(李白)과 두보(杜甫)를 추격하고 초당사걸(初唐四傑, 楊炯·盧照隣·王勃·駱賓王)의 시체(詩體)를 비웃는 문장이라고 높이 평가했다.[106]

당시 어떤 이가 조경에게 노수신(盧守愼)의 문장이 송유(宋儒)의 글과 같지 않다고 한 것에 대해 조경은 왕세정(王世貞)이 말하기를 "이(理)를 담론한 글도 품별(品別)이 있으니 주돈이(周敦頤)는 '간준(簡俊)', 이정(二程)은 '명당(明當)', 장재(張載)는 '침심(沈深)'하다"고 했는데 노수신의 문장은 장재의 「서명(西銘)」에 비길 수 있다고 했다. 그는 주돈이·이정·장재·주희의 문장이 체재(體裁)가 반드시 같지는 않으나 도(道)를 보위(保衛)하는 뜻은 똑 같다고 했다.[107]

조경은 하(夏)·은(殷)·주(周) 삼대(三代) 이후에 문(文)과 도(道)가 두 갈

---

104 『龍洲年譜』 言行總錄.

105 『龍洲遺稿』 권2, 七言律詩, 壬戌七月旣望夜使入呼韻成詩.

106 『龍洲遺稿』 권2, 七言律詩, 讀韓集. "仙李文明數百春, 潘江陸海躍群鱗. 試看韓子矯高擧, 有若鯤魚變化神. 直掣鯨鯢追李杜, 戱爭鞭弭出周秦. 笑他四傑當時體, 秖有浮誇混世塵."

107 『龍洲遺稿』 권11, 序, 穌齋先生文集敍.

래로 나누어져 의리(義理)의 문(文)이 있고 수식(修飾)의 문장이 생겼다고 생각했다. 그는 정몽주(鄭夢周) · 이언적(李彦迪) · 이황(李滉)의 글은 문장을 일삼지 않았으나 흉중에서 흘러나온 것은 다 의리라고 했다. 그는 정온(鄭蘊)이 정몽주 이언적 · 이황을 이어 의리의 문장을 지었다고 했다.[108]

한편 조경은 고문(古文)을 중시하여 허목과 고문에 대해 학문적 토론을 깊이 있게 했다. 당시 허목은 고문의 대가였다. 조경은 명나라 왕세정(王世貞)의 문장도 좋아하여 왕세정의 『엄주집(弇州集)』을 보다가 우비(禹碑)를 논한 곳을 베껴 허목에게 보내어 고비(古碑)에 해박한 식견의 일부를 나누어 달라고 했다.[109] 사실 신우비(神禹碑)의 탁본(拓本)은 이우(李俁)가 중국에 가서 구하여 허목에게 보내었는데 허목은 신우비는 성인의 공적으로 지금 3,700년이나 된 것이라고 하면서 조경과 함께 감상하고 각각 서문과 발문을 지었다.[110] 허목은 고문에 대해 다음과 같이 논하였다.

> "새 발자국을 보고 만든 조적고문(鳥跡古文)이 역대 문자의 시조가 됩니다. 귀룡서(龜龍書), 인서(麟書), 봉서(鳳書), 아름다운 벼를 보고 만든 수서(穗書), 상서로운 구름을 보고 만든 운서(雲書), 사성(司星)이 만든 성서(星書)와 같은 것은 당시에 상서(祥瑞)를 기록한 것일 뿐이므로 모두 사용할 수가 없습니다. 사용할 수 있는 것은 기자(奇字), 대전(大篆), 소전(小篆), 해서(薤書), 노문(露文), 과두(科斗), 수엽(垂葉)

108 『龍洲遺稿』 권11, 序, 桐溪先生集序.
109 『龍洲簡牘』, 10) 허미수(許眉叟)에게 답함(答許眉叟穆), 80-81쪽.
110 『記言別集』 권7, 書牘 3, 答朗善君俁.

등의 서체로서, 모두 고문을 토대로 조금 변화시킨 것입니다. 중간에 생긴 종정문자(鍾鼎文字)는 서체가 더욱 간결했습니다. 그러다가 진(秦)나라 때 정막(程邈)이 예서(隷書)를 만들면서 고문은 마침내 쓰이지 않게 되었습니다. 한·당 이래로 천백 년을 거치면서 진창(陳倉)의 석고(石鼓)와 회계산(會稽山)의 비석은 그 글자가 모두 이미 잔결(殘缺)되어, 옛날에 물(物)을 형상하여 뜻을 취했던 글자체가 와전되고 그릇된 것이 많습니다. 오직 이양빙(李陽氷)의 옥저체(玉筯體)만은 지금까지 쓰이지만 비루하고 졸렬하여 볼만한 것이 없고, 후세로 오면서는 모사(模寫)하는 공부에 힘을 쏟는 것이 또 화공(畫工)보다 심하니, 만약 천 년 전의 사람이 이를 본다면 탄식할 겨를조차 없이 가소로워서 웃고 말 것입니다."[111]

조경은 이러한 허목의 고문론(古文論)에 깊은 공감을 표하고 즐거워하였다. 어느 날 조경은 허목의 사언시(四言詩)를 받아 읽어보고 그 시가 매우 아름다워 자신으로 하여금 허목을 더욱 존경하게 만든다고 했다.[112] 조경은 허목의 사언시는 바로 주시(周詩)의 경지에 이르러 있어 위진(魏晉)의 작품들은 비교할 것이 못될 정도라고 평하면서, 자신이 이전에 지

111 『記言別集』 권6, 書牘 2, 答人論古文(한국고전번역원, 조순희 역, 2007). "鳥跡古文, 爲歷代文字之祖. 如龜龍麟鳳嘉禾卿雲司星之作, 當時識瑞而已, 皆不可用. 其可用者奇字, 大小二篆, 薤書露文科斗垂葉之體, 皆因古文而小變. 中間鍾鼎文字, 字體尤簡. 秦時程邈作隷書, 古文遂廢. 自漢唐來, 歷千百年, 陳倉石鼓, 會稽山碑, 其文皆已殘缺, 古初象物取義之體, 訛誤旣多. 惟陽氷玉筯文字, 至今用之, 而鄙拙無足可觀, 而後來模寫用工, 又甚於畫手, 若使千古人見之, 當不暇嗟歎, 且爲之發笑也." 황윤석의 『頤齋亂藁』 제2책, 권10, 105쪽에는 이 편지가 허목이 조경에게 보낸 것으로 되어 있다.

112 『龍洲簡牘』, 59) 허삼척에게 줌(與許三陟 甲辰5月19日), 159쪽.

은 글들에서 억지로 수식했던 것이 후회스럽다고 했다.[113]

한편 조경은 고문을 중시하면서도 송대(宋代)의 철리시(哲理詩)도 결코 소홀히 여기지 않았다. 그는 이(理)는 고금에 다를 수 없고, 조선이란 국가가 빛나는 문화를 구가(謳歌)하여 오늘에 이른 것은 천리(天理)를 탐구한 효과라고 했다.[114] 1643년(인조 21)에 조경은 통신부사(通信副使)로 일본을 다녀왔다. 그는 이학(理學)과 문학(文學)에 높은 식견을 지니고 있었기에 일본에 가서도 당시 가장 명망 높던 학자인 하야시 라잔(林羅山)과 깊이 있는 학문 토론을 하였다. 그는 하야시 라잔에게 시도(詩道)에 대해 언급하면서 시는 성정(性情)에서 나오는 것이므로 『시경(詩經)』의 시 3백 편은 모두 성정에서 나온 것이라고 하였다. 그는 위진(魏晉)의 여러 작가의 작품은 성정을 떠나 부허(浮虛)에 들어갔고, 당(唐) 이하는 더욱 부허하여 한층 더 성정을 떠났다고 했다. 오직 이백과 두보가 여러 대(代)의 부허를 떨쳐버리고 이따금 성정의 말을 내었으나, 정호(程顥)와 주희(朱熹)의 이도(理到)라는 말과 같은 것은 없었다고 하였다.

조경은 매양 정호의 시 「춘일우성(春日偶成)」의 "그 때의 사람은 내 마음의 즐거움을 알지 못하고[時人不識余心樂], 한가한 틈 훔쳐 소년을 배운

113 『龍洲簡牘』, 62) 허삼척에게 답(答許三陟 甲辰 5月初4日), 163쪽. 필자는 조경이 허목에게 보낸 편지에서 언급한 4언시가 허목이 1660년(현종 1) 9월에 삼척부사로 나가서 그 이듬해 지은 「東海頌」(일명 陟州東海碑)을 가리키는 것으로 생각했다(권오영, 「17세기 전반의 조선 학계와 趙絅의 학문성향」(『朝鮮時代史學報』 75, 조선시대사학회, 2015). 그러나 다시 생각을 해보니 『記言別集』 권1, 同諸公遊三釜水石酬龍洲相公. "山曲礧磈, 嵒岫峨峨. 三釜有濺, 白石嵯嵯. 山之幽, 可遊可樂, 溪之清, 可沿可濯. 瞻彼山田, 其耕澤澤. 邈矣神農, 肇我稼穡. 岧之沮溺, 耦耕熙熙. 緬思故人, 我心則怡. 今夕何夕? 同我良儔. 良儔孔翕, 如球如璆. 山有鳥, 水有魚. 且詠且謳, 其樂徐徐."를 가리키는 것 같아서 여기서 앞서의 견해를 수정한다. 조경은 4월 상순에 허목과 삼부연을 유람했고(『記言』 권27, 山川 上, 遊三釜落序), 그때 위의 시를 지어 조경에게 보낸 것으로 생각된다.

114 『龍洲遺稿』 권12, 跋, 周禮重刊跋.

다고 이르네[將謂偸閑學少年]"란 구절과 주희의 시 「수구행주(水口行舟)」의 "오늘 아침 외로운 봉창을 열고 보노라니[今朝試揭孤篷看], 예전처럼 푸른 산에 나무가 우거졌네[依舊青山綠樹多]"란 구절을 외웠다. 그러면서 그는 이 시들을 읊을 때마다 자신도 모르게 절로 춤이 나오고 발을 구르게 된다고 하였다.[115] 그는 정호의 시를 통해 양(陽)이 이기고 음(陰)이 사라지는 절기(節氣)에 꽃과 버들을 찾아 노니는 즐거움의 경지를 느껴보았다. 그리고 아침에 일어나 창문을 열고 청산의 푸른 나무가 비바람에도 옛 모습을 변하지 않는 것을 보면서 자신의 인욕(人慾)이 다 없어지고 천리(天理)가 밝게 드러나는 경지를 느껴 자신도 모르는 사이에 춤을 추었을 것이다.

조경은 문장은 기(氣)로써 주를 삼아야 한다고 했고[116] 문장을 지음에 있어서 진부한 말을 쓰지 않고 간결하면서도 굳세고 기이하게 표현하였다. 그는 당대의 경세가(經世家)를 드러내어 후세에 길이 전하는 문장을 많이 지었다. 그는 김육의 학문에 대해 "경학과 역사에 널리 통했다[博通經史]"라고 평하면서 경세제민(經世濟民)의 뜻을 천부적으로 지닌 학자이자 관료로 인정하였다. 특히 그는 김육이 시행한 대동법(大同法)을 높이 평가했다. 그는 대동법이 당대의 시무(時務)라는 것을 당시 사람들이 다 알고 있다고 했다. 그러나 지금의 군자(君子)들은 정책을 꾀하는 자가 적지 않는데, 북적(北狄, 淸)을 근심하여 말하기를 성지(城池)를 튼튼하게 해야 한다거나 남이(南夷, 日本)를 방어하면서 말하기를 주사(舟師)를 성대하게 해야 한다거나 간특(姦慝)을 금지해야 한다고 하면서 법령(法令)을 엄

115 『龍洲遺稿』 권23, 東槎錄, 答道春書(한국고전번역원, 양주동 역, 1975).
116 『龍洲遺稿』 권11, 序, 玄谷集序.

하게 해야 한다는 등의 웅변을 늘어놓으면서 모두 말하기를 나의 정책이 좋다. 나의 정책을 쓰면 국세(國勢)를 반석에 올려놓을 수 있다고 하는데 조경은 이러한 말은 사실은 빈말들이고 도대체 보국안민(保國安民)의 근본을 알지 못하는 것이라고 했다.[117]

조경은 김육이 대동법을 통해 보민(保民)의 도(道)를 실천했다고 보았다. 그는 김육이 국가를 공고하게 하는 도는 안민(安民)이 근본이 되고 백성이 편안하면 나라 또한 편안해진다고 했다는 것을 드러내었다. 조경이 보기에 김육은 숨을 거두는 순간까지도 대동법의 시행을 생각하며 서필원(徐必遠) 등에게 뒷일을 부탁하는 우국(憂國)과 연민(憐民)의 학자요 관료였다.[118] 조경은 경세가(經世家)를 존중했고 경세의 내용을 사실적이고 실증적인 문장으로 그려낸 학자였다.

4. 맺음말

17세기 전반의 조선 학계는 다양한 학풍과 학맥이 존재했다. 조경(趙絅)은 김식(金湜)－김덕수(金德秀)－윤근수(尹根壽)로 이어지는 서울 지역의 학통과 조식(曺植)－오건(吳健)·정구(鄭逑)－문위(文緯)로 이어지는 영남의 학통을 이었다. 그러나 그는 이 두 학통에 얽매이지 않고, 이황(李滉)－김성일(金誠一)·유성룡(柳成龍) 등의 학맥과 깊은 학문적 관계를 유지했고, 당색(黨色)을 초월하여 서경덕(徐敬德)·이이(李珥)·성혼(成渾)의 학맥과도

117 『龍洲遺稿』 권13, 祭文, 祭金相公文 又.
118 『龍洲遺稿』 권14, 誌, 領議政潛谷金公墓誌銘 并序.

학문적으로 교류하였다.

조경은 성품이 청렴(淸廉)하고 개결(介潔)하고 강직(剛直)하고 그 마음은 공정(公正)했다. 그는 이원익(李元翼)·정경세(鄭經世)·정온(鄭蘊)·이경석(李景奭)·김육(金堉) 등과 학문적 정치적으로 깊은 교유관계를 유지하였다. 그는 9년 연하인 허목(許穆)과는 학문적 동지로서 서로 고문(古文)을 깊이 있게 논하였다.

조경은 노장(老莊)은 물론 경전과 역사서를 두루 공부했다. 그는 『노자(老子)』·『장자(莊子)』 등과 『사기(史記)』 등의 역사서와 한유(韓愈)·이백(李白)·두보(杜甫)·소식(蘇軾)·왕세정(王世貞) 등 한(漢)·당(唐)·송(宋)·명(明)의 학자와 문장가의 글을 두루 읽었고 글을 지을 때 『사기』 등의 명구를 적절하게 자주 인용하였다. 그는 송유(宋儒)의 학문과 문장만을 고집하지는 않았고, '도(道)'를 보위(保衛)한 글이라면 어느 시대의 글이든 모두 높이 평가를 했다. 그의 문장은 논리적이고 간명하고 심오하고 실증적이고 의리(義理)가 담긴 경세(經世)의 문장이었다.

조경의 학풍은 실증적이고 개방적이었다. 그의 학문은 이학(理學)이나 심학(心學)보다는 경세학적(經世學的) 성향이 강하였다. 그는 보국(保國)과 안민(安民)의 경세가를 높이 평가했고 그들의 경력을 자신의 경세의 글로 후세에 남겼다. 그는 이학과 예학(禮學) 지상의 시대로 나아가는 17세기 전반기를 살면서 노장과 사서(史書)를 두루 섭렵하고 이학을 보국과 위도(衛道)의 측면에서 수용하면서 학문 활동을 했던 학자였다고 할 수 있다.

6

박세당(朴世堂)의 삶과 그 사상의 신경향

1. 머리말

왜란과 호란을 겪은 17세기 조선사상계는 새로운 사회질서의 요구에 의해 예학(禮學)의 학풍이 크게 일어났다. 그런데 이 17세기에는 정계와 성리학계 자체내부에서 이미 정치적, 사상적 대결구도가 뚜렷이 자리잡아 가고 있었다. 바로 윤휴(尹鑴)·박세당(朴世堂) 등이 성리학의 기본 개념에 대한 새로운 해석을 내놓아, 존명사대(尊明事大)를 표방하며 정이(程頤)와 주희(朱熹) 등의 학설을 묵수(墨守)하는 학자들에 대하여 학문적 비판세력으로 성장하였다.

박세당은 17세기의 기존 성리학계의 학설에 대해 비판적이고 발전적인 학설을 제기한 학자이다. 그는 1668년(현종 9) 40세 이후부터 벼슬을 마다하고 수락산(水落山) 석천동(石泉洞)에 은거(隱居)하면서 연구와 교육

활동을 하였다.[1]

박세당은 평생 실질(實質)을 힘쓴 학자였다. 그의 호 '서계초수(西溪樵叟)'나 '서계전수(西溪田叟)'에서 알 수 있듯이 그는 수락산 서계(西溪)에 살면서 명(名)과 실(實)이 서로 부합되게 행동하였다.[2] 그가 스스로 붙인 '초수(樵叟)'나 '전수(田叟)'는 그저 겸손하여 붙인 호가 아니었고 실제 그의 생활 모습을 표현한 것이었다. 그는 수락산에 나는 땔나무를 팔아 생활하였고[3] 복숭아 · 살구 · 배 · 밤나무 등 과일나무도 직접 심었다. 그리고 논밭도 개간하였고 오이도 재배했으며, 농사철에는 논밭에 나가 호미 들고 보습을 맨 농부들과 가끔 농담(農談)도 나누었다.[4]

박세당에 대한 학문적 관심과 연구는 1960년대 중반 이후에 이병도(李丙燾) · 윤사순(尹絲淳)에 의해 이루어졌다.[5] 이 두 학자의 연구를 통하여 박세당 사상의 구체적인 내용이 비로소 우리 학계에 소개되었다. 그 이후 지금까지 박세당에 대한 연구는 많이 이루어졌고 근래에 관련 자료의

---

* 이 논문은 2003년도 한국학중앙연구원의 연구과제로 수행된 연구결과물임.

1 『西溪集』 권2, 詩, 崔昌翼李命世諸生構屋兩間溪上欲肄業題此三首.

2 名과 實이 어긋나지 않아야 한다는 그의 생각은 「聚勝臺記」의 마지막 구절 "要之, 不舛名實云爾"에서도 살필 수 있다(『西溪集』 권8, 記, 聚勝臺記).

3 『西溪集』 권14, 墓表, 西溪樵叟墓表.

4 『西溪集』 권14, 墓表, 西溪樵叟墓表. 박세당이 지은 「種樹自戲」, 「賣瓜行」이란 제목의 시에서도 그의 삶을 엿볼 수 있다(『西溪集』 권2, 詩).

5 이병도, 「박서계와 반주자학적 사상」(『대동문화연구』 3, 성균관대 대동문화연구원, 1966); 윤사순, 「박세당의 실학사상에 관한 연구」 『아세아연구』 15-2(46)(고려대 아세아문제연구소, 1972); 『실학사상의 탐구』(현암사, 1974). 張志淵의 『朝鮮儒敎淵源』이나 玄相允의 『朝鮮儒學史』(民衆書館, 1949)에도 박세당의 『사변록』의 학설은 소개되지 않았고 간략한 이력만 소개되었다. 河謙鎭의 『東儒學案』에는 박세당이 아예 언급조차 되지 않았다. 이병도는 박세당의 학문과 사상이 실증적인 또 자유로운 태도로 孔孟에 卽하여 공맹의 본지를 찾아보려고 노력하였다고 하였다. 그리고 실증적이고 계몽적인 학풍이 정차 實事求是의 학풍을 추진시키는데 한 선구적인 역할을 하였다고 평하였다. 한편 윤사순은 "名實論的 自覺이 박세당의 實學思想의 論理的 根據"라고 하면서 그의 실학사상은 反朱子學的 經學思想과 그것을 基底로 한 實踐思想을 뜻한다고 하였다.

새로운 발굴과 그의 삶을 조명한 특별 전시회가 열리기도 하였다.[6] 그러나 아직 박세당의 사상경향에 대해서는 다양한 학설이 제기되고 있어 앞으로 더욱 깊은 연구가 요망된다.[7]

이 글에서는 박세당의 '한인(閑人)'으로서의 삶과 경전(經傳)에 대한 새로운 해석, 그리고 노장(老莊)에 대한 새로운 해석과 평가에 대해 궁구하고자 한다. 이 연구를 통해 그의 성리설에 대한 독자적인 해석은 노장(老莊) 특히 『장자(莊子)』에 대한 깊은 연구에 의해 이루어졌다는 사실을 드러내보고자 한다.

2. '한인(閑人)'으로서의 삶

고려 말에 성리학이 수용된 이후 학자들은 성리학의 기본 개념인 이(理)와 기(氣)에 대한 탐구를 지속하였다. 정몽주(鄭夢周)는 이(理)를 종횡으로

---

6 한국정신문화연구원(지금의 한국학중앙연구원) 장서각에서 2003년 3월 12일부터 4월 12일까지 조선시대 명가의 고문서라는 주제로 전시회가 열렸다. 관련자료는 『西溪 朴世堂宗宅 寄託典籍』(한국정신문화연구원 고문헌 기증・기탁목록 1, 2002)과 『西溪 朴世堂의 筆帖』(한국정신문화연구원 서화명품특선 2, 이회, 2003) 등이 있다.

7 현재 많은 연구자들이 박세당을 主氣的인 경향의 학자로 평가하고 있다. 김학목은 박세당이 "마음의 밝음(心明)으로서 '性'을 氣로 보고 있다"고 하였다(김학목, 「박세당의 『신주도덕경』 연구」, 건국대대학원 박사학위논문, 1997). 이희재도 박세당은 理보다는 氣를 강조하고, 특히 莊子의 氣思想을 긍정적으로 수용하고 있다고 하였다. 心性論에 있어서도 性卽理의 입장보다도 인간의 감정과 욕망을 긍정하는 性卽氣的인 경향에 가깝다고 하였다(이희재, 「박세당 사상연구-탈주자학적 입장에서-」 원광대 대학원 박사학위논문, 1994). 그러나 내가 생각하기에 박세당이 氣를 부인하는 것은 아니지만 太極, 天, 性을 理와 관련하여 이해하고 있기 때문에 주기적 경향으로 보는 것은 좀 더 세밀한 고찰이 필요하다고 생각한다. 한편 유인희는 박세당의 철학을 主理, 主心, 主氣論 등으로 평할 수 없으며 굳이 명명한다면 실학적 입장에서 한국적 經學을 이룩했다고 하였다(유인희, 「실학의 철학적 방법론(1)」, 『동방학지』 35, 1983).

논설하였고, 조선 초에 정도전(鄭道傳)은 「심기리편(心氣理篇)」에서 심(心)은 불교, 기(氣)는 도교, 이(理)는 성리학의 관점에서 이해하였다. 그 뒤 정여창(鄭汝昌)은 『중용장구(中庸章句)』의 "하늘이 음양(陰陽)과 오행(五行)으로 만물을 화생(化生)하여 기(氣)로서 형(形)을 이룸에 이(理) 또한 부여하였다[天以陰陽五行, 化生萬物, 氣以成形, 而理亦賦焉]"는 구절에서, "기(氣)로 형(形)을 이룸에 이(理) 또한 부여하였다"는 부분은 취하지 않았다. 그 이유는 이(理)는 기(氣)에 앞서 존재하는 것이지 기(氣)의 뒤에 이(理)가 있을 수 없다고 생각했기 때문이었다.

그런데 불교와 도교사상에서 성리학사상으로 바뀌어 가는 하나의 상징적인 사상적 사건은 16세기 초엽에 전개된 이언적(李彦迪)과 조한보(曹漢輔)의 무극태극논변(無極太極論辨)이었다. 이언적은 무극(無極)과 태극(太極)을 적감(寂感)으로 이해하여, 적멸(寂滅)과 허무(虛無)로 해석하던 불교와 도교의 영향을 불식시켰다. 그 뒤 이황(李滉)은 태극(太極)을 이(理)로 파악함으로써 조선 성리학을 이(理)중심으로 나아가게 하였다. 아울러 이황은 정지운(鄭之雲)과 '천명(天命)'에 대한 토론을 벌였고, 기대승(奇大升)과 사단칠정논변(四端七情論辨)을 전개하여 조선 성리학의 새로운 방향을 제시하였다.

이황과 이이(李珥)에 의해 정연하게 정리된 조선 성리학 체계는 "성(性)은 곧 이(理)[性卽理]"와 "심(心)은 이(理)와 기(氣)가 합해 있음[心合理氣]", 그리고 "심(心)의 본체는 선(善)함[心本善]", "심(心)은 기(氣)[心是氣]" 의 구도로 자리잡아가고 있었다. 그렇지만 북인(北人) 정권이 유지되던 17세기 초엽까지만 해도 학계에는 이학(理學)중심의 성리학 외에 서경덕(徐敬德)의 학통(學統)을 이은 주기적(主氣的)인 학문경향과 양명학(陽明學), 도교(道敎)사상 등 다양한 학풍이 존재하고 있었다.

그런데 1623년 인조반정(仁祖反正)으로 집권한 서인(西人)은 주자학 일변도의 학풍으로 몰아갔다. 이이의 손제자인 송시열(宋時烈)에 의해 성리학은 더욱 그 교조성을 띠기 시작하였다. 그러나 이 시기에 윤휴(尹鑴)나 박세당은 성리학의 기본 개념에 대한 해석상의 문제점을 지적하면서 성리학설의 교조성을 어느 정도 극복하려고 노력하였다.

박세당은 아버지 박정(朴炡)과 어머니 양주윤씨(楊州尹氏, 尹安國의 딸)의 4남중 막내로 태어났다.[8] 1632년(인조 10) 박세당이 네 살 때 아버지 박정은 작고했고 1635년에는 맏형 박세규(朴世圭)가 죽었다. 그 이듬해 병자호란이 일어나 할아버지 박동선(朴東善, 시호는 貞憲)이 왕명을 받고 먼저 강화도에 들어가 버리자 가족들이 흩어지게 되어 그는 전란의 와중에 갖은 고생을 하였다.[9]

박세당은 박소(朴紹)의 현손으로, 우선 가학(家學)의 영향에서 학업을 익혔다고 할 수 있다. 반남박씨가(潘南朴氏家)의 기법(家法)에 대해 윤증(尹拯)은 박세당의 조부인 박동선의 신도비명(神道碑銘)을 쓰면서 다음과 같이 말하였다.

> "그 가법(家法)은 야천공(冶川公, 朴紹)으로부터 덕학(德學)으로 세상에 이름이 났고 중부(仲父) 부원군(府院君) 박응순(朴應順)은 국구(國舅)가 되었고 숙부 대사헌(大司憲) 박응남(朴應男, 號 南逸)은 사

8 박세당의 평생 이력은 崔錫恒이 쓴 諡狀과 李德壽가 지은 묘갈명에 잘 표현되어 있다. 최석항은 박세당의 居家行誼의 독실함, 專心爲己의 학문, 異端의 엄격한 배척, 後學을 성취시킨 공을 자세히 소개하였다(『損窩遺稿』 권13, 諡狀, 崇政大夫判中樞府事兼知經筵事弘文館提學朴公諡狀).

9 『西溪集』 권10, 誌銘, 仲兄承旨公墓誌銘.

림(士林)에서 종장(宗匠)으로 삼았고 공의 형제(兄弟)와 여러 종반(從班) 수십 명이 모두 시례(詩禮)로 입신(立身)하여 이름을 날렸다. 검소(儉素)를 두터이 숭상하고 예법을 닦으니 논하는 자들이 이르기를 '국조(國朝)의 외척가(外戚家)중에 문중이 번성하고 이름과 행실을 더욱 힘쓴 경우가 박씨(朴氏)만한 집안이 없었다'고 했다."[10]

박소의 가학은 그의 5자(子) 16손(孫)으로 전해졌는데, 이들에 의해 반남박씨는 17세기를 대표하는 명가로 부상하였다.[11] 특히 박응순(朴應順)은 의인왕후(懿仁王后, 宣祖妃)의 아버지로 선조의 국구(國舅)가 됨으로써 반남박씨는 왕실과도 매우 밀접한 관계를 유지하게 되었다.

박세당의 조부인 박동선은 만형 박동현(朴東賢, 活塘, 司諫)에게 공부를 배웠고, 아버지 박정은 박동열(朴東說, 南郭)의 문하에서 박황(朴潢)·구봉서(具鳳瑞)·홍명구(洪命耉)·이기조(李基祚)·임담(林墰, 淸癯) 등과 학업을 익혔다.[12]

박세당은 집안에 거듭되는 초상(初喪)과 국가의 전란으로 학업의 기회를 놓쳤다. 그러다가 그는 10여세에 비로소 둘째 형 박세견(朴世堅)에게 나아가 공부를 했는데 엄부(嚴父)처럼 섬겼다고 한다.[13] 그는 14세 때는 고모부 정사무(鄭思武, 찰방, 교관)에게 나아가 학업을 익혔다. 이러한 가학

---

10 『明齋遺稿』 권41, 神道碑銘, 左參贊贈領議政錦川府院君朴公神道碑銘. "其家法自冶川公, 以德學名世, 仲父府院君應順爲國舅, 而叔父大司憲應男號南逸爲士林所宗, 至公兄弟羣從數十人, 皆以詩禮立揚, 敦尙儉素, 修飭禮法, 論者謂國朝外戚家, 門闌顯盛而名行益礪者, 無如朴氏云."

11 김학수, 「17세기의 명가-반남박씨 서계가문」(『문헌과 해석』 통권16호, 문헌과해석사 2001).

12 『西溪集』 권11, 碑銘, 吏曹判書林公神道碑銘.

13 『西溪集』 권10, 誌銘, 仲兄承旨公墓誌銘. "公之敎一弟甚嚴, 二弟不敢違其訓, 且有成矣."

을 계승한 독자적인 공부과정은 오히려 그의 학문세계를 성리학에만 얽매이지 않게 한 측면이 있었다.

박세당은 17세 때 결성(結城)에 살던 남일성(南一星)의 딸 의령남씨(宜寧南氏)에게 장가들었다. 그는 처가에서 처남 남구만(南九萬)과 처숙부 남이성(南二星)과 밤낮으로 학문과 인생을 논하였다. 또한 그는 이백(李白)과 두보(杜甫), 한유(韓愈)의 장편시(長篇詩)를 자주 외웠고, 가끔 남이성·남구만과 함께 시를 지었는데, 시율(詩律)에 뛰어나 매번 시를 지으면 어른들로부터 칭찬을 들었다.[14]

박세당의 삶은 주로 시(詩)로 표현되었다. 그는 젊은 시절에 호를 잠수(潛叟)라 했고, 그때 지은 시를 모아 「잠고(潛稿)」라 하였다. 그리고 1648년 가을부터 그 이듬해 봄까지 박세견의 임지(任地)인 강원도 흡곡(歙谷)을 왕래하면서 지은 시를 모아 「동행습낭(東行拾囊)」이라 하였다. 1666년 겨울부터 이듬해 봄까지 그는 북도병마평사로 부임했는데, 그때 지은 시를 모아 「북정록(北征錄)」이라 하였다. 그리고 1668년 동지(冬至)로부터 그 이듬해 봄까지 연행사의 서장관으로 연경을 다녀왔는데, 그때 지은 시를 모아 「사연록(使燕錄)」이라 하였다. 한편 그는 1668년 벼슬을 그만두고 수락산 석천동에 들어가 연구와 교육에 힘썼다. 그는 이 석천동에서 생활하면서 지은 시를 모아 「석천록(石泉錄)」이라 하였다.

---

14 『西溪集』 권7, 書, 答南雲路書; 附錄, 권22, 年譜 己卯·壬午·乙酉. 박세당의 처숙부 南二星은 어려서 형 南一星에게 수학하였는데, 敬畏하기를 外傅같이 하였고, 愛敬을 엄부처럼 하였다(『晩靜堂集』 권17, 諡狀, 禮曹判書南公諡狀; 『藥泉集』 제25, 家乘, 先考通訓大夫行金城縣令淮陽鎭管兵馬節制都尉府君行狀; 제26, 叔父正憲大夫禮曹判書兼知經筵義禁府事同知成均館事公行狀). 남일성과 남이성은 나이 차이가 열 네 살이나 난다. 남구만 집안은 병자호란과 정묘호란 때에 鄕莊이 있던 結城에 내려가 있었다(『藥泉集』 제25, 家乘, 先妣贈貞敬夫人安東權氏墓誌). 남구만은 1675년에 관직에서 물러났을 때도 어머니를 모시고 결성에 가 있었다(『藥泉集』 제25, 家乘, 先考墓表).

박세당은 석천동에서 생활한지 10여 년이 지난 1680년(숙종 6) 10월에 인경왕후(仁敬王后 : 숙종의 정비)가 승하했다는 소식을 듣고 서울 나들이를 하였다. 그는 그때의 심정을 시로 읊었다.

십 년 동안 초야에서 편안히 지내다가	十年林下棲蹤穩
하루 동안 서울에서 바삐 돌아 다녔지	一日塵中逐影忙
웃을 만한 석천거사의 뜻은	堪笑石泉居士意
마침내 쓸쓸하지 아니한가[15]	到頭無乃便荒凉

세상 그물 걸린 몸 끝내 빠질까 근심하여	粘身世網憂終陷
산울타리 벗어났다 일찍이 돌아와 버렸네	抽跡山樊得早歸
오가면서 기롱이 자질구레함을 알았으니	來往也知譏屑屑
강행군을 하고 보니 사립문에 이르렀네[16]	勒移行亦到巖扉

박세당은 타고난 성품이 고집이 대단하여 자기의 소신을 좀처럼 꺾거나 바꾸지 않았다. 그는 신혼 시절에 면주(綿紬) 염색 옷은 입지 않았고 다만 목면(木棉)으로 만든 흰옷만 입었다. 그는 평소 매우 검소한 생활을 하였고 훗날 명관(名官)이 되었어도 다 떨어진 가죽신을 신고 다녔다.

평소 "고금 천하에 서계형(西溪兄 : 박세당) 같은 이가 없고 고금 천하에 혹 서계형 한 사람 뿐이라고 해도 가하다"고 말했던 박세당의 처남 남구만은, 박세당에 대해 다음과 같이 평하였다. "이 형(兄)의 평소 행동은 높

15 『西溪集』 권3, 詩, 入都.
16 『西溪集』 권3, 詩, 出都.

은 곳은 너무 높고 낮은 곳은 너무 낮다. 비록 하나의 곧은 창자를 타고 난 것이 이같이 좋으나 이른바 너무 지나친 곳은 비록 이 아우가 형을 친하고 형을 중하게 여기고 형을 사랑하고 형을 높이 생각하는 마음으로도 끝내 너무 지나치다고 하지 않을 수 없다"라고 하였다.[17]

박세당은 재야에 있으면서도 국사(國事)를 늘 먼저 생각하였다. 그는 당시 사대부(士大夫)들이 국가의 이익을 위해 몸을 바칠 생각을 아니하고 각자가 사(私)를 챙기는 현실을 개탄하면서 선공후사(先公後私)를 강조하였다. 공(公)과 사(私)에 대한 그의 입장은 1663년(현종 4)과 1664년에 있었던 청(淸)나라 사신을 접대하는 문제를 놓고 조정에서 공의(公義)·사의(私義) 논쟁이 벌어졌을 때 화이(華夷)의 변(辨)을 우선적으로 주장하며 사의(私義)를 대변하던 송시열(宋時烈) 등의 논의에 반대하고, 군신(君臣)의 의리를 우위에 두면서 공의(公義)를 주장하였다.[18] 이러한 그의 공사(公私)에 대한 정치적 태도는 후일 석천동으로 돌아와 노장(老莊)을 연구하면서 노자(老子)와 장자(莊子)의 내용을 각각 사(私)와 공(公)으로 이해하는데 영향을 끼쳤던 것 같다.

그런데 박세당은 성리학의 개념에 대하여 새롭게 주석하고 많은 제자를 양성하여 하나의 학단(學團)을 형성하였다. 그는 정치적으로 제2차 예송(禮訟)에 참여하여 서인(西人)이 몰락하는 계기를 마련하기도 하였다. 1674년(현종 15) 2월 24일 인선왕후(仁宣王后, 효종의 비)가 서거하자 예조(禮曹)에서 장렬왕후(莊烈王后, 慈懿大妃)의 복제(服制)를 재최기년(齊衰朞年)으로

17 『藥泉集』 제29, 雜著, 論白軒晦谷西溪 辛卯三月四日口呼.
18 鄭萬祚, 「朝鮮 顯宗朝의 私義·公義論爭」(『韓國學論叢』 14, 국민대학교 한국학연구소, 1991).

정하여 왕의 재가를 받았다. 이 과정에 김만기(金萬基)의 숙부이며 송시열의 제자인 참판 김익경(金益炅)이 참여하였다.

이에 대해 박세당은 홍문관에 글을 보내어 이의(異議)를 제기하였다. 그 요지는 1659년 효종(孝宗)의 상(喪)에 장렬왕후가 이미 중자(衆子)를 위한 기년복(朞年服)을 입었으므로, 효종 비 인선왕후에 대해서는 중자부복(衆子婦服)에 해당하는 대공복(大功服)을 입어야 한다는 것이었다. 이 제2차 예송은 송시열을 중심으로 한 신료(臣僚) 집단과 현종과 청풍김씨(淸風金氏 : 金錫冑 중심)의 왕실 세력 사이의 대결 양상을 띠었다.[19] 박세당의 대공설 주장은 청풍김씨를 중심으로 한 한당(漢黨)과 정치적 유대관계를 유지해온 그가 송시열을 중심으로 한 산당(山黨)의 정치적 퇴진을 겨냥한 고도의 정치적 계산이 깔려 있었던 것 같다.

박세당은 그 뒤에도 남구만(南九萬) · 최석정(崔錫鼎) 등의 배후에서 정치적 후원자 역할을 하였다. 그 실례로 1701년 남구만이 장희빈(張禧嬪)의 옥사(獄事)에 대하여 중형(重刑)을 주장하는 김춘택(金春澤)과 한중혁(韓重爀) 등 노론(老論)의 주장에 맞서 경형(輕刑)을 주장한 것이나, 영의정 최석정이 왕세자(王世子) 보호를 위하여 생모(生母)인 장희빈을 사사(賜死)해서는 안 된다는 완론(緩論)을 주장했는데, 이때 박세당은 실제 배후에서 이들의 정치적 행동을 후원하였다. 그는 당시 하나의 학단과 정치세력을 형성하여 종주(宗主)가 되어 있었다.[20]

---

19 李迎春, 『朝鮮後期 王位繼承硏究』(集文堂, 1998) 252쪽, 271-272쪽.

20 『頤齋亂藁』 제4책, 권21, 병신 2월 9일 신해, 318쪽. 박세당은 벼슬에서 물러나 '한인'으로서 학자의 삶을 살았지만, 완전히 정치를 떠나 있었다고 할 수는 없다. 그는 남구만 · 최석정 등 소론계 학자나 두 아들 박태유 · 박태보의 정치 고문역을 하였다. 이에 대해서는 김용흠, 「조선후기 노 · 소론 분당의 사상기반-박세당의 『사변록』 시비를 중심으로」(『학림』 17, 연세대 사학연구회, 1996) 66-76쪽과 김준석, 「서계 박세당의 위민의식과 치자관」(『동방학지』 100,

박세당은 호방한 성격의 소유자였다. 그는 옛 사람을 배우고자 하면 마땅히 먼저 그 기상(氣像)을 배워야 하며 기상이 좋을 때에는 모든 일이 그 속에서 이루어진다고 보았다. 반면 기상이 저하되면 문학(文學)과 지려(智慮)가 비록 남보다 뛰어난 경우가 있더라도 모두 볼 것이 없다고 하였다.[21] 그래서 그 지려는 쓸쓸하게 한 평생을 보내며 남과 합하지 못하고 살지언정 고개를 숙이고 그저 타협하며 좋은 것이 좋다는 식으로 살아 가려고는 하지 않았다.[22] 그는 기존 사상이나 체제에 순응(順應)하며 사는 인생은 맹자(孟子)가 말한 '첩부(妾婦)의 도(道)'로 보았다.

박세당은 1668년 벼슬에서 물러나 수락산 석천동으로 물러나 생활하면서 자신의 유식(遊息)과 저술과 강학 공간으로 활용하였고 김시습(金時習)을 기리는 추념(追念)의 공간으로 삼았다.[23] 그는 이 석천동에서 늘 '한인(閑人)'으로 자처하며 생활하였다.[24]

"어떤 사람이 이야기하기를 화숙(和叔, 朴世采의 字)이 나더러 차라리 시인(詩人)이 되었으면 한다고 한다. 내가 듣고 손뼉을 치며 말

연세대 국학연구원, 1998) 154쪽 참조.

21 『肅宗實錄』 권38, 숙종 29년 4월 28일(계묘). 박세당은 일찍이 國舅 金佑明의 집 잔치에 참석하여 흥이 일어나 춤을 추었는데, 당시 士論은 그의 이러한 행동을 아주 못마땅하게 여겼다고 한다. 박세당은 그 뒤 자신의 銓郎 추천을 저지한 의논이 宋時烈에게서 나온 것으로 의심하여 원한이 매우 깊어서 드디어 벼슬을 버리고 시골로 내려가서 그대로 조정에 나오지 아니하였다고 한다. 한편 박세당이 『장자』를 깊이 연구한 탓에 閔鼎重은 '어찌 異端을 배우는 자로 하여금 經幄에 있게 할 수 있겠는가.'라고 하여 박세당의 副提學 추천을 저지하였다.

22 『西溪集』 권14, 墓表, 西溪樵叟墓表.

23 김학수, 「17세기의 명가-반남박씨 서계가문」(『문헌과 해석』 통권16호, 문헌과해석사 2001) 참조.

24 『西溪集』 권4, 詩, 解職後作三首. "三十年來抱病身, 聖恩重許作閑人."

하기를 우리 아우(화숙)가 나를 염려하는 까닭이 어찌 다른 뜻이야 있겠는가. 정말 창광(猖狂)하고 유려(謬戾)하여 끝내 이름을 잘 보전하지 못하고 죽을까를 염려한 따름이다. 염려해주는 것은 진실로 마땅하나 그가 나에게 원하는 것은 마땅하지 않다. 나는 시인이 되기보다는 차라리 한인(閑人)이 될 따름이다. 무릇 시인이 되기를 구함은 작은 이름나기를 구함이니 이름은 남에게 있고 한가로움은 나에게 있는데 내가 장차 이름을 위하겠는가. 남을 위하겠는가."[25]

박세당은 「한인(閑人)」이라는 시를 지으면서 이같이 자신의 심경을 진솔하게 토로하였다. 그는 자기 인생이 이름을 위해서도 남을 위해서도, 그리고 시인이 되어 작은 이름을 얻어 이름이나 잘 보전하는 그 어느 길도 택하지 않았다. 그는 '한인(閑人)'으로 자처하며 일생을 보냈다.

이름과 이(利) 구하는 일 피로한 건 일반인데	求名求利等勞神
누가 우부(愚夫)처럼 능히 자기 몸 위할 수 있으리	誰似愚夫解爲身
일 없으니 뜻은 게을러지고 시 짓기를 그만두니	無事意慵兼廢詠
남은 인생 하늘이 한인이 되게 허락했네[26]	餘生天許作閑人

박세당은 많은 시를 남겼지만 시인이란 이름을 얻는 것을 거부하였다. 그는 '한인'으로서의 삶을 표방하며 명예나 이익을 구하지 않고 실질(實

25 『西溪集』 권2, 詩, 閑人. "人說和叔欲我寧求作詩人, 余聞而撫掌, 曰吾弟所以憂我者, 豈有他哉? 正憂其猖狂謬戾, 卒之無所善其名以死耳, 憂之固當. 然其所欲我者未當, 與吾爲詩人, 寧爲閑人耳. 夫求爲詩人, 求有小名, 名在人, 閑在我, 吾將爲名乎? 爲人乎?"
26 『西溪集』 권2, 詩, 閑人.

質)과 충신(忠信)을 힘썼다. 이러한 그의 생활은 커다란 학문적 업적을 남기게 한 배경이 되었다. 바로 『사변록(思辨錄)』과 『도덕경주해(道德經註解)』, 『남화경주해산보(南華經註解刪補)』가 그것이고, 이러한 저술을 통하여 그는 사서(四書)와 『시경(詩經)』, 『서경(書經)』의 본뜻을 밝혔고, 노장(老莊)을 주석(註釋)하여 자신의 뜻이 어디에 있는 지를 표현하였다.[27]

박세당은 1680년 경신환국(庚申換局) 때는 「고신선곡(古神仙曲)」을 지어 시사(時事)를 비평하기도 했는데, 이 시는 장차 서인(西人)의 정치적 분열을 예언한 것이었다.[28] 또한 그는 만년에 「영의정백헌이공신도비명(領議政白軒李公神道碑銘)」의 '명(銘)'에 자신의 평소 사상적, 정치적 생각을 표현하여 송시열을 비판하기도 하였다.[29]

박세당은 자기와 처지가 비슷하다고 생각했던 도잠(陶潛)에 대해 시를 지어 기렸고 김시습(金時習)에 대해서는 「동봉(東峯)」을 주제로 한 7언율시를 지어 흠모의 정을 드러내었다. 그는 이 시에서 "동봉(東峯)의 달이 서계(西溪)의 물을 비추네[東峯月照西溪水]"라고 하면서 시대를 초월한 정신적 합일을 이루어 내었다.[30]

평생 학자적 양심을 지키며 진리를 탐구하기 위하여 노력했던 박세당은, 분명 "인생은 끝이 있지만 진리 탐구는 끝이 없다"[生也有涯, 而知也无涯]는 장자의 말을 깊이 인식하고 있었던 것 같다.

27 『西溪集』 권14, 墓表, 西溪樵叟墓表.
28 『西溪集』 권2, 詩, 古神仙曲 四首. "劈破靈犀試一燃, 紛紛百怪失重淵. 玉皇高御通明殿, 依舊收還造化權. 紅鸞翠鳳日飛鳴, 玄圃東看示赤城. 莫要橘中耽對局, 風雲長得上界淸. 芝田戲鹿亦無端, 孔雀須防飮碧湍, 同是仙家好鷄犬, 更愁非意輒相干. 飛符崑閬牒蓬瀛, 大劑金丹聚百精. 急就爐中成九轉, 刀圭下救萬蒼生.(急作徐)"; 附錄 권22, 年譜, 庚申.
29 『西溪集』 권12, 碑銘, 領議政白軒李公神道碑銘.
30 김학수, 「17세기의 명가-반남박씨 서계가문」(『문헌과 해석』 통권16호, 문헌과해석사 2001).

3. 경전(經傳)에 대한 새로운 해석

박세당의 공부방법은 무조건 외우는 것보다는 정밀하게 읽고 책 속에 담긴 옛 사람의 마음을 꿰뚫어 보기 위하여 사색을 깊이 하였다. 이러한 그의 학문 태도는 남보다 적게 읽고도 다독(多讀)한 사람을 대적할 수 있는 능력을 갖게 하였다.[31]

박세당은 사서(四書)와 『시경(詩經)』, 『서경(書經)』에 대하여 주해를 하면서 성리학의 여러 개념에 대한 새로운 해석을 많이 하였다. 우선 그는 태극(太極)을 이(理)의 관점에서 이해하였다. 그는 하늘이 백성을 냄에 물(物)이 있으면 법칙이 있으니[天生蒸民, 有物有則], 성인(聖人)이라는 것은 물(物)의 법칙을 다하여 천(天)의 이(理)에 합하는 자인데, 천(天)의 이(理)를 구하면 태극일 뿐이라고 하였다. 태극에 대한 그의 이러한 견해는 분명 주희(朱熹)의 학설을 받아들인 것이다.[32]

사실 성리학의 기본 명제는 『중용(中庸)』의 수장(首章) "천명지위성(天命之謂性)"장에 제시되어 있었다. 따라서 천명(天命)에 대한 이해 방식은 성리학 이해의 일차적 관문(關門)으로 성리학자 개인의 사상체계를 엿볼 수 있는 부분이다. 16세기 조선 성리학의 심화과정에 이 "천명"에 대한 토론이 활발하게 일어났고, 그 과정에서 사단칠정논변(四端七情論辨)이 전개되어 이기심성론(理氣心性論)의 발전을 가져왔던 것은 잘 알려진 사실이다.

『중용(中庸)』의 "천명지위성(天命之謂性)"의 '명(命)'과 '성(性)'을 이(理)로

---

31 『西堂私載』 권7, 墓碣銘, 西溪朴先生墓碣銘.
32 『南華經註解刪補』 권6, 外篇, 天下 제33.

보든 기(氣)로 보든 그것은 학자에 따라 견해가 다를 수 있다. 즉 '명(命)'과 '성(性)'을 청탁후박(淸濁厚薄)의 기적(氣的)인 측면에서 볼 것인가, 인의예지(仁義禮智)의 이적(理的)인 측면에서 볼 것인가에 따라 성리학의 인식체계는 달라진다. 그런데 정이(程頤)는 "천명지위성(天命之謂性)"의 '성(性)'을 주석하여 "성(性)은 곧 이(理)이다"라고 선언했고 주희는 이 설을 받아들였다.

그렇다면 박세당은 『중용』 수장(首章)의 성(性)을 어떻게 해석하였는가. 그는 성이란 것은 천리(天理)가 마음에 부여되어 밝아 태어나면서 함께 갖추어진 것이라 하였다. 하늘에는 밝은 이(理)가 있는데, 물(物)은 이 이에 맞추어 법칙[則]을 삼는 것이며, 이 이칙(理則)으로써 사람에게 부여되어 그 마음이 밝아지는 것이다. 사람이 이미 천리를 받아 그 마음이 밝게 되었고, 그것으로 사물의 마땅하고 마땅하지 않은 것을 살필 수 있다는 것이다.[33] 그는 이가 부여되어 마음이 밝게 된 것이 성이 되므로 하늘에 있어서는 이라 하고, 사람에 있어서는 성이라 하는 것은 명칭을 문란하게 할 수가 없기 때문이라고 하였다.[34] 그런데 이러한 그의 성에 대한 새로운 주석은 인간이 가진 마음의 주체적 통찰력[心明]을 중시하고 그것을 통한 현실적 인간의 실질적 활동에 초점을 맞춘 것이었다.[35]

한편 주희는 "성과 도는 비록 같으나 사람과 물(物)의 기품은 혹 다르다"고 하여 성과 도를 같다고 보았으나 박세당은 성과 도를 구분하여

---

33 『국역 사변록』 중용 94쪽.

34 朱子의 註에, "하늘은 곧 이치이다[天卽理]"라고 하였는데, 박세당은 "하늘의 하늘된 까닭은 理일뿐이다[天之所以爲天, 卽理而已]"라고 하는 것이 그 뜻이 더 완전하다고 하였다(『국역 사변록』 논어 190쪽).

35 안병걸, 「서계 박세당의 독자적 경전 해석과 그의 현실인식」(『대동문화연구』 28, 성균관대 대동문화연구원, 1993) 295쪽.

보았다. 그는 도는 사람이 성을 따르므로 해서 얻어지는 것이지, 사람이 처음부터 태어나면서 갖추고 있는 것은 아니라 하였다. 그는 이(理)는 하늘에 근본하고 도(道)는 일을 행하는 데서 생긴 것이니, 주희의 주석처럼 도를 성의 덕으로서 마음에 갖추어진 것이라고 말할 수 없다는 것이다.[36]

그러면 박세당은 인성(人性)과 물성(物性)에 대하여 어떻게 생각하였는가. 주희는 "사람과 물(物)의 성(性)은 또한 나의 성이다"라고 하여, 사람의 성은 진실로 저 사람과 나와의 차이가 없지마는 물의 성은 사람과 같지 않다고 했다. 그는 사람과 물이 본래 유(類)가 같지 않는데 주희가 "물의 성이 또한 나의 성이다"라고 하였으니, 옳지 않은 말이라 하였다.

맹자는 본래 유(類)가 같은 것은 성(性)이 서로 같고, 유(類)가 같지 않은 것은 성이 또한 다르다고 생각했다. 맹자는 "개의 성이 소의 성과 같으며, 소의 성이 사람의 성과 같은가"라고 하였고, 또 "무릇 동류(同類)는 대개 서로 같은 것인데 어찌 홀로 사람에게 있어서만 그렇지 않다고 의심하겠는가. 성인도 나와 동류이다"라고 하였으며, 또 "그 성이 남과 다르기가 개와 말이 나와 유(類)가 다른 것과 같다면, 천하 사람이 어찌 즐기는 것을 모두 역아(易牙, 맛을 잘 보았던 사람)를 따르겠는가"라고 하였으니, 오직 그 유(類)가 같아야만 그 성도 서로 같은 것이고, 유(類)가 다르면 성 또한 다른 것이라 하였다.

---

36 『국역 사변록』 중용 96-98쪽. 道를 "일을 행하는 것"에서 이해하는 견해는 『莊子』 주석에서도 그대로 나타나고 있다(『南華經註解刪補』 권5, 外篇, 庚桑楚, "道者德之欽也" 註).

그런데 주희는 "사람과 물은 날 때부터 성(性)이 있지 않은 것이 없다"라고 하였는데, 이것은 맹자가 이른바 유(類)가 같지 않은 것은 그 성이 다르다고 한 뜻과는 어긋난다는 것이다. 만일 사람과 물의 조금 다른 분별을 다만 오성(五性)의 온전하고 온전하지 않은 차이에 있다고 한다면, 사람은 과연 온전하게 타고난 것으로써 사람이 되었지마는, 저 물들은 대부분 온전하지 못하니 사람 이외의 만물의 성은 모두 같을 것이니, 이것은 "개와 소는 성이 같지 않다"라고 한 맹자의 말에 합치되지 않는다는 것이다.[37]

이와 같이 박세당은 인성과 물성은 다르며, 물성에 있어서도 물(物)의 유(類)에 따라 각각의 성(性)이 다르다고 보았다. 그의 이러한 견해는 「영의정백헌이공신도비명(領議政白軒李公神道碑銘)」에도 그대로 나타나고 있다. 그는 "효봉수성(梟鳳殊性)"이라고 하여 올빼미와 봉황은 물중(物中)에서 유(類)가 다르므로 성을 달리한다고 표현하여 송시열(宋時烈)을 비판하기도 하였다.[38] 그의 성에 대한 새로운 학설은 생을 마감하기 1년 전에 정치적 의사(意思)로 표현되고 있었다.

한편 박세당은 자사(子思)의 학설이 맹자(孟子)에게 전해지고 있음을 밝혀내었다. 그는 맹자가 "그 하지 않을 바를 하지 말며, 그 하고자 하지 않을 바를 하고자 하지 말 것이니 이와 같이 할 따름이다[無爲其所不爲, 無欲其所不欲, 如此而已矣]"라고 하였는데, 이 말은 곧 『중용』의 미발(未發)과 기발(旣發)의 뜻을 말한 것으로 맹자가 자사로부터 전수받은 것으로 이해

37 『국역 사변록』 중용 151-153쪽.
38 『西溪集』 권12, 碑銘, 領議政白軒李公神道碑銘. "恣僞肆誕, 世有聞人. 梟鳳殊性, 載怒載嗔. 不善者惡, 君子何病?"

하였다. '불위(不爲)'의 '위(爲)'는 몸이 행하는 것이요, '불욕(不欲)'의 '욕(欲)'은 마음이 발(發)하는 것이다. 평소에 불의(不義)를 할 만한 것이라 여기다가도 하기를 생각하지 않고, 불선(不善)을 할 만한 것이라 여기다가도 문득 하고자 하지 않는 것은 바로 『중용』에서 말한 "희로애락(喜怒哀樂)이 발(發)하지 않은 것을 중(中)이라 이른다"고 한 말을 이은 것으로 이해하였다.

그런데 어떠한 사물이 나타나 유혹하게 되면 감정이 움직이고, 사사로운 뜻이 양심을 가리면 먼저는 부끄러워서 하지 않던 것을 곧 부끄러운 줄도 모르고 하게 되며, 먼저는 싫어하여 하고자 하지 않던 것을 곧 싫어할 줄도 모르고 하고자 하여 마침내 불의(不義)와 불선(不善)에 빠지니, 이것은 발(發)하는 것이 절도에 맞지 못하여 그 화(和)를 잃은 것이라고 했다. 따라서 반드시 평소에 하지 않고 하고자 하지 않는 마음을 확고하게 지켜, 사물의 유혹에 빼앗기거나 사의(私意)에 가려지는 일이 없도록 하여 오직 하는 것이 의(義) 뿐이요, 하고자 하는 것이 선(善)뿐인 뒤에야 저 떳떳한 덕(德)을 잃지 않을 수 있다는 것이다.

여기에서 박세당은 하지 않는 바와 하고자 하지 않는 바는 대본(大本, 中)이고, 함이 없고 하고자 함이 없는 것은 달도(達道, 和)라고 하였다.[39] 그는 자사와 맹자의 이러한 뜻이 후세에 밝혀지지 못한 것이 매우 한탄스러운 일이라고 하였다.[40] 이러한 견해에서 보면 그는 공자와 자사, 그리고 맹자의 근본 뜻을 천명하고자 했다는 것을 알 수 있다.

그러나 박세당은 적어도 송대 성리학의 큰 구도 속에서 자신의 주장을

39 『국역 사변록』 맹자 414-415쪽.
40 『국역 사변록』 맹자 415쪽.

관철하고 있는 것이 분명하다. 왜냐하면 그는 앞에서 살핀 바와 같이 태극(太極)을 천(天)의 이(理)로 보고 있으며, 성(性)을 천리(天理)와 관련하여 해석하고 있기 때문이다. 중국 유학사에서 송대에 이르러 이루어진 천리의 발견과 새로운 해석이야말로 성리학의 가장 큰 특징이라 할 수 있다. 그는 "천명지위성(天命之謂性)"의 성(性)을 이(理)와 관련하여 설명하였지, 기(氣)의 측면에서 설명하지는 않았다. 그는 성을 인간이 태어나면서 천리가 마음에 부여되어 밝게 된 것이라 하였고, 이 성은 선(善)과 악(惡)을 구별할 줄 아는 인식능력을 가진 것으로 보았다. 이렇게 볼 때 그는 17세기에 조선 성리학의 개념에 대한 새로운 해석을 통해 발전을 모색하고 있던 성리학자였다고 할 수 있다.

그렇다면 박세당이 "천명지위성"의 '성(性)'을 "성즉리(性卽理)"가 아니라 '성(性)'과 '이(理)'를 구분하여 보게 된 그 학설 정립의 근거는 무엇이었던가. 이에 대해서 노장(老莊)에 대한 그의 새로운 해석을 검토하여 밝혀보고자 한다.

4. 노장(老莊)에 대한 새로운 해석과 평가

박세당은 1668년 수락산 석천동으로 들어와 우선 1676년 『색경(穡經)』의 초고를 완성하고, 아울러 『대학』과 『노자』, 『장자』에 대한 연구를 꾸준히 수행하여 1680년부터 그 학문적 결실이 이루어지기 시작했다.[41]

41 『대학사변록』이 1680년, 『신주도덕경』이 1681년, 『남화경주해산보』가 1682년, 『중용사변록』이 1687년, 『논어사변록』이 1688년, 『맹자사변록』이 1689년, 『상서사변록』이 1691년, 『모시

박세당은 문(文)이라는 것은 도(道)의 찌꺼기이고 실(實)이라는 것은 도(道)의 정미(精微)라고 하여 문(文)보다는 실(實)을 강조하였다.[42] 그는 화(華)를 추구하고 실(實)을 빠트리거나, 꾸미고 명예를 구하는 것을 유자(儒者)의 병으로 여겼다. 그는 평소의 언행이 한결같이 충신(忠信)에 근본하였고 후생을 가르침에도 반드시 충신을 주로 하였다.

박세당은 인의(仁義)를 행하는 것이 아름다운 일이나 그 행하는 것을 돌아보면 위선(僞善)이 많고 진실(眞實)이 적다고 보았다. 그는 인의라는 '이기(利器)'를 빌려서 사욕(私慾)을 채우는 현실에 대한 비판을 『장자』의 주석을 통해 표현하였다.[43]

박세당은 노장의 설이 비록 성인(聖人)의 대법(大法)에 어긋나지만 채택할 수 없는 것은 아니라고 하였고[44] 이를 통해 자신의 뜻을 표현하였다.[45] 그렇다면 박세당이 『노자』의 주석을 통해 표현하고자 했던 뜻은 과연 무엇인가.

박세당은 한(漢)나라 이전에는 노자(老子)를 숭상하여 위로는 임금이 공묵(恭默)의 교화를 행하였고 아래로는 신하가 청정(淸淨)의 다스림을 이루었다고 보았다. 그러다가 진(晉)나라에 이르러 미치광스럽고 허탄한 자들이 현허(玄虛)와 무실(無實)의 희언(戲言)을 일삼고 끝없는 아득한 설을 지어 거짓을 꾸미고 일세를 속이어 천하가 이에 호응하여 풍속이 크게 어

사변록』이 1693년에 저술되었다.

42 『南華經註解刪補』 권2, 應帝王 제7.

43 『南華經註解刪補』 권5, 外篇, 徐無鬼 제24.

44 『西溪集』 권7, 書, 答尹子仁書. 1678년 남구만이 老子解를 보기를 원하자 박세당은 매우 신중한 태도를 보이면서 보여주기를 꺼리고 있다(『西溪集』 권19, 簡牘, 與南雲路九萬). 한편 박세당은 노자를 읽고 '不爭'이 玉液이라는 것을 알았고 '無欲'이 金丹이라는 것을 알았다고 하면서 공감을 표하였다(『西溪集』 권2, 詩, 讀老子).

45 『西溪集』 권14, 墓表, 西溪樵叟墓表.

지러워지자 진(晉)나라는 드디어 망하게 되었다고 보았다.[46]

박세당은 분명 자신이 살고 있는 시대가 충신(忠信)이 얇아지고 난(亂)이 일어나는 시대로 인식했다. 즉 문(文)이 승(勝)하고 질(質)이 쇠(衰)하여 형벌이 많아지기 때문에 예(禮)에 대한 논의가 번다하게 일어나고 있다고 생각했을 것이다. 그래서 그는 그 치유방안으로 문(文)보다는 질(質)을, 예(禮)보다는 충신(忠信)을 중시하는 『노자』의 사상을 통하여 자신의 소신을 펴고자 하였다.[47]

박세당은 우선 『노자』에 대한 긍정적인 해석을 하였다. 그는 역(易)의 태극(太極)을 노장(老莊)의 '일(一)', '태일(太一)'과 관련하여 이해하였고[48] 주돈이(周敦頤)의 "무극이태극(無極而太極)"이란 말도 노장에서 나온 것이 아닌가 하였다.[49] 그는 노자(老子)의 도(道)는 '무(無)'로 으뜸을 삼는데, 이른바 '무(無)'라고 하는 것은 '공탕(空蕩)'을 말하는 것이 아니라 '겸허(謙虛)'를 말하는 것이라 하였다. 그리고 이른바 '무위(無爲)'라는 것도 일을 일삼지 않는다는 것을 말하는 것이 아니라 조요(躁擾)하고 망작(妄作)하지 않는 것을 이른다고 하였다.

그런데 박세당은 노자는 그 내용이 공적(公的)이 아니라 사적(私的)이라고 이해하였다. 그가 파악한 노자는 "성인(聖人)은 그 몸을 뒤로 하나 백

46 『西溪集』 附錄, 권22, 年譜 辛酉.

47 金學睦, 「朴世堂의 『新註道德經』硏究」(건국대 대학원 박사학위논문, 1997).

48 『新註道德經』 42章 註. 박세당은 『장자』의 "太一"에 대한 주해를 太極이라 하였다. 그는 太極은 그 用을 말하면 '極'이 되고 '一'이 되며, 그 體를 말하면 '無'가 된다고 하였다.

49 박세당은 理가 天에 뿌리를 두고 있다고 보았는데, 天의 모습은 廣大하여 이름붙이기 어렵고[蕩蕩] 형상을 말할 수 없다는 것이다. 그는 至妙한 理는 광대하여 이름붙이기 어려운 것에 뿌리를 두고 있는데 처음에는 형상을 말할 수 없으니 곧 易에서 이른바 太極이고, 周敦頤가 이른바 '無極而太極'도 이러한 설에서 나온 것이 아닌가 하였다(『南華經註解刪補』 권3, 外篇, 天地 제12).

성들이 모두 추대하여 앞세우고 그 몸을 밖으로 하나 물(物)이 해치지 않으니 사(私)가 없기 때문이 아닌가. 그러므로 능히 사(私)를 이룬다"[聖人, 後其身而身先, 外其身而身存, 非以其無私耶? 故能成其私], "공(功)이 이루어짐에 스스로 자처하지 않았다. 오직 자처하지 않았으므로 그 몸에서 떠나지 않았다[功成而不居, 夫惟不居, 是以不去]"라고 한 말이 공(公)이 아니라 사(私)라고 이해하였다.[50]

박세당은 노자가 "고기는 연못에서 벗어나서는 안 되고 나라의 이기(利器)는 백성에게 보여서는 안 된다"고 했고, "옛날에 도(道)를 잘 닦는 자가 백성을 똑똑하게 하지 않은 것은 장차 어리석게 하고자 한 것이니 백성을 다스리기 어려운 것은 지혜가 많기 때문이다. 지혜로써 나라를 다스리는 것은 나라의 적(賊)이고 지혜로써 나라를 다스리지 않는 것이 나라의 복(福)이다"라고 하였는데, 이러한 노자의 설은 백성을 어리석게 만드는 술(術)로 그 뜻이 사(私)에서 나온 것이라 하였다.[51] 그리고 노자는 '이와 같이 한 뒤에 자기에게 이익이 있다'라고 말했으니 이것은 의도가 담긴 표현으로 보아 사(私)라고 평했다.[52]

한편 박세당은 노자는 패도(霸道)의 영웅이라고 하였다. 그는 노자가 이른바 "장차 빼앗고자 하면 반드시 진실로 준다[將欲奪之, 必固與之]"라고 하였으니 이 말은 완전히 권모(權謀)에서 나온 것이라고 하였다. 그는

---

50 『西溪集』 附錄, 권22, 年譜 壬戌.

51 『南華經註解刪補』 권2, 外篇, 胠篋 제10. "故魚不可脫於淵, 國之利器, 不可以示人, 彼聖人者, 天下之利器也, 非所以明天下也."; "按此引老子之言, 以喩聖知之爲利器, 不可明示天下, 使不善者, 得以竊取, 資其爲惡也. 道德經曰古之善爲道者, 非以明民, 將以愚之, 民之難治, 以其智多, 以智治國, 國之賊, 不以智治國, 國之福, 盖此數篇立說, 皆原老子, 老子愚民之術, 其意出於私."

52 『西溪集』 附錄, 권22, 年譜 壬戌.

의(誼)를 바르게 하고 이(利)를 도모하지 않으며 도(道)를 밝히고 공(功)을 계산하지 않는 것은 왕도(王道)이고, 공(功)과 이(利)를 계산하고 비교하는 것은 패도(霸道)의 술(術)인데, 노자가 이른바 공리(功利)에 자처하지 않았다는 것은 공리가 자기에게 있는 것을 바라는 것이므로, 공리를 탐하여 진취하는 자와는 청(淸)과 탁(濁), 우(愚)와 지(智)의 나뉨이 있을 뿐이므로 패도의 영웅이라고 하였다.

박세당의 이러한 노자에 대한 평가는 그의 장자에 대한 평가와는 사뭇 다르다. 그는 노자와 장자에서 자기가 필요한 설을 받아들이면서도 장자를 왕도(王道)와 공(公)의 측면에서 높이 평가하였고, 성(性)을 가장 잘 알고 도(道)를 가장 정확하게 파악한 인물로 보았다.

박세당은 평소 제자들에게 장자가 도(道)를 파악한 것이 가장 정확했다고 언급하였다.[53] 그의 제자 이덕수(李德壽)는 박세당의 『장자』 해석은 과거에도 없었고 미래에도 계승할 사람이 없다고 하면서, '하늘이 내려주시어 신통한 해석을 하게 했다'라고 극찬하였다.[54]

박세당은 『노자』의 내용을 사적(私的)이라고 평한 반면, 『장자』의 내용은 공적(公的)이라고 평하였다. 그는 장자는 다만 도리(道理)를 설명하면서 '마땅히 이와 같다'라고 말하였을 뿐 이(利)를 말하지 아니하였기 때문에 공적(公的)이라고 하였다.[55]

박세당은 전국시대(戰國時代)에 장의(張儀)·공손연(公孫衍)·공손룡(公孫龍)·혜시(惠施)와 같은 유세객(遊說客)이 변지(辯知)를 꾸미고 세상에 아첨

53 『西溪集』 권20, 簡牘, 與金廈卿杜臣.
54 『西堂私載』 권7, 墓碣銘, 西溪朴先生墓碣銘.
55 『西溪集』 附錄, 권22, 年譜 壬戌.

하였는데 당시 인물들이 이들의 학설을 따르는 것을 장자가 미워하였다는 것이다.[56] 따라서 장자는 유학(儒學)을 헐뜯은 것이 아니라 세상에 유자(儒者)라고 이름하면서 실(實)을 채우는 것이 적고 요(堯)의 옷을 입고 걸(桀)의 행동을 하는 자를 비판했다는 것이다. 그는 장자가 공자(孔子)에 대해 도(道)를 체득(體得)하고 성(性)을 다한 성인(聖人)으로 하늘을 우러러 보고 땅을 굽어보아 부끄러움이 없는 생민(生民)이래 일인(一人)일 뿐이다라고 평한 것에서도 유학을 헐뜯지 않았다는 것을 알 수 있다고 하였다.[57]

박세당은 장자의 말은 이(理)에 정밀하고 신(神)의 경지에 들어갔다고 보았고, 성(性)을 안 이가 장자만한 사람이 없었다고 하였다. 그는 장자의 "성심(成心)에 따라서 스승으로 삼아야 하니, 누가 홀로 또한 스승이 없겠는가"라는 표현은, 자사(子思)의 '솔성(率性)'과 맹자(孟子)의 '성선(性善)'의 뜻에 깊이 부합하는 것으로 순자(荀子)나 양웅(揚雄)의 성설(性說)에 견줄 바가 아니라고 하였다.[58]

> "성심(成心)은 하늘에 정리(定理)가 있어 나에게 주어진 바이다. '누가 홀로 스승 삼음이 없겠는가'라는 말은 만약 이 마음을 스승 삼을 줄 알면 스승을 기다리지 않고도 스스로 그 이(理)를 터득한다는 것이니

---

56 『南華經註解刪補』 권3, 外篇, 天地 제12.

57 『南華經註解刪補』 권4, 田子方. "莊子曰以魯國而儒者一人耳, 可謂多乎?"; "按此章, 蓋譏世之名儒者, 寡能充其實, 類服堯而行桀, 若聖人之體道盡性, 俯仰無怍, 生民以來一人而已, 以是觀之, 莊子非毁儒, 乃毁爲其服而未知其道者耳."

58 『西溪集』 附錄, 권22, 年譜 壬戌; 『南華經註解刪補』 권3, 外篇, 天地 제12. "按 …… 其曰隨其成心而師之, 誰獨且無師乎? 奚必知代, 而心自取者有之, 愚者與有焉, 此亦言性無不善也."

이른바 돌아가 구하면 남은 스승이 있다는 말이다. '마음이 스스로 취한다'는 것은 마음이 스스로 지리(至理)에 합치한다는 뜻이니 어진이나 어리석은 이의 구분 없이 함께 이 마음을 갖고 있다는 것이다. 여기에서 장자가 제자(諸子)보다 식견이 높고 탁월한 것을 알 수 있으니 사람들에게 제시한 것이 분명하고 절실하기가 이와 같다."[59]

위의 글을 통해볼 때 박세당은 『중용』과 『맹자』에서 제시된 전형적인 유가의 성선론적 전통을 계승하고 있음이 분명하다.[60] 그런데 여기서 우리는 『장자』와 『중용』주석의 영향 관계를 유의할 필요가 있다. 박세당의 『남화경주해산보(南華經註解刪補)』는 1682년에 이루어졌고, 『중용사변록(中庸思辨錄)』은 그후 5년이 지난 1687년에 이루어졌다. 따라서 박세당의 "성심(成心)은 하늘에 정리(定理)가 있어 나에게 주어진 바이다"라는 『장자』 주석은, 『중용』의 수장에 제시된 "솔성(率性)"의 "성(性)은 천리(天理)가 마음에 주어져 밝게 되어 태어나면서 함께 갖추어진 것이다"라는 주석으로 발전한 것이 분명하다. 즉 장자의 "성심(成心)"에 대한 주석은 곧 『중용』 수장의 "솔성(率性)"의 '성(性)'에 대한 주석으로 이어졌다.

여기서 주목해야 할 사실은 그가 "성심(成心)"과 하늘에 있는 "정리(定理)"를 구분하여 이해하고 있다는 점이다. 분명 이러한 박세당의 인식은 『중용』의 "성즉리"에 대한 새로운 해석에 영향을 미쳤다고 할 수 있다.

59 『南華經註解刪補』 권1, 內篇, 齊物論 제2. "夫隨其成心而師之, 誰獨且無師乎? 奚必知代, 而心自取者有之, 愚者與有焉."; "按成心, 天有定理所賦於我者也, 誰獨無師, 言若能知師此心, 則不待於師而自得其理, 所謂歸而求之, 有餘師者也. 心自取, 心能自契於至理, 言無分賢愚, 同有此心也. 此見莊子識高卓越諸子, 其所以示人者, 明切如此."

60 김종수, 「박세당의 진리론과 사상 체계론」(『韓國實學研究』 4, 韓國實學學會, 2002) 158쪽.

『장자』와 『중용』에 대한 주석 시기의 전후 연대, 그리고 『장자』의 "성심(成心)"과 "성(性)"에 대한 주석내용과 『중용』의 "성"에 대한 주석 내용을 비교하여 볼 때, 박세당의 『장자』에 대한 깊은 탐구는, 분명 『중용』의 "성즉리(性卽理)"에 대한 새로운 해석에 직접적인 영향을 미쳤다고 생각된다.

그런가하면 박세당은 『중용』 수장(首章)의 "하늘이 명한 것을 일러 성이라 함[天命之謂性]", "성을 따르는 것을 일러 도라 함[率性之謂道]"에 대한 설명을 『장자』의 표현에서도 미리 발견하고 있었다. 즉 그는 천(天)에 이(理)가 있어 형(形)에 부여되니 형(形)은 이(理)로써 존재하고 이(理)는 형(形)에 갖추어져 있으니 장자가 이른바 "형비도불생(形非道不生)"이고 자사가 이른바 "천명지위성(天命之謂性)"이라는 것이다. 그러나 형(形)이 비록 이(理)를 얻어서 생기어 이 이(理)를 속에 갖추고 있으나 자기가 얻어서 갖추고 있는 바에 인하여 존양(存養)하고 확충(擴充)하는 노력을 다하지 않는다면 천(天)이 나를 생기게 한 이(理)가 거의 가려져서 마침내 드러남이 없게 될 것인데, 이것은 장자가 이른바 "생비덕불명(生非德不明)"이고 자사가 이른바 "솔성지위도(率性之謂道)"라는 것이다.[61]

박세당은 장자의 "형체(形體)가 신(神)을 보호하여 각각 의칙(儀則)이 있는 것을 일러 성(性)이라 이른다[形體保神, 各有儀則, 謂之性]"에서 신(神)이라는 것은 형(形)에서 생겨서 형(形)의 보호받는 바가 되니 심(心)을 말한 것이라 하였다.[62] 그는 심(心)의 체(體)됨은 허령불매(虛靈不昧)하여 만리(萬

61 『南華經註解刪補』 권3, 外篇, 天地 제12. 또한 박세당은 같은 책, 권5, 外篇 庚桑楚에서 "性之動謂之爲"를 『中庸』의 이른바 "率性之謂道"라고 하였다. 그는 "天에 至理가 있는데 사람이 품부받아 性을 이루고 이 理를 따라 하는 것이 性의 動이다"(按天有至理, 人稟之以成性, 循理而爲, 乃性之動.)라고 하였다.

理)를 통하니 자기와 사물에 대처함과 움직이고 고요하고 말하고 행동함에 각각 의칙(儀則)이 있지 않음이 없으니 이것이 곧 성(性)이라는 것이다. 그는 장자의 성을 논한 이 부분이 다른 여러 학자가 미치지 못한 부분이라고 하였다.[63]

17세기 성리학계에 윤휴(尹鑴)가 태극(太極)을 기(氣)로 보아, 종래 태극을 이(理)로 보던 주희의 이해 틀을 깨고자 했듯이, 박세당도 정이(程頤)의 "성즉리(性卽理)"를 새롭게 해석하여 성(性)과 이(理)를 구분하여 이해함으로써 성리학의 기본 개념에 대한 인식 틀을 바꾸어 버렸다. 그는 "성심(成心)"과 "성(性)"을 천리(天理)가 마음에 부여되어 밝은 인식능력을 가진 것으로 새로운 해석을 과감하게 시도하였다. 그의 경전에 대한 새로운 해석과 노장에 대한 학문적 수용 태도는, 당시 정통 성리학을 표방하고 구설(舊說)을 굳게 지키며 학문 권력을 행사하던 성리학계의 흐름과는 아주 다른 새로운 해석을 한 것이다. 박세당의 경전 해석을 통해 시도된 기존 성리학에 대한 참신하고 독자적인 해석은 조선 성리학의 발전과정에서 이루어진 성과의 하나였다.[64]

---

62 박세당는 장자에 나오는 '神生'을 해석하면서 '神生'은 '神之所生'이니 곧 心이다 라고 하였다(『南華經註解刪補』 권3, 外篇, 天地 제12).

63 『南華經註解刪補』 권3, 外篇, 天地 제12.

64 18세기 湖洛論辨에서 湖論의 경우 '性卽在氣之理'와 '心卽氣質'이라는 새로운 독자적인 학설을 제창하여 인성과 물성은 다르며 성인과 일반 백성의 마음은 차이가 있다는 주장을 하였다. 필자는 韓元震이 주장한 "性卽在氣之理"를 성리학의 기본 명제인 "性卽理"를 독자적으로 해석한 조선성리학의 독특한 관점이라고 본다. 아울러 "心卽氣質"도 "心統性情", "心合理氣", "心卽理" 등 성리학의 기존 이론과는 다른 조선성리학의 독자적인 학설로 이해한다.

5. 맺음말

박세당은 어린 시절 집안에 거듭되는 초상(初喪)과 국가적 전란(戰亂)으로 숱한 고생을 하였고, 만년에는 경전(經傳)에 대한 새로운 해석과 노장(老莊)에 대한 주석으로 노론(老論) 일각으로부터 핍박을 받으며 75년의 삶을 마감하였다. 그는 학자나 시인으로 자처하기보다는 명리(名利)를 멀리하고 '한인(閑人)'을 표방하며 일생을 보냈다.

조선왕조는 성리학을 지배이념으로 세워진 국가였고 무(武)보다 문(文)을 숭상하여 문치주의(文治主義)가 매우 발달하였다. 그러다 보니 질실(質實)한 경향은 점차 부족해졌다. 이 때문에 조선은 16세기 말과 17세기 전반에 왜란과 호란을 겪게 되었다. 중국의 하(夏)나라는 '충(忠)'을, 은(殷)나라는 '질(質)'을 숭상하다가 주(周)나라에 이르러 '문(文)'을 지나치게 숭상하자 노자(老子)가 '질박(質樸)'을 강조하였던 것처럼, 박세당은 '문(文)'과 '화(華)'가 성했던 조선 후기에 명(名)보다는 실(實)을, 문(文)보다는 질(質)을, 박학(博學)과 예문(禮文)보다는 충(忠)과 신(信)을 강조하였다.

박세당은 태극(太極)이나 천(天), 성(性)에 대한 해석에 있어 기(氣)보다는 이(理)의 관점에서 접근하였다. 그는 우선 태극을 천(天)의 이(理)로 보았다. 그리고 "성즉리(性卽理)"를 '성(性)이 곧 이(理)'가 아니라 "성(性)은 천리(天理)가 주어져 마음이 밝게 되어 태어나면서 함께 갖추어진 것이다"라고 새롭게 해석하였다. 그는 이(理)와 성(性)과 도(道)를, 하늘[理]과 사람[性]과 일[道]의 영역으로 구별하여 설명하였다. 이제 성리학의 "성즉리"의 구도가 박세당으로부터 새롭게 해석되고 있었다. 이러한 새로운 해석이 가능했던 것은 『장자』에 대한 깊은 탐구가 있었기 때문이었다.

박세당은 장자가 성(性)을 가장 잘 알았고 도(道)를 가장 정확하게 파악했다고 하면서, 『장자』에서 자사(子思)의 '솔성(率性)'과 맹자(孟子)의 '성선(性善)'의 주장과 통하는 부분을 찾아내었다. 그는 『장자』 주해(註解)에서 "성심(成心)은 하늘에 정리(定理)가 있어 나에게 주어진 바이다"라고 하였는데, 『중용』의 수장(首章)에 제시된 "솔성(率性)"의 "성(性)"에 대한 주석으로 발전하였다. 여기서 1682년에 이루어진 『장자』의 "성심(成心)"과 "성(性)"에 대한 주석은, 1687년에 이루어진 『중용』의 "성즉리(性卽理)"의 주석에 직접적인 영향을 끼쳤다고 보아야 할 것이다.

그러나 박세당은 공자·맹자·자사가 제시한 천명(天命)이나 성(性)에 대한 본뜻을 이해하려고 노력하였지만, 그 역시 정호(程顥)·정이(程頤)와 주희(朱熹)의 주석을 비판하면서도 송대(宋代) 성리학의 큰 구도 속에서 자신의 주장을 펴고 있는 것은 분명하다. 왜냐하면 중국 유학사의 전개 과정에서 송대에 이르러 천리(天理)를 새롭게 발견하고 해석을 시도한 것이야말로 성리학의 가장 큰 특징인데, 박세당은 이 천리를 결코 부인하고 있지 않기 때문이다. 그는 "천명지위성(天命之謂性)"의 성(性)을 이(理)와 관련하여 설명하였지, 기(氣)의 측면에서 설명하지는 않았다. 그는 인간이 태어나면서 천리가 인간의 마음에 부여되어 밝게 된 것을 성(性)으로 보았다.

박세당의 "성심(成心)"에 대한 해석과 "성즉리"에 대한 새롭고 비판적인 해석은 기존 성리학에서 '성(性)은 곧 이(理)'라고 보는 기본 구도를 하늘(天, 理)과 인물(人物, 性)과 일(事, 道)로 분해하여 새롭게 제시한 것이었다. 그가 기존 성리학계의 "성즉리"의 구설(舊說)을 버리고 새로운 해석을 제기할 수 있었던 것은, 『장자』의 "성심"과 "성"에 대한 깊은 탐구가 있었기 때문에 가능했다. 그는 노장에 대한 연구에 근거하여 성리(性理)개념을 새롭게 해석할 수 있었다. 따라서 그는 17세기에 조선 성리학의 새로운 발전 가능성을 모색하고자 했던 진보적이고 독보적인 성리학자의 한 사람이었다고 할 수 있다.

제3부

조선 理學의 심화 양상

1

18세기 낙론(洛論)의 학풍과 사상의 계승양상

1. 머리말

16세기에 이황과 이이에 의해 이론적 체계가 성립된 성리학은, 17세기 예학의 시대를 거쳐 18세기에는 심성론의 깊은 논의단계에 들어가 이학지상(理學至上)의 황금기를 맞이하였다. 특히 18세기에 백년간 전개된 호락논쟁은 조선 성리학의 가장 큰 특징인 심성론 탐구의 극점을 보여주며 이제 물성에 대한 관심으로 그 영역이 확대되어 나갔다. 당시 학자들의 학문적 과제는 인간 존재의 내적 성찰로서의 심성학(心性學)과 자연과 사회 세계에 대한 모든 지식의 탐구로서의 박물학(博物學)으로 그 지평을 넓혀 나갔다.[1]

낙론은 서울·경기 지역에서 활동했던 학자들로 인성과 물성이 같고 심(心)의 본체는 선하다(心純善)고 생각하였다. 반면 충청지역에 학문 기반을 둔 호론은 인성과 물성이 다르고 심(心)은 기(氣) 또는 기질(氣質)이며, 심에는 선악(善惡)이 있다고 생각하였다. 특히 낙론은 심의 본체를 순선(純善)으로 보고 심과 기품(氣稟, 質)을 두 가지로 나누어 본 반면, 호론은 성(性)을 기(氣)에 내재된 이(理), 그리고 심을 기(氣)나 기질(氣質)로 보아 두 학파는 너무나 뚜렷한 사상적 차이를 드러내었다. 이러한 낙론과 론의 심성에 대한 이해는 당시 사상적 정치적 처지를 반영하고 있었다.

이간(李柬)과 이재(李縡)·김원행(金元行)으로 대표되는 낙론 학자와 그 학맥은 아주 복잡다단하지만 18세기 정치적 상황과 밀접하게 관련하여 이해할 수 있다. 이재는 인현왕후와 인척간이어서 그의 언동은 당시 정치에 큰 영향력을 미치고 있었고, 김원행은 홍봉한의 정치적 후원자로 비쳐졌으며 송덕상은 홍국영의 정치적 이론가로 이용되고 있었다.

사실 18세기 성리학계의 학설논쟁의 싹은 이미 16세기 이황·기대승·이이 등에 의해 논의된 성즉리(性卽理), 성즉기(性卽氣), 심본선(心本善), 심합이기(心合理氣), 심여이일(心與理一), 이발기수(理發氣隨), 기발이승(氣發理乘), 심즉기(心卽氣), 이통기국(理通氣局) 등의 개념 속에 배태되어 있었다. 특히 낙론 심성론의 궁극적인 지향점은 심(心)과 이(理)가 하나가 되는 것을 지향하였다. 그래서 낙론의 대표적 학자인 이간은 성선(性善)은 물론, 심순선(心純善)의 설을 과감하게 주장하였다. 그는 심기(心氣)의 순수성을 확신하였으며 그 결과 인간의 마음 속에는 이(理)와 기(氣)가 한가지이고, 혈기(血氣)에 영향받지 않은 심(心)은 성(性)과 완전한 일치를 이룬다고 하는,

---

* 이 논문은 2008년도 한국학중앙연구원의 연구과제로 수행된 연구결과물임.

1 문석윤, 『湖洛論爭 형성과 전개』(동과서, 연세국학총서 71, 2006) 312쪽.

이른바 이기동실(理氣同實)·심성일치(心性一致)의 논을 주장하였다.[2] 낙론 학자인 이간을 비롯하여 낙론의 심성설을 발전시킨 임성주(任聖周)나 이민보(李敏輔)도 이기동실과 심성일치는 바꿀 수 없는 이치라고 하였다.[3] 임성주는 심(心)이 선(善)하면 성(性)도 선(善)하며, 이(理)와 기(氣)가 일물(一物)이라는 관점에서 접근하였다.

기호학계에서 낙론계 학자나 관료의 사상과 활동은 18세기 사상사나 정치사에서 매우 중요한 위치를 차지하고 있기 때문에 최근 많은 연구가 이루어지고 있다.[4] 이 글은 기존 연구의 성과를 비판적으로 수용하면서 우선 이재·김원행 등 대표적인 낙론 학자의 강학활동과 심성론의 특징에 대해 탐구하고자 한다.

이재는 18세기 전반기에 기호학계에서 학문적 정치적 영향력이 매우 컸다. 그는 주로 한천정사(寒泉精舍)를 중심으로 강학활동을 하였지만, 또한 충렬서원(忠烈書院)·심곡서원(深谷書院) 등 경기지역의 여러 서원의 강학을 주도하였다. 따라서 이재가 지은 서원의 학규와 강학내용 등의 자료를 검토하여 낙론의 학문 활동을 살펴보고자 한다.

이재의 뒤를 이어 김원행은 양주의 석실서원(石室書院)에서 강학과 학문활동을 하였다. 김원행은 영조 연간에 송덕상(宋德相)과 함께 낙론의 학풍과 사상을 대표하는 학자로 활동하였다. 그는 인물성동론(人物性同論)을 지지한 학자로 윤봉구 등 호론에서 화양서원묘정비(華陽書院廟庭碑)에 인

2 김현, 「조선후기 미발심론의 심학적 전개」(『민족문화연구』 37, 고려대학교 민족문화연구소, 2002) 362쪽.

3 『巍巖遺稿』 권13, 雜著, 未發辨後說 已亥; 『鹿門文集』 권5, 書, 答李伯訥; 『豊墅集』 권7, 書, 池西問答 示鹿門.

4 낙론계 학풍에 관한 연구현황에 대해서는 조성산, 「조선 후기 낙론계 학풍에 대한 연구현황과 전망」(『오늘의 동양사상』 14호, 예문동양사상연구원, 2006) 참조.

물성이론(人物性異論)의 학설을 새겨 넣어 비를 세우려고 하자 이를 반대하여 호론과 첨예한 대립각을 세웠고 춘추의리(春秋義理)를 천명하는 입장에서 호론을 비판하였다.[5] 따라서 김원행의 강학활동과 사상경향을 밝혀냄으로써 당시 낙론의 정치 사회적 위상을 알 수 있을 것이고, 김조순(金祖淳)에서 시작된 세도정권 출현의 사상적 배경도 바로 김원행의 학문과 사상적 연원에서 찾을 수 있을 것이다.

2. 낙론학계의 강학(講學)과 학풍

16세기 경기지역은 서경덕·조광조 등이 성리학풍을 진작시켰고 이어 성혼·이이 등은 성리학의 사상적 심화에 앞장섰다. 특히 이이는 이황의 이기론을 비판적으로 계승하면서 주자학의 사회화에 힘썼다. 그는 서원(書院)이나 정사(精舍) 등을 세우고 학규(學規)를 제정하였고, 유교제례를 간략하게 제시하기도 하였고 고산구곡(高山九曲)을 경영하는 등 주자학의 사회화와 생활화에 앞장섰다. 이를 통해 이이는 조선주자학의 큰 봉우리를 형성하여 조선 후기 김장생·송시열로 이어지는 기호학계의 비조(鼻祖)로 자리 잡았다.

조광조가 학문 활동한 공간이 경기의 용인이고 이이와 성혼이 학문 활동을 다른 한 곳은 파주지역이다. 따라서 이재가 태어난 용인지역은 조선주자학의 중심지라고 할 수 있다. 아마 이재가 『율곡전서(栗谷全書)』를

5 『渼上錄』(『渼湖全集』 여강출판사, 1986) 445쪽.

다시 편찬하고자 했던 이유도 바로 이이의 학문적 계승자로 자부하고자 했던 의식에서 이해할 수 있을 것이다. 이재는 "동방의 선정(先正) 중에서 독신(篤信)하고 가장 존모(尊慕)하는 이"로 이이를 꼽았다.[6] 그래서 그의 손자 이채(李采)는 할아버지 이재를 "도통(道統)은 율옹(栗翁, 李珥)의 적전(嫡傳)을 이었다"라고 하였다.[7]

조선 후기 기호학계는 이이・김장생의 학통을 이은 학파가 학계와 정계를 주도하였다. 송시열은 김장생과 김집의 제자로써 당연히 이이를 가장 존경하였다. 그러다보니 송시열의 제자 권상하도 이이에 대해 "하늘이 열리고 해가 밝은(天開日明)" 모습이라고 높이 기리었고, 송시열에 대해서는 "땅이 모든 것을 싣고 있고 바다가 모든 것을 포함하고 있는(地負海涵)" 모습으로 높이었다. 따라서 기호학계에서는 이이와 송시열의 학문적 정치적 권위에서 누구도 벗어날 수 없었다.

이이는 주자학의 확산을 위해 새로운 학규를 많이 지었다. 그는 1582년(선조 15) 47세에 왕명으로 「학교모범(學校模範)」을 지어 스승과 제자, 벗들 사이에 권면하고 경계하며 힘써 명심해야 한다고 하였다.[8] 이에 앞서 1578년(선조 11) 이이는 「은병정사학규(隱屛精舍學規)」를 제정하였다.[9] 「은병정사학규」에서는 재중(齋中)에 나이가 많고 학식이 있는 이를 한 사람 추대하여 당장(堂長)으로 삼고 제배(儕輩)중에 학식이 넉넉한 이를 한 사람 추대하여 장의(掌議)로 삼고 또 두 사람을 택하여 유사(有司)로

---

6 『陶菴語錄』 利, 권9, 論人物 時準. 『陶菴語錄』은 국립중앙도서관에 소장되어 있는데 조준호(실학박물관) 박사가 자료 소재를 알려주었다.

7 『華泉集』 권10, 上樑文, 寒泉精舍上樑文.

8 『栗谷全書』 권15, 雜著 2, 學校模範.

9 『栗谷全書』 권15, 雜著 2, 隱屛精舍學規 戊寅.

삼고 또 두 사람을 돌려가며 선출하여 직월(直月)로 삼았다. 그리고 당장과 장의, 유사는 사고가 없으면 교체하지 않았고 직월은 1개월마다 교체하였고, 모든 재중의 논의는 장의가 주관하여 당장에게 보고하여 정하게 하였고, 직월은 사제(師弟)와 붕우(朋友)가 강설한 내용을 기록하는 일을 담당하게 하였다. 이이의 이 「은병정사학규(隱屛精舍學規)」는 김상헌을 모신 석실서원의 「석실서원학규(石室書院學規)」에도 크게 영향을 미쳤다.

이재는 용인의 한천(寒泉, 지금의 경기도 용인시 泉里)에서 태어나 10세를 전후하여 이미 『자치통감강목(資治通鑑綱目)』을 거의 읽을 줄 알아 고금의 치란과 인물의 출처를 알지 못함이 없었다. 그리고 여러 학자의 문집을 두루 읽어보았고 다른 가문의 계보와 지파, 국가의 사변을 모두 알았다. 이재는 9세에 외가에 가서 『수호지(水滸志)』를 보고 하루에 한편씩 읽어 10여일을 돌려가며 얘기하였다. 13세에 시를 처음 시를 짓기 시작하여 20세 이후에는 자칭 노유(老儒)라고 하여 학교에 가서 공부하지 않았다.[10]

이재는 한천에서 19년간 살면서 강의를 하였다.[11] 사실 이재 당시의 서원의 실상은 이미 강학기능을 상실하고 봄가을로 제향을 하는 사우의 기능만이 남아 있었다. 서원은 독서하고 강학하는 곳인데 제향기능으로 변하다 보니 다만 서원의 이름만 있고 서원을 세운 본뜻을 잃고 있었다.[12]

이재는 강학은 의리(義理)를 밝히기 위해 필요하다고 보았다.[13] 그는 현우(賢愚)와 귀천(貴賤)을 묻지 않고 배우러 오면 제자로 받아들였고 정성

---

10 『陶菴語錄』 貞, 雜錄 逵.
11 『華泉集』 권10, 上樑文, 寒泉精舍上樑文; 권11, 告文, 開寒泉院基告由文 代院儒作 乙丑.
12 『陶菴語錄』 亨, 論治道 時準.
13 『陶菴語錄』 亨, 論教人 聖源.

을 다하여 잘 가르쳤다.[14] 그는 배우러 오는 학생들에게 우선 『소학』을 가르쳤다. 그는 『소학』책은 하루도 폐할 수 없다고 하면서 신명(神明)처럼 믿고 엄부(嚴父)처럼 공경해야 한다고 하였다.[15] 그가 학생들에게 반드시 『소학』을 먼저 읽게 한 뒤에 비로소 다른 책을 읽게 한 것은 우선 학문 이전에 도덕적 인간이 되어야 한다는 것을 가르친 것이다.

이재가 세운 한천정사에서 공부한 학생들은 『소학』의 학습을 통해 위기(爲己)의 학(學)을 하겠다는 의지를 굳게 다지면서, 주자와 이이가 제시한 학습의 순서와 요령을 따라 경전과 성리서를 학습해야 했다. 이재는 이이가 제시한 학습의 요령에 따라 성리학을 공부하였으며, 제자들에게도 이를 권하여 의리(義理)를 분명히 아는 공부를 강조하였고, 한천정사의 문인들은 이를 받아들이고 실천하였다.[16]

이재의 하루 생활은 우선 동틀 무렵에 일어나 세수하고 머리 빗고 옷 입고 가묘(家廟)에 나아가 배알하고 물러나 대청에 앉아 『중용』이나 『대학』을 외었다. 제생이 나이순으로 들어와 읍(揖)을 하면 이재는 앉아서 읍례(揖禮)에 답하였다. 제생중에 장자 한 사람이 나아가 꿇어앉자 안부를 묻고 드디어 나이의 차례로 좌우로 나누어 벌려 앉는다. 이재는 큰 소리로 "환히 탁 트여 크게 공변되면 마음이 편협되지 않고 법도를 잘 지키면 몸이 구차하지 않다네[廓然大公, 心不狹隘, 履繩蹈矩, 身不苟安]"라는 네 구와 "의리의 마음을 잠시라도 두지 않으면 사람의 도리가 멈추어 버린다네[義理之心, 頃刻不存, 則人道息]"라는 구절을 세 번 반복하여 외었다.

---

14 『陶菴語錄』 貞, 行錄附 儼.
15 『陶菴語錄』 元, 권4, 論爲學, 儼.
16 최성환, 「朝鮮後期 李縡의 學問과 寒泉精舍의 門人教育」(『歷史教育』 77, 역사교육연구회, 2001) 84・85쪽.

그 뒤에 『소학』을 외우고 직월로 하여금 찌[栍]를 뽑게 했다. 제생중에 찌를 뽑은 자가 이재에게 나아가 꿇어앉아 한 장을 외우는 것을 마치고 물러났다. 다음으로 찌를 뽑은 사람이 또 한 장을 외우기를 다하고 나서 읽어야 할 과제를 외우게 한 뒤 이재가 의심나는 뜻을 질문을 하게 하여 좌중에서 각자 견해를 진술하게 하여 옳고 그른 것을 판단하였다. 제생이 모두 이해하지 못하는 경우에는 이재가 해석을 해주었다.

사서강(四書講)은 첫날에 『대학』을 강(講)하고 그 다음날은 『논어』를, 이어서 『맹자』를 강하고 그 다음날 『중용』을 강하여 돌아가며 강론하되, 그 강규는 한결같이 『소학』의 강과 같이 하였다. 매일 여유 시간 여유가 생기면 『예기』 및 『주자대전』을 보고 매일 저녁 제생으로 하여금 『시전(詩傳)』 한편을 함께 읽게 하였다.[17]

1) 충렬서원(忠烈書院)·심곡서원(深谷書院)의 학규(學規)와 강학(講學)

이재(李縡)의 고향인 경기도의 용인에는 정몽주(鄭夢周)와 조광조(趙光祖)의 산소와 서원이 있다. 이재는 당시 서원의 기능에 대해 언급하였다. 이재는 서원이라는 것은 대개 선비된 자가 강사(講舍)를 설치하여 날로 도학(道學)을 강론하고 연마하는 곳이라고 하였다. 그런데 엄한 스승과 어진 벗이 곁에 없으면 경계하는 뜻이 혹은 게을러지고 편안함을 즐기는 기운이 생기기 쉽기 때문에 반드시 선배 중에 도덕과 절의가 일세에 추

---

17 『陶菴語錄』 貞, 行錄附 應秀, 基敬達署.

앙을 받아 사표가 되는 자를 기리기 위해 사당을 세워 신위(神位)를 설치하고 아침저녁으로 절하여 존경하는 뜻을 붙였다고 하였다. 그리고 제생들은 서원 뜰에서 서로 읍(揖)을 하고 강당에서 책을 강론하였는데 말류의 폐단은 다만 봄가을로 제향(祭享)하는 장소로 생각할 뿐이라고 하였다. 특히 당시 서원에서 강독하는 일은 사라지고 선비들이 싸움하는 장소로 변하여 시골에는 착한 풍속이 없어지고 선비의 습속은 날로 바래져가고 있다고 개탄하였다.

이재는 「백록동서원규(白鹿洞書院規)」에서 오교(五教)의 세목을 먼저 제시한 것은 대개 천지의 사이에 오직 사람이 바르고 통하는 기(氣)를 얻어서 인의예지(仁義禮智)의 성(性)을 온전히 하는 것이니 이미 이 오성(五性)이 있으면 문득 이 오륜(五倫)이 있다고 하였다. 오성은 오륜의 근본이고 오륜은 곧 오성(五性)의 쓰임이라고 하였다. 이재는 학문의 도는 특별한 일이 아니라 이 다섯 가지를 극진히 하면 성인(聖人)이고 극진히 하지 못하고 힘써서 행하는 자는 현인(賢人)이고 이것에 벗어나는 자는 걸(桀)이고 도척(盜跖)이고 금수(禽獸)라고 하였다.[18]

이재는 사람이 태어나 안으로는 오성(五性)이 마음에 갖추어지면서 오륜의 이(理)가 갖추어지고 밖으로는 오륜이 자기에게 갖추어지면서 오성의 이(理)가 행해진다고 하였다. 그러므로 인(仁)의 이(理)가 발하여 부자의 친(親)이 되고 의(義)의 이(理)가 발하여 군신의 의(義)가 되고 지(智)의 이(理)가 발하여 부부의 별(別)이 되고 예(禮)의 이(理)가 발하여 장유의 서(序)가 되고 신(信)의 이(理)가 발하여 붕우(朋友)의 신(信)이 된다고 하였다. 이

18 『陶菴語錄』 亨, 訓門人 衢.

재는 이(理)의 물(物)됨은 본래 스스로 활화(活化)하여 일찍이 막힘이 없다고 보아 부자에도 인(仁)만 있고 의(義)가 없다고 할 수 없고 군신에도 의(義)만 있고 인(仁)이 없다고 할 수 없다고 하였다.[19]

이재는 사람의 도리는 오륜에서 벗어나지 않는데 그 골자는 효(孝)라고 보고, 효는 부자(父子)에서 비롯하여 구족(九族)에 미치고 미루어서 민(民)을 어질게 대하고 만물을 사랑하는데 이른다고 하였다. 그는 친친(親親)의 뿌리가 없으면 반드시 미루어나가 물(物)에 미칠 수 없다고 하면서, 이른바 학문이라는 것은 지행(知行) 두 글자에 벗어나지 않는다고 하였다. 그는 지(知)라는 것은 이 인의예지신(仁義禮智信)의 이치를 아는 것이고 행(行)이라는 것은 이 인의예지신의 도리를 행하는 것이라고 하였다. 효(孝)라는 것은 인(仁)이 발하여 천지 사이에 가득한 것이니 크고 작은 일이 인의 미루어나간 바가 아닌 것이 없다고 하였다.[20]

정몽주는 이색(李穡)에 의해 동방 이학(理學)의 조(祖)로 일컬어진 학자였다. 이재는 충렬서원의 학규(學規)를 지었는데, 절목(節目)은 심곡원강규(深谷院講規)에 자세하다고 하여 심곡서원의 절목을 준용하게 하였다. 그는 정몽주가 도학(道學)을 창명(倡明)하여 실제 백대(百代)의 종사(宗師)가 되었다고 하면서 동토(東土)의 사람이 누가 고루 끝없는 은혜를 입지 않았겠는가라고 하였다. 그러면서 자신의 고향인 용인은 곧 정몽주의 산소가 있는 곳이고 제향(祭享)을 받든 지가 수백 년이 되었다고 하면서 선비가 진실로 정몽주의 학(學)에 뜻을 두고 정몽주의 책을 읽지 않는다면 그 무슨 낯으로 정몽주의 사당에 들어가겠는가라고 하였다. 따라서 정몽

---

19 『陶菴語錄』元, 권3, 論人倫 獻可.
20 『陶菴語錄』元, 권3, 論人倫 獻可.

주의 학에 뜻을 두고 정몽주의 책을 읽고자 한다면 다만 마땅히 주희(朱熹)의 독서 차례에 의거하여 먼저 『소학』을 읽고 다음으로 사서(四書)를 읽어 도(道)에 들어가는 문으로 삼되, 만일 이것에 인하여 학문을 일으키고 풍속을 선하게 하는 단서로 삼는다면 이것은 또한 정몽주가 남겨준 것이니 어찌 서로 더불어 힘쓰지 않겠는가라고 하였다. 이재는 충렬서원에서 향음주례(鄕飮酒禮)를 행하기도 하였다.[21]

한편 이재는 1737년(영조 13) 4월 25일에 제생을 거느리고 심곡서원에서 향음주례를 행하였다. 그는 4월 26일에 강당에서 「백록동서원규」를 강론하였고, 이어 『주자대전(朱子大全)』을 강하게 하였다. 이재는 심곡서원의 학규를 지었다. 그 학규의 내용은 학자는 사람이 되는 것을 배우는 바라고 하면서 사람이 되는 방법은 모두 『소학』 한 책에 있다고 하였다. 이재는 조광조에 대해 동방 도학(道學)의 으뜸이고 그 학문은 한결같이 『소학』으로 주를 삼아 사서와 『근사록』에 미쳤다고 하였다. 김굉필(金宏弼)은 소학동자(小學童子)로 자처했는데 조광조가 젊어서 김굉필에게 수학했기 때문에 『소학』을 독신하게 되었다고 하면서 용인은 조광조가 생활하던 지역으로 사후 제향을 올리고 있는 곳이라고 하였다. 따라서 선비들이 그 풍모를 듣고 감동을 받고자하면 마땅히 조광조가 읽었던 책을 읽어야 할 것이니 조광조가 읽었던 책을 읽고자 하면 마땅히 『소학』으로부터 시작해야 할 것이라고 하였다.

그런데 심곡서원에서의 독서의 차례는 먼저 『소학』을 읽고 그 다음으로 『대학』(겸하여 『대학혹문』), 그리고 『논어』, 『맹자』, 『중용』, 『시경』, 『서

---

21 『陶菴語錄』 貞, 雜錄 聖源; 『陶菴語錄』 利, 권9, 論人物 敬養.

경』, 『역경』의 순서로 학습하고, 아울러 『심경』, 『근사록』, 『가례』 등 여러 책을 돌려가면서 읽게 하였다.

또한 이재는 서원의 기능에 대해 본래 선비들이 여럿이 모여 강학을 하기 위하여 설립한 것인데 당시 서원은 유생들이 다만 봄가을로 제향에 참여하는 것으로써 중하게 여긴다고 비판하였다. 그러면서 혹 거재(居齋)하는 자가 있더라도 과문(科文)을 익히고 잡서(雜書)를 보는데 불과하다고 하면서, 앞으로 거재하는 자는 이단(異端)의 책을 보지 말고 또 과거(科擧) 문장을 짓지 말고 오직 의리(義理)의 설에 몰두해 주기를 바랐다.

2) 용인향숙(龍仁鄕塾)의 절목(節目)과 강학

이재(李縡)의 강학(講學)은 서원뿐만 아니라 용인에 있는 향숙(鄕塾)에서도 이루어졌다. 그는 용인향숙의 강학 절목을 정하였다. 용인의 충렬서원과 심곡서원은 매달 초하루와 보름에 강회(講會)를 열었으나 용인향숙은 매달 초5일과 20일 두 차례에 강회를 베풀었다.

용인향숙에서 강(講)한 책은 반드시 먼저 『소학(小學)』을, 그 다음은 사서(四書)를, 그리고 그 다음은 육경(六經)을 강론하였으나 선현(先賢)의 성리문자(性理文字) 및 『사기(史記)』도 읽었고 나이 30세 이하는 배강(背講)을 하게 하였다. 강할 때는 반드시 먼저 이이의 「학교모범(學校模範)」을 읽는데 직월(直月)이 큰 소리로 읽고 제생은 엄숙하게 경청(敬聽)하였다.

이재는 자신이 배운 바는 다만 『소학』 한 부라고 하면서[22] 『소학』 공부를 통해 효제(孝悌)로써 근본을 삼아야 한다고 하였다.[23] 이러한 『소학』 중시는 석실서원의 강학에서도 그대로 나타나고 있다.[24] 또한 이재는 이

이의 『성학집요(聖學輯要)』가 의리(義理)의 근원을 담고 있고 학자의 자수(自修)에 절실한 책이라고 말하면서 강학의 주요 교재로 언급하였다.[25]

이재는 『소학』에 이어 『대학』을 강조하였다. 그는 『대학』의 내용이 지행(知行) 두 글자에서 벗어나지 않는다고 하면서 격물치지(格物致知)는 지(知)이고 성의(誠意)・정심(正心)은 수행(修行)이고 제가치국평천하(齊家治國平天下)는 공효(功效)라고 하였다.[26]

이재는 성(誠)과 경(敬)의 구분에 대해 성이 하늘에 있으면 실리(實理)이고 사람에 있으면 실심(實心)이고 성은 천지 성인의 도라고 하였다. 성인은 성을 일삼는 바가 없으나 성이 저절로 존재하고 그 나머지는 반드시 성하게 하는 바를 생각해야 하니 성하려는 도는 다만 경(敬)에 있고 경(敬)은 성(誠)하려는 공부라고 하였다. 그는 『중용』은 성(誠)을 말하고 『대학』은 경(敬)을 말했다고 일반적으로 이해하는 것에 대해서도 『중용』의 계신(戒愼)과 공구(恐懼)는 경(敬)이 이보다 더 절실한 것이 없고, 『대학』의 성의(誠意)장은 오로지 성(誠)을 말한 것이고 또 충신(忠信)을 말하였는데 충신을 얻는 것은 성(誠)이라고 하였다.[27]

22 『陶菴語錄』 亨, 訓門人 逵.

23 『陶菴語錄』 亨, 訓門人 獻可.

24 화양서원의 학규는 은병정사의 학규를 거의 본떠 만들었다. 화양서원의 入齋의 자격에 있어 이이의 「은병정사학규」가 士族과 庶類를 논하지 않았음에 비해, 「화양서원학규」에서는 齋에 입학하는 규정을 정하면서 貴賤을 구애하지 않고 받아들이게 하였다. 그리고 「은병정사학규」에서는 다만 학문에 뜻을 둔 자는 모두 입재를 허락했고 혹 山寺를 왕래하며 공부하여 志趣와 操履가 취할 만한 자도 입재를 허락했으나, 「華陽書院學規」에서는 무릇 학문에 뜻을 두고 마음과 행실이 단정하여 뭇사람이 함께 아는 자는 齋中에서 회의를 하여 입재를 허락하였다(권오영, 「華陽書院의 강학과 학풍」(『尤庵論叢』 1, 충북대학교 우암연구소, 2007).

25 『陶菴語錄』 亨, 訓門人 基敬.

26 『陶菴語錄』 亨, 訓門人 獻可.

27 『陶菴語錄』 亨, 訓門人 文黼.

한편 이재의 문하에는 학문에 뜻을 둔 선비라면 서울과 지방을 물론하고 직접 맞이하여 가르쳐주었고[28] 비천(卑賤)한 사람도 교육을 받을 수 있었다.[29] 이재는 사람은 귀천과 존비에 관계없이 모두 천부적 자질이 있으니 이것은 하늘이 사람에게 부여한 바로 누구도 금할 수 없는 것이라고 하였다.[30]

이재는 수양과 교육에서 함양(涵養), 성찰(省察), 극치(克治), 지수(持守) 네 가지를 아주 중요시하였다. 그는 그중에서 극치를 중하게 여겼고 극치를 능히 하지 못한다면 허다한 공부가 모두 헛된 곳으로 돌아간다고 하였다.[31]

3) 한천정사(寒泉精舍)의 학규와 강학

이재(李縡)는 1725년(영조 1)에 이미 경학(經學)으로 사림(士林)의 영수(領袖)라는 칭호를 들었다.[32] 그는 주로 한천정사에서 강학을 하였고 그의 강설(講說)은 문인들이 정리하였다. 박성원(朴聖源, 士洙)과 이기경(李基敬, 伯心) 등은 『대학강설』과 『논어강설』을 기록하였고, 안구(安衢, 達卿)와 박성원 등은 『주형(宙衡)』을 편집하였다.[33]

이재는 사람은 누구나 학문을 할 수 있다고 생각했고 어리석은 자는

28 『陶菴語錄』 亨, 戒子孫 時準.
29 『陶菴語錄』 亨, 論敎人 文黼.
30 『陶菴語錄』 亨, 訓門人 文黼.
31 『陶菴語錄』 亨, 訓門人 聖源.
32 『英祖實錄』 영조 1년 1월 27일(병인).
33 『陶菴語錄』 貞, 行錄附 應秀.

더욱 가르치지 않을 수 없다고 하였다. 학문의 도는 다른 것이 없고 다만 사람이 되는 도를 배우고 기질(氣質)을 변화시키는 것이라고 하였다. 그 기질이 아름다운 자는 비록 학문할 줄 모르더라도 스스로 악한 짓을 하지 않지만 기질이 좋지 못한 사람이 학문할 줄 모르면 어리석은 자는 더욱 어리석어지고 탁(濁)한 자는 더욱 탁해져 금수(禽獸)와 거의 가깝게 된다고 하였다.[34]

이재는 학문은 바로 실(實)을 짓는 공부가 되어야 하고 기질을 변화시키는 것이 필요하니 혼폐(昏蔽)한 자는 개명(開明)시키고 유약(柔弱)한 자는 강건(强健)하게 하고 음험(陰險)한 자는 평탄(平坦)하게 한 뒤에 바야흐로 학문이라고 할 수 있다고 하였다.[35] 그는 학자는 마땅히 기질을 변화시키는 것으로 제일공부를 삼아야 한다고 역설하였다.[36] 그는 학문의 도가 기질의 변화를 통해 도량을 넓혀야 한다고 하였다.[37]

이재는 기질의 병을 논하면서 박성원(朴聖源)에게 말하였다.

이재 : 군의 기품은 달경(達卿, 安儞)보다 나으나 병을 치료하기 어려운 것은 더욱 심하니 무엇 때문인가. 달경의 병은 약한데 있는데 그 약함은 약함에 치우쳤기 때문에 강으로써 다스리면 곧 효과가 있다. 군과 같은 사람은 약하다고 말하지만 너무 약한 사람이 아니고 강한 것 같으나 또한 정말로 강한 것도 아니니 설령 충분히 공부를 더하지 않아도 스스로 대단히 드러난 병은 없고

34 『陶菴語錄』 亨, 論教人 逵.
35 『陶菴語錄』 亨, 訓門人 獻可.
36 『陶菴語錄』 亨, 訓門人 獻可, 逵, 文黼.
37 『陶菴語錄』 元, 권4, 論爲學 恢局量 文黼.

가끔 유속(流俗)에서 어려워하는 바의 일이 된다. 그러나 이것으로 성인이 되고 현인이 되는 것은 어찌 어렵지 않겠는가. 반드시 열배 노력을 해야 변화시킬 수 있다.

박성원 : 소자(小子)가 스스로 살펴도 이 같으니 어떻게 힘써야 하겠습니까.

이재 : 이(理)를 밝히고 자기의 사심을 이기는 데 불과하다.[38]

이재는 『중용』의 핵심이 기질을 바르게(교정)하는 것에 있다고 하였다. 그러면서 그는 『중용』의 달덕(達德)은 기질을 바르게 하는 방법이라고 하였고[39] 세상 사람은 생지(生知)는 적고 곤지(困知)는 많으니 기질을 바르게 하는 것으로 주를 삼는 바라고 하였다.[40]

이재는 사람의 기질은 치우침이 없을 수 없는데 변화시켜 바르게 하고자 하면 학문이 아니면 할 수 없고 학문을 하면서 의리에 밝지 못하면 또한 얻음이 없으니 의리를 밝히는 것은 모두 마음을 오로지하고 뜻을 다하는 데 있다고 하였다.[41] 이재는 교육에 있어 의(義)와 이(利)를 쪼개어 판단하는 것이 유자(儒者)의 제일의 뜻이라고 하면서 각자의 기질에 대해 말하게 하고 그에 따라 치우친 곳을 치료해 나가게 하였다.[42]

---

38 『陶菴語錄』 亨, 訓門人 聖源. "論氣質之病, 仍謂聖源, 曰君之氣稟, 勝於達卿, 而病之難治, 則又尤甚焉. 何者? 達卿之病, 在弱, 而其弱也, 偏於弱, 故以强治之, 則卽有效, 如君謂之弱而非太弱底人, 似乎强而亦非眞箇强, 設令不爲十分加工, 而自無大段形著之病, 往往爲流俗所難之事, 然以此而爲聖爲賢, 則豈不難乎? 必須用力十倍, 而後可以變化矣. 聖源曰小子自察, 亦如是, 何以用力? 曰不過明理克己."

39 『陶菴語錄』 亨, 訓門人 敬養.

40 『陶菴語錄』 亨, 訓門人 敬養.

41 『陶菴語錄』 亨, 訓門人 文黼.

42 『陶菴語錄』 亨, 訓門人 逵.

이재가 한천정사에서 강학을 하자 전국 각지의 인재들이 모여 들었다. 영남에서는 거창에서 신수이(愼守彛)가, 호남에서는 남원에서 양응수(楊應秀)가 찾아와 공부하였다.[43] 양응수는 1743년(영조 19) 겨울부터 이재에게 대학강설(大學講說)과 소학강설(小學講說), 논어강설(論語講說)을 들었다.[44] 그리고 관동에서는 이엽(李曄), 경기도에서는 신암(申嵓)이 찾아와 공부하였다.[45] 또한 평안도에서는 1737년(영조 13) 4월에 이규(李逵), 이창기(李昌期), 최잠(崔潛)이 한천정사로 이재를 찾아와 학습하였다.[46]

이재는 한천정사의 강규를 정하여 강학을 하였고, 강학을 매우 중요하게 생각하였다. 그는 당시 불교의 대사(大師)의 강론에 천 명, 백 명이 모여 듣는 사실을 거론하며 5,6십 세의 노승(老僧)이라도 젊은 대사에게 달려가 높이 받들기를 신하가 임금에게, 아들이 아버지에게 하는 것 같다고 하면서 유학자의 강학이 오히려 이에 미치지 못하고 있다고 하였다.[47]

이재는 강학을 하면서 스승으로 자처하지 않았고 붕우의 도(道)로 문인을 대하였다.[48] 그는 자기 문하에서 공부한 사람들이 문인이라 칭하는 것에 대해 자신은 매우 편치 못하다고 하였다. 한두 번 만나보고 문득 자기를 스승으로 칭하니 그 얼굴도 다 기억하지 못하는데 숫자만 많다는 이름만 있고 실제 서로 도움이 되는 것이 없으니 매우 부끄럽다고 하였

43 『陶菴語錄』 利, 권9, 論人物 敬養. 18세기 老論의 영남인에 대한 포섭은 김원행의 경우에도 크게 두드러진다. 김원행은 영남의 노론화에 가장 공을 들였다고 하였다. 鄭逑의 6세손인 鄭東述이 김원행의 문하에 출입하여 노론이 되었다(『渼湖言行錄』 권1, 遺事, 『渼湖全集』 48쪽; 『渼上錄』, 『渼湖全集』 456쪽).

44 『陶菴語錄』 貞, 行錄附 應秀.

45 『陶菴語錄』 利, 권9, 論人物 衢.

46 『陶菴語錄』 亨, 訓門人 逵.

47 『陶菴語錄』 亨, 論治道 獻可.

48 『陶菴語錄』 亨, 訓門人 時準.

다.[49] 이재는 비록 오래 강학을 하더라도 끝내 서로 도움이 없다면 실제로 사제(師弟)의 의리는 없다고 보았다.[50]

이재는 강학할 때, 매번 이른 아침에 여러 생도들이 관대(冠帶)를 갖추고 정원의 느티나무 아래에 모여 서로 읍례(揖禮)를 하고, 당(堂)을 향해 엄숙히 기다리게 했다. 스승 이재가 사당(祠堂)에 나아가 참배하고 나와 당에 앉은 뒤에 여러 학생들은 비로소 당에 올랐다. 이어 이재가 높은 목청으로 '의리지심(義理之心)이 잠깐이라도 있지 않으면 인도(人道)가 멸식(滅息)된다'는 구절을 세 번 외우면 제생들은 공손하게 들었다. 그 뒤 이재가 『소학(小學)』·『시경(詩經)』을 차례로 강의하여 마치면, 또 각기 일과(日課)로써, 『중용(中庸)』·『대학(大學)』·『논어(論語)』·『맹자(孟子)』나 주돈이와 정호·정이의 여러 책을 강하였다. 강학이 끝나면 또 각기 그날의 강설(講說) 내용을 정리하여 이재에게 올렸다. 그러면 이재는 손수 교정하고 정리하여 내려 주는데, 날마다 이와 같이 했다고 한다.[51]

이재는 한천정사의 강규에서 우선 아침에 『소학』 1장을 강하였고, 문리가 서로 이어지는 것은 혹 2장, 3장을 강하게 하였고, 한 편을 마치면 합송(合誦)을 하였다. 그리고 『논어』·『맹자』·『중용』·『대학』을 강론하였다. 열흘이 되는 날은 휴일로 정하고 도강(都講)에는 열흘 이내의 읽은 바를 강록(講錄)을 만들어 강을 시작한데서부터 그친데 까지 기록하였다. 저녁에는 『시경』의 국풍(國風) 한 편을 읽게 하였다.

이러한 강규에 의하여 이재는 1739년(영조 16) 1월 1일부터 한천(寒泉)

49 『陶菴語錄』 亨, 訓門人 逵.
50 『陶菴語錄』 亨, 訓門人 逵.
51 『靑莊館全書』 권50, 耳目口心書 3.

에서 강학을 하였다. 이재는 「태극도설」에서 이위기주(理爲氣主) 네 글자를 터득하였다.[52] 그는 매달 초하루와 보름에 강학을 하였다. 『서사윤송(書社輪誦)』에 의하면 1월 1일에는 「태극도설」을, 15일에는 「서명(西銘)」을 강하였고 2월 1일에는 「중화서(中和序)」를, 15일에는 「답진기지서(答陳器之書)」를, 3월에는 「정성서(定性書)」와 「인설(仁說)」을, 4월에는 「성설(性說)」과 「경재잠(敬齋箴)」을, 5월에는 『대학혹문(大學或問)』의 격치(格致)조와 「행궁편전주차(行宮便殿奏箚)」를, 6월에는 『대학혹문』의 위기(爲己)조, 「안자소호하학론(顔子所好何學論)」 및 「구방심재명(求放心齋銘)」, 「존덕성재명(尊德性齋銘)」, 「경의재기(敬義齋記)」를, 7월에는 「여위응중서(與魏應仲書)」, 「여장자수지서(與長子受之書)」와 「제자직(弟子職)」, 「소학제사(小學題辭)」를, 8월에는 「대학서(大學序)」, 「중용서(中庸序)」를, 9월에는 「역전서(易傳序)」와 「서전서(書傳序)」를, 10월에는 「시전서(詩傳序)」와 「춘추호씨전서(春秋胡氏傳序)」를, 11월에는 「답진동보서(答陳同父書)」 두 편과 「재거감흥(齋居感興)」시를, 12월에는 「명도선생행장(明道先生行狀)」과 「주자행장(朱子行狀)」을 강하였다.[53]

이재는 이미 심곡서원과 충렬서원 원장으로 재임하면서 10여 년간 강학을 주도하였다. 그러나 처음 강학을 시작할 때의 인원이 점점 줄어들어 어려움을 겪었다. 아마 그렇게 된 가장 주된 이유는 그의 강학이 과거공부에 크게 도움이 되지 않았기 때문일 것이다. 그는 용인에서 20년간 강학을 하면서 강학의 이름은 있으나 강학의 실효는 없다고 하면서 스스

52 『陶菴語錄』 元, 권4, 論爲學 聖源.

53 『陶菴語錄』 貞, 行錄附 逵. 『書社輪誦』의 구성과 내용에 대해서는 최성환, 「朝鮮後期 李縡의 學問과 寒泉精舍의 門人敎育」(『歷史敎育』 77, 역사교육연구회, 2001) 86-88쪽 참조.

로 부끄러워하였다.[54] 사실 이재는 과거출신이었고 과거와 이학(理學)을 빈(賓)과 주(主)와 경(輕)과 중(重)을 갖고서 득(得)과 실(失)에 관심만 두지 않는다면 매일 과거에 응시한다 해도 해될 것이 없다고 생각하였다.[55]

4) 석실서원(石室書院)의 학규와 강학

경기도 양주에 있던 석실서원은 처음에 1654년(효종 5)에 김상용(金尙容)·김상헌(金尙憲)의 충절을 기리기 위해 석실사(石室祠)로 건립되었다. 그 뒤 1656년(효종 7)에 서원으로 승격되었고, 1663년(현종 4)에 '석실서원(石室書院)'이는 사액을 받았다. 1697(숙종 23)년에 김수항(金壽恒)·민정중(閔鼎重)·이단상(李端相)을 이 서원에 추향하였고, 1710년(숙종 36)에 다시 김창협(金昌協)의 추향이 이루어지면서 서울·경기지역에서 점차 학문적·정치적 위상이 높아갔다. 이러한 석실서원이 지닌 위상은 김창협·김창흡(金昌翕)에서 김원행(金元行), 김인순(金麟淳)에 의해 이루어진 강회(講會)의 학문 활동을 통해 뒷받침되었다.[56]

18세기 낙론의 대표적 학자인 김원행은 「석실서원학규」를 정하였다. 그는 서원은 본래 강학(講學)을 위해 설립했다고 하면서 선비가 강학을 하지 않으면 선비라고 이를 수 없다고 하였다. 그는 강학에서 무엇을 취

54 『陶菴集』 권25, 雜著, 忠烈深谷兩院講儒勸諭文.
55 『陶菴語錄』 元, 권4, 論爲學 獻可.
56 조준호, 「朝鮮 後期 石室書院의 位相과 學風」(『朝鮮時代史學報』 11, 조선시대사학회, 1999); 「경기지역 서원의 정치적 성격-석실서원을 중심으로」(『국학연구』 11, 한국국학진흥원, 2007).

할 수 있는가를 생각하며 이름을 사모하여 따르는 소인(小人)이 되지 말고 실(實)을 힘쓰는 군자(君子)가 되어야 한다고 유시하였다.[57]

김원행은 매달 초하루와 보름에 제생이 강당에 모여 한 사람이 큰 소리로 학규(學規)를 한번 읽게 하였다. 석실서원에는 장유(長幼)와 귀천(貴賤)을 논하지 않고 독서에 뜻을 두고 배우고자 하는 자는 모두 입학할 수 있다고 하였다. 그러나 당시 신분사회에서 반드시 귀천을 따지지 않았다고 생각되지는 않는다.

김원행은 성현의 글과 성리(性理)의 설이 아니면 서원에서 펴서 읽지 못하게 했고 역사서는 읽는 것을 허락했으나 과업(科業)을 힘쓰고자 하는 자는 반드시 다른 곳에서 익히게 하였다. 그리고 글짓기는 반드시 모두 의리에 근본을 하게 하되 이단(異端)과 궤괴(詭怪)의 설을 언급하지 못하게 하였다.[58]

석실서원에서 강학하는 책은 먼저 『소학』을, 그 다음은 『대학』(『대학혹문』을 겸하여 공부함), 『논어』, 『맹자』, 『중용』, 『심경』, 『근사록』을 읽은 뒤 여러 경전을 읽게 하였다. 강학에 있어 30세 이상은 임강(臨講)을 하고 이하는 배강(背講)을 하게 하였고 배강하는 자는 주(註)는 임강을 하게 하였다. 동몽(童蒙)은 통(通)·약(略)·조(粗)·부(不)의 따위로 우열(優劣)을 시험하였다. 연로하여 응강(應講)하지 않아도 되는 자도 자리에 참여하여 청강할 수 있었고 답문하고 토론하는 실제가 있어야 청강(聽講)의 칭호를 얻을 수 있었다. 강학 후에는 직월(直月)로 하여금 주희의 「백록동서원규(白鹿洞書院規)」, 이이의 「학교모범(學校模範)」 등을 읽게 하는데 「학교모범」은

---

57 『渼湖集』 권14, 雜著, 諭石室書院講生.
58 『渼湖集』 권14, 雜著, 石室書院學規.

세 절(節)로 나누어 편수(篇首)로부터 존심(存心), 사친(事親)으로부터 응거(應擧), 수의(守義)로부터 편말(篇末)에 이르기까지 각각 1절(節)로 삼게 하였다.

강회의 날짜는 매달 16일로 정하고 만약 일이 있으면 날짜를 물릴 수 있었다. 매번 강(講)을 할 때는 사람 수로 장수(章數)를 분배하고 또 제1, 제2등과 같은 순번을 정하여 찌[栍]를 만들고 찌를 뽑은 바에 의거하여 연차(年次)로 강(講)하게 하고 혹 장은 적고 사람이 남으면 반드시 매 사람이 다 읽을 필요가 없고 장(章)이 다하는데 이르러 그치게 하였다.[59]

김원행은 낙론의 선배 학자인 이재를 경외(敬畏)하였고 그의 심성설(心性說)은 이재의 학설과 대동소이하였다.[60] 그는 석실서원에서 낙론의 심성설에 대해 강론하였다. 그는 호락논쟁에서 정립된 낙론의 견해를 정리하면서 인성(人性)과 물성(物性)이 같다고 보았고 성인의 심(心)과 범인의 심도 같다고 보았다.[61]

황윤석(黃胤錫)은 1769년(영조 45) 1월 11일 김원행의 주재로 석실서원에서 『중용』의 '천명지위성(天命之謂性)'에 대해서 토론을 하였다.[62] 황윤석은 김원행으로부터 이(理), 기(氣), 심(心)에 대하여 가르침을 받았다. 김원행은 천하의 같은 것은 이(理)이고, 같지 않는 것은 모두 기(氣)이다. 그리고 심(心)자는 권상하 이후 기질(氣質)로 보아왔는데, 주자는 기(氣)의 영처(靈處)로 보았으니 심은 오로지 기(氣)를 주로 하여 말한 것은 아니라고 하

59 『渼湖集』 14, 雜著, 石室書院講規.

60 『頤齋亂藁』 제2책, 권13, 기축 12월 23일 664쪽.

61 오항녕, 「석실서원의 미호 김원행과 그의 사상」(『북한강 유역의 유학사상』, 한림대학교 아시아문화연구소, 1998).

62 『頤齋亂藁』 제2책, 권12, 기축 3월 11일 345쪽.

였다. 또한 주자가 심은 기에 견주면 자연히 또한 영(靈)하다고 했으니 심은 기라고 말할 수 없고 기에 나아가 그 영처(靈處)를 지적하여 말할 따름이라고 하였다.[63]

김원행은 명덕(明德)에 대해 명덕은 인간만이 가지는 것으로 인간 외의 사물은 상관이 없다고 이해하였다. 명덕이란 기(氣)의 허령(虛靈)함을 가리키며, 심(心)이라고 말하지 않고 명덕이라고 말하는 것은 사람들이 단지 기(氣)가 명덕이라고 이해할까 그렇게 말한 것이라고 하였다. 낙론 학자인 이재가 명덕을 본심으로 이해하였는데, 김원행도 명덕을 본심(本心)으로 보아[64] 성인과 범인의 차이를 두지 않았다.

석실서원에서 공부한 황윤석은 허령에는 분수(分數)가 없고 따라서 명덕에도 분수가 없다고 보았다. 그는 스승으로부터 명덕을 본심으로 이해해야 한다는 가르침을 받고 성인과 범인이 본심과 명덕에서 차이가 없다고 생각하였다.[65] 그는 사람은 누구나 성인을 배울 수 있다는 것은 본심과 명덕이 같기 때문이라고 하였다.[66]

석실서원에서 김원행이 강조한 심성에 대한 견해는 성(性)은 이(理)이고 심(心)은 기(氣)의 영처(靈處)라는 것이다. 그런데 기의 영처라고 보는 심이나 기의 허령이라고 본 명덕은 바로 그가 강조하고자 했던 실심(實心)을 가리키는 것으로 이해된다.

그런데 실심에 대한 강조는 이미 이재에서도 보이고 있다. 이재는 실심이 있어야 자신에게 있는 병을 스스로 고칠 수 있다고 보았다.[67] 그는

---

63 『頤齋亂藁』 제1책, 권4, 갑신 7월 25일 410쪽.
64 『頤齋亂藁』 제5책, 권25, 무술 5월 2일 8쪽; 권49, 갑신 4월 23일 302쪽.
65 『頤齋亂藁』 제5책, 권26, 무술 7월 27일, 記湖洛二學始末. 236-238쪽 참조.
66 『頤齋亂藁』 제1책, 권4, 을축 1월 21일 437쪽.

백성을 다스리는 데도 반드시 재능으로 할 것이 아니라 진실로 실심으로 애민(愛民)해야 한다고 하였다.[68] 또한 그는 말마다 일마다 무실(務實)을 강조하였다.[69] 이재의 뒤를 이은 김원행은 실심을 구하는 것으로 학문의 출발점을 찾았고 그에 기반해야 의리(義理)를 실현할 수 있다고 보았다.[70]

3. 낙론 사상체계의 정립

호론(湖論)의 한원진(韓元震)은 인성과 물성이 다르다고 보았고 성인과 범인의 마음도 다르다고 보았다. 물론 한원진은 인심(人心)의 미발(未發)의 즈음에는 맑고 비어 있고 밝아서 물욕(物欲)이 생기지 않을 때는 성인과 범인이 같고 또한 선(善)뿐이라는 것을 인정하였다. 그러나 심의 기품(氣稟)은 편전(偏全), 강약(强弱), 청탁(淸濁), 수박(粹駁)의 같지 않는 것이 또한 다만 그 속에 있으니 이 기(氣)를 겸하여 성을 말하면 기질지성이 되어 만 가지로 가지런하지 않고 반드시 이곳에서 이(理)를 홑지게 지적한 이후에 바야흐로 본연지성이 된다고 하였다. 다만 이때에 용사(用事)하지 않기 때문에 심(心)이 맑고 비어있고 밝음에 해(害)가 되지 않는다고 보았던 것이다.[71] 한원진은 심의 기품과 물욕을 살피지 않고 인심으로 지선(至善)을 삼아버리면 불교의 설과 같아진다고 하였다. 대개 유교와 불교의

---

67 『陶菴語錄』 亨, 訓門人 逵.
68 『陶菴語錄』 亨, 訓門人 聖源.
69 『陶菴語錄』 亨, 訓門人 聖源.
70 李坰丘, 「金元行의 實心 강조와 石室書院에서의 교육 활동」(『震檀學報』 88, 진단학회 1999) 247쪽.
71 『南塘文集』 권19, 書 門人問答, 與宋士能別紙 庚申 7月.

차이는 다만 심성의 분변에 있는데, 그 심성의 분변은 또한 다만 성은 선(善)하고 심은 선하지 않음이 있다는 데 있다고 하였다.[72]

이에 반해 낙론(洛論)의 이재(李縡)는 문인들에게 『중용』의 "성(性)과 도(道)가 비록 같으나[性道雖同]"란 말에 대해 이 네 글자는 다만 위의 문장의 뜻을 반복하여 설명하는 것이라고 하면서, 호론에서 인(人)과 인(人)이 같고 물(物)과 물(物)이 같다는 설은 사사로운 견해로 천착(穿鑿)하고 부회(附會)하여 의리를 왜곡시켜 만드는 데 불과하니 아마 자사와 주희의 뜻이 아닐 것이라고 강론하였다.[73]

그러나 이재의 이러한 주장에 대해 호론인 윤봉구(尹鳳九)는 변론하였다. 윤봉구는 장구(章句)의 각득(各得), 각순(各循), 각행(各行)의 세 각(各)이란 글자는 인물성동이(人物性同異)의 논에 정말 잘 착안(着眼)하여 볼 수 있다고 하였다. 그는 인(人)과 물(物)이 각각 그 성이 같다하고 그 도가 같다는 뜻으로 보고자하면 문리도 통하지 않고 위의 문장과 뜻도 이어지지 않는다고 보았다.

윤봉구는 천명(天命)의 부여(賦與)는 이 이(理)가 아닌 것이 없고, 만물(萬物)이 이 이(理)를 받아서 성(性)이 되는 것은 반드시 기(氣)에 인하여 형(形)을 이루고 이(理)가 부여된 것이라고 하였다. 그러므로 그는 사람의 형(形)이 있으면 사람의 성(性)이 있고 말, 소와 벌, 호랑이의 형(形)이 있으면 말과 소, 벌과 호랑이의 성(性)이 있다고 하였다. 그리고 곤충·초목에 이르러도 그 형(形)에 따라서 각각 그 성(性)이 있으니 맹자(孟子)가 말한 모든 동류(同類)라는 것은 대개가 서로 같다는 것이다. 또 성인(聖

72 『南塘文集』 권19, 書 門人問答, 與宋士能別紙 丙寅 正月.
73 『屛溪集』 권35, 雜著, 寒泉中庸首章及大學明德講義辨 壬申冬.

人)이 나와 더불어 동류라고 말한 것에 대해, 주희는 해석하여 말하기를 성인은 중인(衆人)과 더불어 성선(性善)이 같지 않음이 없다고 하였는데, 이것으로써 미루어보면 말과 말은 성(性)이 같고 소와 소는 성이 같고 호랑이와 벌, 개미는 각각 그 유(類)가 있어 유(類)에 따라 성이 같다는 것이다. 사람이 말, 소, 벌, 호랑이에 대해 이미 유(類)가 같지 않으니 그 성의 같지 않음은 맹자가 이미 말하였는데, 도(道)라는 것은 솔성(率性)을 말함으로, 소와 말과 벌과 호랑이의 성이 과연 인성(人性)과 같다면 그 성을 솔(率)하여 도(道)가 되는 것이 반드시 인도(人道)와 같아져 버린다는 것이다.[74]

이재는 대개 『중용』 수장(首章)의 첫째 구절에 나아가 살펴보면, 명(命)과 성(性)의 사이에 기(氣)가 없는 것은 아니나 만약 기로써 끼어들게 해버리면 솔성(率性) 두 글자를 설명하여 나갈 수 없다고 하면서 제 일절에서는 반드시 오로지 이(理)로써 주를 삼아야 하고, 수도(修道)의 위에 이르러서 비로소 기질(氣質)을 설명해 내야 하니 이것이 성인(聖人)이 가르침을 베풀게 된 이유가 생긴 것이라고 하였다. 그런데 호론은 성(性)과 이(理)자를 다르게 보아 그 성을 논하면서 오로지 기(氣)를 주로 하니 그 유폐(流弊)가 심지어 인의(仁義)를 지목하여 기라고 하니 작은 걱정이 아니라고 하였다.[75]

윤봉구는 성(性)을 홑지게 이(理)라고 말하는 것은 정주(程朱) 이후에 정해진 일반적인 논(論)이라고 하였다. 그는 이(理)는 무릇 천지간의 공공(公共)의 이(理)를 말하고 성(性)은 내가 하늘에서 받아서 내가 소유하기 때문

74 『屛溪集』 권35, 雜著, 寒泉中庸首章及大學明德講義辨 壬申冬.
75 『屛溪集』 권35, 雜著, 寒泉中庸首章及大學明德講義辨 壬申冬.

에 성이라고 이르는데, 다만 이동(理同) 두 글자로 몰래 아래까지 설명하여 내려가 마침내 곤충(昆蟲)·초목(草木)의 성(性)에 이르기까지 인(人)의 인의예지(仁義禮智)를 온전히 갖춘 성(性)과 같은 것으로 말할 수는 없다는 것이다.[76]

한편 명덕(明德)에 대해서 주희나 이이는 심(心)과 성(性)을 합하여 설명하여 왔다. 그러나 이재는 명덕은 다만 본심(本心)이라고 하였다. 이재는 심(心)의 물(物)됨은 본래 이기(理氣)를 묘합(妙合)한 것으로 이름이 이루어진 것이니 이 이(理)를 떠나서 홀로 기(氣)자로써 단정할 수 없다고 하였다. 그렇지만 만약 반드시 기(氣)의 위에 나아가 분석하여 말하면 기(氣)에는 또한 두 가지가 있으니 천지(天地)의 본연(本然)의 기(氣)가 순일(純一)하여 부잡(不雜)한 것은 심(心)의 본체(本體)로 이것은 이른바 명덕이니 성인(聖人)과 중인(衆人)이 동일하다고 하였다.

이재의 문인 최석(崔祏)은 한원진이 천명(天命)의 성(性)은 인(人)과 물(物)이 모두 같다는 것을 모르고 이에 기질편전(氣質偏全)의 성(性)으로 천명의 성이라 잘못 인식하여 인과 물이 같지 않다고 했고, 『맹자』의 개, 소, 사람의 편전의 성으로 천명의 성으로 인과 물이 같지 않다는 증거로 잘못 인용했으니 이것은 『중용장구』에 인과 물의 성은 또한 나의 성의 성이라는 뜻을 모르는 것이라 하였다.

윤봉구는 최석이 정호(程顥)의 심본선(心本善)의 설로써 위로 성선(性善)의 공에 짝을 할 수 있다고 말하고 있으나 그렇지 않다고 하였다. 정주(程朱)가 심(心)을 논한 것이 많지 않는 것이 아니나 홑지게 기(氣)가 순선(純

76 『屛溪集』 권35, 雜著, 寒泉中庸首章及大學明德講義辨 壬申冬.

善)이라고 말한 곳은 자신은 아직 보지 못하였다는 것이다. 그는 심본선(心本善)에 대해 변론하지 않을 수 없다고 하면서, 정자(程子)가 천(天)에 있어서는 명(命), 물(物)에 있어서는 성(性), 신(身)에 있어서는 심(心)이 되니 그 실(實)은 한가지라고 하였는데, 심본선이라고 이르는 것은 심(心)이 성(性)을 갖추고 있는 것을 주로 하여 말한 것이지 아마 기(氣)를 홑지게 말한 증거는 아닌 것이라고 하였다.[77]

이재는 윤봉구의 설은 기(氣)자를 주장하는 것이 너무 지나쳐 반드시 이(理)를 버리고 심(心)을 말하니 이것이 자신과 더불어 대단히 서로 어긋나는 것이라고 했다. 이재는 윤봉구와 자신의 설이 크게 같지 않는 것은 미발시(未發時)에 사려(思慮)가 아직 싹트지 않아 일성(一性)이 밝게 드러나는 것은 곧 명덕(明德)의 경계(境界)로 이때는 기질(氣質)을 말할 수 없는데, 윤봉구는 근원에 벌써 기질의 징후가 있다고 생각했으니 이와 같다면 명덕이 분수(分數)가 있게 되어버린다고 하였다. 그리하여 호론에서는 명덕은 분수가 있다는 설을 주장하게 되었다는 것이다.[78] 또한 이재는 호론에서는 인의예지(仁義禮智)를 기(氣)라고 이르니 더욱 이해할 수 없다고 하였다.[79] 이같이 이재 등 낙론 학자들은 명덕을 기로 본다거나 인의예지를 기로 이해하는 호론 학자의 학설을 비판하였다.

사실 한원진은 성(性)은 곧 기(氣)에 내재된 이(理)[性卽在氣之理]라고 하여 정자(程子)의 미비(未備)를 보완했다고 생각했다. 그러나 낙론에서 보면 이러한 한원진의 견해는 선악(善惡)이 섞여버리는 두뇌(頭腦)이고 정주(程

77 『屛溪集』 권37, 講義, 與崔祏答問 丙寅.
78 『渼湖集』 권11, 書, 答朴瑞東.
79 『陶菴語錄』 元, 권2, 論性理 獻可.

朱)를 무핍(誣逼)하여 이단사설(異端邪說)에 몰아넣은 것으로 이해되었다. 또 한원진은 심즉기질(心卽氣質)을 주장하여 심(心)의 본체(本體)에 선악(善惡)이 있다는 설을 주장하였다. 그러면서 낙론의 심본선(心本善)의 설은 석씨(釋氏)의 순선(純善)의 여론(餘論)이라 비판하고, 또 심(心)은 기(氣)의 정상(精爽)이라는 설은 석씨(釋氏)의 영각(靈覺)의 설이라고 비판하였다.[80] 한원진은 허령(虛靈)이 순선(純善)하다는 낙론의 설은 불교의 본심(本心)의 학(學)이고 허령에 분수(分數)가 있다는 윤봉구의 주장은 곧 명덕에 분수가 있는 설이라 하여 모두 인정하지 않았다.[81] 이같이 허령에 대한 인식에서 낙론과 호론은 분명하게 달랐다.

김원행(金元行)은 호론의 인물성이론(人物性異論)을 크게 배척하였다. 그는 천리(天理)와 인욕(人欲), 이(理)와 기(氣)에 대해서 엄격한 구분을 했지만 그렇다고 심성설에 있어 반드시 자기의 설이 옳다고 생각했던 것은 아니었다. 오히려 그는 이이·송시열·권상하로 이어지는 의리론에 더 무게를 두기도 하였다. 특히 그는 송시열의 춘추대의(春秋大義)를 적극 추켜세우면서[82] 송시열을 후주자(後朱子)로 생각하여 존경하였다.[83]

김원행은 심(心)이라는 것은 일신(一身)의 정상(精爽)이라 하면서 『대학』의 명덕(明德)의 주(註)로 살펴보면 허령불매(虛靈不昧)라는 것이 곧 심(心)의 본체(本體)라고 하였다. 따라서 비록 어리석은 사람도 이것이 없지 않고 심(心)에는 악(惡)이 있다고 말할 수 없다고 하였다. 그는 주자가 심(心)을 성(性)에 견주면 은미하게 자취가 있고 심을 기(氣)에 견주면 허령(虛靈)

80 『無名子集』 文稿, 冊5, 文, 書湖洛心性辨後.
81 『頤齋亂藁』 제2책, 권12, 기축 4월 25일 392쪽.
82 『渼湖言行錄』 권1, 遺事(『渼湖全集』) 47쪽.
83 『渼湖言行錄』 권1, 遺事(『渼湖全集』) 41쪽.

하고 또 통(通)한다고 하였다고 하면서 이것이 심(心)과 기(氣)가 같으면서 다르다는 증거라고 하였다. 그는 사람의 일신에는 네 가지의 나뉨이 있으니 형체(形體), 기질(氣質), 심(心), 성(性)이고, 학자는 먼저 이 네 가지의 나뉨을 알아 궁리(窮理)하고 격물(格物)을 한다면 어디에 가더라도 막힘이 없을 것이라고 하였다.[84]

김원행은 명덕(明德)에 대해 심(心)의 별명이며 이 이(理)를 갖추고 행하는 것은 정(情)이라고 하였다. 허령불매(虛靈不昧)는 기(氣)의 정영(精英)을 가리켜서 말한 것이고 뭇 이(理)를 갖추고 있다는 것은 성(性)의 사덕(四德)을 가리켜 말한 것이고 이(理)자는 곧 성정(性情)을 통섭한다는 뜻이고 응만사(應萬事)는 성(性)의 발(發)이니 문득 정(情)이라고 하였다.[85]

그런데 윤봉구는 '이(理)는 같으나 성(性)은 다르다[理同性異]', '단맛이 비록 토(土)에 속하나 꿀이 어찌 신(信)을 성(性)으로 한 것이겠는가[甘雖屬土, 蜜豈性信]'라는 말을, 송시열의 산소를 천장(遷葬)할 때 지은 제문(祭文)과 「화양서원묘정비명(華陽書院廟庭碑銘)」에 써서 인성과 물성은 다르다고 명백히 하였다.[86] 이에 대해 김원행은 호론처럼 이동성이(理同性異)를 주장하면 성즉리(性卽理) 한 구절이 시행할 수 없는 빈말이 되어 버린다고 하였다. 그는 예로부터 성을 논함에는 다만 두 가지 길이 있으니 기질(氣質)과 본연(本然)일 뿐이라고 하였다. 기(氣)를 제거하고 다만 이(理)를 가리켜서 말하면 본연으로 볼 수 있고 이 이(理)를 기(氣)에 섞어서 말하면 기(氣)로써 볼 수 있으니 주자가 이른바 성동기이(性同氣異) 네 글자가 매

---

84 『渼湖言行錄』 語錄(『渼湖全集』).
85 『渼上錄』(『渼湖全集』) 421쪽.
86 『屛溪集』 권46, 祭文, 祭尤菴宋先生遷葬文; 권47, 碑, 華陽書院廟庭碑銘 幷序.

우 명백한 말이라고 하였다.[87]

김원행은 이(理)와 기(氣)가 비록 서로 떨어져 있지도 않고 서로 섞여 있지도 않으나 이와 기 속에 나아가 홑지게 이를 가리키면 본연지성이니 이른바 음양에 섞이지 않는 태극(太極)이라고 하였다. 이와 기를 섞어서 가리키면 기질지성이니 이른바 음양에 떨어지지 않는 태극이라고 하였다. 그러므로 태극은 음양에 떨어져 있지 않는데 태극과 음양을 나누어서 말하면 음양은 음양대로이고 태극은 태극대로라고 하였다. 성은 비록 기질에 떨어져 있지 않으나 성과 기질을 나누어서 말하면 성은 성대로, 기는 기대로라고 하였다. 성(性)과 명(命)이 비록 기(氣)에 떨어져 있지 않으나 다만 기 속에 이(理)의 일변(一邊)을 말하는 것이 중요하다고 보았다. 모든 천하의 물이 기밖에 고립한 이(理)는 없으니 명(命)과 도(道)도 비록 기를 떠나서 말할 수 없으나 주장하는 바는 이(理)에 있기 때문에 이(理) 중심으로 보아야 한다고 하였다.[88]

김원행은 주희의 말에 만물의 일원(一原)을 논하면 이(理)가 같고 기(氣)가 다르며 만물의 이체(異體)를 논하면 기는 오히려 서로 가까우나 이는 절대로 같지 않다고 하였다. 그는 『중용』에 이른바 천명의 성은 오로지 이를 말한 것이니 곧 이가 같고 기가 다르다는 것이다. 맹자가 이른바 견우인(犬牛人)의 성은 치우치게 기를 말한 것이니 곧 기는 오히려 서로 가깝지만 이는 절대로 같지 않다는 것이다.[89]

김원행은 윤봉구와 한원진의 여러 설은 모두 기질(氣質)을 논하고 본

---

87 『渼上錄』(『渼湖全集』) 429쪽; 『渼上經義』中庸, 答金天根(『渼湖全集』) 549·550쪽.
88 『渼上錄』(『渼湖全集』) 429쪽.
89 『渼上錄』(『渼湖全集』) 431쪽.

원(本原)을 빠뜨리고 있어 이재가 시로써 비평을 했는데 "편전을 본연으로 삼고, 기질을 심체에 해당시켰네[偏全作本然, 氣質當心體]"라고 했다는 것이다. 그런데 김원행은 이재의 이 시가 호론의 설을 전적으로 물리칠 수 있는 것은 아니라고 보았다. 성인과 범인이 혹 가지런하지 않는 것에 대해서 호론에서 자신들의 설과 어떻게 다른가라고 질문한다면 이재로서도 답을 하기 어렵다는 것이다. 이에 김원행은 주자가 이른바 이동기이(理同氣異)라는 것은 본연(本然)이고 기(氣)가 서로 같으나 이(理)가 같지 않다는 것은 기질(氣質)이라고 하였다.[90]

김원행은 호론에서는 선악(善惡)을 기질(氣質)로 삼고 편전(偏全)을 본연(本然)으로 삼고 있는데 선악이 기질이 되는 것은 본디 논의할 것이 없지만 편전은 본연이라고 할 수 없다고 하였다.[91] 김원행과 그 학맥은 청탁수박이라는 것을 기질이라고 보면서 기질은 변화시킬 수 있는 것이라고 하였다. 기질을 변화시킬 수 있는 가능성은 심(心)의 허령(虛靈)에 이 지선(至善)의 이(理)를 갖추고 있기 때문이라고 하였다. 기(氣)는 심(心)이 아니고 영처(靈處)가 심이라고 하였다. 심은 정의(情意)와 조작(造作)과 운용(運用)의 능력이 있는데 오직 정의와 조작과 운용이 있기 때문에 때로 기질에 따라 불선(不善)에 빠지니 이것은 다만 기질의 죄일 뿐만 아니라 심도 죄가 없지 못하다고 하였다. 반면 성은 정의와 조작과 운용이 없는데, 오직 정의와 조작과 운용이 없기 때문에 비록 때로 기질을 타고서 불선에 빠지나 이것은 성의 죄가 아니고 곧 기질의 죄라고 하였다. 그러므로 성은 지선(至善)이라고 말할 수 있으나 심은 다만 지령(至靈)이라고 말할 수 있

90 『渼上錄』(『渼湖全集』) 431쪽.
91 『中庸問答』(『渼湖全集』) 628쪽.

지만 지선(至善)이라고 말할 수 없다는 것이다. 그는 주희가 말하기를 "심(心)을 성(性)에 견주면 약간 자취가 있고 기(氣)에 견주면 자연히 영(靈)하다"고 한 것이 심(心)과 기(氣)의 관계에 대한 아주 명백한 설명이라고 하였다.[92]

김원행은 인(人)과 물(物)의 기(氣)는 비록 편전(偏全)의 같지 않음이 있으나 그 성(性)은 동일하다고 하였다. 그리고 기질로써 말하면 청탁수박이 섞여 있는 것이고 심으로 말하면 허령, 신명(神明), 정영(精英), 정상(精爽)이라고 하였다.[93] 김원행은 주희가 심을 기(氣)의 정상(精爽)이나 기의 정영(精英)이라고 말한 것으로 보아 이(理)와 기(氣) 중에서는 일단 기변(氣邊)에 소속시킨 것으로 보았다.[94] 이러한 그의 입장은 기호학계에서 이이가 심(心)을 기(氣)로 보는 견해를 따르고 있는 것이다. 그는 성인의 심과 범인의 심이 다르다고 보는 병의 근원은 오로지 심을 기질로 보는데 있다고 하였다.[95]

김원행은 명덕(明德)이 심(心)의 이기(理氣)를 합한 것이라고 말하는 것은 지극히 찬양하는 말이지만, 일반적으로 말하면 이른바 심(心)의 영(靈)이라고 하였다.[96] 또한 그는 명덕은 대개 기(氣)의 허령(虛靈)을 가리키고 만리(萬理)를 갖추어 빛나는 것인데, 심이라고 말하지 않고 명덕이라고 말하는 것은 대개 오로지 이른바 기(氣)로써 해당시킬까봐 그렇다고 하였다.[97] 그는 명덕은 다만 심(心)이지만 명명심(明明心)이라고 말하지 않고

---

92 『渼上錄』(『渼湖全集』) 435쪽; 『渼上經義』(『渼湖全集』) 510・511쪽.
93 『渼上錄』(『渼湖全集』) 459쪽.
94 『渼上錄』(『渼湖全集』) 461쪽.
95 『渼上錄』(『渼湖全集』) 461쪽.
96 『渼上錄』(『渼湖全集』) 461쪽.
97 『渼上經義』(『渼湖全集』) 510쪽.

명명덕(明明德)이라고 말하는 것은 기(氣)의 지령(至靈)이 이 이(理)의 지선(至善)을 갖추고 이 정(情)을 행하는 것이기 때문이라고 하였다.[98]

김원행은 성(性, 理), 심(心, 氣의 靈), 기질(氣質, 淸濁粹駁), 형모(形貌, 長短黑白)로 나누고 형질(形質, 形貌)은 변역(變易)을 할 수 없으나 기(기질)는 오히려 변화시킬 수 있는 것은 이 심의 허령이 품부받은 데에 구애받지 않기 때문이라고 했다. 그는 성(性)은 모습도 없고 소리도 냄새도 없고 심(心)은 한량(限量)도 없고 정체(定體)도 없지만 기질(氣質)은 모습도 있고 작용함도 있으니 기(氣)를 교정하여 성(性)으로 돌아가는 공은 오로지 심의 운용(運用)과 발휘(發揮)에 있다고 하였다. 그러므로 심은 이 성을 떠나서 스스로 방자하게 행동하지 못한다는 것이다. 그러므로 성은 심의 주재(主宰)가 되고 심은 기의 장수가 되고 기는 심의 졸도(卒徒)가 된다는 것이다. 그러면서 그는 윤봉구가 주장하는 이른바 기질이 곧 심이라는 설은 만세에 학문하는 길을 막는 것이라고 하였다. 그는 심의 운용과 작용이 아니라면 어떻게 기질을 변화시킬 수 있겠는가라고 하였다.[99]

김원행은 허령불매(虛靈不昧)에 대해 주희의 견해를 들어 기(氣)의 영처(靈處)를 끄집어내어 심(心)을 가리켜 말한 것이라고 하였다. 그는 "기(氣)의"라고 말했기 때문에 성(性)이 아니라는 것을 알 수 있고, 단지 기라고 말하지 않고 영처라고 말했기 때문에 기질의 거친 것이 아니라는 것을 알 수 있다고 하였다.[100]

낙론 학자들은 인(人)과 물(物)이 본성(本性)이 같지 않다면 능히 인(人)

---

98 『渼上錄』(『渼湖全集』) 466쪽.
99 『渼上錄』(『渼湖全集』) 462・463쪽.
100 『渼湖集』 권12, 書, 答兪憲柱; 『頤齋亂藁』 제1책, 권4 갑신 5월 23일 362쪽; 제9책, 권49, 갑신 5월 23일 301쪽.

과 물(物)의 성(性)을 극진히 할 수 없다고 보았다. 또 성인과 범인이 본심(本心)이 같지 않다면 기질을 변화시킬 수 없다고 보았다. 그리고 만약 성인과 범인의 마음이 각각 다르다고 이른다면, 주희가 왜 명덕(明德)을 해석하면서 "성인(聖人)이 하늘에서 얻은 바"라고 말하지 않고, 굳이 "사람이 하늘에서 얻는 바"라고 표현했느냐고 하였다.[101] 따라서 황윤석은 명덕은 다만 본심(本心)이 오성(五性, 仁義禮智信)을 포함하고 있는 것이라고 하였다.[102]

4. 사상경향과 계승양상

18세기 초에 송시열(宋時烈)의 문인인 권상하(權尙夏)와 서울학계의 김창협(金昌協) 형제 사이에는 크게 분열이 일어났다. 김창협 형제는 권상하가 송시열의 학설과 사업만을 충실히 따르는 경향을 보면서 매우 경시하였다.[103] 물론 권상하도 김창협에 대해서 편치 않게 생각했고 김창흡(金昌翕)에 대해서도 매우 기꺼워하지 않았다.[104] 김창협・김창흡 학맥은 문학・성리학 분야에서 크게 두각을 보였으며 신임옥사를 겪으면서 보수화 경향을 띠게 되었다.

이이(李珥) 이후의 서울・경기 학계의 학풍을 잇고 있는 이재(李縡)는

101 『頤齋亂藁』 제1책, 권5, 을유 12월 18일 502쪽; 제9책, 권50, 을유 12월 18일 322쪽.
102 『頤齋亂藁』 제1책, 권6, 병술 3월 25일 551쪽; 제9책, 권50, 병술 3월 25일 325쪽.
103 『景宗實錄』 경종 1년 9월 2일(경인). "尙夏學術不精深, 所掇拾誦說者, 特時烈之緖餘, 以是金昌協兄弟, 甚輕之."
104 『陶菴語錄』 利, 권9, 論人物 逵.

이미 심설(心說)에 있어 자신은 권상하와 다르다고 생각하여 소원(疏遠)한 감을 느끼고 있었다.[105] 그리하여 권상하의 제자인 한원진(韓元震)과 윤봉구(尹鳳九)에 이르러 심성설(心性說)에 있어 서로 큰 차이를 보였다. 그런데다가 이재가 김창협·김창흡을 이어 낙론계 학풍을 주도하는 위치에 서게 되었던 것은 신임사화 이후 노론학계에서 광범위하게 일어난 보수적인 학문분위기가 주요한 요인으로 작용하였다.[106]

경종(景宗) 연간에 노론과 소론의 격렬한 당쟁에서 정치적 참화를 당한 노론은 영조가 즉위하면서 출사의 명분을 얻었다. 이재는 당쟁의 소용돌이 속에서 중부(仲父) 이만성(李晩成)이 죽임을 당하자 드디어 가족을 데리고 강원도 인제(麟蹄)의 설악산으로 들어갔다. 그러나 1725년(영조 1)에 이르러 노론 인사가 등용되면서 여러 차례 그에게 벼슬이 내렸지만 끝내 나아가지 않았다.[107] 영조 연간에 이재는 청렴(淸廉)과 염퇴(恬退)를 숭상하는 경학(經學)의 학자로 칭송을 받았다.[108]

1725년(영조 1) 8월 16일에 이조참판 이재는 영조에게 한결같이 공리(公理)를 따라 먼저 경종의 본심(本心)을 밝히고 간흉(奸凶)의 죄악(罪惡)을 빨리 바로잡아야 할 것이고, 진실로 능히 시비(是非)를 분석하여 전형(典刑)을 소상히 보여서 나쁜 짓을 하면 부끄러워하고 착한 짓을 하면 사모하는 줄을 알게 한다면 소론들도 장차 옛일을 뉘우치고 새로운 것을 도모하여 탕평(蕩平)의 영역에 함께 가게 될 것이라고 하였다. 그런데 번번이

105 『陶菴語錄』 貞, 雜錄 聖源.
106 조성산, 「18세기 洛論系 學脈의 변모양상 연구」(『歷史敎育』 102, 역사교육연구회, 2007) 73·90쪽.
107 『英祖實錄』 영조 3년 2월 28일(을유).
108 『英祖實錄』 영조 8년 6월 28일(계미).

시비에 있어 근원에서 밝히지 못하고 이를 쓸어 매몰시켜서 충신(忠臣)과 역적(逆賊)이 구분되지 못하고, 이름과 실상이 서로 어긋나게 되면 그 악한 자를 교화시키려고 하였던 것이 다만 악을 조장(助長)시키는 바가 될 것이고, 당화(黨禍)를 풀려고 하였던 바가 다만 당화를 더하는 바가 될 것이라고 하였다.[109]

1728년(영조 4) 이재는 소론과 남인이 연합하여 일으킨 무신란(戊申亂)에 대해 노론의 정치적 입장에서 깊은 우려를 표명하였다. 그는 이해 4월 11일에 올린 소에서 "이번의 흉역(凶逆)은 군신(君臣)이 생긴 이래 없었던 일이니, 이를 만회(挽回)하여 정돈(整頓)하는데 힘입을 것은 오직 전하의 한 마음뿐입니다. 전하의 영특하고 슬기로움으로 절실하게 스스로 살피고 검속(檢束)하시어 속히 작은 은혜를 지나치게 혐오(嫌惡)함과 제반의 사사로운 지혜를 일체 타파하여 버리시고 지극히 바르고 큰 도리(道理)로 처리하신다면, 천리(天理)가 밝아지고 인심(人心)이 올바르게 되어, 비단 화란(禍亂)의 조짐을 영원히 사라지게 할 수 있을 뿐만이 아니라, 참으로 탕평의 복을 볼 수 있을 것입니다"라고 하였다.[110]

이재는 노론의리에 입각한 시비명변을 주장하는 의리탕평론자로서, 당시의 탕평파들을 군주의 뜻에 영합하여 충역(忠逆)을 혼동시키는 무리라고 배척하였다.[111] 그는 탕평정치기에 강한 당파성을 띠었다. 그는 심술이 바른 뒤에 학(學)을 말할 수 있다고 하면서 남인과 소론은 학문하는 사람이 없으니 마음이 이미 어긋났기 때문이라고 하였다.[112] 그는 학이라는

---

109 『英祖實錄』 영조 1년 8월 16일(신사).

110 『英祖實錄』 영조 4년 4월 11일(신묘).

111 최성환, 「朝鮮後期 李縡의 學問과 寒泉精舍의 門人敎育」(『歷史敎育』 77, 역사교육연구회, 2001) 92쪽.

것은 부자와 군신의 윤리를 밝히는 것이니 여기에 배치되면 학이라고 말할 수 없고 따라서 소론에게 학이란 한 글자를 인정할 수 없다고 하였다. 그는 남인과 소론에는 자질이 아름답고 행실이 있는 이가 있지만, 학문으로 논할 수는 없다고 하였다. 학문은 의리(義理)를 아는 것이니 만약 의리의 근원에서 깨고 나오지 못하면 학문으로 말할 수 없다는 것이다.[113]

이재는 영조의 탕평정치를 지지하지 않았다. 그는 무신란(戊申亂) 이후에 의리의 설을 주장했기 때문에 영조는 이재에게 맹수(猛獸)보다 그 폐해가 심하다는 명목을 더하여 노여움을 드러내었다.[114] 영조는 송인명(宋寅明)·김재로(金在魯) 등을 임용하여 탕평정치를 실시하려 하였으나 이재가 이에 대해 매우 그르게 여기자 이런 이재를 영조는 벼슬에 임명하고 싶지 않았던 것이다.[115]

그런데 낙론이 탕평정국 아래 정계에 참여하는 데 사용하였던 사상적 명분은 심성론이 일정하게 작용하고 있었다. 성인과 범인 모두에게 선을 지향하는 보편적 가치가 담겨 있다는 낙론계 심성론은 노론의리론을 펴면서도 탕평과 포용을 명분 삼아 다른 당파를 끌어들일 수 있었다.[116] 이재는 심성론에 있어서는 김창협·김창흡의 학문경향을 계승하여 낙론의 정체성을 유지하였지만 현실관에 있어서는 송시열의 의리론을 충실히 따랐다. 그는 호론 측과 심성론에 있어서는 달랐지만 반탕평론을 전개하는 등 정치적인 입장에 있어서는 큰 차이를 보이지 않았다.[117]

---

112 『陶菴語錄』 元, 권4, 論爲學 炯奎.
113 『陶菴語錄』 元, 권4, 論爲學 聖源, 逵.
114 『英祖實錄』 영조 13년 6월 14일(신미).
115 『英祖實錄』 영조 15년 1월 5일(임자).
116 조성산, 『조선 후기 낙론계 학풍의 형성과 전개』(지식산업사, 2007) 400·401쪽.
117 조성산, 「18세기 洛論系 學脈의 변모양상 연구」(『歷史教育』 102, 역사교육연구회, 2007)

이재의 낙론학설은 송덕상(宋德相)과 김원행(金元行) 등의 지지를 받았다. 1735년(영조 11) 4월 송덕상은 이재를 방문하여 심성설에 대해 논하였다. 이재는 인(人)과 물(物)에 모두 오상(五常)이 있는가, 명덕(明德)은 분수(分數)가 있는가, 심(心)과 기질(氣質)은 다름이 있는가 없는가를 송덕상에게 물었다. 송덕상은 천명의 성은 인과 물이 똑같이 얻었는데 성이 이라고 했으니 인과 물이 모두 오상이 있는 것은 의심이 없다고 하였다. 또 명덕은 사람의 본심이니 사람의 성정(性情)의 심(心)을 통섭한 것이라고 하였다. 또한 주희가 명덕에 대해 성인(聖人)이 하늘에서 얻은 바라고 말하지 않고 다만 사람이 하늘에서 얻은 바라고 하였으니 명덕은 성인과 광인(狂人)이 다름이 없다는 것을 알 수 있다고 하였다. 그는 『맹자』 진심(盡心)장의 주(註)에서 주희가 말하기를 심이라는 것은 사람의 신명(神明)이 뭇 이(理)를 갖추어 만사에 응하는 바라고 하였으니 『대학』의 명덕을 해석한 것과 그 뜻이 다름이 없는데 『대학』에는 다만 덕(德)자를 해석했기 때문에 하늘에서 얻었다는 글자를 놓았고, 『맹자』에는 심자를 해석했기 때문에 신명이란 글자를 놓았다고 하였다. 송덕상은 심(心)은 기(氣)의 정상(精爽)이니 비록 두 가지 물은 아니나 정상과 사재(渣滓)는 오히려 섞어서 말할 수 없다고 하였다.

이에 대해 이재는 송덕상의 견해가 자신의 학설과 같다는 것을 다행으로 생각한다고 하였다. 송덕상은 심성이기(心性理氣)는 본래 서로 떨어져 있는 것이 아니어서 옛날 성현이 홑지게 지적하여 말한 경우도 있고 겸하여 지적하여 말한 경우도 있어 각각 그 뜻이 있는데, 매번 성(性)으로

74쪽.

이(理)를 삼아 이일변(理一邊)을 주장한 설이 가장 많다고 하였다. 그러나 천하에 기가 없는 성리(性理)가 없으니 성인이 성리 속에 기(氣)를 띠고 있다는 것을 모른 것이 아니라 다만 이를 홑지게 거론하여 말한 것이 깊은 뜻이 있다고 하였다. 지금 사람들은 이 뜻을 모르고 혹 말이 완비하지 못하다고 근심하여 성을 논하는 즈음에 하나의 기(氣)자를 생짜로 끄집어내어 남이 밝히지 못한 것을 밝힌 것처럼 하니 후인의 병통이라고 하였다.[118]

송덕상은 호론이 이(理)와 성(性)을 너무 엄격하게 구분하여 마침내 기를 섞어 성을 설명하였고 본연에 분수(分殊, 分數)가 있다는 곳으로 돌아갔다고 비판하였다. 그는 영각(靈覺)은 심(心)이고 심에 갖추어 있는 바가 성(性)이라고 하면서 호론은 영각을 다만 사람에게만 돌리고 물에는 인정하지 않고 있으니 그 뜻은 물은 오상을 갖추고 있지 못하다는데 있다고 하였다. 그는 호론이 영각을 다만 사람에게만 돌리고 물에는 인정하지 않고 있는 것이 혹 그런 것 같으나 다만 운동지각은 물 또한 없지 못하니 그 이른바 영각이라는 것이 비록 사람의 영각에 견줄 수는 없으나 또한 전연 없는 것은 아니라고 하였다.[119]

송덕상은 이(理)는 조리(條理) 또는 맥리(脈理)를 말하고 공공(公共)을 일컬음이며 성(性)은 마음에서부터 생긴 것으로 인물이 태어날 때 품부받은 것을 이른다고 하여 이(理)와 성(性)은 구별이 있다고 하였다. 그러나 그는 성(性)이 기(氣)가 생김으로부터 이름을 얻었으나 그 근본은 이(理)일 뿐이라는 것이다. 그러므로 주희가 정이(程頤)의 '성은 곧 이[性卽理]'라는 말에

118 『果菴文集』 권8, 雜著, 寒泉問答.
119 『果菴文集』 권5, 書, 答族弟聖休龜相 辛卯.

대해 예로부터 이와 같이 말한 자가 없었다고 칭찬하며 감탄하였는데, 한원진이 '성은 곧 기에 내재된 이[性卽在氣之理]'로써 정이의 미비점을 보완하였다고 말하니 이 말은 온당하지 못하다는 것이었다. 그는 학자들이 예로부터 기와 함께 성을 말하는 것을 알기 때문에 성을 말하는 자는 모두 기질(氣質)의 성(性)을 거론하였으나 맹자가 처음으로 본연(本然)을 떼어내어 말했으니 이것은 기와 함께 말한 것이 아니며, 정이도 성(性)이라고 말한 곳에 나아가 그 근본이 다만 이(理)라는 것을 보았기 때문에 분명히 성은 곧 이라고 지적하여 말했다는 것이다.[120]

또한 송덕상은 한원진이 미발(未發)의 전(前)이라도 아름다움과 악(惡)이 저절로 있고 발(發)한 뒤에 착함과 간사함의 종자(種子)가 된다고 하였는데 이 설은 대단히 온당하지 않는 설이라고 하였다. 그러면서 미발의 때는 심(心)의 전체(全體)가 맑고 비어 있고 밝아서 성(性)이 그 속에 있고 이(理)와 기(氣)가 실(實)을 함께 하고 심과 성이 일치(一致)하여 미(美)와 악(惡)을 찾을 수 없는 것이라고 하였다.[121]

송덕상이 1770년(영조 46) 무렵 낙론의 학설을 지지하여 김원행을 적극 후원하자 호론은 치명적인 타격을 입었다. 송덕상은 이기설(理氣說)은 처음부터 자기 고조부 송시열과는 관계없는 일이고 고조부의 본뜻이 아니며, 따라서 『우암집(尤菴集)』에 혹 수록되어 있더라도 정견(定見)이 아닌 것 같으므로 문집을 개간(改刊)할 때에 빼버릴 것이라고 하여 학계의 파문을 일으켰다.[122]

---

120 『果菴文集』 권5, 書, 答族弟聖休龜相 辛卯.
121 『果菴文集』 권7, 雜著, 中庸箚疑.
122 권오영, 「호락논변의 쟁점과 그 성격」(『조선 후기 유림의 사상과 활동』, 돌베개, 2003) 64쪽.

이재와 그 제자들은 대부분 의리론(義理論)에 충실하였지만 제한적으로나마 경세론(經世論)에 관심을 갖는 이들도 등장하였고, 경세론에 대한 관심은 유형원(柳馨遠)의 『반계수록(磻溪隨錄)』을 통해서 주로 표출되었다.[123] 사실 이재는 유형원의 『반계수록』 자체는 아주 주요한 경세서로 꼽았다.[124] 이재 당시 다수의 낙론계 인사들이 『반계수록』을 중요한 경세서로 인식하였지만, 홍계희(洪啓禧)만큼 『반계수록』에 깊은 영향을 받은 사람은 없었을 것이다.[125] 홍계희는 젊어서 이재의 문하에서 공부하였고[126] 이재를 통해 노론 내 낙론의 정통학맥을 계승하고, 나아가 유형원의 경세학을 수용하여 정치적 경륜의 기초를 마련하였다.[127] 후일 홍계희가 탕평에 대한 정치적 자세와 균역법 등에 대한 정치활동으로 인해 이재로부터 질책을 받아 파문되다시피 하였지만 이재와의 사제 관계에 있었던 것은 분명하다. 그리하여 송시열(宋時烈)－이상(李翔)－이재(李縡)－홍계희로 이어지는 학통의식은 홍계희의 자손은 물론 충청도 연기 등의 일부 유생간에 전해지고 있었다.[128]

사실 홍계희는 생전에 이미 자신이 바로 공자・주자・송시열・이재의

123 조성산, 「18세기 洛論系 學脈의 변모양상 연구」(『歷史教育』 102, 역사교육연구회, 2007) 90쪽.

124 『陶菴語錄』 利, 論人物 應秀. “曰余嘗得見磻溪隨錄, 乃一部經綸也, 如此人材, 空死草野, 極可惜也.”

125 조성산, 「18세기 洛論系의 『磻溪隨錄』인식과 洪啓禧 經世學의 思想的 基盤」(『朝鮮時代史學報』 30, 조선시대사학회, 2004) 160쪽.

126 「有明朝鮮行判中樞府事兼吏曹判書致仕奉朝賀贈諡文簡澹窩先生洪公諱啓禧之墓碣銘」(三從弟 洪啓能述, 從子 洪述海書)(경기도 용인시 처인구 일산리 산 2-1). “公在泉門, 恩義兩盡, 實有神明父母之恩, 先生亦愛重之, 無行不與, 公亦無事不請, 非同門諸人可及也, 先生晩年酬應益繁, 文字多散佚不收者, 公實始手, 爲諸人倡, 其裒然成帙, 可傳於後, 公之力也. 然卒不得行於世, 又誰之咎也?”

127 정만조, 「澹窩 洪啓禧의 家系 분석」(『조선시대의 정치와 제도』, 집문당, 2003) 219・220쪽.

128 정만조, 「澹窩 洪啓禧의 家系 분석」(『조선시대의 정치와 제도』, 집문당, 2003) 209쪽.

도통(道統)을 잇겠다고 생각했던 것 같다. 그는 광진(廣津)의 구계(龜谿)의 별업(別業)에 별당(別堂)을 지어 공자·주자·송시열·이재의 영정을 봉안하였다. 그리고 그가 죽자 가인(家人)이 그의 화상(畵像)을 이재의 영정 아래에 봉안하여 모셨다.[129]

그런데 홍계희의 사상 경향은 낙론의 어느 학자보다도 개방적이었다. 그는 어려서부터 『반계수록』을 통해 개혁 성향을 키워왔지만 청(淸)과 일본(日本)에 사행을 통하여 세계에 대한 인식의 지평을 넓혔다. 그는 1760년(영조 36) 청에 사신으로 가서 이광지(李光地)의 문집을 구입해왔고[130] 또 독일 선교사 출신으로 청의 흠천감정(欽天監正)인 할러슈타인(August von Hallerstein, 劉松齡)을 만나보고 그 이듬해 돌아와 그 사람은 쇄락(灑落)하고 속(俗)되지 않아 옛날 도상(圖像) 중에 나오는 신선인 종이권(鍾離權)·여동빈(呂洞賓)의 무리와 같다고 하였다.[131] 또한 홍계희는 1748년(영조 24) 일본 사행을 통해 새로운 문물과 학술에도 눈을 돌려 이토 진사이(伊藤仁齋)의 문집을 구입하여 소장하기도 하였다. 이토 진사이는 주자학을 비판하고 육구연(陸九淵)·왕수인(王守仁)·진량(陳亮)의 학(學)을 숭상하였으며, 장주(莊周)의 말을 빌려 주자학의 도문학(道問學) 공부의 지리(支離)함을 병으로 여긴 학자였다.[132] 이와 같이 새로운 학술과 인물에 대해 깊은 관심을 보인 홍계희는, 이학(理學)만을 고집하지 않았고 불교에도 비판적이지

---

129 『頤齋亂藁』 제4책, 권22, 병신 8월 8일 394쪽.
130 『頤齋亂藁』 제2책, 권12, 기축 4월 3일 378쪽.
131 『頤齋亂藁』 제2책, 권11, 무자 8월 17일 218쪽.
132 『頤齋亂藁』 제3책, 권14, 경인 2월 25일 63쪽. 황윤석은 홍계희가 어려서 金榦(厚齋)을 스승으로 섬겼는데, 通信使로 일본에 가서 伊藤仁齋의 문집을 구입해 온 것은 김간이 그의 문집에서 이토 진사이에 대해 언급하고 있어서 아마 그 전통을 이어서 그런 것인지도 모른다고 하였다(『頤齋亂藁』 제3책, 권14, 경인 2월 25일 63·64쪽).

않아 여러 차례 승가(僧家)의 비명(碑銘)을 짓기도 하는 등 개방적인 사상 경향을 지녔다.[133]

홍계희는 역제(役制) · 관제(官制) · 과거(科擧) · 군제(軍制) 등을 개혁하는 일에 늘 앞장섰고 그러다보니 당파에 관계없이 여러 인물로부터 비난을 받았다. 그는 조현명(趙顯命) 등과 함께 영조를 도와 탕평론(蕩平論)과 균역법(均役法)을 앞장서서 추진하였다. 그는 자신의 이익보다는 어떻게 하면 당시 날로 피폐해가는 민(民)의 생활에 이익(利益)이 돌아갈 수 있을까를 늘 고민하였다.[134] 그는 탕평정국에 적극 참여하며 탕평대신들과 교류하고, 조현명의 천거에 의해 균역법 제정에 참여해 마침내 자신의 정치적 역량과 경륜을 발휘할 수 있었다.[135] 이러한 홍계희의 정치적 활동을 지켜본 이재는 홍계희를 문인으로 인정하지 않았다.[136] 이재는 홍계희가 자기 앞에서는 조현명의 이름을 함부로 부르면서 조현명 앞에서는 문득 '대감(大監)'이라고 칭하는 이중적인 태도를 못마땅해 하였다. 아마 이재와 홍계희와의 결별은 1743년(영조 19) 경으로 보인다.[137] 이무렵 홍계희는 이재의 문인으로서 도리어 조현명에게 아부하였기 때문에 조현명이 그를 벼슬에 추천하였고[138] 송인명의 정치노선을 따르기도 하여[139] 이재 문인들로부터 배척을 받았다. 이재의 문인들은 분열되어 홍계희와 박성

133 『頤齋亂藁』 제2책, 권13, 기축 10월 30일 603쪽.

134 「有明朝鮮行判中樞府事兼吏曹判書致仕奉朝賀贈謚文簡澹窩先生洪公諱啓禧之墓碣銘」. "公見邦本日瘁, 幾無以爲國, 則寧專意民瘼, 少酬夙志, 務積誠懇, 屢進而後入, 世所稱均役事是也. 其言橫竪反復, 動至數千萬, 指陳利病, 鑿鑿中窾, 畢竟所行, 雖不盡如公志, 要之, 不失爲一半之捄, 利歸於民, 而在公, 果何得哉?"

135 정만조, 「澹窩 洪啓禧의 정치적 生涯」(『仁荷史學』, 10, 인하사학회, 2003) 648쪽.

136 『陶菴語錄』 亨, 訓門人 聖源.

137 『陶菴語錄』 亨, 訓門人 逵.

138 『英祖實錄』 영조 17년 2월 22일(정사).

139 『英祖實錄』 영조 18년 9월 14일(경오).

원(朴聖源)이 서로 각립(角立)하게 되었다.[140]

18세기 노론학계에서 차지하는 비중이 아주 높았기 때문에 이재를 지지하는 학자들은 소를 올려 벼슬에 임용하기를 청하였다. 우선 1732년(영조 8) 10월 19일에 충청도의 진사 곽수엽(郭守熀) 등 2백 31명은 소를 올려 이재가 산림(山林)에서 30여 년 동안 인덕(仁德)을 배양하여 왔고 실제로 유림(儒林)의 종장(宗匠)이고 성세(聖世)의 숙덕(宿德)이라고 하면서 이재를 불러서 임용하라고 하였다. 영조는 "이재가 염결(廉潔)하다는 것은 내가 이미 높이 평가하고 있다"라고 하면서도 호유(湖儒)를 이용하여 자기의 마음을 떠보려고 하고 있다고 하면서, "이재의 문도(門徒)가 아무리 많다고 하더라도 어찌 이럴 수가 있느냐. 모록(冒錄)한 것이 의심할 여지가 없으니, 이런 뜻으로 소두(疏頭)에게 분부하라"라고 하였다.[141]

이어 1732년 11월 4일에 지평 정형복(鄭亨復)은 소를 올려 "호유(湖儒)들이 이재를 소환(召還)할 것을 청했을 적에 특별히 내리신 비망기(備忘記)의 사지(辭旨)가 엄절하기 그지없었습니다. 예로부터 유현(儒賢)을 부르기를 청하는 상소는 모두 많은 선비들의 공론(公論)에서 나오는 것으로 직접 수업한 제자들은 혐의하여 참여하지 않습니다. 지금 이 상소에 기록된 사람들은 모두 호중(湖中)의 선비들로서 그의 문도들은 참여하지 않았습니다. 따라서 비망기에서 문도라고 말하신 것은 의심이 너무 지나침을 면할 수 없습니다. 그리고 장황하게 모록했다느니 간상(奸狀)을 타파해야 한다느니 하는 등의 하교는 너무 박절한 데에 관계되는 것으로서 특히 대성인(大聖人)의 사령(辭令)이 아니니, 삼가 바라건대, 도로 비망기를 들

140『頤齋亂藁』제2책, 권9, 정해 12월 24일 63쪽.
141『英祖實錄』영조 8년 10월 19일(계유).

여오게 하여 일일이 산삭(刪削)함으로써 성덕(聖德)이 더욱 빛나게 하소서"하였다. 영조는 "지난번의 하교는 유자(儒者)들로 하여금 덕업에 힘쓰고 문화(文華)를 제거하게 하기 위한 뜻이었을 뿐이었다. 본디 이재를 싫어하거나 박하게 하려는 뜻은 아니었다"라고 하였다.[142]

뿐만 아니라 경상도 유생 성헌주(成憲柱) 등 수백여 명은 상소하여 이재를 하루 빨리 조정에 불러들여 등용하기를 청하였다. 이에 대해 영조는 영남의 유생들에게 물러가 학업이나 익히라고 하면서[143] "영남 유생이 이재를 불러들이기를 청한 상소는 참으로 어리석다. 화전(花田)에 있는 이재가 저들에게 무슨 관계가 있겠는가. 이들은 모두 모군(募軍)들이고 유생이 아니다"라고 하였다, 그리고 영조는 "내가 군사(君師)의 지위에 있는데 이러한 유생들을 어찌 통렬히 배척하지 않겠는가. 그러나 원량(元良)을 보필하고 인도하는 일을 조금도 늦출 수 없으니, 외방에 있는 유신들을 모두 올라오게 하라"하고, 이어 이재를 후하게 부르라고 명하였다.[144]

1746년(영조 22) 이재가 작고하고 나서, 1749년에 팔도유생 박휘진(朴徽鎭) 등은 소를 올려 이재의 서원을 세우기를 청하였다. 영조는 "이런 따위의 근거 없이 과장된 글을 어찌 받아들였는가. 처음 시작하는 정사에 근거 없이 꾸민 것이 이와 같으니 그렇게 한다면 앞으로 서원이 온 나라에 가득할 것이다"라고 하였다.[145]

그러나 이재를 제향(祭享)하는 서원을 세우자는 소는 여러 차례 올려졌

---

142 『英祖實錄』 영조 8년 11월 4일(정해).
143 『英祖實錄』 영조 19년 8월 9일(기미).
144 『英祖實錄』 영조 19년 9월 5일(갑신).
145 『英祖實錄』 영조 25년 3월 5일(계축).

다. 정조가 즉위하던 해인 1776년(영조 52) 10월 21일에 유생들이 소를 올렸고[146] 1779년(정조 3)에는 3월 28일과 8월 30일에도 소를 올렸다.[147] 또한 1777년(정조 1) 10월 27일에 팔도유생 윤일(尹鎰) 등은 소를 올려 "오직 이 용인의 한천(寒泉)은 바로 이재가 생활하던 고향이고 산소가 있는 곳입니다. 그가 남긴 티끌과 전파한 향기는 풀과 나무에 아직도 향기롭고, 유풍(遺風)을 듣게 되고 덕업(德業)을 보고나면 하인들도 모두 우러르게 됩니다. 신들이 반드시 이 땅에다 사우(祠宇)를 세워 신주(神主)를 안치(安置)하려고 하고 그가 학문을 강구(講究)하던 곳에 서원을 세우고 싶습니다"라고 하였다. 정조는 "문정공(이재)의 도학(道學)은 나도 또한 일찍이 잘 알고 있는 바이다"라고 하였다.[148]

송덕상은 이재는 명리(名利)에 초연하고 지절(志節)과 도학(道學)을 숭상하여 높은 조예를 쌓았으므로, 후학으로서는 엿볼 수 없는 점이 있다고 하면서 마땅히 그를 제향하는 곳이 있어야 하는데, 아직 세우지 못하고 있다고 하면서 많은 선비들이 요청한 것이 한두 번에 그치지 않았으나, 아직 허락하지 않고 있으니, 사림(士林)이 답답하게 여길 뿐만 아니라 또한 조가(朝家)의 예(禮)에 흠이라고 하였다. 이에 정조는 이재를 제향하는 곳이 있어야 한다는 것을 알지만, 다만 영조 신유년(1741년)에 서원에 대한 금령이 있었기 때문에 갑자기 허락하지 않는 것인데, 다시 생각해 보겠다고 하였다. 송덕상은 서원 건립의 금지령은 폐단을 우려해서 내린 것이나 변통시켜야 할 것은 변통시켜야 한다고 하였다. 정조는 "마땅히

146 『承政院日記』 정조 즉위년 10월 21일(기미).
147 『承政院日記』 정조 3년 3월 28일(임진)・8월 30일(신사).
148 『正祖實錄』 정조 1년 10월 27일(기미).

다시 헤아려 조처하도록 하겠다"라고 하였다.

또한 홍국영(洪國榮)도 아직까지 이재를 제향하는 곳이 없다는 것은 진실로 예(禮)에 있어 큰 흠이라고 하면서 자신이 이재가 살던 옛 집을 직접 가본 적이 있는데, 단지 두어 칸 초가집에 '한천정사(寒泉精舍)'라는 편액(扁額)이 걸려 있고, 신주(神主)도 없이 유상(遺像)이 집에 있을 뿐이어서 자신도 모르게 감개(感慨)한 마음이 솟구쳤다고 하였다. 그러면서 송덕상이 아뢴 것은 참으로 합당한 것이고, 많은 선비들이 청한 지도 또한 이미 오래 되었다고 하면서 이재의 사당을 세우기를 청하였다.[149]

1779년(정조 3) 3월에 김두정(金斗正) 등은 "이재는 아직도 영령(英靈)을 모시고 제사지내는 곳이 없는데, 용인(龍仁)의 한천(寒泉)은 곧 이재가 학문을 강론하던 곳입니다. 청컨대 사우(祠宇)를 지어 우러러 의지할 곳이 있게 하여 주소서"라고 하였다.[150] 그리고 1802년(순조 2)에 용인의 유생 정규채(鄭奎采) 등은 소를 올려 사액하기를 요청하자 순조는 대신(大臣)에게 물었다. 영부사 이병모(李秉模) 등은 "이재의 도학(道學)과 명절(名節)은 성대하게 한 시대의 높이 우러르는 바가 되었습니다. 그 제사하는 장소로 인하여 사액을 내려주기를 요청한 것은 많은 선배들의 공의로서 끝내 아무래도 저지하기가 어려울 듯합니다"하여 이재의 한천서원(寒泉書院)에 사액의 명이 내렸다.[151]

한편 18세기에 이재의 사상과 학풍을 계승하려는 경향은 전국에서 일어났다. 이재의 낙론 학설은 김원행(金元行)·김정묵(金正默) 등을 통해 서

149 『正祖實錄』 정조 2년 12월 18일(갑술).
150 『正祖實錄』 정조 3년 3월 14일(무술).
151 『純祖實錄』 순조 2년 1월 28일(경자).

울·경기와 충청학계에 널리 확산되어 나갔다. 특히 송덕상(宋德相)과 홍국영(洪國榮), 김원행과 홍봉한(洪鳳漢)이 정치적으로 연계되면서 낙론은 그 정치적 사상적 외연을 넓혀 나갔다. 영의정 홍봉한은 김원행이 산림(山林)에서 덕을 길러 일찍이 사림에 높은 명망(名望)을 지고 있다고 천거하여 찬선(贊善)이 되었다.[152]

김원행은 김창협의 유서(遺緖)를 이어받아 한 시대의 유종(儒宗)이 되었다.[153] 그의 심성설은 박윤원(朴胤源)·이민보(李敏輔) 등이 계승하여 나갔고, 19세기에는 오희상(吳熙常)·홍직필(洪直弼) 등이 전수하여 나갔다. 특히 이민보는 이(理)와 성(性)의 선(善)함은 기(氣)의 선(善)함에 말미암는다고 하며서, 기(氣)의 지선(至善)의 측면을 강조하였다.[154] 이 역시 김원행의 심(心)은 기(氣)의 영처(靈處)라는 설을 발전시킨 것이다.

그런데 이재 사후 이재를 송시열의 적전(嫡傳)으로 만들고 이재의 학통을 홍계희로 이으려는 충청도 유생들의 움직임이 있었다.[155] 성태주(成泰柱) 등은 소를 올려 전의(全義)의 뇌암서재(雷巖書齋)를 서원으로 삼아, 이상(李翔)과 이재를 함께 제향하되 홍계희를 배향(配享)하고 서원의 이름을 내려주기를 청했다.[156] 홍계희를 지지하는 유생들은 송시열은 이상에게

---

152 『英祖實錄』 영조 37년 10월 18일(계미); 『英祖實錄』 영조 44년 12월 26일(경진).

153 『英祖實錄』 영조 48년 12월 30일(경인).

154 『豊墅集』 권7, 書, 與金常夫謹行書 丁亥; 池西問答 示鹿門.

155 『承政院日記』 정조즉위년 5월 26일(무술). "上曰尤庵卽予平生景仰者也, 今見湖儒疏, 則以尤庵之道統, 傳於故判書李縡, 以故判書之道統, 傳於洪啓禧, 有若尤庵之淵源, 直接於啓禧, 至請建院而配享, 此說豈不寒心? 胡爲而捨尤庵高弟之如遂庵者, 以莫重莫大之淵源, 謂之屬之於啓禧耶? 此莫非時世不淸之致, 誠予自反之處, 而特召卿等者, 欲問洪啓禧之於陶庵, 其師受何如之狀矣. 宜哲曰啓禧之於文正公, 爲異姓六寸, 故不無幼時受學之事, 而及其長也, 未嘗稱之以門弟子, 雖或往往出入於門下, 而至於道統云云者, 萬不成說矣."

156 『正祖實錄』 정조 즉위년 5월 26일(병신).

학문을 전했고 이상은 이재에게 학문을 전했고 이재는 홍계희에게 학문을 전했다고 주장하였다.[157]

정조는 유생들의 상소가 홍계희를 송시열의 연원의 적전(嫡傳)으로 삼아 서원에 신위를 합설(合設)하게 해 주기를 청하자, 이재의 문인인 조중회(趙重晦)・이의철(李宜哲) 등에게 홍계희와 이재의 관계에 대해 질문하였다. 이에 조중회 등은 "홍계희가 문정공(文正公, 이재)에게 척속(戚屬)이 되기 때문에 아이 때에 가르침을 받기는 했지만 일찍이 문제자(門弟子)로 칭하지는 않았고, '도통(道統)'을 이었다는 말은 당초부터 논의된 것이 아닙니다. 균역(均役) 한 가지 일로만 보더라도 어찌 문정공이 이러한 일을 가르쳤겠습니까. 유생의 무리들이 조정에 품하지도 않고서 저희들 멋대로 사사로이 향사(享祀)함은 더욱 지극히 놀랍고 통탄스럽습니다"라고 하였다.[158]

정조는 이재의 문인들을 통해 홍계희의 전말을 알 수 있었고 특히 조중회 등이 '균역 한 가지 일로 보더라도 결단코 돌아가신 판서(이재)에게서 받은 것이 아니다'라는 말에서 더욱 알지 못하던 바를 알게 되었다고 하면서 호서(湖西) 유생들의 상소는 단지 조정(朝廷)만 기만한 것이 아니라, 동방의 주자(朱子)인 송시열의 연원에 홍계희를 붙여 놓은 것은 진실로 학계의 하나의 커다란 변괴라고 보았다.[159] 그러자 이의철・조중회 등은 소를 올려 홍계희를 공격하여 배척하였다. 그 뒤 홍계희의 집안은 악역(惡逆)으로 낙인찍혔고 성태주는 유배에 처해졌다.[160]

---

157 『頤齋亂藁』 제5책, 권29, 기해 5월 6일 518쪽.
158 『正祖實錄』 정조 즉위년 5월 26일(병신); 『頤齋亂藁』 제4책, 권21, 병신 5월 26일 363쪽.
159 『正祖實錄』 정조 즉위년 5월 26일(병신).
160 『正祖實錄』 정조 14년 2월 14일(을축).

그런데 호론이 강한 충청도 지역에서도 낙론의 학설을 지지하는 학자가 생겼다. 특히 김장생과 송시열의 후손 중에서 낙론을 지지하는 학자가 나타났다. 사실 호론의 학맥은 한원진·송능상·송환기(宋煥箕)로 전해지고 있었다. 그런데 김정묵(金正默)·송치규(宋穉圭) 등에 의해 낙론의 학설을 지지하는 경향을 보였다. 우선 김정묵은 이간과 한원진의 심성설이 모두 문제가 있다고 하면서도[161] 특히 한원진이 지은 권상하의 행장에 대해 조목조목 비판하였다. 그리고 한원진의 『남당집(南塘集)』에 언급된 심설(心說)과 성설(性說) 등에 대해 비판하였다.[162] 김정묵은 소는 밭갈 수 있고 말은 태울 수 있고 닭은 새벽을 알리고 개는 밤에 짖는 것이 곧 '솔성(率性)'의 자연(自然)이 아닌 것이 없다고 하면서 그 인성과 물성이 다르지 않다고 하였다. 그러면서 "솔성(率性)"의 성(性)을 해석할 때 "성대로"라고 해석해야 한다고 주장하였다.[163] 충청학계에서 송치규에 이르러서는 낙론의 학설을 전적으로 지지하게 된다.[164] 그리하여 19세기 기호학계는 오희상·홍직필 등 서울·경기학계를 비롯하여 충청학계도 낙론의 학설로 변하게 되었다.

한편 1800년(정조 24)에 정조가 죽고, 안동김씨(安東金氏) 세도정권의 출현과 함께 김원행의 낙론 학맥은 더욱 뚜렷하게 부각되었다. 성균관과 사

161 『過齋遺稿』 권4, 雜著 經書辨答補遺, 中庸. "巍巖徒知本體之無不善, 而不知有善惡, 故以氣質惡底, 專做軀殼看, 是不知性相近之理者也. 南塘只知心之有善惡, 而不知本體之無不善, 故以精英專做氣質惡底看, 是不知本則一之理也."

162 『過齋遺稿』 권6, 雜著(南塘集箚辨), 寒水齋先生行狀辨, 心說辨; 권7, 性說辨 참조.

163 『守宗齋集』 권8, 雜著, 剛齋先生語錄.

164 『梅山文集』 권42, 墓誌銘, 剛齋宋先生穉圭墓誌銘; 『剛齋集』 권14, 遺事, 宋如圭. "公與余或語到性理, 公主人物性同之論, 吾主人物性不同之論, 一日公吟一絶, 以明性同之意, 使余和之, 余亦反其意而次焉. 後於潭上, 語及於此, 潭翁笑曰句則善矣, 他日傳道于公, 公嘲余曰君其落訟也."; 『守宗齋集』 권8, 雜著, 剛齋先生語錄.

학(四學)유생 홍매섭(洪邁燮) 등 6백 68명은 "증 영의정 충문공(忠文公) 김조순(金祖淳)은 선정신(先正臣) 문정공(文正公) 김상헌(金尙憲)과 문충공(文忠公) 김수항(金壽恒)의 충성스럽고 곧은 마음과 높은 절조를 이어받아 실천하였고, 선정신 문간공(文簡公) 김창협(金昌協)과 문경공(文敬公) 김원행(金元行)의 도덕과 아름다운 행실을 사숙(私淑)하였다"라고 하면서 김조순을 기렸다.[165] 유생들은 김조순을 김창협 이후 김원행에 이르기까지의 안동김씨의 충절과 도덕, 행실의 맥락에서 파악하려고 하였다. 당시 학계와 정계는 송시열의 학문적 정치적 권위가 다소 쇠퇴하면서 대신 김창협과 김원행, 이재의 추숭작업이 공공연하게 제기되고 있었다. 이제 이재와 김원행의 낙론 학맥이 학계와 정계를 주도하게 되었고, 한원진의 호론 학설은 '이단(異端)'의 설로 몰려 그의 문집 판각이 불태워지는 사건까지 일어났다.

165 『純祖實錄』 순조 33년 9월 9일(병자). 이후 팔도유생 金七煥 등은 소를 올려 세 유현(儒賢: 金昌翕·金元行·金履安)을 石室書院에 배향하기를 청하였다. 이에 철종은 "廟堂으로 하여금 稟處하게 하겠다"라고 하였다(『哲宗實錄』 철종 4년 11월 28일 기사). 그 뒤 趙斗淳은 김칠환 등이 상소하여 金昌翕·金元行·金履安을 石室書院에 追配하게 할 것을 청한 일로 인하여 '廟堂으로 하여금 稟處하게 하라'는 명이 있었다고 하면서 삼현은 道學과 名義를 닦은 것이 粹然히 빛나 百世 뒤에도 觀感하고 崇慕하게 되었다고 하였다. 그는 석실은 형제끼리 학문을 닦은 곳이요, 父子간에 교훈을 주고 받은 곳이라고 하면서 추배하자는 논의는 다만 神理와 人情에 화합할 뿐만이 아니라, 세상을 돕고 어진 이를 본뜨게 하는 政事에 있어 먼저 하는 것이 마땅하다고 하였다. 그리하여 儒疏의 청에 의하여 추배가 이루어졌다(『哲宗實錄』 철종 8년 5월 10일 경신). 김원행은 조선왕조가 쇠망해가는 시기까지도 유림의 宗匠으로 추앙받았다. 그에 대한 20세기 초의 평가 역시 그는 "할아버지 文簡公 金昌協의 嫡傳을 계승하고 아래로는 그의 아들 祭酒 金履安에게 正脈의 길을 열어줌으로써 한 시대의 儒宗이 되었습니다. 지금 儒門에서 연원을 거슬러 올라가 찾을 때에는 모두 김원행을 宗主로 삼으니, 그 門路의 바름과 도학의 적전을 또한 알 수 있습니다"라고 하였다(『高宗實錄』 고종 44년 光武 11년 2월 10일 양력).

5. 맺음말

경기도 용인의 심곡서원(深谷書院)과 한천정사(寒泉精舍) 등에서 20여 년간 강학했던 이재(李縡)나 양주의 석실서원(石室書院)에서 강학했던 김원행(金元行)의 낙론(洛論) 학풍은 『소학(小學)』교육을 매우 중시하였다. 이재와 김원행은 둘 다 기질(氣質)을 변화시키는 공부를 강조하였다. 이재는 『중용(中庸)』은 기질을 교정하는 내용을 담고 있다고 하였고, 김원행은 기(氣)를 교정하여 성(性)으로 돌아가는 공은 오로지 심(心)의 운용과 발휘에 있다고 하였다. 낙론 학자의 심성설(心性說)은 인(人)과 물(物)의 성(性)을 극진히 하고, 기질을 변화시켜 성인(聖人)을 배우고자 하는 것을 지향하고 있다.

낙론은 성즉리(性卽理), 심본선(心本善), 심(心)은 기(氣)의 정상(精爽, 靈處), 이기동실(理氣同實), 심성일치(心性一致)란 학설을 견지하면서 인성(人性)과 물성(物性)이 같고 성인(聖人)과 범인(凡人)의 마음도 본체(本體)에서는 같다고 보았다. 명덕(明德)에 대해서 이재는 본심(本心)이라 이해하면서, 심을 기의 정상으로 보고 명덕에 분수가 없으며 심의 본체는 선(善)하다고 보아 인성과 물성이 같고 성인의 마음과 범인의 마음이 같다는 학설을 주장하였다. 이러한 학설을 이재는 그의 문인들에게 강학을 통해 학습하게 했다. 반면 호론(湖論)은 성(性)은 선하지만 심(心)은 선악(善惡)이 함께 있다고 보았다. 호론의 대표적 학자의 한 사람인 윤봉구(尹鳳九)는 명덕을 성(性) 중심으로 이해하고, 또 명덕에는 분수(分數)가 있다고 보았다. 그러나 낙론 학자들은 호론이 성을 기질의 성(性)의 측면에서 이해하여 편전(偏全)을 본연(本然)으로 보고 있으며 기질을 심체(心體)에 해당시켰기 때문에 문제가 있다고 비판하였다.

호론이 성(性)을 기(氣)에 내재된 이(理)로 보거나 심(心)을 기(氣) 또는 기질(氣質)로 본 것에 반해, 낙론의 대표적인 학자인 김원행은 성(性)은 곧 이(理)이고, 심(心)은 곧 기(氣)의 영처(靈處)라는 설을 주장하였다. 또한 김원행은 명덕이 심(心)의 이기(理氣)를 합한 것을 가리켜 말하는 것은 지극히 찬양하는 말이지만, 일반적으로 말하면 이른바 심(心)의 영(靈)이라고 하였다. 석실서원에서의 강학의 핵심도 바로 심을 기의 영처로 가르친 것이다.

이재(李縡)의 낙론 학맥은 홍계희(洪啓禧)로 적전(嫡傳)이 전해진 것으로 거론되기도 했다. 사실 홍계희는 생전에 이미 자신이 바로 공자·주자·송시열·이재의 도통(道統)을 잇겠다고 생각했던 것 같다. 그는 광진(廣津)의 구계(龜谿)의 별업(別業)에 별당(別堂)을 지어 공자·주자·송시열·이재의 영정을 봉안하였다. 그러나 탕평정치를 지지하고 균역법 등 각종 법제의 제정에 앞장섰으며, 청과 일본으로부터 새로운 학술과 문물을 수용하고자 했던 홍계희는, 이재의 문하인 '천문(泉門)'에서 점차 배제되어 나갔다. 그 대신 박성원(朴聖源)·김원행 등이 이재 이후의 낙론을 잇는 학자로 활동하였다. 더욱이 송시열의 현손인 송덕상(宋德相)과 김장생의 후손인 김정묵(金正默)이 낙론 학설을 지지하자, 18세기 후반에 낙론 학맥은 더욱더 학계와 정계를 주도할 수 있는 위상을 확보할 수 있었다.

이재 사후 1749년(영조 25)부터 기호학계와 정계는 그의 학문적 업적을 기리기 위해 전국의 유생이 상소를 올려 사당과 서원을 세워줄 것을 요구하였다. 장차 노론 일당 전제 정치가 예고되면서 그러한 경향은 더 짙어져 갔다. 이제 이재를 거쳐 김원행에게 전해진 낙론 학맥은 19세기 초에 정계에는 김조순(金祖淳)으로, 학계에는 홍직필(洪直弼)·오희상(吳熙常) 등으로 계승되었다. 이미 한원진 당대부터 일부 호론 학자의 사상적 일

탈은, 19세기에 이르면 심지어 송시열의 후손인 송치규(宋穉圭) 등 은진 송씨 학자들의 경우도 낙론의 학설로 전향하고 있었다. 이러한 경향은 19세기 세도정치의 등장과 더불어 호론 학맥의 쇠퇴를 의미하며, 호론 학맥의 낙론으로의 사상적 정치적 동화를 통해 학계와 정계가 낙론의 일당 독주로 나아가는 바탕이 되었다.

2

황윤석(黃胤錫)의 학문생활과 사상경향

1. 머리말

황윤석(1729~1791)은 18세기에 활동한 호남을 대표하는 '박학다식(博學多識)'한 학자였다. 그가 살았던 시기는 사상사적으로 보면 16세기 심성(心性)에 대한 철학적 탐구단계를 지나 17세기에 예학(禮學)에 대한 연구가 크게 성행하다가 이제 인성(人性)과 물성(物性)에 대한 성리학설 논쟁이 전개되었는가 하면, 조선 사상의 내재적 흐름을 계승하면서 서학(西學)을 비판적으로 수용하여 이른바 실학(實學)이라는 학풍이 서울학계와 경기학계, 호남학계에 일어나고 있었다. 그리고 정치적 측면에 있어서는 17세기 서인과 남인의 치열한 당쟁의 시기를 지나 18세기 초에 노론과 소론의 당쟁을 겪고 나서 국왕 영조가 이른바 탕평(蕩平)정치를 강하게 표방하고 있었다. 또한 사회경제적인 면에서는 신분제가 해이해져 감에 따라 양반의 수가 급격히 늘어나고 신양반과 구양반간의 향전(鄕戰)이 자주 일어나기도 했고 백성들에게 역(役)을 고르게 지우려는 균역법(均役法)이 실시되는 등 사회발전의 추세를 반영하고 있었다. 이제 조선 후기 사회는 정치·경제·학술·문화·사상 등 제 부문에서 새로운 모습을 드러내고 있었다.

황윤석은 '박무(樸茂)'하고 매우 '질실(質實)'한 학자였다. 그는 평생 붓을 놓지 않았고 방대한 학문적 결과물을 후세에 남겼다. 그의 학문활동 영역은 호남지역에 국한되지 않았고 서울·경기학계에까지 두루 미치고 있었다. 그는 평생 국어학, 역사학, 성리학, 지리학, 천문학, 의학 등 그야말로 폭넓게 학문탐구를 하였다. 그는 당시 조선에서 유행하던 다양한 학문성향을 지닌 학자였다.

이러한 황윤석의 학문적 업적에 대한 전반적인 검토는 1968년 유재영(柳在泳)에 의해 처음 이루어졌다. 그는 황윤석의 생애와 실학사상에서 본 황윤석의 위치를 설정하고, 실학과 국어학에 대해 상세하게 탐구하였다.[1] 그 뒤 이강오는 황윤석을 "영·정조의 연간에 김육·유형원이 실학의 터를 닦은 전라도 땅에서 신경준·위백규와 더불어 실학의 공적을 쌓아 올림으로써 공리무용에 빠졌던 유학의 실용적 가치를 발양한 실학파 석학의 한사람"이라 하였고, 하성래는 황윤석을 "호남실학의 대가"라고 하였다.

그런데 1980년대에 최삼룡·유원호·최전승·김기현·하우봉 등이

---

* 이 논문은 2004년도 한국학중앙연구원의 연구과제로 수행된 연구결과물임.

1 柳在泳, 「李朝後期 國語學에 貢獻한 實學思想-特히 頤齋 黃胤錫을 中心으로」(研究助成費支給者 研究結果報告書, 1968.3.15.).

황윤석에 대해 다시 종합적인 연구를 시도하여 황윤석의 사상의 특징에 대한 새로운 견해가 제출되었다. 특히 김기현은 황윤석의 학문을 성리학의 변주로 이해하였고[2] 하우봉은 철학과 사회개혁론의 측면에서 보면 황윤석은 적어도 실학자의 범주에 넣기 어렵다고 평가하였다.[3]

이 글에서는 지금까지의 이러한 황윤석에 대한 연구 성과와 한국정신문화연구원(지금의 한국학중앙연구원)에서 2003년에 9책으로 완간한 『이재난고(頤齋亂藁)』를 자료로 활용하여[4] 그의 학문적 삶과 사상경향을 밝혀 봄으로써 조선 후기, 특히 18세기 생활사를 이해하는 데에 도움을 주고자 한다.

2. 황윤석 가문의 내력

황윤석은 평해황씨(平海黃氏)로 고려 말에 참찬의정부사(參贊議政府事)를 지낸 황숙경(黃淑卿, 平海君)을 시조로 하고 있다. 황숙경의 아들 황길원(黃吉源)은 선공감정을 지냈고 부인은 조인벽(趙仁璧)의 딸로 태조 이성계의 생질녀이다. 그런데 황윤석의 선대는 춘천에 사회경제적 기반을 가지고 있었다. 그 이유는 황길원의 아들 황곤(黃坤, 공조참의)이 강원도순문사(江原道巡問使)로 나가 춘천부의 산수를 사랑하여 월굴리(月窟里) 사천동(沙川洞)에 명당 터를 잡아두고 서울과 춘천에서 생활하다가 춘천에 묻힘에

2 김기현, 「이재 황윤석의 학문체계 분석」(최삼룡 외, 『이재 황윤석』, 민음사, 1986).
3 하우봉, 「이재 황윤석의 사회사상」(최삼룡 외, 『이재 황윤석』, 민음사, 1986).
4 『頤齋亂藁』 총9책에 대한 종합적인 내용과 서지사항은 『이재난고』 각권에 실린 범례 및 해제 참조.

따라 그 뒤 자손들이 춘천에 살게 되었다.[5]

황곤의 아들은 3형제인데 막내 아들이 황윤리(黃允利)로 진해현감을 지냈다. 황윤리 역시 월굴리의 동북쪽에 있는 향천리(香川里)에 터를 잡아 살았다. 그의 아들 황임(黃任)은 강서현령(江西縣令)을 지냈는데 조광조(趙光祖)의 동생 조숭조(趙崇祖, 목사)와 인척이었는데 이러한 조광조 집안과의 혼인관계로 사림에 대한 정치적 박해 때문에 황윤리와 황임 부자는 벼슬이 지방 수령직에 그쳤다.

황임의 아들 황수평(黃守平, 종사랑)은 선대가 대대로 살아오던 서울 생활만을 고집하지는 않았고 간혹 선대의 산소가 있는 춘천에 가서 살기도 했다. 그는 1545년(인종 1) 을사사화가 일어나자 서울 생활에 염증을 느끼고 1549년(명종 4) 전라도 흥덕의 구수동(龜壽洞)에 있는 전주이씨 처가의 별장으로 내려가 살았다.[6] 그가 그 별장에서 작고하자 아들 황뉴(黃紐, 부호군, 통정대부)는 흥덕으로 달려가 아버지의 장례를 치르고 고부군 남쪽 15리에 위치한 도리소(桃李所)라는 곳에 장사지낸 뒤 호남에 세거하게 되었다.[7] 황뉴는 아버지의 장례를 마치고 김약우(金若愚)의 딸 강진김씨(康津金氏)와 결혼하니 황윤석의 선대가 처음으로 호남 지역의 가문과 혼인을 하게 된 것이다. 따라서 황윤석 집안의 호남 생활은 16세기 중반에 그 첫

---

5 『頤齋亂藁』 제8책, 권41, 정미 11월 14일 정축 38-43쪽. 越松黃氏先跡考.

6 『頤齋遺稿』 권8, 行狀, 祖考山邨府君行狀. 황수평의 부인은 전주이씨로 拱(巨山令)의 딸이고 緋(敬寧君, 齊簡公)의 현손녀이다. 1549년에 호남으로 내려갔다는 사실은 "懿參政之洪烈兮, 有羽儀於西京. 流于末之六葉兮, 歲作噩而南泊."(『頤齋亂藁』 제1책, 권1, 乙丑, 述志賦 13-14쪽)에서 확인된다. '參政'은 참찬의정부사 황숙경을 말하고 '作噩'은 古甲子 酉年을 말하므로 여기서는 己酉年을 가리킨다. 즉 참찬의정부사 황숙경의 6(葉)世인 황수평이 1549년에 호남으로 내려왔다는 것이다.

7 황뉴의 부인은 康津金氏로 金若愚의 딸이고 金希說의 손녀이다. 황뉴의 산소는 흥덕현 동남 10리 王輪山에 있다.

계기가 주어진 것이다.

황윤석의 6대조 황처중(黃處中, 조봉대부 제용감첨정)은 호남에서 아버지의 상을 당하자 슬픔을 이기지 못하였고 외로워 의탁할 곳이 없었다. 그리고 경술(經術)에 밝고 효우(孝友)가 돈독했던 백부 황응중(黃應中)마저 23세로 요절하자 그는 다시 서울로 돌아가고 싶었다.[8] 그는 1595년(선조 28) 벼슬길에 처음 나아갔으나 이 무렵 부모상과 전란을 당하여 가정적으로나 국가적으로 집안 형편이 매우 어려웠다. 즉 그는 1596년 그는 부모상복을 입고 있었고 이어 1597년 왜란(倭亂)을 당하여 30여명의 대가족을 데리고 춘천 남내면(南內面) 심곡리(深谷里, 地品)에 사는 옛 비(婢) 연덕(延德)과 그 오빠 연손(延孫)의 집에서 3년 남짓 묵었다. 이때까지도 춘천에는 황처중의 선대부터 전해 내려오던 토지와 노비가 남아 있었으나 그는 1599(선조 32)년에 다시 호남으로 내려와 흥덕현의 호적(戶籍)에 편입되었다. 따라서 황윤석의 가문이 호남에 공식적으로 완전히 정착하게 된 것은 황처중 때부터였다.

황윤석의 5대조 황이후(黃以厚, 호는 安村, 1589~1642)는 일찍이 시명(詩名)이 있었다. 그는 여러 차례 과거에 응시하였으나 합격하지 못하였고 광해군 때 과거를 포기하고 가족을 데리고 왕륜산(王輪山) 북쪽 보은리(報恩里, 保安里)에 가서 살았다. 그는 1615년(광해군 7) 박상의(朴尙義, 주부)를 초청하여 이웃에 살게 하고 여러 아들들에게 공부를 하게 하였다. 황이후는 1624년(인조 2) 이괄(李适)의 난이 일어나자 호남의 명사들과 함께 의병과 자금을 모으고자 했고 정묘호란(丁卯胡亂) 때도 의병을 모집하고 곡

---

8 『頤齋亂藁』 제8책, 권41, 정미 11월 14일 정축 38-43쪽. 越松黃氏先跡考. 황처중의 부인은 麟蹄李氏로 仁榮(선교랑)의 딸이고 秀芳(참봉)의 손녀이고 德林(三司左使)의 7대손이다.

식을 거두었다.[9] 황윤석의 선대는 호남으로 내려가 흥덕에 터전을 잡고부터는 높은 벼슬은 못했으나 황이후 이후 5세(世) 동안 문장과 행실을 숭상하여 호남 사족으로 성장하여 갔다.

황윤석의 고조부 황종혁(黃宗爀)은 안빈(安貧)의 생활을 하였다. 그는 아들 황세기(黃世基, 호는 醉隱, 1628~1680)에게 평해황씨 가문을 일으킬 기대를 걸었다. 황세기는 10여세에 장성의 기진탁(奇震鐸, 진사)에게 나아가 가르침을 청하였다.[10] 그는 기진탁의 둘째 아들 기정익(奇挺翼)과 함께 공부하였다. 황세기는 송시열의 문하에 나아가 가르침을 받지는 않았지만 송시열을 매우 존숭하였다.[11]

한편 황윤석의 할아버지 황재만(黃載萬, 호는 山郱, 1664~1716)은 사부(辭賦)에 능하였고 글씨를 잘 썼다. 그는 행의(行誼)로 명성이 자자했다. 그는 송시열이 정치적 박해를 받아 유배에 처해지자 아버지의 명으로 소유(疏儒) 나중기(羅重器)와 함께 송시열을 구원하는 소를 올렸고 1689년(숙종 15) 6월에 송시열이 정읍에서 사약을 받고 죽자 동생 황재중과 함께 기정익을 모시고 상차(喪次)에 가서 곡을 하였다.[12]

그런데 황윤석의 가문을 호남 학계에 크게 드러낸 인물은 황윤석의 종조 황재중(黃載重, 호는 龜巖, 1664~1718)이었다. 그는 기정익과 김창협의 문인으로 학행(學行, 經行)으로 당세에 이름이 있었다. 황재중이 작고하자 1736년(영조 12) 황재중을 향사(享祀)하는 구암사(龜巖祠)가 설립되었다. 이

9 『頤齋亂藁』 제1책, 권5, 五代祖考學生安郱府君行狀 482쪽.

10 『頤齋遺藁』 권16, 行狀, 曾祖考醉隱公行狀.

11 황윤석의 선대 이력과 학문 연원에 대해서는 柳在泳, 「李朝後期 國語學에 貢獻한 實學思想-特히 頤齋 黃胤錫을 中心으로-」(研究助成費支給者 研究結果報告書, 1968.3.15.) 참조.

12 『頤齋遺藁』 권16, 行狀, 祖考山郱府君行狀; 叔祖龜巖先生行狀.

로써 황윤석 가문은 '향현(鄕賢)'을 배출하게 되어 호남의 사족 반열에 들게 되었다. 그러나 1741년(영조 17)에 숙종 40년(1714, 甲午) 이후에 창건한 향현사(鄕賢祠)와 영당(影堂)을 철거하라는 조정의 명령이 내리자 구암사는 훼철되어 버렸다.[13]

황윤석의 아버지 황전(黃壥, 호는 晩隱, 1704~1771)은 젊은 시절 책을 매우 좋아하였다. 책장사가 『역경(易經)』·『논어(論語)』·『맹자(孟子)』·『중용(中庸)』·『대학(大學)』·『주자어류(朱子語類)』·『성리대전(性理大全)』 등을 팔려고 오자 그는 밭 갈던 소와 책을 교환하였다.[14] 그는 어린 시절에 막내 외삼촌 김신채(金愼采, 호는 藍溪)에게 나아가 공부를 하였고, 간간히 유지해(柳之楷)와 나서규(羅瑞奎)에게 나아가 학업을 익히기도 하였고, 숙부 황재중이 운영하는 소요산서당(逍遙山書堂)에 가서 공부하였다. 황재중은 송시열·기정익으로 전해지는 학통을 계승하고 있었는데 황전도 숙부를 통해 송시열의 학맥을 계승하고 있었다.

한편 당시 태인에서는 은정화(殷鼎和)가 강학을 하고 있었다.[15] 그는 최서림(崔瑞林)의 학통을 이어 당시 호남지역에 크게 문풍을 일으키고 있었는데[16] 황전은 약관의 나이에 은정화의 문하에 출입하면서 당(唐)·송(宋)

13 『頤齋遺藁』 권16, 行狀, 叔祖龜巖先生行狀.

14 『晩隱遺稿』 권4, 附錄, 家狀.

15 殷鼎和는 柳晉錫(念修齋)의 문하에서 『家禮』, 『近思錄』을 배웠고, 아울러 崔瑞琳(寬谷)을 스승으로 섬겼다. 유진석은 柳希春의 현손으로 李起浡(西歸)의 문인이자 사위였다. 유진석과 이기발은 金集·宋時烈과 교유하였다. 최서림은 시인으로 유명했고 南龍翼이 발탁하여 進士가 되었다. 경기도 사람으로 태인 고현에 와서 살았다, 그는 고현의 龜巖書堂에서 강학을 했는데 바로 金天挺(藍田, 황윤석의 외증조)이 서당을 세워주고 子姪과 宗族 중에 가르칠만한 자를 모두 수업을 받게 하였다(柳在泳, 「李朝後期 國語學에 貢獻한 實學思想-特히 頤齋 黃胤錫을 中心으로-」(硏究助成費支給者 硏究結果報告書, 1968.3.15.).

16 『頤齋亂藁』 제7책, 권42, 신축 11월 30일, 朝鮮國故柏溪先生殷公行狀, 380쪽.

의 시문(詩文)과 과문(科文)을 배웠다.

황전은 일곱 번이나 생원복시(生員覆試)에 응시했으나 합격하지 못하자 과거공부를 포기하였다. 황전은 이제 장자 황윤석에게 가문을 일으킬 기대를 걸었다. 그는 서울 장동(壯洞)에 사는 김문행(金文行, 승지)을 찾아갔다. 이때 김문행은 아들 황윤석이 만약 서울로 올라와 과문(科文)을 배우겠다면 자기가 지도를 해 줄 것이고 경학(經學)을 배우고자 한다면 재종제인 김원행을 소개해 줄 것이라고 하였다.

그런데 황전은 고암서원(考巖書院)을 중심으로 학문활동을 열심히 하였다. 그는 태인현감 조정(趙晸)과 양응수(楊應秀, 부수)와 함께 고암서원에서 강회(講會)를 열기도 하였다.[17] 그는 항상 육경(六經)을 중심으로 공부하였고 『소학(小學)』·『격몽요결(擊蒙要訣)』·『주자어류(朱子語類)』·『주자서절요(朱子書節要)』·『심경(心經)』·『근사록(近思錄)』·『성리대전(性理大全)』을 두루 공부하였고, 송시열(宋時烈)의 『우암집(尤菴集)』, 김창협(金昌協)의 『농암집(農巖集)』, 김창흡(金昌翕)의 『삼연집(三淵集)』을 가장 애독하였다. 그는 "우암(尤庵)은 주자(朱子)의 정맥(正脈)이고 농암(農巖)과 삼연(三淵)은 우암의 충신(忠臣)이다"고 말하여 송시열과 김창협·김창흡으로 이어지는 학통의식을 강하게 지니고 있었다.[18] 황윤석은 어린 시절 구암서당과 고암서원에서 아버지를 따라 공부하였고 아버지의 학문적 관심 영역을 보면서 자랐다. 황윤석이 후일 김원행의 문하에 나아가 공부

17 考巖書院의 講會는 李縡가 정한 「寒泉書院講義」로 道峯書院에서 시행했던 것에 의거하여 이루어졌다. 먼저 朱熹의 白鹿洞規와 李縡가 지은 「考巖書院廟庭碑文」, 李宜顯이 지은 「尤菴受命遺墟碑」를 읽고 권상하가 지은 「尤菴先生墓表」를 읽었다. 그리고 『小學』을 읽고 서로 돌아가며 토론하는 방식으로 진행하였다. 여기서 토론이 이루어진 강의의 내용을 황윤석이 정리하여 고암서원 院長 兪拓基에게 질의하였다.

18 『晩隱遺稿』 권4, 附錄, 家狀.

하게 된 결정적인 요인은 가문의 이러한 학문적 분위기에서 이루어진 것이었다.

3. 황윤석의 학문생활

1) 학문생애

18세기는 학파와 당파가 뚜렷하게 나누어져 있어 태어난 가문과 소속된 학파는 그의 활동영역을 크게 제약하였다. 황윤석은 호남출신이지만 지역과 학파를 떠나 다양한 인물과 장소를 찾아다녔고 또 당파에 관계없이 자신의 학문에 도움이 된다면 닥치는 대로 많은 책을 읽었다.

황윤석의 자는 영수(永叟), 호는 이재(頤齋), 산뢰주인(山雷主人)[19] 등을 사용하였다. 그는 목소리가 우렁찼고 얼굴에 천연두를 앓은 흔적이 있었고 콧대는 우뚝하였다.[20] 아버지 황전이 『주역(周易)』 이괘(頤卦)의 대상(大象)의 뜻을 취하여 호(號)를 '이재(頤齋)'로 지어주고 황윤석의 사실(私室)에 대자(大字)로 써서 걸어두게 하였다.[21] 이 '이재(頤齋)'나 '산뢰주인(山雷主人)'이라는 호에는 늘 언어와 음식을 삼가야 한다는 깊은 뜻이 있다.

황윤석은 후일 「목주잡가(木州雜歌)」에서 아버지가 지어준 '이재'라는 호를 생각하며 가사를 지었다.

---

19 『頤齋亂藁』 제7책, 권38, 병오 6월 20일 354-355쪽.
20 『頤齋亂藁』 제3책, 권14, 경인 5월 16일 184쪽.
21 황윤석은 1785년 대·중·소 세 칼을 제작했는데 작은 칼에 頤卦의 貞字를 새겼다(『頤齋亂藁』 제7책, 권36, 을사 7월 7일 72쪽).

언어(言語)도 불가불신(不可不愼) 음식(飮食)도 불가부절(不可不節)
언어로 문자(文字)의 미뤄보고 음식으로 재록(財祿)의 미뤄보라
녯 성인(聖人) 이괘대상(頤卦大象)이니 우리 선훈(先訓) 더욱 조타[22]

황윤석은 1729년(영조 5) 4월 28일(음) 신시(申時)에 전라도 흥덕현[23] 구수동(지금의 전북 고창군 성내면 조동)에서 출생하여 1791년(정조 15) 4월 17일 사시(巳時)에 63세를 일기로 만은재(晩隱齋) 서별실(西別室)에서 작고하였다. 황윤석의 집안은 호남에 내려와 매우 외롭고 자손이 많지 않았다. 그래서 황윤석의 아버지 황전은 자손이 많이 태어나기를 바라는 뜻에서 아들의 이름을 '윤석(胤錫)'으로 지었다.[24]

황윤석의 출생에는 다음과 같은 일화가 전한다. 어머니가 태인(泰仁) 고현(古縣)의 우사(寓舍)에서 임신을 하였는데, 꿈에 동남쪽의 시내 건너에 있는 황방산(黃榜山) 정상에 해가 솟아올라 시내 위에 다다랐다. 햇빛과 물빛이 휘황찬란하여 바로 창벽(窓壁)을 쏘니 한 방이 환하게 밝고 일신이 모두 붉은 햇무리 속에 있었다고 한다. 또한 할아버지 황재만(산촌)을 고현의 동북쪽 용두산(龍頭山)에 장사지냈는데 산 아래에 시내가 있었다. 이때 시내의 양쪽 언덕의 풀이 모두 말라서 사람들이 모두 기이하게 여겼다고 한다.[25]

---

22 『頤齋亂藁』 제6책, 권32, 기해 12월 16일(병자), 木州雜歌.

23 흥덕현의 명칭과 역사에 대해서는 황윤석이 자세하게 밝혀주고 있다(『頤齋亂藁』 제3책, 권15, 경인 6월 7일 223-224쪽).

24 『詩經』 大雅, 旣醉에 나오는 구절인 "永錫祚胤"에서 따와서 지은 것이다. 그리고 황윤석의 字를 永叟라 한 것도 이 구절에서 비롯된 것이다.

25 『頤齋續稿』 권13, 附錄, 行狀.

황윤석은 후일 「목주잡가」에서 이 사실을 다음과 같이 읊었다.

> 용두선산(龍頭先山) 십리서남(十里西南) 태산고현(太山古縣) 제삼리(第三里)라
> 황방산하(黃榜山下) 용계(龍溪)물의 자친몽중(慈親夢中) 해비최네
> 이몸이 태육(胎育)하온 길지(吉地)오니 승선대후(承先待後) 아닐소냐[26]

1747년 12월에 황윤석은 정원혁(丁遠爀, 초명은 南爀)의 셋째 딸과 의혼(議婚)을 하여 1748년 1월 3일(무자)에 성혼(成婚)을 하고, 이듬해 2월 22일(경자)에 정씨를 신부로 맞이하였다.[27] 황윤석은 결혼하여 모두 4남 3녀를 낳았다.[28]

---

26 『頤齋亂藁』 제6책, 권32, 기해 12월 16일(병자), 木州雜歌.

27 『頤齋亂藁』 제4책, 권22, 記亡室生卒, 408쪽. 황윤석의 부인은 昌原丁氏로 丁煌(游軒)의 8대손이다. 그는 1729년 2월 4일(기묘) 亥時에 남원부 북쪽 50리 眞田坊 月谷(옛날에는 梯谷이라 이름)에서 태어났다. 황윤석보다는 생일이 두 달이 빨랐다. 황윤석의 부인 정씨는 1776년 9월 11일(기묘) 巳時에 48세를 일기로 작고하였다. 황윤석은 이달 16일에 아내의 평생 이력을 대강 적었다.

28 『頤齋亂藁』에 나타난 황윤석의 자녀에 대한 내용을 정리하면 다음과 같다. 1752년 6월 13일(임인)에 一漢을 낳았고 1754년 7월 2일에 월곡에서 장녀 月恒(柳元彬의 아내)을 낳았다. 황윤석의 아버지 황전은 손녀가 월곡에서 태어나 多福이 달의 항상함과 같기를 빌면서 이름을 지어 주었다. 1758년(영조 34) 3월 23일(기유)에 제2남 壽豹가 태어났는데, 얼굴 모습이 매우 기이하여 할아버지가 사랑했으나 12월 3일에 요절하였다. 1760년(영조 36) 3월 27일(임신)에 둘째 딸 甲恒이 태어났는데 황윤석의 어머니의 회갑년에 태어났기 때문에 이름에 甲字를 넣었다. 그러나 갑항은 8세 되던 1767년(영조 43) 2월 19일에 요절하였다. 갑항은 할아버지의 사랑을 받아 글자를 배웠고 古詩를 외울 줄 알았으나 그가 요절하자 황윤석은 너무나 애석해 하였다. 1762년(영조 38) 2월 21일(을유)에 셋째 아들 斗龍(七漢)이 태어났다. 황윤석의 어머니의 꿈에 북두칠성의 자루가 남쪽을 가리키며 정방향으로 內寢에 임하고 있었는데 여러 별이 에워싸고 있었기 때문에 이름을 지었다. 1764년(영조 40) 8월 10일(기축)에 셋째 딸이 여덟달 만에 태어났으나 요절하였고 1765년 7월 30일(계묘)에 넷째 딸 貴恒이 태어났다. 그리고 1769년(영조 45) 1월 12일(병신)에 다섯째 딸 福恒이 출생하였다. 1772년 12월 21일

황윤석은 평생 졸박(拙朴)한 삶을 살았다. 그는 "차라리 진사대부(眞士大夫)가 될지언정 가도학자(假道學者)가 되기를 원하지 않는다", "명(明)과 성(誠)을 둘 다 닦고 박(博)과 약(約)을 서로 참조한다", "마음은 넓게 펴야 하니 거리낌이 없어야 한다고 말하는 것이 아니고, 문장은 밀(密)하고 찰(察)해야 하니 어찌 너무 집착하라고 이르는 것이겠는가"라고 좌우에 써붙였다.[29] 그러나 그는 성격이 '굴강(倔强)'하다는 평을 들었다. 그는 서울에 20여년간 출입하면서도 끝내 서울의 유행에 물들지 않았고 언어와 행동이 호남의 야인(野人)을 벗어나지 않았다.[30]

황윤석은 호남인물에 대해서도 깊은 애정을 가지고 있었다. 그는 호남의 도학(道學), 문장(文章), 충효(忠孝), 정열(貞烈)을 대표하는 인물을 망라하여 "호남인물록(湖南人物錄)"을 편찬하고자 하였다.[31] 그는 도학과 문장과 절의로 우리나라에서 가장 뛰어난 인물로 김인후(金麟厚)를 거론하였다.[32] 그는 당시 호남이 정계에서 소외된 지역이라고 생각하고 호남의 수치가 지극하다고 보아 김사겸(金士謙) 등과 이 "호남인물록" 편찬을 착수하고자 하였다.[33]

황윤석은 당대의 호남 인물로 송익중(宋益中, 병조좌랑)·양종해(楊宗楷,

둘째 손자를 보았는데 '泰達'로 이름을 지었다. 1781년(정조 5) 윤5월 8일에 소실이 딸을 낳았다. 1782년 10월 12일 큰며느리가 딸을 순산하였다. 1784년 8월 16일 둘째 며느리가 딸을 순산하였다. 11월 3일 소실이 아들을 순산하였다. 1789년(정조 13) 소실이 아들을 낳았는데 이름을 弼龍이라 지었다. 1790년 10월 24일에 송씨 며느리가 장남을 낳았는데 이름을 泰雲이라고 지었다. 泰字는 항렬이고 雲字는 어머니의 본관이 恩津인데 선조의 산소 옆이 彩雲山이기 때문이다. 1791년 4월 13일에 큰며느리가 셋째 손자를 낳았다.

29 『頤齋續稿』 권13, 附錄, 行錄·請贈職疏.

30 『頤齋亂藁』 제2책, 권13, 기축 11월 6일 611-612쪽.

31 『頤齋續稿』 권12, 漫錄 下 22쪽.

32 『頤齋亂稿』 제3책, 권16, 경인 11월 9일 446쪽.

33 『頤齋亂藁』 제2책, 권12, 기축 3월 4일 341쪽.

진사), 안봉윤(安鳳胤)·김직현(金直賢)·신사준(愼思浚)에 대해 언급하였다. 그는 안봉윤은 이재(李縡)의 문인인데 착실히 공부하고 역행(力行)을 한 선비이고, 김직현은 김인후의 6대손이며, 신사준은 여러 차례 벼슬에 추천되었다고 하였다.[34] 또한 임영(林泳)의 증손 임홍원(林弘遠)도 독서를 한 인물로 소개하였다.[35] 그런가 하면 신경준은 황윤석과 함께 18세기 호남을 대표하는 학자였다. 황윤석은 1750년 (10월) 18일 순창의 남산당(南山堂)에 가서 신경준을 방문하고 하룻밤을 묵었고[36] 이후 몇 차례 서로 만나 학문적 대화를 나누었다.

뿐만 아니라 황윤석은 당시 남인학계에 대해서도 학문적 업적에 대해서는 긍정적 이해를 하고 있었다. 그는 유익성(柳翼星)을 만나 『반계수록(磻溪隨錄)』이 영남 감영에서 간행되었고 관찰사 이미(李瀰)가 서문을 썼다는 것을 알았다. 그리고 안정복이 박학하고 저서를 쓰고 있는데 당시 남인 중에 이름있는 인물이라고 하였다. 그는 안정복이 이익(李瀷)의 문인으로 사학(史學)으로 알아주며, 우리나라 고금의 사실로부터 여지(輿地)와 관제(官制)에 이르기까지 일가(一家)를 이루었다고 하였다.[37] 그리고 이철환(李嚞煥)은 이익의 종손(從孫)인데 다식(多識)으로 유명하고 이익이 지은 『성호사설(星湖僿說)』 20여 권이 많이 읽혀지고 있다고 하였다. 그리고 이익의 문인 윤동규(尹東奎)가 다식(多識)하며 용산강 가에 살고 있다고 하였다.[38]

---

34 『頤齋亂藁』 제7책, 권38, 병오 7월 1일 366쪽.
35 『頤齋亂藁』 제5책, 권25, 무술 5월 20일 26쪽.
36 황윤석과 신경준은 여러 차례 학문적 교유를 가졌다(『頤齋亂藁』 제3책, 172·177·178·184·326·354·751쪽 참조).
37 『頤齋亂藁』 제3책, 권16, 경인 11월 21일 462쪽.
38 『頤齋亂藁』 제3책, 권15, 경인 7월 6일 321쪽.

황윤석은 당대에 걸특(傑特)한 선비로 평가를 받았고 벼슬에 있지 않으면 하루라도 서울에 머물지 않았다. 그는 호남의 일인자 일뿐이 아니라는 평가에 대해서는 "세상을 속여 이름을 얻는 것이 이같이 쉽다고 하면서 천하 일이 가소롭다"고 하였다.[39]

황윤석은 매일 일기를 쓰고 거의 매일 시를 읊었다.[40] 그는 젊은 시절 삼동에는 밤을 지새우면서 책을 읽었다. 그는 『성리대전』 한질을 매우 좋아하여 읽고 의심나는 부분은 차기(箚記)하고 잘못된 곳은 정정을 하였다. 그는 애경사(哀慶事)를 제외하고는 거의 문밖을 나가지 않고 '일생(一生)의 가계(家計)'로 생각하고 평생을 『성리대전』의 주석에 매달렸고 그 주석은 매우 정치하게 이루어지고 있었다.[41]

황윤석은 1733년(영조 9) 할머니 도강김씨(道康金氏)에게 글자를 배웠고 이듬해인 1734년(영조 10) 할머니에게 시를 배우고 어려운 곳은 여비(女婢)의 등에 업히어 백시덕(白時德)에게 물었다.[42] 그는 6세에 소시(小詩)를 배웠고 7세부터 역사서를 공부하였는데 강지(江贄)의 『소미가숙통감절요(少微家塾通鑑節要)』, 주희의 『자치통감강목(資治通鑑綱目)』, 사서삼경(四書三經)과 한유(韓愈)의 글과 제자백가서를 두루 공부하기 시작하였다. 그는 젊었을 때는 거의 침식(寢食)을 잊고 독서하였다.[43]

---

39 『頤齋亂藁』 제4책, 권24, 무술 2월 17일 522쪽.

40 『頤齋亂藁』 제1책, 권7, 병술 10월 5일 652쪽. 이식이 편찬한 『杜詩澤風堂批解』와 胡元瑞의 『詩藪』를 즐겨 보았다. 그리고 당송팔대가중에는 歐陽修의 글을 좋아하였다.

41 『頤齋亂藁』 제6책, 권31, 기해 9월 15일 97쪽; 권32, 경자 2월 21일 206쪽.

42 황윤석이 어린 시절 스승으로 모셨던 白時德(일명 時謙)은 白仁傑의 5대손이다. 황윤석의 어린 시절 鄕里에는 백시덕을 비롯하여 白時明 · 宋沙村 · 李濟(仲開) · 李溶(濟卿) · 李潤甫 · 白輝世 · 李葯(馨甫) · 李舜如 등의 학자가 있었다(『晩隱遺稿』 권3, 雜著, 雅言).

43 『頤齋亂藁』 제2책, 권13, 기축 9월 16일 539쪽.

황윤석은 어려서부터 노년에 이르기까지 특별한 사유가 없으면 하루도 독서를 하지 않은 적이 없었고 사나흘 밤을 자지 않는 적도 있었다. 그리고 잠깐 사이에 4·5쪽을 열람하고도 잊지 않았고 7·8세에 이미 글을 지을 줄을 알았다. 10세에 문장이 이미 성취되었고 12세에 경전을 모두 읽었다.

1735년(영조 11)에 그는 『소학』을 읽었다. 그는 1738년(영조 14) 문장이 능숙해졌고 이때부터 일기를 쓰기 시작하여 작고하기 2일전 까지 계속되었다. 황윤석이 8세 때인 1736년(영조 12) 4월 13일에 황재중의 위패를 구암사(龜巖祠)에 봉안(奉安)하는 의식이 있었다. 이때 황윤석은 벽에 '구암서원(龜巖書院)' 네 글자를 써 붙이어 좌중이 모두 대견해 하였다. 이 구암사에서 황윤석은 가학을 전수받았다. 그는 이 무렵 『사략(史略)』, 『소학(小學)』을 공부하였다. 그는 이해 3월 4일 『사략』 5권을 읽었고 9월 25일에는 『사략』 7권을 읽었다. 그리고 10월 1일에는 『소학』을, 11월 26일에는 『소학』 3권을 읽었다.

황윤석은 「술지부(述志賦)」를 지어 자신의 인생 진로에 대해 언급하였다. 그는 세상 사람들이 명예와 이익의 바다로 달려가는 모습이 불쌍하다고 생각하면서 자신은 성인의 도로 목표를 삼아 경계하기를 바라고 스스로 반성하겠다고 하였다. 그는 하늘이 인간에게 착한 본성을 부여하였다고 하면서 성인만이 착한 본성을 부여받은 것은 아니라고 하였다. 인심(人心)은 본래 선(善)한 것이 어두워진 것인데 본성을 잘 지켜 나가는 것이 도의(道義)의 문(門)이라고 하였다. 그러면서 이익을 보면 의리(義理)를 생각하는 것은 군자가 모범으로 삼아야 할 것이고 명예를 위해 권하지 않는 것은 철인(喆人)이 생각해야 한다고 하였다.[44]

황윤석은 1738년(영조 14) 10세 때인 2월 2일에 『통감절요(通鑑節要)』 12권, 5월 13(30)일에 『통감절요』 15권을 읽었다. 10월 15일에 『사략』, 그리고 11월 6일에는 『자치통감강목』 3권, 25일에는 4권, 12월 12일에는 5권을 읽었다.

1740년(영조 16) 12세 때인 11월에는 『맹자』를 다 읽고 『논어』 1권을 읽었으며 12월에는 2권을 읽었다. 1741년 13세 때인 11월 1일에는 『서전(書傳)』을 다 읽고 『시전(詩傳)』을 읽었다. 그는 10여 세에 『서전』을 재독(再讀)하였다. 그가 특히 기삼백(朞三百)에 관심을 갖고 있었던 것은 아버지가 "우리나라 선현들이 젊었을 때에 중성(中星), 기삼백, 기형(璣衡), 율려(律呂)의 여러 가지 주(註)를 궁구하여 깨달은 자가 많았는데 너도 이같이 할 수 있는가"라고 하여 여러 해 연구하였다. 이를 바탕으로 황윤석은 역범(易範), 경세(經世), 율력(律曆), 산수(算數)의 설에 이르기까지 두루 통하였다.[45]

황윤석은 1742년(영조 18) 14세 때인 2월 27일에 『역경(易經)』 6권을 읽었다. 이해에 임영(林泳)의 『창계집(滄溪集)』을 읽었다. 그는 임영이 어떤 사람에게 보낸 편지에서 11세에 기삼백을 해독했다는 것을 보고 자기의 나이가 14세인데 아직 해명하지 못했다고 하면서 비로소 이기(理氣), 상수(象數)에 유념하였다. 이처럼 그가 이수(理數)에 관심을 두게 된 계기는 이같이 『창계집』을 읽고부터이다. 그리고 자학(字學)에 대해 관심을 가지기 시작했는데 아버지 황전이 시험에 제출한 시권(試券)에 자자(藉字)와

44 『頤齋亂藁』 제1책, 권1, 을축, 述志賦 幷序 13쪽. "亂曰后皇降衷, 若恒性兮. 洗心藏密, 奚獨聖兮? 哀此人心, 本善昏兮. 成性存存, 道義門兮. 見得思義, 君子範兮. 不爲名勸, 喆人念兮. 意玆童騃, 安所測兮? 尙惟存天, 無潡潡兮."

45 『頤齋亂藁』 제1책, 권2, 정축 9월 5일 179쪽.

적자(籍字)를 혼동하여 잘못 써서 낙방한 것에 큰 자극을 받았기 때문이었다. 그는 1744년(영조 20) 9월에 처음으로 『이수신편(理藪新編)』을 엮었는데[46] "평생 정력(精力)이 모두 이 책에 있다"라고 하였다.

1746년(영조 22) 18세에 황윤석은 1월에 순창군 복흥면에 가서 송규로(宋奎魯, 호는 三芝)에게 가서 과문(科文)을 배웠고 8월에도 송규로와 함께 백양산 구암암(龜岩庵)에 올라가 과문을 익혔다.[47] 그는 이해 태인 용두산에 가서 묘제를 지내고 고현(古縣)에 갔다가 고암서원에 들러 송시열의 영정에 참배하였다. 황윤석은 송시열의 영정에 참배하고 마음에서 우러나오는 존경의 감회를 억누를 수 없어 시를 읊었다.[48] 이날 이후 송시열은 황윤석에게 학문적 사표(師表)로 다가왔고 고암서원은 황윤석의 학문생활에서 아주 중요한 학문활동의 공간으로 자리잡았다.

황윤석은 17・18세에 이미 스승을 구할 뜻이 있었다. 그래서 일찍이 이재(李縡)와 박필주(朴弼周)의 문하에 나아가 가르침을 받을 생각을 하였다. 그는 박세채의 문인인 박필주에게 편지를 올리려고 하다가 그만두었다.[49] 황윤석은 젊은 시절 호론(湖論)의 학자에 대해서도 크게 거부감을

---

46 『理藪新編』의 처음 이름은 『衆理窟』이고 그 다음에 『理窟』로 고쳤다가 최종적으로 『이수신편』이라 하였다(『頤齋亂藁』 제1책, 권1, 병인, 理藪新編序, 44쪽). 이것으로 보면 황윤석의 학문의 要體는 理의 탐구였다고 볼 수 있다.

47 宋奎魯는 초명은 傑然, 자는 特世이고 후에 이름을 奎魯로, 자는 聖野로 고쳤다. 1693년생으로 洪州人이며 대대로 潭陽에 살았다(『頤齋亂藁』 제1책, 권1, 병인, 奉贈三芝丈人 二絶 18쪽)

48 『頤齋亂藁』 제1책, 권1, 병인, 回過考巖書院瞻謁尤庵眞像. "尤翁有眞影, 掛此氷綃障. 仰觀巖巖姿, 儼若臨函丈. 深衣屹拱立, 幅巾嵬頂上. 紅顔映白髮, 兩眸炯金精. 我來入再拜, 淸氣逼雙睛. 願以周公道, 跪質吾先生. 先生不言笑, 小子嗟安放? 凄凉後命地, 至今猶怊悵. 西奎一以墜, 黑水餘波漲. 正道因失緖, 此世誰尋得? 聞說寒泉老, 早講淵源學. 我欲從此去, 庶豁谿茅塞. 鑽仰雖靡及, 此心寧虛辜? 今來顒仰地, 景慕自興吁. 神聽倘垂惠, 沒身思典于."

49 『頤齋亂藁』 제1책, 권1, 병인, 擬上黎湖朴先生弼周書, 47쪽. 황윤석이 박필주에게 편지를

가지고 있지는 않았다. 1757년 황전은 3월 10일 윤봉구(尹鳳九)가 고암서원에 들린다는 말을 듣고 아들 황윤석을 보내었으나 윤봉구가 오지 않아 만나지는 못하였다.[50] 그는 1758년 윤봉구를 뵙고 그동안 고암서원 강회에 참여하고 싶었다고 하면서 존경의 마음을 표하였다.[51] 윤봉구도 10여 년 전부터 황윤석의 이름을 듣고 있었고 만나고 싶었는데 이렇게 만나게 되어 마음에 위로가 된다고 하였다.

황윤석은 윤봉구에게 권상하(權尙夏)는 송시열의 적전인데 그의 문하에서 들을 것을 알고 싶다고 하였다. 그러자 윤봉구는 권상하가 일찍이 "『성학집요(聖學輯要)』 한 책을 보는 것이 가장 좋다. 학자는 불가불 힘을 써 공부해야 한다"라고 말했다고 하자 황윤석은 『성리대전』도 『근사록(近思錄)』에 의거하여 편차(編次)를 정한 것인데, 『근사록』을 읽을 때 참고하는 것이 어떠합니까라고 하였다. 윤봉구는 "진실로 좋으나 이 책의 편차가 많이 정밀하지 못하니 『성학집요』만 못하다"고 하였다.[52]

황윤석은 1747년에 구암서당에서 여러 달을 지냈고, 1749년에도 구암서당에서 공부하였다. 그는 이해 10월 26일에 정후(丁垕)와 호락심성설(湖洛心性說)의 득실(得失)에 대해 문답 토론하였다.[53]

1752년(영조 28) 9월 20일에 정시(庭試)가 있다는 것을 알고 황윤석은 8월 28일 집을 출발하여 9월 5일 서울에 들어가서 정시교(鄭時敎) 집에 머

올리려고 했던 것은 박필주의 조카 朴章翼이 신임사화 때 태인에 유배와 있었는데 황윤석의 아버지 황전이 그로부터 크게 인정을 받았던 것에 영향을 받은 것이 아닌가 싶다(『晚隱遺稿』 권3, 雜著, 雅言).

50 『晚隱遺藁』 권3, 雜著, 日識 丁丑.

51 윤봉구는 1756년 4월에 考巖書院에서 『大學』을 강의하였다(『屛溪集』 권41, 講義, 考巖書院大學講說).

52 『頤齋亂藁』 제1책, 권2, 무인 5월 9일 194쪽.

53 『頤齋遺藁』 권6, 書, 答丁丈垕書 己巳; 『頤齋亂藁』 제1책, 권2, 무인 5월 9일 194쪽.

물렀다. 그는 11일 장의동(壯義洞)에 가서 김문행(金文行, 교리)을 만나 보았다. 그는 9월 13일 과거에 응시했으나 불합격을 하고 17일에 다시 김문행을 찾아갔다. 그는 김문행의 아들 김이탁(金履鐸) 등과 청풍계(淸風溪)를 방문하여 김상용(金尙容)의 영정에 절을 하였다. 그리고 태고정(太古亭)과 원심암(遠心庵)과 김상용 조손(祖孫)의 정문(旌門)과 송시열이 쓴 '대명일월(大明日月)' 네 글자를 보았다. 이해 황윤석은 비로소 안동김씨 집안의 인물과 교유를 시작했다.

황윤석은 1756년(영조 32) 윤9월 28일 김원행을 처음 찾아갔다. 김원행을 모시고 있던 소동(小童)이 들어오기를 청하여 황윤석 형제는 김원행을 만나러 들어갔다. 김원행은 "아직 한 번도 만나본적이 없는 얼굴입니다. 오늘 먼 곳에서 오신 것은 무엇 때문입니까"라고 하였다. 황윤석은 "소생의 선세(先世)는 문하(門下)와 더불어 사계(事契)가 얕지 않습니다. 숙조(叔祖) 구암공(황재중)께서 농암(김창협)선생에게 실로 도의(道義)로 인정을 받아 만나보지 않고 이미 편지로 왕복이 있었습니다. 계미년(1703년)에 또 직접 가르침을 받은 것은 숙조의 일기(日記)와 선생의 문집에서 고찰할 수 있습니다. 아버지께서 영변 영공(令公, 金文行)과 강호(講好)가 얕지 않은데 이미 젊어서부터 그러했는데 경오년(1750년)에 또 자식을 청탁하니 영변장(永邊丈)이 말하기를 과거학(科擧學)은 내가 다행히 선진(先進)이지만 경학(經學)은 나의 재종제(再從弟)가 있다. 그대의 아들이 유학(遊學)을 와서 배우는 것이 또한 좋은 일이 아닌가 하였다고 합니다. 이 때문에 소생이 평일에 문하(門下)를 향모(向慕)한 것이 다른 사람보다 배나 되고 보통 흘러 듣는 것에 비할 바가 아닙니다. 지금 와서 배알하는 것은 뜻이 대개 여기에서 나온 것이고 오로지 과거를 보러 온 것은 아닙니다"라고 하였다.[54]

김원행은 학문하는 규모가 『대학(大學)』에 진실로 갖추어져 있으나 처음에 『소학』공부가 없으면 또한 근기(根基)가 의거할 데가 없다고 하면서 황윤석이 박학(博學)하기 때문에 이러한 자신의 말에 대해 비웃을 수 있으나 『소학』을 읽기를 권한다고 하였다. 그는 『소학』 중에서도 경신(敬身)편이 가장 절요(切要)한 부분이며 비록 『대학』의 도(道)라도 여기에서 벗어나지 않는다고 하였다.[55] 황윤석은 1757년(영조 33) 9월에 다시 김원행을 찾아갔다.

윤봉구는 1758년(영조 34) 4월 25일 고암서원에서 『대학』을 강론하였는데[56] 황윤석은 윤봉구를 찾아갔다. 이 당시 고암서원은 처음에 윤봉구가 강회를 주도하고 있었던 것 같다. 따라서 호론의 학자들이 주도한 것으로 보인다. 그러나 윤봉구의 문인 홍장해(洪章海) 등이 대부분 기절(氣節)을 숭상하고 경박하여 근칙(謹飭)하는 뜻이 없었다. 황윤석의 아버지 황전에 비친 이러한 호론 학맥의 모습은 황윤석에게 "호중(湖中) 내포(內浦)의 일파는 끝내 반드시 폐단이 생겨 장자(長者)에게 누를 끼침이 적지 않을 것이다"라고 하였다.[57] 이러한 이해는 황윤석을 낙론 학맥으로 속하게 한 하나의 요인이 되었다.

그런데 1758년 3월에 태인군수 조정(趙晸)은 고암서원에서 강회를 열고자 하여 황전과 양응수(楊應秀)에게 강회를 추진하는 일을 맡겼다. 황윤석은 아버지 황전을 모시고 고암서원 『소학』 강회에 참여하였고[58] 5월에

---

54 『頤齋亂藁』 제1책, 권1, 병자 9월 28일 163쪽.
55 『頤齋亂藁』 제1책, 권1, 병자 9월 28일 163쪽.
56 『晩隱遺稿』 권3, 雜著, 日識 戊寅.
57 『晩隱遺稿』 권3, 雜著, 日識 壬午.
58 『晩隱遺稿』 권1, 詩, 讀小學. 황윤석은 이때 講會의 내용을 정리하여 「小學講義」를 남겼다(『晩隱遺稿』 권3, 雜著, 小學講義).

아버지의 편지를 가지고 전주에 가서 윤봉구를 만났다. 그가 이 당시 낙론의 김원행과 호론의 윤봉구를 만난 것은 아직 호락의 두 학파 중에서 어느 학파를 택할 것인지 선택의 기로에서 방황하고 있음을 보여준다.

그리하여 황윤석은 1759년 아우 황주석(黃冑錫)과 함께 김원행을 찾아가 정식 제자가 되는 집지례(執贄禮)를 행하였다. 그는 아버지의 편지를 가지고 김원행을 찾아갔다. 그는 3,4년 동안은 두 세 차례 석실(石室)을 다니면서 선대(先代)부터 내려오는 세의(世誼)만을 얘기하였고 선뜻 김원행의 문하에 나아가지 않았다. 그러다가 그는 3월 16일 김원행의 제자가 되기로 마음먹었다. 그래서 그는 집지례를 행하고자 하였고 이 예를 통해 석실서원의 입학을 허락받았다.[59]

이에 김원행은 황윤석에게 배우고자 하는 바가 문자(文字)인가라고 묻고 문자라면 당대에 글을 하는 이가 없지 않을 테고, 나이라면 나이가 비슷한 자가 또한 많이 있다고 하였다. 그러면서 황윤석이 취하고자 하는 바가 이 두 가지에 있지 않다는 것을 알지만 자기는 실제 감당하지 못하는 면이 있다고 하였다. 따라서 하필 '스승이다', '제자이다'라고 한 이후에 서로 사귐이 가까워지는 것은 아니라고 하였다.

황윤석과 황주석 형제는 "저희 형제가 어버이의 뜻을 받들고 왔는데, 만약에 제자가 되지 못한다면 돌아가서 얼굴을 뵐 수 없습니다. 엎드려 바라건대 정세를 헤아리시어 특별히 받아주십시오"라고 하였다.

김원행은 황윤석과 황주석 형제가 제자가 되기를 청하자 선대부터 내려온 세의(世誼)를 생각할 때 감히 고사할 수는 없으나 정성(精誠)이 실(實)

59 石室書院에는 講規와 學規가 따로 정해져 있었다(『渼湖集』 권14, 雜著, 石室書院講規, 石室書院學規).

이 되고 예(禮)는 허(虛)라고 하였다. 그러나 황윤석은 폐백을 드리는 집지(執贄)의 예(禮)를 하겠다고 하였다. 김원행은 『의례(儀禮)』 사상견례(士相見禮)에 의거하여 사제관계를 맺는 의식을 해야 한다고 하였다. 황윤석은 물러나 주머니에서 녹포(鹿脯) 십정(十脡) 한 봉을 꺼내어 소반 위에 올려 꿇어 앉아 책상 위에 올렸다. 김원행은 도포(道袍)를 입고 기립(起立)했고 황윤석은 문밖의 난간 밖에 나가서 네 번 절을 하였다. 김원행이 읍(揖)을 하고 잠시 있다가 인도하여 자리에 나아가게 했다. 황윤석은 "삼가 제자로 받아들여주시니 영광스러움을 이기지 못하겠습니다"라고 하였다.

황윤석은 이어 김원행이 『소학』을 공부하라는 가르침에 대해 앞으로 공부를 하겠으며 부모님을 떠나온 지 오래되어 집으로 돌아가 공부를 하는 것이 어떻겠느냐고 하였다. 이에 대해 김원행은 "무릇 독서는 모름지기 『소학』으로 근기(根基)를 삼아야 한다"라고 하였다.[60]

황윤석은 김원행의 문하에서 이미 상수(象數)에 밝은 학자로 알려져 있었고 자신이 쓴 율려(律呂)에 대한 초고(草稿)를 황윤석과 같이 토론하고 싶다고 했다. 그러면서도 그는 황윤석이 사장(詞章)에 힘쓰는 것은 경계하였다.[61]

---

60 『頤齋亂藁』 제1책, 권3, 기축 3월 16일 209쪽.

61 『頤齋亂藁』 제1책, 권6, 병술 2월 16일 525쪽. 황윤석은 스승 김원행이 작고한 뒤 "孤子(황윤석)가 초년에는 다만 선생의 문장의 성함만을 좋아했을 뿐이고 중년에는 선생의 性理氣의 설을 좋아했고 가장 만년에는 선생의 神字의 설을 좋아했다"라고 하였다(『頤齋亂藁』 제4책, 권19, 壬辰 9月 22日, 55쪽). 金元行은 性을 純善, 心을 至神至靈, 氣質을 淸濁粹駁이 있는 것, 形質은 醜한 것이 예쁘게 변할 수 없고 짧은 것이 긴 것이 될 수 없는 것으로 설명하였다. 그러면서 性은 氣의 理이고 心은 氣의 精爽이며 氣質은 粗한 곳이고 形質은 더욱 粗한 것이라 하였다. 형질은 局定하여 옮길 수 없지만 氣質은 변화시킬 수 있고 기질을 변화시킬 수 있는 까닭은 至神至靈한 心으로 純善의 理에 짝하기 때문에 능히 運用하여 변화시킬 따름이라고 하였다(『渼湖集』 권14, 雜著, 心性氣質說示李敏哲). 또한 황윤석은 "애통하도다! 선생님이여. 인물은 玉같이 깨끗하고 산처럼 우뚝하며, 문장은 農巖(金昌協)을 모범으로

1764년(영조 40) 4월에 황윤석은 김원행을 만났고 5월에 다시 김원행을 찾아가서 박찬영(朴燦瑛)과 같이 『대학』을 강의받았고, 또 동문들과 함께 석실서원에서 『중용』을 강론하였다.

황윤석은 1766년(영조 42) 1월에 정시에 응시하러 서울에 갔다가 김원행을 찾아갔다. 김원행은 "나와 더불어 종유하는 선비로 군과 같은 자가 몇 사람인가. 내가 기대하여 바라는 바가 적지 않으니 군은 노력하라", "군이 상수(象數)에 유의한 것이 오래되었다. 지금 율려(律呂)를 논한 책이 초고 상태로 있으니 군이 만약 조금 머물 수 있다면 더불어 교정을 하고 싶다", "사장(詞章)에 박흡(博洽)함은 소인(小人)도 능한 자가 있으니 군자유(君子儒)가 되어 그 아름다운 이름을 잃지 않는 것과 같겠는가. 군과 같은 이는 한번 움직이는 사이에 높은 지위를 점할 수 있으니 어찌 힘쓰지 않겠는가. 군의 본바탕이 처음부터 말할 것이 없다면 모르지만 이미 호남의 호걸(豪傑)의 선비이니 어찌 사장유(詞章儒)를 달게 여겨서야 되겠는가"라고 하였다.[62]

황윤석은 6월 18일에 장릉참봉(莊陵參奉)으로 부임하였는데, 1766년(영조 42) 7월 28일에 직접 진백(陳柏)의 「숙흥야매잠(夙興夜寐箴)」을 써서 벽에 걸어두고 때때로 외웠다. 그는 1768년(영조 44) 6월에 의영고 봉사로 승진하였다. 그는 이해 8월 22일에 『격몽요결』을 읽었고, 9월 19일에는

하여 歐陽修에게 얻은 바이고, 道學은 聖人과 凡人이 一心임을 밝히고 人과 物의 一心임을 증험했고 마침내 또 하나의 心字를 표출하여 氣質을 변화시키는 기틀로 삼았으니 前賢이 밝히지 못한 바이다. 그 出處의 大義와 가르침의 방법과 같은 것은 또한 옛날에 합하지 않음이 없고 근세에 대두하고 있는 皇極蕩平에 대해서도 그 문제점을 엄격하게 변론하여 통렬히 물리치어 실정을 숨길 수 없게 하였으니 대개 尤巖(宋時烈)·農巖(金昌協)·寒泉(李縡) 이후 一人일 뿐이다"라고 하였다(『頤齋亂藁』 제9책, 권51, 454쪽).

62 『頤齋續稿』 권13, 附錄, 行狀; 『頤齋亂藁』 제1책, 권6, 병술 4월 12일 561쪽.

일찍 일어나 「숙흥야매잠」을 외웠고, 또 『격몽요결』과 「홍범(洪範)」, 「황극경세서내편(皇極經世書內篇)」을 읽었다.

1769년(영조 45) 노론내부에는 분열이 일어나고 있었다. 이미 조정이 분열이 되었고 산림(山林)이 또한 분열이 되었다. 권상하의 문하에서 이미 이간(李柬)과 한원진(韓元震)이 분열되었고 이재(李縡)의 문하에서 박성원(朴聖源)과 홍계희(洪啓禧)가 분열되었다. 그리고 홍계능(洪啓能)이 호락노쟁을 방관하고 독자적인 노선을 걸어오면서 김원행(金元行)과 정치적으로 합치되지 못하였고 김원행은 윤봉구의 문인들과 갈등을 겪었다.[63]

황윤석은 1770년(영조 46) 5월 7일에 영조를 만났다. 그가 오전 9시경에 집경당(集慶堂)에 나아가니 영조는 작은 방에서 동면(東面)을 하고 앉아 있었고, 영의정 김치인(金致仁), 우의정 김상철(金尙喆), 우부승지 조정(趙晸)이 앉아 있었다. 영조가 먼저 황윤석에게 직명과 성명을 물었다. 황윤석은 '종부시직장 황윤석입니다'라고 답하였다. 영의정 등이 일제히 "박학다문의 선비이고 이조판서 정홍순(鄭弘淳)이 얼굴을 알지 못하는데도 후보자로 추천하였습니다"라고 말하였다. [64]

영조는 "비로소 오늘 인재를 얻었다"라고 말하면서 세 대신이 들은 바가 이미 차이가 없고 승지 조정도 그 사람을 알고 있으므로 자신이 그 사람의 성명을 명념(銘念)하겠다고 하면서 또 성명 세 글자를 묻고 입으로 외우고 손으로 두 세 차례 써 보았다. 그러면서 영조는 황윤석을 만난 것이 너무 늦었다고 하였다.[65]

---

63 『頤齋亂藁』 제2책, 권13, 기축 10월 13일 583쪽.
64 『頤齋亂藁』 제3책, 권14, 경인 5월 7일 172쪽.
65 『頤齋亂藁』 제3책, 권14, 경인 5월 10일 178쪽.

황윤석은 1771년(영조 47) 5월 21일에 할머니 기제사를 위하여 목욕재계를 하려고 하는데 5월 7일에 스승 김원행이 영동 관아에서 작고했다는 부음을 들었다. 그는 22일에 기제사를 마치고 23일 새벽에 궤연(几筵)에 나아가 곡을 하였다. 그리고 스승을 위하여 매일 정화수를 길러서 깨끗한 반위에 올려놓고 북쪽을 향하여 꿇어앉아 새벽마다 곡을 하였다.

한편 5월경부터 서울에는 황윤석을 위수(衛率)의 단독 후보로 올려 세손(정조)의 학문에 도움이 되게 해야 한다는 공론이 일어났고 세손익위사의 예비 후보자로 계속 논의되었다.[66]

1778년(정조 2) 1월 24일에 이조판서 김종수와 병조판서 정홍순이 인사를 맡아 황윤석이 사복시 주부에 임명되었다. 8월 25일에 진백(陳柏)의 「숙흥야매잠(夙興夜寐箴)」과 『주역(周易)』의 건괘(乾卦), 주희(朱熹)의 「감춘부(感春賦)」, 도잠(陶潛)의 「귀거래사(歸去來辭)」, 두보(杜甫)의 「추흥팔수(秋興八首)」를 외었고, 11월 7일에 건괘(乾卦), 「숙흥야매잠」과 주희가 지은 「감춘부」와 「육현화상찬(六賢畫像贊)」을 외었다.

한편 황윤석은 서울 경기 지방의 실학자들과의 학문적 교유를 가졌다. 특히 홍대용(洪大容, 감찰) 등 북학파 학자와의 관계가 주목된다.[67] 그는 1776년(영조 52) 8월 4일 정동(貞洞)에 홍대용의 집을 방문하였으나 만나지 못하였고 다음날 다시 찾아가 만났다. 홍대용은 황윤석을 만나자 놀라고 기뻐하며 반갑게 맞이하였다. 그는 황윤석에게 자주 역학(易學)에 대하여 물었고 『율력연원(律曆淵源)』에 대하여 자세하게 대화를 나누었

---

66 『頤齋亂藁』 제4책, 권20, 갑오 5월 23일 147쪽.

67 『頤齋亂藁』 제4책, 권22, 385・386・393・394쪽; 권23, 499쪽. 박지원・홍대용・박제가・이덕무 등과의 교유 사실이 보인다.

다. 그는 황윤석이 익찬에 임명되었다가 체직된 것을 매우 안타까워했고 다시 공론에 의해 벼슬을 하게 되어 어머니도 봉양하고 자신과 같이 공부할 수 있는 기회를 가졌으면 좋겠다고 하였다. 7일에 홍대용은 황윤석을 찾아와 다시 역범(易範), 상수(象數)의 설을 논하였다.[68]

황윤석은 8월 8일에 다시 홍대용 집을 방문하여 이덕무(李德懋)·박지원(朴趾源)·박제가(朴齊家)도 만났다. 그는 이 세 사람은 모두 '잠부(潛夫)'이고 다문박식(多聞博識)하므로 더불어 대화할 수 있다고 하였다.[69] 황윤석과 서울의 대표적인 북학파 실학자들이 한 자리에 만남으로써 성리학자로서 황윤석의 학문성향은 더욱 박학(博學)의 경향을 띠게 되었다.

1778년(정조 2) 2월 10일에 홍대용을 만나 대화를 나누었고, 6월 11일에는 동부도사(東部都事)로써 정조를 만나 대화를 나누기도 하였다. 또한 황윤석은 정경순(鄭景淳 : 청주목사)의 집을 방문하여 그 자리에서 강세황(姜世晃)을 만나 인사를 하였다. 그는 1778년 11월 12일 회현동 강세황의 집을 방문하였다. 황윤석은 1779년 음률에 밝다고 하여 홍대용과 함께 송덕상(宋德相)에 의해 발탁의 기회를 기다리고 있기도 하였다.[70] 8월 23일에 이조참의 이병모(李秉模)가 간여한 인사에 황윤석은 목천현감(木川縣監)에 임명되었다. 그는 목천현감에 부임하여 11월 12일에 향교에 나아가 두 장의(掌議)와 함께 훈장(訓長)을 정하고 『소학』을 강하였다.

1783년(정조 7) 3월 25일 남궁호(南宮昊)가 수업을 청했으나 허락하지 않았다.[71] 황윤석은 평생 사도(師道)로 자처하지 않았다. 그는 학문토론은

---

68 『頤齋亂藁』 제4책, 권22, 병신 8월 5일 386쪽.
69 『頤齋亂藁』 제4책, 권22, 병신 8월 8일 394쪽.
70 『頤齋亂藁』 제6책, 권30, 기해 8월 17일 72쪽.
71 南宮昊는 1785년(정조 9) 1월 27일에 황윤석에게 『小學』을 배웠고, 3월 28일에 『소학』 제2권

즐겼지만 가르치는 스승으로는 자처하지 않았던 것이다.

1786년(정조 10) 5월 2일에 매우 한가하여 『주역』의 건괘(乾卦), 곤괘(坤卦), 둔괘(屯卦), 몽괘(蒙卦), 수괘(需卦), 송괘(訟卦)를 읽었다. 6월 4일 이만운(李萬運)이 『문헌비고(文獻備考)』의 편찬에 참여해 함께 일하자고 했으나 지시를 받은 바가 없어 고사하였다.[72] 윤7월 27일에 건괘, 「숙흥야매잠(夙興夜寐箴)」, 「경재잠(敬齋箴)」을 외웠고 8월 16일에도 「숙흥야매잠」, 「경재잠」을 외웠다. 10월 14일 「귀거래사(歸去來辭)」와 「감춘부(感春賦)」를 외웠고 19일에 건괘, 「태극도설(太極圖說)」, 「서명(西銘)」, 「경재잠」, 「숙흥야매잠」을 외웠다.

황윤석은 1787년(정조 11) 1월 24일에 『주역』 건괘, 「태극도설」, 「서명」을 외웠다. 그는 이해 암행어사 심환지(沈煥之)의 서계(書啓)에 의해 파직을 당하였다. 심환지는 "전의현감 황윤석은 매사를 이향(吏鄕)에 물어 처결하였다. 그때에 좌수(座首)가 항상 곁에 있으면서 아노(衙奴)로 사령(使令)을 대신하여 곤장을 잡게 하였다"라고 보고하였다.[73] 그런데 심환지는 바로 김구주(金龜柱)의 문객(門客) 중의 한 사람이었다.[74]

1787년 11월 21일 황윤석은 그동안 살아온 학문적 삶을 되돌아보았다. 그는 다음과 같이 적었다.

의 강론을 마쳤다. 또 1786년(정조 10) 1월 23일에 『大學』을 배웠고, 1787년 7월 10일에 『中庸』 費隱章 이하를 배웠다.

72 『頤齋亂藁』 제7책, 권38, 병오 6월 4일 318쪽.

73 『頤齋亂藁』 제7책, 권40, 정미 5월 10일 671쪽.

74 『頤齋亂藁』 제7책, 권40, 정미 3월 28일 641쪽.

"내가 젊었을 때 글을 읽고 글씨를 베끼었다. 별을 관측하고 달을 보고 점치기 위해 높은 곳에 올라가 멀리 바라보기도 했다. 촛불을 밝혀 밤을 지새우기도 하여 마음을 쓰고 정력을 소비하였다. 그래서 경서와 역사서, 심성이기(心性理氣), 성음(聲音), 전예(篆隷), 도화(圖畵), 의약(醫藥), 상수(象數) 일체와 구류백가(九流百家)에 대해 사색하지 않음이 없어 이미 머리가 괴롭고 눈이 침침해짐을 겪었다. 을유(1765)・병술(1766)년간에 선세(先世)의 행장을 지어 두어 달 만에 완성하였는데 비로소 하나가 둘로 보이는 안질(眼疾)이 생겼다. 이로부터 달을 보면 달이 두 세 조각으로 보이고 별을 보면 별이 일자(一字) 모양으로 보이고 사람을 보면 한 사람이 두 사람으로 보인다. 신묘년(1771)에 아버지 3년상을 치르고 신축년(1781)에 어머니 3년상을 치름에 이르러 앞뒤로 두풍(頭風)이 크게 일어나 두건이 크게 뜨겁고 땀이 배었다. 병오년(1786) 전의현감으로 부임하여 눈이 점점 어두워져 서압(署押)을 하기도 어렵게 되었으니 대개 본병(本病) 이외에 주묵정사(朱墨政事)에 대한 노고가 더해졌기 때문이다. 금년 여름에 벼슬을 그만두고 고향으로 돌아오니 날로 달로 더하여 11월 초1일간부터는 왼쪽 눈이 비로소 완전히 어두워진 것을 느끼게 되었고 보름 후에는 오른쪽 눈도 차례로 밝지 않게 되었다. 스스로 생각해보니 이것은 40년 손상(損傷)이 쌓여서 빌미가 된 것이다. 내가 소시에 영광(靈光)의 유노인(柳老人) 명상(明象)에게 나의 대자미명격(大紫微命格)을 평한 것을 들었는데 "만년에 반드시 실명(失明)할 것이다"라고 하였으니 천명이 그러하니 다시 무엇을 탓하리오. 다만 아버지의 행장을 임진년(1772)에 유고를 편찬하면서부터 마음속에 생각하지 않음이 없었는데 옛 사람에 구양영숙(歐陽永叔, 歐陽修) 같은 이가 선인(先人)의 「상강천표(瀧江阡表)」를 짓는데 오히려 만년을 기다렸으니 대개 반드시 나이가 들고 식견이 나아진 이후에 바야흐로 유언(遺言)과 유사(遺事)를 써야 할 것과 쓰지 않아야 할 것을 분변하여 후세에 전하여 기롱을 받지 않기 때문이다. 소자(小子)가 그윽이 이러한 뜻이 있어 지체하고 머뭇거림을 면하지 못하였다. 병오년(1786) 겨울 이후로 눈이 더욱 어두워지고 마음이 더욱 두려워져 이미 관재(官齋)사이에 유고(遺稿)를 넣어두고 한번도 유념하여 붓을 대지 못하고 마침내 두 눈이 이렇게 되었다. 이 뿐만이 아니라 고학(古學)을 마음에 두고 난초(亂草)가 서가에 가득 차 있는데도 수개(修改)하지 못하고 달로 해로 쌓이어 가는데도 서수(書手)가 없어 미처 정리하지 못하는 것이 괴롭고 병이 이에 저지하니 이 또한 나의 자손의 천고(千古)의 한 가지 한(恨)일 테니 어찌하겠는가."[75]

황윤석은 1789년(정조 13) 10월 22일에 오른쪽 눈이 더욱 어두워짐을

75 『頤齋亂藁』 제8책, 권41, 11월 21일, 自叙說. "余少時, 讀書寫字, 候星占月, 登高望遠, 明燈達夜, 勞心費力, 其於經書史集, 心性理氣, 聲音篆隷圖畫醫藥象數, 一切九流百家, 無非思索之地, 已嘗苦頭目眩暈矣. 乙酉丙戌間, 撰先世行狀, 數月而畢, 則始有看一成二之病, 自是見月, 則月成數三片, 見星則星成一字樣, 見人則一人成二人, 至辛卯草土三年, 辛丑又草土三年, 則前後頭風大發, 喪巾大熱汗, 丙午七月, 赴官全義因漸目昏, 難於署押, 盖本病以外, 添以朱墨政事之勞故也. 今夏罷歸, 日增月加, 自十一月初一日間, 左目始覺全瞖, 望後, 右目亦次第不明, 自念此是四十餘年, 積傷所祟. 抑少時聞靈光柳叟明象, 評余大紫微命格, 曰晩必失明, 天命使然, 尙復何恨? 但先子行狀, 自壬辰脩遺藁以來, 非不念念結轄, 而古人如歐陽永叔, 作其先人瀧岡阡表, 猶待晩年, 盖必年進識進, 然後方可有辨於遺言遺事可書不可書之際, 而示後世無譏也. 小子, 竊有此意, 不免遲留, 自丙午冬後, 則目益昏心益懼, 旣封致遺稿于官齋, 間一留念, 多拘未及下筆, 而卒雙昏如此, 不惟是也, 古學經心, 亂草盈架, 不住脩改, 月添年增, 苦無書手, 未及裒理, 而病乃沮之, 此又吾子孫千古一恨也, 奈何?"

느끼었다. 그는 10월 28일 새벽에 꿈을 꾸면서 「자만(自挽)」 일률(一律)을 지었다. 그 중의 일부는 아래와 같다.

> 현인(賢人)이 되기를 바램은 평생의 일이었고
>
> 나라를 걱정함은 만년의 마음이었네

황윤석은 꿈을 깨고 나서 이승에 오래 머물지 못하겠다는 것을 느꼈다.[76]

2) 학계활동

18세기 기호학계는 권상하(權尙夏)의 문하에서 심성(心性)에 대한 학설의 차이로 크게 양분되었다. 바로 이간(李柬)과 한원진(韓元震)이 그 대표적인 학자이다. 이간과 한원진이 모두 충청도 출신이나 이간의 학설을 지지하는 사람이 서울과 경기지역에 많았기 때문에 낙론이라 부르고 한원진 계열은 호론이라 불렀다.

그런데 낙론이나 호론이 송시열을 존숭하는 측면에서는 차이가 크지 않았다. 따라서 송시열을 모신 화양서원에 대한 관심도 자연 클 수밖에 없었다. 윤봉구(尹鳳九)는 한원진과 함께 권상하의 제자로 당시 호론을 대표하는 학자였다. 「화양서원묘정비명(華陽書院廟庭碑銘)」은 호론의 학자

---

76 『頤齋亂藁』 제8책, 권44, 기유 10월 29일 340쪽.

윤봉구가 지었다. 그가 기호유림의 본거지인 화양서원의 묘정비명을 지었다는 것은 중요한 의미를 지닌다. 따라서 호론의 입장에서는 윤봉구가 지은 비문을 세우는 것은 너무나 당연한 일이었다.

이때 낙론의 김원행이 화양서원 원장으로 있었는데 윤봉구가 지은 글에 미안(未安)한 부분이 많다고 하여 송덕상(宋德相)과 상의하여 비를 세우는 일을 정지하게 하였다. 김원행은 채백휴(蔡百休) 등에게 이런 사실을 알려 비를 세우는 역사를 정지하게 하였다.

윤봉구는 「화양서원묘정비명」을 지으면서 송시열이 「자운서원묘정비명(紫雲書院廟庭碑銘)」을 지은 예(例)를 사용했고, 또 송시열의 "단맛이 비록 토(土)에 속하나 꿀이 어찌 신(信)을 성(性)으로 하고 있다고 하겠는가[甘雖屬土, 蜜豈性信]"라는 말을 인용하여 호론의 심성설(心性說)이 송시열의 심결(心訣)에서 나왔다고 하였다. 즉 윤봉구는 "감수속토(甘雖屬土), 밀기성신(蜜豈性信)"이란 말을 인(人)과 물(物)의 성(性)이 다르고, 이(理)는 같으나 성(性)은 다르다[理同性異]는 것의 증거로 삼았다.[77] 더욱이 윤봉구는 「제우암송선생천장문(祭尤庵宋先生遷葬文)」에 '이동성이(理同性異)' 네 글자로 호론의 인성(人性)과 물성(物性)이 다르다는 주장을 분명히 하였다.[78]

그러나 김원행은 자운서원(紫雲書院)의 경우는 이이(李珥)의 산소와 가

77 『頤齋亂稿』 제7책, 권37, 병오 3월 2일 179쪽.

78 『屛溪集』 권46, 祭文, 祭尤菴宋先生遷葬文. "惟理氣說, 從古紛然. 或有後先, 或無後先. 或有動靜, 或無動靜. 先王嘲告, 一言以正. 從理從氣, 從源從流. 後先動靜, 有無有由. 曰心與性, 心氣性理. 不離不雜, 如器盛水. 雖混若一, 其實則二. 性卽理爾, 理同性異. 其異何也? 氣異之故. 五氣成物, 理各皆具. 惟人五常, 虛靈所賦. 其在偏塞, 名實相舛. 甘雖屬土, 蜜豈性信? 此其本然, 非氣質性. 兼氣質言, 有善惡幷. 性乘心發, 發初爲情. 隨其淸濁, 善惡斯萌. 此善彼惡, 知由靈明. 緣情計較, 意以爲名. 爲去之實, 始謂意誠. 悠悠汎汎, 最爲心病. 要其用正, 宜莫如敬. 未發爲中, 狀性之德. 猶難名善, 矧可言惡? 氣在此時, 亦自澄瀅."

까운 거리에 있어 진실로 신도비체(神道碑體)를 겸하여 쓸 수 있지만, 화양서원은 자운서원과 다르다고 하였다. 그는 화양서원에는 만동묘(萬東廟)가 있고 송시열의 의리는 또한 존주(尊周)보다 더 큰 것이 없으니 이 글에서는 오직 마땅히 춘추대의(春秋大義)를 서술할 뿐이라고 하였다. 하물며 심성(心性)의 설은 비명(碑銘)에 이른 "감수속토, 밀기성신"이라는 말이 과연 송시열의 본의에서 나온 것인지 알 수 없으니 이것을 후세에 전하는 것이 또한 미안할 따름이라고 하였다.

1769년 10월 23일 강필언(姜弼言, 윤봉구의 문인)이 성균관 장의로써 몰래 화양서원에 통문을 보내어 김원행을 비판하였다. 이 통문에는 "(김원행이) 스스로 글을 대신 지어 새기고자 한다"는 말이 있었다. 이러한 말은 김원행의 낙론 측에서 볼 때는 도저히 이해할 수 없는 것이었다.

이에 김원행의 문인들은 대책을 논의하였다. 황윤석은 김원행의 조카 김이현(金履顯, 생원)과 서유방(徐有防, 생원)을 방문하였다. 여기에는 이재(李縡)의 손자 이래(李來)도 자리를 함께하여 먼저 수복(首僕)이 베낀 통문을 구해 보았다. 김이현과 서유방은 황윤석에게 통문을 발송할 필요성을 제기하였다. 그런데 강필언이 바로 장의에서 교체되고 거재(居齋)하지 않고 몰래 통문을 보낸 것으로 판명이 나자 대응할 명분이 적어졌다. 그러나 황윤석은 이 일에 대한 처치는 논변을 해야 하며, 그렇지 않으면 미안한 일이라고 하였다. 그는 강필언이 낸 통문이 비록 도통(盜通)이라 할지라도 지금 화양서원에서 알고 있으며, 김원행이 알고 있으며, 김탄행(金坦行, 김원행 동생)이 알고 있으며, 김이안(金履安, 김원행 아들)이 알고 있으며, 사림이 모두 알고 있으니 결국은 성균관 유생들도 차례로 들을 것이라고 하였다. 따라서 자제와 문생으로서는 도통이라고 하여 그냥 넘어갈 수는 없다고 하였다. 황윤석은 대사성으로부터 먼저 수복 이인관(李仁觀)

이 스스로 몰래 통문을 쓴 죄를 다스리고, 또 강필언을 부황(付黃)이나 명고(鳴鼓)의 벌에 처하되 다만 도통 두 글자를 거론하여 논죄하자고 하였다.[79]

한편 10월 27일 서유린(徐有隣, 교리) · 서유방 형제는 황윤석에게 편지를 보내어 강필언의 도통에 대응하는 것은 온당하지 않다고 말하였다. 10월 28일 김원행은 자기의 문인들에게 통문을 발송하여 대응하는 일에 참여하지 못하게 했다. 사실 김원행의 입장에서도 심성론은 윤봉구와 달리했지만 윤봉구가 나이와 지위가 선배의 열에 있었기 때문에 존경을 하고 있었다. 그리고 황윤석의 입장에서도 스승 김원행의 당부도 있었지만 윤봉구는 아버지가 평소에 존경했던 사람이었기 때문이었다. 그리고 자신이 벼슬에 있는 몸으로 사론(士論)에 참여하지 못하는 형편이었다. 그래서 다만 침묵을 지키고 변론하지 않고 공의(公議)가 일어나기를 기다리기로 하였다.[80]

황윤석은 12월 12일에 채백휴를 만났다. 그는 성균관에서 나온 통문은 이미 화평의 뜻이 없고 시비를 논할 것 없이 바로 수복과 더불어 사사로이 반촌(泮村)에서 베껴 써서 여러 선비들에게 알리지도 않고 마침내 충청도로 전해져 지체됨이 없어 불행스런 사태가 발생하였다고 하였다.

황윤석은 유림(儒林)의 분열이 지금보다 심한 적이 없었는데 사리(事理)로써 말하면 피차를 논할 것 없이 조금 다름이 있으나 진실로 송시열을 존숭할 줄 안다면 마땅히 서로 더불어 보합(保合)할 뿐이라고 하였다.[81]

---

79 『頤齋亂藁』 제2책, 권13, 기축 10월 23일 594-595쪽.
80 『頤齋亂稿』 제2책, 권13, 기축 10월 28일 601쪽.
81 『頤齋亂藁』 제2책, 권13, 기축 12월 12일 659쪽.

그런데 호론의 낙론에 대한 압박은 더욱 거세졌다. 홍양해(洪量海)의 동생 홍이해(洪理海)는 1770년에 통문을 발송하여[82] 김원행을 비난하였다. 이에 대해 김원행은 일소(一笑)에 붙이고 화양서원에 대한 일은 거론하지 못하게 하였다.[83]

황윤석은 당대에 노론으로 조정과 산림(山林)을 논할 것 없이 각각 문호(門戶)를 세워 동실에서 싸우는 것이 극도에 달했다고 보았다. 그는 조정에서 세리(勢利)를 서로 뺏기 위해 싸우는 것도 한심한데, 산림에 있는 학자들이 서로 공격하는 것을 매우 못마땅해 하였다. 그는 주(周)나라 말기에 백가(百家)가 쟁명(爭鳴)하자 공자의 도(道)가 은미하게 되었는데 동중서(董仲舒)가 나와서 춘추대일통(春秋大一統)에 의거하여 육경(六經)을 드러내자 한무제(漢武帝)가 이를 받아들여 이로부터 천하 후세가 감히 이의를 달지 못하고 공자의 도가 비로소 높아졌다고 하였다. 그는 조선 효종·숙종 연간에 국왕으로부터 조정에 이르기까지 일체 송시열(宋時烈)과 송준길(宋浚吉)을 종주(宗主)로 삼았는데, 비록 혹 이의(異議)가 있었으나 온나라 선비들이 모두 따라서 거의 하나로 돌아갈 수 있었다고 하였다. 그런데 지금은 그렇지 못하여 산림의 이름을 세상에서 싫어하고 억누름을 당하는 바가 되어 비록 한시대의 장자(長者)의 도학문장(道學文章)의 성함으로도 어찌할 수 없어 일통(一統) 두 글자가 없어져 버렸다고 하였다. 그는 조정이 산림에게 자문을 받으면 조정이 맑아지는데 지금 조정에는 이러한 것을 아는 사람이 없는 것 같다고 하였다. 황윤석은 노론 이외의 정파가 이익을 취하는 자가 있을까 봐 두렵다고 하면서 장차 노론정국에

82 이 통문은 洪量海가 작성했다고 한다(『頤齋亂藁』 제3책, 권15, 경인 7월 16일 327쪽).
83 『頤齋亂藁』 제3책, 권15, 경인 6월 18일 284쪽.

대한 정치적 붕괴의 우려를 하였다.[84]

사실 채제공(蔡濟恭)은 1781년 새로 과거에 급제한 남인들을 위하여 500냥을 내놓았고 직접 급제자를 방문하며 위로하고 있었다. 황윤석은 이러한 모습을 보면서 남인이 정권에서 실세한지 80년이 지나 동류(同類)를 수습하는 모습으로 받아들였다. 그런 반면 노론 당로자는 동류를 대하기를 길가는 사람처럼 볼 뿐만 아니라 일가의 지친도 범상하게 보고 있었다. 노론들은 조정에 있든 재야에 있든 천 갈래 만 갈래로 쪼개져 서로 알력을 하고 있다고 보았다.[85] 그리고 새로 급제한 인물에 대해서도 돌보아 도와주기를 생각하지 않을 뿐만 아니라 보통 축하한다는 말도 사람을 보내 전하는 것조차도 즐겨하지 않는다고 하였다. 그러면서 밤낮으로 급급하게 바라는 것은 과환(科宦)을 도모하고 문호(門戶)를 열어 남인·소론·북인을 자기세력으로 끌어들여 그 문하에서 나오게 하고자 하는 것이라고 하였다. 그리하여 노론에서는 이것을 '탕평(蕩平)'이라고 이르고 '포용(包容)'이라고 이른다고 비판하였다.[86]

84 『頤齋亂藁』 제3책, 권16, 경인 11월 15일 454-455쪽.
85 『頤齋亂藁』 제3책, 권17, 신묘 3월 20일 595쪽; 권18, 4월 8일 637쪽.
86 『頤齋亂藁』 제3책, 권17, 신묘 3월 20일 595쪽.

4. 황윤석의 학문과 사상경향

1) 이학적(理學的) 사상경향

18세기 호락논쟁은 기호학계의 송시열－권상하의 적전(嫡傳)을 누가 계승하느냐는 문제가 내재되어 있었다. 특히 정치와 학문이 분리되기 시작하면서 정계에서 멀어져가는 호론 측에서는 기호학계의 적전을 더욱 굳게 견지하려고 하였다.[87]

황윤석은 성리학자로 출발하였다. 그는 성즉리(性卽理)의 성리학의 명제를 철저히 신봉하였다. 그는 이(理), 기(氣), 질(質)에 대하여 설명하였다. 천지사이에는 다만 이(理), 기(氣), 질(質) 세 개일 뿐이다. 질(質)은 기(氣)가 쌓여서 이루어진 것이니 이 기(氣)는 더욱 드러난다. 기(氣)는 이(理)에 견주면 비록 약간 찌꺼기가 있으나 오히려 질(質)이 형적(形跡)이 있는 것과 같지는 않다. 이(理)는 가장 형적과 찌꺼기가 없고 지극히 정밀하고 지극히 묘한데 기(氣)를 타고 용(用)이 되는 것이다. 그러므로 기(氣)가 쌓여서 질(質)이 되는 데 이(理) 또한 있는 것이다. 사람으로서 말하면 신체와 혈육은 다 질(質)이고 한열호흡(寒熱呼吸)은 모두 기이고 인의예지(仁義禮智)와 같은 따위는 곧 이(理)이다. 기(氣)와 질(質)은 서로 가까우나 이(理)는 더욱 은미하다. 심(心)은 이(理)와 기(氣)를 머금고 있다. 질(質)은 심(心)의 껍질이 되고, 심(心)은 또한 성(性)의 껍질이 된다. 이(理)는 형(形)이 없으나 도리어 매우 실(實)하니 임금에게 충성하고 어버이에게 효도하는 것과

87 황윤석은 호락학파의 학문적·정치적 분열양상을 간명하게 정리하여 제시하였다(『頤齋亂藁』 제5책, 권26, 記湖洛二學始末, 236-238쪽).

같은 것은 모든 행실의 중선(衆善)인데 각각 노맥(路脉)이 있어 본연(本然)이 아닌 것이 없고 실(實)은 오성(五性)에서 벗어나지 않으니 이것은 당연하여 바뀌지 않는 이(理)이다. 그러므로 성(性)은 곧 이(理)이다라고 하였다.[88]

이와 같이 황윤석은 성즉리(性卽理)의 학설을 철저히 견지하였다. 그러면서 그는 심(心)과 기(氣)는 차이가 있는 것으로 이해하였다. 조선 후기 기호학계 내에서는 이이가 심(心)을 기(氣)로 보았고, 한원진이 심(心)을 기질(氣質)로 보았는데, 황윤석은 성즉리(性卽理)를 지지하고 심설(心說)에 대해서 한원진 등과는 다른 견해를 가지고 있었다.

황윤석은 고문(古文)의 마음 심(心)자에 대한 새로운 해석을 시도하였다. 그는 심(心)자의 중앙에 있는 둥근 점(點)은 성(性)을 상징하고 왼쪽과 오른쪽의 두 획이 굴곡된 것은 선(善)과 악(惡)을 상징하고 점 아래의 대야처럼 생긴 것은 기(氣)를 상징하고 그 아래 세로로 그어진 것은 정(情)을 상징한다고 하였다. 성(性)은 곧 이(理)이니 이(理)가 기(氣)를 타고서야 발(發)하므로 기(氣)를 상징하는 것이 성(性)을 상징하는 점 아래에 있고 정(情)을 상징하는 것이 기(氣)를 상징하는 것 아래에 있다고 하였다. 그리고 이(理)가 기(氣)를 타서 발용(發用)한 연후에 선(善)과 악(惡)이 나누어지기 때문에 선과 악을 상징하는 왼쪽과 오른쪽의 굴곡된 두 획이 성(性)을 상징하는 점과 기(氣)를 상징하는 것과 정(情)을 상징하는 것의 밖에 있으니 이것은 이미 발(發)한 후에 선과 악이 나타난다는 것을 의미한다고 하였다.[89]

---

88 『頤齋亂藁』 제1책, 권1, 甲子, 讀太極圖 4쪽.
89 『頤齋亂藁』 제1책, 丁卯, 雜識, 古文心字([illegible]) 55쪽. “當中一點・象性, 左右二畫之屈曲[illegible]

이와 같이 황윤석은 마음 심(心)자를 해석하여 성즉리를 확인하고 이(理)가 기(氣)를 타고 발하는 것으로 설명하였다. 이미 조선 초기에 권근(權近)이 「천인심성합일지도(天人心性合一之圖)」에서 초학들이 쉽게 이해하도록 하기 위해 마음 심(心)자에 대한 분석을 지나치게 하여 설명을 한 적이 있었다. 그러나 그 당시에는 아직 성리학에 대한 철학적 이해가 깊지 못하였는데 황윤석은 성즉리의 성리학적인 기본 입장을 견지하면서도 이황과 이이에 의해 이루어진 학문적 업적을 수용하여 설명하고 있다.

그러면 우선 인성(人性)과 물성(物性)의 동이(同異)에 대한 황윤석의 견해를 살펴보자. 황윤석은 20대 초반에 당대 기호학계의 주요 쟁점인 인물성동이론에 대해 자신의 의견을 피력하였다.[90] 그가 인물성동이에 대해 처음 관심을 갖게 된 것은 1748년 봄이었다. 그는 이때 처가에 머물고 있었는데 정진혁(丁震爀)이 회덕에서 돌아와 이재(李縡)와 한원진(韓元震)이 논쟁한 문자를 보여 주었고 정진혁이 편지로 견해를 물어옴에 따라 자연히 관심을 갖게 되었다.

황윤석은 대개 음양오행(陰陽五行)이 만물을 화생(化生)하니 이것은 천(天)이 명(命)한 바이고 인(人)과 물(物)이 함께 얻은 바라고 하였다. 이것은 본연(本然)의 체(體)로 진실로 선(善)하지 않음이 없고 또한 동이(同異)를 말할 수 없다고 하였다. 그러나 이 이(理)는 공중에 매달려 독립하여 있는 것이 아니라 반드시 형질(形質)이 이루어지기를 기다린 연후에 머무

象善惡, 下㇃象氣, 其下丨象情. 性卽理也. 理乘氣而乃發. 故㇃次於·, 丨次於㇃也. 理乘氣發用, 然後善惡分焉. 故乙在於[illegible]之外也. 已發之後, 善惡形也."

90 『頤齋遺稿』 권6, 書, 答丁丈垕書 己巳.

를 곳이 있으니 이른바 기(氣)라는 것이 형(形)을 이루는 바라고 하였다. 이 기(氣)가 유행(流行)하여 이미 형(形)을 이루면 하늘이 명(命)한 바의 이(理)가 또한 따라서 그 속에 갖추어지고 이것의 이면에 떨어지지 않는다고 하였다.

황윤석은 비록 그렇지만 이(理)는 무위(無爲)이고 기(氣)는 유위(有爲)인데 기가 청(淸)하고 수(粹)하고 정(正)하면 이(理)도 그와 같게 되며, 기(氣)가 탁(濁)하고 박(駁)하고 편(偏)하면 이(理)도 따라서 그렇게 된다고 하였다. 그러므로 인(人)과 물(物)이 태어남에 물(物)은 그 탁(濁)하고 박(駁)하고 편(偏)한 것을 얻어서 물(物)이 되고 인(人)은 그 청(淸)하고 수(粹)하고 정(正)한 것을 얻어서 인(人)이 되니 이것이 진실로 인(人)과 물(物)이 같지 않은 까닭이고 그 이와 같은 까닭의 단서는 기(氣)가 발(發)함에 이(理)가 따른다는 한 가지 길에 말미암는다고 하였다.

그리고 이(理)가 혹 정(正)하고 혹 정(正)하지 않는 것이 실로 기(氣)가 어떻게 작용하느냐에 말미암는다면, 이 어찌 본연(本然)의 성(性)이 이와 같겠는가라고 하였다. 그것은 또한 기질(氣質)의 위에 떨어져서 한결같이 얻은 바의 분수(分數)를 따라서 그러할 뿐이고 이것이 기질지성(氣質之性)의 설이라고 하였다.

황윤석은 견우인(犬牛人)의 성(性)이 같지 않다는 사실에 대해 언급하였다. 사람이 태어남에는 그 기(氣)의 온전함을 얻으니 이것은 마땅히 행해야 할 이(理)이고 사람의 사이에도 많고 적은 현상이 있다고 하였다. 혹 인(仁)에 치우쳐서 측은(惻隱)을 오로지하는 자는 목기(木氣)를 많이 얻었고 혹 의(義)에 치우쳐서 수오(羞惡)를 오로지하는 자는 금기(金氣)를 많이 얻는 따위와 같다는 것이다. 그런 반면 물은 기의 온전함을 얻지 못하여 이지러지거나 모자람이 있다고 보았다. 새는 날 수 있지만 달리지 못하고 짐승은 달릴 수 있지만 날지 못한다. 동물과 식물이 종류가 다르고 발로 차고 물어뜯는 것이 능력이 다른 것은 대개 얻은 바의 기(氣)에 인하여 각각 치우친 바가 있지 않음이 없으니 성(性)이 이 기(氣)의 위에 붙어 있는 것도 어찌 따라서 다르지 않겠으며, 각각 그 품부 받은 바를 온전히 하겠는가라고 하였다. 그러므로 견(犬)의 성(性)과 우(牛)의 성(性)이 같지 않고 우(牛)의 성(性)과 견(犬)의 성(性)이 같지 않으니 본연(本然)의 성(性)이 다른 것이 아니라 기질(氣質)의 속에 있는 것이 부득불 다르다고 하였다. 이것은 만물이 각각 하나의 태극(太極)의 이(理)를 갖추고 있는 것이고 또한 오행(五行)이 각각 그 성(性)을 한가지로 한다는 설과 길은 다르나 똑같은 곳으로 돌아간다는 것이라 하였다.

황윤석은 만약 견우인(犬牛人)의 성(性)이 같지 않다는 것이 진실로 본연(本然)의 체(體)에서 나왔고 기질(氣質)이 아니라고 말한다면 맹자가 무엇 때문에 같지 않다고 논했겠는가라고 하였다. 또한 입만 열면 문득 성선(性善)을 말했으니 이것은 특별히 본원(本原)의 위에 나아가서 말한 것이었다. 만약 이 장(章)으로 말한다면 견우인(犬牛人)의 성(性)이 어찌 또한 선(善)하다고 이르겠는가. 사람의 성(性)은 본래 선(善)하지만 또한 어찌 기질(氣質)의 치우침이 있지 않다고 말할 수 있겠는가. 황윤석은 여기에서는 결코 본연지성(本然之性)으로 설을 삼지 않고 기질지성(氣質之性)으로 섞어서 말한 것이라고 하였다.

황윤석은 송시열의 설을 비록 보지는 못했으나 생각해보면 "입만 열면 문득 성을 말했다[開口輒說性善]"는 것으로 맹자의 대지(大旨)를 다 말했다고는 하지는 않았을 것이라 하였다. 그리고 이 장(章)에서는 또한 오로지 성선(性善)를 말하고 기질(氣質)을 말하지 않았다고 한 말은 아닐 것이라 하였다.[91]

황윤석은 김원행에게 이재(李縡)와 한원진(韓元震)의 학설에 대하여 질의하였다. 김원행은 1764년 7월 25일 황윤석에게 심(心)과 오상(五常)에 대해 설명하였다. 김원행은 천하의 같은 것은 모두 이(理)이고 같지 않는 것은 모두 기(氣)이다. 또한 심(心)자와 같은 것은 권상하 이후 처음부터 끝까지 기질(氣質)로 보고 있지만 주자가 본디 이르기를 심(心)은 기(氣)의 영처(靈處)라고 말했으니 이것은 오로지 기(氣)를 주로 하여 말한 것은 아니다. 하물며 주자가 또한 이르기를 심(心)을 성(性)에 견주면 은미하게 자취가 있고 기(氣)에 견주면 자연히 또한 영(靈)하다고 했으니 견준다는 것은 이것으로써 저것을 비교한다는 것을 말한다. 하나는 이것이고 하나는 저것인 연후에 서로 비교한다고 할 수 있다. 이것으로써 말한다면 심(心)을 어찌 기(氣)라고 말하겠는가. 기에 나아가서 영처(靈處)를 가리켜서 말할 따름이라고 하였다.[92]

김원행은 맹자의 성선론(性善論)을 굳게 고수하는 것은 말할 것도 없고 심(心)의 본체는 선(善)하다고 보는 입장이었다. 그런데 당시 기호학계에는 심(心)에 대해서는 크게 세 가지의 학설이 제출되어 있었다. 우선 호론의 한원진과 윤봉구는 심(心)에는 선악(善惡)이 있고 미발(未發) 전에 숙(淑)과 특(慝)의 씨앗이 있다고 생각하였다. 그런 반면 낙론의 이재는 심(心)의 이(理)는 일(一)이나 기(氣)는 두 가지로 나누어 볼 수 있다고 생각하였다.[93] 김원행은 이재의 학설이 한원진을 복종시키지 못한 것은 바로 심(心)

---

91 『頤齋遺藁』 권6, 書, 答丁丈㕓書 己巳.

92 『頤齋亂藁』 제1책, 권4, 갑신 5월 23일 363쪽; 『頤齋遺藁續』 권6, 雜著, 渼上錄 31쪽.

93 李縡의 학설을 계승한 호남의 楊應秀는 心에는 本然의 氣와 血氣의 精英이 있다고 보았다. 그는 蔡之洪(洛論)은 本然의 氣가 純善이라는 것을 알고 血氣의 精英이 온전히 善한 것은 아니라는 것을 알지 못했고, 湖論에서는 血氣의 精英을 心의 本體로 알고 本然의 氣가 純一不雜하다는 것을 알지 못했다고 비판하였다(『白水文集』 白水年譜 丁卯).

에 두 기(氣)가 있을 수 있다는 여지를 남겨놓은 때문이고 실제로 이재(李縡)의 문인 양응수(楊應秀) 등이 드디어 '심(心)에 두 기(氣)가 있다'고 주장하게 되었다는 것이다.[94] 김원행은 '심(心)에 두 기(氣)가 있다'는 양응수의 심설을 시(詩)로써 비판하기도 하였다.[95]

황윤석은 김원행의 문하에서 『대학』과 『중용』에 대한 강론을 통해 심성에 대해 깊이 사색하였다. 그는 1764년 5월 24일 강론에서 명덕(明德)에 대해 자신의 의견을 피력하고 김원행에게 질의하였다. 황윤석은 천지명명(天之明命)의 명(命)은 이(理)인데 그것을 사람이 덕(德)으로 삼는 바라고 말하므로 사람들이 명덕을 성(性)으로 인식하게 되는 것이 혹 여기에서 기인하는 것이 아닌가라고 하였다.[96] 황윤석은 주희가 명덕을 설명하면서 이른바 구중리(具衆理) 한 구절은 진실로 성(性)으로 말한 것이고 응만사(應萬事) 한 구절은 정(情)으로 말한 것인가라고 문제를 제기한 뒤, 정

94 『頤齋亂藁』 제1책, 권2, 병자 9월 29일 165-166쪽. 당시 호남에는 李縡의 문인 楊應秀가 "心에는 두 氣가 있다"는 설을 주장하였다(『白水文集』 권16, 詩, 感興. "欲識心中含二氣, 須從發處辨公私. 公心本自陽神出, 私意却從血氣馳. 血氣從時多有失, 陽神率去自無危. 丁寧精一相傳地, 先聖之心卽可知."; 和渼湖金元行心詩. "嗜欲之心出自人, 良心本體卽夫神. 心如只是一神氣, 人道分言恐未眞."). 善惡이 分歧하는 곳에 아마 善은 理의 直遂者이나 惡 또한 理라고 말하지 않을 수 없다고 하였다. 이 理字는 마땅히 惡一邊의 氣 위의 理字라고 말해야 하고 이와 같지 않으면 惡이 비록 善에 反한 것일지라도 어찌 뿌리가 없는데 생긴 것이겠는가. 반드시 理의 源頭處에는 이 두 싹이 있다고 하였다. 그러므로 程子는 善惡이 모두 理가 있다고 하였고 또 사람이 氣象이 생김에 理에 善惡이 있다고 하였다(『頤齋亂藁』 제1책, 권4, 을유 1월 21일 438쪽).

95 『渼湖集』 권1, 詩, 觀楊季達應秀心有二氣吟尹屛溪鳳九丈氣質指心之說口號示諸生且竢知者質焉楊詩云欲識心中有二氣須從情意卞公私公爲天地本然氣私是人生形氣來尹丈說見寒水齋集序中. "不分天地與人身, 有氣元來自有神. 氣有萬般神則一, 超然形外是心眞. 心體初非有二氣, 發爲情處見公私. 請從未發觀眞面, 一點何曾雜氣來."

96 明德을 理로 볼 것인가 氣로 볼 것인가 하는 논의는 19세기에 洪直弼 학맥과 李恒老 학맥 사이에 본격적으로 일어났다. 이때 明德을 性으로 보기 보다는 心으로 보되 理를 위주로 볼 것인가 氣를 위주로 볼 것인가라는 차이가 있다. 황윤석인 속한 학맥은 明德을 心으로 보되 그 心을 理를 위주로 보지 않고 氣의 精爽(靈明)으로 보았다.

이(程頤)가 다만 '성(性)은 곧 이(理)'라고 말했고 정((情)은 곧 일[事]이라고 말하지 않았다고 하였다. 그러나 황윤석은 위의 구중리(具衆理) 한 구절로 말하면 성(性)은 곧 이(理)인데, 성은 마음속에 있으니 구중리는 심(心)이 되는 것이 명백하다고 하였다.[97]

또한 황윤석은 25일 강론에서 "기명유신(其命維新)"에서 이 명(命)자는 기(氣)자의 의미를 지니고 있는 것으로 보아야하는가, 그렇지 않으면 "밝은 명(命)을 돌아보라"고 할 때의 명(命)자와 같은 것인가라고 질문하였다. 이에 대해 김원행은 "명명(明命)의 명(命)"은 이(理)이고 "기명유신(其命維新)"의 명(命)자는 이(理)의 필연(必然)한 것을 말한다고 하였다. 황윤석은 명(命)자는 오로지 이(理)로써 말하는 경우도 있고 기(氣)로써 겸하여 말하는 경우도 있는데 이 문단의 명(命)자는 아마 기(氣)를 겸하여 보는 것이 어떤가라고 하였다. 김원행은 무릇 이(理)자는 모두 기(氣)자 위에서 끄집어내어 말한 것이라고 하였다.[98]

황윤석이 석실서원(石室書院)에서 『대학』을 다 배우고 떠나려 하자 김원행은 황윤석에게 "학문은 쉬지 않는 것보다 더 큰 것이 없고 쉬지 않는 요점은 경(敬) 한 글자 보다 더 절실한 것이 없다"라고 하였다.[99]

한편 황윤석은 1764년 6월 16일 석실서원에서의 『중용』강회에 참여하여 자신의 견해를 다음과 같이 피력하였다.

---

97 『頤齋亂藁』 제1책, 권4, 갑신 5월 24일 366쪽.
98 『頤齋亂藁』 제1책, 권4, 갑신 5월 25일 367쪽.
99 『渼湖集』 권14, 雜著, 書示黃胤錫.

황윤석(黃胤錫) : 천(天)은 창창(蒼蒼)한 것으로써 말하는 경우도 있고 이(理)로써 말하는 경우도 있다. 지금 이 천명(天命)의 천(天)은 마땅히 무슨 뜻으로 보아야 하는가.

유한정(兪漢禎) : 아마 마땅히 우뚝하게 높이 있다는 뜻으로 보아야 한다.

홍낙진(洪樂眞) : 이 천(天)자는 천(天)의 명명(明命)을 돌아보라라고 할 때의 천과 아마 같은 것으로 보아야 할 것 같으니 또한 이기(理氣)를 겸하여 말한 것이겠구려.

박찬영(朴燦瑛) : 하늘에 있어서는 음양오행(陰陽五行)이 되고 사람에 있어서는 건순오상(健順五常)이 되니 음양오행이 이미 이기를 겸하여 말한 것인즉 건순오상이 성에 갖추어진 것은 또한 이기를 겸하여 말한 것인가.

황윤석 : 이(理)가 기(氣) 속에 있는 즉 태극(太極)이 음양오행과 더불어 본래 스스로 묘합(妙合)하여 사이가 없다. 다만 음양오행은 물(物)을 낳는 도구이다. 이 기(氣)가 모인 바에 물(物)이 각각 형(形)을 이루는데 스스로 이 이(理)가 있지 않음이 없다. 그러므로 이(理)가 또한 부여되었다고 말했으니 이 한 단락은 비록 먼저 기(氣)를 말했으나 마침내는 무게가 이(理)로 돌아간다. 그러므로 그 하단에 이른바 인물(人物)의 생(生)에서는 또한 기(氣)로써 말했다가 각각 그 부여받음을 얻어서 이로써 건순오상의 덕을 삼는다는 것은 이(理)로써 말했으니 대개 기(氣) 위에 나아가 본연(本然)의 이(理)를 끄집어내어 명명(明命)의 이(理)가 만물일원(萬物一原)이 되는 까닭을 밝힌 것일 따름이니 그 사실은 어찌 기 없는 이가 있으며 이 없는 기가 있겠는가. 이 뜻은 아마 이같이 설명해야 할 것이다.[100]

황윤석은 기(氣) 위에 나아가 이(理)를 파악해야 한다고 하였다. 이러한 그의 학문 태도는 김원행의 가르침을 받은 것으로 그 역시 이학(理學)의 측면에 확고하게 서 있다는 것을 말한다.

한편 황윤석은 김익휴(金益休)・서유방(徐有防)과 함께 1769년 1월 11일 김원행의 주재로 석실서원에서 『중용혹문(中庸或問)』의 '천명지위성(天命之謂性)'에 대해서 토론을 하였다. 황윤석은 우선 "천(天)이 음양오행(陰陽五行)으로 만물(萬物)을 화생(化生)함에 기(氣)로써 형(形)을 이루고 이(理) 또한 부여하였다[天以陰陽五行, 化生萬物, 氣以成形, 而理亦賦焉]"에서 이른바 천(天)자는 창창(蒼蒼)한 것으로 말한 것인가, 그렇지 않으면 이(理)로써 말한 것인가. 음양오행으로써 화생만물(化生萬物)한다는 것이 곧 하단에 이른바 '기이성형(氣以成形)'이라는 것인가. '기이성형(氣以成形)' 네 글자의 아래와 '이역부언(理亦賦焉)' 네 글자의 위에 하나의 '이(而)'라는 글자로써 사귀어 지나가게 했으니 이 '이(而)'라는 글자를 만약에 위와 아래를 나누어 끊은 것이라고 생각한다면 반드시 이기(理氣)의 선후(先後)가 있어 각자 일물(一物)이 되는 병통이 있을 것이라고 하였다.[101]

이에 대해 김원행은 이른바 천(天)이라는 것은 은미하게 창창(蒼蒼)과

---

100 『頤齋亂藁』 제1책, 권4, 갑신 6월 16일 385쪽. "黃胤錫曰天字, 有以蒼蒼言者, 有以理言者, 今此天命之天, 當作何義看? 兪漢禎曰恐當以穹然在上之義看. 洪樂眞曰此天字, 與顧諟天之明命之天, 恐作一般看, 亦以理氣兼言歟? 朴燦瑛曰在天爲陰陽五行, 在人爲健順五常, 陰陽五行, 旣兼理氣而言之, 則健順五常之具於性者, 亦可兼理氣而言之否? 胤錫曰理在氣中, 則太極之與陰陽五行, 本自妙合無間, 但陰陽五行, 生物之具也. 是氣所聚, 物各成形, 而莫不自有是理. 故曰理亦賦焉. 此一段, 雖先說氣, 而畢境歸重於理. 故其下段所謂人物之生, 是又以氣言, 而至於各得其所賦之理, 以爲健順五常之德, 則是又以理言. 蓋就氣上, 拈出本然之理, 以明天命之性爲萬物一原故耳, 其實豈有無氣之理無理之氣哉? 此義恐當如此說."

101 『頤齋亂藁』 제2책, 권12, 기축 3월 11일 345쪽.

이(理)를 거론한 것이고 두 물(物)이 아니다. 대개 주재부모(主宰父母)로써 천(天)이라고 이를 뿐이다. 기(氣)는 진실로 선후가 있다고 이를 수 있어 본래 일물(一物)이 아닌데 기이성형(氣以成形)하면 이(理) 또한 여기에서 벗어나지 못하니 '이역부언(理亦賦焉)'의 '역(亦)'자를 쓰게 된 묘(妙)를 알 수 있다고 하였다.

황윤석은 이른바 '이역부언'이라는 것은 곧바로 기(氣)로써 평(形)을 이루고 이(理)가 저절로 그 속에 있다는 것을 말하는 것인가라고 하였다. 김원행은 황윤석이 '저절로 그 속에 있다[自在其中]'라고 한 것은 좋은 말이다라고 인정하였다.

황윤석은 비록 인(人)과 인(人)은 본성이 같으나 인(人)과 물(物)은 본성이 다르다고 말하나, 성(性)은 곧 이(理)이니 이(理)는 일(一)일 뿐이다. 천지본연(天地本然)한 것으로써 말하면 일본(一本)일 뿐이다. 인과 물을 논할 것 없이 만약 본성이 같지 않다고 말하면 근본을 둘로 하는 것이니 이것에 나아가 말한다면 옛사람이 말한바 '물(物)의 성(性)을 다한다'는 것이 무엇 때문이겠는가. 이 설이 시행되면 반드시 그 유폐(流弊)가 있을 것이라고 하였다.

다음으로 호락논변의 주요 쟁점의 하나인 성인(聖人)와 범인(凡人)의 심체(心體)의 선악(善惡) 여부에 대한 황윤석의 이해를 살펴보자. 18세기 기호학계에는 심(心)에 대한 새로운 이해가 일어나고 있었다. 바로 심(心)을 기질(氣質)로 보는 견해가 그것이다. 심(心)을 어떻게 이해하느냐에 따라 심을 선(善)으로 볼 수도 있고 심을 선악이 함께하는 것으로 볼 수 있다. 이점은 당시 호락논쟁의 주요 쟁점중의 하나인 것이다.

황윤석은 김원행으로부터 이(理), 기(氣), 심(心)에 대하여 가르침을 받았다. 김원행은 천하의 같은 것은 이(理)이고, 같지 않는 것은 모두 기(氣)이다. 그리고 심(心)자는 권상하 이후 심을 기질(氣質)로 보아왔는데, 주자는 심을 기(氣)의 영처(靈處)로 보았으니 이것은 오로지 기를 주로 하여 말한 것은 아니라고 하였다. 또한 주자가 심은 기에 견주면 자연히 또한 영(靈)하다고 했는데 견준다는 것은 이것으로써 저것을 비교한다는 말이니 하나는 저것이고 하나는 이것이다라고 한 연후에 서로 비교할 수 있으니 이것으로써 말한다면 심은 기라고 말할 수 없고 기에 나아가 그 영처(靈處)를 지적하여 말할 따름이라고 하였다.[102]

한편 황윤석은 명덕(明德, 心)에 대하여 성인과 범인이 차이가 있다는 설에 대하여 반박하였다. 그는 이이의 어록에 나오는 '허령(虛靈)에 분수(分數)가 있다'는 설에 의거하여 호론이 명덕에 분수가 있다는 설을 주장하고 있다고 하면서, 『대학』에 "사람이 하늘에서 얻어서 허령불매(虛靈不昧)하여"라는 한 구절에 의거하면 성인과 범인이 구별이 없는 것 같다고 하였다. 그는 만약 성인과 범인이 스스로 구별이 있다고 하면 범인은 성인을 배울 수 없게 된다고 보았다.

그런데 만약 성인과 범인이 명덕이 다르지 않다면 사람이 모두 성인이니 오히려 배울 필요가 없다는 견해가 있을 수 있다. 이에 대해 황윤석은 "성인은 기(氣)가 맑고 질(質)이 순수하므로 명덕의 본체의 밝음이 그 온전함을 잃지 않지만, 범인은 기품에 얽매이고 물욕에 가려진 바가 되어 그 본체의 밝음을 온전히 하지 못하므로 반드시 배움을 기다린 뒤에 그 밝음을 회복할 수 있다고 하였다.

황윤석은 명덕은 이른바 본심(本心)인데 그 본체는 스스로 밝아 성인과

---

102 『頤齋亂藁』 제1책, 권4, 갑신 7월 25일 410쪽.

범인이라고 하여 다르지 않다고 보았다. 그러므로 비록 범인의 기가 탁(濁)하고 질이 박(駁)한 자라도 진실로 변화의 공을 다하면 본래 밝았던 것이 비록 때때로 어둡고 가려졌던 것이 이에 밝아진다고 하였다. 그는 만약에 본체에 다름이 있다면 장차 어떠한 방법으로 성인을 배우겠는가라고 하였다. 따라서 황윤석은 사람이 누구나 성인을 배울 수 있다는 것은 모두 명덕의 본체가 밝은 것이 같다는 데 있다고 하였다.[103]

황윤석은 인(人)과 물(物)의 차이, 성(聖)과 범(凡)의 구별은 모두 기질(氣質)의 부동(不同)에 말미암고, 그 성(性)과 심(心) 같은 것은 원두(原頭)에는 차이나 다름이 없다고 하였다. 만약에 인과 물이 본성이 같지 않고 성과 범이 본성이 같지 않다면 이것은 일등이 아니다. 또한 인(人)과 물(物)이 본성이 같지 않다면 어찌 인과 물의 성(性)을 극진히 하겠으며, 성과 범이 본심이 같지 않다면 어찌 기질을 변화시킬 수 있겠는가라고 하였다. 황윤석은 '명덕'에 대해서 사람의 본심이라고 하면서 만약에 성인과 범인의 본심이 각각 다르다면 주희가 명덕을 해석하면서 어찌 성인이 하늘로부터 얻은 바라고 말하지 않고 다만 사람이 하늘로부터 얻은 바라고 말했겠는가라고 하였다.[104]

황윤석은 낙론의 심성설(心性說)에 대하여 다음과 같이 정리하였다. 첫째 심(心)과 기(氣)는 구별이 있다. 둘째 기(氣)에서만 이(理)를 가리키면 본연(本然)의 성(性)이요 기(氣)로써 이(理)를 말하면 기질(氣質)의 성(性)이다. 셋째 명덕은 본심(本心)이다. 성범(聖凡)이 다름없이 한 가지이다. 넷째 오성(五性)은 인(人)과 물(物)이 하늘에서 부여받은 것은 같으나 다만 인(人)

---

103 『頤齋亂藁』 제1책, 권4, 을유 1월 21일 437쪽.
104 『頤齋亂藁』 제1책, 권5, 을유 12월 18일 502쪽.

은 추리의 능력이 있으나 물(物)은 추리의 능력이 없다고 보았다.

황윤석은 다음과 같이 낙론 성리설의 핵심을 가사로 읊었다.

> 허령(虛靈)하온 이내 본심(本心) 순선(純善)하온 이내 본성(本性)
> 본심은 성범(聖凡)이 한가지요 본성은 인물(人物)이 한가지니
> 엇디타 본심성(本心性) 골실(汨失)하여 지우극천(至愚極賤) 되올소냐[105]

여기서 주목해야 할 사실은 황윤석이 이미 인(人)과 물(物)의 본성이 같고 성인(聖人)와 범인(凡人)의 본심(本心)도 같다는 것을 대략 알고 있었으나, 기(氣)의 영처(靈處)를 심(心)이라고 하는 것은 스승 김원행이 발휘(發揮)하여 가르쳐 준 것으로 감히 잊을 수 없다고 하였다. 그런데 그는 『주자어류(朱子語類)』·『성리대전(性理大全)』 등을 두루 조사해보고, 뒤에 명말 학자 고반룡(高攀龍, 1562~1626, 호는 景逸)의 『양계유서(梁溪遺書)』를 보니 주희의 이 설로 주를 삼고 있다는 것을 알았다.[106] 따라서 황윤석의 이학적 사상경향을 명말의 사상계에서 활동한 인물과 관련하여 검토할 필요가 있다.

황윤석은 1769년 10월 4일에 시장에 나갔다가 명나라 동림파(東林派) 학자인 고반룡의 『양계유서』 2권을 샀다. 이 책은 조선에서 활자로 인쇄

105 『頤齋亂藁』 제6책, 권32, 기해 12월 16일, 木州雜歌.

106 『頤齋亂藁』 제2책, 권9, 무자 3월 21일 67쪽. 여기서 『遺書』는 高攀龍의 『梁溪遺書』를 가리키는 것으로 보인다. 현재 『梁溪遺書』 두 책이 국립중앙도서관에 소장되어 있다. 이 책은 고반룡의 『高子遺書』(文淵閣四庫全書 1292책 集部 231, 別集類)에서 권5까지를 뽑아서 간행한 것이다. 그리고 홍계희는 고헌성과 고반룡의 글을 모은 『顧高二先生遺書抄』를 편찬하기도 하였다. 이 책은 역시 현재 국립중앙도서관에 소장되어 있다.

한 것이었다. 그는 이 책을 사와 그날 밤 밤새도록 읽었다. 그는 이 책을 읽고 고반룡이 공부가 깊고 언어가 절실하고 기절(氣節)이 우뚝한 것에 깊이 공감하였다.[107] 이 책이 비록 조선에서 인쇄되었다고 해도 매우 귀한 책이었으므로 이형철(李衡喆, 생원)은 이 책을 베끼기 위해 황윤석에게 부탁하기도 하였다.[108] 황윤석은 1772년(영조 48) 5월 13일에도 고반룡의 「외심치심설(畏心恥心說)」을 읽고 스스로를 경계(警戒)하기도 하였다.[109]

고반룡은 고헌성(顧憲成)의 문인으로 명말에 주자학을 제창한 동림학파(東林學派)로 스승 고헌성의 뒤를 이어 동림서원(東林書院)에서 주자학을 가르치며, 경세치용(經世致用)의 학풍을 지향하였다. 그의 학문은 복성(復性)으로 종(宗)을 삼고 거경(居敬)과 궁리(窮理)의 병진(幷進)을 핵심으로 삼았다.[110]

황윤석은 『이학종전(理學宗傳)』을 읽고 명말 동림학파의 학설에 공감하였다. 1771년(영조 47) 6월 11일에 김성범(金聖範, 정언)이 『이학종전』 10책을 황윤석에게 보내왔다.[111] 이 책은 서울 사람이 팔려고 내놓은 책이었고 그 값이 4냥인데 황윤석은 1냥을 할인해 주면 좋겠다고 하였다. 그는

---

107 『頤齋亂藁』 제2책, 권13, 기축 10월 4일 572쪽.

108 『頤齋亂藁』 제2책, 권13, 기축 11월 2일 · 3일 606 · 608 · 609쪽.

109 『頤齋亂藁』 제4책, 권19, 임진 5월 13일 23쪽.

110 『理學宗傳』 권23, 高忠憲攀龍. 顧憲成과 高攀龍은 세칭 '顧高'로 불린다.

111 『頤齋亂藁』 제3책. 권18, 신묘 6월 11일 742쪽. 『理學宗傳』은 明末 淸初의 학자 孫奇逢(1584-1675)의 저서이다. 26권이다. 1666년에 孫奇逢 · 湯斌 · 張沐이 쓴 서문이 수록되어 있다. 권1에서 권11까지는 周敦頤 · 程顥 · 程頤 · 張載 · 邵雍 · 朱熹 · 陸九淵 · 薛瑄 · 王守仁 · 羅欽順 · 顧憲成 등 11명을 수록하고 있다. 권12에는 漢儒考, 권13은 隋儒考, 권14는 唐儒考, 권15～18은 宋儒考, 권20～25는 明儒考이다. 권26은 부록이다. 특히 이 책에서 11명(송대 7명, 명대 4명)의 학자를 理學의 宗統으로 드러낸 것이 특징인데 여기에 王守仁이 들어있어 명대 理學을 陽明學의 입장에서 이해하고 있음을 보여준다. 황윤석은 『이학종전』의 저자 손기봉을 자세하게 소개하고 있다(『頤齋亂藁』 제5책, 권25, 정유, 윤6월 12일 156쪽).

이 책이 강희(康熙) 초년에 청인(淸人)이 편집한 것이고 주돈이(周敦頤)로부터 명나라 말엽의 학자에 이르기까지 다루고 있으며 먼저 사실(事實)을 소개하고 다음으로 유문(遺文)과 유어(遺語)를 담고 있으며 육(陸)·왕(王) 일파가 많이 수록되어 있다고 하였다.[112]

황윤석은 이 책을 구입하여 아주 소중하게 생각하여 두개의 포갑(包匣)으로 만들어 한 포갑에 5책씩 넣어 보관하였다.[113] 그리고 평소 학문적으로 많은 가르침을 받았던 김용겸(金用謙)에게 빌려주기도 하였다.[114] 황윤석의 『이학종전』에 대한 공부는 지속되어 1778년 3월 1일에도 이 책을 읽고 정주(程朱)의 논설이 재미가 있다고 하였다.[115] 특히 그는 3월 25일에 『이학종전』의 고헌성의 어록(語錄)을 읽고 구절마다 맛이 있다고 하였다.[116] 그리고 4월 2일에도 밤새도록 강론(講論)하였고, 함께 강론하던 이에게 5책을 빌려주기도 하였다.[117]

고헌성은 동림서원에서 1년에 한차례 대규모 학술모임을 가졌고 매달 소규모 학술 모임을 개최하였다. 그는 사람들에게 성(性)을 알아야 한다고 가르쳤다. 그는 본체를 논하면 다만 '성선(性善)' 두 글자이고 공부를 논하면 '소심(小心)' 두 글자라고 하였다.[118] 여기에서 황윤석이 고헌성의 설에 공감했던 것으로 여겨지는 『이학종전』의 고헌성의 어록에 보이는

---

112 『頤齋亂藁』 제3책, 권18, 신묘 6월 11일 743쪽.
113 황윤석이 책값 4냥에서 1냥을 할인하여 3냥에 샀다고 보면, 6월 15일에 잔금 5전을 치렀다고 한 것으로 보아(『頤齋亂藁』 제3책, 권18, 신묘 6월 15일 746쪽), 6월 11일에 이미 2냥5전은 지불했던 것 같다.
114 『頤齋亂藁』 제3책, 권18, 신묘 7월 11일 780쪽.
115 『頤齋亂藁』 제4책, 권24, 무술 3월 1일 546쪽. "暇日閱理學宗傳, 覺程朱論說之有味."
116 『頤齋亂藁』 제4책, 권24, 무술 3월 25일 591쪽. "閱理學宗傳顧涇陽語錄, 句句有味." 이것으로 보면 황윤석은 고헌성의 東林學派의 학설에 크게 공감하고 있음을 알 수 있다.
117 『頤齋亂藁』 제4책, 권24, 무술 4월 2일 597쪽.
118 『理學宗傳』 권11, 顧端文公.

몇가지 조항을 들어보고자 한다. 고헌성은 성(性)에 대해 그 처음에는 일기(一氣)이나 주재(主宰)를 말하면 이(理)라고 보았다. 그는 기(氣) 위에 나아가 이(理)를 점출(點出)해내어야 하며 성(性)은 주재처(主宰處)에서 인취(認取)해야 한다고 보았다. 그렇지만 이(理)는 기(氣)의 주재(主宰)이기 때문에 둘로 나눌 수 없고 하나로 섞을 수도 없다고 보았다. 그리고 장재(張載)의 기질지성(氣質之性)이라는 설이 나오기 전에는 사람의 혼약(昏弱), 강약(强弱)의 천만가지 다른 것을 모두 성(性)이라고 생각했는데, 기질(氣質)의 설이 나오고부터는 사람의 가지런하지 않는 것은 기질이지 성(性)이 아니라는 것을 알게 되었다고 하였다. 그는 장재의 기질지성에 대한 새로운 주장이 맹자의 성선(性善)을 더욱 드러낸 것으로 평하였다. 또한 고헌성은 왕수인이 "지선(至善)한 것은 성(性)이고 원래 일호(一毫)의 악(惡)도 없기 때문에 지선이라고 말한다"고 한 말이 매우 평정((平正)하다고 평하면서 만년에 무엇 때문에 무선무악(無善無惡)을 주장했는지 그 이유를 모르겠다고 하였다. 고헌성은 성(性)은 곧 이(理)이다라고 했으니 기질지성을 성(性)으로 인식해서는 안되고, 심(心)은 곧 이(理)이다라고 했으니 혈육(血肉)의 심(心)을 심으로 인식해서는 안된다고 주장하였다.[119]

사실 고헌성의 책은 이미 홍계희(洪啓禧)에 의해 어느 정도 조선에 알려져 있었다.[120] 홍계희는 『경양유서(涇陽遺書)』와 『양계유서(梁溪遺書)』를

---

119 『理學宗傳』 권11, 顧端文公, 語錄.

120 조선에서도 顧憲成의 『涇陽遺書』와 高攀龍의 『朱子性理吟』이 간행되어 읽혔다. 『경양유서』 2책은 1760년(英祖 36)에 洪啓禧가 燕京에 갔다가 書肆에서 購得해 와서 그 다음해에 출판하였다. 이 책은 현재 규장각에 소장되어 있다. 『朱子性理吟』은 고반룡이 『性理大全』과 『濂洛風雅』 중에서 朱子의 詩를 가려 뽑아서 엮어놓은 詩選集이다. 卷首에 고반룡의 서문이 있고 본문은 권1은 道體와 爲學, 聖賢, 警戒에 관한 句가 실려져 있다. 권2는 道體와 爲學, 盡分, 希聖에 관한 句가 실려져 있다. 卷末에는 1753년(영조 29)에 洪啓禧가 쓴 발문이 있으며, 考異에서는 본문에서 잘못 기재된 것을 교정해놓고 그 연유를 발문 형식으로

합편하면서 그 서문에서 "명대(明代)의 학문은 괴란(乖亂)하였으나 고단문(顧端文, 고헌성)·고충헌(高忠憲, 고반룡) 두 선생이 가장 늦게 나서 논변(論辨)하는데 그 설이 통쾌하고 명백하여 그 뿌리를 뽑았으니 비록 여요(餘姚, 陽明學派)가 다시 출현한다고 해도 그 모순된 변설(辯說)을 하지는 못할 것이다"라고 하면서 고헌성과 고반룡을 매우 높이 평가하였다.[121] 고헌성과 고반룡은 1604년에 동림서원를 복원하여 주자학을 제창하고 양명학에 반대하였는데 당시 사람들이 '동림당(東林黨)'이라고 하였다. 이들은 이곳에서 유교와 불교, 주자학과 상산학의 차이점에 대해 토론하였고 항상 "사물을 부지런히 탐구하고 인륜을 돈독히 하며 말을 삼가하고 행동은 민첩하게 한다[勤物敦倫, 謹言敏行]"는 것을 동림서원의 표어로 내세웠다.[122] 황윤석은 『이학종전』을 통해 명말 주자학자인 고헌성과 고반룡의 학설에 크게 공감하고 있었다.

황윤석은 심성(心性)에 대한 이해를 하면서 명말에 활동한 동림파(東林派)의 학자들에 대해 매우 공감하였다. 그는 명나라 때 양명학이 지나치게 성하여 심학(心學)에 빠져 명나라가 쇠망하게 되었다고 하면서 양명좌파를 비판하고 경세치용의 주자학을 주장한 고헌성·고반룡·여유량(呂留良, 호는 晩村, 1629~1683) 등에 주목하였다.[123] 황윤석은 명말에 육학(陸學)이 천하에 만연하여 이른바 성리문자(性理文字)가 사설(邪說)에 가려지

붙여 놓았다. 2권 1책 35장 목판본이다.

121 『涇陽遺書』 序. 홍계희는 고반룡의 『啓蒙翼註』도 소장하고 있었다고 한다(『頤齋亂藁』 제3책, 권16, 경인 12월 8일 480쪽).

122 『理學宗傳』 권23, 高忠憲攀龍.

123 황윤석의 아버지 황전도 呂留良이 陸·王의 학설이 판을 치는 시대에 홀로 주자학을 높이었다고 하면서 『四書講義』의 格致의 설에 대해 소개하고 있다(『晩隱遺稿』 권3, 雜著, 日識辛卯).

지 않음이 없었는데 여유량의 『사서강의(四書講義)』가 주자의 학설을 높일 줄 알아 주자의 설에 배치되는 학설은 일일이 물리쳤다고 하였다. 그는 『사서강의』가 효종·숙종 연간에 조선에 미처 들어오지 못하여 윤휴(尹鑴)나 박세당(朴世堂) 등 당시 주자학을 비판하던 학자들에게 참고가 되지 못했던 것을 안타까워하였다.[124]

황윤석은 왕수인(王守仁)의 『전습록(傳習錄)』에 대해 육구연(陸九淵)·진헌장(陳獻章)의 일맥이 전해진 것으로 이해하면서 모름지기 여유량의 『사서강의』를 이 책과 대비하여 보면 왕수인의 설이 잘못된 것을 알 수 있을 것이라 하였다. 그는 명나라가 건국된 뒤 3백여 년 동안에 학자들이 주자학이 있는 줄을 몰랐는데 오직 여유량이 홀로 주자학을 부지하여 근엄하게 이단(異端)에 대적할 수 있었다고 하였다. 황윤석은 후학은 선유의 설에 대해 의심스러운 바가 있으면 오직 사적으로 차기(箚記)를 하여 잊어버리는 것을 대비할 따름이고 만약 입언(立言)을 하여 천하의 학설을 바꾸고자 하면 어리석은 것이 아니면 망령된 짓이라 하였다.[125]

황윤석은 양명학은 번거로움을 싫어하고 간단함을 추구하고 있다고 비판하였다. 그는 우선 지행(知行)의 선후(先後)에 대하여 말하였다. 그는 주자의 정론(定論)이 선후를 논하면 지(知)가 먼저이고 행(行)이 뒤이며, 경중(輕重)을 논하면 지(知)가 가볍고 행(行)이 중하다고 하였다. 또 지(知)와 행(行)은 하나도 폐할 수 없고 마땅히 병진(并進)해야 하니 대개 한쪽으로는 치지(致知)하고 한쪽으로는 역행(力行)하여 병행을 하여 어긋나서는 안 될 뿐이라고 하였다.

---

124 『頤齋亂藁』 제3책, 권17, 신묘 3월 25일 603쪽.
125 『頤齋亂藁』 제1책, 권7, 병술 10월 12일 656쪽.

황윤석은 왕양명의 문장과 훈업(勳業)과 학술이 비록 명나라 중엽이후 한 시대를 주도했으나 처음부터 끝까지 간이(簡易)와 첩경(捷徑)을 주장하였으니 육구연과 진헌장의 여론(餘論)을 이었다고 하였다. 이 때문에 주자를 힘껏 배척하여 주자 만년의 견해가 육구연의 학설과 같게 되었다고 하니 이것은 이미 사리에 맞지 않는다고 하였다. 또한 왕수인이 지행합일론(知行合一論)을 주장하여 겨우 알면 문득 행(行)이다라고 하니 그 근본을 생각해보면 모름지기 치지를 먼저 한 연후에 바야흐로 역행이 가하니 즉지(卽知), 즉행(卽行)은 가하지 않다고 하였다.

황윤석은 주자를 높이는 자는 나라가 다스려지고 집안이 편안하며, 주자를 배반하면 나라가 어지러워지고 집안이 위태로워진다고 하였다. 그는 구체적으로 송말에 주자학을 위학(僞學)으로 몰자 송나라의 국운이 부진하게 되었고, 원나라는 비록 외이(外夷)였으나 능히 주자를 높일 줄 알아 90년 통일의 번성을 이루었다고 보았다. 그리고 명나라가 건국된 후 300년 동안 설선(薛瑄) 이외에 모두 육씨(陸氏, 陸九淵)에 벗어나지 않았고 여파가 왕양명(王陽明, 王守仁) 이후에 이르러 괴론(怪論)과 요설(妖說)이 일어나 천하가 다시 오랑캐로 변하였다고 보았다. 그런 반면 황윤석은 청(淸)나라 학술에 대해 호감을 가지고 있었는데, 그는 명말에 고헌성·고반룡·여유량이 주자를 높이자는 설을 제창하여 청인(淸人)이 이를 받아들여 130년 동안 태평무사한 시대를 맞이하고 있다고 하였다.[126]

황윤석은 주자는 하늘이 이 세상에 보낸 특출한 인물로 주자를 높이는 자는 성인이 되고 현인이 될 수 있지만 주자를 배반하는 자는 요망한 자

126 『頤齋亂稿』 제5책, 권27, 기해 1월 15일 407쪽.

가 되거나 역적이 된다고 하였다.[127]

2) 박학적(博學的) 학문경향

황윤석이 『성리대전』에 깊은 관심을 갖고 주석 사업을 한 것은 그의 학문이 박학에 기초하고 있다는 것을 의미한다. 그는 『성리대전』의 주석에서 하나의 단어를 설명하기 위하여 매우 고민한 흔적이 역력하다. 그는 『성리대전』에서 육구연(陸九淵)이 도잠(陶潛)의 시(詩)를 논한 것에 "팽택(彭澤)의 근원이 천직(天稷)으로부터 내려왔다"라는 표현에서 '천직'이라는 뜻이 무엇인지 이기경(李基敬)에게 질문을 하고 있다.[128] 또한 그는 김원행에게도 '천직'에 대해 질문을 하면서 오자(誤字)가 있는 것 같지는 않는데 그 뜻을 알 수 없다고 하였다. 그는 '천직'이라는 별이름이 있는데 이 본문과 서로 관련이 되지 않는다고 하면서 정확한 뜻에 대해 끝까지 해명을 시도하고 있다.[129] 그는 1769년 20세 이후 『성리대전』을 주석하는 일을 하고 있는데 40여 년 동안 아직 '천직'의 뜻을 아는 자는 만나보지 못했다고 하였다.[130]

---

127 『頤齋亂藁』 제5책, 권27, 기해 1월 15일 407쪽.

128 『頤齋亂藁』 제1책, 권3, 갑신 2월 7일 330쪽.

129 『頤齋亂藁』 제1책, 권4, 갑신 5월 24일 367쪽.

130 황윤석은 이 '天稷'에 대한 뜻을 끝까지 해명하지 못한 것으로 보인다. 그는 '천직'에 대해 安鼎福에게도 물어보는 등 『性理大全』의 주석을 위해 많은 노력을 하였다. '천직'은 周나라의 시조 后稷의 神이다. 육구연이 도연명의 시의 연원을 『詩經』의 「生民之什」에서 비롯되었다는 것을 표현한 것 같다.

또한 황윤석은 홍계희가 편찬한 『주자대전유집(朱子大全遺集)』의 오류를 지적하였다. 그는 이 책에 실린 「매화부(梅花賦)」에 오자(誤字)가 가장 많다고 하였다. 예를 들면 「제오수창선(題吳壽昌扇)」에 "장억강남삼월리(長憶江南三月裏), 자고제처백화향(鷓鴣啼處百花香)" 두 구절이 본래 불가(佛家)에서 전해지고 있는 태전(太顚)의 『심경(心經)』에서 나온 것으로 주자가 특별히 인용하여 오씨(吳氏)에게 제시한 것인데 대개 풍자한 것일 뿐이라고 하였다. 그런데 박세채(朴世采)가 『주자대전습유(朱子大全拾遺)』를 편찬하면서 주자가 지은 것이 아니라는 것을 몰랐고 이를 홍계희가 그대로 답습하여 『주자대전유집』에 기록하였다고 하였다.[131]

한편 김원행이 『대학』 여탕(鑢鐋)의 구별에 대해 묻자 그는 일찍이 당본(唐本)과 자전(字典)을 조사해보니 종금종양(從金從昜)으로 되어 있으나 바로 종탕(從湯)이라고 하면서 두 가지는 모두 시속에서 사용하는 줄(鐵銼兒)로 다만 가늘고 성긴 차이가 있을 뿐이라고 하였다. 그는 또한 영탄음일(咏歎淫泆)의 일(泆)자는 액(液)자로 읽는 것이 어떠하냐고 하였다.[132] 이러한 그의 견해는 자학(字學)과 경전 주석학(註釋學)에 대한 연구결과라고 할 수 있다.[133]

18세기 서울·경기학계에는 성리학에 한계를 느끼고 이에 대한 대안으로 박학(博學)을 숭상하는 학문경향이 풍미하고 있었다. 황윤석은 호남의 학자로 이러한 당대의 박학풍에 동참하고 있었다. 그런데 이미 황윤

131 『頤齋亂稿』 제5책, 권29, 기해 4월 29일 513쪽.
132 『頤齋亂藁』 제1책, 권4, 갑신 5월 27일 368쪽.
133 그는 우리나라 학자들이 字學에 대해 대부분 소홀하다고 하면서 예를 들면 黃字의 경우 草頭를 쓰고 있는데 잘못된 것이라고 하였다. 이것은 王羲之가 黃字를 쓸 때 초두를 썼는데 비록 漢隷에 근거를 두고 있으나 고문에서 글자를 만든 법은 아니라고 하였다(『頤齋續稿』 권11, 漫錄 中 39쪽).

석의 아버지 황전은 역범(易範)·예악(禮樂)·서수(書數)·성력(星曆)·병형(兵刑) 등의 설이 모두 선비가 힘써야 할 실리(實理)의 학(學)이라고 생각하였다. 그는 당세에 학자들이 이러한 다양한 분야의 학문영역에 능하지 못하고 한 분야에 치우쳐 있다고 생각하였다. 그는 이학(理學)·예학(禮學)·수학(數學)·악학(樂學)·병학(兵學)·보학(譜學) 등 다양한 학문 명칭이 있는데 이학과 예학 두 가지 이외에는 잡술(雜術)로 몰고 있으니 한심한 노릇이라고 하였다.[134] 이러한 황전의 생각은 황윤석이 성리학뿐만 아니라 다양한 학문 영역에 이르기까지 관심을 갖게 하였다. 그렇지만 황전은 학문은 박(博)과 약(約)을 함께 갖추어야 하는데 그 아들 황윤석이 박(博)의 한쪽을 주로 삼고 있다고 염려하였다.[135] 황전은 "이수(理數)가 또한 성학(聖學) 중 일사(一事)이나 군자(君子)가 어찌 이것으로 스스로 좋아하겠는가. 마땅히 경전(經傳)을 가지고 양심(良心)을 윤택하게 하여 때때로 보고 싶은 것은 곁으로 참고하는 것이 가하다"고 하였다.[136]

황윤석은 이학(理學)을 체(體)로 삼고 상수학(象數學) 즉 천문학(曆學)과 수학 등을 용(用)으로 생각하였다. 그는 나라를 다스리는 도(道)는 인주(人主)의 일심(一心)에서 비롯된다고 보고 『대학』의 정심(正心)에 주목하였고 정심을 통해 균전(均田)과 제산(制産), 인사(人事), 치병(治兵), 교육(教育), 전례(典禮), 법률(法律) 등 경세치용(經世致用)의 학문을 할 수 있다고 생각하였다.[137] 황윤석은 한가지 사물이라도 모르는 것이 있으면 부끄러워하였고, 예악·서수·범주(範疇)·태현(太玄)·성력·병진(兵陣)·필화(筆畫)·

134 『晩隱遺稿』 권3, 雜著, 日識 壬午.
135 『晩隱遺稿』 권3, 雜著, 日識 壬午.
136 『晩隱遺稿』 권4, 附錄, 家狀.
137 『頤齋續稿』 권11, 漫錄 中 31-32쪽.

의약(醫藥)・풍수(風水)・농형(農刑)・선불(仙佛)의 책에서부터 우리나라의 형척(衡尺)・방언(方言)・보계(譜系) 및 천하산천(天下山川), 군국인물(郡國人物) 등에 대해 연구하지 않음이 없었다.[138]

이와 같이 황윤석이 관심을 가진 박학의 내용은 매우 다양하지만 여기에서는 몇 가지 주요하다고 생각되는 것만을 검토해보고자 한다. 조선 후기 지식인들은 서학(西學)에 대해 많은 호기심을 갖고 연구하였다. 황윤석은 1764년 2월 7일에 『천주실의(天主實義)』 2권을 보았다. 그는 평소 『천주실의』가 볼만한 책이라고 생각하고 있었다. 그런데 그는 천당지옥설(天堂地獄說)과 영혼불멸설(靈魂不滅說)에 대해서는 받아들이지 않았다. 그는 종교적 측면에 대해서는 비판적이었으나 서양의 역학(曆學)과 산학(算學) 등은 천고에 탁절(卓絶)하다고 보았다. 그는 대개 성현의 성리학문의 설이 송대의 주돈이・정호・정이・장재・주희보다 더 나은 자가 없듯이 역학과 산학 등은 또한 서양 보다 나은 것이 없다고 보아 이것은 아마 천고의 바꿀 수 없는 논일 것이라고 하였다.[139]

황윤석은 서양 역법과 산학을 매우 높이 평가하였다. 그는 『역상고성(曆象考成)』과 『수리정온(數理精蘊)』 등의 책은 서양 학설의 빼어난 점을 받아들여 고금에 우뚝하다고 하였다.[140] 황윤석은 서울에서 서명응(徐命膺)・서호수(徐浩修) 부자 등과 학문토론을 즐겨 하였다. 그는 18세기에 서울 학계에 어느 정도 펴져 있는 서학에 대한 학술적 토론 분위기에 적극 참여하고 있었다.

---

138 『頤齋遺稿續』 권13, 附錄, 行錄.
139 『頤齋亂藁』 제1책, 권3, 갑신 2월 7일(기축) 330-331쪽.
140 『頤齋亂藁』 제1책, 권6, 병술 3월 25일 551쪽.

황윤석은 『율력연원(律曆淵源)』, 『신법역인(新法曆引)』 등에서 명의 서광계(徐光啓)·이천경(李天經) 및 서양인 탕약망(湯若望, Johann Adam Schall von Bell)·라아곡(羅雅谷, Giacomo Rho) 등의 학설의 정확성에 감탄하고 재래의 당일행(唐一行), 곽수경(郭守敬)의 설은 여기에 미치지 못한다고 보았다. 특히 그는 『신법역인』의 「환우서차(寰宇序次)」·「천체(天體)」·「천도(天道)」 등 27장을 소개하고 서양 역법(曆法)이 천고에 탁절(卓絶)하다고 하였다. 그는 이것이 청나라 역(曆)이라고 비판한 것에 대해서도 이미 명(明)나라 말에 이 역법의 편찬이 이루어졌음을 지적하면서 문제될 것이 없다고 하였다.[141] 그는 서양 역법이 들어와 일(日)·월(月)·금(金)·목(木)·수(水)·화(火)·토성(土星)과 여러 별들의 운행을 계산할 수 있게 되었다고 보았다.[142]

한편 18세기 당시에는 홍양해(洪量海)·정철조(鄭喆祚)·이가환(李家煥) 등 당대 수학을 대표하는 학자들이 활동하고 있었다. 특히 홍양해는 당시 수학에 가장 뛰어나 "동국(東國)의 마테오리치"라고 일컬어졌고[143] 이가환은 "내가 죽으면 조선에 수학의 맥이 끊어지겠다"고 자부할 정도였다. 황윤석도 대기(大氣)의 굴절 현상을 말하는 티코 브라헤의 청몽기차(淸蒙氣差, 大氣差)에 대해 이해하였고[144] 태양의 흑점에 대해 어렴풋한 이해를 하고 있었다.[145]

그런가하면 18세기 초 기호학계에도 서구의 지원설(地圓說)이 점차 수

141 『頤齋亂稿』 제2책, 권11, 무자 7월 21일 195쪽.
142 『頤齋續稿』 권11, 漫錄 中 11쪽.
143 『頤齋亂稿』 제3책, 권14, 경인 4월 2일 125쪽.
144 『頤齋亂藁』 제5책, 권26, 무술 9월 29일 295쪽.
145 『頤齋續稿』 권11, 漫錄 下, 24-25쪽.

용되는 모습을 볼 수 있다.

"『외암집(巍巖集)』을 보면 회곡(晦谷) 신백겸 유(申伯謙愈)가 서양인의 천지설(天地說)로 옳다고 했는데, 이공(李公)이 그렇지 않다고 변론하였다. 그림을 그리고 설을 붙였는데 스스로 매우 정밀하다고 이르겠다. 극도(極度)는 다만 땅에서 36도가 출입하는 것을 알겠으나 지체(地體)는 그 원(圓)이라는 것을 알지 못하겠고 구설(舊說)에 인하여 모났다고 하고 모난 가운데 또 이른 바 사각(四角)이고 매우 뾰족하지 않다고 하고 또 대지(大地)를 나누어 방체(方體)가 육면(六面)이 되어 하늘과 서로 준(準)하는데, 북극은 남극과 거리가 매우 가깝고 남극은 북극과의 거리가 매우 멀다고 하였다. 이것은 곧 서양(西洋)의 본설(本說)을 보지 못해서 이같이 추측하였기 때문이니 그 합치하지 못함이 마땅하다. 또한 그 말에 의거하면 대개 서양설이 처음 동방으로 왔을 때 신백겸이 가장 먼저 좋아했고 송백순 일원(宋伯純一源)과 성달경 만징(成達卿晩徵), 한영숙 홍조(韓永叔弘祚)가 모두다 서로 축하하였고 현언명 상벽(玄彦明尙璧), 최성중 징후(崔成仲徵厚)는 항상 결정을 짓지 못하고 의심을 품었는데 영숙이 더욱 착실히 믿었다."[146]

146 『頤齋遺稿續』, 권11, 漫錄 中 12쪽. "見巍巖集, 則晦谷申伯謙愈, 以西洋人天地說爲是, 而李公辨其不然. 建圖立說, 自云極其精密, 而極度, 則但知出入地三十六度, 地體則不知其圓, 而因舊說, 謂之以方, 方之中, 又有所謂四角, 而不甚尖, 又分大地, 方體爲六面, 與天相準, 而北極去南極至近, 南極去北極則絶遠. 此乃未見西洋本說, 而爲此測度故也, 宜乎其不合矣. 且據其言, 則蓋謂西洋說始來東方, 申伯謙首喜之, 而宋伯純一源, 成達卿晩徵, 韓永叔弘祚, 亦皆相賀, 玄彦明尙璧, 崔成仲徵厚, 則常抱不決之疑, 永叔尤篤信."

18세기 초 인물성동론(人物性同論)을 주장했던 이간(李柬)은 1706년(숙종 32)에 한홍조(韓弘祚)에게 천지(天地)는 위와 아래가 없다는 설을 들었다. 그런데 이 설은 사실 신유(申愈)가 한홍조에게 말한 것이었다. 이들은 마테오 리치의 글을 통해 이 지구상에는 중국과 같은 세계가 다섯 개가 더 존재한다고 생각하게 되었다. 특히 신유는 이러한 설을 듣고 자신도 모르게 춤을 출 정도였다. 이 신유의 설에 송일원(宋一源)·성만징(成晩徵)은 재빨리 동조하였고 한홍조도 지원설을 더욱 깊이 믿었다.[147] 그러나 아직 이간은 신유 등이 주장하는 지원설을 인정하지 않았다.

> "황명(皇明) 때에 구라파에 이마두(利瑪竇)란 자가 있었는데 스스로 이르기를 천하를 두루 보면 중국과 같은 세계가 또한 다섯 개가 있다고 했으니 이것이 그 설의 종조(宗祖)이다. 지난번에 우리나라 사람으로 연경(燕京)에 간 자가 그 설을 가져 왔는데 우리 무리에 신백겸이 가장 먼저 그 허황하고 원대하며 막힘이 없음을 좋아하였다."[148]

물론 이간은 지원설을 인정하지 않았지만 그의 동문 중에서 신유·한홍조 등이 지원설을 지지하고 있다는 사실은 낙론 기호학계의 성리학적 세계관이 변모하고 있다는 것을 의미한다. 1789년(정조 13) 황윤석은 이간의 지구에 대한 이해를 다음과 같이 비판하였다.

---

147 『巍巖遺稿』 권10, 雜著, 天地辨後說.
148 『巍巖遺稿』 권10, 雜著, 天地辨後說. "皇明時歐邏國有利瑪竇者, 自謂博觀天下, 則有如中國世界者, 又有五焉, 此其說宗祖也. 嚮者東人之燕行者, 得其說而來, 吾黨中申伯謙, 首喜其虛遠無礙."

"하늘이라는 것은 지구 밖의 큰 원이고 지구라는 것은 하늘 가운데의 작은 원이다. 원으로써 원을 안고 있는 것이 이세(理勢)가 서로 마땅하니 이것은 증자(曾子)가 말한바 만일 진실로 하늘이 둥글고 땅이 모났다면 이것은 사각이 가려지지 않는 것으로 이미 『대대례(大戴禮)』에 보이고 『주비산경(周髀算經)』과 『주역(周易)』 곤괘(坤卦)의 문언(文言)과 또한 합치되니 서양역법(西洋曆法)에서 지구가 또한 둥글다고 이른 것이 어찌 까닭이 없겠는가. 지금 한(韓, 韓弘祚) · 신(申, 申愈) 두 사람이 하나는 이해하고 하나는 알지 못하고 지구로써 육면방정(六面方正)의 물이라 하니 잘못되었다. 그런데 이공(李公)이 도(圖)를 그리고 또 도리어 원 속에 네모를 만들고 조금 각(角)을 없앴을 뿐이니 알지 못하겠다만 땅이 또한 마땅히 원형이라면 그 가운데 외선면(外線面)의 각도를 또한 어떻게 극도로 고르게 하여 서로 알맞게 할 수 있겠는가."[149]

이와 같이 황윤석은 만년에 지원설을 적극 수용하였다. 그는 자기가 속한 낙론 학통의 지구에 대한 이해의 문제점을 정확하게 인식하고 이를 수정하여 제시하였다.

황윤석은 우리나라 역사에도 새로운 해석을 많이 하였다. 그는 각 지

149 『頤齋遺稿續』, 권4, 題跋, 題巍巖集天地辨六面世界冬夏兩至相配圖 己酉. "天者地外之大圓也, 地者天中之小圓也. 以圓包圓, 理勢相宜, 此曾子所以說, 如誠天圓而地方, 則是四角之不掩者, 已見大戴禮而與周髀坤文言, 亦脗然妙合, 則西洋曆法之謂地亦圓者, 詎無以哉? 彼韓申二家, 得其一而昧其一, 因以地爲六面方正之物, 誤矣, 而李公爲圖, 又卻於圓中作方, 方稍去角而已, 不知地亦當作圓形, 則其中外線面角度, 又安能極均而相稱乎?"; 『頤齋亂藁』 제7책, 권37, 병오 3월 2일 176쪽.

방에 남아있는 방언에 대한 해박한 지식을 통해 우리나라의 지명과 역사를 밝혀내었다. 그는 안시성(安市城)이 지금 압록강 넘어 중국과의 경계에 있는 봉황성(鳳凰城)이라고 주장하면서 영남의 방언에 봉황을 '안시'라고 한다는 사실을 들었다.[150] 그는 고구려의 절풍건(折風巾)이 지금 중들이 착용하는 '고깔'이 아닐까라고 생각하였다. 그는 옥저의 옛 땅에 '책구루성(幘溝婁城)'을 두었다고 하고 또 '치구루성(置溝婁城)'이라고도 하였는데 한(漢)나라 때 하사받은 건책(巾幘)을 이 성에 두었기 때문에 그 명칭이 생겼다고 하였다. 황윤석은 자기의 생각으로는 고구려(高句麗) 세 글자가 음이 이른바 '고깔'과 서로 가깝고 옥저의 '구루(溝婁)'도 이 음이 서로 가깝기 때문에 역사가가 우리나라의 방언에 의거하여 한자로 번역하면서 '책(幘)'으로 된 것이라고 하였다. 그리고 '책(幘)'의 음이 '치(置)'로도 날 수 있다는 사실을 '적(積)'의 음이 입성(入聲)일 때는 '적(積)'이고 거성(去聲)일 때는 '지(漬)'로 서로 통한다는 것을 예로 들었다.[151]

황윤석은 변한(弁韓)의 위치 고증에 대하여 『고려사』 태조세가(太祖世家)에서 태조의 아버지 왕륭(王隆)이 궁예(弓裔)에게 아뢰기를 "대왕(大王)께서 조선(朝鮮)·숙신(肅愼)·변한(弁韓)의 땅에 왕을 하고자 하신다면"이라고 할 때의 변한은 흔히 마한·진한과 함께 거론되고 뒤에 신라에 통합되는 삼한의 변한이 아니라고 주장하였다. 대신 그는 고구려가 병합한 옥저의 '구루'라고 주장하였다. 그는 '구루' 두 글자는 소리가 이미 방언으로 부르는 '책(幘)'자의 고깔과 서로 가깝고 '책(幘)'은 '변(弁)'과 방언이 또한 같으니 왕륭이 말한 변한은 옥저의 '구루'를 가리키고 삼한의 변한이 아닌 것

150 『頤齋亂稿』 제2책, 권13, 기축 11월 4일 610쪽.
151 『頤齋亂稿』 제3책, 권15, 경인 6월 5일 217-218쪽.

이 명백하다고 하였다. 따라서 우리나라에는 두 변한이 있는데 삼한(三韓)의 변한은 남변한(南弁韓)이고 고구려의 변한은 북변한(北弁韓)이라고 하였다. 이러한 역사적 사실을 우리나라 역사에서 분명하게 말하지 않아 후세 사람들이 두 변한을 하나로 이해하여 후학을 미혹시키고 지방(地方)의 위치를 헷갈리게 하여 천고에 웃음거리가 되었다고 하였다.[152]

황윤석의 박학은 우리나라의 지리와 국방에 대한 이해에까지 미쳤다. 그는 조선이 3면이 바다이고 1면이 산으로 막혀 있어 천험(天險)이라고 생각하나 결코 그렇지 않다고 생각하였다. 그는 조선이 동남쪽으로는 일본과 접하고 있고 서쪽으로는 중국의 산동(山東)·강남(江南)·절강(浙江)과 멀지 않다고 하였다. 또 북쪽으로는 백두산(白頭山)이 있으나 산 아래에 나 있는 한길로는 바로 영고탑(寧古塔) 지방까지 달려갈 수 있는 매우 가까운 거리에 있다고 하였다. 더구나 산동의 서쪽에 있는 두만강과 압록강은 겨울에 얼음이 얼면 평지와 같기 때문에 언제나 적의 공격을 받을 수 있는 불리한 지리적 환경에 처해 있다고 보았다.

황윤석은 일본인이 동래(東萊)에 와서 머무르고 있는 자는 우리의 정세를 알고 있는 것이 손바닥의 손금을 보는 것과 같고 관서(關西)와 해서(海西)의 연해 지역에도 산동 사람이 스스로 고기잡이와 해삼을 딴다고 하면서 자주 왕래하고 있다고 하였다. 그리고 서북의 연강(沿江)과 백두산 근처에는 호인(胡人)들이 삼을 캐고 수렵을 한다고 하면서 우리의 지방관을 협박하고 관미(官米)로 그들의 욕구를 채워주지 않으면 돌아가지 않는다고 하였다. 이를 변리(邊吏)가 금하지 못하고 있으며 상관(上官)에 알리

152 『頤齋亂稿』 제3책, 권15, 경인 6월 5일 218쪽.

어 조정에 보고를 해도 그 대책이 기껏해야 잘 달래서 보내라고 하는 고식책에 불과하고 그렇지 않으면 변리를 연행하거나 파출(罷黜)하는 것이라고 하였다. 그러므로 서로 경계하여 아예 보고하지 않거나 다만 관미로 욕구를 채워주는 것으로 상책(上策)을 삼는다고 하였다. 그리고 호서와 호남, 영남 연해에는 섬이 아주 많고 한인과 일인 및 원방의 여러 나라의 사람들이 왕래하는 것이 적지 않으며, 이러한 섬이 혹시 해적(海賊)의 소굴이 되어 국가의 위험이 될까 우려하였다. 황윤석은 우리나라가 하나의 파옥(破屋)으로 면면(面面)이 모두 바람을 받고 있는 형상이라고 우려하였다.[153]

황윤석은 조선의 영토에 대해 깊은 애정을 지니고 있었다. 그는 사람이 살지 않는 섬이 우리 국토의 중요한 일부라는 자각을 일깨웠고, 북방의 국경에 대해서는 더욱 깊은 관심을 보이고 있었다. 그는 청나라 목극등(穆克登)과 협상하여 백두산정계비(白頭山定界碑)를 세울 때 함경감사 박권(朴權)이 외교를 잘못하여 국토 7백리를 상실하게 되었는데도 당시의 조정에서 이것을 문제 삼은 적이 없다고 하면서 통탄해하였다.[154]

황윤석이 살던 18세기는 사회 변혁의 시기였다. 황윤석은 불필요한 관청의 폐지를 주장하였다. 그는 오군문(五軍門)과 오위(五衛)가 제도적으로 직능(職能)이 중복되고 있다는 사실을 지적하며 오군문에 드는 경비가 너무 많다고 하였다. 그는 오군문의 비용에 대한 것을 하루아침에 혁파할 수 없다면 우선 오위의 군직(軍職)에 이름만 있고 실(實)이 없는 것은 없애어 군직의 봉급만을 축내는 일을 없애자고 하였다.[155]

---

153 『頤齋亂稿』 제3책, 권15, 경인 6월 17일 279쪽.
154 『頤齋亂稿』 제4책, 권20, 갑오 8월 11일 177-178쪽.

또한 황윤석은 내수사(內需司)의 혁파를 주장하였다. 그는 조선 초기 이후로 왕자・대군・공주・옹주가 어린 나이로 죽은 경우 모두 제사를 지내고 있다고 하면서 역대 왕들도 일정 기간이 지나면 세실(世室)로 내보내거나 조묘(祧廟)를 하여 제사를 지내지 않는데 이들의 제사를 지내는 것은 문제가 있다고 보았다. 그는 전결(田結)은 유한한데 궁방(宮房)을 차례로 설립하여 토지를 계속 지급한다면 한나라의 토지가 모두 궁방토(宮房土)가 될 것이고 국가는 경제적으로 크게 어려워질 것이라고 하였다.[156]

황윤석은 18세기 당시 누구나 인정했던 박학다식한 학자였다. 그의 박학은 이학(理學)에 기초를 둔 박학(博學)이었다. 그는 이학에 대한 깊은 탐구를 학문의 전체(全體)로 삼고 자연과학에 대한 탐구를 대용(大用)으로 삼아 이를 바탕으로 경세치용(經世致用)의 목표를 추구해나간 학자였다고 할 수 있다.

5. 맺음말

황윤석의 가문은 그의 6대조 황처중(黃處中)이 1599년 호남의 흥덕현 호적(戶籍)에 등록됨으로써 공식적으로 호남인이 되었다. 그 뒤 그의 가문은 5세(世)동안 문장과 행실로써 호남을 대표하는 사족으로 성장해갔다. 특히 5대조 황이후(黃以厚), 증조 황세기(黃世基), 할아버지 황재만(黃載萬), 아버지 황전(黃壥)이 안으로는 가학(家學)의 전통을 마련해 나가면서

155 『頤齋亂稿』 제1책, 권8, 정해 2월 14일 680쪽.
156 『頤齋亂稿』 제1책, 권8, 정해 2월 14일 681쪽.

밖으로 기진탁(奇震鐸)·기정익(奇挺翼)을 통해 송시열(宋時烈)·김창협(金昌協) 등의 기호학계의 성리학사상의 흐름까지 수용해 나갔다. 아울러 호남의 최서림(崔瑞林)·은정화(殷鼎和)의 학맥을 통해 호남학계와도 깊이 연계되어 있었다.

황윤석은 젊은 시절에는 송규로(宋奎魯)의 문하에 나아가 과문(科文, 과거문체)을 열심히 공부하였다. 그는 일상생활에서 주돈이(周敦頤)의 「태극도설(太極圖說)」, 장재(張載)의 「서명(西銘)」, 진백(陳柏)의 「숙흥야매잠(夙興夜寐箴)」, 주희(朱熹)의 「재거감흥(齋居感興)」과 「감춘부(感春賦)」 등을 외우고 있는 등 성리학자의 삶을 한시도 소홀히 하지 않았다. 그렇지만 그는 성리학을 비롯하여 자연과학에 관한 다양한 방면으로 학문적 관심을 넓혀 나갔다.

황윤석은 18세기 성리학계에서 낙론(洛論)의 학자로 활동했다. 그는 호론(湖論)의 학통을 택하지 않고 낙론의 학자인 김원행(金元行)의 문하에서 공부했다. 그리하여 그의 학문과 사상경향은 낙론학통의 학설과 사상을 그대로 받아들였다. 그는 고향 흥덕에서 가까운 정읍에 있는 고암서원(考巖書院)에서의 좁은 학문활동의 범위를 벗어나 경기도 양주의 석실서원(石室書院)에서 공부함으로써 서울·경기학계의 학자들과 학술활동을 하고 그 교유범위를 넓혀나갔다. 반면 김원행으로 볼 때도 황윤석에 대한 성리학적 교육을 통해 호남지역에 낙론의 학설을 널리 보급할 수 있었고 충청도의 호론 학통을 압박할 수 있는 정치적 목적도 있었던 것으로 보인다.

황윤석의 학문과 사상경향은 그가 평생 쌓은 학문적 업적이 너무나 방대하기 때문에 다양한 평가가 내려지고 있다. 1970년대 이후 실학연구가 크게 활기를 띠면서 그를 실학자의 한 사람으로 이해하였으나 최근에는 그가 성리학자라는 새로운 평가가 일어나고 있기도 하다. 사실 황윤석이 평생 공을 들였던 것은 『성리대전(性理大全)』의 주석이었다. 그는 이 『성리대전』에 대한 주석을 '일생(一生)의 가계(家計)'로 생각하고 20대부터 평생을 이 일에 몰두하였다. 그가 평생 이(理)에 대한 학문적 관심을 보이면서 『이수신편(理藪新編)』을 편찬한 것도 『성리대전』에 대한 깊은 이해와 상관이 있다.

조선후기 성리학은 학파나 학자에 따라 성(性)과 심(心)을 어떻게 이해하고 해석하느냐에 따라 그 논쟁이 치열하였다. 황윤석은 '성즉리(性卽理)'란 성리학의 기본 명제를 결코 포기하지 않았다. 그러나 그는 '심(心)'에 대해서는 "심(心)과 기(氣)는 차이가 있다"는 스승 김원행의 설을 지지하였다. 황윤석도 크게는 심(心)을 기(氣)로 보는 기호학계의 일원이었다. 심(心)을 이(理)와 기(氣)의 합(合)으로 보거나 심(心)을 기(氣, 또는 氣質)로 보거나 심(心)을 이(理)로 파악하는 것은, 학자에 따라 그 견해가 다양하게 제시될 수 있으나, 황윤석은 '심(心)은 기(氣)의 정상(精爽)'이라는 주희의 말을 스승 김원행을 통해 받아들였다. 그는 성리학자였으나 경세치용(經世致用)의 학풍을 지향한 성리학자였다.

그런데 황윤석은 명말(明末)의 동림학파(東林學派)의 학자인 고헌성(顧憲成)·고반룡(高攀龍) 등의 책을 읽고 이학(理學)의 옹호에 힘을 쏟았다. 특히 그는 『이학종전(理學宗傳)』에 실린 고헌성의 어록(語錄)을 읽고는 구절마다 맛이 있다고 하였다. 그리고 그는 고반룡의 『양계유서(梁溪遺書)』를 읽고 스승 김원행의 심설(心說)과 부합됨을 확인하기도 하였고 주자학적 입장에서 양명학을 비판한 여유량(呂留良)의 『사서강의(四書講義)』에 대해서도 아주 높이 평가하고 공감을 표하였다. 사실 명말에 대두된 동림파(東林派)의 사상경향이 양명학파를 비판하고 주자학의 옹호를 통해 경세치용의 학(學)을 이루려고 한 사실을 기억할 때, 황윤석은 동림파의 저술에 대해 깊이 공감을 표하고 심성(心性)에 대한 올바른 주자학적 이해를 통해 조선 후기 사회에 경세치용의 학을 지향하려고 했다고 볼 수 있다. 황윤석은 심성에 대한 정확하고 깊이 있는 탐구가 바로 자연과학에 대한 올바른 이해로 나아갈 수 있다고 생각했던 것이고, 그래서 그는 심성에 대한 연구를 주요 축으로 하는 성리학을 전체(全體)로 삼고 천문학, 수학 등 자연과학에 대한 광범한 이해와 수용을 대용(大用)으로 삼았던 학자로서의 삶을 살았다.

3

18세기 호론(湖論)의 학풍과 사상의 전승

1. 머리말

17세기 기호학계는 이이(李珥)와 성혼(成渾) 학맥의 학자들이 정계에 진출하여 크게 활동하였다. 특히 효종 즉위 이후 이이의 학맥인 김장생(金長生)·김집(金集)·송시열(宋時烈)·송준길(宋浚吉)은 당시 학계와 정계에 큰 사상적 영향을 미치면서 기호학계를 주도하여 나갔다.

특히 송시열은 학문은 주자학을, 사업은 북벌(北伐)을 주장하여 당시 정계와 기호학계의 사표가 되었다. 송시열의 문하에서 가장 촉망받던 윤증(尹拯)이 일탈하여 나가자 대신 권상하(權尙夏)가 그의 학통을 이었다. 이 권상하의 문하에서 수업한 많은 인물 중에서 이간(李柬)과 한원진(韓元震)은 가장 뛰어난 학자였다.

18세기 조선 학계에는 충청학계와 서울·경기학계의 학자들 사이에 근 백년간 이른바 호락논쟁(湖洛論爭)이 전개되었다. 그 논쟁의 핵심 내용은 인성(人性)과 물성(物性)의 동이(同異)문제와 미발심체(未發心體)의 선악유무(善惡有無)의 문제였다. 대체로 지역적으로 서울·경기지역의 학자들은 인성과 물성이 같다고 보았고, 성인(聖人)와 범인(凡人)의 마음의 본체는 모두 선(善)하다고 주장한 반면, 충청도 지역의 학자들은 인성과 물성이 다르고, 성인과 범인의 마음의 본체는 같지 않다고 주장하였다. 서울·경기지역의 학설을 낙학(洛學) 또는 낙론(洛論)이라고 부르고, 충청도의 학설을 호학(湖學) 또는 호론(湖論)이라고 불렀다.

한원진(韓元震)과 윤봉구(尹鳳九)는 심성이기론(心性理氣論)에 있어 이이·송시열·권상하의 설을 잇는 호론의 대표적인 학자였다.[1] 이들은 성(性)을 기(氣)를 띤 이(理), 또는 기(氣)에 내재한 이(理)로 이해하였다. 그러므로 성즉리(性卽理)란 말도 기(氣) 속에 나아가 본연(本然)의 이(理)를 홑지게 가리킨 것이라고 하였다. 그런데 한원진의 학설을 처음 문제 삼은 학자는 동문인 이간(李柬)이었으나 서울과 경기지역의 학자인 이재(李縡)와 김원행(金元行) 등이 이간의 설을 지지하면서 논쟁은 더욱 확산되어 나갔다.

한원진과 윤봉구가 주도한 호론은 유교와 불교, 성인와 범인, 중화(中華)와 이적(夷狄)의 구분에 매우 엄격하였다. 이들의 학설은 기호학계에서

1 韓元震을 주제로 다룬 주요 연구서와 논문으로는 이상곤, 『18세기 기호유학을 이끈 호학의 일인자 한원진』(성균관대학교 출판부, 2009)과 金駿錫, 「韓元震의 朱子學 인식과 湖洛論爭」(『이재룡박사환력기념 한국사학논총』, 1990)이 있고, 윤봉구를 주제로 다룬 연구 논문은 안은수, 「屛溪 尹鳳九 心論의 특징과 그 의미」(『韓國思想史學』 32, 한국사상사학회, 2009)가 있다. 특히 한원진을 주제로 한 박사학위논문도 몇편 제출되어 그에 대한 연구가 심화되어 가고 있다. 한원진에 대한 연구사적 이해는 金太年의 박사학위논문에 잘 정리되어 있다(金太年, 「南塘 韓元震의 '正學' 形成에 대한 硏究」(고려대학교 대학원 박사학위논문, 2006, 5-9쪽 참조).

이이 · 송시열을 거쳐 발전되어온 조선주자학의 특징을 강하게 지니고 있는 것으로 보인다. 이 글에서는 이러한 한원진과 윤봉구 등 호론 학자의 학풍과 심성설(心性說)을 살펴보고, 그 전승양상을 검토하고자 한다.

2. 호론의 학풍과 심성설(心性說)

1) 호론의 학풍과 현실인식

1689년(숙종 15) 송시열이 전라도 정읍에서 사약(賜藥)을 받을 때, 송시열은 한숨에 달려온 제자 권상하에게 세도(世道)를 부탁하였다. 그는 일찍이 장식(張栻)의 우제사(虞帝祠)의 의리(義理)에 따라 명(明)나라 신종(神宗)의 사당을 세우려고 하였으나 미처 이루지 못하였는데, 이 일도 권상하에게 부탁하여 신종과 의종(毅宗) 두 황제를 제사하게 하였다. 1704년(숙종 30)에 숙종은 명나라의 옛 은혜에 감격해 단선(壇墠)을 설치하고 제사지내려 하여 비밀히 권상하를 찾아서 물으니, 권상하가 극력 찬동해서 드디어 대보단(大報壇)을 창덕궁 후원에 쌓았다.[2] 이같이 권상하는 송시열의 학문과 사업을 충실히 계승한 학자로 대명의리론에 충실하였다.

권상하는 1710년(숙종 36) 11월에 송시열의 묘표(墓表)를 지으면서 스승의 학문과 사업을 '지부해함(地負海涵)'이라고 기리었다. 사실 권상하는 스승 송시열로부터 도통을 전수받는 징표로 옷과 책을 물려받았다. 그 옷

2 『景宗修正實錄』 경종 1년 9월 2일(경인).

은 바로 주희(朱熹)가 입었던 야복(野服)을 모방해서 만든 것이었으며, 책은 바로 이이가 손수 쓴 『경연일기(經筵日記)』 초본(草本)으로, 김장생(金長生)이 송시열에게 전해 주었던 것이었다.

권상하의 문인인 한원진은 경학(經學)으로 세상에 이름이 났고, 술수(術數)의 학문에 있어서도 통하지 않은 것이 없었다. 그래서 당시 사람들은 그를 학문이 있는 제갈량(諸葛亮)이라고 칭찬했다.[3] 그는 호걸의 자질을 타고나 일찍부터 위기(爲己)의 학문에 심취하였다. 그는 일찍이 말하기를 "기절(氣節)이 있고 학문이 없는 자는 오히려 일절(一節)의 선비는 될 수 있지만, 학문이 있고 기절이 없는 자는 위학(僞學)이다"라고 하였다.[4]

권상하는 한원진을 만나보고, "이 사람은 나이가 겨우 약관(弱冠)에 이르렀는데 위로는 천인(天人)과 성명(性命)에 대한 학문으로부터 병농(兵農)과 율력(律曆)의 분야에 이르기까지 그 근원을 탐구하고 그 흐름을 섭렵하지 않은 것이 없으므로 참으로 한 시대의 뛰어난 인재라 할 것이다"라고 하고, 마침내 시(詩)를 지어 주어 장려하기를 "묘령(妙齡)의 나이에 드높은 재주로 공자와 주자의 학문 배움이여, 경서의 해설 정밀하고 해박하여 타의 추종을 불허하도다"[妙歲高才學孔朱, 說經精博似君無]라고 하였다.[5]

한원진은 영조가 처음 즉위하였을 때 뽑혀서 경연관(經筵官)이 되었다. 그는 초야(草野)의 선비가 한갓 고상(高尙)한 뜻만 지키고 있을 수만은 없다고 여겨 드디어 영조의 부름에 나아갔다. 그는 1726년 8월에 경연에

---

3 『英祖實錄』 영조 3년 2월 7일(갑자).
4 『屛溪集』 권59, 行狀, 南塘韓公元震行狀.
5 『正祖實錄』 정조 23년 10월 13일(무술).

참여하여 영조에게 춘추대의(春秋大義)를 강조하였다.[6] 그는 영조가 춘추(春秋)의 의리(義理)에 유의(留意)하여 밝히고자 한다고 하자, 이는 실로 동방(東方)이 다시 일어나는 기회라고 하였다. 그는 조선의 춘추의 의리는 본래 효종(孝宗)에 의해 비로소 밝혀졌고 송시열(宋時烈)·송준길(宋浚吉)이 실로 협찬(協贊)을 하였다고 하였다. 한원진은 17세기 중엽에 효종과 송시열에 의해 제기되었던 북벌론 이념을 적극 지지하고 이에 협찬한 송시열의 공로를 강조함으로써 송시열·권상하 학맥의 정치, 학문적 정통성을 확보하려고 하였다.[7] 한원진은 비록 효종이 갑자기 돌아가 뜻과 사업을 마치지 못하였으나 조선의 백성들로 하여금 오랑캐로 변하지 않게 했던 것은 모두 효종과 송시열·송준길의 힘이라고 하였다. 그는 지금 다시 춘추의 의(義)를 밝히고자 하면 오직 송시열·송준길의 도(道)를 높이는 데 있다고 하였다. 송시열·송준길의 도를 높이는 것은 곧 효종의 의(義)를 드러내는 것이고 효종의 뜻이 이미 드러나면, 나라 사람이 모두 존화양이(尊華攘夷)와 토적복수(討賊復讐)의 의(義)를 알게 될 것이라고 하였다.

한원진은 숙종이 송시열·송준길의 사우(祠宇)에 어필(御筆) 편액을 내려 존숭의 뜻을 보인 것은 세도(世道)를 위한 우려가 지극히 깊고 먼 것이라고 하였다. 그런데 영조는 즉위한 후에 달리 송시열, 송준길을 높이는 일이 없으니 나라 사람이 어찌 국왕의 뜻이 있는 곳을 알겠는가라고 하면서, 하늘이 반드시 오랑캐로 하여금 오래동안 중국에서 황제 노릇을 하게 하지는 않을 것이니 만약에 진주(眞主)가 다시 나와서 이미 오랑캐

---

6 『南塘文集』 권5, 筵說, 經筵說 上.
7 金駿錫, 「18세기 老論專權政治論의 구조-韓元震의 朋黨意識과 君主聖學論」(『湖西史學』 18, 1990) 16쪽 참조.

를 쫓아내면 반드시 조선에 문책하는 일이 있을 것이고, 또 반드시 병자호란과 정묘호란 이후의 일로 말해야 하는데 조선이 스스로 밝힐 수 있는 것은 오직 효종의 뜻과 사업에 있다고 하였다. 그는 영조가 만약 먼저 송시열·송준길을 높여서 효종의 뜻과 사업을 잊지 않는다는 것을 드러내면, 후일 스스로 해명하는데 혐의가 없을 것이라고 하였다. 이와 같으면 효종의 대의(大義)도 만세(萬世)토록 빛나게 할 수 있을 것이고, 영조가 효종의 뜻과 사업을 잇는 일에 있어서도 조종(祖宗)의 도(道)를 드러내는 것이라고 하였다.

한원진은 영조가 이미 송시열·송준길의 도를 높여 대의(大義)를 밝히고자 한다면, 송시열·송준길의 도에 배치되고 대의를 헐뜯는 사람은 배척하여 끊어버려야 한다고 하였다. 그는 그들을 물리친 이후에 송시열·송준길의 도가 비로소 높아지고 춘추(春秋)의 의리가 밝혀진다고 하였다. 그는 춘추의 의리는 존주양이(尊周攘夷)일 뿐만 아니라 난신(亂臣)을 죽이고 적자(賊子)를 토벌하여 군부(君父)를 높이는 것이 더욱 큰 것이라고 하면서 오랑캐를 물리치고자 하면 마땅히 먼저 난신과 적자를 토벌하여 나라 안에 밝혀야 한다고 하였다.[8]

한원진은 영조에게 역대의 왕자(王者)와 패자(霸者), 공(公)과 사(私)의 구별을 말하고 다음으로 복수(復讎)하여 치욕(恥辱)을 씻어야 하는 의리를 말하였다.[9] 그는 민생들의 고통이 진실로 절박하고 시급하다고 하면서, 그 근본은 조정에 있고 조정이 올바르지 못함은 또한 붕당(朋黨)이 빌미가 되고 있으니, 오늘날의 계책은 오직 먼저 붕당을 해소(解消)하여 조정

8 『南塘文集』 권5, 筵說, 經筵說 上.
9 『英祖實錄』 영조 2년 8월 12일(신미).

을 바로잡는 데 있고 다음으로 민생들의 고통을 돌보아 주어 국본(國本)을 굳건하게 하고, 다음으로 군사 행정을 잘 닦아 불우(不虞)에 대비해야 함에 있다고 하였다. 그는 이른바 붕당의 해소는 다만 현명한 사람과 간사한 사람을 잘 분별하여 현명한 사람은 진출시키고 간사한 사람을 물리쳐야 하는데, 후세의 임금들은 붕당을 해소하려고 하면서도 방법을 알아차리지 못하여, 오직 조정(調停)하는 일에 평등을 유지하려고만 하여 현명한 사람과 간사한 사람을 다 같이 쓰기를 주장하여 왔다고 비판하였다.[10]

한원진은 예로부터 이단(異端)의 설은 모두 무분(無分)의 설이라고 하였다. 그는 장자(莊子)의 제물론(齊物論)과 고자(告子)의 생지위성(生之謂性)이 모두 그러한 따위라고 하였다. 그러면서 그는 지금의 학자가 인(人)과 물(物)의 성(性)이 모두 오상(五常)을 갖추고 있다고 말하는 것은 인(人)과 수(獸)의 무분(無分)인 것이고 석씨(釋氏)가 심선(心善)을 말했는데 유자(儒者)가 또한 심선을 말하면 이것은 유(儒)와 석(釋)의 무분(無分)인 것이고, 허형(許衡)을 추존(推尊)하여 성문(聖門)의 진유(眞儒)라고 하고, 이미 진유라고 하여 마땅히 허형을 배운다면 화(華)와 이(夷)의 무분(無分)이라고 하였다. 한원진은 이 세 가지 설은 장차 유도(儒道)의 무궁한 해(害)가 될 것이라고 경고하였다.[11] 그러면서 한원진은 낙론의 학설은 인수무분(人獸無分), 유석무분(儒釋無分), 화이무분(華夷無分)으로 빠질 수 있다고 우려를 했

10 『英祖實錄』 영조 2년 8월 16일(을해).

11 『南塘文集』 권20, 書 門人問答, 答權亨叔 丁卯 8月 別紙. “自古異端之說, 皆是無分之說也, 老莊齊物, 告子生之謂性, 皆是也. 今之學者, 以人物之性, 謂同具五常, 是人獸無分也. 釋氏曰心善而儒者亦曰心善, 是儒釋無分也. 推尊許衡, 以爲聖門眞儒, 旣以爲眞儒, 則當學其人, 是華夷無分也. 此三說者, 將爲吾道無窮之害.”

다.[12]

한원진은 이러한 인물성이론에 근거하여 영조가 추진하는 탕평정책에 대해 근본적인 반대를 표명했다. 한원진과 같은 탕평반대 세력으로는 윤봉구(尹鳳九)와 윤봉조(尹鳳朝) 등의 호론 계열의 인사들이 이에 해당되었다.[13]

한원진은 왕조례(王朝禮)는 사서가(士庶家)와 절대로 같을 수 없다고 하였다. 그는 스승 권상하가 신비(愼妃, 中宗妃 端敬王后)의 복위 반대를 주장한 무인헌의(戊寅獻議, 1698)와 단의빈(端懿嬪, 景宗妃 端懿王后)의 상(喪)에 대공복(大功服)을 주장한 무술헌의(戊戌獻議, 1718)를 소개하면서, 이 헌의는 송시열의 정릉복위(貞陵復位)와 갑인예론(甲寅禮論)의 정신을 계승한 것으로 노론계에서 높이 평가하였다. 한원진은 권상하가 1718년 헌의(獻議)를 하면서 적부대공(嫡婦大功)의 설을 주장한 것은 옳다고 하면서, 임금이 승통(承統)한 경우 모두 기년복(期年服)을 입고, 적부(嫡婦)는 대공(大功)을 입는다고 하였다.[14]

그런데 한원진은 당시 사회문제에 대해서도 자신의 견해를 표명하였다. 그는 호포(戶布)·결포(結布)·유포(遊布)·구전(口錢) 등의 치법(治法)과 정모(政謨)에 대해서 논하였다. 그는 왕자(王者)의 정치는 간이(簡易)한 것보다 귀한 것이 없다고 하였다. 그는 우선 구전(口錢)의 법은 일년의 사이에 태어나는 자가 한 사람이 아니고 사망하는 자가 또한 한 사람이 아니니 해마다 그 사생(死生)이 증감하고 수전(收錢)이 오르내려 백성이 소요(騷

12 『南塘文集』 권20, 書, 門人問答, 答權亨叔 丁卯 8月.

13 이근호, 『조선 후기 탕평파와 국정운영』(민속원, 2016) 59쪽 참조.

14 『南塘文集』 권19, 書 門人問答, 與宋士能 甲子 4月 別紙; 권20, 書 門人問答, 答權亨叔 甲子 9月.

擾)를 이기지 못하고 이(吏)가 이것을 이용하여 간사한 짓을 하니 그 폐단이 너무 커서 행할 수 없다고 하였다. 유포(遊布)에 대해서도 한원진은 서민(庶民)은 한사람도 역(役)에 속하지 않은 사람이 없으니 이른바 유포(遊戶)라는 것은 오로지 유생(儒生)에 있다고 하면서, 사(士)는 사민(四民)의 으뜸인데 한유(閒遊)라고 일러 포(布)를 내게 하면 그 역(役)이 편중(偏重)될 뿐만 아니라 군포(軍布)와 더불어 다름이 없다고 하면서, 지금 사(士)를 대하는 것이 도리어 옛날의 공가(工賈)만도 못하니 또한 행할 수 없다는 것이다.

한원진은 결포(結布)에 대해서도 전결세(田結稅)가 진실로 이미 매우 중한데 또 결포로 더한다면 이것은 관(官)을 살찌우는 것이고 백성은 다시 남는 것이 없어 스스로 먹을 수가 없을 것이라고 하였다. 그리고 양전(良田)은 비록 혹 폐하지 않을 것이나 박전(薄田)은 반드시 모두 묵어서 버릴 것이라고 하면서, 조선의 토지가 척박한 것이 과반인데 반의 토지를 버리어 생재(生財)의 근원을 막아버린다면 공사(公私)를 지탱할 수 없으니 결코 시행할 수 없다고 하였다.[15]

한원진은 호포(戶布)는 오직 가장 편리하여 행할 수 있다고 하였다. 조선은 전역(田役)은 고르나 신역(身役)은 고르지 않고 호역(戶役)은 완전히 빠졌으니 지금 인호(人戶)의 수(數)로 군포(軍布)의 수(數)에 비교하면 호(戶)가 많을 뿐만이 아니라고 하였다. 그는 위로 공경(公卿)으로부터 아래로 천예(賤隷)에 이르기까지 유호에서 모두 포(布)를 내면 역(役)은 고르고 가벼워지고 행하는 것은 매우 쉽다고 보았다. 그는 공경(公卿)이 포(布)를 내

15 『南塘文集』 권5, 筵說, 經筵說 上.

면 유생(儒生)은 원망하는 바가 없고 사부(士夫)가 포(布)를 내면 하민(下民)이 원망하는 바가 없을 것이라고 하였다. 그는 공경(公卿)의 호(戶)에서 포(布)를 내는 것이 불가하다고 하는 것에 대해서 비판하면서, 공경의 전(田)도 모두 역(役)에 응해야 하고 공경의 몸은 아침부터 밤까지 공(公)에 있으니 노심(勞心)과 노력(勞力)은 그 역(役)은 한가지인데 홀로 호역(戶役)을 같이 하지 않을 수 없다고 보았다. 따라서 지금 포(布)를 내는 민(民)은 창을 매고 종군(從軍)하지 못하게 하므로 항오(行伍)의 편(編)은 모두 공사천(公私賤)의 늙고 약하고 무용(無用)한 자에게로 돌아갔다는 것이다. 지금 만약 호포(戶布)를 행하고 군포(軍布)를 제하면 양민(良民)의 장실(壯實)한 자는 다 항오에 편입될 것이고 공사천은 다만 본역(本役)에 응하면 될 뿐이라고 하였다. 이같이 하면 민역(民役)이 크게 고르게 되어 즐겨 생활할 수 있을 것으로 보았다.[16]

또한 한원진은 국방정책을 잘 세워서 예기치 못할 사태에 대비해야 한다고 하였다. 그는 안으로는 토적(土賊)이 반드시 발생할 조짐이 있고 밖으로는 강한 도적이 반드시 이를 형세가 있다고 하였다. 그는 남(南)과 북(北)은 우환이 아닌 것이 없는데 완급(緩急)을 말하면 남은 느슨하고 북은 급박하다고 하였다. 지금 청나라의 운수가 궁박하여 그 패망(敗亡)은 서서 기다릴 수 있다고 하면서, 만약 청이 구축되어 동쪽으로 돌아와 안으로는 옛 근거지를 지키고 밖으로는 심양(瀋陽)에 웅거(雄據)하면 그 형세가 또한 족히 조선을 삼킬 테니 왜(倭)가 침략해올 근심에 비해 그 우환이 실로 급(急)하다고 하였다. 따라서 그는 나라를 방비하는 대책은 또한 급하

16 『南塘文集』 권5, 筵說, 經筵說 上.

게 하지 않을 수 없는데 더욱 크게 근심스러운 것은 북로(北虜)가 먼저 사단을 일으키고 남왜(南倭)가 다시 기회를 엿보고 역내(域內)의 토적(土賊)이 또 좇아서 어지럽히면 나라는 장차 안주할 곳이 없을 것이라고 하였다. 그는 이를 대비하기 위해 장재(將才)를 선발하는 것과 관방(關防)을 엄히 하는 두 가지 방비책을 제시하였다.[17]

인(人)과 수(獸), 성(聖)과 범(凡), 유(儒)와 석(釋), 화(華)와 이(夷)를 엄격히 구분하는 호론의 학풍은 화양서원(華陽書院) 등의 학문공간을 통해 충청 학계에 널리 확산되어 나갔다.[18] 이 학풍은 강한 의리론(義理論)을 토대로 하면서도 현실인식에 있어 호포(戶布)제의 실시를 주장하여 모든 인민의 균역(均役)을 지향하고자 했고, 가까운 장래에 북쪽의 청과 남쪽의 일본의 침략이 있을지도 모르므로 국방을 중시해야 한다고 하였다.

2) 호론의 심성설

한원진은 이기심성(理氣心性)에 대한 탐구를 학문의 핵심으로 생각하였다. 그는 "이(理)는 무형(無形) 무위(無爲) 무재(無在)한 것으로, 무형(無形)하면서 천하의 모든 유형(有形)한 것의 근본이 되고, 무위(無爲)하면서 천하의 모든 유위한 것의 근본이 되며, 무재(無在)하면서 천하의 모든 유재(有在)한 것의 근본이 되니 이(理)는 형(形)이 없으나 형(形)이 아닌 것이 없고

17 『屛溪集』 권59, 行狀, 南塘韓公元震行狀.
18 화양서원의 학풍에 대해서는 권오영, 「華陽書院의 강학과 학풍」(『尤庵論叢』 1, 충북대학교 우암연구소, 2008) 참조.

함이 없으나 하지 아니함이 없고 있는 곳이 없으나 있지 아니함이 없는 것"이라고 하였다. 실(實)하기 때문에 무불형(無不形)하고 무불위(無不爲)하며 무부재(無不在)한 것"이라고 하였다. 이러한 한원진의 견해는 바로 이이(李珥)의 이통기국(理通氣局)설을 전제로 한 것이고, 따라서 이황(李滉)의 이동(理動), 이발(理發)을 부정하는 선에서 출발하고 있다는 것을 의미한다.[19]

한원진이나 이간은 모두 이이－김장생－송시열－권상하로 이어지는 기호학계의 주요 학자였기 때문에 이이의 이통기국설에 자신의 이기론(理氣論)의 근거를 삼고 있었다. 한원진은 성(性)을 기국(氣局)과, 태극(太極)·천명(天命)은 이통(理通)과 관련하여 씀으로써, 성(性)과 이(理)를 구분하였다. 한원진은 이통기국의 논리를 받아들여 이(理)의 실재적 무한성과 불변성을 강조함으로써 이의 지위를 강화하려고 하였다. 반면에 이간은 한원진이 이통과 기국을 분리시키고 있다고 비판하며, 이통과 기국의 통일성에 주목하여 기(氣)의 구체성 속에 관철되고 있는 이(理)를 강조하여 성(性)과 천명·태극을 모두 이통으로써 이해하였다.[20]

한원진은 우선 학문은 항상 성선(性善)을 아는 데서 시작해야 한다고 생각했고, 또 반드시 기질(氣質)을 변화시켜야 하는 것이 학문의 역할이라고 하였다. 그는 성선을 아는 것은 궁리(窮理)의 일이고 기질을 변화하여 성선을 따르는 것은 실천의 일이라고 하였다. 그는 기질은 심(心)을 이르고 심이 병(病)이 되어 오직 사사(私邪)의 싹을 살피지 못하면 끝내 욕(欲)

19 金太年, 「南塘 韓元震의 '正學' 形成에 대한 硏究」(고려대학교 대학원 박사학위논문, 2006) 84-92쪽 '이기론' 참조.
20 金太年, 「南塘 韓元震의 '正學' 形成에 대한 硏究」(고려대학교대학원 박사학위논문, 2006) 147쪽 참조.

이 펴지고 행동이 망령되어 천리(天理)가 없어진다고 보았다.

한원진은 만물(萬物)이 모두 같은 성(性)이라고 말한 것은 형기(形氣)를 범하지 않고 그 이(理)를 단지(單指)하여 말한 것이니 곧 이른바 오로지 섞이지 않는 것[不雜]으로 말한다고 하였다. 인(人)과 물(物)이 같지 않고 인(人)과 인(人)이 같고 물(物)과 물(物)이 같은 성(性)이라는 것은 기중(氣中)에 나아가 각각 그 기(氣)의 이(理)를 지적한 것이고, 또 그 기(氣)에 섞이지 않고 말한 것이라고 하였다.

한원진은 사람이 만물의 가운데에 홀로 바르고 통(通)한 기(氣)을 얻었기 때문에 그 심(心)이 가장 영(靈)하고 그 성(性)은 가장 귀(貴)하다고 하였다.[21] 그는 무릇 허령지각(虛靈知覺)하여 일신(一身)의 주재(主宰)가 되는 것은 심(心)이고 모든 선(善)이 갖추어져 일심(一心)의 표준과 법칙이 되는 것은 성(性)이라고 하였다. 그는 심(心)의 물(物)됨은 기(氣)가 모여서 체(體)가 허(虛)하고 허(虛)하기 때문에 어둡지 않고 기(氣)이기 때문에 가지런하지 않다[不齊]는 것이라고 하였다. 그는 그 체(體)가 허(虛)하고 어둡지 않는 것으로 말하면 맑고 한결같고 비어있고 밝은[湛一虛明]것이고 그 기(氣)가 모여서 가지런하지 않는 것으로 말하면 청탁수박(淸濁粹駁)을 이른다고 하였다. 그는 성(性)이 이 기(氣)에 있는데 그 미발(未發)의 허명(虛明)에 나아가서 단지(單指)하여 말하면 대본(大本)의 성(性)이라고 이르고 그 기품(氣稟)이 가지런하지 않는 것을 겸지(兼指)하여 말하면 기질(氣質)의 성(性)

21 한원진의 제자인 김한록은 한원진의 묘지명에서 氣質之性은 善과 惡이 있기 때문에 貴하다고 할 수 없고 一原의 性은 人과 物이 다 가지고 있기 때문에 귀하다고 할 수 없고, 本然之性과 分殊之性이 사람이 홀로 온전하고 物은 온전하지 않기 때문에 저절로 귀하다고 하여, 한원진이 이 부분을 밝힌 것에 큰 공이 있다고 하였다(『寒澗文集』 南塘先生墓誌銘, 748쪽 참조).

이라 이른다고 하였다.

18세기 초에 권상하의 문하에서는 한원진을 비롯하여 최징후(崔徵厚)·이간(李柬)·윤혼(尹焜)·현상벽(玄尙璧)·한홍조(韓弘祚) 등이 심성에 대해 깊은 학문적 토론을 하였고, 당시에 이들의 학문은 '호학(湖學)'으로 일컬어졌다. 그런데 한원진과 이간은 동문이면서도 심성(心性)에 대해 서로의 견해 차이가 아주 컸다.

이간(李柬)은 금수(禽獸)도 오상(五常)의 성(性)을 극진히 품부받았다고 주장한 반면, 한원진은 무릇 성(性)이라고 말하는 것은 모두 기질(氣質)에 인하여 이름하는 것이니 성(性)은 이(理)가 기(氣) 속에 떨어져 내재해 있는 이후의 이름인 것이므로 금수와 사람의 성은 같다고는 할 수 없다고 하였다.

이간은 사람과 물(物)이 오행(五行)의 이(理)을 고르게 받았으니 지금 기(氣)에 편전(偏全)과 분수(分數)가 있다고 논하는 것은 가하지만 다섯 가지 중에 하나는 있고 하나는 없다고 하면 불가하다고 하였다. 무릇 일초일목(一草一木)도 사덕중(四德中)의 물(物)이 아닌 것이 없는데, 하물며 초목(草木)과 비교하여 영(靈)한 것이 어찌 다섯 가지의 이(理)를 극진히 품부받지 못했겠는가라고 하였다. 이에 대해 한원진은 천명(天命)은 형기(形器)를 초월하여 일컫는 것이고 오상(五常)은 기질에 인하여 이름하는 것이니 사람이 금수와 다른 까닭은 그 형(形)의 다름 때문이 아니고 곧 그 성(性)의 다름에 있다고 하였다. 그는 지각운동(知覺運動)의 하는 바는 사람과 물(物)이 비록 같으나 인의예지(仁義禮智)를 품부받은 바는 사람과 물(物)이 같지 않다는 것이다. 그는 우리 인간의 지극히 귀(貴)한 성(性)으로 금수(禽獸)의 이류(異類)에 강등하여 같다고 하여 그 분수(分數)의 다과(多寡)를 더불어 비교하여 이것으로 사람과 짐승의 구별을 할 수는 없다고 보았다.

한원진은 『중용(中庸)』에 말하기를 솔성(率性)을 도(道)라고 이르는 것은, 인(人)과 물(物)을 통괄하여 말한 것이라고 하였다. 그는 물(物)이 이미 사람과 같은 성이라면 또 반드시 따라서 사람과 같은 도(道)가 있는 뒤에 바야흐로 솔성이라고 말할 수 있다고 하였다. 그는 지금 물(物)이 사람과 같은 성(性)이 있고 사람과 같은 도(道)가 있다는 것을 보지 못한다면, 그 솔성의 성(性)이 원래 저절로 같지 않다는 것을 이미 알 수 있다고 하였다.

그런데 이간은 본연(本然)과 기질(氣質)을 대대(對待)하여 성(性)을 논하면 성(性)과 이(理)는 실로 명백하다고 하였다. 심(心)은 또한 반드시 이 두 가지 것으로써 갖추어 말하면, 허령불매(虛靈不昧)는 본연(本然)의 심(心)이고 기품(氣稟)에 구애되는 것은 기질(氣質)의 심(心)이라는 것이다. 이른바 대본(大本)의 성(性)은 본연(本然)의 심(心)에 나아가 단지(單指)한 것이고 기질(氣質)의 성(性)은 기질(氣質)의 심(心)에 나아가 겸지(兼指)한 것이라고 했다.

이에 대해 한원진은 이간이 본연과 기질로써 대대(對待)하여 심(心)을 논하면서 스스로 이르기를 앞사람이 밝히지 못한 것을 밝혔다고 하였는데, 자신과의 견해 차이가 실로 여기에 있다고 하였다. 그는 성(性)이 이 두 가지 것으로 대하여 말하는 경우에는 다만 성(性)과 기(氣)를 이합(離合)하여 말하는 것이어서 이 두 가지 이름이 있으니 비록 두 가지 이름이 있으나 일체(一體)가 되는데 해가 되지 않는다고 하였다.[22]

한원진은 성(性)에 대해서, 우선 『중용』 장구에서 정이(程頤)가 성(性)을

22 『南塘文集』 권11, 書 同門往復, 擬答李公擧.

규정한 '성은 곧 이[性卽理]'란 말을 '성은 곧 기에 내재한 이[性卽在氣之理]'로 보아야 한다고 주장하였다. 즉 '재기지(在氣之)'라는 세 글자를 더 넣어 정이의 학설의 미비점을 보완하여 이해해야 한다는 것이었다.[23] 이 '성은 곧 기에 내재된 이' 때문에 천명(天命)의 성(性)은 사람과 물(物)이 같지 않다고 주장하게 되었다. 이러한 한원진의 주장은 이이의 성(性)에 대한 인식을 이어 받은 것으로 보인다.[24] 이이는 성(性)은 이기(理氣)의 합이라고 했다. 대개 이(理)가 기(氣) 속에 있는 연후에 성(性)이 된다. 만약 형질(形質)의 속에 있지 않으면 마땅히 이(理)라고 말해야 하고 성(性)이라고 말하는 것은 부당하다고 했다.[25] 이 말은 성즉리(性卽理)의 성(性)과 이(理)를 구분하여 이해한 것이고, 호론의 성에 대한 이해의 근거가 되었다고도 할 수 있다.

한편 한원진은 심(心)은 곧 기질(氣質)이라고 하였다.[26] 그는 이이와 송시열・권상하의 학설을 이어 심은 곧 기질이라고 주장하였다. 이러한 그의 학설은 일반적으로 심을 '이(理)와 기(氣)의 합(合)'으로 보거나 '기(氣)의

---

23 『屛溪集』 권13, 書, 答李子野 思質 辛巳. "且性是在氣之理也"; 권14, 書, 答權亨叔. "性是在氣之理"; 권27, 書, 答姜代予. "在氣之理謂之性, 心雖盛性而單指則氣也, 性雖在氣而單指則理也."; 『果菴文集』 권5, 書, 答族弟聖休 龜相 辛卯. "南塘以性卽在氣之理, 謂補程子之未備."; 『無名子集』 文稿 冊5, 文, 書湖洛心性辨後. "不主程朱性卽理之訓, 而乃以爲性卽在氣之理, 可以補程子之未備, 是爲善惡混之頭腦也."

24 『南塘文集』 권11, 書 同門往復, 擬答李公擧. "高明以因氣質三字, 謂愚自得之見, 此恐考之不詳也. 朱子曰凡言性者, 因氣質而言之. 栗谷先生曰性者理氣之合, 理在氣中然後爲性, 若不在氣中, 則當謂之理, 不當謂之性, 此皆愚說之所本也."

25 『栗谷全書』 권10, 書 2, 答成浩原.

26 『冠峯遺稿』 권7, 襍著, 心與氣質同異問答 乙未. "客問於冠峯主人曰子嘗以爲心與氣質有別, 然否? 答曰非吾創見, 先賢已皆言之矣. 曰南塘以爲心是氣質, 蓋心亦五臟之一, 則非氣質而何? 氣質之淸濁粹駁, 非心之謂乎?" 물론 한원진도 心을 오로지 말하면 진실로 理氣의 合이나 性과 對하여 말하면 心은 다만 氣이고 性은 다만 理라고 말하기도 한다(『南塘文集』 권36, 雜識, 內篇 下).

정상(精爽)'이라고 이해한 것과는 구별되는 이론이다. 다시 말해 심을 '이와 기의 합'이라고 보는 이황의 학통과 심은 '기의 정상'이라고 이해하고 있는 이이 학통의 낙론 학자들과 차별을 분명히 선언한 것이다.

한원진은 스승 권상하에게 "미발(未發)의 전(前)에 심성(心性)에 선악(善惡)이 있습니까"라고 질의하여, 스승으로부터 "옛 사람은 선악을 말하면서 모두 감동(感動)하여 나타난 것으로 말했으니 미발의 전에 선악이란 글자를 놓기는 어려우나, 기(氣)의 청탁수박(淸濁粹駁)이 만 가지로 다르니 만약 다만 청탁수박을 지적하여 선악이라고 이른다면 비록 선악을 말해도 무방하다"라는 답을 들었다.[27] 그는 이후 권상하의 이 말을 확대 해석하여 심의 본체(本體)에 선악이 있다는 설을 주장하면서 이간 등이 주장하는 심본선(心本善)의 설은 불교의 심순선(心純善)설의 나머지이고, 심(心)이라는 것은 기(氣)의 정상(精爽)이라고 말하는 설도 불교의 영각(靈覺)의 설이라고 비판하였다.[28]

특히 한원진은 심(心)이 순선(純善)이라는 설과 심(心)과 기품(氣稟)을 두 가지로 삼은 설은 이전에 이러한 견해가 없었는데, 이간이 처음 발표하여 그 설이 크게 유행하고 있다고 하면서 깊은 우려를 표명하였다. 이간의 설은 대개 정자(程子)의 "심(心)의 본체는 선(善)하고 사려(思慮)에 발하여 불선(不善)이 있다"라는 말에 근거를 두고 있으나 정자(程子)의 뜻은 사려(思慮)가 미발(未發)할 때에 기(氣)가 용사(用事)하지 않고 물욕(物慾)이 생기지 않는 것을 가리켜 말한 것이지 심(心)의 기품(氣稟)과 아울러서 본체가 선(善)하다라고 말한 것은 아니라고 하였다.[29] 한원진은 낙론에서 주장

27 『寒水齋文集』 권12, 書, 答韓德昭 3.
28 『無名子集』 文稿, 冊5, 文, 書湖洛心性辨後.

하는 '심의 본체는 선하다'는 논을 배척하여 불교의 순선(純善)의 논이라고 하여 강하게 비판하였다.

그렇다면 명덕(明德)에 대한 한원진의 견해는 어떠한가. 명덕에 대해 심(心)을 주(主)로 말한 자가 있고 성(性)을 주로 하여 말한 자가 있었으며, 허령(虛靈)에 분수(分數)가 있다거나 분수가 없다는 설이 분분하여 호락논쟁(湖洛論爭)의 미정(未定)의 안(案)으로 남아 있었다.[30] 우선 명덕을 성(性)으로 보면 성(性)은 곧 이(理)이기 때문에 명덕은 성인(聖人)와 범인(凡人)이 같게 되는 반면, 명덕을 심(心)으로 보면 심은 곧 기(氣)이기 때문에 기는 여러 가지로 다름이 있으므로 명덕은 성인과 범인이 다르게 된다.[31]

이이(李珥)는 명덕은 심성(心性)을 합하여 말한 것이라고 이해하기도 하고, 또 본심(本心)으로 이해하기도 하였다. 그는 심지어 명덕의 해석에서 허령(虛靈)한 것은 또한 우열(優劣)이 있다고 하였다.[32] 특히 이이의 심(心)이 기(氣)라는 설과 허령에 우열이 있다는 설은 후일에 호론 학자가 심선악(心善惡)을 주장하게 되는 주요 논거가 되었다.[33]

한원진은 명덕은 다만 심(心)이고 심은 곧 명덕으로, 심과 명덕이 진실로 두 가지 물건이 아니라고 하였다.[34] 그러나 심과 명덕을 분별한다면 심은 곧 기이고 심을 말하면 기품(氣稟)이 그 가운데에 있기 때문에 선악(善惡)이 있다고 하였다. 그런 반면 명덕은 이 심의 광명(光明)한 것이기 때문

---

29 『南塘文集』 권29, 雜著, 心純善辨證 示權亨叔 癸亥.

30 권오영, 「조선 후기 儒學者의 大學 이해-明德說을 중심으로」(『한국문화』 48, 서울대학교 규장각한국학연구원, 2009) 208-211쪽 참조.

31 『渼湖集』 권14, 雜著, 明德說疑問.

32 『栗谷全書』 권31, 語錄 上, 金振綱所錄.

33 『近齋集』 권23, 雜著, 雜識.

34 『南塘文集』 권14, 書, 同門往復 答沈信夫 壬子 5月.

에 명덕을 말하면 다만 심의 광명한 것을 가리키니 본래 기품을 띠고서 말하는 것은 아니라고 하였다. 그러므로 선악을 말할 수 없다는 것이다. 심(心)은 성(性)을 포함하여 말할 수도 있고 또한 성을 대(對)하여 말할 수도 있지만, 명덕은 다만 성을 포함하여 말할 수 있지 성을 대하여 말할 수는 없다는 것이다. 심은 성을 대하여 말하기 때문에 선악이 있고, 명덕은 다만 성을 포함하여 말할 수 있기 때문에 선악을 말할 수 없다는 것이다.[35]

한원진은 젊은 시절에는 명덕을 설명하는 말인 허령(虛靈)에 분수(分數)가 있다고 생각하였다가 중년(中年) 이후에는 허령에 분수가 없다고 생각하였다. 그는 주희가 일찍이 허령에 분수와 차등(差等)이 있다는 설을 주장한 적이 없었다고 하였다. 그는 주희가 허령은 심(心)의 본체(本體)라고 하였으니, 이미 본체라고 말하면 분수가 있다고 말하기 어렵다고 하였다.[36] 그는 기(氣)의 정상(精爽, 靈明)이 사람에 모여서 허령이 되는데 허령은 광명하므로 분수가 없다고 보았다.

그런데 한원진은 미발처(未發處)에서 허령본체(虛靈本體)뿐만 아니라 기품본색(氣稟本色)을 함께 볼 수 있다고 보아 허령과 기품이 두 가지가 따로 존재하는 것은 아니라고 하였다. 그래서 그는 허령은 기품의 허령이고 기품은 허령의 기품이라고 하였다.[37] 그는 명덕과 허령에 분수가 없으므로 명덕과 허령의 측면에서 보면 성인(聖人)와 범인(凡人)가 다르지 않다고 주장하면서도, 허령은 기품의 허령이고 기품은 허령의 기품으로 이

35 『南塘文集』 권30, 雜著, 明德說 示安士定 庚申.
36 『南塘文集』 권13, 書 同門往復 答尹瑞膺 乙卯 閏4月.
37 『南塘文集』 권14, 書 同門往復 答沈信夫 壬子 5月.

해하기 때문에 성인(聖人)와 범인(凡人)이 심(心)에 있어서는 궁극적으로는 다르다고 보았던 것이다. 이같이 그는 허령한 심체(心體)에도 성인과 범인이 차이가 있고 허령은 순선(純善)이라고 할 수 없다고 보았다.[38]

이러한 한원진의 명덕에 대한 견해에 대해 충청도 학자로 낙론을 지지한 김정묵(金正默)은 기품(氣稟)에 구애되는 곳은 명덕의 본체(本體)라고 말할 수 없고, 구애되었다면 곧 이발(已發)이니 더욱이 천하(天下)의 대본(大本)을 논할 수 없다고 하였다. 그는 오직 명덕의 본체는 품부받은 것에 구애를 받지 않기 때문에 형기(形氣)의 밖에 초연(超然)하여 지(智)가 되고 현(賢)이 된다고 하였다. 만약 본체가 품부받은 기질(氣質)에 구애될 뿐이라면 이미 저절로 구애되는 것이니 그 구애되는 것을 변화시킬 수 있겠는가라고 하면서, 심(心)은 선(善)이냐 그렇지 않으면 선(善)과 악(惡)이 함께 있느냐에 관한 논쟁은 다만 본체가 기질에 구애를 받느냐 구애받지 않느냐에 대한 분변에 달려 있다고 하였다.[39]

또한 김정묵은 한원진이 허령하고 어둡지 않아 이(理)를 갖추게 하고 만사(萬事)에 응하게 하는 것은 모두 기(氣)이고, 기(氣)로써 말하면 진실로 선악(善惡)의 다름이 없지 못하다고 하자, 다만 허령한 것과 중리(衆理)를 갖추고 만사(萬事)에 응하는 것으로 말하면 선(善)이라고 말할 수 있고 성인과 범인이 같다고 말할 수 있어 명덕이라고 이른다고 하였다. 그런데 허령을 기(氣)에 속하게 하여 문득 명덕에 선악이 있다고 해버리면 장차 성인(聖人) 이외에 범인은 만사에 응하는 것이 모두 선(善)하지 못하게 된

38 金太年, 「南塘 韓元震의 '正學' 形成에 대한 研究」(고려대학교대학원 박사학위논문, 2006) 160쪽 참조.

39 『過齋遺稿』 권6, 雜著, 南塘集箚辨, 心說辨.

다고 하였다.[40]

김정묵은 허령(虛靈)은 심(心)의 본체(本體)이고 신명(神明)이 되어 모두 성인과 범인이 모두 같고 선(善)한 것이고, 명덕은 본심(本心)이 되어 성인과 범인을 나눌 수 없는 것이 명백하다고 하였다. 그는 한원진이 허령과 기품(淸濁)을 하나의 심(心)에 아울러 논한다고 보고 미발(未發)의 체(體)에 과연 두 가지 심(心)이 있는 것인가라고 하였다.[41]

한편 한원진과 학문적 동지인 윤봉구는 명덕(明德)은 성(性)이라고 주장하였다. 그는 명덕의 덕은 성(性)라고 하면서 주희가 특별히 명덕에 대해 "허령불매(虛靈不昧)하여 중리(衆理)을 갖추고 만사(萬事)에 응한다"라고 설명하였는데, 먼저 허령이라고 말한 것은 명(明)자의 장본(張本)이 되고 응사(應事)는 그 용(用)이라고 하였다. 명덕 두 글자의 뜻은 명(明)한 덕(德)이라는 것을 말함이니 비록 명(明)자를 띠고 말하나 명(明)자는 허(虛)하고 가벼우며 덕(德)자는 실(實)하고 또 중(重)하다고 하였다. 그는 또한 명덕은 심(心)이 갖추고 있는 바의 성(性)이라고 하면서, 무릇 사덕(四德)이라고 말하는 것은 사성(四性)을 지적하여 말한 것이니 이 덕(德)자는 실제 성(性)을 지적하여 말하는 것이고 이 허령중(虛靈中)에 갖추어져 있기 때문에 명덕이라고 말한다고 하였다.[42]

40 『過齋遺稿』 권6, 雜著, 南塘集箚辨, 心說辨.

41 『過齋遺稿』 권6, 雜著, 南塘集箚辨, 心說辨.

42 『屛溪集』 권41, 講義, 考巖書院大學講說. "明德當以曾傳首章所釋爲準, 首章三節, 只以德字與明命釋之, 而朱子又言明命, 我之所以爲德, 德, 性也, 何曾言心或氣耶? 朱子特加詳釋, 以虛靈不昧具衆理應萬事爲言, 蓋虛靈, 心之光明, 此德在於虛靈分上, 故名德以明. 其先言虛靈者, 爲其明字張本而應事其用也. 明德二字之義, 謂明底德也, 雖帶言明字, 明字虛而輕, 德字實且重, 當以德字爲主矣.", "明德是心所具之性也. 性情之統言也, 何可謂不言性也? 凡言四德, 指四性而言也. 此德字實指性而言也. 此德該在虛靈中, 故曰明德也."

윤봉구는 허령불매(虛靈不昧)는 비록 기(氣)의 지극히 정미(精微)한 곳을 말하나 이이(李珥)는 바로 우열(優劣)로 말했으니 허령(虛靈)에 분수(分數)가 없다고 말하는 것은 끝내 이치가 맞지 않는다고 하였다.[43] 윤봉구는 낙론(洛論)에서 명덕이 사람마다 모두 같다고 주장하는 것은 허령에 분수가 없는 것으로 보기 때문이고, 이 설은 심(心)과 성(性)이 하나면서 둘이고 둘이면서 하나라는 것을 모르는 것이라고 하였다.[44] 윤봉구는 허령이 기(氣)에 속하고 이미 기라고 한다면 우열(優劣)이 있다고 하였고[45] 더 나아가 명덕분수설(明德分數說)을 주장하기도 하였다.[46]

윤봉구는 대개 심(心)은 바르고 통(通)하는 기(氣)의 정상(精爽)을 품부받아 마음속에 갖추어져 있어 성인과 범인의 심이 모두 바르고 통(通)하는 기(氣)의 정상(精爽)임을 논할 것이 없기 때문에 그 체단(體段)은 저절로 허령지각(虛靈知覺)이니 이것은 무릇 사람의 심이 모두 그렇지 않음이 없다고 하였다. 다만 바르고 통(通)하는 가운데에 청탁수박(淸濁粹駁)의 다소(多少)와 분수(分數)가 없지 못하기 때문에 정상(精爽)의 심(心)됨이 또한 따라서 청탁(淸濁)의 분수(分數)가 있게 된다고 하였다. 윤봉구는 허령지각은 곧 이 정상(精爽)의 광명(光明)이지만, 정상의 심(心)이 다소와 분수가 있으므로 영각(靈覺, 虛靈知覺)에도 차별이 있게 된다고 하였다.[47] 이같이 윤봉구는 심(心)을 기(氣)로 보고, 심의 허령에 분수가 있는 것으로 보아 심에서 성인와 범인의 차이를 강조하였다.

---

43 『屛溪集』 권22, 書, 答鄭士益 重謙 辛巳.
44 『屛溪集』 권22, 書, 答鄭士益 重謙 辛巳.
45 『南塘文集』 권36, 雜識 內篇 下.
46 『陶菴集』 권10, 書 2, 答尹瑞膺辨問 丙辰.
47 『屛溪集』 권39, 講義, 宋景晦心性講說 壬午.

한편 윤봉구는 낙론의 학자인 이재(李縡)에게 『대학(大學)』의 명덕은 비록 심성정(心性情)의 통괄하여 말한 것이나 그 핵심은 덕(德)에 있고 덕(德)이라는 것은 성(性)이니 명덕은 선악(善惡)과 분수(分數)를 말할 수 없다는 것에 대해 자세한 가르침을 받고 싶다고 하였다. 이에 이재는 충청도의 사우(士友)들이 대부분 명덕에 분수가 있다는 주장을 하고 있다는 말을 듣고 근심하고 탄식을 한 것이 오래되었다고 하면서, 명덕은 본심(本心)이라고 하였다. 그러면서 윤봉구가 이미 심(心)의 위에 기(氣)자를 주장하는 것이 너무 지나쳐 비록 오로지 덕(德)으로써 성(性)에 속하게 하고자 하나 성 또한 심에서 떨어져 있는 것은 아니니 분수가 있다는 설에 면하지 못할 것 같다고 우려하였다.[48]

이같이 한원진과 윤봉구는 심(心)을 기질(氣質)로 보아 심에 선악이 있다는 대전제는 서로 같았지만, 명덕을 심으로 볼 것인가 성으로 볼 것인가, 허령에 분수가 있는가 없는가 라는 문제에 있어서는 두 사람은 의견을 달리하였다. 한원진은 명덕을 심으로 본 반면[49], 윤봉구는 명덕을 성으로 보았고, 한원진은 허령에 분수가 없다고 본 반면, 윤봉구는 허령에 분수가 있다고 보았다.

48 『陶菴集』 권10, 書 2, 答尹瑞膺辨問 丙辰; 答尹瑞膺 癸亥.

49 김태년은 한원진이 心과 明德을 구분하여 명덕을 性과 연결시켰다고 해석했고, 인간의 밝은 인식능력과 도덕적 본성을 포괄하는 개념임을 알 수 있다고 하였다(金太年, 「南塘 韓元震의 '正學' 形成에 대한 硏究」, 고려대학교 대학원 박사학위논문, 2006, 176쪽). 내가 보기에 한원진은 명덕을 근본적으로는 虛靈한 心으로 이해하고 있는 반면, 윤봉구는 명덕을 性으로 보아 서로 의견을 달리하고 있었다.

3. 호론 학설의 정설화(定說化)와 전승

1) 호론 학설의 정설화

1736년(영조 12) 1월 한원진은 권상하의 행장을 지으면서 이이·송시열·권상하의 사상적 전승을 제시하고, 특히 호론의 인물성이론(人物性異論)을 서술하여 자신들의 정통학설로 삼았다.

한원진은 당시 사회가 사람과 금수의 구별이 없고, 중화와 오랑캐의 구분이 없어져 세계가 혼돈에 빠지고 인심(人心)이 엉망이 되었기 때문에 이를 염려하여 권상하의 행장에서 이기설로 총론을 삼았다는 것이다. 그는 이이에서 송시열·권상하로 이어지는 성리(性理)에 대한 해석의 역사적 과정을 부기하였는데, 이 세 '선생'에 의하여 점차 이기심성설이 해명되어 왔다고 하였다.

> 율곡선생(栗谷先生)이 나와서 제가(諸家)의 설을 일소하여 단정하여 말하기를 '무형(無形)하고 무위(無爲)이면서 유형(有形)하고 유위(有爲)한 것의 주재가 되는 것이 이(理)이고, 유형하고 유위하면서 무형하고 무위한 것의 그릇이 되는 것이 기(氣)라고 하였다. '이(理)'는 무형이고 '기(氣)'는 유형이기 때문에 이통기국(理通氣局)이고, '기'는 유위이고 '이'는 무위이기 때문에 기발이승(氣發理乘)이라고 하였다. 또 말하기를 발(發)하게 하는 것은 기(氣)이고 발(發)하는 까닭은 이(理)이다. 기(氣)가 아니면 발(發)하지 못하고 이(理)가 아니면 발(發)할 바가 없으니 선후(先後)도 없고 이합(離合)도 없다. 이 말이 한번 나오면서 두 갈래의 논이 폐(廢)해지고 도체(道體)의 온전함을 다시 찾을

수 있었다. 이기(理氣)의 설은 염락관민(濂洛關閩)보다 자세함이 없는데 혹은 이(理)에 동정(動靜)이 있다고 말하고 혹은 이(理)에 동정(動靜)이 없다고 말하고 혹은 이기(理氣)의 선후(先後)가 있다고 말하고 혹은 이기(理氣)의 선후가 없다고 말하여 그 말이 한결같지 않아 서로 어긋나고 배치된 것 같아서 학자가 매번 회통(會通)하기 어려움을 근심으로 여겼다. 이에 우암선생(尤菴先生)이 나와서 총괄하여 단정하여 말하기를 이기(理氣)는 단지 하나면서 둘이고 둘이면서 하나인 것이다. 이(理)를 따라서 말하는 것도 있고 기(氣)를 따라서 말하는 것도 있다. 원두(源頭)를 따라서 말하는 것도 있고 유행(流行)을 따라서 말하는 것도 있다. 대개 이기(理氣)는 혼융(混融)하여 사이가 없으나 이(理)는 이(理)대로 기(氣)는 기(氣)대로라고 하고 또 일찍이 협잡(夾雜)하지 않는다고 이른다. 그러므로 이(理)에 동정(動靜)이 있다는 것은 이(理)가 기(氣)를 주재하는 것을 따라서 말한 것이고, 이(理)에 동정(動靜)이 없다는 것은 기(氣)가 이(理)를 부리는 것을 따라서 말한 것이다. 선후(先後)가 있다고 말하는 것은 이기(理氣)의 원두(源頭)를 따라서 말하는 것이고 선후(先後)가 없다고 말하는 것은 이기(理氣)의 유행(流行)을 따라서 말하는 것이다. 이 말이 한번 나오면서 여러 설이 가지런하지 않던 것이 가지런하게 되었고 이(理)를 궁구하는 선비들이 비로소 그 길을 얻게 되었으니 이 두 선생이 우리 도에 크게 공이 있는 바이다. 그런데 『중용』의 서문에서 형기(形氣)가 심(心)과 아직 구별이 되지 않아 이기(二歧)의 논이 오히려 다 없어지지 않아 정(情)의 선악(善惡)이 오로지 기(氣)에 말미암는다고 하여 성선(性善)의 지(指)가 오히려 다 드러나지 않았다. 이것은 두 선생이 후인(後人)을 기다

> 린 것이고 우리 선생이 비로소 『중용』 서문의 형기(形氣)가 심(心)이 아니라는 것을 밝혀서 이기(理氣)의 발(發)을 하나로 하고 척각(跖蹻 : 盜跖과 莊蹻)의 선정(善情)이 성(性)에서 발한 것임을 지적하여 성선(性善)의 필연(必然)을 밝혔으니 이것이 또한 두 선생에게 공이 있는 것이다.[50]

한원진은 이이가 이통기국(理通氣局)과 기발이승(氣發理乘)을 주장한 것에 대해 '이(理)'는 무형(無形)이고 '기(氣)'는 유형(有形)이기 때문에 이통기국이고, '기(氣)'는 유위(有爲)이고 '이(理)'는 무위(無爲)이기 때문에 기발이승이라고 하였다. 아울러 한원진은 "발(發)하게 하는 것은 기(氣)이고 발(發)하는 까닭은 이(理)이다. 기(氣)가 아니면 발(發)하지 못하고 이(理)가 아니면 발(發)할 바가 없으니 선후(先後)도 없고 이합(離合)도 없다"라고 한 이이의 말이 한번 나오면서 도체(道體)의 온전함을 다시 찾을 수 있게 되었다고 하였다. 그리고 이어서 한원진은 송시열의 이기(理氣)에 대한 견해를 간

---

50 『南塘文集』 권34, 行狀, 寒水齋權先生行狀. "栗谷先生出, 一掃諸家之說而斷之, 曰無形無爲而爲有形有爲之主者理也, 有形有爲而爲無形無爲之器者氣也. 理無形而氣有形故理通而氣局, 氣有爲而理無爲故氣發而理乘. 又曰發之者氣也, 所以發者理也, 非氣不能發, 非理無所發, 無先後無離合, 斯言一出而二歧之論可廢, 而道體之全可復尋矣. 理氣之說莫詳於濂洛關閩, 而或言理有動靜, 或言理無動靜, 或言其理氣之有先後, 或言其理氣之無先後, 其言不一, 若相牴背, 而學者每患於難爲會通. 於是, 尤菴先生出, 摠而斷之, 曰理氣只是一而二, 二而一者也, 有從理而言者, 有從氣而言者, 有從源頭而言者, 有從流行而言者, 盖謂理氣混融無間而理自理氣自氣. 又未嘗夾雜, 故其言理有動靜者, 從理之主氣而言也. 其言理無動靜者, 從氣之運理而言也. 其言有先後者, 從理氣源頭而言也. 其言無先後者, 從理氣流行而言也. 斯言一出而衆說之不齊者可齊, 而窮理之士, 始得其路徑矣, 斯二先生之所以大有功於斯道也. 然而庸序形氣未別於心, 而二歧之論, 猶未盡息, 情之善惡, 專由於氣, 而性善之指, 猶未盡著, 此則二先生之所竢後人者, 而至我先生始辨庸序形氣之非心, 以一理氣之發, 指跖蹻善情之發於性, 以明性善之必然, 斯又先生之有功於二先生者也."

명하게 정리하여 제시하였다. 그에 의하면 송시열은 "이(理)에 동정(動靜)이 있다는 것은 이(理)가 기(氣)를 주재하는 것을 따라서 말한 것이고, 이(理)에 동정(動靜)이 없다는 것은 기(氣)가 이(理)를 부리는 것을 따라서 말한 것이다. 선후(先後)가 있다고 말하는 것은 이기(理氣)의 원두(源頭)를 따라서 말하는 것이고 선후(先後)가 없다고 말하는 것은 이기의 유행(流行)을 따라서 말하는 것이다"라고 하였다는 것이다.

그런데 한원진은 이이와 송시열에 의해 심성(心性)에 대한 이론이 다 해명되었다고 보지 않았다. 그는 『중용(中庸)』서문에서 형기(形氣)가 심(心)과 아직 구별이 되지 않아 정(情)의 선악(善惡)이 오로지 기(氣)에 말미암는다고 하여 성선(性善)의 논지가 오히려 다 드러나지 않았다고 보았다. 그는 권상하가 비로소 『중용』 서문의 형기가 심(心)이 아니라는 것을 밝혀서 이기의 발(發)을 하나로 하고 도척(盜跖, 秦의 도적)과 장각(莊蹻, 楚의 도적)의 선정(善情)이 성(性)에서 발한 것임을 지적하여 성선(性善)의 필연(必然)을 밝혔다고 하였다.

한원진은 이이가 형기와 심기(心氣)를 구별하지 않았기 때문에 부득불 주리(主理)・주기(主氣)의 설을 주장하였고, 결국은 인심(人心)은 형기에 간섭받는 것이고 도심(道心)은 기(氣)가 용사(用事)하지 않는 것이라고 주장하였다고 평가했다. 한원진은 권상하의 설을 이어 심기와 형기는 다르다고 보고 인심과 도심 모두 심기에 의해 생기는 것이라고 보았다.[51]

이에 대해 김정묵(金正默)은 이미 이이가 심기(心氣)와 형기(形氣)를 분별하여 보았다고 주장하였다. 그러면서도 그는 형기의 생(生)이 완전히

51 金太年, 「南塘 韓元震의 '正學' 形成에 대한 硏究」(고려대학교 대학원 박사학위논문, 2006) 120쪽.

심(心)과 상관이 없다면 심이 무엇에 말미암아 스스로 발(發)하여 인심(人心)이 되겠는가라고 하였다. 그는 감동(感動)하는 것은 형기이고 발(發)하는 것은 심기(心氣)이니 형기가 심기에 관여하는 것이 그렇다고 하였다. 그는 한원진이 심(心)과 형기를 분변해야 한다고 하면서, 심은 곧 기질이란 논을 장황하게 주장하고 있으니 형기는 기질이 아닌가라고 비판하였다.[52]

한편 송시열・권상하의 학통을 이은 윤봉구는 권상하의 『한수재집(寒水齋集)』서문을 쓰면서 인성과 물성이 다르고 성인과 범인의 심이 다르다는 이론을 기호학계의 정통 학설로 삼았다. 그는 천하의 의리(義理)가 이기심성(理氣心性)보다 더 큰 것이 없고 유자(儒者)의 학문 역시 이기심성보다 더 절실한 것이 없다고 하면서 심성에 대한 호론의 견해를 분명하게 제시하였다.

> "천하의 의리(義理)가 이기심성(理氣心性)보다 큰 것이 없고 유자(儒者)의 학(學)이 또한 이기심성보다 절실한 것이 없다. 예로부터 성현(聖賢)이 자세하게 말하였는데, 오직 인(人)과 물(物), 성인과 범인의 나뉨은 동이(同異)와 득실(得失)의 구별이 없지 못했다…… 심(心)은 성(性)을 담는 그릇이다. 통괄(統括)하여 말하면 성정(性情)을 갖추고 있고 홑지게 말하면 기(氣)이다. 주자는 이르기를 심(心)은 기(氣)의 정상(精爽)이니 그 체단(體段)은 허령불매(虛靈不昧)하여 정(靜)함에 오상(五常)의 덕(德)을 갖추고 있고 발(發)하여 사필(四七)의 용(用)이

52 『過齋遺稿』 권6, 雜著, 南塘集箚辨, 心說辨.

된다. 그러나 이른바 정상(精爽)이라는 것은 또한 기(氣)이다…… 율곡선생(栗谷先生)에 이르러서는 바로 말하기를 허령(虛靈)에 또한 우열(優劣)이 있다고 하였으니 이것은 성인과 범인의 심이 같지 않다는 것을 말한 것이다. 옛날 성현(聖賢)이 입언(立言)하여 후세에 가르친 것이 이같이 분명하고 절실한데 근년(近年)이래로 여러 말들이 갈라지고 나누어져서 하나로 합해지지 못했다. 선생(권상하)께서 근원을 파헤치고 지류를 씻어내어 변론 분석하고 개발하였으니 그 기(氣)의 이(理)를 각각 지적해 내고 또 그 기에 섞이지 않는다고 말한 것은 인과 물의 성이 같지 않다는 것을 이름이다. 그 기질(氣質)은 심(心)을 지적하여 말한 것이라고 한 것은 성인과 범인의 심이 각각 다르다는 것을 이름이다."[53]

또한 윤봉구는 「화양서원묘정비명(華陽書院廟庭碑銘)」을 지어 호론의 학설을 기호학계의 정설로 분명히 할 수 있는 기회를 얻었다. 그는 명(銘)에서 '감수속토(甘雖屬土), 밀기성신(蜜豈性信)'이란 송시열의 말을 인용하여 인성과 물성이 다르다는 것을 호론의 정설로 규정하였다.[54]

---

53 『屛溪集』 권43, 序, 寒水齋先生文集序. "天下之義理, 莫大於理氣心性, 儒者之學, 亦莫切於理氣心性, 從古聖賢, 言之詳矣. 而惟人物聖凡之分, 不能無同異得失之別, 學者於此, 苟不能究其類而明其實, 其於學聖人思辨之工, 何哉? …… 心盛性之器也, 統言則該性情, 單指則氣也. 朱子謂心氣之精爽, 是其體段, 虛靈不昧, 靜而具五常之德, 發之爲四七之用, 然所謂精爽, 亦氣也 …… 至於栗谷先生, 則直曰虛靈亦有優劣, 此言聖凡之心不同也. 古聖賢立言詔後, 若是明切, 而自近年來衆言派分, 莫之歸一, 先生疏源滌流, 卞析開發, 其曰各指其氣之理而亦不雜乎其氣者, 人物性不同之謂也. 其曰氣質指心而言者, 聖凡心各異之謂也."

54 『屛溪集』 권47, 碑銘, 華陽書院廟庭碑銘.

오직 이기설(理氣說)은	惟理氣說
예로부터 시끄러웠네	從古紛糾
선생이 회통(會通)하여	先生會通
한 말씀으로 밝히셨네	一言以喇
동정(動靜)과 선후(先後)는	動靜先後
각각 그 가리키는 바를 따르고	各從其指
이(理)가 기(氣)를 따라 부여(賦與)되어야	理隨氣賦
성(性)이라 이름할 수 있네	性乃可名
영각(靈覺)이 갖춘 바를	靈覺所具
오상(五常)이라고 이르니	是謂五常
감(甘)이 비록 토(土)에 속하지만	甘雖屬土
밀(蜜)이 어찌 신(信)의 성(性)이겠는가	蜜豈性信

이같이 기호학계는 18세기 중엽까지만 해도 송시열에서 권상하를 거쳐 한원진·윤봉구로 이어지는 호론이 자신들의 학설을 기호학계의 정설로 삼고자 했다. 그러나 차츰 이재·김원행 등의 서울·경기 학계의 낙론 학자들이 부상하면서 학계와 정계에서 활동하게 되자 호론의 학설은 점차 쇠미해지게 되었다.

한원진의 제자인 송능상(宋能相)은 오늘날 세도(世道)에 해가 되는 것이 인성과 물성을 같다고 주장하는 학설보다 더 심각한 것이 없다고 하면서 낙론의 학설을 비판하였다. 그는 맹자나 고자(告子)가 개와 소와 사람이 성이 같지 않다고 보았던 것은 동일하였다고 하면서, 금수는 부자의 친함이 없고 부부의 은혜가 없고 장유의 순서가 없는데 사람의 성이 금수

의 성과 같다고 하니 참으로 개탄스러운 일이라고 하였다.[55]

2) 학맥과 학설의 전승

이이－송시열－권상하의 학통을 이은 한원진의 호론은 우선 송능상(宋能相)에서 송환기(宋煥箕)로 전해졌다. 특히 송시열에서 송환기로 이어지는 학통의 전수에는 송시열이 평소 소장하고 있던 『주자대전(朱子大全)』 한 질이 전수되고 있는 것에서 이른바 기호학파의 도통(道統)의 계승을 상징하는 것이라 할 수 있다.[56]

한원진은 송능상에게 유석(儒釋)의 변(辨)에 대해 분명하게 말하였다. 그는 유학과 불교의 분변은 다만 심성(心性)의 분변에 있고 심성의 분변은 또 다만 성선(性善)와 심유불선(心有不善)에 달려 있다고 하였다. 그는 유학에서는 성(性)이 순선(純善)하고, 심(心)에 선악(善惡)이 있다고 본다고 하면서, 성(性)에 악(惡)이 있다고 이르는 것은 순자(荀子)와 양웅(揚雄)의 설과 같고, 심(心)에 선(善)뿐이라고 하는 설은 불교의 설과 같다고 하였다.[57]

송능상은 오늘날 세도의 해가 인물성동론과 같은 경우는 문자가 생긴 이후 없었던 일로 보고 깊은 우려를 표명하였다. 그는 맹자(孟子)는 이(理)를 성(性)으로 삼았고 고자(告子)는 기질(氣質)로 성(性)을 삼았지만 개와

---

55 『性潭集』 권29, 行狀, 從叔父雲坪先生行狀.

56 成鳳鉉, 「雲坪 宋能相의 生涯와 思想」(『宋子學論叢』 4, 충남대학교 송자학연구소, 1997) 194쪽 참조.

57 『南塘文集』 권19, 書 門人問答, 與宋士能別紙 丙寅 正月.

소, 사람이 성(性)이 같지 않다고 보았던 것은 동일하다고 했다.[58] 그는 인성과 물성이 다르다는 증거로 주희와 이이·송시열의 말을 간명하게 제시하고 있다. 특히 그는 이이의 "만물은 성(性)이 완전한 덕을 부여받지 못하였다"와 송시열의 "오행(五行)에 배속된 것이 모두 인의예지신(仁義禮智信)을 갖춘 것은 아니다"라고 한 말을 제시하였다.[59]

그런데 송능상은 인물성이론에 있어서는 호론 학설을 처음부터 지지하고 있었으나 심설(心說)에 있어서는 41세 이전까지는 스승 한원진과 다른 견해를 가지고 있다가 1750년 이후에 한원진의 견해를 받아들여 심(心)을 기(氣)로 보고 심(心)에 선악(善惡)이 있는 것으로 이해하여 호론의 주요 학자로 활동하였다.[60]

그런가 하면 송능상은 명덕에 대해 '본연(本然)의 양심(良心)'이라고 하면서 성정(性情)을 통섭하여 말하는 것이라고 보았다. 따라서 명덕은 단순히 기(氣)를 가리킨다거나 이(理)를 가리키는 것은 아니라고 하였다. 그는 명덕은 심(心)인데 『대학장구』에서 이기(理氣)를 나누어 먼저 허령불매(虛靈不昧) 네 글자를 넣고 뒤에 구중리(具衆理)를 말하였다고 하면서 이기의 묘(妙)를 살펴야 한다고 하였다.[61] 명덕에 대한 이해에서 보면 그는 이이의 명덕 본심설과 한원진이 명덕을 심으로 이해한 설을 잇고 있는 것을 알 수 있다.

한편 한원진의 학통은 김한록(金漢祿)에게로 전해져 벽파의 정치적 후

58 『雲坪文集』 권4, 書, 答安士定杓 戊辰 3月.
59 成鳳鉉, 「雲坪 宋能相의 生涯와 思想」(『宋子學論叢』 4, 충남대학교 송자학연구소, 1997) 209·210쪽 참조.
60 成鳳鉉, 「雲坪 宋能相의 生涯와 思想」(『宋子學論叢』 4, 1997) 214쪽 참조.
61 『雲坪文集』 권5, 書, 與沈子華鍍 乙亥.

원 세력이 되었다. 특히 1759년(영조 35) 영조의 계비 정순왕후(貞純王后)가 영조와 결혼하면서 호론의 학문적 정치적 영향력이 커져 나갔고 그 호론의 배후에서 김한록이 크게 활동하였다. 김한록은 우주 사이에 세 사람으로 공자와 주희와 한원진을 꼽을 정도로 스승 한원진에 대한 존경이 지나쳤다.

한원진의 제자인 김한록은 허령(虛靈)에 선악(善惡)의 기틀(機)이 있다고 말하는 것은 가하지만, 허령의 체(體)를 지적하여 선(善)을 말하고 악(惡)을 말하는 것은 불가하다고 하였다. 즉 그는 허령의 체(體)에서는 아직 선도 악도 말할 수 없는 것이고 이(理)와 기(氣)가 허령에 갖추어진 이후에야 선과 악의 이름이 생긴다고 보았다.[62] 따라서 김한록은 아직 이와 기가 갖추어지지 않은 허령의 체(體)에서는 성인(聖人)와 범인(凡人)가 차이가 나지 않는다고 보았다. 이러한 그의 주장은 일반적으로 호론 학자들이 심체(心體)에도 선과 악이 있다고 보아 성인과 범인의 차이를 강조하는 것과는 일정한 거리가 있다. 물론 김한록은 심(心)을 기질(氣質)로 보았지만, 심을 허령으로도 보아 허령에 이와 기가 부여되기 전에는 선과 악을 말할 수 없고, 따라서 허령 자체에서는 성인와 범인의 구별이 없다고 보았던 것이다.

이같이 김한록이 심(心)을 허령으로 이해하고 이(理)와 기(氣)가 부여되기 이전의 허령 그 자체에서는 성인와 범인의 차이를 없애버린 것은, 중화(中華)와 이적(夷狄), 성인과 범인의 엄격한 차별성을 강조하는 호론 내에서도 어느 정도 사상적 개방성을 지향하고 있다는 것을 의미한다. 김

62 『寒澗文集』 권2, 書, 上南塘先生 戊辰 閏月.

한록은 허령 그 자체 내에서는 성인과 범인을 동일하게 이해하였는데, 이러한 그의 견해는 미발(未發)의 심체(心體)에서 이미 성인과 범인의 차이를 두던 호론의 견해에서 벗어난 독자적인 주장인 것이다.[63]

김한록이 이같이 허령에서 선과 악을 찾을 수 없다는 주장은 분명 허령에 분수가 없다는 한원진의 견해를 한단계 진전시킨 것이다. 이점에서 바로 김한록이 한원진의 학통을 전수받아 그 학설을 발전시킨 것으로 이해할 수 있다.

또한 한원진은 권상하의 후손인 권진응(權震應)에게 심순선(心純善)의 변(辨)을 지어주어 낙론의 학설을 비판하고 호론의 심유선악(心有善惡)설을 전수하였다.[64]

이러한 한원진의 가르침은 대체로 18세기 말을 거쳐 19세기 초까지 호론 학자들에게 전수되어 널리 확산되어 나갔다. 1799년(정조23) 10월 13일에 한원진의 벼슬과 시호를 청하는 소에 김운주(金雲柱) 등 635명의 소유들이 참여하였다는 것은 한원진의 사상을 계승한 호론 학자들의 실상을 보여주는 것이고[65] 이 숫자는 당시 호론에 속한 유생을 거의 망라했다고 할 수 있을 것이다.[66]

호론 학자들은 한원진이 성(性)에 대해 새롭게 해석했다고 보았다. 즉 한원진은 본연지성(本然之性)과 기질지성(氣質之性)에 대해서 "기(氣) 가운데 나아가 이(理)만 단독으로 가리킬 때 본연지성이 되는 것이고 기까지

---

63 김한록의 虛靈에 대한 이해는 권오영, 「金漢祿의 사상과 정치적 歷程」(『朝鮮時代史學報』 33, 조선시대사학회, 2005) 208-215쪽 참조.

64 『南塘文集』 권29, 雜著, 心純善辨證 示權亨叔 癸亥.

65 『正祖實錄』 정조 23년 10월 13일(무술).

66 권오영, 「호락논변의 쟁점과 그 성격」(『조선 후기 유림의 사상과 활동』, 돌베개, 2003) 78-81쪽 참조.

아울러 지칭할 때 기질지성이 되는 것이다"라고 하였고, 사람과 다른 존재의 성(性)에 대해서는 "사람이든 다른 존재이든 모두 똑같은 성을 가지고 있으니 태극이 바로 그것인데 이는 만물의 근원이 하나이기 때문이요, 사람과 사람이 같은 성을 갖고 있고 다른 존재와 존재 역시 같은 성을 갖고 있으니 오상이 바로 그것인데 이는 하나의 근원에서 다르게 갈려 나간 것이요, 사람끼리도 다른 성을 갖고 있고 다른 존재끼리도 다른 성을 갖고 있으니 기질지성이 바로 그것인데 이는 다르게 갈려 나간 것이 다시 다르게 갈려 나간 것이다"라고 하였던 것이다. 이것은 바로 한원진이 성즉리(性卽理)를 새롭게 이해하여 성(性)은 기(氣)에 내재된 이(理)라고 주장한 것을 드러낸 것에 의미가 있다.

또한 호론 학자들은 한원진의 심(心)과 기질(氣質)의 견해에 대해서 설명하였다. 즉 한원진은 "심(心)은 기질을 떠나서는 성립할 수 없다, 미발지심(未發之心)을 일컬어 본래 선(善)하다고 하는 것은 기(氣)가 작용을 하지 않기 때문이다. 만약 기질을 아울러서 말한다면 심(心)에도 선악(善惡)이 있는 것인데, 담연(湛然)하며 허명(虛明)한 것은 미발의 기상이요, 청탁(淸濁)과 수박(粹駁)이 있는 것이 기품(氣稟)의 본래 속성이라고 해야 할 것이다"라고 하였다. 이 역시 한원진이 이이의 심시기(心是氣)설을 이어 심을 기질로 새롭게 이해한 것에 근거하고 있다.

이같이 한원진은 오상(五常)은 기질(氣質)에 인하여 말하는 것이고 심체(心體)에는 선악(善惡)이 있다고 하여 오상과 심체를 기질과 연결시켜 설명을 하였다. 호론 학자들은 한원진이 심성설에서 앞사람이 밝히지 못한 것을 많이 밝혔다고 생각하였다. 사실 한원진은 미발(未發)전에 숙특(淑慝)이 있고 기질밖에 따로 심(心)이 없다는 주장을 하였고, 이러한 설은 기질을 본심(本心)으로 삼은 것이었다. 그래서 일찍이 이재(李縡)는 한원진이 기질을 심체(心體)에 해당시켰고 편전(偏全)을 본연(本然)으로 보았다고 비판하였다.[67] 김정묵도 이러한 한원진의 심성설을 다각도로 비판하고 나섰다.[68]

호론 학자들은 한원진이 『경의기문록(經義記聞錄)』, 『주자언론동이고(朱子言論同異攷)』, 『의례보편(儀禮補編)』 등을 편찬하였고, 『춘추(春秋)』의 의리(義理)에 철저하였다고 생각하였다. 이들의 한원진의 저작에 대한 평가는 한원진이 『경의기문록』을 짓자 『주역』·『중용』·『대학』의 뜻이 명백하게 밝혀졌고, 『주자언론동이고』를 짓자 주희의 초년과 만년의 견해가 환하게 드러났으며, 『의례보편』이 완성되자 존왕(尊王)의 치모(治謨)와 여러 성인의 제작(制作)이 밝게 구비되었다고 하였다.[69]

한원진은 오랑캐인 원(元)나라를 섬겨 복무한 허형(許衡)을 두고 만세의 죄인이라고 평가하였다. 호론 학자들은 한원진의 이러한 견해가 송시열이 허형을 문묘에서 출향해야 한다고 주장한 뜻을 받아들여 춘추(春秋)의 대의(大義)를 밝힌 것이라고 보았다. 그리하여 충청도를 둘러 싼 수백 리 사이에서는 비록 삼척동자라 할지라도 모두 주자는 감히 높이지 않을 수 없고 이단은 물리치지 않을 수 없으며 이적이 정통(正統)을 같이 하게 해서는 안 된다는 것을 알도록 하였으니, 이 모두가 한원진의 덕택이라고 보았다.

호론 학맥은 1800년 정순왕후가 수렴청정을 함으로써 김구주(金龜柱)의 종제(從弟)인 판서 김관주(金觀柱)가 벽파를 주도하고 여기에 심환지(沈

---

67 『陶菴集』 권4, 詩 4. 崔生祏叔固歸自南塘盛道講說聽之有作(南塘卽韓掌令元震所居).

68 『過齋遺稿』 권6, 雜著, 南塘集箚辨, 寒水齋先生行狀辨, 人心道心說辨, 心說辨, 書氣質五常辨後; 권7, 雜著 南塘集箚辨, 性說辨.

69 『正祖實錄』 정조 23년 10월 13일(무술).

煥之)가 가세하여 정계에서 그 세력을 떨쳤다.[70] 그러나 이미 18세기 후반부터 호론은 학맥내에 새로운 분화가 일어나고 있었다. 김한록과 김교행(金敎行)·김의행(金毅行)은 본래 한원진 문하의 동문이었으나 정치적 노선을 달리하며 대립하게 되었다. 김교행과 김의행의 정치 노선을 이은 김이성(金履成)이 1789년에 김한록을 비판하고 나왔고 이어 1792년에 또 다시 관직의 추탈(追奪)을 재기했던 것이다.

1805년(순조 5) 정순왕후가 죽자 호론 학맥의 정치세력은 물러나고 그 대신 낙론 학맥의 학자들이 정계에 등장하여 세도정국을 이끌어 나갔다. 1806년 본래 호론 학맥의 한 갈래였던 김이양(金履陽)의 상소를 시작으로 그후 김희순(金羲淳) 등이 소를 올려 김구주와 김한록의 죄안을 거론하고 김관주·김일주(金日柱) 등을 성토하기 시작하였다.[71] 그리하여 그 뒤 김한록 집안은 풍비박산(風飛雹散)이 났다. 당시의 정황은 김한록의 증손 김성길(金聖吉)의 발언을 통해 알 수 있다.

> "그때 저희 집안 사람이 전부 귀양을 가서 집에 남은 장정이 없었으므로 비록 호소하고자 하여도 형편상 할 수 없었습니다. 10년 사이에 늙은이와 병든 이가 또 작고하여 거의 다하였습니다. 그러다가 재작년 가을에 이르러 제가 조금 성장하였기 때문에 감히 지극히 원통함을 호소하였는데, 이는 병인년(1806년) 이후로 저희 집에서 처음 진정서를 낸 것입니다."[72]

70 『純祖實錄』 순조 6년, 6월 25일(신축).
71 『純祖實錄』 순조 14년, 7월20일(무신).
72 『純祖實錄』 순조 16년 3월6일(병술). "伊時渠一門十謫, 家無餘丁, 則雖欲告訴, 其勢末由, 十許年內, 老者病者, 又死亡略盡. 及至再昨年秋, 渠稍成頭角, 故乃敢仰暴至冤, 則是乃

1812년 가을에 비로소 김한록의 중손 김성길(金聖吉)이 상언을 하였다. 호론에서 분파된 김이양 등 안동김씨 정치세력은 김성길의 처벌을 지속적으로 요구하였다. 1816년 8월 28일에는 이조판서 김이양이 김성길의 처분을 강하게 주장하였다. 또한 김이재(金履載)·김이교(金履喬)·김희순 등도 1819년까지 호론 학맥의 정치세력에 대해 집요하게 공격하였다. 물론 이 과정에서 1814년 8월 10일에는 영의정 김재찬(金載瓚)·좌의정 한용구(韓用龜)·우의정 김사목(金思穆) 등도 김성길의 죄를 조사할 것을 청하였다. 이제 낙론 학맥의 정치세력은 김한록의 증손자 김성길의 상언(上言)을 기화(奇貨)로 삼아 호론 학맥의 정치세력화의 기능성을 뿌리째 뽑아 버리려고 마지막 타격을 가하였다.

호론의 정치적 분화 과정에서 처음에는 호론 학맥에 속했던 안동김씨 정치세력이 김한록을 잇는 호론 학맥의 정치세력을 성토하는 과정에서 이도중(李度中)은 김성길의 상언의 소굴(巢窟)로 지목받기도 했고 홍석주(洪奭周)는 김한록의 역안(逆案)을 번복시키려고 한다는 말까지 나왔다.[73] 특히 이도중은 『이자성리서(李子性理書)』를 편찬하여[74] 홍직필(洪直弼)과 오희상(吳熙常)으로부터 강한 비판을 받고 있었던 것으로 보아 호론 학맥을 지지하고 있었던 인사였던 것 같다.[75] 그리하여 19세기 전반기에 김한록

丙寅以後渠家爰辭之初出者也."(번역문은 국사편찬위원회 사이트 참조).

73 『純祖實錄』 순조 16년 1월16일(경신).

74 李度中은 이이와 송시열이 道德仁義와 心性理氣說을 서로 발명하여 유학에 큰 공이 있다고 평가했다. 그러면서 송시열이 이이를 宋五子에 비기었고, 正祖가 이이를 左海夫子라고 말한 것을 거론하며 이이를 李子라고 호칭하고 이이의 글을 모아 『이자성리서』를 편찬하였다. 이 『이자성리서』는 이도중의 문인 朴基稷이 주창하여 간행하였다(『李子性理書』 序). 이도중이 洪直弼·吳熙常 등 낙론 계통 학자들로부터 비판을 받고 있고, 김한록의 증손자 김성길의 상언의 소굴로 지목을 받고 있는 것으로 보아 이도중은 호론 계통의 학문 성향과 정치노선을 지니고 있었던 것 같다.

의 학맥을 이은 호론 학맥이 무너지면서 정계와 학계는 낙론 일색으로 변해가고 있었다.

이재(李縡)－김원행(金元行)－박윤원(朴胤源)의 낙론의 학맥을 이은 19세기의 전반기의 대표적인 학자인 홍직필(洪直弼)은 호론의 학설을 맹렬히 비판하였다. 그는 기질(氣質)을 심체(心體)에 해당시키고 명덕(明德)에 분수(分數)가 있다는 호론의 설을 반박하여 "천하만세(天下萬世)에 선(善)을 행하는 길을 막는 것은 심선악(心善惡)을 주장하는 논(論)이다"라고 하면서, 세교(世敎)에 해를 끼치는 것이 인물성이(人物性異)의 설보다 만배나 더 심하다고 하였다. 그는 심(心)과 성(性)은 하나인데 선(善)하다면 심과 성이 모두 선하고 악(惡)하다면 심과 성이 모두 악하니 어찌 악심(惡心)이 선성(善性)의 이(理)를 갖추고 있다는 것인가라고 하였다.[76]

19세기 전반기에 낙론 계열의 정권이 등장하면서 이같이 호론의 학맥과 학설은 잠시 힘을 잃었으나 1876년(고종 13) 개항 이후 서구 열강과 일제의 침략으로 호론 학설은 서구문명에 대응하여 유교로 대표되는 조선문명을 수호하고 나아가 국권을 굳게 지키는 방향에서 김복한(金福漢)·이설(李偰) 등에 의해 새로운 평가를 받게 되었다. 특히 호론의 학설은 19세기 말 충청도 내포지역의 위정척사운동의 이념으로 작용하였고, 나아가 홍주의병(洪州義兵)의 사상적 동인이 되기도 하여 이 지역에서 강력한 반외세투쟁이 일어났다.[77]

---

75 『梅山文集』 권5, 書, 與老洲吳丈 丙子 菊月 22日.
76 『肅齋集』 권24, 墓誌銘, 梅山洪先生墓誌銘; 『鼓山文集』 권16, 行狀, 梅山洪先生行狀.
77 김상기, 「남당학파의 형성과 위정척사운동」(『한국근현대사연구』 10, 한국근현대사학회, 1999); 「한말 일제하 내포지역 기호학파의 형성」(『한국사상사학』 22, 한국사상사학회, 2004) 참조.

1896년 10월에 이설은 한원진의 산소에 가서, 한원진이 권상하의 문인으로 이이와 송시열의 적전(嫡傳)을 이었다고 하면서, 그 자신이 한원진을 사숙(私淑)하는 가문에서 태어나 일찍이 호론의 학문을 들었으나 집안이 가난하고 과거공부에 얽매여서 오십이 가까이 되도록 아직 졸업을 못했다고 술회하였다. 그는 조광조・이황・이이・송시열의 도통(道統)이 한원진이 작고하면서 그 전함을 잃게 되어 이에 이단(異端)과 사설(邪說)이 몰래 자라서 개화(開化)의 논(論)이 일어나고 윤리강상이 무너지게 되었다고 하였다. 그는 한원진의 가르침인 유석무분(儒釋無分), 인수무분(人獸無分), 화이무분(華夷無分)의 우려가 현실로 다가왔다고 개탄해 하였다.[78]

1901년 4월에 김복한은 한원진의 산소에 가서, 한원진을 기리면서 심(心)과 성(性), 예(禮)와 의(義)에 있어 심(心)이 순선(純善)하다는 설을 비판하고 오직 인간의 성(性)이 귀하다고 하였고, 예(禮)는 왕조례(王朝禮)를 바르게 하였고, 의(義)는 허형(許衡)을 주살(誅殺)하였다고 하였다.[79] 그는 한원진이 왕조례에 대해 큰 식견과 큰 역량으로 큰 의론(議論)을 터득하여 천하 만세의 군신부자(君臣父子)가 된 자로 하여금 정돈이 되게 하였으니, 그 공이 학교를 세우고 인륜을 밝힌 성인(聖人)에 짝할 수 있다고 하였다.

또한 김복한은 한원진이 생전에 인수무분(人獸無分)과 유석무분(儒釋無分)과 화이무분(華夷無分)을 깊이 근심하고 길게 탄식하였는데 오늘에 이르러 크게 증험이 되었다고 하였다. 김복한은 중년으로부터 한원진을 주희에 버금가는 학자로 존경하고 스스로 문로(門路)의 바름을 얻었다고 생

78 『復菴集』 권11, 告文, 告南塘韓先生墓文.
79 『志山集』 권5, 贊, 南塘韓先生贊.

각하였다. 그는 한원진의 『연보(年譜)』의 간행에 마음을 다하여 도왔고 비석을 세우는 일을 주도하여 성사시켰다.

김복한은 김한록이 한원진이 성리(性理)를 밝힌 공을 공자·주자와 병칭하여 우주 사이에 세 사람이라고 말한 것은 성인을 기다려도 의혹할 수 없는 것이라고 하면서 공감을 표하였다.[80] 이같이 이설·김복한은 일제와 서구열강의 침략의 현실 앞에서 한원진의 기절(氣節)을 그리워하고 아울러 한원진의 주장이 시대를 뛰어넘어 절실한 문제를 제기했음에 크게 공감하고 그 계승을 자처하였다.

4. 맺음말

18세기 호론의 대표적인 학자인 한원진은 이이－김장생－송시열－권상하의 적전(嫡傳)을 이은 학자였다. 그는 특히 송시열－권상하로 이어지는 의리론의 계승과 조선주자학의 정립에 힘썼다. 그의 학맥은 송능상에서 송환기로, 다른 한 갈래는 김한록으로 전승되어 나갔다.

한원진은 성(性)에 대해, 우선 정이(程頤)의 성즉리(性卽理)를 미비하다고 보고, 성(性)은 곧 '기(氣)에 내재된 이(理)'라고 해석하였다. 따라서 그가 성즉리라는 학설을 그대로 따랐다고 볼 수는 없다. 그리고 심(心)에 대해서는 이이의 심은 기(氣)라는 학설을 계승하여, '심은 곧 기질(氣質)이다[心卽氣質]'라는 새로운 설을 주장하였다. 이러한 한원진의 심에 대한 학설은

---

80 『志山集』 권7, 告由文, 告南塘先生墓文; 권5, 贊, 南塘韓先生畫像贊.

기존에 일반적으로 심(心)을 '이(理)와 기(氣)의 합(合)'으로 보거나 '기(氣)의 정상(精爽)'으로 본 것과는 다른 이론으로, 중국 주자학과는 다른 특징을 보여주는 조선주자학의 독자적인 이론이라고 말할 수 있다. 한원진은 이러한 자신의 학설이 바로 스승 권상하의 학설이며 이이와 송시열로부터 전해온 설이라고 하면서, 동문인 윤봉구와 자신의 제자들을 통하여 그 학설을 전수하여 나갔다.

한원진과 윤봉구는 심(心)을 기질로 보아 심에 선악(善惡)이 있다는 대전제에서는 서로 같았지만, 명덕(明德)을 심으로 볼 것인가 성(性)으로 볼 것인가, 허령(虛靈)에 분수(分數)가 있는가 없는가 하는 문제에 있어서는 의견을 달리하였다. 한원진은 명덕을 심(心)으로 본 반면 윤봉구는 명덕을 성(性)으로 보았고, 한원진은 허령에 분수가 없다고 본 반면, 윤봉구는 허령에 분수가 있다고 보았다. 윤봉구는 심(心)을 기(氣)로 보고, 심의 허령에 분수가 있는 것으로 보아 심에서 성인과 범인의 차이를 강조하는 보다 더 보수적인 성향을 지녔다. 한원진이 허령에 분수가 없다고 한 설은 김한록이 허령에서는 선악을 말할 수 없다는 새로운 해석으로 발전하였다.

한원진과 윤봉구 등 호론 학자들은 기호학계의 정통 학통임을 자부하면서 자신들의 심성설을 하나하나 정설(定說)로 만들어 나가고자 하였다. 우선 한원진은 스승 권상하의 행장을 지으면서 인성과 물성이 다르고 성인과 범인의 심체(心體)가 다르다는 학설을 언급하여 호론의 학설이 정설임을 천명하였다. 그런가 하면 윤봉구는 권상하의 『한수재집(寒水齋集)』 서문에서 인성과 물성이 다르고 성인과 범인의 심이 다르다는 이론을 기호학계의 정설로 삼았다. 그는 특히 "허령에 분수가 있다"라는 이이의 견해를 끌어와 성인과 범인의 심이 다름을 명백히 하였다. 그는 천하의 의리(義理)가 이기심성(理氣心性)보다 더 큰 것이 없고 유자(儒者)의 학문 역시 이기심성보다 더 절실한 것이 없다고 하면서 심성에 대한 호론의 견해를 강하게 천명하였다.

그런데 호론 학자들은 한원진의 사상의 전승과정에서 낙론학자들의 많은 비판을 받았고. 심지어 같은 충청 학계의 김정묵(金正默) 등 일부 학자들로부터도 강한 비판을 받았다. 그럼에도 불구하고 호론 학설은 19세기말 20세기 초까지도 생명력을 지니고 전승되어 나갔다. 특히 이설(李偰)과 김복한(金福漢)은 일제와 서구열강의 침략의 현실 앞에서 한원진의 학설과 기절(氣節)의 계승을 표명하고 나서 한원진이 말한 유석무분(儒釋無分), 인수무분(人獸無分), 화이무분(華夷無分)의 우려가 현실로 다가왔다고 개탄해 하였다. 이같이 호론은 18세기 이후 기호 학계의 정통을 자부하면서 부단히 심과 성에 대해 새로운 이론을 제시하여 조선주자학의 독자적인 특징을 선명하게 보여주었고, 아울러 의리론의 사상적 학풍과 전통을 굳게 견지해 나간 기호학맥이었다고 말할 수 있다.

4

김한록(金漢祿)의 사상과 정치적 역정(歷程)

1. 머리말

18세기 기호학계에는 근 백년간 심성(心性)에 대한 학설논쟁인 호락논변(湖洛論辨)이 전개되었다. 호락논변은 인성(人性)과 물성(物性)의 동이(同異)문제와 심(心)의 선악(善惡)문제에 대해 낙론(洛論)인 서울・경기지역의 학자들과 호론(湖論)인 충청지역의 학자들 사이에서 전개되었는데, 성리설 그 자체의 논변에 그치지 않고 당시 기호학계의 주도권의 향방 및 정치현실의 인식과 대처문제, 더 나아가서는 19세기 초의 새로운 정치주도세력의 탄생과도 밀접하게 관련되어 있어 조선후기 정치사, 사상사를 올바르게 이해하기 위해서는 반드시 탐구해야 할 과제의 하나이다.

김한록(金漢祿, 1722～1790)은 호론의 대표적 학자인 한원진(韓元震)의 제자로 18세기 후반 호락논변의 핵심에 위치하고 있었다. 따라서 김한록의 사상 경향과 그 내용에 대한 탐구는 18세기 호락논변의 이해를 보다 심화시킬 것이고, 나아가 18세기 사상사, 정치사 연구에도 크게 도움을 줄 것이다. 사실 한원진・윤봉구(尹鳳九) 등 호론 계열 학자의 사상과 정치적 활동에 대해서는 지금까지 우리 학계에 잘 알려져 있지 않았다. 19세기 초 정순왕후(貞純王后)의 죽음으로 경주김씨의 정치적 후원을 받던 호론은 그저 역사의 무대에서 인멸(湮滅)해갔고, 심지어 호론 학맥에 속해있던 많은 학자들은 낙론의 학설에 동조해 나가면서 정치적 전향을 시도하고 있었던 것으로 이해되고 있다.

이 글에서 탐구하고자 하는 김한록은 18세기에 사상적으로나 정치적으로 한원진의 사상 노선을 견지하면서, 경주김씨 정치세력의 이론가로서 활동한 아주 저명한 학자였다. 그는 영조 후반에 경주김씨 정치세력의 배후에서 이론가로 활동하면서 홍양해(洪量海)・한후익(韓後翼) 등과 함께 사도세자(思悼世子)와 정조(正祖)를 공격하는 입장을 가짐으로써 뒤에 정조에 의해 정치적 핍박을 받았고, 사후 1806년에는 김달순옥(金達淳獄)을 계기로 시파(時派)에 의해 다시 처벌되어 심각한 정치적 타격을 입었다.[1] 그는 한원진으로부터 주자서(朱子書)와 옥척(玉尺)을 전수받았는데 그것은 호론의 학통을 계승한 상징물이었다.[2] 그는 한원진 사후에는 호론을 대표하여 낙론의 학설인 심순선설(心純善說)이나 인물성동론(人物性同論)을 날카롭게 비판했고 심지어 호론의 동문들도 학설이나 처신에 문제가 있다고 생각하면 강하게 비판하였다.[3]

---

1 유봉학, 「18・9세기 老論學界와 山林」(『한신논문집』 3, 한신대학, 1986) 6・7쪽 참조. 김달순의 옥사에 대해서는 이성무, 『조선왕조사』(동방미디어, 1998) 제24장 「김달순의 옥사: 벽파의 정치적 몰락」 참조.

2 『慶州金氏鶴洲公派世譜』 黃澗公派 141쪽 金漢祿 項 참조.

이 글은 우선 18세기 당대에는 아주 저명한 학자였으나 사후 이름이 묻혀버린 호론의 주요 인물인 김한록의 가계와 생애를 살펴보고, 이어 사상에 대한 탐구를 위해 그의 심(心)에 대한 견해를 검토하고자 한다. 그리고 그가 송시열(宋時烈)－권상하(權尙夏)－한원진의 학맥을 계승한 호론의 대표적인 학자로서, 18세기 후반기의 정치변동에 어떠한 역할을 하였으며, 특히 임오화변(壬午禍變) 전후의 정치변동에서 그가 생각했던 정치적 이론(理論)이 무엇인지를 밝히고, 그로 인해 파생된 사후(死後)의 영욕(榮辱)의 정치적 역정(歷程)에 대해서도 알아보고자 한다.

이 글에서 김한록의 사상과 정치적 이론을 해명함으로써, 벽파 정치세력의 성장과정과 1805년 정순왕후 작고 이후 벽파의 처절한 정치적 몰락의 과정에는 한원진의 학맥인 김한록을 중심으로 한 경주김씨 학자들과 안동김씨 학자들 사이에서 일어난 사상적, 정치적 대결의 역사적 과정이 있었음을 새롭게 알 수 있을 것이다.

2. 가계와 생애

김한록은 1722년(경종 2) 2월 21일 자시(子時)에 서산 한다리마을(大橋村)에서 태어나 1790년(정조 14) 1월 18일에 작고하였다.[4] 그의 자는 여수(汝綏), 호는 한간(寒澗)이고 본관은 경주(慶州)이다. 할아버지는 증 좌찬성 김

3 李炯丘, 「영조~순조 연간 湖洛論爭의 展開」(『한국학보』 93, 일지사, 1998) 117-119쪽 참조.

4 이하 생애는 『寒澗文集』(族譜文化社, 1981)에 수록된 「寒澗年譜」를 정리하여 작성하였다. 서산 한다리마을은 김한록의 7대조인 金堧이 처음 터를 잡았다고 한다.

두광(金斗光, 1674~1702)이고, 아버지는 현감 김운경(金運慶, 호는 養眞齋, 1699~1728)이며, 어머니는 순흥안씨(順興安氏, 1700~1730)로 진사 안우(安佑)의 딸이다.

김한록의 경주김씨 가문이 조선 후기에 명가(名家)로 부상하게 된 것은 김한록의 고조부 김홍욱(金弘郁)의 강개(慷慨)한 언론활동 때문이었다. 김홍욱은 1654년(효종 5) 황해도관찰사로 재직할 때 소(疏)를 올리면서 강빈(姜嬪, 昭顯世子嬪)의 원옥(冤獄)을 거론하여 그것이 문제가 되어 의금부의 신문(訊問)과정에서 죽게 되었다. 그는 사후 송시열과 송준길의 건의에 의해 1659년에 정치적 복권이 이루어졌다. 그 뒤 1718년(숙종 44) 4월 21일에 이조판서에 증직되었고 그 다음해에 문정(文貞)이란 시호가 내렸다.

김한록이 속한 경주김씨 가문은 18세기에 영의정과 부마, 왕비를 배출하였다. 즉 김한록의 재종숙부 김흥경(金興慶, 急流亭, 1677~1750)이 1732년에 우의정을 지냈고 1735년(영조 11)에 영의정을 역임했으며, 김한록의 재종형 김한신(金漢藎, 靜養齋)이 1732년(영조 8) 11월에 영조의 딸 화순옹주와 결혼하여 부마가 되었다. 그리고 1759년에는 김한구(金漢耈)의 딸이 영조의 계비가 됨으로써 일약 정치적으로 명가의 지위를 확보하였다.

1731년 김한록은 공부를 시작하여 글을 읽고 외우기를 민첩하게 하였다. 그는 스승의 가르침을 번거롭게 받지 않고도 총명하고 똑똑함이 빼어났고 문리가 갑자기 터졌다. 이 무렵 김한록은 집안에 숙사(塾師)를 모시고 가르침을 받았다. 당시 서당에는 같은 또래로 공부하는 이가 몇 사람이 있었는데, 숙사가 매일 먼저 오는 자에게 우선 배울 수 있도록 하겠다고 약속하였다. 그러자 김한록은 새벽에 닭이 울면 같은 또래보다 반드시 먼저 스승에게 나아가 배웠다. 그런데 하루는 새벽에 책을 끼고 장차 스승에게 나아가려고 하니 난간 아래에 어떤 물체가 걸터앉아 새끼를 꼬고 있었다. 김한록이 이상하게 여겨 나무라니 끝내 응하지 않았고 이에 바로 서서 꾸짖으니 잠깐사이에 모습을 감추었다고 한다. 이러한 그에 관한 일화는 그가 이미 소년 시절부터 평범하지 않았다는 것을 드러낸 것이다.

김한록은 1735년 겨울에 관례(冠禮)를 올렸고 12월에 도사(都事) 서종업(徐宗業)의 딸인 달성서씨(達城徐氏, 1721~1758)에게 장가들었다. 1739년 봄에 김한록은 서울로 이사하였는데, 그의 계부(季父) 김선경(金選慶)이 김한록의 문예(文藝)가 일찍 성취되었고 생각이 기민하다고 판단하여 서울에 가서 과거공부에 전념할 수 있게 하였다. 그러나 이 무렵 김한록은 기이한 병에 걸려 여러 해 동안 고생만 하고 건강 때문에 학업에 매진하지는 못하였다.

그런데 김한록의 인생에서 새로운 학문활동의 시작은 25세가 되던 1746년부터 이루어졌다. 그는 이해 3월에 병계(屛溪)에 가서 윤봉구(尹鳳九)를 찾아가 수일 동안 머물면서 『가례(家禮)』를 배웠고, 5월에는 한원진을 찾아 갔다. 한원진은 김한록을 처음 본 자리에서 당시 기호학계의 학풍에 대해 우려를 표하며 후생들이 대부분 '선학(禪學)'을 따라가니 매우 근심스럽고 두렵다고 하였다. 여기서 한원진이 말한 '선학'은 기호학계의 낙론의 심순선설(心純善說)을 겨냥한 표현이었다.

김한록은 1747년 겨울에 한원진을 다시 찾아갔고 1748년 가을에 한원진에게 편지를 올려 『대학장구(大學章句)』의 허령설(虛靈說)을 논하였다. 또한 10월에 한원진을 찾아가 『대학』과 「태극도(太極圖)」의 가르침을 받았다. 한원진은 김한록이 그동안 『대학』의 소주(小註)까지 정밀하게 공부한 것을 보고 경의(經義)는 우선 대체(大體)를 파악하고 강요(綱要)를 이해해야 한다고 하면서 『대학』의 첫머리부터 죽 설명하여 주었다.

이어 한원진은 김한록에게 『태극도기문록(太極圖記聞錄)』을 주어 공부하게 하였다. 이에 김한록은 하루 동안 읽고 이해를 하여 그 다음날 아침 일찍 스승 한원진에게 책을 돌려주었다. 그러자 한원진은 "이 책을 어떻게 쉽게 볼 수 있는가"라고 하고는 드디어 준 책에서 요의(要義) 몇 조목을 끄집어내어 하나하나 질문하였다. 김한록은 한원진의 질문에 대답이 조금도 막힘이 없이 시원스럽게 대답하였고 다른 질문에 대해서도 새로운 해석을 내놓았다. 한원진은 "군(君)이 총명(聰明)하고 민오(敏悟)한 것이 이와 같은 줄을 생각하지 못했다. 어저께 『대학』을 설명할 때에 군이 묵묵히 있으면서 질문이 없어 아직 이해하지 못하고 있다고 생각을 했더니만 도리어 일찍 이해하였으므로 질문이 없었던 이유였구나"라고 하였다.

김한록은 1749년 봄과 초여름에 한원진을 찾아가 『역학계몽(易學啓蒙)』의 의의(疑義)에 대해 질의하였고 이어 『중용(中庸)』을 배웠다. 한원진은 『계몽기문록(啓蒙記聞錄)』을 김한록에게 주면서 주자가 일찍이 말하기를 '내 일생의 정력이 모두 『대학』과 『역학계몽』에 있다'라고 말하였으니 이 책은 학자가 또한 보지 않을 수 없다고 하였다. 김한록은 스승으로부터 『계몽기문록』을 받아 물러나서 하루를 꼬박 열심히 읽고 거의 이해를 하였다. 그리고 두어 곳의 의의(疑義)는 표를 붙여 질의를 하여 해결하였다.

그런데 이 무렵 한원진은 나이가 많고 몸이 쇠하여 오랜 기간 병중에 있었다. 한원진은 김한록을 만년에 만난 것을 안타까워하며 "군과 더불어 일찍 만나 허다한 은미하고 깊은 뜻을 서로 논설하지 못한 것이 한스러울 따름이다"라고 하였다. 그러면서도 그는 김한록에게 "『태극도설(太極圖說)』·『역학계몽』 두 책은 보고 이해하는 것이 매우 어렵다. 군(君)처럼 가르치고 배우는 힘을 들이지 않고 용이하게 터득한 경우는 내가 처음으로 보았다. 군의 총명으로 『논어(論語)』, 『맹자(孟子)』, 『근사록(近思錄)』

등은 다만 스스로 공부하면 되고 반드시 수학(受學)할 필요는 없다. 『중용(中庸)』과 같은 책은 곧 도체(道體)를 발명하여 지극한 경지를 표현했으니 모름지기 내가 생존시에 한번 강론하는 것이 좋겠다"라고 하면서 며칠 동안 『중용』을 끝까지 김한록에게 강론하여 주었다.

김한록은 1750년 12월에 다시 한원진을 찾아가 수일 동안 모시고 있으면서 스승으로부터 많은 가르침을 받았다. 한원진은 평생 학문을 해온 이력과 도(道)를 근심하고 시대를 걱정하는 말을 하면서 "이후 의리(義理)의 분변은 오직 여수(汝綏)만을 믿네"라고 하였다.[5] 이러한 한원진의 발언은 송시열이 1689년 정읍에서 사약을 받고 마지막 운명을 하면서 제자인 권상하의 손을 잡고 "이후의 일은 오직 치도(致道, 권상하의 字)만을 믿네"라고 한 것과 똑같다. 김한록은 이미 한원진으로부터 주자서(朱子書)와 옥척(玉尺)을 전수받았고, 이같이 '의리'의 분변에 대한 부탁을 받았다고 보면 한원진의 학통(學統)을 계승하는 처지에 있었다는 것을 잘 알 수 있다.

그런데 1759년(영조 35) 영조의 계비(정순왕후)로 김선경의 장자 김한구(金漢耉, 호는 寄拙亭)의 딸이 간택되었다. 김한록은 자기의 종질녀가 영조의 계비로 간택되자 이해 6월에 김선경을 모시고 서울에 갔다. 따라서 이해는 김한록의 정치활동의 폭이 넓어진 계기가 된 뜻깊은 해였고, 이후 그는 종질녀 정순왕후의 정치적 후광을 업고 재야에서 정치적 활동을 하였다.

1762년 임오화변은 풍산홍씨(豐山洪氏)나 경주김씨에게 모두 정치적 부담이 되는 사건이었다. 김한록은 이 사건 이후 몇 해 뒤에 강원도 평강에

---

5 『寒澗文集』 寒澗年譜, 庚午 12月.

들어가 살았다. 그는 1765년 6월에 선공감 가감역(假監役)에 임명되었으나 선비가 벼슬할 때가 아니라고 생각하여 끝내 벼슬길에 나가지 않았다. 그는 12월에 세손익위사 세마(洗馬)에 임명되었으나 출사하지 않았고 임기가 차서 교체되었다.

김한록은 비록 줄곧 재야에서 생활하였지만 홍봉한의 정치세력이 더욱 커질 것을 우려하여 정순왕후를 중심으로 한 경주김씨 정치세력의 배후에서 '산림(山林)'으로서 정치적 힘을 크게 발휘하고 있었다. 특히 영조 만년인 1770년대 초반의 정계에는 척신(戚臣) 세력의 정치적 대립이 심각하였다. 즉 사도세자의 장인 홍봉한(洪鳳漢)과 영조의 장인인 김한구(金漢耉) 사이의 갈등이 심각하였다. 두 척신 중에 홍봉한이 먼저 출세하여 영의정의 지위에 오르고 10여년 동안 권세를 잡고 있었다.

이미 김한록의 학문적·정치적 계승자인 김구주(金龜柱, 호는 可菴, 1740~1786)는 홍봉한과 정치적으로 대립하여 1762년 5월 이후 정조가 후계자가 되는 것을 저지하는 계책을 내기도 하였다. 김구주는 홍봉한을 축출하고 이찬(李禶 : 영조와 景嬪朴氏의 소생)을 세자로 추대하려고 하였고, 심환지(沈煥之)·정이환(鄭履煥)·송환억(宋煥億)·김종수(金鍾秀) 등과 함께 홍봉한세력을 견제하였다.[6]

한편 김한록은 1772년 7월에 아들 김관주(金觀柱)와 종질 김구주를 앞세워 홍봉한 세력을 공격하였다. 그래서 그는 1790년(정조 14) 작고하기까지 19년 동안을 정치적 박해에 시달렸다. 호락의 갈등은 김한구가 죽고 그의 아들 김구주에 이르러서는 더욱 심각하였다. 그리하여 스스로 '호학(湖

---

6 권오영, 『조선 후기 유림의 사상과 활동』(돌베개, 2003) 76쪽.

學)'이라 이름하는 자와 홍봉한과 사적인 원한이 있는 자는 대부분 김구주의 문하에 출입하면서 홍봉한을 죽이는 것을 목표로 삼았고, 홍봉한도 스스로 요량하지 못하고 한갓 세의(世誼)와 척의(戚誼)를 대어 김원행(金元行)에게 의탁하여 정치적 후원을 받을 생각을 하였다.[7] 당시 김원행이 홍봉한 세력의 배후에서 '산림(山林)'의 역할을 했다면, 김한록은 바로 경주김씨 정치세력의 '산림'으로서 정치적 활동을 하였다.

김한록은 1790년 1월 18일에 서울에 사는 종손(宗孫) 김노현(金魯賢, 일명 魯翊)의 집에서 작고하였다.[8] 그가 작고한 후에 그의 아들 김관주·김일주(金日柱) 등은 벽파의 중심 세력으로 활동하였다. 특히 1800년 정조가 죽고 어린 순조가 즉위하자 정순왕후(貞純王后)가 수렴청정(垂簾聽政)을 함으로써 김구주의 재종제 김관주가 벽파를 주도하고 여기에 심환지가 가세하여 잠시 호론계열이 득세하였다.[9] 그러나 1805년 1월에 정순왕후가 죽고 김관주·김일주 등이 실각하자 김구주·김한록 등을 구심점으로 하여 50년간 부침하던 경주김씨 정치세력이 물러났고, 그 대신 낙론계열의 안동김씨가 정치일선에 전면적으로 등장하였다.

김한록은 사후 16년이 지난 1806년(순조 6)에 김이양(金履陽)·김이교(金履喬)·김희순(金羲淳) 등 삼김(三金)의 상소로 관작이 추탈되었다. 이때 김한록의 맏아들 김관주도 경흥(慶興)으로 유배되었는데 이원(利源)에 이르러 '임금을 속이지 말라[勿欺君]'는 세 글자의 유교(遺敎)를 차남 김노정(金

7 권오영, 『조선 후기 유림의 사상과 활동』(돌베개, 2003) 77쪽.
8 사후 영의정에 追贈되었다가 1806년(순조 6)에 官爵이 추탈되었다. 그뒤 1864년(고종 1)에 復官되었고 1987년에 暘谷祠에 배향되었다. 1991년에 遺稿 20권이 간행되었다. 산소는 瑞山郡 浮石面 蒼里 彌勒洞 壬坐에 있다.
9 『純祖實錄』 순조 6년 6월 25일(신축).

魯鼎)에게 남기고 작고하였다. 또한 둘째아들 김일주도 흑산도에 귀양갔다가 1823년에 유배지에서 숨을 거두었다. 김한록과 김관주 등은 1864년(고종 1) 1월에 다시 정치적 처벌이 논의되다가[10] 7월 11일에 관작이 회복되어 정치적 복권이 이루어졌다.[11]

3. 심설(心說)에 대한 신견해(新見解)

김한록은 젊은 시절에 특별히 사우(師友)를 정하여 가르침을 받지 않았고, 다만 『소학(小學)』을 아침 일찍부터 밤늦게까지 외우며 성리학의 행동 규범을 몸소 실천하였다. 그러나 그 뒤 그는 기이한 병에 걸려 고생을 많이 하였다. 병으로 좌절을 겪고 있던 그는 1746년(영조 22) 5월 호론의 대표적 학자인 한원진(韓元震)을 만난 뒤 학자로서 새로운 전기를 맞이하였다.

김한록은 한원진 사후 호론의 대표적 이론가로 호락논변에 참여하였다. 이러한 사실은 1771년 9월에 그가 호론의 송구상(宋龜相)을 대신하여 장문(長文)의 편지를 작성하여 낙론의 송덕상(宋德相)에게 보낸 것을 보아도 알 수 있다.[12] 그런데 김한록은 한원진의 문하의 동문인 김근행(金謹行)・김의행(金毅行) 등 안동김씨 학자들과 '인심(人心)'과 '허령(虛靈)'에 대한 이해에서 큰 견해 차이를 드러내었다.

---

10 『承政院日記』 고종 1년 1월 12일(갑인)-3월 18일(무오).
11 『承政院日記』 고종 1년 7월 11일(기유)・18일(병진).
12 『寒澗文集』 권8, 書, 與或人書 辛卯 9月 代宋聖休作.

그런데 우선 한원진과 이간(李柬)은 미발(未發)에 대해 큰 견해 차이를 보였다. 즉 미발상태에는 선(善)만 존재하는가 그렇지 않으면 선(善)과 악(惡)이 함께 존재하는가 라는 문제가 그 주요 쟁점이었다. 한원진은 미발의 전(前)에 성(性)을 논하면 선(善)하지 않음이 없지만 기질(氣質)을 말하면 악(惡)이 없지 못하다고 주장하여, 그 성(性)을 홑지게 가리키면(單指) '중(中)'이 되고 그 기질을 겸하여 가리키면(兼指) '중(中)'이 아니라고 하였다. 이간은 이 '단지겸지(單指兼指)' 네 글자가 한원진이 홀로 터득한 학설이라고 말하면서, 한원진이 대본(大本, 未發)에 기질을 끌어들여 선악(善惡)이 있다고 말하는 것은 문제가 있다고 비판하였다.[13]

반면 한원진은 이간이 미발(未發)의 상태에서 기질(氣質)을 인정하지 않는 것은 심(心)과 기품(氣稟, 氣質)을 두 가지로 나누어 이해한 것이라고 비판하였다. 즉 이간은 허령(虛靈)하고 어둡지 않는 것이 가슴 속에 갖추어진 것을 심(心)이라 하고, 혈기(血氣)의 청탁(淸濁)이 온 몸에 가득찬 것을 기품이라고 파악했다는 것이다.[14] 여기서 심이 순선(純善)이냐 또는 악(惡)을 겸하고 있느냐 하는 문제는 심과 기품이 같다고 보느냐 그렇지 않으면 다르다고 보느냐에 달려 있는 것이기도 했다.[15] 이간의 심설(心說)을 이은 낙론은 심과 기품을 구분하여 심의 본체는 순선이라고 본 반면, 호론은 심과 기품을 하나로 보아 심에는 선악이 함께 있다고 생각하였다.

김한록은 18세기 후반 호론의 대표적인 학자로 심(心)에 대해 새로운 견해를 발표하였다. 여기서는 '인심(人心)'과 '허령(虛靈)'에 대한 그의 새로

13 『巍巖遺稿』 권7, 書, 答韓德昭別紙 壬辰.
14 『南塘文集』 권11, 書, 擬答李公擧 附未發五常辨 乙未冬.
15 『庸齋集』 권7, 書, 答李元靈論心純善書.

운 견해를 알아보고자 한다. 1752년(영조 28) 겨울에 김한록은 김근행(金謹行)에게 편지를 보내 인심(人心)의 선악설(善惡說)에 대해 논하였다. 우선 한원진의 문인인 김근행은 호론의 심(心)에 대한 견해에 찬동하여 심과 기품을 하나로 보아, 심의 명덕(明德)은 선(善)하지만, 심의 기품에는 선악(善惡)이 있다고 보았다.[16] 그러면서 그는 '인심(人心)'에 대해 다음과 같이 이해하였다.

> "인심(人心)의 본색(本色)이 악(惡)에 흐르기 쉽다고 이르는 것은 본래 악이 없는데 그 악이 될까봐 염려하는 뜻이고 악을 겸하고 있다고 이르는 것은 본래 악이 있어 선과 병립한다는 말입니다. 두 설이 가리키는 바는 본래 스스로 다릅니다. 무릇 인심이라는 것은 배고프면 먹고 목마르면 마시는 등의 정(情)입니다. 배고프면 먹고 목마르면 마시는 것은 생명이 있으면 반드시 있는 바로 하루라도 그만둘 수 없습니다. 그 체(體)의 정당(正當)함은 처음부터 악(惡)이라고 말할 수 없으니 이것이 인심의 본색입니다. 기(氣)가 망령되게 작용하고 정(情)이 조절이 안 되면 비로소 인심이 욕으로 흘러서 악이 됩니다. 이미 욕으로 흐르면 인욕과 인심이 계분(界分)이 저절로 구별이 되니 인욕의 악으로써 섞어서 인심의 본색으로 삼아서는 안 됩니다."[17]

---

16 『庸齋集』 권7, 書, 答李元靈論心純善書.

17 『寒澗文集』 권3, 書, 與金常夫 壬申 2月 別紙. "人心本色, 謂之易惡則可, 謂之兼惡則不可, 易惡云者, 本無惡而慮其爲惡之意, 兼惡云者, 本有惡而與善並立之辭, 兩說所指, 固自異矣. 夫人心者, 飢食渴飮等情也. 飢食渴飮有生之所必有, 而不可一日已者也. 其體之正, 當初無惡之可言, 此則人心本色也. 及其氣之妄用, 情之不節, 則人心流於慾, 而始爲惡矣. 旣流於慾, 則人慾與人心界分自別, 不當以人慾之惡, 而混以爲人心之本色矣."

김한록은 이러한 김근행의 견해에 대해 변론을 폈다.[18] 김근행은 인심이 악을 겸하고 있다고 말하는 것은 불가하고 악으로 흐르기 쉬운 것으로 생각하였다. 왜냐하면 악을 겸하고 있다고 하면 인심에 본래 악이 있게 되기 때문에 불가하다고 하였다. 이에 대해 김한록은 인심은 아직 선악(善惡)이 나누어지지 않은 단계로 이해하고 오직 '위(危)'라는 글자가 해당한다고 보았다. 그는 '위(危)'라는 것은 선악이 아직 나누어지지 않았는데 악(惡)이 될까봐 염려하는 뜻이 있다고 하였다. 이것은 성인이 특별히 형기(形氣)에 말미암는 곳에 나아가 선악을 구분하지 않고 공공(公共)하게 체단(體段)을 설명한 것이라고 하였다.[19] 더욱이 김한록은 인심(人心)에서 만약 다만 본색(本色)을 논한다면 악(惡)을 겸하고 있다는 논이 불가할 뿐만 아니라 순선(純善)이라는 설도 불가하다고 하였다.[20] 그는 『서경(書經)』의 '인심유위(人心惟危), 도심유미(道心惟微)'에 대한 '인심'의 본래 의미를 강조하였다.

김근행은 인심의 본색을 선으로 보고 악을 겸하고 있다는 것은 불가하다고 생각한 반면, 김한록은 인심의 본색을 순선으로 보는 것도 불가하며 다만 '위(危)'로 파악해야 한다고 보았다. 따라서 그에 의하면 인간의 주체적 노력 여하에 따라 인심은 선(善)으로도 흐를 수 있고 악(惡)으로도 흐를 수 있는 것이 된다.

그러면 김한록은 허령(虛靈)에 대해 어떻게 새로운 견해를 지니게 되었는가. 그는 1746년 가을부터 잡다한 일을 일체 물리치고 조용히 학문탐

---

18 『寒澗文集』 권3, 書, 與金常夫 壬申 2月.
19 『寒澗文集』 권3, 書, 與金常夫 壬申 2月.
20 『寒澗文集』 권3, 書, 與金常夫 壬申 2月.

구에 들어갔다. 그는 『대학장구(大學章句)』와 소주(小註)를 반복하여 외우고 깊이 연구하여 심성(心性)의 깊은 뜻을 이해하기 시작하였다.[21] 1748년(영조 24) 가을에 김한록은 한원진에게 편지를 올려 『대학장구』의 허령설(虛靈說)을 논하였다.[22]

"가르쳐주시기를 '『대학』에 이른바 허령불매(虛靈不昧)라는 것은 그 기질수박(氣質粹駁)을 버리고 광명(光明)한 것을 홑지게 지적하여 말한 것이다'라고 하시면서, 거울 쇠의 정조(精粗)와 광명(光明)을 나누어서 비유하여 '거울의 광명(光明)은 본래 피차(彼此)의 다름이 없으나 그 다른 까닭은 거울 쇠의 정조(精粗)가 그렇게 한 것이고 광명이 같지 않는 것은 아니다'라고 하셨습니다. 가르쳐주신 뜻이 매우 자세하고 세밀하나 끝내 마음에 합치되지 못하는 것은, 광명(光明)과 기질(氣質)은 끝내 일물(一物)이 되고 둘로 할 수 없다는 것 때문이기도 하고, 또한 그(스승의) 설을 미루어나가게 되면 장차 기질(氣質)로써 두개의 물사(物事)가 있는 것이 되어 버리기 때문입니다. 뒤에 다시 『대학혹문(大學或問)』과 『대학장구(大學章句)』를 참조하고 서로 증험하여 보고 비로소 그 까닭을 알았습니다. 『대학장구』의 상단에는 '사람이 하늘에서 얻은 바로서 허령불매(虛靈不昧)하여 중리(衆理)를 갖추고 만사(萬事)에 응한다'라고 하였고 『대학혹문』에서는 그 뜻을 해석하여 말하기를 '사람이 태어남에 곧 그 기(氣)의 바르고 통(通)한 것을 얻었는데 그 성(性)이 가장 귀한 것이 된다. 그러므로 방촌(方寸)

21 『寒澗文集』 寒澗年譜, 戊辰.
22 『寒澗文集』 권2, 書, 上南塘先生 戊辰 閏月.

의 사이에 허령통철(虛靈洞澈)하고 만리(萬理)가 모두 갖추어졌다'라고 하였으니, 『대학장구』에 이른바 허령(虛靈)은 바로 『대학혹문』에 이른바 똑같이 바르고 통(通)한 기(氣)를 얻었다는 곳에 나아가 말한 것입니다. 바르고 통한 기(氣)가 성인(聖人)과 범인(凡人)이 이미 같다면 그 바르고 통(通)한 것을 얻어서 허령이 되는 바가 어찌 같지 않음이 있겠습니까. 『대학장구』의 하단에 비로소 말하기를 다만 기품(氣稟)에 구애되어 때에 따라 어두워진다고 했고 『대학혹문』에서 그 뜻을 해석하여 말하기를 그 통(通)하는 것이 혹 청탁(淸濁)의 다름이 없지 못하고 그 바름이 혹 미악(美惡)의 다름이 없지 못하다고 한즉, 상문(上文)에서 이른바 허령불매(虛靈不昧)라는 것은 구애되는 바의 기품에 범하지 않고 홑지게 광명(光明)한 곳을 지적한다는 것을 알 수 있습니다. 만약 상문에서 홑지게 허령(虛靈)을 말한 곳에 나아가 하단에서 비로소 말한 기품을 겸하여 아울러 말한다면 이것은 문자(文字)의 견해도 오히려 몽롱한데, 하물며 심상(心上)에 정묘(精妙)하게 서려있는 것을 어떻게 논할 수 있겠습니까."[23]

23 『寒澗文集』 권2, 書, 上南塘先生 戊辰 閏月. "敎曰大學所謂虛靈不昧者, 是捨其氣質粹駁而單擧光明地頭言, 至以鏡鐵之精粗與光明分而爲喩, 敎意雖甚詳密, 而終未釋然契悟者, 以光明氣質, 終爲一物而不可以兩之, 且推其說以往, 又將以氣質爲有兩箇物事也. 後來更以或問及章句, 參看互證, 始得其所以然者. 章句上段, 曰人之所得乎天而虛靈不昧, 以具衆理而應萬事, 或問釋其義曰人之生, 乃得其氣之正且通者, 而其性爲最貴, 故方寸之間, 虛靈洞澈, 萬理咸備, 可見章句所謂虛靈, 正就或問所謂同得正通之氣處言也. 正通之氣, 聖凡旣同, 則其所以得其正通而爲虛靈者, 豈有不同哉? 章句下段, 始曰但爲氣稟所拘有時而昏, 或問釋其義, 曰其通也或不能無淸濁之異, 其正也或不能無美惡之殊, 則上文所謂虛靈不昧者, 是不犯所拘之氣, 而單指光明處言者, 又可見矣. 若就上文單言虛靈處, 兼下段始言之氣稟而並言之, 則是於文字見解, 尙且朦朧, 況於心上精妙之蘊, 尤何足與論也?"

김한록은 허령(虛靈)과 기품(氣稟)을 나누어 보기는 하였으나 심의 밖에 기품이 따로 있다고 생각하지는 않았다. 그는 심에서 기품에 범(犯)하지 않는 광명(光明)한 곳을 허령으로 이해하였다. 그는 바르고 통(通)한 기(氣)가 성인(聖人)과 범인(凡人)이 같다면 그 바르고 통한 것을 얻어 허령이 된 것도 성인과 범인이 같다고 보았다. 이것은 호론에서 심(心)은 곧 기질(氣質)이라고 보아 선악(善惡)이 있는 것으로 이해하고, 따라서 심체(心體)에서 성인(聖人)과 범인(凡人)의 차이를 인정한 것과는 다른 견해로 생각된다.

사실 이미 허령(虛靈)에 대해서는 한원진과 윤봉구(尹鳳九)도 깊이 토론을 한 적이 있었다. 윤봉구는 허령에 분수(分數)가 있다고 본 반면, 한원진은 처음에는 허령에 분수가 있다는 설을 주장했다가 중년(中年) 이후에는 허령에 분수가 없다는 설로 학설을 고쳤다. 한원진은 『대학장구』의 명덕(明德)의 해석인 허령불매(虛靈不昧), 구중리(具衆理), 응만사(應萬事)의 세 가지 말에서 허령불매(虛靈不昧)의 허령(虛靈)이 주(主)가 되는데, 이 허령에는 분수가 없고 따라서 명덕에도 분수가 없다고 하였다.[24] 윤봉구는 허령에는 분수(分數)가 있고 명덕에는 선악(善惡)의 분수가 없다고 말했지만, 이미 그가 허령에 분수가 있다고 보았기 때문에 이로 인하여 명덕에도 분수가 있다는 주장을 하는 것으로 받아들여졌다.[25] 윤봉구는 심(心)을 기(氣)로 보고, 심의 허령에 분수가 있는 것으로 보아 심에서 성인과 범인의 차이를 강조하는 보수적 성향을 지녔다.

---

24 『南塘文集』 권13, 書, 答尹瑞膺 乙卯 閏4月.
25 『南塘文集』 권13, 書, 答尹瑞膺 乙卯 閏4月; 『陶菴集』 권10, 書, 答尹瑞膺辨問 丙辰; 答尹瑞膺 癸亥.

한원진은 명덕(明德)의 허령(虛靈)은 곧 이 심(心)의 허령이니 진실로 두 가지 물(物)이 있는 것은 아니라고 하였다. 그렇지만 한원진은 명덕은 다만 그 허령을 지적하여 말한 것인데 허령은 같지 않음이 없는 반면, 심은 그 기품(氣稟)을 거론하여 말한 것으로 기품은 가지런하지 않음이 있다고 하였다. 따라서 심이라고 말하면 같지 않음이 있지만, 명덕이라고 말하면 같지 않음이 없다고 하였다.[26]

김한록은 심(心)의 선악(善惡)의 문제를 허령과 관련하여 다음과 같이 말하였다.

> "어떤 사람이 말하기를 그렇다면 허령불매(虛靈不昧)는 선(善)이라고 말할 수 있습니까, 선악(善惡)을 겸(兼)했다고 말할 수 있습니까. 이에 대해 말한다면 물(物)의 편색(偏塞)한 것으로써 대(對)하여 말하면 저쪽은 악(惡)이고 이쪽은 선(善)입니다. 만약 오로지 사람으로써 말한다면 각각 그 지적한 바가 어떠한 가에 따라서 또한 말할 수 있는 뜻이 있습니다. 대개 중리(衆理)가 갖추어진 것에서 홑지게 말하면 선(善)이라고 말하는 것도 가하고 그 구애된 바의 기를 아울러 거론하여 말하면 선악(善惡)을 겸했다고 말해도 가합니다. 만약 중리(衆理)의 갖춘 것과 구애된 바의 기를 논하지 않고 다만 그 허령(虛靈)의 체(體)를 지적하여 말한다면 또한 선도 아니고 악도 아니며 지적해서 이름붙일 것이 없으며 다만 허령이라고 이를 수 있을 뿐입니다."[27]

---

26 『南塘文集』 권13, 書, 與尹瑞膺 癸丑 11月.

27 『寒澗文集』 권2, 書, 上南塘先生 戊辰 閏月. "曰然則虛靈不昧, 可謂之善乎? 可謂之兼善惡乎? 曰以物之偏塞者對言, 則彼惡而此善矣. 若專以人言, 則各隨其所指之如何, 而亦有可言之義矣. 盖自衆理之具而單言之, 則謂之善可也, 擧其所拘之氣而並言之, 則謂之兼善

김한록은 허령(虛靈)에 대해 이(理)를 홑지게 거론하느냐, 기(氣)를 아울러 거론하느냐에 따라 선(善)과 악(惡)을 다 말할 수 있다고 생각하였다. 그는 허령에 선악(善惡)의 기틀(機)이 있다고 말하는 것은 가하지만 허령의 체(體)를 지적하여 선을 말하고 악을 말하는 것은 불가하다고 하였다. 즉 그는 허령의 체(體)에서는 아직 선도 악도 말할 수 없는 것이고 이(理)와 기(氣)가 허령에 갖추어진 이후에야 선과 악의 이름이 생긴다고 보았다.[28]

한편 김한록은 1755년(영조 31) 9월에 김의행(金毅行)을 방문하여 허령에 대해 논하였다. 김의행은 심순선설(心純善說)을 주장하고 있었는데, 일찍이 한원진은 김의행에게 편지를 보내어 그 설이 불교의 설과 같다고 배척하였다.[29] 김의행은 1746년 4월에 사람의 심(心)에는 허령(虛靈)·혼매(昏昧), 진망(眞妄)·사정(邪正)이 있는데 허령(虛靈)·진(眞)·정(正)은 곧 심의 본체(本體)이고 선(善)한 것이며, 혼매(昏昧)·사(邪)·망(妄)은 곧 심이 얽매이고 가리어져 악(惡)한 것이므로, 다만 심의 본체는 선(善)하다고 말하는 것이지 일찍이 바로 심으로써 순선(純善)하다는 것은 아니라고 하였다.[30] 이러한 김의행의 심설에 대해 한원진은 불교에서 심(心)을 영각(靈覺)으로 보는 설과 같다고 혹독하게 비판하였다.[31] 또한 한원진은 김의행이 심(心)과 기품(氣稟)을 두 가지 물(物)로 나누어서 심은 선(善)하고 기품

惡可也. 若不論衆理之具所拘之氣, 而只指其虛靈之體而言, 則又非善非惡, 無可指而名者, 只可謂之虛靈而已."

28 『寒澗文集』 권2, 書, 上南塘先生 戊辰 閏月.

29 『南塘文集』 권18, 書, 答金弘甫毅行 丙寅 4月. 한원진은 性이 이미 純善인데 心을 또 至善이라고 하면 이것은 장차 두 가지 근본이 있는 것이고, 또한 장차 形而上과 形而下, 道와 器의 분변이 없게 된다고 하였다(『南塘文集』 권13, 書, 與尹瑞膺 癸丑 11月).

30 『南塘文集』 권18, 書, 答金弘甫 丙寅 4月.

31 『南塘文集』 권20, 書, 答金伯三 丙寅 4月.

(氣稟)에는 선과 악(惡)이 있다고 하였으니, 그렇다면 이미 성(性)의 선함이 있고 또 심의 선이 있게 되어 성과 심의 구별이 없어져 버렸다고 비판하였다.[32]

김의행은 명덕(明德)의 허령(虛靈)을 해석하면서 성인(聖人)은 허령의 체(體)를 가지고 있다고 하여 범인(凡人)과는 구별하여 보았다. 이에 비해 김한록은 성인과 범인이 허령에 있어서는 동일하게 부여받아 태어났다고 보았다.[33] 이것은 호론 내에서 허령 그 자체에 있어 성인과 범인의 차이를 둘 것인지, 성인과 범인을 동일하게 이해해야 할 것인지가 또다른 문제로 대두된 것이다. 김한록은 허령 그 자체 내에서는 성인과 범인을 동일하게 이해하였는데, 이러한 그의 견해는 미발(未發)의 심체(心體)에서 이미 성인과 범인의 차이를 두는 견해에서 한단계 더 나아간 전진적인 주장임에 틀림없다.

한편 김한록은 1782년(정조 6) 7월에 이채백(李采白)이 질문한 허령설(虛靈說)에 답하였다. 그는 심체(心體)와 기질(氣質)을 하나로 이해하려고 한 반면, 이채백은 심체와 기질을 분리하여 이해하려고 하였다.[34] 이채백은 허령은 심이고 기질은 심이 아니라고 이해한 반면, 김한록은 허령과 기질은 모두 심이라고 이해하였다.[35] 김한록은 무릇 심(心)은 허령(虛靈)과 기질(氣質)을 총괄한 이름이고 허령과 기질은 심중(心中)에 갖추어져 있기 때문에 그 전체를 들어서 말하면 심이라고 이르고 그 갖추고 있는 바를 가리켜서 말하면 허령과 기질이라고 말한다고 하였다. 그러므로 옛사람

---

32 『南塘文集』 권18, 書, 答金弘甫 丙寅 6月.
33 『寒澗文集』 권5, 書, 與金弘甫 丙子 4月.
34 『寒澗文集』 권7, 書, 與李汝受采白 壬寅 7月.
35 『寒澗文集』 권7, 書, 與李汝受采白 壬寅 7月.

이 심을 논하는데 다만 '심이다', '기질이다'라는 두 개의 명색(名色)을 말했을 뿐만이 아니라 또한 허령이라는 명색을 말했다고 하였다. 그는 심이라고 말하고 기질이라고 말하는 것이 진실로 두 가지 이름이지만, 심이라고 말하고 허령이라고 말하는 것도 두 가지 이름이라고 하였다.[36]

그런데 여기서 김한록이 심(心)을 허령(虛靈)이라고 이해하고 있는 점에 주목할 필요가 있다. 김한록은 허령의 체(體)에서는 아직 선(善)도 악(惡)도 말할 수 없는 것이고 이(理)와 기(氣)가 허령에 갖추어진 이후에야 선(善)과 악(惡)의 이름이 생긴다고 보았던 것이다. 따라서 김한록은 아직 이(理)와 기(氣)가 갖추어지지 않은 허령의 체(體)에서는 성인과 범인이 차이가 나지 않는다고 보았다. 이러한 그의 주장은 일반적으로 호론 학자들이 심체(心體)에도 선(善)과 악(惡)이 있다고 보아 성인과 범인의 차이를 강조하는 것과는 일정한 거리가 있는 것이다. 물론 김한록도 심(心)을 기질(氣質)로 보았지만, 심(心)을 허령으로도 보아 허령에 이(理)와 기(氣)가 부여되기 전에는 선과 악을 말할 수 없고, 따라서 허령 자체에서는 성인과 범인의 구별이 없다고 보았던 것이다.

김한록이 심(心)을 허령(虛靈)으로 이해하고 이(理)와 기(氣)가 부여되기 이전의 허령 그 자체에서는 성인과 범인의 차이를 없애버린 것은, 심(心)의 본체는 선(善)하다고 보아 성인과 범인의 차이를 인정하지 않는 낙론의 학설에 대한 비판적 대안으로 제시한 새로운 이론이라고 할 수 있다. 이러한 김한록의 심에 대한 견해는 중화(中華)와 이적(夷狄), 성인과 범인의 엄격한 차별성을 강조하는 호론 내에서도 어느 정도 사상적 개방성을

---

36 『寒澗文集』 권7, 書, 與李汝受采白 壬寅 7月.

지향하고 있다는 것을 의미한다.

4. 정치적 이론(理論)과 역정(歷程)

1) 김한록의 정치적 배후활동

1724년 노론의 후원으로 왕위에 오른 영조는, 집권 4년 뒤인 1728년에 남인과 소론이 연합하여 노론을 타도하고 정권을 잡기 위해 일으켰던 무신란(戊申亂)을 겪었다. 그 뒤 영조는 탕평정치(蕩平政治)를 지속적으로 추진해 나갔으나 노론은 부단히 자신들의 정치적 권력을 확보해 나가려고 애썼다. 그리하여 1741년(영조 17)에 노론은 소론에 대해 명분적(名分的) 우위를 점하게 되었고[37] 그 뒤 영조와 노론은 1755년(영조 31) 나주괘서사건(羅州掛書事件)으로 소론세력을 완전히 꺾고 영조의 세제시절부터 1755년까지의 정치역정을 정리하여 『천의소감(闡義昭鑑)』을 편찬하여 노론의 명분과 행동을 충의(忠義)로 확정지어 정치적·사상적 주도권을 잡았다.[38] 그리고 이듬해 2월 1일에는 송시열(宋時烈)과 송준길(宋浚吉)이 문묘(文廟)에 종사(從祀)되었고[39] 2월 23일에 송시열은 영의정에 추증되었다.[40]

---

37 鄭萬祚, 「英祖代 中半의 政局과 蕩平策의 再整立」(『歷史學報』 111, 1986) 109쪽.

38 영조연간의 탕평정치에 대해서는 鄭萬祚, 「英祖代 初半의 蕩平策과 蕩平派의 活動」(『震檀學報』 56, 1983); 「英祖代 中半의 政局과 蕩平策의 再整立」(『歷史學報』 111, 1986); 朴光用, 「朝鮮後期 '蕩平'研究」(서울대학교 대학원 박사학위논문, 1994); 金成潤, 『朝鮮後期 蕩平政治 研究』, 지식산업사, 1997); 이경구·최성환·원재린, 「특집 : 영조 후반기 탕평정치의 변화와 정치 세력의 동향」(『역사와 현실』 53, 2004) 참조.

39 『英祖實錄』 영조 32년 2월 1일(기해).

40 『英祖實錄』 영조 32년 2월 23일(신유).

1759년(영조 35) 김한구의 딸(정순왕후)이 영조의 계비가 된 뒤 경주김씨는 점차 홍봉한의 정치세력에 맞서는 새로운 정치세력으로 성장하였다. 사실 영조 계비의 간택에는 영조의 사돈이자 사도세자의 장인인 홍봉한의 힘이 크게 작용하였다. 따라서 홍봉한의 아들과 조카들은 평소 교만하고 오만하여 경주김씨 집안의 인물들을 자기들의 영향아래에 두려고 했고 문객(門客)처럼 대하였다. 이러한 상황에서 김구주는 홍봉한 집안에서 자기 집안에 가하는 모욕을 꾹 참다가 분노를 이기지 못하여 아직 과거에 급제하지 못한 정이환(鄭履煥)·김종수(金鍾秀)·심환지(沈煥之)를 자기들의 정치세력으로 키웠다.[41]

정순왕후의 아버지 김한구를 중심으로 한 정치세력은 홍봉한을 공격하는 공홍파(攻洪派)를 형성하였는데 그 배후에는 김한록·김구주가 활동하고 있었다. 이 무렵 김한록은 자신이 산림(山林)에 있으나 몸이 편치 않고, 자신의 도학(道學)은 도리어 나라를 그르친 이름을 얻게 되었다고 하면서 종질 김구주에게 세도(世道)를 담당하기를 바라는 희망을 걸었다.[42]

김한록·김구주 등 경주김씨 정치세력은 1769년(영조 45)에 정조가 별감(別監)과 가까이하고 외입(外入)을 한 사실을 이용하여 홍봉한세력을 공격하는 기회로 삼았다. 정조가 외조 홍봉한과 어머니 혜경궁홍씨를 멀리하는 틈을 이용하여 김한록 등 경주김씨는 홍봉한과 그 정치세력에 대한 공격의 기회를 늦추지 않았다. 이 무렵 홍봉한은 외손 정조를 멀리한 반면, 은언군(恩彦君)과 은신군(恩信君)을 귀여워하고 있었다.[43]

---

41 『玄皐記』 권4, 續篇下, 時辟本末. "己卯大婚, 洪相力贊也. 洪相子侄, 素驕傲, 視金如卵育, 待之如門客, 金公一忍再忍, 不勝憤怒, 乃交結未出身之鄭履煥金鍾秀沈煥之而粧出, 韓鍮沈儀之迭疏請斬洪相矣."

42 『寒澗文集』 권1, 詩, 贈從侄龜柱 己丑 10月.

그런데 김한록 등 경주김씨의 홍봉한 세력에 대한 직접적인 공격은 1770년(영조 46) 3월에 청주에 거주하는 유생 한유(韓鍮)가 도끼를 들고 대궐 앞에 엎드려 홍봉한을 죽일 것을 청하는 소를 올리면서 시작되었다. 그는 홍봉한의 부자와 형제가 권세를 탐하고 권력을 장악하여 나라를 그르친 죄상을 하나하나 언급하면서 어린이들 사이에 '망국동(亡國洞) 망국승(亡國丞)'이라는 동요(童謠)가 불리어지고 있음을 말하였다. 이 한유의 상소는 공홍파에 의해 이루어진 것이었고, 임오화변 이후로 공홍파와 부홍파가 노론의 주도권을 놓고 정면으로 부딪힌 첫 사건으로서 매우 중요한 의미를 지니고 있다.[44]

공홍파(攻洪派)와 부홍파(扶洪派)의 대결은 1771년 2월에 왕손추대사건(王孫推戴事件)으로 비화되었다. 이 사건은 공홍파가 왕손(恩信君·恩彦君)과 홍봉한과의 관계를 들추어내어 영조와 왕세손(正祖)으로부터 홍봉한을 이간(離間)시키기 위해 만들어낸 사건이었다. 그리하여 영조는 홍봉한을 삭출(削黜)하고 왕손 은신군(恩信君)과 은언군(恩彦君)은 제주도로 귀양을 보내었다. 또한 영조는 한유를 선견지명(先見之明)이 있다고 칭찬하면서 유배에서 석방한 반면, 홍봉한은 청주에 중도부처(中途付處)하였다. 그런데 공홍파의 돌격장인 한유는 1771년(영조 47) 8월에 다시 소를 올려 임오화변 당시에 뒤주를 바친 사람이 홍봉한이라고 주장하자 영조는 그 책임이 궁극적으로 자기에게 돌아온다는 사실을 알고 한유를 신문하고 충청도에 보내어 효시(梟示)하게 하였다.

---

43 『閑中漫錄』 6(『한듕록-閑中漫錄-』 韓國古典文學大系 제14권, 民衆書館, 1961).

44 崔鳳永, 「壬午禍變과 英祖末·正祖初의 政治勢力」(『朝鮮後期 黨爭의 綜合的 檢討』, 1999) 276쪽.

한편 1772년(영조 48) 7월 21일에 정순왕후의 오빠 김구주와 재종오빠 김관주는 홍봉한을 공격하는 소를 올렸다. 그런데 이 두 사람의 상소는 김한록의 지시에 의해 올려진 것이었다. 김한록은 홍봉한 세력에 대한 정치적 비판의 입장을 분명히 하고, 그의 아들 김관주가 용강현령(龍岡縣令)에서 홍문관 수찬에 임명되자 "지금 종국(宗國)의 위태로움이 이 지경에 이르렀는데 온 조정이 눈치나 보고 임금을 위하여 한마디 말도 하지 않고 있다. 우리 집안은 나라의 두터운 은혜를 입었으니 어찌 이러한 상황을 보면서 가만히 앉아 있을 수 있겠는가. 하물며 너는 홍문관의 직함을 띠고 있으니 언사(言事)는 곧 그 직분이다. 분의(分義)가 있는 바에 또한 어찌 화가 두려워 침묵을 지키고 있을 뿐이겠는가"라고 하였다.[45] 이러한 아버지의 가르침을 받은 김관주는 소를 올려 홍봉한을 통렬히 공격하였다.

> "근래에 듣건대 춘궁(春宮, 정조)을 공갈하여 나라의 뿌리(후계자)를 흔든다는 말이 처음 척리(戚里)의 집안에서 나와 진신(搢紳)들 사이에 혀를 빼물고 돌아보며 근심 걱정하여 남몰래 탄식합니다. 집안의 말이 전파되자 거리의 의논이 시끄러우니, 아! 천하 만고에 어찌 이러한 기괴하고 비할 데 없는 흉역이 있겠습니까. 그가 평일에 우리 저하(邸下)를 거의 그의 집 어린 아손(兒孫)으로 보아서 손바닥 위에 올려놓고 놀리면서 마음대로 번복할 수 있다고 여겼기 때문에 지척(咫尺)의 자리에서 감히 흉언 꺼내기를 조금도 꺼리지 않은 것입니다.

45 『寒澗文集』 寒澗年譜, 壬辰 7月.

이것이 어찌 신하의 분수로 감히 낼 말이며 사람의 도리로 차마 할 수 있는 것이겠습니까. 대저 신하가 범(犯)한 것이 이처럼 극도에 이르렀는데도 전하께서는 막연하게 듣지 못하셨기 때문에 그로 하여금 숨을 쉬면서 왕법(王法)에서 도피하게 했다면 이는 그래도 말을 할 수가 있겠습니다만, 참으로 이미 들었는데도 오히려 사갈(蛇蝎)을 보호하고 기르면서 토벌을 지연시키면 조종(祖宗)의 삼척법(三尺法)은 장차 어디에 쓰겠으며 천하 후세에서 전하를 어떤 임금이었다고 말하겠습니까. 전하께서 이 사람을 쓴 것이 거의 이제 30년이 되어 주석(柱石)의 임무를 맡기고 보상(輔相)의 자리를 밟게 하여 돌보시고 도와주신 융성함이 고금에 비할 자가 없었습니다. 그가 덕이 있어서라면 신이 보기에는 그의 사납고 탐욕스러움이 덕이라 생각하며, 그에게 재능이 있어서라면 신이 보기에는 그의 간사함과 말을 잘하고 교묘히 몰래 농간하는 것이 재능이라고 생각합니다."[46]

이 당시 심낙수(沈樂洙)는 평소 가까이 지내던 심환지(沈煥之)가 김구주와 함께 홍봉한을 공격하는 것을 의리(義理)로 삼자 그와 결별을 하고 시

46 『英祖實錄』 영조 48년 7월 21일(갑인). "近聞恐喝春宮, 搖動國本之說, 始出於戚里之家, 搢紳之間, 吐舌相顧, 癲憂竊歎. 屋話播傳, 巷議喧藉, 噫! 天下萬古, 豈有如許怪鬼罔狀底凶逆耶? 彼其平日視我邸下, 殆如渠家之小兒孫, 謂可以翫弄掌上, 隨意翻覆, 故咫尺前席, 敢發凶言, 無所顧忌, 是豈臣分之所敢出, 人理之所忍爲者哉? 夫人臣負犯, 至於此極, 而殿下漠然不聞, 故使渠假息, 得逭王章, 是固有可說也, 苟旣聞之矣, 而猶復保養蛇蝎, 久稽天討, 則祖宗三尺, 將焉用, 而天下後世, 其將謂殿下何如主也? 殿下之用此人, 殆三十年于玆矣, 畀以柱石之任, 躋之輔相之位, 眷佑之隆, 古今無比者. 以其有德也, 則臣見其狠愎貪驕, 以爲德也, 以其有才也, 則臣見其便佞捷給, 閃弄巧黠, 以爲才也."(번역문은 국사편찬위원회 사이트 참조).

파(時派)의 선봉에 서서 활동하였다. 그는 김구주의 상소를 읽어보고 분노가 극에 달해 눈물까지 흘리며 "이런 말을 하는 자가 우리 임금님(영조)과 세손(정조)을 군주를 모시겠느냐?"라고 말하였다.[47]

한편 김관주는 홍봉한을 공격했다가 면직되어 강원도 양구현으로 잠시 축출되었다. 그 뒤 그는 다시 갑산으로 유배되었다가 이듬해에 풀려났다. 또한 김구주도 사건이 그의 아버지 김한구(金漢耉)에게 관련된다고 하여 이어서 소를 올렸다가 삭직되었다.[48]

영조말의 정치적 소용돌이를 헤쳐 나온 정조는 1776년 즉위한 후 자기의 정치노선에 걸림돌이 되는 정치세력을 하나하나 제거해 나갔다. 그는 이해 5월에 김종수(金鍾秀)를 불러들여 홍국영(洪國榮)과 함께 홍봉한의 정치세력을 숙청하여 나갔다. 이때 김한록·김구주와 같은 정치노선을 걷던 김종수는 홍국영을 끼고 요직에 앉아 홍씨를 공격하는 것으로 '의리'를 삼았다. 김종수는 홍인한(洪麟漢)·정후겸 등과 정치노선을 달리했기 때문에 정조의 보호를 받았다. 사실 김종후·김종수 형제는 홍봉한의 종매(從妹)의 아들이었으나 오히려 홍봉한 부자와 형제에 대한 공격에 앞장섰다.[49]

1776년 7월 정조는 홍봉한의 아우 홍인한이 1775년에 '삼불필지(三不必知)'를 내세워[50] 자신이 세손 때 대리(代理)를 방해했다는 이유로 정후겸(鄭

---

47 『孝田散稿』 33, 自著實記, 聞見 內編.; 심노숭 지음·안대회 김보성 외 옮김, 『자저실기』 (Humanist, 2014) 126쪽.

48 『頤齋亂藁』 제4책, 권19, 임진 8월 12일(갑술); 『寒澗文集』 寒澗年譜 壬辰 7月.

49 김종후가 諮議 후보에 올랐을 때 홍봉한은 人事의 문제점을 지적하여 반대하였고, 김종수는 洪樂任(洪樂倫의 형)의 인품이 좋지 않다고 여겨 멀리하였다. 김종후·김종수 형제는 淸名을 자처하고 戚里에 대한 공격을 명분으로 삼아 洪黨을 공격하여 정치적 생명이 연장되었다(『純祖實錄』 순조 9년 1월 17일 정축).

50 1775년 11월 20일에 영조가 "세손이 國事를 아옵는가, 吏兵判을 아옵는가. 老少論을 아옵

厚謙)과 함께 역적으로 논죄하여 사사하였다.[51] 그리고 『명의록(明義錄)』을 편찬하여 홍인한·정후겸을 사사(賜死)한 일과 홍국영(洪國榮)·정민시(鄭民始)·서명선(徐命善)의 충절(忠節)을 선양하였다.

정조는 홍씨세력을 제거했을 뿐만 아니라 1776년 9월에 또다른 외척인 정순왕후의 오빠인 김구주(金龜柱)를 흑산도에 유배하였다. 또한 정조는 1778년(정조 2) 7월 18일 한원진·김한록의 호론 계열 학자인 한후익(韓後翼)·홍양해(洪量海) 등을 흉역으로 몰아 처단하였다.[52] 김구주가 정치적으로 실각하자 김구주의 심복인 정이환(鄭履煥)은 김구주를 구원하는 소장을 가동(家僮)을 시켜 곧바로 올리게 하였다. 이에 정이환이 전리(田里)로 쫓겨나자 이어 김종수가 김구주를 구원하는 소를 올렸다.[53]

정조는 영조 연간 성사되지 못했던 탕평을 목표로 대탕평(大蕩平)을 지향했지만, 노론·소론·남인 안의 여러 세력들을 서로 분열시켜 각자가 정조를 도와 합력(合力)하기를 바라는 정국 운영을 도모하고 있었다.[54]

풍산홍씨와 경주김씨 두 척족(戚族)에 대한 정조의 정치적 견제가 이렇다 보니 김한록은 임오화변 이후 1790년 작고할 때까지 정치의 전면에 나서지는 못했다. 김구주도 정조 연간 줄곧 유배생활을 하다가 1786년(정조 10) 작고하여 그 사이에 정치적 활동은 활발하게 하지 못하였다. 그렇지만 영조 말년에 김구주와 연합하였던 김종수·심환지가 정치활동을

는가"라고 물은 것에 대해 홍인한이 영조에게 세손이 이 세 가지를 알 필요가 없다고 답했다는 사실을 말한다(『한중만록』 권14, 泣血錄).

51 『正祖實錄』 정조 즉위년 7월 5일(갑술).

52 『正祖實錄』 정조 2년 7월 18일(을사).

53 『待闡錄』 中編, 병신 7월, 9월 초9일.

54 김정자, 「正祖代 前半期의 政局動向과 政治勢力의 變化(II)」(『朝鮮時代史學報』 78. 조선시대사학회, 2016) 161쪽 참조.

했고, 윤시동(尹蓍東) · 유언호(兪彦鎬) 등도 김종수와 정치노선을 같이하며 활동하였다. 특히 1795년(정조 19) 이후에는 심환지(沈煥之)가 병조판서를 맡아 국가 대사를 담당하였다.[55]

2) 김한록의 정치적 이론과 사후(死後)의 영욕(榮辱)

1800년 정조가 죽고 순조가 즉위하자 김구주의 정치노선을 이은 심환지가 정국을 주도하였다. 심환지는 김조순(金祖淳) 등의 정치적 등장을 우려하여 권유(權愈)에게 소를 올려 이미 정해진 세자(순조)와 김조순의 딸 안동김씨와의 국혼을 문제 삼게 하였다. 권유는 세자빈 간택에서 '삼간택(三揀擇)을 하지 않았다'고 했고, 또 '10월에는 길일(吉日)이 없다'는 등의 말을 퍼뜨렸다. 권유가 소를 올린 배경에는 심환지가 사돈인 이회상(李晦祥)을 시켜 권유를 충동하여 소를 올리게 하였다.[56] 이러한 벽파의 시파에 대한 정치적 공세는 순조의 국혼을 저지하고 궁극적으로는 김조순을 실각시키는데 그 목적이 있었다.

한편 심환지가 죽자 정국은 정순왕후의 수렴정치 체제로 들어갔다. 이에 김구주의 관작을 회복하라는 청이 올라오자 그의 아우 김용주(金龍柱, 호는 睡隱, 1755~1812)와 아들 김노충(金魯忠), 김한록의 아들 김관주(金觀柱) · 김일주(金日柱) 등이 정계에 복귀하였다. 특히 김관주는 20년간의 재야 생활을 접고 우의정에 등용되었다. 이들은 이에 앞서 심환지와 함께

55 『純祖實錄』 순조 6년 6월 25일(신축).
56 『純祖實錄』 순조 18년 2월 11일(기묘); 순조 6년 6월 25일(신축).

도모하여 홍봉한의 아들 홍낙임(洪樂任)을 처단하고 벽파정권에 협조하지 않는 정치인은 '의리(義理)'에 배치되고 사도세자의 '추숭(追崇)'을 주장했다고 하여 그 죄를 성토해 유배보내고 폐출하였다.[57] 1784년 겨울부터 시작된 노론내의 시파와 벽파의 분열은, 특히 벽파가 1801년부터 정치적 권력을 휘두르면서 골벽(骨僻), 육벽(肉僻), 심벽(心僻), 구벽(口僻), 천지개벽(天地皆僻)의 설이 있기도 했다.[58]

그런데 1803년 12월 정순왕후가 수렴청정을 거두자 벽파 정치세력은 약화되기 시작했다. 그 대신 시파가 점차 정계에 등장하여 활동의 폭을 넓혀가고 있었다. 김조순을 중심으로 하는 안동김씨는 권력의 핵심인 비변사를 장악하여 그 실권을 행사해갔다. 1804년 김조순은 규장각 제학·검교 등의 관직을 역임함으로써 이를 자신의 권력기반으로 키워갔다. 시파의 정치세력이 점차 확대되어가는 과정에서 1805년 1월에 정순왕후가 죽고 1806년(순조 5) 초에는 우의정 김달순(金達淳)의 옥사가 일어났다. 이 옥사를 계기로 벽파의 정치적 몰락은 시작되었다.[59]

1806년 시파는 벽파를 정계에서 완전히 축출하기 위해서 임오화변 전후에 있었다고 전하는 김한록의 발언을 문제삼았다. 김한록은 1761년(영조 37) 봄에 김의행과 김교행에게 당(唐)나라 중종(中宗)에 관한 일을 거론하였다고 한다.[60] 그런데 당 중종에 관한 내용은 일찍이 장식(張栻)이 주

---

57 『純祖實錄』 순조 즉위년 8월 25일(을해).
58 『孝田散稿』 33, 自著實記, 聞見 內編.
59 이성무, 『조선왕조사』 제24장 「김달순의 옥사 : 벽파의 정치적 몰락」 926-932쪽 참조.
60 당나라 중종의 폐위에 관한 사실은 『資治通鑑綱目』 中宗皇帝嗣聖元年(二月睿宗文明元年, 九月太后光澤元年) 2月조의 다음 기사를 참조하기 바란다. "二月太后廢帝爲廬陵王, 立豫王旦(中宗欲以后父韋玄貞爲侍中, 裴炎固爭, 中宗怒曰我以天下與韋玄貞, 何不可而惜? 侍中邪炎懼, 白太后密謀廢立, 太后集百官於乾元殿, 勒兵宣令, 廢中宗爲廬陵王. 中宗曰我何罪? 太后曰汝欲以天下與韋玄貞, 何得無罪? 乃幽于別所, 立豫王旦爲皇帝, 妃劉

희(朱熹)에게 보낸 편지에서 제기된 것이었다. 장식은 주희에게 보낸 편지에서, 당 중종(中宗)을 세우지 않았다면 측천무후(則天武后)를 죽일 수 있었고 후환도 없앨 수 있었다고 주장한 반면[61] 주희는 장식의 견해에 대해 중종이 비록 못났지만 당시에 유폐(幽廢)되었던 것은 단지 일언(一言)의 실수 때문이었고 죄상(罪狀)이 아직 드러나지 않았고 인망(人望)이 없어지지 않았으며 독부(獨夫)라고 할 수는 없다고 보았다. 따라서 주희는 중종의 미리 드러나지 않은 허물까지 헤아려서 하루아침에 중종을 후계자에서 버리고 다시 종실(宗室)을 세운다는 것은 아마 도리어 이해(利害)를 계산하는 사사로움이 되어 인심(人心)을 따르고 천리(天理)를 순응하는 바가 아니라고 하였다.[62]

그런데 김한록은 당 중종이 못났기 때문에 폐위(廢位)해야 한다는 장식의 설을 지지하고 있었다. 여기서 당 중종은 바로 사도세자(思悼世子)의 처지로 이해될 수 있는 문제였고, 사도세자를 당 중종에 빗대어 폐위할 수 있다는 주장으로 해석할 가능성이 있었다. 그리고 장차 사도세자가

氏爲皇后, 永平王成器爲太子, 廢太孫重照爲庶人, 改元文明, 且居別殿, 不得有所預政事, 皆決於太后)."

61 『南軒集』 권22, 書, 答朱元晦. "通鑑綱目想見次第, 甚有益於學者也. 垂諭胡致堂所論五王不誅武后事, 偶無別本在此檢得, 然亦大綱記得. 其說武氏誠當誅, 畢竟旣立其子, 難誅其母, 如來敎所云. 至於予奪輕重之間, 不過告於唐家宗廟, 廢置幽處之耳. 然以中宗之昏庸, 其復之如反手耳, 亦豈是長策? 以某愚見, 五王若有伊周之見, 則當時復唐家社稷, 何必須立中宗? 中宗雖是嘗爲武后所廢, 然嘗欲傳位與后父, 是其得罪宗廟, 不可負荷, 已自著見. 五王若正大義, 於唐家見存子孫中公選一人, 以承天序, 告於宗廟, 誅此老媼, 則義正理順, 唐祚有太山之安矣."

62 『朱子全書』 제21책, 권31, 書, 答張敬夫 3月 14日. "熹昨承誨諭五王之事, 以爲但復唐祚, 而不立中宗, 則武曌可誅, 後患亦絶, 此誠至論. 但中宗雖不肖, 而當時幽廢, 特以一言之失, 罪狀未著, 人望未絶, 觀一時忠賢之心, 與其募兵北討之事, 及後來諸公說李多祚之語, 則是亦未遽爲獨夫也. 乃欲逆探未形之禍, 一旦舍之而更立宗室, 恐反爲計校利害之事, 非所以順人心, 乘天理, 而事亦未必可成也. 愚慮如此, 然而此外, 又未見別有長策, 不知高明以爲如何?"

죄인(罪人)으로 규정되면 그 죄인의 아들(정조)은 왕통(王統)을 계승하지 못하는 지경에 이를 수도 있는 것이었다. 따라서 이른바 김한록의 이러한 발언이 정치적으로 문제되는 날에는 김한록과 그 정치세력은 얼마든지 흉역(凶逆)으로 몰려 희생될 가능성이 있었다.

1762년 임오화변 전후에는 김상로(金尙魯)와 홍계희(洪啓禧)가 국정을 농단하고 있었고, 이들은 당시 권력실세인 김구주(金龜柱)와 정치적 연합을 하여 그 세력을 떨치고 있었다. 또한 홍양해(洪量海)와 김종후(金鍾厚)도 김구주의 종숙인 김한록을 지지하고 있었다. 그런데 당 중종에 대한 김한록의 견해에 대해, 임성주(任聖周)는 송명흠(宋明欽)·김원행(金元行)·김양행(金亮行)·권진응(權震應) 등과 함께 "대도(大道)가 떨어지고 인륜(人倫)이 없어졌다"는 말로 김한록의 설을 비판했다.[63] 또한 김원행은 영동(永同)에 머물면서 편지로 임성주를 불러 김한록의 중종에 대한 강설(講說)이 세손(정조)을 위태롭게 하는 설이라고 깊은 우려를 표명하였다.[64]

김한록이 당 중종에 대해 거론했던 때에 이미 한원진의 문하에 출입했던 김시찬(茗泉, 1700~1766. 金盛道의 아들, 金尙容의 현손)·김의행(金毅行, 자는 弘甫, 호는 雲泉, 1716~1766, 金盛道의 손자, 金時侃의 아들, 김시찬의 조카, 김상용의 5대손)·김교행(金敎行, 자는 伯三, 호는 惟勤堂. 1712~1766. 金時哲의 아들, 金時發의 系子, 김상용의 5대손) 등은 김한록이 견해가 사도세자를 폐하고 새로운 인물(恩全君 禶)을 영조의 후계자로 세우려는 의도로 해석하였다.

김시찬·김의행·김교행은 모두 충청도 홍성 등지에 생활근거지를 두

63 『孝田散稿』 35, 文, 鹿門任公遺事.
64 『孝田散稿』 35, 文, 鹿門任公遺事.

고 한원진의 문하에 출입했던 호론에 속한 학자였다.[65] 이들은 모두 안동김씨로 김상용(金尙容, 仙源)의 후손들이었다. 먼저 김의행은 김시찬의 친조카로 김시찬에게 김한록의 발언을 알리자 김시찬은 김한록의 발언을 흉역으로 규정하였다는 것이다. 사실 안동김씨 학자들은 김한록의 사상이나 정치적 견해에 대해 누구보다 정확하게 알고 있었으며 김한록의 당중종에 대한 견해를 듣고 직접 배척했던 것이다.

정순왕후 집안의 경주김씨 학자와 홍성의 안동김씨 학자 사이에는 이미 오래 전부터 사상적·정치적 견해차이가 있었다. 이미 김시찬은 1759년(영조 35) 6월 9일 정순왕후가 계비로 간택되던 날 부제학에 임명되어, 윤6월 13일 영조에게 관리 임용의 치우침과 조정의 현상에 대해 비판했다가 흑산도에 유배되었다.[66] 그는 이미 경주김씨 세력의 정치적 진출을 감지하고 이를 견제하는 소를 올렸던 것이다. 그는 1764년에 석방되어 아들과 조카들에게 앞으로 조정에 나아가는 사람이 있으면 1761년 봄에 있었던 김한록의 발언을 잊어서는 안 된다고 하였다.

그런가하면 김한록은 1762년 임오화변 이후 사도세자의 아들 정조가 왕위를 계승할 수 없다는 발언을 하였다고 전한다. 여기서 혜경궁 홍씨(惠慶宮洪氏)의 기록을 통해 임오화변 이후의 김한록의 발언에 대한 내용을 알아보자.

65 현재『南塘文集』에 수록된 편지 중에 한원진이 김시찬·김교행·김의행에게 답한 편지로 보아, 적어도 김시찬은 1733년 12월, 김교행(백삼)은 1737년 11월, 김의행은 1746년 4월경에는 한원진의 문하에 출입한 것으로 보인다.

66『英祖實錄』영조 35년 6월 13일(신묘). 김시찬의 경력에 대해서는『雷淵集』권23, 墓碣, 弘文館副提學金公墓碣銘 참조.

"모년 후(某年後) 김한록(金漢祿)이가 홍주(洪州) 김씨(金氏)의 모인데서 말하되 '세손(世孫)이 죄인지자(罪人之子)니 가(可)히 승통(承統)을 못할 것이니 태조(太祖)의 자손(子孫)이 어느 사람이 가(可)치 아니하리오'하니 이것이 세상(世上)에서 전(傳)하는 십육자흉언(十六字 兇言)이라. 그때 모든 김씨(金氏)들이 다 듣고 전설(傳說)이 낭자(狼藉)하되 끔찍한 말이니 차마 입에 올리지 못하고 나도 듣고 세손(世孫)도 들으시고 흉악(兇惡)히 여기나 오히려 의신(疑信)이 상반(相半)하더니 근년(近年)에 선왕(先王)이 나더러 하시되 '한록(漢祿) 구주배(龜柱輩)의 흉언(兇言)은 종시(終始) 의아(疑訝)하더니 이제야 진적(眞的)한 줄 알았노라'하시거늘 내 하되 '어찌 알아 계시뇨'하니 선왕(先王)이 하시되 '소문(所聞)에 홍주(洪州) 갈미 김씨(金氏) 좌상(座上)에서 그 말을 하다'하기 마침 옥당(玉堂)다니는 김이성(金履成)이가 번(番)들었는데 갈미 김가(金哥)가 알 듯하여 종용히 묻되 '기이지 말고 바로 이르라'달래고 을러 물으니 처음은 서머서머하여 하더니 내가 저 하나를 못 휘울까 보오니이까. 나중은 토실(吐實)하는데 한록(漢祿)이 그 말을 하는 것을 제가 친청(親聽)하고 다른 김씨(金氏)들도 많이 듣고 즉시 저희 문장(門長) 김시찬(金時粲)에게 이 말을 하니 김시찬(金時粲)이가 듣고 대경(大驚) 통해(痛駭)하여 구주(龜柱) 한록배(漢祿輩)가 이제는 역절(逆節)이 소소(昭昭)하니 자질(子姪)들더러 경계(儆戒)하여 충역(忠逆)을 분간(分揀)하여 알아 두라 한다 하고 한록(漢祿)의 말뿐 아니라 실(實)은 구주(龜柱)에게서 난 의론(議論)이라 하니 이제는 명증(明證)을 얻었으니 진적한 말이라."[67]

혜경궁홍씨에 의하면 모년(某年, 1762년) 후 김한록이 홍주 갈산(葛山, 갈미)에서 안동김씨들이 모인 자리에서 "죄인(罪人, 사도세자)의 아들(정조)은 왕통(王統)을 이을 수 없고(罪人之子, 不可承統), 태조의 자손이라면 어느 누구든 불가하겠는가(太祖子孫, 何人不可)"라고 하였다는 것이다. 여기서 "죄인의 아들은 왕통을 이을 수 없다"라는 말이, 정순왕후 서거 후 이른바 김한록의 '팔자흉언(八字凶言)'으로 거론되어 벽파의 정치적 몰락에 결정적 요인으로 작용하였다.[68] 김한록은 홍주 갈미의 안동김씨 문중의 인사들에게 이 말을 했다는 것인데, 김한록의 이 발언은 안동김씨의 문장(門長)인 김시찬에게 알려져 김한록은 역절(逆節)로 규정되었다는 것이다.[69]

---

67 『閑中漫錄』 6(『한듕록-閑中漫錄-』 韓國古典文學大系 제14권, 民衆書館, 1961).

68 1806년(순조 6) 5월 이후 시파에서 김한록의 '凶逆'을 공격하는 말로 '八字凶言'이라는 말이 『순조실록』에 자주 나온다. 너무 흉언이어서 차마 말할 수 없고 차마 기록할 수 없었기 때문에 그저 '팔자흉언'이라고만 표현하고 있다는 것이다. 따라서 실록 자료에는 '팔자흉언'의 여덟 글자가 무엇인지 구체적으로 보이지는 않고, 다만 김한록이 唐나라 則天武后의 아들 中宗에 관한 내용을 인용하여 사도세자의 아들 정조가 왕이 되는 것을 저지한 이론적 근거로 삼았다는 것 정도이다(『순조실록』 순조 6년 5월 13일 경신; 6월 25일 신축). 그런데 『순조실록』에는 당 중종에 관한 김한록의 발언이 1761년 辛巳年 봄에 있었다고 말하면서, 이 당 중종에 관한 발언을 '팔자흉언'과 관련하여 말하고 있다. 그런 반면, 『한중록』에는 김한록의 '흉언'이 某年 즉 1762년 壬午年 이후 홍성 갈산의 안동김씨들이 모인 자리에서 나왔다고 하고 있어 그 발언의 시점이 정확하지 않다. 그런데 혜경궁홍씨는 자기가 만일 김한록이 말했다는 '흉언'을 기록하지 않는다면 후세에 그 사실을 모르기 때문에 『한중록』에 "罪人之子, 不可承統, 太祖之孫, 何人不可"라는 김한록의 말을 '十六字凶言'이라고 밝혀놓았다. 여기서 혜경궁홍씨의 기록을 믿는다고 하면 1761년 신사년 봄에 있었다는 김한록의 당 중종에 관한 발언을 '흉언'으로 규정하기는 어렵다는 것이 사실이다. 다시 말해 1761년 봄에 김한록이 당 중종에 관해 학문적으로 강론하고 정치적 이론으로 이야기했다고 말하는 것은 온당할지 모르나, 당 중종과 관련하여 '팔자흉언'을 했다고 하여 '凶逆'으로 모는 것은 정치적 공격의 성격이 짙은 것으로 생각된다. 그리고 혜경궁홍씨의 『한중만록』도 자기 아버지 홍봉한과 자신의 정치적 입지를 변호하기 위하여 씌어졌다고 보면 '십육자흉언'도 김한록과 벽파에 대한 정치적 공격을 위한 의도가 강하게 반영된 것으로 이해된다. 필자는 현재 '팔자흉언'이란 말은 혹시 '십육자흉언'중에 앞의 여덟 글자를 가리킨 것이 아닌가 생각하고 있으나, 이 '팔자흉언'에 의해 벽파가 정치적 몰락을 가져온다고 생각하므로, 그 구체적인 문자에 대해서는 앞으로 더 탐구가 필요하다고 본다.

69 김한록은 大義를 위해서는 親함도 저버릴 수 있다는 『春秋左氏傳』에 나오는 문자인 '大義

그런데 '팔자흉언'은 정조 초년에 홍상길(洪相吉)의 역옥을 다스리는 과정에서 잠시 거론이 되었으나 크게 정치문제로 비화하지 않았고 그 뒤에도 김시찬의 종손(從孫) 김이성(金履成, 1739~1795. 호는 喆齋, 김의행의 아들)이 1789년 경에 김한록의 1761년 봄 발언을 연석(筵席)에서 정조에게 아뢰었으나 정조도 이를 크게 정치적 문제로 삼지 않고 덮어두었다. 아마 설령 김한록의 '팔자흉언'이 사실이었다고 할지라도 정순왕후가 정치적 영향력을 크게 행사하고 있었기 때문에 정조로서도 쉽게 이 문제를 거론할 수는 없었을 것이다.

1805년 1월에 정순왕후가 작고하고 이후 벽파 정치세력이 급격히 약화되어가면서, 도승지 김이영(金履永, 호는 淵泉, 1755~1845. 履陽으로 개명. 金憲行의 아들. 金敎行의 종질)은 1806년(순조 6) 5월 13일에 소를 올려 김한록의 1761년 봄 당(唐) 중종(中宗)에 관한 발언을 흉역으로 몰았다.[70] 김이영(김이양)은 영조 신사년(1761) 이후 김한록이 당나라 중종 때의 일을 끌어대어 한두 친구의 사이에서 논의하다가, 마침내 주희가 장식에게 답한 정론(正論)에 의거하여 저지가 되었다고 하였다.[71]

영의정 이병모(李秉模)는 김이영의 소를 보고 가슴이 뛰고 뼈가 오싹하다고 하면서 신속히 김한록에게 극률(極律)을 실시하도록 하라고 하였다.[72]

滅親'의 설로써 영조에게 아뢰자 金時粲이 이를 저지했다고도 한다(이성무, 『조선왕조사』 제24장 김달순의 옥사 : 벽파의 정치적 몰락).

70 『純祖實錄』 순조 6년 5월 13일(경신).

71 『純祖實錄』 순조 6년 5월 13일(경신). 朴光用은 金漢祿의 大義滅親의 설이 김이영(김이양)에 의해 폭로됨으로써 時派와 僻派의 義理論爭은 시파의 승리로 귀결되었다고 하였다(박광용, 「정조년간 時僻당쟁론에 대한 재검토」, 『韓國文化』 11, 서울대 한국문화연구소, 1990).

72 『純祖實錄』 순조 6년 5월 13일(경신).

"선조(先朝, 정조)의 초년에 홍상길(洪相吉)의 역옥(逆獄) 때 선조께서 친히 묻기를, '이와 같다면 향후의 일을 장차 어떻게 하려고 생각했느냐'라고 하니, 홍상길이 말하기를, '추대(推戴)한다면 이찬(李禶)으로 삼으려고 했습니다'라고 하자, 선조께서 진노하시어 어안(御案)을 밀어붙이고 하교하기를, '이는 모두 여덟 글자의 흉언(凶言) 가운데에서 나온 것이다' 하시고 그대로 일어나서 바로 소차(小次)로 드시었습니다. 신이 그때에 성교(聖教)를 우러러 듣고서 비로소 '여덟 자의 흉언'이 있는 줄 알았으나, 오히려 언근(言根)의 출처는 알지 못하였습니다. 그 후에 뒤쫓아 들으니 그 언근은 김한록에게서 나왔다는데, 대개 김한록이 호중(湖中)에 있으면서 이러한 흉언을 발설하자, 고 참판 김이성(金履成)의 부형 김의행(金毅行)과 지금 중신(重臣) 김희순(金羲淳)의 조부 김교행(金教行)이 심한 말로 준엄하게 배척하였다고 합니다. 호중(湖中)은 본래 사부향(士夫鄕)입니다. 이와 같은 흉론(凶論)이 이미 나온 뒤 온 세상에 전파되었는데도 아래에서 힐문(詰問)할 길이 없었으니 단지 분개하여 한탄하는 심정만 간절하였을 뿐입니다. 고 참판 신 김이성이 무신년(1788)·기유년(1789) 사이에 이 일을 연중(筵中)에서 주달하였는데, 선조(정조)께서는 참아서 드러내지 않으시고 끝내 처분이 없었으므로 신도 역시 그가 주달한 바가 어떠하였는지를 듣지 못하였습니다. 나중에 고 상신(相臣) 윤시동(尹蓍東)의 말을 듣고 비로소 알게 되었는데, 대개 선조 때에 김관주를 소통(疏通)시키는 일로써 고 상신에게 하교하자 고 상신이, '신은 듣건대, 김이성이 김한록의 여덟 글자 흉언으로써 그 가정에서 들은 바를 연석에서 진달하였다'고 대답하였으니, 그 아비의 흉언이 이와 같다면 소통시키라는 명을 어찌 감히 받들었겠습니까. 고 상신이 이로써 신에게 전부 말하였기 때문에 신이 그 흉언을 직접 들은 자가 있음을 알게 되었으나, 아직도 본가(本家) 사람의 말은 듣지 못하였습니다. 지금 이 소장을 보니 도승지가 그 집의 사람으로서 어찌 사실과 다른 말을 할 수 있겠습니까. 그런데 비국 당상 김희순이 바야흐로 들어왔으니, 이는 그 집 안에서 들은 바를 더욱 당연히 자세하게 알 것입니다만, 그 지극히 참혹하고 패려한 흉언을 실로 신하로서 차마 형용하여 말할 것이 아닙니다. 이같이 옛날에도 없었던 역적에게 어찌 잠시라도 왕법(王法)을 굽힐 수 있겠습니까마는, 일이 대단히 중차대한 데에 관계되니, 신 등이 비록 일제히 같은 목소리로 죄를 청하였으나 그 사체(事體)를 신중하게 하는 도리에 있어서 대동(大同)한 논의를 기다리는 것이 마땅하겠습니다. 삼가 원하건대, 빨리 삼사(三司)의 인원을 갖추어 신속히 극률(極律)을 실시하도록 하소서."[73]

73 『純祖實錄』 순조 6년 5월 13일(경신). "先朝初年相吉逆獄時, 先朝親問曰, 如此則向後事, 將何以爲之乎? 相吉曰推戴則以禶爲之矣. 先朝震怒, 推御案, 敎曰此皆八字凶言中出來, 仍卽起入小次. 臣於其時, 仰聽聖敎, 始知有八字凶言, 而猶未知其言根出處矣. 其後追聞, 其言根出於漢祿. 蓋漢祿在湖中, 發此凶言, 故參判金履成之父毅行, 今重臣金羲淳之祖敎行, 嚴辭峻斥. 湖中, 本是士夫鄕也. 如此凶論旣出之後, 流播一世, 而自下無以詰問, 只切憤惋矣. 故參判臣金履成, 於戊申己酉年間, 以此事奏達于筵中, 而先朝含忍不發, 竟無處分, 故臣亦未聞其所奏之如何矣. 追聞故相臣尹蓍東言, 而始得知之矣. 蓋先朝時, 以金觀柱疏通事, 下敎於故相臣, 則故相臣, 對以臣聞金履成, 以金漢祿八字凶言, 仰陳其家庭所聞於筵中, 其父之凶言如此, 則疏通之命, 豈敢奉承乎? 故相臣, 以此備言于臣, 故臣得知其凶言之有親聞者, 而猶未聞本家人之言矣. 今見此疏, 都承旨以其家之人, 豈有爽實之言? 而備堂金羲淳, 方爲入來, 此其家中所聞, 尤當詳悉矣. 其至憯至悖之凶言, 實非臣子所忍形言者矣. 如此振古所無之逆, 豈可暫屈王法? 而事係至重至大, 臣等雖齊聲請罪, 其在重事體之道, 宜待大同之論. 伏願亟備三司, 快施極律焉."(번역문은 국사편찬위원회 사이트 참조)

이러한 이병모의 발언을 이어 좌의정 이시수(李始秀), 우의정 서용보(徐龍輔)도 한목소리로 김한록을 성토하고 극률(極律)을 신속히 실시할 것을 주장하였다.[74] 이때 순조가 대호군 김희순(金羲淳, 山木軒, 1757~1821. 金敎行의 손자, 金履仁의 아들)에게 집안에서 들은 바를 자세하게 아뢰라고 하자, 김희순은 “김한록이 당(唐)나라 중종(中宗) 때의 일을 가지고 신의 조부(김교행)에게 묻자, 신의 조부가 주자가 장경부(張敬夫, 張栻)에게 답한 편지를 보이며 엄격히 말하여 물리쳤습니다”라고 하였다.

또한 예조판서 이만수(李晚秀), 교리 윤노동(尹魯東) 등이 김한록에 대하여 먼저 관작을 추탈하고 이어서 노륙(孥戮 : 남편 혹은 아비의 죄 때문에 처자까지도 연좌되어 죽임을 당하는 것)의 형전을 실시하라고 하였고 사헌부와 사간원에서도 동일한 주장을 하였다. 그러나 순조는 노륙에 대해서는 허락하지 않고 김한록의 관작만 추탈하게 하였다.[75] 그리고 순조는 5월 14일 김일주를 유일(遺逸)에서 제명(除名)하였고[76] 5월 17일에는 흑산도에 안치하라는 명령을 내렸다.[77]

한편 1806년 5월 17일에 김희순은 자기의 조부 김교행이 재야에서 독서한 학자였기 때문에, 김한록이 당 중종에 대한 의견을 말하여 동의를 구하려 했으나 배척당하여 감히 그 말을 더 계속하지 못하였다고 하였다. 그러자 김한록은 다시 이 말을 김의행에게 했다가 또 배척을 당하였다고 하였다. 그 뒤 김한록은 평강(平康)으로 옮겨 갔고 자기 조부는 곧바로 작고하여, 자기 집에서는 이 분통함을 안고서도 아뢸 수 있는 기회를

---

74 『純祖實錄』 순조 6년 5월 13일(경신).
75 『純祖實錄』 순조 6년 5월 13일(경신).
76 『純祖實錄』 순조 6년 5월 14일(신유).
77 『純祖實錄』 순조 6년 5월 17일(갑자).

얻지 못했다고 하였다. 그러다가 자기의 족숙(族叔) 김이성(김의행의 아들)이 1789년(정조 13) 무렵에 이 일을 정조에게 아뢰었으나, 정조가 덮어 두었다고 하였다. 또한 김희순은 자기의 족숙 김이교(金履喬, 竹里, 1764~1832. 김시찬의 손자)도 김한록의 일을 알고 있었으나 미처 그 말을 입 밖에 내지 못하였다고 하면서 빨리 김한록에 대한 토벌을 시행하라고 하였다.[78]

그런가 하면 1806년 5월 17일 사학유생(四學儒生) 조학주(趙學周) 등 304명과 관학유생(館學儒生) 홍병정(洪秉鼎) 등 505명이 번갈아가며 상소하여 김한록을 부관참시하고 김일주를 국문하라고 주장하였다.[79] 그리하여 5월 20일 김한록의 아들 김필주(金弼柱, 絅菴, 1771~1836)는 제주 정의현에, 김인(열)주(金寅(烈)柱, 1775~1846)는 영암군 추자도에, 조카 김화주(金華柱, 1742~1808)는 흥양현 발포에, 조카 김면주(金勉柱, 懦窩, 1740~ 1807)는 거제부 조라포에 안치되었다.[80] 그리고 그 뒤 5월 22일에는 판의금부사 한만유(韓晩裕)가 김한록의 손자인 김노형(金魯亨, 靜齋, 1772~1821)·김노정(金魯鼎, 梧齋, 1784~1825)에게도 죄줄 것을 청하였다.[81]

김희순도 곧이어 5월 25일 소를 올려 김일주(金日柱)를 국문할 것을 청하였다.[82] 그리고 6월 14일에는 김이교(金履喬)가 소를 올려 김한록의 죄상을 자세히 아뢰고 그에 대한 토죄를 청하였다.[83]

---

78 『純祖實錄』 순조 6년 5월 17일(갑자).
79 『純祖實錄』 순조 6년 5월 17일(갑자).
80 『純祖實錄』 순조 6년 5월 20일(정묘).
81 『純祖實錄』 순조 6년 5월 22일(기사).
82 『純祖實錄』 순조 6년 5월 25일(임신).
83 『純祖實錄』 순조 6년 6월 14일(경인).

"신이 삼가 족질(族姪) 대사헌 김희순(金羲淳)의 소본(疏本)을 보니, 그가 역적 김한록을 성토(聲討)함에 있어 신의 일과 재종형(再從兄) 고 참판 김이성(金履成)이 연석에서 대답 것을 끌어대어 말하였습니다. 이 일의 관계됨이 어떠합니까. 비록 대사헌의 상소에서 단서를 일으키지 않았더라도 신이 진실로 당연히 말했을 것입니다. …… 아! 이 역적이 흉언(凶言)을 처음 창도했을 때에는 꺼림이 없이 큰소리를 쳐서 인심을 선동하였는데, 그 일이 실패되어 드러나서 향리(鄕里)에도 용납되지 못하게 되었으니, 그 일을 아는 자가 어찌 유독 신 한 사람뿐이겠습니까. 그런데 독봉(毒鋒)을 치우치게 받아서 위화(危禍)에 거의 빠지게 된 사람은 특별히 신의 조부인 부제학 김시찬(金時粲)으로 일찍이 분변하고 준엄하게 배척하였으며 말을 신중히 하여 당시에 더욱 기탄하는 바였는데, 자질(子姪)에게 훈계하여 대대로 그 변론을 지켜 왔으므로 그 쌓인 원망과 남은 분노가 후손에게 한데 모이어 반드시 함몰하여 멸망시킨 다음에 그만두려고 하였습니다. 신이 어릴 때부터 집안에서 부형(父兄)들이 김한록에게 말이 미치면 일찍이 성(姓)을 붙여서 부르지 않는 것을 익히 듣고는 이미 김한록이 흉역(凶逆)이라는 것을 알았었는데, 점점 성장하면서부터는 그 일을 더 자세하게 알았습니다. 무릇 흉언을 직접 듣고서 배척했던 사람은 족숙(族叔) 김교행(金敎行)과 종숙(從叔) 김의행(金毅行)으로 이들은 모두 신의 조부 당내(堂內)의 자질인데, 김의행은 곧 친조카입니다. 그 말로써 신의 조부에게 달려와 알리자 신의 조부가 엄한 성격으로 준절히 말하기를, '이는 깔아뭉개는 습성이 점차 늘어나 잃을까를 걱정하고 뒤를 염려하는 것에 말미암아 감히 말지 못할 자리에까지 이르렀으니 곧 이는 마음에 싹틔워 입으로 나타낸 것이다'라고 하였습니다. 이미 이는 흉역이니, 돌아보건대 옛일을 끌어내어서 지금 증거로 삼을 것이 뭐가 있겠습니까. 갑신년(1764) 이후에 이르러서는 신의 조부가 적지(謫地)에서 풀려 집에 있었으니, 그때를 당하여 흉언이 그치지 않았고 남은 근심이 아직도 깊어서 신의 조부는 늘 분개 한탄하고 우려하여 자질을 돌아보며 말하기를, '내가 지금 죄에 연루되었고 또 죽게 될 것이니, 너희들은 알아두라. 진실로 조정에 나아가는 사람이 있으면 잊어서는 안 될 것이다' 하고, 분명한 말로 드러내어 배척하였는데, 그들 무리에게 들리게 되어서는 그들이 비록 감히 성내었을지라도 감히 말하지는 못하였습니다. 그런데 도둑이 주인을 미워함은 이치에 반드시 오는 바로, 도리어 가리어 덮을 계책을 내어서 그 당(黨)과 더불어 힘을 모아 밀어내어 신 조부의 자질로 하여금 하루도 조정에 나오지 못하도록 하였고, 신의 종숙 고 승지 김제행(金齊(悌)行, 金時侃의 아들, 金彦謙의 系子, 金昌業의 養孫)은 두 번이나 유배를 당하여 군문(君門)에 오르지 못하고 죽었으며, 신의 아비 김방행(金方行)은 흉당(凶黨)의 유언비어를 받아 국옥(鞫獄)에 들어가기까지 하였고, 재종형 김이성(金履成)은 과거에 급제하고 10년이 되도록 쓰이지 못했습니다. 다만 우리 선대왕(정조)의 성명(聖明)으로 밝게 통촉하지 않으심이 없이 실제를 살피어 배제를 당했던 것을 밝혔기 때문에 신의 아비(김방행)가 무술년(1778)의 옥사(獄事)에서 석방되는 은전을 입었는데, 성교(聖教)에 말씀하시기를, '이 집은 본래 저 무리들과 더불어 같이 논해서는 안 되는 사실을 내가 익히 아는 바이다'라고 하였고, 또 판부(判付)를 내리시기를, '두 번이나 감옥신세를 졌다가 함께 죄 없는 것이 판명되었으니, 가히 아비를 욕되게 하지 아니했다고 이를 만하다'라고 하였습니다. 이로부터 그 이후로 일이 마무리되어 신의 아비와 재종형(김이성)이 차례로 등용되었는데, 재종형은 먼저 총애를 입어서 푹 적셔주신 의리를 붙여서 연석(筵席)에서 아뢴 것도 한두 번에 그치지 않았습니다. 비록 그 시기가 이롭고 굴함이 있어 말이 실시됨을 얻지 못하여 지금까지 충신(忠臣)·의사(義士)의 마음 썩이는 바가 되었지만, 그러나 한 맥락의 정론(正論)이 하늘과 땅 사이에 마침내 끊어지지 않은 것은 실로 여기에 힘입었습니다. …… 아! 이 역적을 당일에 성토하지 않았기 때문에 흉당들의 감싸고 숨겨 줌이 이런 극도에 이르렀는데, 지금 만약 이미 발표된 뒤에도 능히 뿌리를 뽑고 근원을 막지 않아서 다시 넘어진 나무에 싹이 나고 흘러서 스며들게 둔다면, 옛날의 분노는 오히려 오늘에 줄일 수 있을지라도 이루어지지 않은 근심은 장차 이미 지나간 것보다 심함이 있을 것입니다. 삼가 바라건대 대각(臺閣)에서 국청(鞫廳)을 설치하라는 청을 빨리 좇아서 토벌이 크게 행해지도록 하여, 위로 임금과 어버이의 원수를 설욕하고 우리 4백 년 동안의 어렵고도 큰 기반을 튼튼하게 하소서."[84]

84 『純祖實錄』 순조 6년 6월 14일(경인). "臣伏見族姪大司憲金羲淳疏本, 則其聲討祿賊也, 援引臣事與再從兄故參判金履成筵對而爲言矣. 此事之關係, 何如? 則雖微憲疏之起端, 臣固當言之. …… 噫! 此賊之始倡凶言也, 大言不諱, 煽動人心, 及其敗露, 而不容於鄕里, 則知其事者, 豈獨臣一人? 而偏受毒鋒, 幾陷危禍者, 特以臣祖父副學時粲, 辨之早而斥之嚴, 言重當時, 尤所忌憚, 而教戒子侄, 世守其論, 故其積怨餘怒, 叢萃於後承, 必欲湛滅而後已也. 臣自兒少時, 習聞家內父兄, 語及漢祿, 未嘗連姓呼之, 已知漢祿之爲凶逆, 而及夫稍長, 益詳其事. 蓋親聞凶言而斥之者, 族叔金敎行從叔金毅行是也, 皆臣祖之堂內子侄, 而毅行是猶子也. 以其言, 奔告於臣祖, 則臣祖性嚴辭峻, 以爲此由於傾軋之漸, 患失慮後, 至及於不敢言之地, 卽此萌心而發口, 已是凶逆, 顧何有於援古而證今? 及至甲申以

김이교의 상소가 있던 다음날에 이병모는 김시찬에게 이조판서를 증직하고 시호를 내려주기를 청하였고, 김시찬의 손자 김이교를 발탁하여 쓰기를 청하였다.[85]

그런데 1807년 8월 8일 김종수가 정조의 묘정(廟庭)에서 출향(黜享)되고 관작이 추탈되고 같은 달 20일에 순조가 인정전(仁政殿)에서 토역반교문(討逆頒教文)을 반포하여 충(忠)과 역(逆)으로 구분하여, 김한록을 흉역으로 규정하게 되자 벽파 정치세력은 그 힘을 잃었다.[86] 순조는 이해 8월 22일 좌의정 이시수가 올린 차자(箚子)의 비답(批答)에서 김구주와 김한록을 극역(極逆)의 소굴로 몰았다. 그래서 "전적으로 국가를 원수처럼 보고 의리를 의란(疑亂)시키는 데 있어 소굴도 김구주·김한록이요 뿌리도 김구주·김한록이다"라고 하였다. 또한 우의정 김재찬(金載瓚)은 "여덟 글자의 흉언을 지어내어 국본(國本)을 위태롭게 하고자 도모한 것은 김한록의 역적질입니다"라고 하면서 김종수도 김한록 등의 역적질에 가담하였다고 하였다.[87]

後, 臣祖解謫家居, 則當其時凶言未熄, 餘憂猶深, 臣祖每憤惋憂慮, 顧語子侄曰吾今罪累且死, 若輩識之. 苟有立朝者, 不可忘也. 明言顯斥, 及聞於渠輩, 則渠雖敢怒不敢言, 而盜憎主人, 理所必至, 反生掩覆之計, 與其黨, 竝力擠之, 使臣祖子侄, 不得一日立於朝. 臣之從叔故承旨金悌行, 再被流竄, 不得一登君門而死, 臣父爲凶黨蜚語所中, 至入鞫獄, 再從兄履成, 釋褐十年不調. 惟我先大王聖明, 無不照燭, 察其本實, 明其被擠, 故臣父之蒙放於戊戌獄也, 聖教若曰此家素所與彼輩不同論, 予所稔知. 又下判付曰再被縲係, 俱得白脫, 可謂不辱乃父. 自是以後拂拭, 臣父與再從兄, 次第收用, 而再從兄先被寵引, 得寓沐浴之義, 筵席之奏, 非止一再. 雖其時有利訹, 言不獲施, 至今爲忠臣義士之所腐心. 然一脈正論, 不遂絶於天壤之間者, 實賴於此. …… 噫嘻! 此賊未討於當日, 故凶黨之掩護迷藏, 至於此極, 今若旣發之後, 不能拔本塞源, 復使萌而流伏, 則昔日之憤, 猶可洩於今日, 未成之憂, 將有甚於已然. 伏願亟從臺閣設鞫之請, 使天討大行, 上以雪君親之讎, 下以壹臣民之志, 以鞏我四百年艱大之基."(번역문은 국사편찬위원회 사이트 참조).

85 『純祖實錄』 순조 6년 6월 15일(신묘).

86 『純祖實錄』 순조 7년 8월 20일(기축).

87 『純祖實錄』 순조 7년 10월 11일(기묘).

이와 같이 시파 정치세력의 벽파 정치세력에 대한 대대적인 정치적 탄압과정에서 김한록은 흉역으로 규정되어 관작이 추탈되고 자손들은 유배에 처해져 정치적 몰락의 길을 걸었다. 1806년 이후 김한록의 집안은 김한록이 관작이 추탈되고 김관주·김일주 등이 유배에 처해져 권력의 무상함을 새삼 느낄 정도로 쓸쓸하였다.

3) 김성길(金聖吉)의 김한록 신원활동(伸寃活動)과 벽파의 정치적 몰락

1812년(순조 12) 김한록의 집안에는 일곱 살이 된 김한록의 증손자 김성길(金聖吉)이 집을 지키고 있었다. 김성길은 1812년 10월 30일에 증조부 김한록의 억울함을 호소하였다.[88] 그는 정조 때 자기 증조부 김한록의 발언에 대해 전혀 문제되지 않았던 일을, 순조가 즉위한 후에 김이영(김이양)·김희순·김이교가 소를 올려 자기의 증조부를 무함(誣陷)하였다고 주장하였다.[89]

김성길은 김이영(김이양)·김희순·김이교의 상소의 문제점을 하나하나 지적하였다. 그는 우선 김이영의 상소에서 제시한 내용을 문제삼았다. 그가 문제로 제기한 내용은 김교행의 제자 이동윤(李東允)이 김교행의 언행을 기록한 부분에서 '신사년(1761) 봄에 김한록이 찾아와서 주자서(朱子

---

88 현재 『慶州金氏鶴洲公派世譜』에 김한록의 증손자에 金聖吉이라는 이름은 보이지 않는다. 그런데 김성길이 1812년에 7세인 것으로 보아, 김성길은 김한록의 長曾孫인 1806년생(丙寅生) 金德載를 가리키는 것 같다. 그는 자가 厚之이고 호는 鶴軒이다. 1867년 監役을 지냈고 壽로 敦寧府都正이 되었다. 1878년 10월 4일에 작고하였다.

89 『純祖實錄』 순조 12년 10월 30일(기사).

書)를 강론하였는데, 당나라 중종의 일을 논하는 대목에 이르러서 선생(김교행)이 말하기를 '비록 장남헌(張南軒, 張栻)의 의견이 있지만 일찍이 주자의 설을 정론으로 삼아야 한다'라고 한 것에 있었다.

여기서 김성길은 김한록이 김교행을 찾아가 당나라 중종의 일을 인용하여 김교행에 문의했다는 것에 대해 변론하였다. 그는 김한록과 김교행은 동문의 우정이 있었으며 주자서를 강론한 것이 이상할 것이 없다고 하였다. 그리고 김이영(김이양)과 김희순이 김관주 등과 왕래하면서 줄곧 정답게 지냈고, 1804년에 김관주가 충청도에 성묘를 왔을 때 김이영이 김관주를 홍주에서 만나 종일 대화를 나누었고, 김이영이 인사를 담당하는 벼슬에 있을 때 김일주를 장악원정에 추천하기도 했다는 것이다. 뿐만 아니라 김희순이 영남관찰사로 있을 때는 칠서(七書, 혹은 四書)를 간행하여 김한록에게 선물로 보내오기도 했다고 하였다.[90]

김성길은 김이교의 상소에 대해서도 변론하였다. 김이교가 올린 소의 내용에는 "신이 어린 아이 때부터 집안 부형의 말이 김한록에 미쳐서는 일찍이 성(姓)을 붙여서 부르지 않는 것을 익히 들어서 이미 김한록이 흉역이 되는 것을 알 수 있었는데, 조금 자라서는 더욱 그 일을 자세히 알 수 있었습니다. 대개 흉언을 직접 듣고서 배척한 자는 신의 족숙 김교행과 종숙 김의행입니다"라는 말이 있었다. 이에 대해 김성길은 김교행과 김의행이 생전에 자기 증조부 김한록을 고발하지 않았고 김한록과 평소 우정이 좋아 죽을 때까지 변함이 없었다고 하였다. 이러한 사실은 김교행과 김의행이 죽은 후에 김한록이 글을 지어 생전의 덕행을 칭송하면서

90 『純祖實錄』 순조 12년 10월 30일(기사); 순조 14년 7월 20일(무신).

아주 슬퍼했고, 김의행의 아들 김이성은 또 그 아버지를 위해 김한록에게 만사(輓詞)를 청하여 와서 지어 보낸 관계였다고 하였다.[91]

또한 김성길은 김이교의 상소에 "신의 조부(김시찬)가 분개하고 걱정하여 아들과 조카들을 돌아보면서 말하기를 '나는 본래 죄를 지어 죽을 것이니 너희들은 알아두어야 하며, 진실로 조정에 벼슬하는 자가 있게 되면 그 일을 잊어서는 안 된다'라고 한 것에 대해 변론하였다. 그는 김시찬이 생전에 김한록을 고발하지 않았으니 실정(實情)을 알고도 고발하지 않는 율(律)을 면하지 못하며, 자질들에게 부탁했다는 말도 그 뒤 두 집안의 왕래를 보면 사실과 다르다고 하였다.[92]

김성길은 1765・6년 무렵에 김한록이 평강에 우거하고 있었는데[93] 이때 김시찬의 아들 김상행(金常行, 1721~1794. 金時侃의 아들, 김시찬의 系子)이 평강군수로 부임하여 자주 찾아와 지친(至親)처럼 돌보아 주었고, 김이교의 아버지 김방행(金方行)이 그의 형 김상행을 찾아왔을 때도 김한록과 평소 모르는 사이였는데도 정을 나누고 갔으며, 김의행의 아들 김이성 역시 관아(官衙) 안에 머물면서 찾아와 우정을 나누었다고 하였다.[94]

---

91 『純祖實錄』 순조 12년 10월 30일(기사).

92 『純祖實錄』 순조 12년 10월 30일(기사).

93 1814년 7월 20일의 김성길의 상언에 의하면 김한록이 1763・4년 이후부터 평강에 우거하였다고 하였다(『純祖實錄』 순조 14년 7월 20일 무신).

94 『純祖實錄』 순조 12년 10월 30일(기사). 김시찬의 아들 김상행이 김한록이 寓居하고 있는 평강군수로 나갔던 것은 영조나 풍산홍씨세력의 정치적 의도가 내재되어 있었던 것이 아닌가 싶다. 다시 말해 임오화변 이후 김한록의 정치적 행동에 대한 査察의 필요성 때문에 김상행을 평강군수로 내보냈을 가능성이 있다. 그리고 金方行이 평강에 가서 김한록을 만난 사실이나, 金履成이 김한록을 찾아가 時局에 대해 질의했다가 거절당한 사실 등은 김한록의 정치적 활동을 정탐하기 위한 것으로 이해된다. 이와 관련하여 경주김씨 김한록과 안동김씨 김시찬・김의행・김교행은 한원진의 문하에서 이미 사상적 차이를 드러냈고, 그 뒤 정치적 역정에서 항상 두 가문은 대립각을 곤두세우고 정치적 갈등을 겪었다. 이러한 정치적 갈등은 1806년 김이양(김이영)・김이교・김희순이 이미 죽은 김한록・김구주를 흉역으로 몰아

한편 김성길의 이러한 상언에 대해 김이교와 김희순은 소를 올려 변론을 하였다. 김이교는 김한록이 당 중종에 관해 김의행과 김교행에게 한 질문과 토론이 예사롭지 않은 다분히 정치적 의도가 있는 것으로 이해하였다.[95] 그런가 하면 김희순은 '신사년(1761년)의 주서강설(朱書講說)'과 '김씨 집안과 절교하지 않았다'는 것에 대해 상세히 변론하였다. 김희순은 김한록이 당나라 중종의 일을 가지고 자기의 조부 김교행에게 물었는데, 김교행이 주자의 견해로써 대답했다고 하였다. 그는 천하의 일 가운데 말할 만한 것이 너무나 많은데 하필이면 당나라 중종의 일로 물어야 하며, 또 그 시점에 그런 일을 물어야 했는지를 문제로 제기하였다. 그러면서 그는 김한록과 김구주는 비록 두 몸이지만 한 마음이므로, 앞에서 제창하고 뒤에서 화답하며, 동쪽에서 속이고 서쪽에서 떠벌려서 참여하지 않은 모의가 없었고 도모하지 않는 변고가 없었다고 하였다.[96]

또한 김이양(金履陽, 일명 金履永)도 김성길의 상언에 대하여 소를 올렸다. 그는 천고의 역사가 아주 방대한데도 김한록이 유독 당나라 중종의 일을 뽑아내어 말한 것은 무슨 까닭이냐고 하였다. 그는 주자의 논의가 온당한데도, 반드시 호인(胡寅, 致堂)과 장식(張栻, 南軒)의 설을 따르고자 한 것은 또 무슨 마음인가라고 하였다.[97] 그는 설사 김한록이 우연히 언

공격을 하면서 그 강도를 더해갔고 김한록의 자손들에 대한 공격은 1819년 金在默사건에 이르기까지 지속되었다.

95 『純祖實錄』 순조 12년 11월 8일(정축).

96 『純祖實錄』 순조 12년 11월 9일(무인).

97 胡寅의 설은 『資治通鑑綱目』 제41 中, 甲申 中宗皇帝嗣聖元年조에 보인다. "胡氏曰世觀中宗之廢者, 往往歸咎武氏而不知事起裴炎也. 炎但知玄貞與政, 必與己分權, 不若倚后爲重, 而不爲唐室遠慮, 以啓革命屠戮之禍罪, 不止於廢君而已."; 9月太后改元조. "胡氏曰能權輕重, 然後可以當國家之大事, 韋玄貞爲侍中, 雖曰外戚, 然有長孫無忌前例, 亦未遽至擅權而亂國也. 中宗雖下愚, 炎與玄貞及劉仁軌劉禕之之徒, 左提右挈, 雖排太后不預外

급한데 불과하다 하더라도 김교행에게 저지를 당했으면 즉시 그만 두었어야지 또 어찌 계속하여 다시 김의행에게 질정(質正)했느냐고 하였다.[98]

김성길은 2년 뒤 1814년(순조 14) 7월 20일에 다시 상언(上言)을 하였다. 그는 지난 1806년(병인년)에 일문(一門)의 노소가 모두 사방으로 귀양을 가서 집에 장정(壯丁)이라고는 한 사람도 없으며, 자기가 아홉 살의 어린 나이로 증조부 김한록의 원통한 사정을 호소하게 되었다고 하였다.[99] 그의 상언은 1812년 가을에 올린 내용을 거듭 주장하면서 김이양・김이교・김희순의 반론에 대한 재반박의 의미를 지녔다. 김성길은 자기의 증조부 김한록이 단 한마디의 흉언이 있더라도 김교행의 제자 이동윤은 기록하여 자기 스승이 엄정하게 배척한 것을 드러냈을 것이라고 하였다. 그리고 정조대에 김이성이 연석에서 아뢸 때 정조의 발언이 "이제 이미 작고한 인물에 대하여 다시 사단을 일으키고 싶지 않다"라고 한 말을 들었는데, 김이성이 아뢴 해는 1789년이고 김한록이 작고한 해는 1790년이므로 김한록이 아직 살아있을 때라고 하면서 그 주장이 사실이 아니라고 반박하였다.[100]

김성길은 자기의 증조부 김한록이 김교행과 동문의 벗으로 서로 만나 주자서(朱子書)를 강론한 것은 이상한 일이 아니고, 강론했다는 말은 단지 주자와 장식의 의논을 대강 말한 것뿐인데, 이를 흉언(凶言)이라고 할 수는 없다고 하였다. 그리고 이 강설(講說)은 '신사년 봄'에 있었던 것인데, 김이양은 '신사년 이후'라고 말하였으니 연조(年條)를 뒤바꾸고 허실(虛實)

事, 可也. 然炎旣自黨于太后, 又欲使太后歸政睿宗, 以收公議, 其將能乎?"

98 『純祖實錄』 순조 12년 12월 21일(경신).

99 『純祖實錄』 순조 14년 7월 20일(무신).

100 『純祖實錄』 순조 14년 7월 20일(무신).

을 현란(眩亂)시켰으니, 그의 속마음을 따져 본다면 간교하고 참혹하다고 하였다.

한편 김성길은 김교행이 자기 증조부 김한록과 아무리 동문의 우호 관계가 있다 하더라도 만약 자기 증조부가 스스로 흉언을 발설하였다면 김교행으로서는 당연히 즉시 임금에게 아뢰어야만 할 일이고, 소장(疏章)에 기록하여 국인(國人)들과 함께 분개할 의리(義理)를 밝혀야 했을 것이라고 하였다. 그런데 무슨 까닭으로 이렇게 하지 않고 공의(公義)를 배반한 채, 죽을 때까지 입을 다물어 스스로 실정(實情)을 알면서도 고발하지 않는(知情不告) 죄에 빠졌느냐고 하였다.

김성길은 김희순이 올린 소에서 김한록이 김희순의 집안과 서로 접촉하지 않았다고 한 것에 대해서 변론을 하였다. 김성길은 김교행·김의행이 모두 병술년(1766)에 죽었고 자기 증조부는 계미년(1763)·갑신년(1764) 이후로 강원도 산골인 평강에 옮겨 우거했기 때문에 그 전처럼 자주 왕래할 수는 없었지만 편지 왕래가 있었고 그 내용은 모두 경전(經典)의 뜻에 관한 문답으로 안부 문답뿐만이 아니었다고 하였다. 뿐만 아니라 김교행이 죽은 뒤 김한록이 조복(弔服)을 입고 제문을 지어 애석함을 다하였는데, 그 집에서도 이를 받아들였으니, 김한록과 김교행은 생전에 서로 절교한 사이가 아니었다고 변론하였다.[101]

그런데 김한록과 그 가문에 대한 정치적 박해는 여기에서 그치지 않았다. 김한록의 손자 김노형(金魯亨)이 평안도 위원(渭原)에서 귀양살이를 하고 있던 1819년(순조 19)에 남평의 관노(官奴) 김재묵(金在默)은 과부를 간

101 『純祖實錄』 순조 14년 7월 20일(무신).

음한 죄로 역시 위원에서 귀양살이를 하게 되어 김노형과 서로 알게 되었다. 그 뒤 김재묵은 초산(楚山)으로 이배(移配)되었는데 유배지에서 도망쳐 사방을 떠돌아다니다가 화성에서 흉서(凶書)를 붙인 죄로 곧바로 체포되어 포도청으로 보내졌고 의금부에서 그를 국문하기에 이르렀다.[102]

김재묵은 공초(供招)에서 당시 위원에 유배와 있던 김노형과 얼굴을 알게 되었고, 길에서 김노형의 8촌 김노신(金魯信)과 만나 서로 친하게 되어 함께 기장(機張)에 유배중인 김노형의 아우 김노정(金魯鼎)을 찾아갔다고 하였다. 그리고 김노정이 써준 편지를 받아 광양(光陽)의 부민(富民) 강창일(姜昌一, 僉使)의 아들 강주철(姜周喆)에게 전하였는데, 강창일은 전화(錢貨)를 빌어 배 4,5척을 마련하고, 또 화약(火藥)과 화전(火箭) 등 무기를 만들어 김노신을 도원수(都元帥)로 삼고 제장(諸將) 80명과 10만 대군으로 거병(擧兵)을 도모하고자 했다고 진술하였다. 김재묵은 화성에 붙인 방문은 김노신이 스스로 짓고 직접 쓴 것으로서 김노신이 품팔이꾼 이철(李哲)을 시켜서 붙이게 하였다고 진술하였다.[103]

그런데 이 사건은 김노형과 김노정의 국문과정에서 김노신은 경주김씨 집안의 실존인물이 아니라는 사실이 드러났다. 그리고 화성에 붙인 흉서는 김재묵의 지시에 의해 이철이 붙인 것이고, 강창일의 아들 강주철은 김재묵 및 김노형·김노정과 본래 얼굴을 몰랐다는 사실이 밝혀졌다. 또한 김노정은 공초에서 "을해년(1815) 무렵에 과객이라고 지칭하는 김성순(金成淳)이 찾아와 '네 형(김노형)과 서로 친하다'고 하였으나 자취가 수상하였으므로 잘 대접하지 않았는데, 지금에 와서 생각해보니, 곧 그때

102 『純祖實錄』 순조 19년 7월 18일(무인).
103 『純祖實錄』 순조 19년 7월 18일(무인).

에 본 사람입니다"라고 하였다.[104] 이러한 김노정의 주장에서 보면 김재묵과 김성순은 동일 인물로 생각되며 김한록의 아들과 손자들을 제거하기 위한 고도의 정치적 조작사건인 것으로 보인다.

한편 김노정을 조사하는 과정에서 "강재건(姜在健)이 바다를 건너서 섬에 들어가 수개월을 머물렀다"는 사실이 밝혀져 문제가 되었다. 김노정은 공초에서 "강재건은 일찍이 저의 아버지 김일주에게 수학하였는데, 섬에 들어가 스승을 찾아뵙는다고 하였습니다"라고 진술하였다. 이에 강재건은 공초에서 "스승 김일주가 말하기를 김성길이 늘 왕이 행차할 때에 격쟁(擊錚)한 공사(供辭)는 모두 자신이 지은 것이며, 격쟁하는 일을 조카들이 모두 긴요(緊要)치 않다 하였으나, 나는 이미 실낱같은 목숨으로 세상에 남아 있어 선부(先父, 김한록)의 일을 한 번도 호소(呼訴)하지 못하였으니, 살아 있으나 죽은 것만 못하다"라고 말한 적이 있다고 진술하였다.[105] 이로써 1812년과 1814년에 김성길이 올린 상언은 김일주가 작성한 것으로 드러났다.

그런데 이 옥사의 핵심은 김노신이 실존 인물인지의 여부와 과연 김한록의 자손들이 정치적 재기를 위해 거병(擧兵)을 도모했느냐는 것이었다. 국청(鞫廳)에서 김재묵에게 엄형을 가하자 김재묵은 김노신이란 인물은 본래 없었고 자기가 사칭한 것이며, 김노정은 귀양살이하는 곳으로 찾아갔으나 밥을 대접하지 않았으므로 원한을 품고 무함을 하였다고 하였다. 그러나 이 옥사가 단순한 원한의 문제에서 일어났던 것은 결코 아니고, 김한록 자손 등의 벽파 정치세력을 발본색원하려는 시파의 정치적 목적

104 『純祖實錄』 순조 19년 7월 18일(무인).
105 『純祖實錄』 순조 19년 7월 18일(무인).

에서 조작된 사건으로 판단된다. 정순왕후가 죽은 후 시파의 벽파에 대한 정치적 박해는 여기에 이르러 극도에 달하였다. 김한록의 자손들이 살아있는 한 언젠가는 다시 정치적 도전을 받을지도 모른다고 생각한 안동김씨 정치세력은 옥사까지 조작하여 벽파에 대한 철저한 정치적 탄압을 자행하였다. 그것은 향후 자신들의 장기 집권을 위한 계획의 일환에서 나온 것이었다.

5. 맺음말

김한록은 송시열-권상하-한원진의 학맥을 계승한 학자였다. 그는 스승 한원진으로부터 심성(心性)에 대한 가르침을 받았고, 주자서(朱子書)와 옥척(玉尺)을 전수받아 그 학통을 계승하였다. 그는 호론(湖論)에 속한 학자였기 때문에 중화(中華)와 이적(夷狄), 성인(聖人)과 범인(凡人), 인성(人性)과 물성(物性)의 차이를 엄격히 강조하는 사상 경향을 지녔다.

김한록은 18세기 후반에 호론의 학문적・정치적 이론가로 활동하였다. 그는 평생 심성(心性)에 대해 깊은 탐구를 시도하여, '인심(人心)'과 '허령'에 대해 새로운 해석을 하였다. 그는 김근행이 '인심(人心)'은 악(惡)에 흐르기 쉽고 악(惡)을 겸하고 있다고 말하는 것은 불가하다고 하자, '인심(人心)'에서는 선(善)과 악(惡)을 거론할 수 없고 오직 '위(危)'라고만 말할 수 있다고 하였다. 따라서 그는 '인심(人心)'은 오직 '위(危)'하므로, 인간의 의식과 행위에 의해 선(善)으로 흐를 수도 있고 악(惡)으로 흐를 수도 있다고 보았다.

한편 김한록은 심(心)을 '허령(虛靈)'으로 보기도 하고 '기질(氣質)'로 보기도 하였다. 특히 김한록은 심을 허령으로 이해하면서 새로운 해석을 하였는데, 선(善)과 악(惡)을 허령의 체(體)에서는 찾지 않았다. 그는 허령에 중리(衆理)를 갖추었느냐, 갖추지 않았느냐는 시점을 중요하게 생각하였다. 그는 허령의 체(體)에서는 아직 선(善)도 악(惡)도 말할 수 없고, 이(理)와 기(氣)가 허령에 갖추어진 이후에 비로소 선과 악을 말할 수 있다고 보았다. 이러한 김한록의 허령에 대한 새로운 해석은 허령 자체에서는 아직 선과 악이라는 이름이 없기 때문에 인간의 주체적인 노력 여하에 따라 선을 쌓을 수도 있고 악을 제거할 수도 있다는 가능성을 풍부하게 열어놓은 것으로 이해할 수 있다.

김한록은 1759년(영조 35) 그의 종질녀인 정순왕후(김한구의 딸)가 영조의 계비가 된 후 경주김씨 정치세력의 배후에서 '산림(山林)'으로서 정치적 영향력을 크게 발휘하였다. 그는 종질 김구주와 아들 김관주를 앞세워 사도세자의 장인인 홍봉한과 그 정치세력에 대해 공격을 하여 자기들의 정치세력을 확보해 나가게 하였다. 정조 초년부터 자파의 홍양해 · 한후익 등이 역모로 몰려 죽고 김구주 · 김관주가 유배되는 등 정치적 부침을 겪기도 했지만, 정이환과 김종후 · 김종수 형제, 심환지 등의 활동으로 정조 재위 기간 동안 김한록 · 김구주 계열의 벽파 정치세력은 커나갔다.

한편 1800년 정조가 죽고 순조가 즉위하자 심환지가 잠시 영의정이 되어 정국을 담당하였고, 정순왕후의 수렴정치가 시작되었다. 그리고 김한록의 아들 김관주와 김일주, 김구주의 아들 김노충이 권력의 실세로 부상하였다. 이들은 권유(權裕) · 김달순 등을 동원하여 시파의 정치세력을 압박하였으나, 정순왕후가 1805년(순조 5) 1월에 죽자 김한록과 김구주의 정치노선을 이은 벽파의 정치적 몰락은 급속하게 이루어졌다.

시파 정치세력의 벽파 정치세력에 대한 공격은 1806년부터 시파가 정치권력을 잡아가는 과정에서 이루어졌다. 충청도 홍성 갈산에 거주하고 있던 안동김씨(김상용 후손)들은, 서산에 기반을 가지고 있는 호론 계열의 경주김씨 정치세력을 공격하면서 벽파는 정치적 몰락을 가져 왔다. 이러한 과정에는 한원진의 호론 학맥의 자체분열, 다시 말해 한원진 문하의 동문인 경주김씨 학자와 안동김씨 학자의 분열을 조장한 서울 안동김씨 시파의 보이지 않는 정치적 공작(工作)이 있었던 것으로 생각된다.

1761년(영조 37) 봄 김한록은 당(唐)나라의 중종(中宗)이 못났기 때문에 폐위(廢位)할 수 있다고 한 장식(張栻)의 설을 인용하여, 충청도 홍성의 안동김씨인 김의행(金毅行)과 김교행(金敎行)에게 자신의 생각을 말한 적이 있었다. 그런데 이 김한록의 당(唐) 중종(中宗)에 대한 발언을, 김시찬과 김의행·김교행은 김한록이 사도세자를 폐위하고 정조 대신 이찬(李禶)을 새로 후계자로 삼으려는 흉역(凶逆)으로 생각하여 저지하였다. 이 문제는 1806년 이후 다시 거론되어 벽파 몰락의 결정적 요인으로 작용하였다. 본래 한원진의 문인인 김시찬·김의행·김교행의 정치적 견해를 계승한 김이영(金履永, 일명 金履陽, 김교행의 종질)·김이교(金履喬, 김시찬의 손자)·김희순(金羲淳, 김교행의 손자) 등 삼김(三金)은 1806년 5월에 김한록의 발언을 문제 삼아 흉역으로 몰아 벽파 정치세력을 정계에서 도태시켜 나갔다.

한편 김한록은 혜경궁홍씨에 의해서도 흉역으로 규정되었다. 혜경궁홍씨는 1762년(영조 38) 임오화변 이후 김한록이 홍성의 갈산(갈미) 안동김씨들이 모인 자리에서 "세손(世孫)이 죄인지자(罪人之子)니 가(可)히 승통(承統)을 못할 것이니 태조(太祖)의 자손(子孫)이 어느 사람이 가(可)치 아니하리오(罪人之子, 不可承統. 太祖之孫, 何人不可)"라는 십육자흉언(十六字凶言)을 발언했다고 기록하였다. 여기서 '죄인'은 바로 임오화변에 죽은 사도세자이고 그 아들은 정조를 가리킨다. 혜경궁홍씨는 김한록이 정조가 죄인의 아들이어서 왕위에 오를 수 없다는 흉언을 하였다고 하여 흉역으로 몰아 공격하였다.

이와 같이 1806년 이후 김한록과 김구주를 이은 벽파 정치세력은 김한록의 당 중종에 관한 강설(講說)과 팔자흉언(八字凶言, 十六字凶言)을 문제 제기한 김시찬·김교행·김의행과 그들의 손자와 종질 등에 의해 공격을 받아 무너지기 시작했다. 그것은 보이지 않는 서울 안동김씨 시파 정치세력의 장기 집권계획 속에서 이루어진 것일 수도 있다. 그리하여 안동김씨 시파는 김한록과 김구주를 흉역으로 규정하고 그 자손(子孫)과 일족(一族)을 처벌하는데 정치적 힘을 쏟았다. 이러한 안동김씨의 경주김씨에 대한 정치적 공세(攻勢)는 지속되어 1819년(순조 19)에는 아예 벽파 세력을 발본색원하기 위하여 김한록의 아들 김일주와 손자 김노형·김노정을 제거하려는 옥사까지 조작하여 향후 안동김씨 일당 전제의 확고한 정치적 기반을 구축하여 나가고자 했던 것으로 이해된다.

[이 책에 수록된 글의 전거]

제1부 조선 주자학의 이해와 理學 전개의 두 구도

조선조 「齋居感興」시의 이해와 그 理學的 含意(『한·중 어문학 및 한국어교육의 발전 방향 모색』, 발표논문집, 中國浙江樹人大學外語學院, 東亞硏究所, 2015)

조선 朱子學의 理學的 담론과 특성(『朝鮮時代史學報』 69, 조선시대사학회, 2014)

제2부 조선 理學의 형성과 유통

金宏弼의 道學의 실상과 그 의미(『寒暄堂의 道學·師友·追崇樣相에 관한 연구』, 학술대회 발표자료집, 한훤당선생 기념사업회, 2014)

李延慶의 理學的 삶과 사상(『조선후기 당쟁과 광주이씨』, 지식산업사, 2011)

趙穆의 言行과 학문성향(『국학연구』 제28집, 한국국학진흥원, 2015)

張顯光의 求道의 공간과 道統意識(『선주논총』 제13집, 금오공과대학교 선주문화연구소, 2010)

趙絅의 학맥과 학문성향(『朝鮮時代史學報』 75, 조선시대사학회, 2015)

朴世堂의 삶과 그 사상의 신경향(『서계 박세당 연구』, 집문당, 2006)

제3부 조선 理學의 심화 양상

18세기 洛論의 학풍과 사상의 계승양상(『震檀學報』 108, 진단학회, 2009)

黃胤錫의 학문생활과 사상경향(『이재난고로 보는 조선 지식인의 생활사』, 한국학중앙연구원, 2007)

18세기 湖論의 학풍과 사상의 전승(『朝鮮時代史學報』 63, 조선시대사학회, 2012)

金漢祿의 사상과 정치적 歷程(『朝鮮時代史學報』 33, 조선시대사학회, 2005)

참고문헌

1. 원전

『艮齋文集』(李德弘, 한국문집총간 51, 민족문화추진회, 1990)
『葛庵文集』(李玄逸, 한국문집총간 127~128, 민족문화추진회, 1994)
『剛齋集』(宋穉圭, 한국문집총간 271, 민족문화추진회, 2001)
『兼山集』(兪肅基, 한국문집총간 속 74, 한국고전번역원, 2009)
『景宗修正實錄』
『景宗實錄』
『景賢錄』(金夏錫)
『慶州金氏鶴洲公派世譜』
『谿谷集』(張維, 한국문집총간 92, 민족문화추진회, 1992)
『戒懼菴集』(尹衡老, 한국문집총간 219, 민족문화추진회, 1998)
『顧高二先生遺書抄』(洪啓禧 編, 국립중앙도서관)
『高峯集』(奇大升, 한국문집총간 40, 민족문화추진회, 1989)
『鼓山文集』(任憲晦, 한국문집총간 314, 민족문화추진회, 2003)
『高宗實錄』
『果菴文集』(宋德相, 한국문집총간 229, 민족문화추진회, 1999)
『過齋遺稿』(金正默, 한국문집총간 255, 민족문화추진회, 2000)
『冠峰遺稿』(玄尙璧, 한국문집총간 191, 민족문화추진회, 1997)
『廣州李氏大同譜』
『光海君日記』
『國譯 景賢錄』 全(寒暄堂先生紀念事業會, 1970)
『國譯 思辨錄(朴世堂, 민족문화추진회, 1976)
『국역 여헌집』 I -IV(장현광 저, 성백효 역, 민족문화추진회, 1996-1999)
『국역 율곡전서』 III(한국학중앙연구원, 1987)
『國朝儒先錄』(柳希春, 서울대학교 규장각)
『近齋集』(朴胤源, 한국문집총간 250, 민족문화추진회, 2000)
『記言』(許穆, 한국문집총간 98~99, 민족문화추진회, 1992)
『蘿山集』(趙有善, 한국문집총간 속 93, 한국고전번역원, 2010)

『亂中雜錄』(趙慶男, 한국고전번역원)
『南塘文集』(韓元震, 한국문집총간 201~202, 민족문화추진회, 1998)
『南華經註解刪補』(朴世堂)
『來庵文集』(鄭仁弘, 한국문집총간 43, 민족문화추진회, 1989)
『蘆沙文集』(奇正鎭, 한국문집총간 310, 민족문화추진회, 2003)
『鹿門文集』(任聖周, 한국문집총간 228, 민족문화추진회, 1999)
『農巖文集』(金昌協, 한국문집총간 161~162, 민족문화추진회, 1996)
『雷淵集』(南有容, 한국문집총간 217~218, 민족문화추진회, 1998)
『茶山詩文集』(丁若鏞, 한국고전번역원)
『大山文集』(李象靖, 한국문집총간 226~227, 민족문화추진회, 1999)
『待闡錄』(朴夏源, 朝鮮黨爭關係資料集 제12집, 李離和 編, 驪江出版社, 1983)
『道東編』(李萬敷)
『陶菴語錄』(국립중앙도서관)
『陶菴集』(李縡, 한국문집총간 194~195, 민족문화추진회, 1997)
『陶隱文集』(李崇仁, 한국문집총간 6, 민족문화추진회, 1990)
『桐溪集』(鄭蘊, 한국문집총간 75, 민족문화추진회, 1991)
『東皐遺稿』(李浚慶, 한국문집총간 28, 민족문화추진회, 1988)
『東文選』(徐居正 等編, 민족문화추진회, 1999)
『東儒師友錄』(朴世采, 韓國教會史硏究會, 1977)
『東儒學案』(河謙鎭, 中和堂, 1986)
『晩隱遺稿』(黃壥)
『晩靜堂集』(徐宗泰, 한국문집총간 163, 민족문화추진회, 1996)
『梅山文集』(洪直弼, 한국문집총간 295~296, 민족문화추진회, 2002)
『俛仰集』(宋純, 한국문집총간 26, 민족문화추진회, 1988)
『俛宇文集』(郭鍾錫, 한국문집총간 340~344, 민족문화추진회, 2004~2005)
『明南樓全集』(崔漢綺, 驪江出版社, 1986)
『明齋遺稿』(尹拯, 한국문집총간 135~136, 민족문화추진회, 1994)
『慕齋集』(金安國, 한국문집총간 20, 민족문화추진회, 1988)
『牧隱藁』(李穡, 한국문집총간 3~5, 민족문화추진회, 1990)
『無名子集』(尹愭, 한국문집총간 256, 민족문화추진회, 2000)
『渼湖全集』(金元行, 驪江出版社, 1986)
『渼湖集』(金元行, 한국문집총간 220, 민족문화추진회, 1998)
『白水文集』(楊應秀, 한국문집총간 속 77~78, 한국고전번역원, 2009)

『白湖文集』(尹鑴, 한국문집총간 123, 민족문화추진회, 1994)
『白湖全書』(尹鑴, 慶北大學校出版部, 1974)
『別洞集』(尹祥, 한국문집총간 8, 민족문화추진회, 1990)
『屛溪集』(尹鳳九, 한국문집총간 203~205, 민족문화추진회, 1998)
『丙辰丁巳錄』(任輔臣, 한국고전번역원)
『復菴集』(李偰, 延安李氏忠靖公派宗中, 1990)
『鳳巖集』(蔡之洪, 한국문집총간 205, 민족문화추진회, 1998)
『不易言』(朴聖源, 국립중앙도서관)
『三峰集』(鄭道傳, 한국문집총간 5, 민족문화추진회, 1990)
『西溪集』(朴世堂, 한국문집총간 134, 민족문화추진회, 1994)
『西堂私載』(李德壽, 한국문집총간 186, 민족문화추진회, 1997)
『書社輪誦』(한국학중앙연구원 장서각)
『西厓文集』(柳成龍, 한국문집총간 52, 민족문화추진회, 1990)
『宣祖實錄』
『宣祖修正實錄』
『性潭集』(宋煥箕, 한국문집총간 244~245, 민족문화추진회, 2000)
『惺所覆瓿藁』(許筠, 한국문집총간 74, 민족문화추진회, 1991)
『成宗實錄』
『聖學輯要』(李珥, 中和堂, 1985)
『星湖僿說』(李瀷, 한국고전번역원)
『星湖全集』(李瀷, 한국문집총간 198~199, 민족문화추진회, 1997)
『世祖實錄』
『世宗實錄』
『穌齋文集』(盧守愼, 한국문집총간 35, 민족문화추진회, 1989)
『損窩遺稿』(崔錫恒, 한국문집총간 169, 민족문화추진회, 1996)
『松江集』(鄭澈, 한국문집총간 46, 민족문화추진회, 1989)
『宋子大全』(宋時烈, 한국문집총간 108~116, 민족문화추진회, 1993)
『宋子大全箚疑隨箚』(한국학중앙연구원 장서각)
『守宗齋集』(宋達洙, 한국문집총간 313, 민족문화추진회, 2003)
『肅齋集』(趙秉悳, 한국문집총간 311, 민족문화추진회, 2003)
『肅宗實錄』
『純祖實錄』
『承政院日記』

『息山文集』(李萬敷, 한국문집총간 178~179, 민족문화추진회, 1996)
『新註道德經』(朴世堂)
『安東權氏世譜』(回想社, 1961)
『冶隱集』(吉再, 한국문집총간 7, 민족문화추진회, 1990)
『藥泉集』(南九萬, 한국문집총간 131~132, 민족문화추진회, 1994)
『陽村文集』(權近, 한국문집총간 7, 민족문화추진회, 1990)
『與猶堂全書』(丁若鏞, 한국문집총간 281~286, 민족문화추진회, 2002)
『旅軒文集』(張顯光, 한국문집총간 60, 민족문화추진회, 1990)
『旅軒全書』(張顯光)
『燃藜室記述』(李肯翊)
『燕山君日記』
『燕巖集』(朴趾源, 한국문집총간 252, 민족문화추진회, 2000)
『英祖實錄』
『巍巖遺稿』(李柬, 한국문집총간 190, 민족문화추진회, 1997)
『庸齋集』(金謹行, 한국문집총간 속 81, 한국고전번역원, 2009)
『龍洲遺稿』(趙絅, 한국문집총간 90, 민족문화추진회, 1992)
『龍洲年譜』(조위봉 조석주 엮음 정선용 옮김, 용주연구회, 2014)
『龍洲日記』(조경 지음 권오영 옮김, 용주연구회, 2014)
『龍洲簡牘』(조경 지음 권경열 옮김, 용주연구회, 2015)
『牛溪集』(成渾, 한국문집총간 43, 민족문화추진회, 1999)
『愚潭文集』(丁時翰, 한국문집총간 126, 민족문화추진회, 1994)
『雲坪文集』(宋能相, 한국문집총간 225, 민족문화추진회, 1999)
『月沙集』(李廷龜, 한국문집총간 69~70, 민족문화추진회, 1991)
『月川文集』(趙穆, 한국국학진흥원, 2004)
『月川集』(趙穆, 한국문집총간 38, 민족문화추진회, 1989)
「有明朝鮮行判中樞府事兼吏曹判書致仕奉朝賀贈謚文簡澹窩先生洪公諱啓禧之墓碣銘」(三從弟 洪啓能述, 從子 洪述海書)(경기도 용인시 처인구 일산리 산 2-1)
『栗谷全書』(李珥, 한국문집총간 44~45, 민족문화추진회, 1989)
『李子性理書』(李度中, 한국학중앙연구원 장서각)
『頤齋續稿』(黃胤錫)
『頤齋亂藁』1-9(黃胤錫, 한국정신문화연구원, 1994-2004)
『頤齋遺藁』(黃胤錫, 한국문집총간 246, 민족문화추진회, 2000)
『益齋亂稿』(李齊賢, 한국문집총간 2, 민족문화추진회, 1990)

『麟齋遺稿』(李種學, 한국문집총간 7, 민족문화추진회, 1990)
『仁祖實錄』
『仁宗實錄』
『一蠹遺集』(鄭汝昌, 한국문집총간 15, 민족문화추진회, 1988)
『一松文集』(沈喜壽, 한국문집총간 57, 민족문화추진회, 1990)
『立齋文集』(鄭宗魯, 한국문집총간 253~254, 민족문화추진회, 2000)
『入學圖說』(權近, 한국학중앙연구원 장서각)
『典故大方』(姜斅錫)
『佔畢齋集』(金宗直, 한국문집총간 12, 민족문화추진회, 1988)
『靜菴文集』(趙光祖, 한국문집총간 22, 민족문화추진회, 1988)
『定齋文集』(柳致明, 한국문집총간 297~298, 민족문화추진회, 2002)
『正祖實錄』
『拙齋文集』(柳元之, 한국문집총간 속 28, 민족문화추진회, 2006)
『朱文公先生齋居感興詩諸家註解集覽』(任聖周, 국립중앙도서관)
『朱子感興詩諸家集解』(李宗洙)
『朱子大全箚疑』(宋時烈, 保景文化社, 1984)
『舟川遺稿』(康惟善, 한국문집총간 38, 민족문화추진회, 1989)
『竹溪志』(周世鵬 저 안정 역, 한국고전번역원, 2009)
『重庵文集』(金平默, 한국문집총간 319~320, 민족문화추진회, 2003)
『中宗實錄』
『增補 退溪全書』(李滉, 성균관대학교 대동문화연구원, 1978)
『志山集』(金福漢, 경인문화사, 1990)
『蒼石文集』(李埈, 한국문집총간 64~65, 민족문화추진회, 1991)
『蒼雪齋文集』(權斗經, 한국문집총간 169, 민족문화추진회, 1996)
『哲宗實錄』
『淸陰年譜』
『淸陰集』(金尙憲, 한국문집총간 77, 민족문화추진회, 1991)
『靑莊館全書』(李德懋, 한국문집총간 257~259, 민족문화추진회, 2000)
『秋江文集』(南孝溫, 한국문집총간 16, 민족문화추진회, 1988)
『恥齋遺稿』(洪仁祐, 한국문집총간 36, 민족문화추진회, 1989)
『太祖實錄』
『澤堂集』(李植, 한국문집총간 88, 민족문화추진회, 1992)
『退溪文集』(李滉, 한국문집총간 29~30, 민족문화추진회, 1989)

『退溪文集攷證』(柳道源, 연세대학교 중앙도서관)
『豊墅集』(李敏輔, 한국문집총간 232~233, 민족문화추진회, 1999)
『學記類編』(曺植)
『鶴沙文集』(金應祖, 한국문집총간 91, 민족문화추진회, 1992)
『寒澗文集』(金漢祿, 族譜文化社, 1981)
『寒水齋文集』(權尙夏, 한국문집총간 150~151, 민족문화추진회, 1995)
『寒洲文集』(李震相, 한국문집총간 317~318, 민족문화추진회, 2003)
『閑中漫錄』 6(『한듕록－閑中漫錄』 韓國古典文學大系 제14권, 民衆書館, 1961)
『海東文獻總錄』(金烋, 旅軒學硏究會, 2009)
『海東野言』(許篈, 한국고전번역원)
『海東雜錄』(權鼈, 한국고전번역원)
『玄皐記』(朴宗謙 編, 朝鮮黨爭關係資料集 제12집, 李離和 編, 驪江出版社, 1983)
『顯宗實錄』
『顯宗改修實錄』
『弘齋全書』(正祖, 한국문집총간 262~267, 민족문화추진회, 2001)
『花潭文集』(徐敬德, 한국문집총간 24, 민족문화추진회, 1988)
『華西文集』(李恒老, 한국문집총간 304~305, 민족문화추진회, 2003)
『華泉集』(李釆, 한국문집총간 속 101, 한국고전번역원, 2010)
『活齋文集』(李榘, 한국문집총간 속 32, 민족문화추진회, 2007)
『晦齋集』(李彦迪, 한국문집총간 24, 민족문화추진회, 1988)
『孝田散稿』(沈魯崇, 학자원, 2014)
『孝宗實錄』
『厚齋集』(金榦, 한국문집총간 155~156, 민족문화추진회, 1995)

『顧高二先生遺書抄』(국립중앙도서관)
『高子遺書』(高攀龍, 文淵閣四庫全書 1292책 集部 231, 別集類)
『涇陽遺書』(顧憲成)
『南軒集』(張栻)
『魯齋遺書』(許衡)
『史記』(司馬遷)
『史通』(劉知幾)
『四書章圖檃栝總要發義』
『四書章圖重訂輯釋通義大成』(日本 蓬左文庫)

『四書通』(胡炳文)
『小學』
『宋史』
『升菴集』(楊愼)
『詩經』
『梁溪遺書』(국립중앙도서관)
『禮記』
『理學宗傳』(孫奇逢)
『資治通鑑綱目』(朱熹)
『莊子』
『朱文公文集』(朱熹)
『朱子大全』(朱熹)
『朱子性理吟』(국립중앙도서관)
『朱子語類』(黎靖德)
『朱子全書』(朱熹)
『春秋左氏傳』
『孝經』
『後漢書』(范曄)

2. 논저

권오영, 『조선 후기 유림의 사상과 활동』(돌베개, 2003)
권오영, 「湖洛論辨의 쟁점과 그 성격」(『조선 후기 유림의 사상과 활동』, 돌베개, 2003)
권오영, 「華陽書院의 강학과 학풍」(『尤庵論叢』 1, 충북대학교 우암연구소, 2007)
권오영, 「金漢祿(1722-1790)의 사상과 정치적 歷程」(『朝鮮時代史學報』 33, 조선시대사학회, 2005)
권오영, 「조선 후기 儒學者의 大學 이해-明德說을 중심으로」(『한국문화』 48, 서울대학교 규장각한국학연구원, 2009)
권오영, 「18세기 洛論의 學風과 思想의 계승양상」(『震檀學報』 108, 진단학회, 2009)
권오영, 「황윤석의 학문생활과 사상경향」(『이재난고로 보는 조선지식인의 생활사』, 한국학중앙연구원, 2007)
권오영, 「18세기 湖論의 學風과 사상의 전승」(『朝鮮時代史學報』 63, 조선시대사학회, 2012)

권오영, 「旅軒 張顯光의 求道의 공간과 道統意識」(『선주논총』 제13집, 금오공과대학교 선주문화연구소, 2010)

권오영, 『조선 성리학의 의미와 양상』(일지사, 2011)

권오영, 「남한산성과 조선 후기의 대명의리론」(『조선 성리학의 의미와 양상』, 일지사, 2011)

권오영, 「심경」강론과 그 사상사적 의미」(『조선 성리학의 의미와 양상』, 일지사, 2011)

권오영, 「灘叟 李延慶의 성리학적 삶과 사상」(『조선후기 당쟁과 광주이씨』, 지식산업사, 2011)

권오영, 「17세기 전반의 조선 학계와 趙絅의 학문성향」(『朝鮮時代史學報』 75, 조선시대사학회, 2015)

권오영, 「박세당의 삶과 그 사상의 新意」(『서계 박세당 연구』, 집문당, 2006)

권오영, 「조선 朱子學의 理學的 담론과 특성」(『朝鮮時代史學報』 69, 조선시대사학회, 2014)

권오영, 「寒暄堂 金宏弼의 道學의 실상과 그 의미」(『寒暄堂의 道學·師友·追崇樣相에 관한 연구』, 학술대회 발표자료집, 한훤당선생 기념사업회, 2014)

권오영, 「月川 趙穆의 언행과 학문성향」(『국학연구』 제28집, 한국국학진흥원, 2015)

권오영, 「朝鮮朝「齋居感興」詩의 理解와 그 理學的 含意」(『한·중 어문학 및 한국어교육의 발전 방향 모색』, 발표논문집, 中國浙江樹人大學外語學院, 東亞硏究所, 2015)

琴章泰, 「月川 趙穆의 생애와 학문」(『退溪學派의 思想』Ⅰ, 집문당, 1996)

김기현, 「이재 황윤석의 학문체계 분석」(최삼룡 외, 『이재 황윤석』, 민음사, 1986)

김상기, 「남당학파의 형성과 위정척사운동」(『한국근현대사연구』 10, 한국근현대사학회, 1999)

김상기, 「한말 일제하 내포지역 기호학파의 형성」(『한국사상사학』 22, 한국사상사학회, 2004)

金成潤, 『朝鮮後期 蕩平政治 硏究』(지식산업사, 1997)

김용흠, 「조선후기 노·소론 분당의 사상기반-박세당의 『사변록』시비를 중심으로-」(『학림』 17, 연세대사학연구회, 1996)

김정자, 「正祖代 前半期의 政局動向과 政治勢力의 變化(Ⅱ)」(『朝鮮時代史學報』 78. 조선시대사학회, 2016)

김종수, 「박세당의 진리론과 사상 체계론」(『韓國實學硏究』 4, 韓國實學學會, 2002)

김준석, 「서계 박세당의 위민의식과 치자관」(『동방학지』 100, 연세대학교 국학연구원, 1998)

金駿錫, 「韓元震의 朱子學 인식과 湖洛論爭」(『이재룡박사환력기념 한국사학논총』, 1990)

金駿錫, 「18세기 老論專權政治論의 구조-韓元震의 朋黨意識과 君主聖學論」(『湖西史學』 18, 1990)

金太年, 「南塘 韓元震의 '正學' 形成에 대한 硏究」(고려대학교 대학원 박사학위논문, 2006)

金學睦, 「朴世堂의 『新註道德經』硏究」(건국대학교 대학원 박사학위논문, 1997)

김학수, 「17세기의 명가-반남박씨 서계가문」(『문헌과 해석』 통권16호, 문헌과해석사 2001)

김학수, 「여강서원과 영남학통」(『조선시대의 사회와 사상』, 조선사회연구회, 1998)

김현, 「조선후기 미발심론의 심학적 전개」(『민족문화연구』 제37호, 고려대학교 민족문화연구원, 2002)

金勳埴, 「寒暄堂 金宏弼에 대한 조선시대의 평가와 그 의미」(東方學志』 제133집, 연세대학교 국학연

구원, 2006)
문석윤, 『湖洛論爭 형성과 전개』(동과서, 연세국학총서 71, 2006)
박광용, 「정조년간 時僻당쟁론에 대한 재검토」(서울대 한국문화연구소, 『韓國文化』 11, 1990)
朴光用, 「朝鮮後期 '蕩平'硏究」(서울대학교 대학원 박사학위논문, 1994)
朴洪甲, 「조선 명종조 忠州獄의 전개와 충주사림」(『朝鮮時代史學報』 17, 조선시대사학회, 2001)
朴洪甲, 「16세기 초 청도지역 사림의 활동」(『민족문화논총』 28, 영남대학교 민족문화연구소, 2003)
박홍갑, 『瓶齋 朴河澄 硏究』(경인문화사, 2006)
배종호, 「한국사상사에 있어서의 주리와 주기의 문제」(『한국사상사학』 2, 한국사상사학회, 1988)
成鳳鉉, 「雲坪 宋能相의 生涯와 思想」(『宋子學論叢』 4, 충남대학교 송자학연구소, 1997)
孫興徹, 「鹿門 任聖周의 氣一分殊論」(『한국사상사학』 10, 한국사상사학회, 1998)
申美子, 「朱子感興詩硏究」(1)(『中國語文學論集』 11, 中國語文學硏究會, 1999)
沈慶昊, 「朱子 『齋居感興詩』와 『武夷櫂歌』의 조선판본」(『書誌學報』 14, 韓國書誌學會, 1994)
심노숭 지음·안대회 김보성 외 옮김, 『자저실기』(Humanist, 2014)
안병걸, 「서계 박세당의 독자적 경전 해석과 그의 현실인식」(『대동문화연구』 28, 성균관대학교 대동문화연구원, 1993)
안은수, 「屛溪 尹鳳九 心論의 특징과 그 의미」(『韓國思想史學』 32, 한국사상사학회, 2009)
오항녕, 「석실서원의 미호 김원행과 그의 사상」(『북한강 유역의 유학사상』, 한림대학교 아시아문화연구소, 1998)
유봉학, 「18·9세기 老論學界와 山林」(『한신논문집』 3, 한신대학, 1986)
유인희, 「실학의 철학적 방법론(1)」(『동방학지』 35, 1983)
柳在泳, 「李朝後期 國語學에 貢獻한 實學思想-特히 頤齋 黃胤錫을 中心으로-」(硏究助成費支給者硏究結果報告書, 1968)
유초하, 「조선중기 성리학의 사회관 : 韓元震」(『한국사상사의 인식』, 한길사, 1994)
윤사순, 「박세당의 실학사상에 관한 연구」(『아세아연구』 15-2(46), 고려대 아세아문제연구소, 1972)
윤사순, 『실학사상의 탐구』(현암사, 1974)
윤사순, 「"高橋 亨의 韓國 儒學觀" 檢討」(『韓國學』 12, 중앙대학교 한국학연구소, 1976)
尹絲淳, 「월천 조목의 주자학적 심학」(『퇴계문하 6哲의 삶과 사상』, 경북대학교 퇴계연구소, 예문서원, 1999)
윤천근, 「이황의 조목, 조목의 이황」(『退溪學』 14, 안동대학교 퇴계학연구소, 2004)
李坰丘, 「영조~순조 연간 湖洛論爭의 展開」(『한국학보』 93, 일지사, 1998)
李坰丘, 「金元行의 實心 강조와 石室書院에서의 교육 활동」(『震檀學報』 88, 진단학회, 1999)
이경구·최성환·원재린, 「특집 : 영조 후반기 탕평정치의 변화와 정치 세력의 동향」(『역사와 현실』 53, 한국역사연구회, 2004)

이근호, 『조선 후기 탕평파와 국정운영』(민속원, 2016)

이동희, 「조선조 주자학사에 있어서의 주리·주기 용어 사용의 문제점에 대하여」(『동양철학연구』 12, 동양철학연구회, 1991)

이병도, 「박서계와 반주자학적 사상」(『대동문화연구』 3, 성균관대학교 대동문화연구원, 1966)

李炳赫, 「麗末漢文學의 朱子學的인 傾向에 대하여-陶隱 李崇仁을 중심으로-」(『石堂論叢』 10, 東亞大學校 附設 石堂傳統文化硏究院, 1985)

이상곤, 『18세기 기호유학을 이끈 호학의 일인자 한원진』(성균관대학교출판부, 2009)

이상현, 「월천 조목의 도산서원 종향논의」(『북악사론』 8, 북악사학회, 2001)

이성무, 『조선왕조사』(동방미디어, 1998)

이영춘, 「潛冶 朴知誡의 禮學과 元宗追崇論」(『淸溪史學』 7, 청계사학회, 1990)

李迎春, 『朝鮮後期 王位繼承硏究』(集文堂, 1998)

이종수 지음 강성위 옮김, 『주자감흥시제가집해(朱子感興詩諸家集解)』(한국국학진흥원, 2012)

이종호, 『월천 조목의 삶과 생각 그리고 문학』(한국국학진흥원, 2007)

이천승, 「栗谷의 理通氣局說과 湖洛論辯에 끼친 영향」(『한국사상사학』 25, 한국사상사학회, 2005)

이형성, 「다카하시 도루의 조선 유학사 연구의 영향과 그 극복」(『다카하시 도루의 조선유학사』, 예문서원, 2001)

이희재, 「박세당 사상연구-탈주자학적 입장에서-」(원광대학교 대학원 박사학위논문, 1994)

장숙필, 「율곡 이이의 이통이국설과 인물성론」(『인성물성론』, 한길사, 1994)

張志淵, 『朝鮮儒敎淵源』

鄭萬祚, 「英祖代 初半의 蕩平策과 蕩平派의 活動」(『震檀學報』 56, 진단학회, 1983)

鄭萬祚, 「朝鮮 顯宗朝의 私義·公義論爭」(『韓國學論叢』 14, 국민대학교 한국학연구소, 1991)

鄭萬祚, 「英祖代 中半의 政局과 蕩平策의 再整立」(『歷史學報』 111, 역사학회, 1986)

鄭萬祚, 「月川 趙穆의 生涯와 學問」(『韓國의 哲學』 제24호, 경북대학교 퇴계연구소, 1996)

鄭萬祚, 「月川 趙穆과 禮安地域의 退溪學脈」(『韓國의 哲學』 제28호, 경북대학교 퇴계연구소, 2000)

정만조, 「澹窩 洪啓禧의 家系 분석」(『조선시대의 정치와 제도』, 집문당, 2003)

정만조, 「澹窩 洪啓禧의 정치적 生涯」(『仁荷史學』, 10, 인하사학회, 2003)

정만조 외, 『음애 이자와 기묘사림』(지식산업사, 2004)

鄭炳連, 『茶山四書學硏究』(景仁文化社, 1994)

鄭錫胎 編著, 『退溪先生年表月日條錄』 3(退溪學硏究院, 2005)

鄭一均, 『茶山四書經學硏究』(일지사, 2000)

조남국, 「조선조 유학사에 대한 남북 학계의 연구성과 제시」(『동양철학연구』 12, 동양철학연구회, 1991)

조남호, 「조선에서 주기 철학은 가능한가」(『논쟁으로 보는 한국철학』, 예문서원, 1995)

조성산, 「조선 후기 낙론계 학풍에 대한 연구현황과 전망」(『오늘의 동양사상』 14호, 예문동양사상연구

원, 2006)

조성산, 「18세기 洛論系 學脈의 변모양상 연구」(『歷史敎育』 102, 역사교육연구회, 2007)

조성산, 『조선 후기 낙론계 학풍의 형성과 전개』(지식산업사, 2007)

조준호, 「朝鮮 後期 石室書院의 位相과 學風」(『朝鮮時代史學報』 11, 조선시대사학회, 1999)

조준호, 「경기지역 서원의 정치적 성격-석실서원을 중심으로」(『국학연구』 11, 한국국학진흥원, 2007)

趙昌烈, 『譯註大學章句補遺 續大學或問』(韓國學術情報[株], 2008)

崔鳳永, 「壬午禍變과 英祖末・正祖初의 政治勢力」(『朝鮮後期 黨爭의 綜合的 檢討』, 한국정신문화연구원, 1999)

崔錫起, 「俛宇 郭鍾錫의 明德說 論爭-李承熙・許愈・金鎭澔와의 논쟁을 중심으로」(『南冥學硏究』 27, 경상대학교 남명학연구소, 2009)

최성환, 「朝鮮後期 李縡의 學問과 寒泉精舍의 門人敎育」(『歷史敎育』 77, 역사교육연구회, 2001)

최영성, 『한국유학사상사』 Ⅴ(아세아문화사, 1997)

최영진, 「조선조 유학사상의 분류방식과 그 문제점－'주리'・'주기'의 문제를 중심으로」(『한국사상사학』 8, 한국사상사학회, 1997)

崔一凡, 「徐敬德의 理氣論에 관한 試論」(『東洋哲學硏究』 11, 동양철학회, 1990)

退溪學會 慶北支部, 『退溪先生의 편지 〈師門手簡〉』(1990)

하우봉, 「이재 황윤석의 사회사상」(최삼룡 외, 『이재 황윤석』, 민음사, 1986)

한국정신문화연구원, 『西溪 朴世堂宗宅 寄託典籍』(한국정신문화연구원 고문헌 기증・기탁목록 1, 2002)

한국정신문화연구원, 『西溪 朴世堂의 筆帖』(한국정신문화연구원 서화명품특선 2, 이회, 2003)

玄相允, 『朝鮮儒學史』(民衆書館, 1949)

束景南, 『朱熹年譜長編』 卷上(華東師範大學出版社, 2001)

다카하시 도오루 지음・조남호 옮김, 『조선의 유학』(소나무, 1999)

다카하시 도루 지음・이형성 편역, 『다카하시 도루의 조선유학사』(예문서원, 2001)

卞東波, 「조선의 『재거감흥이십수(齋居感興二十首)』의 유통과 수용 양상 연구」(『韓國文化』 54, 서울대학교 규장각한국학연구원, 2011)

王利民, 「陳子昂的玄感和朱熹的感興: 感遇與寓居感興對讀」(『中國韻文刊』, 1999)

가

나

다

마

바

사

아

자

차

타

파

하

저자 **권오영**(權五榮)

영남대학교 국사학과를 졸업하고, 한국학중앙연구원 한국학대학원에서 문학박사학위를 받았다. 현재 한국학중앙연구원 한국학대학원 인문학부(한국사학 전공) 교수로 있다. 저서로는 『최한기의 학문과 사상연구』, 『조선 후기 유림의 사상과 활동』, 『조선 성리학의 의미와 양상』, 『근대이행기의 유림』, 『이재난고로 보는 조선지식인의 생활사』(공저), 『혜강 최한기 연구』(공저) 등이 있으며, 주요 논문으로는 「최한기의 사회경제적 처지와 현실인식」, 「조선조 사대부 제례의 원류와 실상」 등이 있다.

문현인문학총서 **2**

조선 성리학의 형성과 심화

2018년 2월 12일 초판인쇄
2018년 2월 22일 초판발행

지은이 권 오 영
펴낸이 한 신 규
편 집 김 영 이
표 지 이 미 옥
펴낸곳 문현출판
주 소 05827 서울특별시 송파구 동남로 11길 19(가락동)
전 화 Tel.02-443-0211 Fax.02-443-0212
E-mail mun2009@naver.com
등 록 2009년 2월 24일(제2009-000014호)

ISBN 979-11-87505-06-8 93910 **정가** 40,000원